国家注册审核员考试辅导用书

管理体系认证基础考试宝典

张崇澧　编著

紧扣考试大纲
跟进最新动态
剖析考点知识
同步练习强化
真题精确解读

机　械　工　业　出　版　社

本书是国家注册审核员考试辅导用书，是根据《管理体系认证基础考试大纲》和中国认证认可协会（CCAA）认证人员基础知识系列教材编写的。本书对考试大纲、管理体系认证基础相关教材的内容和要求进行了深度剖析，内容架构合理，分为管理体系认证相关基础知识及其在审核中的应用、管理体系审核通用知识和技术在审核中的应用、质量管理方法与工具知识及其在审核中的应用、法律法规和其他要求四部分。本书通过考点知识讲解、同步练习强化（含历年真题）、答案点拨解析，全方位地强化考生的应试能力。

本书适合作为参加国家注册审核员考试的考生用书，同时也适合作为制造业企业管理人员提高工作能力用书。

图书在版编目（CIP）数据

管理体系认证基础考试宝典/张崇澧编著. —北京：机械工业出版社，2022.8（2024.2 重印）

国家注册审核员考试辅导用书

ISBN 978-7-111-71192-6

Ⅰ.①管… Ⅱ.①张… Ⅲ.①质量管理体系－中国－资格考试－自学参考资料 Ⅳ.①F273.2

中国版本图书馆 CIP 数据核字（2022）第 122602 号

机械工业出版社（北京市百万庄大街 22 号　邮政编码 100037）
策划编辑：李万宇　　责任编辑：李万宇　马新娟
责任校对：张晓蓉　王　延　封面设计：马精明
责任印制：单爱军
北京虎彩文化传播有限公司印刷
2024 年 2 月第 1 版第 3 次印刷
169mm×239mm · 52.5 印张 · 2 插页 · 992 千字
标准书号：ISBN 978-7-111-71192-6
定价：228.00 元

电话服务　　网络服务
客服电话：010-88361066　　机　工　官　网：www.cmpbook.com
010-88379833　　机　工　官　博：weibo.com/cmp1952
010-68326294　　金　书　网：www.golden-book.com
封底无防伪标均为盗版　　机工教育服务网：www.cmpedu.com

前　　言

本书是根据《管理体系认证基础考试大纲》和中国认证认可协会（CCAA）认证人员基础知识系列教材编写的。本书对考试大纲、基础知识教材的内容和要求进行了深度剖析，通过考点知识讲解、同步练习强化（含历年真题）、答案点拨解析，全方位地强化考生的应试能力。

本书的内容结构如下：

一、考试大纲要求。在每章的开始，说明考试大纲的要求，帮助考生学习时把握方向。

二、考点知识讲解。考点知识建立在考试趋势分析的基础之上，力求内容简明清晰、重点突出，同时配以例题分析，确保考生能高效率地理解和掌握考点知识。

三、同步练习强化。在对历年命题总结的基础上，本着前瞻性和预测性，围绕考点知识，精心选题，同时收录历年真题，使考生巩固所学知识，掌握各类考题，做好自我考核，提高考试命中率。

四、答案点拨解析。对练习题和历年真题中的难点、重点进行深度剖析，以求达到使考生醍醐灌顶、豁然开朗之功效。

本书正文（含标准、法律法规）中加波浪线的段落是重点段落，**粗黑体字是关键词/关键字/含义易混淆的字、词**，意在帮助考生关注重点、疑难点。练习题中有“真题”字样的，是历年考试的真题。鉴于标准的更新，一些真题内容有些过时，但代表了一种出题的思路，针对这种情况，对此类真题仍然收录，但进行了改进，注明“真题改进”。对考试改革后的真题，会加上阴影。

因为管理体系认证基础的考试是以中国认证认可协会（CCAA）组织编写的《管理体系认证基础》《审核概论》《质量管理方法与工具》三本书作为出题参考课本，所以本书第1部分、第2部分、第3部分中讲解的要点，都引用了这三本书中的内容。考生在准备管理体系认证基础考试时，应以《管理体系认证基础》《审核概论》《质量管理方法与工具》三本书为准，本书仅供参考。

在收录真题的过程中，因各种原因难免有疏漏，书中内容也会有不尽如人意的地方，恳请考生给予批评和指正。

为了帮助考生跟进考试动态、解决阅读中的疑惑，特设置一个微信号（yu6815），或扫描下面的二维码，欢迎考生联系相关人员，联系时须提供购书证据，以获得考前优惠答疑、相关资料等助考服务。

出奇制胜，捷足先登，固然令人羡慕，但笔者觉得考试更需要有“扎硬寨，打死仗”的精神，扎扎实实，勤奋努力，方能百战百胜。

最后，预祝各位考生顺利通关，实现梦想！加油！

考生可访问我们的公众号和抖音号，里面为大家提供了有关的考试知识。

公众号：崇澧审核员考试加油站。

抖音号：58022418695（崇澧）。

电子题库购买，可加微信号：zzyiso。

张崇澧

2024 年 2 月

目　　录

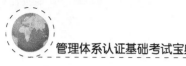

第3部分 质量管理方法与工具知识及其在审核中的应用

第4部分　法律法规和其他要求

第 1 部分

管理体系认证相关基础知识及其在审核中的应用

说明：

“管理体系认证相关基础知识及其在审核中的应用”方面的考试内容是以中国认证认可协会组织编写的《管理体系认证基础》作为出题参考课本的，所以本书中所讲的考核要点都来自《管理体系认证基础》一书中的内容，同时尽量按该书的编排顺序安排章节顺序。

第 1 章 管理学基础考点解读

考试大纲要求

1）管理的基本概念、职能、性质和层级。

2）中国传统管理思想和西方早期管理思想。

3）古典管理理论与行为管理理论的产生与发展。

4）现代管理理论丛林和当代管理理论的新发展。

5）管理学基本原理，如系统、人本、责任、能级、效益、信息、适度七项。

考点知识讲解

管理学是一门研究和探索管理活动的一般规律、基本原理和一般方法，系统地分析和论述管理活动的科学。

管理学包括一般的原理、理论、方法和技术等。管理学为人们提供了一套完整的有关**组织管理**的理论和方法。管理学适用于社会活动中各类不同的组织，构成了我们各类管理体系的基础。

例题分析

1）（单项选择题）管理学为人们提供了一套完整的有关（　　）的理论和方法。

A. 组织管理　　B. 体系管理

C. 质量管理　　D. 人事管理

答案及分析：选择 A。管理学是组织管理方面的科学。

2）（多项选择题）管理学包括（　　）等。

A. 一般的原理　　B. 理论

C. 方法　　D. 技术

答案及分析：选择 ABCD。

1.1 管理的内涵

1.1.1 管理的定义

《管理体系认证基础》一书认为，自美国的**“科学管理之父”**弗雷德里克·温斯洛·泰勒和法国的**“管理过程之父”**亨利·法约尔开创管理理论以来，管理的定义至今并没有统一。《管理体系认证基础》一书对“管理”的定义是：管理是指在特定的时空中，通过策划、组织、领导、控制等活动来协调一切可运用的资源，实现个人或组织既定目标的过程。

这个定义包括以下含义：

1）特定的时空是管理的必要条件。任何管理工作都是在特定的时间和空间环境下开展的。

2）实现目标是管理的根本目的。目标包含两个方面的要求：一是效率，就是要用最小的投入取得最大的产出；二是效果，就是最大限度地达成目标。效率和效果往往是矛盾的，而管理的目的是在保证完成目标效果的前提下尽量提高效率。

3）协调资源是管理的本质。协调是通过管理的四大职能来实现的，策划是协调的前提，组织是协调的手段，领导是协调的责任人，控制是协调的保证。

例题分析

1）（单项选择题）管理的根本目的是（　　）。

A. 实现效率　　B. 实现目标

C. 实现效果　　D. 实现计划

答案及分析：选择 B。

2）（单项选择题）管理的本质是（　　）。

A. 协调资源　　B. 策划

C. 组织　　D. 领导、控制

答案及分析：选择 A。

3）（单项选择题）（　　）被称为美国的“科学管理之父”。

A. 法约尔　　B. 泰勒

C. 哈罗德·孔茨　　D. 赫伯特·西蒙

答案及分析：选择 B。

1.1.2 管理的性质

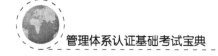

管理既具有自然属性，也具有社会属性，这就是管理的二重性。另外，管理具有科学性和艺术性；管理具有动态性和创新性。

1. 管理的自然属性和社会属性

管理具有同生产力、社会化生产相联系的自然属性。管理的自然属性也称管理的生产力属性，体现在管理是不随个人意识和社会意识的变化而变化的客观存在，是对人、财、物、信息等资源加以整合与协调的必不可少的过程。

管理具有同生产关系、社会制度相联系的社会属性。管理的社会属性也称管理的生产关系属性。管理是在一定生产关系和社会制度中才能进行的社会活动，这种活动体现了生产资料所有者指挥劳动、监督劳动的意志。这体现了管理的社会属性。管理具有调节和维护社会生产关系的职能。

2. 管理的科学性和艺术性

管理既是一门科学，又是一门艺术。管理的科学性是指管理作为一个活动过程，反映了管理的一系列客观规律。管理学拥有一套系统化的分析问题、解决问题的原则、程序和方法论。

管理的艺术性表现在它灵活运用系统化的知识，并根据实际情境激发灵感以创造性解决管理问题的技巧上。管理对象的复杂性、管理环境的多变性、人的主观能动性、人是有感情的动物等因素，决定了管理者只有根据具体的管理目的、管理环境与管理对象，创造性地运用管理理论知识与技能去解决所遇到的各种实际问题，管理才可能获得成功。

管理的科学性和艺术性，两者之间不是互相排斥的，而是互相补充的。

3. 管理的动态性和创新性

管理的动态性：任何管理都要根据目标、资源、时间、空间的变化不断地调整管理计划和方法，因此管理具有动态性。

管理的创新性：每一个具体的管理对象都没有一种固定的、完全可以照搬的管理模式可以参照，那么欲达到既定目标与责任，就需要管理创新。

例题分析

1）（问答题）管理是科学还是艺术？为什么？

答案及分析：

① 管理既是一门科学，又是一门艺术，是科学性与艺术性的统一。

② 管理学拥有一套系统化的分析问题、解决问题的原则、程序和方法论，

管理讲求科学，按规律办事，所以说管理是一门科学；同时，管理需要灵活运用系统化的知识，并根据实际情境，灵活技巧性地解决问题，这说明管理是一门艺术。因此，管理既是一门科学，又是一门艺术。

2）（问答题）管理二重性的基本内容是什么?

答案及分析：

① 管理具有自然属性，也称管理的生产力属性，这种属性是不随个人意识和社会意识的变化而变化的客观存在，是对人、财、物、信息等资源加以整合与协调的必不可少的过程。

② 管理具有社会属性，也称管理的生产关系属性，体现在管理是在一定生产关系和社会制度中才能进行的社会活动，这种活动体现了生产资料所有者指挥劳动、监督劳动的意志。

1.1.3　管理职能

管理有四项基本职能：策划、组织、领导和控制。

1. 策划

策划职能是对未来活动进行的一种预先的谋划，包括研究活动条件、决策、编制计划。

2. 组织

组织职能是规定组织成员在工作中合理的分工协作关系，包括设计组织结构、人员配备、组织运行、组织监督。

3. 领导

领导职能是管理者利用组织所赋予的权力去指挥、影响和激励组织成员为实现目标而努力工作的过程，包括指挥、协调、激励。

4. 控制

控制职能是保证组织各部门各环节能按预定要求运作而实现组织目标的一项管理工作活动，主要是拟订标准、寻找偏差、下达纠偏指令。

各项管理职能都有自己独有的表现形式。例如，策划职能通过目标的制定和行动的确定表现出来。组织职能通过组织结构的设计和人员的配备表现出来。领导职能通过领导者和被领导者的关系表现出来。控制职能通过偏差的识别和纠正表现出来。

每一项管理工作一般都是从策划开始，经过组织、领导到控制结束。各职能之间同时相互交叉渗透，控制的结果可能又导致新的策划，开始又一轮新的管理循环。如此循环不息，把工作不断推向前进。

一般而言，高层管理者在策划和控制上花更多的时间；中层管理者在各管理职能上的时间比较均衡，在组织上花的时间较多；基层管理者需要在领导职能上花费更多时间。

例题分析

1）（单项选择题）对未来活动进行预先的谋划，包括研究活动条件、决策、编制计划等。这是管理的哪一项职能？（　　）

A. 策划　　B. 组织

C. 领导　　D. 控制

答案及分析：选择A。

2）（多项选择题）领导职能包括（　　）。

A. 组织　　B. 指挥

C. 协调　　D. 激励

答案及分析：选择BCD。

3）（多项选择题）管理职能包括（　　）。

A. 策划　　B. 组织

C. 领导　　D. 控制

答案及分析：选择ABCD。

1.1.4 管理层级

管理层级是指在职权等级链上所设置的管理职位的级数，就是组织的最高管理者到最基层作业人员之间所设置的管理职位层级数。

1. 管理层级说明

1）管理层级的副作用。

一是层级多意味着费用也多。二是随着管理层级的增加，沟通的难度和复杂性也将加大。三是众多的部门和层级也使得计划和控制活动更为复杂。

2）管理宽度与管理层级的形成。

① 管理者直管的下一层的人数，即管理宽度。当直属管理的下一层人数超过某个限度时，就必须增加一个管理层级，从而减轻上层管理人员的负担。如此下去，就形成了有层级的组织结构。

② 当组织规模一定时，管理层级和管理宽度之间存在着一种反比关系。管理宽度越大，管理层级就越少；反之，管理宽度越小，管理层级就越多。

2. 管理层级结构与关系

1）扁平式结构和金字塔式结构。按照管理宽度和管理层级来确定管理结构，一般有两种表现形式：扁平式结构和金字塔式结构。扁平式结构是管理层级少而管理宽度大的结构；而金字塔式结构则相反，是管理层级多而管理宽度小的结构。一般为了达到管理有效，应尽可能地减少管理层级。

管理的扁平式结构和金字塔式结构的优缺点见表1-1。

表1-1　管理的扁平式结构和金字塔式结构的优缺点

结构	优点	缺点
扁平式结构	有利于缩短上下级距离，密切上下级之间的关系 信息纵向流动快，管理费用低 被管理者有较大的自主性、积极性和创造性，因而有满足感，同时也有利于选择和培训下属人员	不能严密地监督下级，上下级协调较差，同级间相互沟通联络比较困难 如果管理层级太少，致使主管人员领导的下属人数过多，超过有效管理宽度，那就必然降低组织管理效率
金字塔式结构	管理严密，分工细致明确，上下级易于协调	层级越多，从事管理的人员越多，带来的问题也越多 管理人员之间的协调工作急剧增加，互相“扯皮”的事比较多，管理费用增加 上下级的意见沟通和交流受阻，上层确定的目标，所制定的政策和计划，不是下层不完全了解，就是上层传达到下层之后变了样 上层对下层的控制变得困难，而且由于管理严密而影响下级人员的积极性与创造性

2）上、中、下管理层。一个组织的管理层级应根据组织的任务量、组织规模的大小、活动的地域和管理宽度而定。大部分组织的管理层级分为上、中、下三层。上、中、下三层管理层的职能见表1-2。

表1-2　上、中、下三层管理层的职能

管理层	职能
上层（最高经营管理层/战略决策层）	从组织整体利益出发，对整个组织实行统一指挥和综合管理，并制定组织目标和实现目标方针、政策
中层（经营管理层/战术计划层）	为达到组织总的目标，为各职能部门制定具体的分目标，拟订和选择计划的实施方案、步骤和程序，按部门分配资源，协调下级的活动，评价活动成果和制定纠正偏离目标的措施等
下层（执行管理层/基层操作层）	按照规定的计划和程序，协调基层组织的各项工作和实施计划

管理层级之间的相互关系是一定的，即管理层级是自上而下地逐级实施指挥与监督的权力。下级对上级的决定做出反应，并向上级汇报工作。

3. 管理层级的设计方法

管理层级设计必须有助于提高组织管理效率。组织根据职能分析，以及影响组织职能结构的各种因素（如规模的大小、产品结构等），进行管理层级设计。管理层级的设计一般有 4 步：

第一步，按照组织的纵向职能分工，初步确定基本的管理层级；

第二步，按照组织的有效管理宽度，推算出具体的管理层级；

第三步，按照提高组织管理效率的要求，确定具体的管理层级；

第四步，按照组织的不同部分的具体特点，对管理层级做出局部调整，确定最终管理层级。

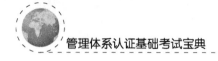

例题分析

（问答题）不同层级的管理者在管理职能的侧重点上有何不同？

答案及分析：

① 通常，高层管理者在计划和控制上花更多的时间；中层管理者在各管理职能上的时间比较均衡，在组织上花的时间较多；基层管理者需要在领导职能上花费更多时间。

② 即便是同一管理职能，不同层级管理者所从事的具体管理工作的内涵也不尽相同。就计划工作而言，高层管理者关注的是组织的整体、长期战略规划，中层管理者关注的是中期、内部性的管理性计划，基层管理者则更侧重于短期的业务和作业计划。

1.2 管理思想与管理理论的演进

管理学的形成过程是从实践到思想再到理论，然后又将理论应用于实践。管理活动（或管理实践）、管理思想和管理理论三者之间的关系是：管理活动是管理思想的根基，管理思想来自于管理活动中的经验；管理思想是管理理论的源泉，管理理论是管理思想的提炼、概括和升华，管理理论本身是管理思想，只不过是较成熟、系统化程度较高的管理思想，但并非所有的管理思想都是管理理论；管理理论对管理活动有指导意义，又要经受住管理活动的检验。

1.2.1 中国传统管理思想

中国传统管理思想萌芽于夏、商、周，兴起于先秦时期，繁荣于春秋、战国，定型于汉、唐，止步于宋、元，盛行于明、清，衰落于清末。

中国传统的管理思想，分为宏观管理的治国学和微观管理的治生学。中国传统管理思想的九大要点有：顺“道”、重人、人和、守信、利器、求实、对策、节俭、法治。表 1-3 是中国传统管理思想的九大要点。

表1-3　中国传统管理思想的九大要点

要点	要点内容
1. 顺“道”	顺“道”是指管理要顺应客观规律
2. 重人	人是第一位的，包括人心向背和人才归离
3. 人和	“和”就是调整人际关系，讲团结，上下和，左右和。我国历来把天时、地利、人和当作事业成功的三要素。人和的关键在于当权者，管理者要从自我管理入手，才能实现人和
4. 守信	办一切事情都要把诚信放到第一位
5. 利器	我国历来有重视工具的传统，管理中的“利器”是指管理中有效的工具
6. 求实	办事从实际出发，“实事求是”是一切行动的行为准则，应依据“守正”原则，看问题不要偏激，做事情不要过头，也不要不及
7. 对策	做任何事情都要事先进行统筹谋划，制定正确的对策，然后再去实施，才能取得成功。制定对策的关键，一是预测，二是运筹
8. 节俭	开源节流，勤俭持家
9. 法治	法治思想起源于先秦法家，后来逐渐演变成一整套法制体系

1.2.2　西方早期管理思想

1. 西方工业革命后管理思想的发展

这一时期管理思想有了很大的发展，管理思想对管理理论的发展也产生了很大的影响，这一时期被称为“管理理论的萌芽期”。此时形成的管理思想大体上有两类：一类是对管理职能、管理原则的思考；另一类是对管理技术、管理方法的总结。

2. 西方管理思想的演变及发展阶段

管理在19世纪末才开始形成了一门科学。管理理论发展的全部历史，大致可以划分为四个阶段。

1）第一阶段是早期管理思想阶段。其产生于19世纪末以前。

2）第二阶段是古典管理理论阶段。19世纪末20世纪初，在美国、法国、德国等西方国家形成了有一定科学依据的管理理论，其代表人物有泰勒、法约尔、韦伯等。

3）第三阶段是行为科学理论阶段。行为科学出现于20世纪30年代，早期被称为人群关系理论或人际关系学说，逐渐发展成行为科学理论。在20世纪60年代中叶，又发展成为组织行为学。其代表人物有梅奥、巴纳德等。

4）第四阶段是现代管理理论阶段。现代管理理论主要出现于第二次世界大

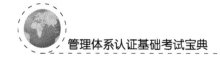

战以后。这一时期管理领域出现了一系列管理学派，每一学派都有自己的代表人物。这些理论和学派相互影响，被形象地称为“管理理论的丛林”。

1.2.3 古典管理理论的产生与发展

“古典管理理论”包括泰勒（被称为“科学管理之父”）的“科学管理”理论、法约尔（被誉为“欧洲伟大的管理学先驱”“管理过程之父”）的“组织管理”理论、韦伯（被称为“组织理论之父”）的“行政管理”理论。

1. 科学管理理论

提高劳动生产率是科学管理理论的中心问题，也是泰勒创立科学管理理论的基本出发点。泰勒的科学管理理论从对管理人员的要求、对工人的要求和管理制度建设三个方面进行概括。科学管理理论的代表人物及其理论要点见表1-4。

表1-4　科学管理理论的代表人物及其理论要点

代表人物	理论要点
泰勒	一、对管理人员的要求。针对管理人员的管理四项原则： 1）对工人操作的每个动作进行科学研究，用以替代老的单凭经验的办法 2）科学地挑选工人，并进行培训和教育，使之成长 3）与工人亲密地合作，以保证一切工作都按已形成的科学原则去办 4）资方和工人之间在工作和职责上几乎是平等的
	二、对工人的要求。这体现为时间研究、标准化研究得出的作业管理原则，作业管理原则包括定额管理和作业标准化
	三、管理制度建设。这体现为职能化原则、激励工资制度和例外原则 1）职能化原则：实行“职能管理”，将管理的工作予以细分，使所有的管理者只承担一种管理职能 2）激励工资制度：一是通过工时研究和分析，制定出一个有科学依据的定额或标准；二是采用“差别计件制”付酬制度 3）例外原则：例外原则是指企业的高级管理人员把例行的日常事务授权给下级管理人员去处理，自己只保留对例外事项的决策和监督权。例外情况需要高级管理人员直接处理。可以说，例外原则是职能化原则的补充。例外原则为以后管理上的分权原则和事业部制奠定了理论基础
	泰勒进行的著名试验：搬运生铁块试验、铁锹试验
亨利·甘特	甘特用图表进行计划和控制，甘特图现在还常用于编制进度计划。甘特很重视管理中人的因素，对后来的人际关系理论有很大的影响
吉尔布雷斯夫妇	动作研究和工作简化，通过减少劳动中的动作浪费来提高效率，吉尔布雷斯夫妇被称为“动作专家”

（续）

代表人物	理论要点
哈林顿·埃莫森	一、高效率的12条原则：明确的目的，注意局部和整体的关系，虚心请教，严守规章，公平，准确、及时、永久性地记录，合理调配人、财、物，定额和工作进度，条件标准化，工作方法标准化，手续标准化，奖励效率
	二、在组织机构方面，提出了直线和参谋制组织形式等。另外，他还在员工的选择和培训、心理因素对生产的影响、工时测定等方面也做出了贡献

2. 组织管理理论

组织管理理论又称管理过程理论。法国管理学专家亨利·法约尔于1916年发表了管理名著——《工业管理与一般管理》，提出了管理五大职能（计划、组织、指挥、协调和控制）和有效管理的14条原则。法约尔基本上完成了管理理论的构架，后人称之为“管理过程之父”。

组织管理理论的代表人物与其理论要点见表1-5。

表1-5　组织管理理论的代表人物与其理论要点

代表人物	理论要点
亨利·法约尔	一、企业活动。企业的全部活动由六项基本活动组成：技术活动、商业活动、财务活动、安全活动、会计活动、管理活动 管理活动是指计划、组织、指挥、协调和控制。六项基本活动中，管理活动处于核心地位，即企业本身需要管理，其他各项企业基本活动也需要管理
	二、管理的五大职能： 1）计划：对有关事件进行预测，并以预测结果为根据，拟订出一项工作方案 2）组织：为各项劳动、材料、人员等资源提供一种结构 3）指挥：使组织为达成目标而行动的领导艺术 4）协调：连接、调和所有的活动和力量，使组织的各个部门保持一致 5）控制：根据实际执行情况对计划和指示进行检查
	三、管理的一般原则。有14条原则：分工、权力与责任、纪律、统一指挥、统一领导、个人利益服从整体利益、合理报酬、集权与分权、等级链、秩序、公平、人员稳定、创新精神、团队精神 等级链是指管理机构中从最高层级到最低层级形成的职权等级结构，这既是执行权力的线路，也是信息传递的渠道。但在紧急情况下，平级之间跨越权力而进行的横向沟通也非常重要。为此，法约尔还提出了跳板原则。**跳板原则**包括：1）在一定条件下，允许跨越权力线而直接进行的横向沟通，可以克服由于统一指挥而产生的信息传递延误。2）若两者无法协调，再报告上级，由上级协调（即越级上报）。“跳板”理论旨在保持命令统一的情况下，迅速而及时地解决一般事务，从而使组织最上层得以从繁杂的事务中摆脱出来，专注于一些重大问题

3. 行政管理理论

行政管理理论的创始人是德国人马克斯·韦伯，他的主要著作有《经济和社会》《社会和经济组织的理论》等。韦伯的主要贡献是提出了“理想的行政组织体系”理论，被后人称为“组织理论之父”。行政组织体系是指通过职位或职务来实现管理职能的一套管理体系制度。其核心是组织活动要通过职务或职位而不是通过个人或世袭地位来管理。行政管理理论的代表人物与其理论要点见表 1-6。

表 1-6　行政管理理论的代表人物与其理论要点

代表人物	理论要点
马克斯·韦伯	一、权力的分类。权力分为三种：一是法律的权力（合法权力）；二是传统的权力（世袭权力）；三是超凡的权力（神授权力）
	二、行政管理体系的六个特点：明确的职权分工、清晰的等级系统、正规的人员选拔、专职的管理人员、正式的规章制度、理性的职位关系

例题分析

1）（多项选择题）“科学管理之父”泰勒的管理制度建设，体现为（　　）。

A. 职能化原则　　B. 激励工资制度

C. 例外原则　　D. 等级系统

答案及分析：选择 ABC。

2）（单项选择题）（　　）提出了管理五大职能（计划、组织、指挥、协调和控制）和有效管理的 14 条原则。

A. 泰勒　　B. 马克斯·韦伯

C. 亨利·法约尔　　D. 亨利·甘特

答案及分析：选择 C。

3）（单项选择题）（　　）的主要贡献是提出了“理想的行政组织体系”理论，被后人称为“组织理论之父”。

A. 泰勒　　B. 马克斯·韦伯

C. 亨利·法约尔　　D. 亨利·甘特

答案及分析：选择 B。

1.2.4　行为管理理论的产生与发展

科学管理理论把人当作机器的附属品，激起了员工的强烈不满，从而引起对人的因素的重视，**行为管理理论**也就应运而生。行为管理理论将人类学、社会学、心理学和经济学等知识综合起来，着重研究人们在工作中的行为以及这些行为产生的原因，如人的工作动机、情绪、行为与工作之间的关系等，以及如何根据人的心理发展规律去激发员工的积极性和创造性。

行为管理理论早期称为人际关系学说或人群关系学，20 世纪 30 年代起源于美国学者梅奥等人进行的“霍桑试验”；后期以 20 世纪 50 年代正式提出“行为科学”一词为标志，发展成为行为科学学说。行为管理理论的产生与发展见表 1-7。

表 1-7　行为管理理论的产生与发展

产生与发展	理论要点
霍桑试验与人际关系理论（产生）	霍桑试验是 20 世纪 20 年代，在位于美国芝加哥的西方电器公司的霍桑工厂进行的一项以科学管理的逻辑为基础的试验 根据霍桑试验的结果，梅奥于 1933 年出版了《工业文明中的人的问题》一书，提出了人际关系学说，其 3 个主要观点是： 1）人是“社会人”，而不是单纯追求金钱的“经济人” 2）企业中存在“非正式组织”。企业成员在共同工作的过程中，相互间必然产生共同的感情、态度和倾向，形成共同的行为准则和惯例。这就构成了一个体系，称为“非正式组织”。在正式组织中，以效率逻辑为其行为规范；而在非正式组织中，则以感情逻辑为其行为规范 3）满足工人的社会欲望，提高工人的积极性，是提高生产率的关键。霍桑试验表明，生产效率与作业方法、工作条件之间并不存在直接的联系，生产效率的提高关键在于员工工作态度的改变，即安全感、归属感等社会、心理方面欲望的满足程度
行为管理理论的发展	一、1949 年，一批哲学家、社会学家、心理学家、生物学家、精神病学家等，在美国芝加哥大学研究讨论有关组织中人的行为的理论，并将其正式命名为行为科学 行为科学理论主要集中在以下四个领域： 1）对个体行为的研究——人的需要、动机和激励等要素 2）对人性假设理论的研究 3）对团体行为的研究 4）对领导行为的研究
	二、美国人马斯洛的**需要层次理论**。马斯洛把人的各种需要分为生理需要，安全、保障需要，社交、归属需要，尊重需要和自我实现需要五大类。主要观点：人均有这五种需要，不同时期对各需要强烈程度不同；未被满足的需要是行为的主要激励源；下一层次的需要满足后才会追求上一层次的需要；基本需要靠外部条件满足；高级需要靠内在因素满足

（续）

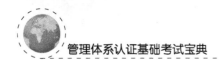

产生与发展	理论要点
行为管理理论的发展	三、美国人赫茨伯格的**双因素理论**（激励因素-保健因素理论）。激励因素（满意因素）是指可以使人得到满足和激励的因素。保健因素（不满意因素）是指容易产生意见和消极行为的因素。激励因素基本上都是属于工作本身或工作内容的，保健因素基本上都是属于工作环境和工作关系的 保健因素的内容包括公司的政策与管理、监督、工资、同事关系和工作条件等。这些因素都是工作以外的因素，如果满足这些因素，能消除不满情绪，维持原有的工作效率，但不能激励人们更积极的行为。激励因素与工作本身或工作内容有关，包括成就、赞赏、工作本身的意义及挑战性、责任感、晋升、发展等。这些因素如果得到满足，可以使人产生很大的激励，若得不到满足，也不会像保健因素那样产生不满情绪
	四、美国人麦克利兰的**成就需要理论**。这种理论把人的基本需要分为成就需要、权力需要和社交需要三种，其中，成就需要对于个人、团体和社会的发展起着至关重要的作用。成就需要高的人一般都具有关心事业成败、愿意承担责任、有明确奋斗目标、喜欢创造性工作、不怕疲劳等特点。这种类型的人越多，企业成功的可能性就越大。成就需要可以通过行之有效的教育手段来培养和提高
	五、美国人麦格雷戈的 **X 理论和 Y 理论**。X 理论和 Y 理论是两种截然相反的可供选择的人性观。X 理论假设人性是好逸恶劳、不求上进和逃避责任的，人们缺乏想象力和理性的思维。Y 理论则认为人们愿意承担责任、有主动性与创造性、要求工作是人的本能，人们可以通过自我控制和自我指挥来完成对组织目标的承诺 麦格雷戈认为 Y 理论的前景非常美好，有助于人类实现“美好社会”

例题分析

1）（多项选择题）根据马斯洛的需要层次理论，人的需要包括（　　）。

A. 生理需要，安全、保障需要　　B. 社交、归属需要，尊重需要

C. 自我实现需要　　D. 物质需要，精神需要

答案及分析：选择 ABC。

2）（单项选择题）根据麦格雷戈的 X 理论和 Y 理论，（　　）假设人性是好逸恶劳、不求上进和逃避责任的，他们缺乏想象力和理性的思维。

A. X 理论　　B. Y 理论

C. Z 理论　　D. A 理论

答案及分析：选择 A。

1.2.5 现代管理理论丛林

第二次世界大战之后，管理理论有了蓬勃的发展，学派林立，进入了一个空前繁荣的阶段，主要有八大学派。

1. 管理过程学派

管理过程学派，又叫管理职能学派、经营管理学派、管理程序学派。该学派主要致力于研究和说明“管理人员做些什么和如何做好这些工作”，侧重说明管理工作实务。该学派推崇法约尔的思想，代表人物是哈罗德·孔茨和西里尔·奥唐奈，代表作是他们合著的《管理学》。

2. 经验主义学派

经验主义学派产生于20世纪60年代的美国，又称为案例学派。它认为管理学就是研究管理经验。该学派的代表人物有：**彼得·德鲁克**，主要代表作有《管理的实践》《管理：任务、责任和实践》等；欧内斯特·戴尔，代表作是《伟大的组织者》。

经验主义学派认为管理的本质是一种实践，不在于知而在于行，唯一权威的就是成果。经验主义学派强调目标管理。

3. 决策理论学派

决策理论学派的代表人物是1978年度诺贝尔经济学奖得主赫伯特·西蒙。西蒙发展了巴纳德的社会系统学派，建立了决策理论学派，主要著作有《管理行为》《组织》等。该学派的主要观点有：管理就是决策；人不是绝对理性的，要用有限理性的“管理人”代替“理性人”；决策的原则是“满意”原则，而不是“最优”原则，“管理人”不考虑一切可能的复杂情况，只考虑与问题有关的情况，采用“令人满意”的决策准则，从而可以做出令人满意的决策；决策可分为程序化决策和非程序化决策，等等。

4. 系统管理学派

该学派盛行于20世纪60年代，它将系统论、控制论、信息论应用于管理之中。其主要运用系统科学的理论、范畴及一般原理，全面分析组织管理活动的理论。

5. 社会技术系统学派

创立这一学派的是英国的特里斯特及其同事。社会技术系统学派认为，组织既是一个社会系统，又是一个技术系统，并且非常强调技术系统的重要性，认为技术系统是组织与环境进行联系的中介。

6. 管理科学学派

管理科学学派，也称为数量学派。该学派的代表人物是伯法，代表作有《现代生产管理》和《生产管理基础》。

管理科学学派认为，解决复杂系统的管理决策问题，可以用电子计算机作为工具，用各种数学方法对管理问题进行定量分析，寻求最佳计划方案，以达到企业的目标。管理科学其实就是管理中的一种数量分析方法。

7. 信息中心学派

20 世纪 40 年代末，香农创立信息论。信息中心学派作为管理科学理论与信息科学理论的结合，将信息沟通介入管理学的研究领域，在两个理论同步发展的背景下得以形成与发展。

信息中心学派主张把管理人员看作一个信息中心，并围绕这一概念来形成管理理论。该学派的代表人物有美国的李维特、香农和韦弗。

8. 权变理论学派

该学派兴起于 20 世纪 70 年代的美国，代表人物有钱德勒、卢桑斯、菲德勒、豪斯等。

权变理论认为，在企业管理中要根据企业所处的内外条件随机应变，没有一成不变、普遍适用的最佳管理理论和方法。该学派强调在管理中要根据组织所处的内外部条件随机应变，针对不同的具体条件寻求最合适的管理模式。

1.2.6 当代管理理论的新发展

当代管理理论的新发展见表 1-8。

表 1-8 当代管理理论的新发展

管理理论	理论要点
战略管理理论	一、战略规划学派 20 世纪 60 年代，安东尼、安索夫和安德鲁斯奠定了战略规划理论的基础。安索夫被称为“战略管理的鼻祖” 安德鲁斯、克里斯坦森提出战略规划的基本理论体系，该理论的基本步骤包括资料的收集与分析、战略制定、评估选择、战略实施 战略规划的主要分析工具有伦德等人的 SWOT 模型、波士顿矩阵及其变形
	二、环境适应学派 这一学派强调“战略的动态变化”，即最合适的战略制定与决策过程依赖于环境波动的程度 代表人物有明茨伯格、奎因、西蒙、林德布罗姆等 代表性的分析方法有 SMFA［审视（Scanning），监控（Monitoring），预测（Forecasting），评估（Assessing）］法与脚本分析法
	三、产业组织学派 产生于 20 世纪 80 年代初，产业组织学派的核心思想是：行业是企业经验最直接的来源，每个行业的结构又决定了企业竞争的范围，从而决定了潜在的利润水平 该学派代表人物是美国人迈克尔·波特

（续）

管理理论	理论要点
企业文化理论	企业文化是指企业在生产经营过程中，经过企业领导者长期倡导和员工长期实践所形成的具有本企业特色的、为企业成员普遍认同和遵守的价值观念、信仰、态度、行为准则、道德规范、传统及习惯的文化综合体系，以企业成员共享的价值体系为核心 企业文化的主要功能有5点：凝聚功能、导向功能、激励功能、约束功能、辐射功能
	企业文化的组成。企业文化从内到外由三个部分组成： 1）企业精神文化（核心层） 2）企业制度文化（中间层） 3）企业物质文化（最外层）
	威廉·大内与“Z理论”。威廉·大内于1981年出版了《Z理论——美国企业界怎样迎接日本的挑战》一书，最早提出“企业文化”概念。威廉·大内参照X理论和Y理论，以日本企业文化为参照系，总结出Z型管理方式，称为“Z理论”
核心竞争力理论	1990年，美国密歇根大学的普拉哈拉德教授和伦敦商学院的加里·哈默尔教授在《哈佛商业评论》上联合发表了《企业核心竞争力》一文，首次引入了“核心竞争力”一词 核心竞争力主要具有三大特征：一是独特性；二是价值性；三是延展性 核心竞争力理论的中心思想是核心技术或能力是决定企业经营成败的根本，企业应该围绕核心技术或能力的获得、应用和发展去设计发展战略，而不是只盯着短期的利润目标
企业再造理论	企业再造又称“企业流程再造”、“业务流程再造”（Business Process Reengineering，BPR），出现于1993年的美国，创始人是美国人迈克·哈耿与詹姆斯·钱皮。该理论认为企业必须摒弃已成惯例的运营模式和工作方法，以工作流程为中心，重新设计企业的经营、管理及运营方式 企业再造概念中包含了三方面的内涵： 1）企业再造是一项战略性地进行企业重构的系统工程 2）企业再造的核心是面向顾客满意度的业务流程 3）企业再造的要素包括目标、技术和人
学习型组织理论	20世纪90年代出现在美国，学习型组织理论的核心是麻省理工学院教授福瑞斯特的“系统动力学”。他的学生彼得·圣吉博士写出了《第五项修炼》这本行业闻名图书，提出了以“五项修炼”为基础的学习型组织理论 学习型组织是指通过培养弥漫于整个组织的学习气氛、充分发挥员工的创造性思维能力而建立起来的一种有机的、高度柔性的、扁平的、符合人性的、能持续发展的组织 建立学习型组织的5个关键：自我超越、改善心智模式、建立共同的愿景、团队学习、系统思考

例题分析

1）（多项选择题）企业文化的主要功能有（　　）。

A. 凝聚功能、导向功能　　B. 激励功能、约束功能

C. 辐射功能　　D. 再造功能、团结功能

答案及分析：选择ABC。

2）（多项选择题）建立学习型组织的关键是（　　）。

A. 自我超越、改善心智模式　　B. 建立共同的愿景

C. 团队学习、系统思考　　D. 持续改进、PDCA循环

答案及分析：选择ABC。

1.3 管理学基本原理

管理学原理就是在管理实践过程中，通过对各项管理制度和管理方法进行高度综合与概括，对管理工作中实际问题的科学分析和总结而形成的具有普遍指导意义的基本规律。它是对现实管理现象的抽象和大量管理实践经验的升华，体现了管理行为的规律性、实质性。

管理学包含七项基本原理：系统原理、人本原理、责任原理、能级原理、效益原理、信息原理、适度原理。

1.3.1 系统原理

任何组织都是由人、财、物、时间、信息等组成的，都是一个完整的系统。认识系统原理是认识管理原理的基础和前提。

1. 系统的概念和特征

1）系统的概念。系统是指由若干个相互联系、相互依存、相互作用的要素所组成的具有一定结构和特定功能的有机整体。系统的定义包含三层含义。

① 任何系统均由两个以上要素组成，单个要素不能构成系统，人、财、物、时间、信息和技术等其中的一项也不能单独构成组织系统。

② 系统中的要素与要素、要素与整体，以及整体与环境之间是相互作用、彼此影响的，并形成了特殊的系统结构。

③ 系统具有不同于各组成要素独立功能的新功能。

2）系统的特征。

① 集合性。构成系统的子系统称为要素，系统是由各个要素集合而成的，

这就是系统的集合性。

② 层次性。构成系统的子系统和子子系统处于不同的地位，有一定的层次结构。

③ 相关性。系统中的各个子系统是相互联系和相互作用的，这就是系统的相关性。

2. 系统原理的要点

1）整体性原则。系统要素的功能必须服从系统整体的功能。

2）动态性原则。系统作为一个运动着的有机体，其稳定状态是相对的，运动状态是绝对的。

3）开放性原则。对外开放是系统的生命。

4）综合性原则。系统是由相互联系和作用的多个要素为实现特定功能而组成的综合体。

5）层次性原则。层次是指组成系统诸要素之间的纵式构造或管理要素结构方式中的等级体系。

6）环境适应性原则。与系统发生联系的周围事物的全体，就是系统的环境。环境可以施加作用和影响于系统，系统也可施加作用和影响于环境。

1.3.2 人本原理

人本原理就是以人为本的原理，即一种以人为中心或者以人为核心的管理理念。

1. 人本原理的含义

人本原理强调人的重要性，强调由人进行的管理和对人的管理，把人的因素提到了根本性的地位。

2. 人本原理的主要观点

人本原理的实质就是充分肯定人在管理活动中的主体地位和作用。人本原理的主要观点包括：尊重人、依靠人、发展人、为了人。

1.3.3 责任原理

1. 分工合理、职责明确

分工要合理，在保证高效率工作的同时，又能激发人的积极性和创造性。在分工的基础上，要通过适当方式明确规定每个人的职责。

2. 职位设计和授权要合理

基于责任原理的管理的基本原则是一定的人对所承担的一定的工作完全负责，要做到完全负责取决于下列 3 个因素：

1）权限。权责要相符。权小于责，完不成任务；权大于责，就会造成渎职乱权的行为。

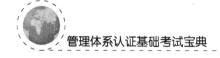

2）利益。利益包括物质利益、精神满足，要与所承担的责任风险成比例。

3）能力。能力是完全负责的关键因素。科学知识、组织才能和实践经验三者构成了管理能力。在给员工分配职责时，要“量力而行”，这个“力”指的就是“管理能力”。

1.3.4 能级原理

1. 能级原理的概念

管理的能级结构是指为了实施有效的管理，必须在组织中建立一个合理的能级结构，并按照一定的标准，将管理的对象置于相应的能级结构中。

2. 能级原理的运用

按能级配置人员要注意以下四点：

1）能级与职级配置，使能者有其位。在组织内部建立起为**行政管理人员**和**技术专业人员**分别设置的两个相对独立、平等的晋级升迁制度，形成与职务岗位能级阶梯相对应的业务能力。

2）能级与岗位配置，使能者有其岗。将人的能力与岗位相结合，根据人的能力大小和特长，将其安排到最适合的岗位上，且在每种岗位上都力求形成一种最佳的能级结构。

3）能级与待遇配置，使能者有其利。确保权、责、利相一致。

4）能级与能级交叉配置，实现能力优化组合。形成互补性的人才搭配，从而保证组织的合力最大化。

1.3.5 效益原理

1. 效益的基本含义

效益原理的基本含义为：现代管理的基本目标在于获得最佳管理效益，实现更好的社会效益。

效益是有效产出与投入之间的一种比例关系。管理效益实际上是经济效益和社会效益的有机统一。

2. 效益的评价

效益的评价没有一个绝对的标准。对效益的评价要尽可能公正和客观。

3. 效益原理的应用

获取效益是管理的根本目的，为了实现管理效益，应至少要注意以下几点：

1）重视经济效益。

2）有正确的管理战略。

3）努力提高管理系统的效率。

4）追求长期、稳定的高效益。

1.3.6　信息原理

企业要提高管理工作的效率和效果，要在激烈的市场竞争中求得生存和发展，就必须善于获取信息、整理信息、组合信息、利用信息，对信息进行有效的管理，这就是管理的信息原理。

1. 信息的概念

控制论的创始人维纳对信息所下的定义是："信息是人们在适应外部世界并且使这种适应反作用于世界的过程中，同外部世界进行交换的内容的名称。"信息具有事实性、等级性、可压缩性、扩散性、传输性、共享性、储存性、处理性等一般属性。

2. 信息在管理中的作用

信息是管理工作的基础。信息是预测的基础，信息是决策的前提，信息是协调和控制生产经营活动的依据，信息是组织的重要资源。通过信息的指挥和控制作用，企业能对资源进行优化配置，以高的生产率、低的成本生产出适销对路的产品，创造出更多的符合社会需要的物质财富，提高企业和整个社会的效益。

3. 管理信息的特征

管理信息具有以下3个基本特征：

1）信息价值的不确定性。

① 信息在不同时间的有用性是不同的。

② 同一信息在不同地区的有用性是不同的。

③同一信息对不同企业的有用性是不同的。

④信息价值的不确定性往往与使用者的数量有关。

2）内容的可干扰性。

3）形式和内容的更替性。

4. 管理信息系统

信息管理的主要任务是：识别使用者的信息需要，对数据进行收集、加工、存储和检索，对信息的传递加以计划，将数据转化为信息，并将这些信息及时、准确、适当和经济地提供给组织的各级主管人员以及其他相关人员。建立以计算机网络为基础的管理信息系统，是企业信息管理的有效途径。管理信息系统的主要特点是：系统的观点、数学的方法以及计算机的应用。

1.3.7　适度原理

良好的管理要求管理者在处理组织内部各种矛盾、协调各种关系时把握好度的问题，度的把握在很大程度上取决于管理者的直觉，就是要应用适度原理。

1. 适度原理的内涵

管理活动中存在许多相互矛盾的选择，必须在两个极端之间找到最恰当的点，进行适度管理，实现适度组合。

2. 适度原理的缘由与启示

适度原理的根本原因可能在于管理所面对的不确定性以及与这种不确定性相关的管理实践的艺术性特征。

适度原理的应用，直觉很重要。在矛盾对立且难以量化的两个方案中进行选择，直觉往往是主要的工具。直觉是一个快速的逻辑思维过程的结果，直觉思维有着非常丰富的科学内涵，管理者必须注重直觉决策能力的培养。

同步练习强化

1. 单项选择题

1）科学管理理论的创始人是（　　）。

A. 法约尔　　B. 韦伯

C. 泰勒　　D. 梅奥

2）下列哪位学者明确提出了“社会人”观念？（　　）

A. 德鲁克　　B. 韦伯

C. 巴纳德　　D. 梅奥

3）人际关系学说把人看作（　　）。

A. “社会人”　　B. “经济人”

C. “复杂人”　　D. “简单人”

4）梅奥等人的霍桑试验得出了（　　）。

A. X 理论　　B. Y 理论

C. 人际关系学说　　D. 科学管理理论

5）一般认为“管理过程之父”“科学管理之父”“组织管理之父”分别是（　　）。

A. 韦伯、法约尔、泰勒　　B. 法约尔、泰勒、韦伯

C. 泰勒、韦伯、法约尔　　D. 韦伯、泰勒、法约尔

6）下列哪个学派主张用数学方法来分析和表述管理？（　　）

A. 管理科学理论　　B. 权变管理理论

C. 管理过程理论　　D. 科学管理理论

7）管理的本质是（　　）。

A. 组织　　B. 协调

C. 领导　　　　　　　　　　　　　　　　D. 控制

8）张总是一家大型企业新上任的总经理，经过调查研究后，发出四道指令：一是调整企业发展方向；二是调整部门结构；三是采取激励措施，进一步调动员工积极性；四是加强对工作绩效的考核。这四道指令分别对应于企业管理的（　　）职能。

A. 策划、控制、组织、领导　　　　　　　B. 策划、组织、领导、控制

C. 组织、策划、控制、领导　　　　　　　D. 领导、组织、策划、控制

9）古人云“运筹于帷幄之中，决胜于千里之外”，这里的“运筹帷幄”反映了管理的哪一个职能？（　　）

A. 策划　　　　　　　　　　　　　　　　B. 组织

C. 领导　　　　　　　　　　　　　　　　D. 控制

10）策划、组织、领导和控制是管理者的基本职能，但是不同层次的管理者在这四种职能上的侧重点各不相同。一般认为，基层管理者在（　　）职能上最为侧重。

A. 策划　　　　　　　　　　　　　　　　B. 组织

C. 控制　　　　　　　　　　　　　　　　D. 领导

11）中层管理人员的主要工作是（　　）。

A. 战略管理　　　　　　　　　　　　　　B. 现场管理

C. 组织协调　　　　　　　　　　　　　　D. 开拓创新

12）某研究所的一位管理人员告诉自己的好朋友，说他在单位的主要职责是给软件开发人员分派具体的工作任务，并指挥和监督各项具体工作任务的完成。由此可推断，这位管理人员是（　　）。

A. 高层管理人员　　　　　　　　　　　　B. 中层管理人员

C. 基层管理人员　　　　　　　　　　　　D. 无法推断

13）泰勒认为，科学管理的中心问题是（　　）。

A. 提高劳动生产率　　　　　　　　　　　B. 增加工资

C. 时间动作分析　　　　　　　　　　　　D. 增加利润

14）为了提高劳动生产率，泰勒实行了（　　）。

A. 平均奖金制　　　　　　　　　　　　　B. 计件工资制

C. 差别计件工资制　　　　　　　　　　　D. 平均工资制

15）关于管理中的例外原则，以下哪种理解最为合适？（　　）

A. 上级将一般日常事务授权给下级去处理，自己只从事重大的、非程序化问题的决策

B. 上级只接受下级关于超出标准的例外情况的报告

C. 上级将一般的日常事务全权交由下级处理，自己只保留对例外事项的决

定和监督权

D. 上级在授予下级日常事务处理权的同时，保留对其执行结果的监督权，并集中精力处理例外事件

16）法约尔提出过著名的管理五大职能，在计划（策划）、组织、领导、控制四个职能中，（　　）职能是法约尔没有提到的。

A. 计划（策划）　　B. 领导

C. 控制　　D. 组织

17）法约尔认为企业六种基本活动中最重要的活动是（　　）。

A. 管理　　B. 商业

C. 会计　　D. 财务

18）法约尔在其《工业管理与一般管理》一书中首次提出一般管理的 14 条原则，其中第一条是（　　）。

A. 权力与责任　　B. 分工

C. 纪律　　D. 统一指挥

19）（　　）提出了重视管理中人的因素。

A. 铁锹实验　　B. 金属切制实验

C. 霍桑试验　　D. 搬运生铁试验

20）企业中存在“非正式组织”的观点来源于（　　）。

A. 现代管理理论　　B. 管理过程理论

C. 科学管理理论　　D. 霍桑试验结论

21）麦克雷戈提出了关于人性假设的（　　）。

A. “成熟-不成熟”理论　　B. “理性经济人”假设理论

C. “复杂人”假设理论　　D. X-Y 理论

22）X 理论管理采用的是（　　）政策。

A. 土豆加牛肉　　B. 胡萝卜加大棒

C. 大棒　　D. 胡萝卜

23）“管理人员存在‘有限的理性’和‘满意准则’”是以下哪一学派的主要观点？（　　）。

A. 系统管理学派　　B. 决策理论学派

C. 管理科学学派　　D. 行为科学学派

24）彼得·德鲁克是（　　）的代表人物。

A. 决策学派　　B. 系统管理学派

C. 权变理论学派　　D. 经验主义学派

25）（　　）是管理的必要条件。

A. 特定的时空　　B. 实现目标

C. 协调资源　　D. 职责权限

26）双因素理论（激励因素-保健因素理论）的提出者是（　　）。

A. 赫茨伯格　　B. 麦格雷戈

C. 麦克利兰　　D. 马斯洛

27）麦格雷戈认为（　　）的前景非常美好，有助于人类实现“美好社会”。

A. 需要层次理论　　B. Y理论

C. 成就需要理论　　D. X理论

28）（　　）的中心思想是核心技术或能力是决定企业经营成败的根本，企业应该围绕核心技术或能力的获得、应用和发展去设计发展战略，而不是只盯着短期的利润目标。

A. 企业再造理论　　B. 核心竞争力理论

C. 战略管理理论　　D. 战略规划学派

29）（　　）参照X理论和Y理论，以日本企业文化为参照系，总结出Z型管理方式，称为“Z理论”。

A. 赫茨伯格　　B. 麦格雷戈

C. 麦克利兰　　D. 威廉·大内

30）学习型组织理论的核心是麻省理工学院教授（　　）的“系统动力学”。他的学生（　　）博士写出了《第五项修炼》这本名著，提出了以“五项修炼”为基础的学习型组织理论。

A. 福瑞斯特，彼得·圣吉　　B. 福瑞斯特，威廉·大内

C. 赫茨伯格，彼得·圣吉　　D. 彼得·圣吉，福瑞斯特

31）企业再造的核心是面向（　　）的业务流程。

A. 未来顾客　　B. 顾客满意度

C. 相关方　　D. 瓶颈环节

32）管理学中，（　　）是有效产出与投入之间的一种比例关系。

A. 效率　　B. 效果

C. 效益　　D. 效能

33）管理中，应用（　　）的根本原因可能在于管理所面对的不确定性以及与这种不确定性相关的管理实践的艺术性特征。

A. 适度原理　　B. 信息原理

C. 人本原理　　D. 系统原理

34）（　　）认为管理的本质是一种实践，不在于知而在于行，唯一权威的就是成果。

A. 管理过程学派　　B. 经验主义学派

C. 管理科学学派　　D. 权变理论学派

35）中国传统的管理思想，分为宏观管理的（　　）和微观管理的（　　）。

A. 治国学，治生学　　B. 帝王术，潜规则

C. 儒家学说，法家学说　　D. 儒家学说，道家学说

36）以下哪项不属于管理学的基本原理？（　　）（真题）

A. 信息原理　　B. 系统原理

C. 关系原理　　D. 适度原理

2. 多项选择题

1）下列哪些属于法约尔组织管理原则？（　　）

A. 例外原则　　B. 管理分工原则

C. 诚信原则　　D. 统一指挥原则

2）下列哪些属于法约尔一般管理理论的主要内容？（　　）

A. 六类经营活动　　B. 五大管理职能

C. 权力结构　　D. 时间研究

3）管理的目的就是有效地实现组织的目标，目标包括（　　）。

A. 效率　　B. 效益

C. 效果　　D. 效应

4）基层管理者的主要职责有（　　）。

A. 现场指挥　　B. 现场监督

C. 制订作业计划　　D. 确定战略目标

5）一个组织的管理层级应根据（　　）而定。

A. 组织的任务量　　B. 组织规模的大小

C. 活动的地域　　D. 管理宽度

6）马克斯·韦伯的行政管理体系的六个特点有（　　）。

A. 明确的职权分工、清晰的等级系统

B. 正规的人员选拔、专职的管理人员

C. 正式的规章制度、理性的职位关系

D. 合理的薪资制度、公正的激励系统

7）麦克利兰的成就需要理论把人的基本需要分为（　　）三种。

A. 成就需要　　B. 权力需要

C. 自我实现需要　　D. 社交需要

8）企业文化从内到外由三个部分组成，这三个部分是（　　）。

A. 企业精神文化　　B. 企业制度文化

C. 企业物质文化　　D. 企业形象文化

9）核心竞争力主要具有的三大特征是（　　）。

A. 独特性　　B. 前瞻性

C. 价值性　　D. 延展性

10）管理学包含七项基本原理，这七项基本原理是（　　）。

A. 系统原理、人本原理、责任原理　　B. 能级原理、效益原理

C. 信息原理、适度原理　　D. 服从原理、适度原理

11）管理学中，系统的特征包括（　　）。

A. 集合性　　B. 综合性

C. 层次性　　D. 相关性

12）管理学系统原理的 6 个要点包括（　　）。

A. 整体性原理、动态性原理　　B. 开放性原理、综合性原理

C. 层次性原理、环境适应性原理　　D. 相关性原理、集合性原理

13）人本原理的实质就是充分肯定人在管理活动中的主体地位和作用。人本原理的主要观点包括（　　）。

A. 尊重人　　B. 依靠人

C. 发展人　　D. 为了人

14）管理的基本原则是一定的人对所承担的一定的工作完全负责，要做到完全负责，下面哪些因素很重要？（　　）

A. 权限　　B. 利益

C. 能力　　D. 知识

15）按能级配置人员要注意以下哪几点？（　　）

A. 能级与职级配置　　B. 能级与岗位配置

C. 能级与待遇配置　　D. 能级与能级交叉配置，优化组合

16）管理学中，管理信息具有的 3 个基本特征是（　　）。

A. 信息价值的不确定性　　B. 信息的不可预测性

C. 内容的可干扰性　　D. 形式和内容的更替性

17）管理信息系统的主要特点是（　　）。

A. 系统的观点　　B. 数学的方法

C. 计算机的应用　　D. 动态的变化

18）管理学是一门研究和探索管理活动的（　　），系统地分析和论述管理活动的科学。

A. 一般规律　　B. 基本原理

C. 特殊情形　　D. 一般方法

19）下面哪些是中国传统管理思想的要点？（　　）

A. 顺“道”、重人、人和、守信、利器

B. 分工、权力与责任、纪律、公平

C. 求实、对策、节俭、法治

D. 集权与分权、等级链、秩序

20）古典管理理论的代表人物有（　　）。

A. 泰勒　　B. 韦伯

C. 马斯洛　　D. 法约尔

21）古典管理理论是指（　　）。

A. 科学管理理论　　B. 组织管理理论

C. 行政管理理论　　D. 管理科学理论

22）下面属于法约尔提出的企业的基本活动的有（　　）。

A. 技术活动、商业活动　　B. 财务活动、安全活动

C. 会计活动、管理活动　　D. 生产活动、供应活动

23）法约尔认为，企业管理活动的内容包括（　　）。

A. 计划　　B. 组织

C. 指挥、协调　　D. 控制

24）法约尔提出的管理的 14 条原则包括（　　）。

A. 公平原则　　B. 等级链

C. 统一指挥　　D. 创新精神

3. 问答题

1）人际关系学说的主要内容是什么？

2）权变理论学派有哪些主要理论观点？

3）什么是管理学原理？

4）什么是例外原则？

5）什么是现代管理理论丛林？

答案点拨解析

1. 单项选择题

题号	答案	解析
1	C	见本书 1.2.3 节
2	D	见本书 1.2.4 节表 1-7
3	A	见本书 1.2.4 节表 1-7
4	C	见本书 1.2.4 节表 1-7
5	B	见本书 1.2.3 节

（续）

题号	答案	解析
6	A	见本书1.2.5节之6
7	B	见本书1.1.1节
8	B	见本书1.1.3节
9	A	见本书1.1.3节
10	D	见本书1.1.3节
11	C	见本书1.1.3节
12	C	见本书1.1.3节
13	A	见本书1.2.3节之1
14	C	见本书1.2.3节之1表1-4
15	D	见本书1.2.3节之1表1-4
16	B	见本书1.2.3节之2表1-5
17	A	见本书1.2.3节之2表1-5
18	B	见本书1.2.3节之2表1-5
19	C	见本书1.2.4节
20	D	见本书1.2.4节表1-7
21	D	见本书1.2.4节表1-7中麦格雷戈的X理论和Y理论
22	B	见本书1.2.4节表1-7中麦格雷戈的X理论和Y理论
23	B	见本书1.2.5节之3
24	D	见本书1.2.5节之2
25	A	见本书1.1.1节之1)
26	A	见本书1.2.4节表1-7赫茨伯格的双因素理论
27	B	见本书1.2.4节表1-7麦格雷戈的X理论和Y理论
28	B	见本书1.2.6节表1-8核心竞争力理论
29	D	见本书1.2.6节表1-8企业文化理论
30	A	见本书1.2.6节表1-8学习型组织理论
31	B	见本书1.2.6节表1-8企业再造理论
32	C	见本书1.3.5节之1
33	A	见本书1.3.7节之2
34	B	见本书1.2.5节之2
35	A	见本书1.2.1节
36	C	见本书1.3节，管理学包含七项基本原理：系统原理、人本原理、责任原理、能级原理、效益原理、信息原理、适度原理

2. 多项选择题

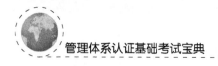

题号	答案	解析
1	BD	见本书1.2.3节之2表1-5，法约尔14条管理原则
2	AB	见本书1.2.3节之2表1-5，六类经营活动和五大管理职能属于法约尔一般管理理论的主要内容；权力结构是韦伯行政管理的内容；时间研究是泰勒科学管理的内容
3	AC	见本书1.1.1节之2)
4	ABC	见本书1.1.4节之2之2)
5	ABCD	见本书1.1.4节之2之2)
6	ABC	见本书1.2.3节之3表1-6
7	ABD	见本书1.2.4节表1-7麦克利兰的成就需要理论
8	ABC	见本书1.2.6节表1-8企业文化理论
9	ACD	见本书1.2.6节表1-8核心竞争力理论
10	ABC	见本书1.3节
11	ACD	见本书1.3.1节之1之2)
12	ABC	见本书1.3.1节之2
13	ABCD	见本书1.3.2节之2
14	ABC	见本书1.3.3节之2
15	ABCD	见本书1.3.4节之2
16	ACD	见本书1.3.6节之3
17	ABC	见本书1.3.6节之4
18	ABD	见本章“考点知识讲解”开头一段话
19	AC	见本书1.2.1节
20	ABD	见本书1.2.2节之2
21	ABC	见本书1.2.3节
22	ABC	见本书1.2.3节之2表1-5
23	ABCD	见本书1.2.3节之2表1-5
24	ABCD	见本书1.2.3节之2表1-5

3. 问答题

1）见本书1.2.4节表1-7。人际关系学说的主要内容包括：

① 员工是“社会人”，而不是“经济人”。

② 企业中存在着非正式组织。

③ 生产效率与工作条件之间并不存在直接的联系，生产效率的提高关键在于工人工作态度的改变。

④ 满足工人的社会欲望，提高工人的积极性，是提高生产率的关键。

2）见本书1.2.5节之8。权变理论学派的主要理论观点有：

① 在企业管理中要根据企业所处的内外条件随机应变，没有一成不变、普遍适用的最佳管理理论和方法。

② 强调在管理中要根据组织所处的内外部条件随机应变，针对不同的具体条件寻求最合适的管理模式。

3）见本书1.3节。管理学原理是：

① 管理学原理就是在管理实践过程中，通过对各项管理制度和管理方法进行高度综合与概括，对管理工作中实际问题的科学分析和总结而形成的具有普遍指导意义的基本规律。

② 管理学原理是对现实管理现象的抽象和大量管理实践经验的升华，体现了管理行为的规律性、实质性。

③ 管理学包含七项基本原理：系统原理、人本原理、责任原理、能级原理、效益原理、信息原理、适度原理。

4）见本书1.2.3节之1表1-4。例外原则是：

企业的高级管理人员把例行的日常事务授权给下级管理人员去处理，自己只保留对例外事项的决策和监督权。

5）见本书1.2.5节。第二次世界大战以后，出现了一系列管理学派，如管理过程学派、经验主义学派、决策理论学派、系统管理学派、社会技术系统学派、管理科学学派、信息中心学派、权变理论学派等，这些学派及其理论在内容上相互联系并相互影响，被称为“现代管理理论丛林”。

第2章 管理体系概论

考试大纲要求

1）管理体系的起源及发展过程。

2）管理体系核心理念的内涵。

3）管理体系通用术语和定义。

4）管理体系建立的主要过程。

组织通过设立方针和目标，把实现这些目标所需的过程形成相互关联或相互作用的一组要素，这些要素是构成组织建立、实施、保持和改进管理体系的基础。过程方法、策划—实施—检查—处置（PDCA）循环、风险思维等管理理念在管理体系中得到了充分体现。

2.1 管理体系的起源和发展

考点知识讲解

质量管理经历了质量检验、统计质量管理和全面质量管理三个阶段，直到国际标准化组织（ISO）提出管理体系的概念。

2.1.1 管理体系的起源

管理体系起源于质量管理的概念。质量管理经历了质量检验、统计质量管理和全面质量管理三个阶段。

1. 质量检验阶段

20世纪之前，产品质量基本上依靠操作者的技艺和经验来保证，可称为“操作者的质量管理”。到了20世纪初，“科学管理之父”泰勒提出了在生产中应该将计划与执行、生产与检验分开的主张。企业开始设立专职的检验部门，由此开始了“检验员（部门）的质量管理”，这就是质量检验阶段。质量检验阶段的出现，意味着现代意义上的质量管理概念的诞生。

专职检验的特点是“三权分立”：有人专职制定标准，有人负责生产制造，有人专职按照标准检验产品质量。质量检验阶段停留在“事后把关”。

2. 统计质量管理阶段

1926 年，美国人休哈特提出了“事先控制，预防废品”的质量管理新思路，发明了“质量控制图”，解决了质量检验事后把关的不足。后来，美国人道奇和罗米格又提出了抽样检验法，并设计了可实际使用的“抽样检验表”，解决了全数检验和破坏性检验在应用中的困难。

一般认为，20 世纪 40 年代质量管理开始进入统计质量管理阶段，质量管理由“事后把关”变成事先控制、预防为主、防检结合，并开创了把数理方法应用于质量管理的新局面。

20 世纪 50 年代，美国质量专家戴明在休哈特之后，系统和科学地提出用统计学的方法进行持续改进的观点，指出大多数质量问题是生产和经营系统的问题，强调最高管理层对质量管理的责任。“戴明十四法”对质量管理产生了重大影响。1958 年，美国军方制定了 MIL-Q-8958A 等系列军用质量管理标准，在标准中提出了“质量保证”的概念。

3. 全面质量管理阶段

20 世纪 60 年代初，美国人费根鲍姆和朱兰提出了全面质量管理的科学概念及理论。1961 年，费根鲍姆在他的著作《全面质量控制》中提出了全面质量管理（Total Quality Management，TQM）的概念：全面质量管理是为了能在最经济的水平上，并考虑到充分满足用户要求的条件下进行市场研究、设计、生产和服务，把企业内各部门的研制质量、维持质量和提高质量的活动，构成一种有效的体系。全面质量管理在日本被称为全公司的质量控制（CWQC），日本学习全面质量管理最认真，得益也最大。

全面质量管理理论的诞生，是质量管理发展历史中的里程碑。国际标准化组织质量管理和质量保证技术委员会（ISO/TC 176）在总结各国全面质量管理经验的基础上，于 1987 年发布了 ISO 9000 质量体系系列标准。从此，全面质量管理理论在各个领域被广泛应用。

2.1.2　管理体系的发展

国际标准化组织（ISO）按专业性质设立技术委员会（Technical Committee，TC）和分技术委员会（Sub Committee，SC）及工作组（Working Group，WG）。国际电工委员会（International Electrotechnical Commission，IEC）是世界上最早的国际性电工标准化专门机构，IEC 也设有 TC、SC 和 WG。国际标准主要是指 ISO、IEC、ITU（国际电信联盟）及被 ISO 认可的其他国际组织所制定的标准。

下面是几个常见的管理体系标准：

1）ISO/TC 176 对 ISO 9001 标准进行了四次修订，并于 2015 年发布了 ISO 9001：2015《质量管理体系要求》（QMS）。2016 年，我国将该标准等同转化为 GB/T 19001—2016《质量管理体系　要求》。

2）2015 年 ISO 发布了第 2 次修订的 ISO 14001：2015《环境管理体系　要求及使用指南》（EMS）。2016 年，我国将该标准等同转化为 GB/T 24001—2016《环境管理体系　要求及使用指南》。

3）2018 年，ISO 45001《职业健康安全管理体系　要求及使用指南》（OHSMS）标准正式发布，我国将该标准转化为 GB/T 45001—2020《职业健康安全管理体系　要求及使用指南》。

4）我国还发布了国内相关行业的管理体系标准，如 GB/T 50430—2017《工程建设施工企业质量管理规范》、GB/T 29490—2013《企业知识产权管理规范》等。

2012 年，为加强各管理体系标准的一致性、协调性和兼容性，ISO/IEC 在其导则第 1 部分的附录中，规定了适用于所有管理体系国际标准的**通用框架**：高层结构、相同的核心文本、通用术语和核心定义。在认证行业中，常常把通用框架称为高层结构。2012 年之后，国际组织发布了多个符合高层结构的管理体系标准。

同步练习强化

1. 单项选择题

1）质量管理经历了（　　）三个阶段。

A. 质量检验、统计质量管理和全面质量管理

B. 产品质量检验、过程质量控制和全面标准化管理

C. 全面检验、抽样检验、统计过程控制

D. 手工检验、统计控制、大质量时代

2）20 世纪初，（　　）提出了在生产中应该将计划与执行、生产与检验分开的主张。

A. 休哈特　　B. 泰勒

C. 朱兰　　D. 石川馨

3）1926 年，（　　）提出了“事先控制，预防废品”的质量管理新思路。

A. 戴明　　B. 休哈特

C. 朱兰　　D. 石川馨

4）20 世纪初叶，（　　）最先提出了抽样检验法，并设计了可实际使用的“抽样检验表”。

A. 道奇、罗米格　　B. 朱兰、罗米格

C. 费根鲍姆、道奇　　D. 道奇、戴明

5）20 世纪 50 年代，（　　）指出大多数质量问题是生产和经营系统的问题，强调最高管理层对质量管理的责任。

A. 戴明　　B. 休哈特

C. 朱兰　　D. 石川磬

6）1961 年，（　　）提出的全面质量管理的概念。

A. 戴明　　B. 朱兰

C. 费根鲍姆　　D. 克劳士比

7）全面质量管理在日本被称为（　　），日本学习全面质量管理最认真，得益也最大。

A. 全面质量控制　　B. 全过程质量控制

C. 全公司的质量控制（CWQC）　　D. 全生产过程控制

2. 多项选择题

国际标准主要是指（　　）所制定的标准。

A. ISO　　B. IEC

C. ITU（国际电信联盟）　　D. 被 ISO 认可的其他国际组织

答案点拨解析

1. 单项选择题

题号	答案	解析
1	A	见本书 2.1.1 节
2	B	见本书 2.1.1 节之 1
3	B	见本书 2.1.1 节之 2
4	A	见本书 2.1.1 节之 2
5	A	见本书 2.1.1 节之 2
6	C	见本书 2.1.1 节之 3
7	C	见本书 2.1.1 节之 3

2. 多项选择题

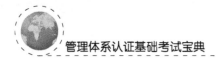

题号	答案	解析
	ABCD	见本书2.1.2节

2.2 管理体系核心理念

考点知识讲解

《管理体系认证基础》一书提出了10个管理体系核心理念，包括运用过程方法、采用PDCA循环、建立风险管理思维、追求持续成功、关注绩效、以顾客为关注焦点、强调领导作用、提倡全员参与、循证决策、关系管理。

2.2.1 运用过程方法

1. 运用过程方法概述

可以把一个组织的管理统称为管理系统（体系）。“系统”就是“相互关联或相互作用的一组要素（见GB/T 19000之3.5.1条款）”。系统由多个子系统构成。从组织的整体管理系统而言，系统以及系统下的过程和活动都是相互关联和相互作用的，由领导作用、职责权限、管理策划、资源配置、运行实现、监视测量、持续改进等要素构成。对这些要素及其相互关联和相互作用的管理，就形成了对组织系统的管理。

“过程”是指“利用输入实现预期结果的相互关联或相互作用的一组活动”。管理体系是由相互关联的过程所组成的。理解体系是如何产生结果的，能够使组织尽可能地完善其体系并优化其绩效（改自GB/T 19000之2.3.4.2条款）。

“过程方法”，就是“系统地识别和管理组织所应用的过程及其活动，将活动作为相互关联、功能连贯的过程组成的系统来理解和管理时，可更加有效和高效地得到一致的、可预知的结果（见GB/T 19000之2.3.4.1条款）”。

倡导在建立、实施管理体系以及提高其有效性时采用过程方法。将相互关联的过程作为一个体系加以理解和管理，有助于组织有效和高效地实现其预期结果。这种方法使组织能够对其体系的过程之间相互关联和相互依赖的关系进行有效控制，以提高组织整体绩效（改自GB/T 19001之0.3.1条款）。

过程方法通过采用PDCA循环以及始终基于风险的思维对过程和整个体系进行管理，旨在有效利用机遇并防止发生不良结果（改自GB/T 19001之0.3.1条款）。

2. 运用过程方法的具体要求（可开展的活动）

综合 GB/T 19001 之 4.4.1 条款、GB/T 19000 之 2.3.4.4 条款：

1）确定这些过程所需的输入和期望的输出。

2）确定这些过程的顺序和相互作用，将过程及其相互关系作为一个体系进行管理，以有效和高效地实现组织的质量目标。

3）确定和应用所需的准则和方法（包括监视、测量和相关绩效指标），以确保这些过程有效运行和控制。

4）确定这些过程所需的资源并确保其可获得。

5）分配这些过程的职责和权限。

6）确定并管理需要应对的风险和机遇。

7）评价这些过程，实施所需的变更，以确保实现这些过程的预期结果。

8）改进过程和管理体系，确保获得必要的信息，以运行和改进过程并监视、分析和评价整个体系的绩效。

3. 运用过程方法的优势（益处）

GB/T 19000 之 2.3.4.3 条款：

1）提高关注关键过程的结果和改进的机会的能力。

2）通过由协调一致的过程所构成的体系，得到一致的、可预知的结果。

3）通过过程的有效管理、资源的高效利用及跨职能壁垒的减少，尽可能提升其绩效。

4）使组织能够向相关方提供关于其一致性、有效性和效率方面的信任。

2.2.2 采用 PDCA 循环

1. 改进的基本过程——PDCA 循环

PDCA 循环是将改进过程分为策划—实施—检查—处置四个阶段，PDCA 循环使组织能够确保其过程得到充分的资源和管理，确定改进机会并采取行动。

PDCA 循环（见图 2-1）最早由统计质量控制的奠基人 W. A. 休哈特提出，戴明将其介绍到日本并由日本人进一步充实了 PDCA 循环的内容，所以 PDCA 循环又被称为戴明环。

1）PDCA 循环的内容。PDCA 循环可分为 4 个阶段 8 个步骤（见图 2-2）。4 个阶段反映了人们的认识过程，是必须遵循的；8 个步骤则是具体的工作程序，不应强求任何一次循环都要有 8 个步骤。PDCA 循环的具体工作步骤可增可减，视所要解决问题的具体情况而定。

第一阶段为策划阶段，即 P 阶段。在这一阶段，以提高质量、改善环境等为目的，通过分析诊断，确定改进的目标，确定达到这些目标的具体措施和方法。

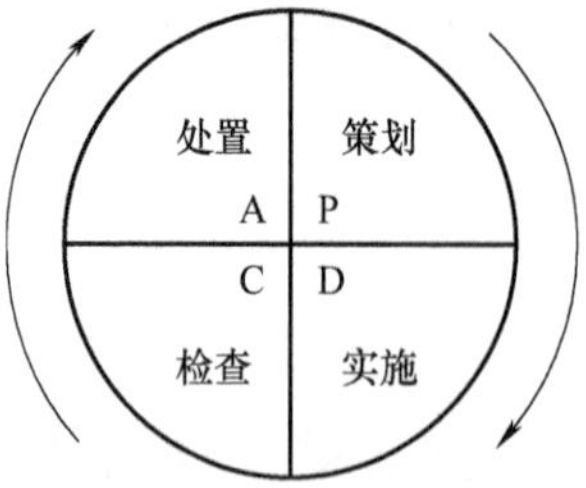

图 2-1 PDCA 循环

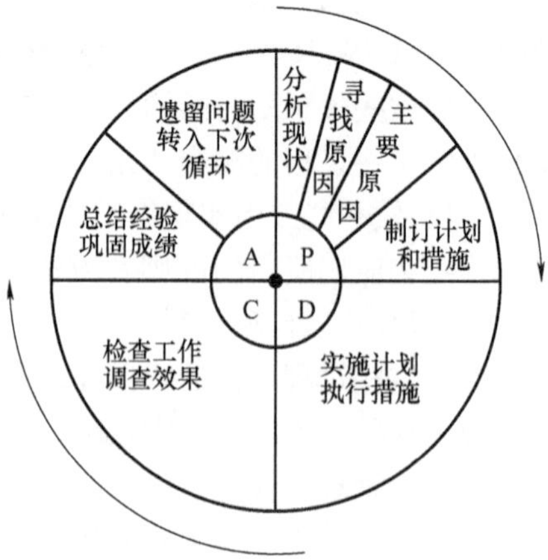

图 2-2 PDCA 的 4 个阶段 8 个步骤

这个阶段的工作内容包括四个步骤。

第 1 步：分析现状，找出存在的质量、环境等问题。

第 2 步：寻找原因，分析产生质量、环境等问题的各种影响因素。

第 3 步：找出主要原因（称为主因、要因、根因）。

第 4 步：针对主要原因，制订计划和措施。计划和措施的拟定过程必须明确以下几个问题：

——Why（为什么），说明为什么要制订这些计划和措施。

——What（干到什么程度），预计要达到的目标。

——Where（哪里干），在什么地点执行这些计划和措施。

——Who（谁来干），由哪个部门、哪个人来执行。

——When（什么时候干），说明工作的进度，何时开始，何时完成。

——How（怎样干），说明如何完成此项任务，即措施的内容。

以上六点，称为 5W1H 技术。

第二阶段为实施阶段，即 D 阶段。在这一阶段，按照已制订的计划内容，克服各种阻力，扎扎实实地去做，以实现改进的目标。

这个阶段只有一个步骤：

第 5 步：实施计划、执行措施，即按照计划和措施，认真地去执行。

第三阶段为检查阶段，即 C 阶段。在这一阶段，对照计划要求，检查、验证执行的效果，及时发现计划过程中的经验和问题。

这个阶段只有一个步骤：

第 6 步：检查工作、调查效果，即根据计划的要求，检查实际执行的结果，看是否达到预期的目的。

第四阶段为处置阶段，即A阶段。在这一阶段，要对成功的经验加以肯定，形成标准；对于失败的教训，也要认真地总结。对于这次循环中还没有解决的问题，则转到下一个PDCA循环中加以解决。

这个阶段包括两个步骤：

第7步：总结经验、巩固成绩。根据检查的结果进行总结，把成功的经验和失败的教训纳入有关的标准、规定和制度之中，巩固已经取得的成绩，同时防止重蹈覆辙。

第8步：遗留问题，转入下次循环。这一循环尚未解决的问题，转入下一次循环中去解决。

2）PDCA循环的特点。PDCA循环可以使管理方法和工作步骤更加条理化、系统化、图像化和科学化。PDCA循环有以下三个特点：

① 闭环管理（完整的循环）。

PDCA循环是一个完整的循环。PDCA循环的四个阶段，并非是截然分开，而是紧密衔接连成一体的，各阶段之间也还存在着一定的交叉现象。在实际工作中，往往是边计划、边实施，边实施、边检查，边检查、边总结、边调整计划。

PDCA形成了封闭的循环，表明这些过程会不断地循环下去。每循环一次，管理水平都会上一个台阶。

② 环中有环（大环套小环）。

环中有环，大环套小环，互相促进。

在一个企业中，既有全厂整体性的PDCA循环，又有各部门、各科室、各车间的PDCA循环。大环是小环的母体或依据，小环则是大环的分解和保证。

在PDCA四个阶段中，每个阶段也可能有它本身的小PDCA循环（见图2-3）。

③ 螺旋上升（逐步上升的循环）。

PDCA是周而复始地进行循环的，而且每循环一次就上升一个台阶，使得质量、环境等问题不断得到解决和提高（见图2-4）。

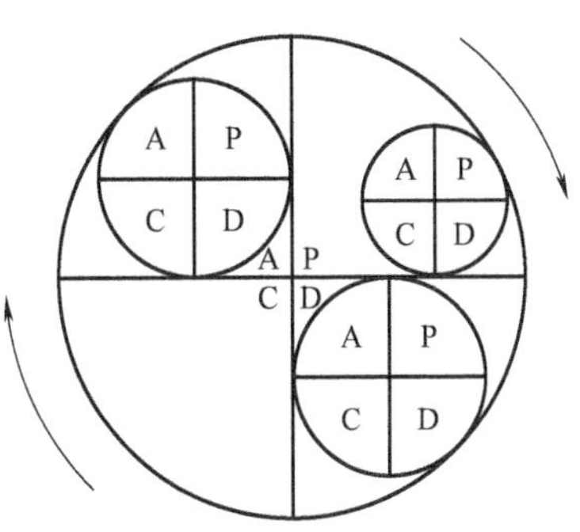

图2-3 大环套小环

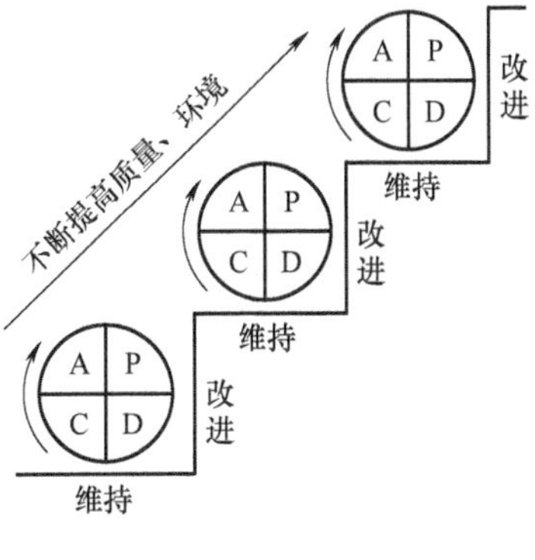

图2-4 不断上升的循环

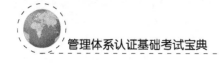

2. 管理体系中的 PDCA 循环

管理体系框架就是按照 PDCA 的思路设计的。管理体系高层结构（HLS，见本书第 3 章）就是运用 PDCA 方式排列相关章节的，HLS 的第 4 章、第 5 章、第 6 章是策划 P 的过程，第 7 章、第 8 章是实施 D 的过程，第 9 章是检查 C 的过程，第 10 章是处置（改进）A 的过程。管理体系高层结构 PDCA 示意图如图 2-5 所示。

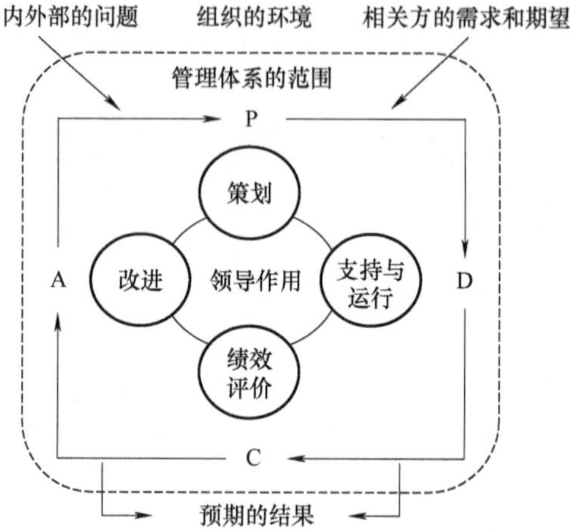

图 2-5　管理体系高层结构 PDCA 示意图

PDCA 循环能够应用于所有过程以及整个管理体系，可以简要描述如下：

——策划（Plan）：建立体系的目标及其过程，以实现与组织的管理方针相一致的结果。

——实施（Do）：执行所做的策划。

——检查（Check）：根据方针、目标、要求，对过程及其输出进行监视和测量，并报告结果。

——处置（Act）：采取措施以持续改进。

2.2.3　建立风险管理思维

1. 风险管理概述

风险是指“不确定性的影响”。组织的所有活动都涉及风险。组织通过识别、分析和评定是否运用风险处理来修正风险以满足风险准则，并管理风险。

管理体系引入风险思维的总体目的在于确保组织能够实现其特定管理体系的预期结果，预防或减少非预期影响以实现持续成功。基于风险的思维使组织能够确定可能导致其过程和管理体系偏离策划结果的各种因素，采取预防控制，最大限度地降低不利影响，并最大限度地利用出现的机遇。

2. 风险原则

组织遵循风险原则，目的是将风险管理过程整合到组织的整体治理、战略和规划、管理、报告过程、方针、价值观和文化中。风险原则有：

1）风险管理创造和保护价值。

2）风险管理是整个所有组织过程中的一部分。风险管理不是与组织的主要活动和过程分开的孤立活动。

3）风险管理支持决策。

4）风险管理有助于解决不确定问题。

5）风险管理具备系统性、结构化和及时性。

6）风险管理基于最可用的信息。

7）风险管理是量体裁衣的。

8）风险管理要考虑人文因素。

9）风险管理是透明和包容的。

10）风险管理是动态、迭代和应对变化的。

11）风险管理可以实现组织的持续改进。

注意，这里《管理体系认证基础》一书中的风险管理原则近似于 GB/T 24353—2009《风险管理　原则与实施指南》，而《质量管理方法与工具》一书中的第六章第一节“风险管理概述”中的风险管理原则来源于最新标准 GB/T 24353/ISO 31000：2018《风险管理　指南》。本书第 13 章 13.1 节是对《质量管理方法与工具》一书中第六章第一节的要点讲述。

3. 实现风险管理的效果

《管理体系认证基础》一书列举了 17 个实现风险管理的效果（近似于 GB/T 24353—2009《风险管理　原则与实施指南》中的“引言”）：

1）提高实现目标的可能性。

2）鼓励主动性管理。

3）在整个组织意识到识别和处理风险的需求。

4）改进机会和威胁的识别能力。

5）符合相关法律法规要求和国际规范。

6）改进强制性和自愿性报告。

7）改善治理。

8）提高利益相关方的信心和信任。

9）为决策和规划建立可靠的根基。

10）加强控制。

11）有效地分配和利用风险处理的资源。

12）提高运营的效果和效率。

13）增强健康安全绩效，以及环境保护。

14）改善损失预防和事件管理。

15）减少损失。

16）提高组织的学习能力。

17）提高组织的应变能力。

4. 实施风险管理的要求

管理体系高层结构主要从组织的战略层面考虑组织的风险，但并不要求组织进行正式的风险管理或文件化的风险管理过程。如何利用风险思维取决于组织所处的环境。组织可自行选择确定风险和机遇的方法。

2.2.4 追求持续成功

1. 持续成功概述

持续成功是指组织长期持续实现并保持其目标的能力的结果。这是一种管理方法。

为获得持续成功，组织应建立其使命、愿景和价值观。组织确定其战略方向和发展方针是实现组织使命、追求持续成功的有效途径。

持续改进是管理体系运行的基本管理原则之一。成功的组织持续关注改进。

2. 追求持续成功的有效途径（实施战略和方针的有效途径）

1）将战略和方针在组织的各个层级上转化成可度量的目标，为每个目标设定完成期限、职责和权力分配。

2）明确实现这些目标所需的活动和过程，提供和部署所需的资源。

3）定期评估过程运行状况，对偏离或可能偏离结果的任何事项采取适当的纠正和预防措施，包括对改变和创新的决定。

4）持续分析环境的变化，持续分析利益相关方的需求和期望，持续评估应对风险的措施，预测未来对资源的需求，输出必要的措施，实施持续改进，包括对战略和方针的调整。

3. 追求持续成功的益处

GB/T 19000—2016 标准 2.3.5.3 条款这样描述：

1）提高过程绩效、组织能力和顾客满意。

2）增强对调查和确定根本原因及后续的预防和纠正措施的关注。

3）提高对内外部风险和机遇的预测和反应能力。

4）增加对渐进性和突破性改进的考虑。

5）更好地利用学习来改进。

6）增强创新的动力。

4. 追求持续成功可开展的活动（持续改进的核心内容）

GB/T 19000—2016 标准 2.3.5.4 条款这样描述：

1）促进在组织的所有层级建立改进目标。

2）对各层级人员进行教育和培训，使其懂得如何应用基本工具和方法实现改进目标。

3）确保员工有能力成功地促进和完成改进项目。

4）开发和展开过程，以在整个组织内实施改进项目。

5）跟踪、评审和审核改进项目的策划、实施、完成和结果。

6）将改进与新的或变更的产品、服务和过程的开发结合在一起予以考虑。

7）赞赏和表彰改进。

2.2.5　关注绩效

对管理体系而言，“绩效”是“可测量的结果”，管理体系的有效性的体现就是实现或超越预期结果，即管理体系绩效。对组织而言，管理体系预期结果包括实现目标、履行合规义务和提升绩效。管理体系高层结构中的第 9 章专门提出了对绩效的监视、测量、分析和评价的要求。

绩效管理是指各级管理者和员工为了达到组织目标共同参与的绩效制定、绩效沟通、绩效考核评价、绩效结果应用、绩效目标提升的持续循环过程。绩效管理的目的是持续提升个人、部门和组织的绩效。

绩效计划制订要解决的主要问题是目标管理，目标管理的**核心问题**是保证组织目标、部门目标以及个人目标的一致性。目标管理的**中心思想**是将组织目标展开到每个成员、每个层次和部门。

绩效管理发挥效果的机制是：

1）对组织或个人设定合理目标，建立有效的激励约束机制。

2）定期进行有效的绩效评估，肯定成绩，指出不足，奖励贡献，约束后进。

2.2.6　以顾客为关注焦点

1. 以顾客为关注焦点概述

质量管理是所有领域管理的基石，没有质量管理，其他领域管理是没有意义的。GB/T 19000—2016 标准 2.3.1 条款对“以顾客为关注焦点”进行了详细的描述。

质量管理的首要关注点是满足顾客要求并且努力超越顾客期望。组织只有赢得和保持顾客和其他有关相关方的信任才能获得持续成功。与顾客相互作用的每个方面，都提供了为顾客创造更多价值的机会。理解顾客和其他相关方当前和未来的需求，有助于组织的持续成功。

2. 以顾客为关注焦点的主要益处

GB/T 19000—2016 标准 2.3.1.3 条款：

1）提升顾客价值。

2）增强顾客满意。

3）增进顾客忠诚。

4）增加重复性业务。

5）提高组织的声誉。

6）扩展顾客群。

7）增加收入和市场份额。

3. 以顾客为关注焦点可开展的活动

GB/T 19000—2016 标准 2.3.1.4 条款：

1）识别从组织获得价值的直接顾客和间接顾客。

2）理解顾客当前和未来的需求和期望。

3）将组织的目标与顾客的需求和期望联系起来。

4）在整个组织内沟通顾客的需求和期望。

5）为满足顾客的需求和期望，对产品和服务进行策划、设计、开发、生产、交付和支持。

6）测量和监视顾客满意情况，并采取适当的措施。

7）在有可能影响到顾客满意的有关相关方的需求和适宜的期望方面，确定并采取措施。

8）主动管理与顾客的关系，以实现持续成功。

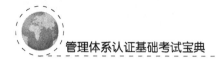

2.2.7 强调领导作用

1. 强调领导作用概述

领导作用在管理体系中处于 PDCA 方法的中心位置，领导对策划、实施、检查和改进起到指挥作用。管理体系高层结构中的第 5 章就是专门对组织最高管理者的要求。GB/T 19000—2016 标准 2.3.2 条款对“领导作用”进行了详细的描述。

各级领导建立统一的宗旨和方向，并创造全员积极参与实现组织的目标的条件。统一的宗旨和方向的建立，以及全员的积极参与，能够使组织将战略、方针、过程和资源协调一致，以实现其目标。

2. 强调领导作用的主要益处

GB/T 19000—2016 标准 2.3.2.3 条款：

1）提高实现组织质量目标的有效性和效率。

2）组织的过程更加协调。

3）改善组织各层级、各职能间的沟通。

4）开发和提高组织及其人员的能力，以获得期望的结果。

3. 强调领导作用可开展的活动

GB/T 19000—2016 标准 2.3.2.4 条款：

1）在整个组织内，就其使命、愿景、战略、方针和过程进行沟通。

2）在组织的所有层级创建并保持共同的价值观，以及公平和道德的行为模式。

3）培育诚信和正直的文化。

4）鼓励在整个组织范围内履行对质量的承诺。

5）确保各级领导者成为组织中的榜样。

6）为员工提供履行职责所需的资源、培训和权限。

7）激发、鼓励和表彰员工的贡献。

2.2.8　提倡全员参与

1. 提倡全员参与概述

在管理体系标准中，领导承诺、能力、意识、沟通等条款明确地应用了全员参与的内容。GB/T 19000—2016 标准 2.3.3 条款对“全员积极参与”进行了详细的描述。

整个组织内各级胜任、经授权并积极参与的人员，是提高组织创造和提供价值能力的必要条件。为了有效和高效地管理组织，各级人员得到尊重并参与其中是极其重要的。通过表彰、授权和提高能力，促进在实现组织的目标过程中的全员积极参与。

制定全员参与的、能调动组织所有员工积极性和潜能的管理方案，以切实应用以人为本的管理理念。

2. 提倡全员参与的主要益处

GB/T 19000—2016 标准 2.3.3.3 条款：

1）组织内人员对质量目标有更深入的理解，以及更强的加以实现的动力。

2）在改进活动中，提高人员的参与程度。

3）促进个人发展、主动性和创造力。

4）提高人员的满意程度。

5）增强整个组织内的相互信任和协作。

6）促进整个组织对共同价值观和文化的关注。

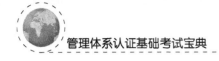

3. 提倡全员参与可开展的活动

GB/T 19000—2016 标准 2. 3. 3. 4 条款：

1）与员工沟通，以增强他们对个人贡献的重要性的认识。

2）促进整个组织内部的协作。

3）提倡公开讨论，分享知识和经验。

4）让员工确定影响执行力的制约因素，并且毫无顾虑地主动参与。

5）赞赏和表彰员工的贡献、学识和进步。

6）针对个人目标进行绩效的自我评价。

7）进行调查以评估人员的满意程度，沟通结果并采取适当的措施。

2. 2. 9 循证决策

1. 循证决策概述

数据和信息及其不确定性经过科学加工后才能成为证据。循证决策就是将数据和信息及其不确定性经过**科学加工**后形成证据，基于证据实施决策的理论。基于数据和信息的分析和评价的决策，更有可能产生期望的结果。

在管理体系标准中，绩效评价和持续改进等章节是循证决策的明显应用。

2. 循证决策的主要益处

GB/T 19000—2016 标准 2. 3. 6. 3 条款：

1）改进决策过程。

2）改进对过程绩效和实现目标的能力的评估。

3）改进运行的有效性和效率。

4）提高评审、挑战和改变观点和决策的能力。

5）提高证实以往决策有效性的能力。

3. 循证决策可开展的活动

GB/T 19000—2016 标准 2. 3. 6. 4 条款：

1）确定、测量和监视关键指标，以证实组织的绩效。

2）使相关人员能够获得所需的全部数据。

3）确保数据和信息足够准确、可靠和安全。

4）使用适宜的方法对数据和信息进行分析和评价。

5）确保人员有能力分析和评价所需的数据。

6）权衡经验和直觉，基于证据进行决策并采取措施。

2. 2. 10 关系管理

1. 关系管理概述

组织的绩效既受相关方的影响，也影响着相关方。通过管理与相关方的关系，建立互利原则，一方面，最大限度地发挥相关方在组织绩效方面的作用；另一方面，实现以平衡的方式满足相关方的要求和期望。为了持续成功，组织需要管理与有关相关方的关系。

在管理体系标准中，采购、顾客要求、内外部沟通、能力、意识、绩效评价和持续改进等章节是关系管理的明显应用。

2. 关系管理的主要益处

GB/T 19000—2016 标准 2.3.7.3 条款：

1）通过对每一个与相关方有关的机会和限制的响应，提高组织及其有关相关方的绩效。

2）对目标和价值观，与相关方有共同的理解。

3）通过共享资源和人员能力，以及管理与质量有关的风险，增强为相关方创造价值的能力。

4）具有管理良好、可稳定提供产品和服务的供应链。

3. 关系管理可开展的活动

GB/T 19000—2016 标准 2.3.7.4 条款：

1）确定有关相关方（如供方、合作伙伴、顾客、投资者、雇员或整个社会）及其与组织的关系。

2）确定和排序需要管理的相关方的关系。

3）建立平衡短期利益与长期考虑的关系。

4）与有关相关方共同收集和共享信息、专业知识和资源。

5）适当时，测量绩效并向相关方报告，以增加改进的主动性。

6）与供方、合作伙伴及其他相关方合作开展开发和改进活动。

7）鼓励和表彰供方及合作伙伴的改进和成绩。

同步练习强化

1. 单项选择题

1）下面哪个不是管理体系核心理念？（　　）

A. 系统管理方法　　B. 风险管理思维

C. 关注绩效　　D. 关系管理

2）（　　）就是“相互关联或相互作用的一组要素”。

A. 过程　　B. 系统

C. 活动　　D. 过程网络

3）“系统地识别和管理组织所应用的过程及其活动，将活动作为相互关联、功能连贯的过程组成的系统来理解和管理时，可更加有效和高效地得到一致的、

可预知的结果”，说的是哪项管理体系核心理念？（　　）

A. 运用过程方法　　B. 追求持续成功

C. 运用系统方法　　D. 循证决策

4）QC 小组讨论小组活动失败的教训属于 PDCA 的（　　）阶段。

A. A　　B. C

C. D　　D. P

5）某 QC 小组在验证问题的原因时，制订了验证计划，按照验证计划实施验证，检查验证的结果，并将验证过程中的经验纳入企业“质量改进指南”。实际上，这也是一轮 PDCA 循环，体现了 PDCA（　　）的特点。

A. 改进上升　　B. 大环套小环

C. 持续不断　　D. 每个阶段都不能少

6）PDCA 循环也可称作（　　）。

A. 朱兰环　　B. 甘特环

C. 戴明环　　D. 石川环

7）质量改进的基本过程是 PDCA 循环，其中 C 的内容是（　　）。

A. 总结经验教训、实施标准化、按标准执行

B. 对过程和产品进行监视和测量，并报告成果

C. 制定方针、目标、计划等

D. 按计划具体落实对策

8）管理体系高层结构（HLS）的第 7 章、第 8 章是 PDCA 循环中的（　　）过程。

A. P　　B. D

C. C　　D. A

9）管理体系核心理念中指出，管理体系引入风险思维的总体目的在于确保组织能够实现其特定管理体系的（　　），预防或减少（　　）以实现（　　）。

A. 预期结果，非预期影响，持续成功　　B. 目标，风险，最终价值

C. 要求，风险，价值　　D. 目标，风险，组织战略

10）管理体系核心理念“追求持续成功”中指出，组织确定其（　　）是实现组织使命、追求持续成功的有效途径。

A. 战略方向和发展方针　　B. 战略规划

C. 战略目标和战略规划　　D. 战略方针和战略规划

11）在管理体系核心理念“以顾客为关注焦点”中，质量管理的首要关注点是满足顾客要求并且努力（　　）。

A. 满足顾客未来需求和期望

B. 超越顾客的要求

C. 超越顾客期望

D. 满足顾客和其他相关方的需求和期望

12）管理体系核心理念认为，（　　）在管理体系中处于 PDCA 方法的中心位置。

A. 领导作用　　B. 过程方法

C. 全员参与　　D. 关注绩效

13）管理体系核心理念认为，（　　）是一个组织的管理体系行之有效的重要基础，也是组织能够实现不断改进的保障条件之一。

A. 领导作用　　B. 过程方法

C. 全员参与　　D. 关注绩效

14）下列关于管理体系核心理念“循证决策”错误的是（　　）。

A. 循证决策就是将数据和信息及其不确定性形成证据，基于证据实施决策的理论

B. 循证决策就是将数据和信息及其不确定性经过科学加工后形成证据，基于证据实施决策的理论

C. 循证决策可以支持运行层面

D. 循证决策可以支持战略层面

2. 多项选择题

1）PDCA 具有下列哪些特点？（　　）（真题）

A. 自我改进　　B. 闭环管理

C. 环中有环　　D. 螺旋上升

2）关于 PDCA 循环的说法，正确的有（　　）。

A. PDCA 循环是指策划、实施、检查和处置

B. PDCA 循环的四个阶段一个也不能少

C. PDCA 循环是逐步上升的循环

D. PDCA 循环中的任一阶段也可再包括一个小的 PDCA 循环

3）管理体系核心理念“追求持续成功”中指出，为获得持续成功，组织应建立其（　　）。

A. 使命　　B. 愿景

C. 价值观　　D. 战略

4）管理体系核心理念“关注绩效”中指出，绩效管理是指各级管理者和员工为了达到组织目标共同参与的（　　）、绩效目标提升的持续循环过程。

A. 绩效制定　　B. 绩效沟通

C. 绩效考核评价　　D. 绩效结果应用

5）管理体系核心理念“提倡全员参与”是指整个组织内各级（　　）的

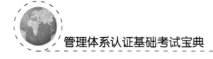

人员，是提高组织创造和提供价值能力的必要条件。

A. 胜任　　B. 经授权

C. 具备能力　　D. 积极参与

6）下列关于管理体系核心理念“关系管理”正确的是（　　）。

A. 组织的绩效既受相关方的影响，也影响着相关方

B. 通过管理与相关方的关系，建立互利原则

C. 最大限度地发挥相关方在组织绩效方面的作用

D. 实现以平衡的方式满足相关方的要求和期望

7）管理体系核心理念“运用过程方法”中，将活动作为（　　）的过程组成的系统来理解和管理时，可更加有效和高效地得到一致的、可预知的结果。

A. 相互关联　　B. 相互作用

C. 功能连贯　　D. 相互依赖

8）PDCA 循环可以使管理方法和工作步骤更加（　　）。

A. 条理化　　B. 系统化

C. 图像化　　D. 科学化

3. 问答题

1）如何运用管理体系核心理念“过程方法”开展工作？

2）制订绩效计划要解决的主要问题是什么？目标管理的核心问题是什么？目标管理的中心思想是什么？请根据管理体系核心理念“关注绩效”来回答。

3）针对管理体系核心理念“强调领导作用”，你认为应做哪些工作？

4）如果你作为一名公司高层，你认为如何开展工作有利于全员参与？

5）改进的基本过程 PDCA 循环的 4 个阶段 8 个步骤是什么？请进行简述。

答案点拨解析

1. 单项选择题

题号	答案	解析
1	A	见本书 2.2 节。10 个管理体系核心理念：运用过程方法、采用 PDCA 循环、建立风险管理思维、追求持续成功、关注绩效、以顾客为关注焦点、强调领导作用、提倡全员参与、循证决策、关系管理
2	B	见本书 2.2.1 节之 1，或见 GB/T 19000 之 3.5.1 条款
3	A	见本书 2.2.1 节之 1，或见 GB/T 19000 之 2.3.4.1 条款
4	A	见本书 2.2.2 节之 1 之 1）。讨论小组活动失败的教训属于总结，应该是处置阶段的工作内容

（续）

题号	答案	解析
5	B	见本书2.2.2节之1之2)
6	C	见本书2.2.1节之1
7	B	见本书2.2.2节之1之1)
8	B	见本书2.2.2节之2
9	A	见本书2.2.3节之1
10	A	见本书2.2.4节之1
11	C	见本书2.2.6节之1
12	A	见本书2.2.7节之1
13	C	见本书2.2.8节之1
14	A	见本书2.2.9节之1

2. 多项选择题

题号	答案	解析
1	BCD	见本书2.2.2节之1之2)
2	ABCD	见本书2.2.2节之1
3	ABC	见本书2.2.4节之1
4	ABCD	见本书2.2.5节
5	ABD	见本书2.2.8节之1
6	ABCD	见本书2.2.10节之1
7	AC	见本书2.2.1节之1
8	ABCD	见本书2.2.2节之1之2)

3. 问答题

1）见本书2.2.1之2，或综合GB/T 19001之4.4.1条款、GB/T 19000之2.3.4.4条款。按以下要求运用“过程方法”开展工作：

①确定这些过程所需的输入和期望的输出。

②确定这些过程的顺序和相互作用，将过程及其相互关系作为一个体系进行管理，以有效和高效地实现组织的质量目标。

③确定和应用所需的准则和方法（包括监视、测量和相关绩效指标），以确保这些过程有效运行和控制。

④确定这些过程所需的资源并确保其可获得。

⑤分配这些过程的职责和权限。

⑥确定并管理需要应对的风险和机遇。

⑦ 评价这些过程，实施所需的变更，以确保实现这些过程的预期结果。

⑧ 改进过程和管理体系，确保获得必要的信息，以运行和改进过程并监视、分析和评价整个体系的绩效。

2）见本书 2.2.5 节。

绩效计划制订要解决的主要问题是目标管理，目标管理的核心问题是保证组织目标、部门目标以及个人目标的一致性。目标管理的中心思想是将组织目标展开到每个成员、每个层次和部门。

3）见本书 2.2.7 节之 3（或 GB/T 19000—2016 标准 2.3.2.4 条款）。强调领导作用可开展下列工作：

① 在整个组织内，就其使命、愿景、战略、方针和过程进行沟通。

② 在组织的所有层级创建并保持共同的价值观，以及公平和道德的行为模式。

③ 培育诚信和正直的文化。

④ 鼓励在整个组织范围内履行对质量的承诺。

⑤ 确保各级领导者成为组织中的榜样。

⑥ 为员工提供履行职责所需的资源、培训和权限。

⑦ 激发、鼓励和表彰员工的贡献。

4）见本书 2.2.8 节之 3（或参见 GB/T 19000—2016 标准 2.3.3.4 条款）。

为有利于全员参与，可开展下列活动：

① 与员工沟通，以增强他们对个人贡献的重要性的认识。

② 促进整个组织内部的协作。

③ 提倡公开讨论，分享知识和经验。

④ 让员工确定影响执行力的制约因素，并且毫无顾虑地主动参与。

⑤ 赞赏和表彰员工的贡献、学识和进步。

⑥ 针对个人目标进行绩效的自我评价。

⑦ 进行调查以评估人员的满意程度，沟通结果并采取适当的措施。

5）见本书 2.2.2 节之 1 之 1）。

改进的基本过程 PDCA 循环的 4 个阶段 8 个步骤是：

第一阶段为策划阶段，即 P 阶段。在这一阶段，以提高质量、改善环境等为目的，通过分析诊断，确定改进的目标，确定达到这些目标的具体措施和方法。

这个阶段的工作内容包括四个步骤：

第 1 步：分析现状，找出存在的质量、环境等问题。

第 2 步：寻找原因，分析产生质量、环境等问题的各种影响因素。

第3步：找出主要原因（称为主因、要因、根因）。

第4步：针对主要原因，制订计划和措施。

第二阶段为实施阶段，即D阶段。在这一阶段，按照已制订的计划内容，克服各种阻力，扎扎实实地去做，以实现改进的目标。

这个阶段只有一个步骤：

第5步：实施计划、执行措施，即按照计划和措施，认真地去执行。

第三阶段为检查阶段，即C阶段。在这一阶段，对照计划要求，检查、验证执行的效果，及时发现计划过程中的经验和问题。

这个阶段只有一个步骤：

第6步：检查工作、调查效果，即根据计划的要求，检查实际执行的结果，看是否达到预期的目的。

第四阶段为处置阶段，即A阶段。在这一阶段，要对成功的经验加以肯定，形成标准；对于失败的教训，也要认真地总结。对于这次循环中还没有解决的问题，则转到下一个PDCA循环中加以解决。

这个阶段包括两个步骤：

第7步：总结经验、巩固成绩。根据检查的结果进行总结，把成功的经验和失败的教训纳入有关的标准、规定和制度之中，巩固已经取得的成绩，同时防止重蹈覆辙。

第8步：遗留问题，转入下次循环。这一循环尚未解决的问题，转入下一次循环中去解决。

2.3 管理体系通用术语

本节主要讲述22个管理体系通用术语和核心定义、19个管理体系常用术语、8个管理体系认证认可的主要术语，管理体系审核的主要术语在第7章“审核基础知识”中讲解。

2.3.1 管理体系通用术语和核心定义

考点知识讲解

ISO/IEC导则附录1规定了适用于所有ISO管理体系标准高层结构中的22个通用术语和核心定义。下面方框中是高层结构中的22个通用术语和核心定义。

3.1　组织

为实现目标，由职责、权限和相互关系构成自身功能的一个人或一组人。

注1：组织的概念包括但不限于代理商、公司、集团、商行、企事业单位、行政机构、合营公司、协会、慈善机构或研究机构，或上述组织的部分或组合，无论是否为法人组织，公有的或私有的。

3.2　相关方

可影响决策或活动、受决策或活动所影响，或自认为受决策或活动影响的个人或组织。

3.3　要求

明示的、通常隐含的或必须履行的需求或期望。

注1："通常隐含的"意喻所考虑的需求和期望是不言而喻的，这一点是组织和相关方的惯例或一般做法。

注2：规定要求是经明示的要求，例如，以成文信息规定的要求。

3.4　管理体系

组织建立方针和目标以及实现这些目标的过程的相互关联或相互作用的一组要素。

注1：一个管理体系可针对单一的领域或几个领域。

注2：管理体系要素规定了组织的结构、岗位和职责、策划、运行、方针、惯例、规则、理念、目标，以及实现这些目标的过程。

注3：管理体系的范围可能包括整个组织，组织中可被明确识别的职能或可被明确识别的部门，以及跨组织的单一职能或多个职能。

3.5　最高管理者

在最高层指挥和控制组织的一个人或一组人。

注1：最高管理者在组织内有授权和提供资源的权力。

注2：如果管理体系的范围仅覆盖组织的一部分，在这种情况下，最高管理者是指管理和控制组织的这部分的一个人或一组人。

3.6　有效性

完成策划的活动并得到策划结果的程度。

3.7　方针

由最高管理者正式发布的组织的宗旨和方向。

3.8　目标

要实现的结果。

注1：目标可以是战略的、战术的或操作层面的。

注2：目标可涉及不同领域（诸如财务、健康与安全、环境目标），并可有不同层次（例如，战略的、组织整体的、项目的、产品和过程的目标）。

注 3：目标可用其他方式表示为 × × 目标，例如，可表示为预期结果、活动的目的、运行准则或通过使用其他类似词汇表示（如目的、终点或标的）。

注 4：在 × × × 管理体系环境中，组织制定的 × × 目标与 × × 方针保持一致，以实现特定的结果。

3.9　风险

不确定性的影响。

注 1：影响是指偏离预期，可以是正面的或负面的。

注 2：不确定性是一种对某个事件，或是事件的局部的结果或可能性缺乏理解或知识方面的信息的情形。

注 3：通常，风险是通过有关可能事件和后果或两者的组合来描述其特性的。

注 4：通常，风险是以某个事件的后果（包括情况的变化）及其发生的可能性的组合来表述的。

3.10　能力

应用知识和技能实现预期结果的本领。

3.11　成文信息

组织需要控制和保持的信息及其载体。

注 1：成文信息可以任何格式和载体存在，并可来自任何来源。

注 2：成文信息可涉及：

——管理体系，包括相关过程；

——为组织运行产生的信息（一组文件）；

——结果实现的证据。

3.12　过程

利用输入实现预期结果的相互关联或相互作用的一组活动。

3.13　绩效

绩效是指可测量的结果。

注 1：绩效可能涉及定量的或定性的结果。

注 2：绩效可涉及活动、过程、产品、服务、体系或组织的管理。

3.14　外包

安排外部组织承担组织的部分职能或过程。

注 1：虽然外包的职能或过程是在组织的管理体系范围内，但是外部组织处在范围之外。

3.15　监视

确定体系、过程、产品、服务或活动的状态。

注 1：确定状态可能需要检查、监督或密切观察。

3.16　测量

确定数值的过程。

3.17　审核

为获得客观证据并对其进行客观的评价，以确定满足审核准则的程度所进行的系统的、独立的并形成文件的过程。

注1：内部审核，有时称为第一方审核，由组织自己或以组织的名义进行。

注2：通常，外部审核包括第二方审核和第三方审核。第二方审核由组织的相关方，如顾客或由其他人员以相关方的名义进行。第三方审核由独立的审核组织进行，如提供合格认证/注册的组织或政府机构。

3.18　合格（符合）

满足要求。

3.19　不合格（不符合）

未满足要求。

3.20　纠正

为消除已发现的不合格所采取的措施。

3.21　纠正措施

为消除不合格的原因并防止再发生所采取的措施。

3.22　持续改进

提高绩效的循环活动。

这里只对一些易混淆的地方做些讲解，考生需认真去看术语与定义的原文。

1. 组织

1）组织可以是一组人，也可以是一个人。

2）组织不是人员简单的数量聚集，而是为实现目标而建立的。组织内职责、权限和相互关系要确定。

3）组织可以是正式的法人组织，也可以是非正式组织；可以是公有的，也可以是私有的。

4）组织的概念包括但不限于代理商、公司、集团、商行、企事业单位、行政机构、合营公司、协会、慈善机构或研究机构，或者上述组织的部分或组合。

2. 相关方

1）考生需注意“相关方”术语以及定义中的“或”字。

2）相关方可以是个人，也可以是组织。

3. 要求

从定义中可知，要求可分为“明示的要求”“通常隐含的要求”或“必须履行的要求”三大类：

1）“明示的要求”可以理解为规定的要求。例如，在文件、合同中阐明的要求或顾客明确提出的要求。明示的要求可以是以书面方式规定的要求，也可以是以口头方式规定的要求。

2）“通常隐含的要求”是指组织、顾客和其他相关方的惯例或一般做法，所考虑的需求或期望是不言而喻的。例如，餐饮行业顾客吃饭等待时间要尽量短，化妆品对顾客皮肤的保护性的要求。一般情况下，顾客或相关的文件（如标准）中不会对这类要求给出明确的规定，组织应根据其自身产品的用途和特性进行识别，并做出规定。

3）“必须履行的要求”是指法律法规的要求和强制性标准的要求。如我国对与人身、财产的安全有关的产品，发布了相应的法律法规和强制性的行政规章或制定了代号为“GB”的强制性标准，如《中华人民共和国食品安全法》、GB 9744《载重汽车轮胎》等，组织必须执行这类文件和标准。

无论明示的要求、通常隐含的要求还是必须履行的要求，对于提高顾客满意度，满足顾客期望都是必要的。为实现较高的顾客满意，可能有必要满足那些顾客既没有明示，也不是通常隐含或必须履行的期望。

“要求”可以由组织、组织的顾客、其他相关方提出。组织的不同相关方对同一产品的要求可能是不相同的，例如，对汽车来说，顾客要求美观、舒适、轻便、省油、安全，但社会要求不对环境产生污染。组织在确定与产品有关的要求时，应充分考虑并兼顾各方面的要求。

4. 管理体系

1）管理体系的建立首先应针对管理体系的内容建立相应的方针和目标，然后建立实现这些目标的过程的相互关联或相互作用的一组要素。

2）管理体系可按照管理的对象不同分为不同的管理体系，如质量管理体系、环境管理体系等。

3）管理体系要素规定了组织的结构、岗位和职责、策划、运行、方针、惯例、规则、理念、目标，以及实现这些目标的过程。

4）管理体系的范围可以是整个组织，也可以是某些职能或部门。

5. 有效性

1）有效性就是“所做的事情的正确程度”。

2）首先，你是否完成了？其次，你是否达到了目的？这两方面都做到了，有效性就好；否则，有效性就差。有效性强调“事情的正确程度”。有效性就是正确地做事。

6. 目标

1）目标可以是战略目标、战术目标或是操作层面的目标。

2）目标可涉及不同领域（例如财务、健康与安全、环境目标），并可应用于不同层面（例如战略的、组织整体的、项目的、产品和过程的目标）。

3）目标可用多种方式表述，例如，采用预期结果、活动的目的或运行准则作为质量目标，或使用其他有类似含义的词（如目的、终点或标的）。

7. 能力

要说一个人有能力，就要具备两个条件：

1）有知识和技能。

2）能应用这些知识和技能解决实际问题，实现预期结果。

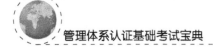

经证实的能力有时是指资格。

8. 成文信息

成文信息可涉及：

1）管理体系，包括相关过程，如质量管理体系的范围、体系概况、宗旨和方向、相关过程及其顺序等。

2）为组织运行产生的信息（一组文件），如程序文件、作业文件、规程、图样、标准等一系列文件。

3）结果实现的证据（记录）。

成文信息可以任何格式和载体存在，并可来自任何来源。

9. 外包

对外包而言，外部组织虽然处在组织的质量管理体系的范围之外，但外包的职能或过程是在组织的质量管理体系范围内的。

10. 监视、测量

1）监视是通过检查、监督或密切观察，确定监视对象的状态。监视对象有体系、过程、产品、服务或活动。通常，监视是在不同的阶段或不同的时间，对客体状态的确定。

2）测量是确定数值的过程，确定的数值通常是量值。

3）对管理体系、过程或活动都必须进行监视，但只在部分具有量值要求的地方进行测量。

11. 审核

1）审核的目的是“确定满足审核准则的程度”，这要通过“获得客观证据并对其进行客观的评价”的活动实现。审核的特点是系统的、独立的和形成文件的。“系统的”是指审核活动是一项正式、有序的活动。“正式”是指按合同，有授权；“有序”是指有组织有计划地按规定的程序（从策划、准备、实施到跟踪验证以及记录、报告）进行的审核。“独立的”是指对审核证据的收集、分析和评价是客观的、公正的，应避免任何外来因素的影响以及审核员自身因素的影响，如要求审核的人员与受审核的活动无责任关系；“形成文件的”是指审核过程要有文件支持，形成文件，如审核策划阶段应形成审核计划、审核实施阶段应做好必要的记录、审核结束阶段应编制审核报告等。

2）审核的类型有内部审核（第一方审核）和外部审核（第二方、第三方审核）两大类。第一方审核（内审）由组织自己或以组织的名义进行，用于组织内部进行体系评审的目的。第二方审核是组织对供方或以组织的名义对供方的审核，以及组织的相关方或以相关方的名义对组织的审核。第三方审核是由外部独立的，即独立于第一方和第二方之外的审核组织（如那些提供认证或注册服务的认证机构或政府机构）对组织进行的审核。

3）多体系审核和联合审核。当两个或更多的不同领域的管理体系被共同审核时，称为多体系审核。当两个或两个以上审核组织合作，共同审核同一个受审核方时，称为联合审核。

12. 纠正与纠正措施

1）纠正是指“为消除已发现的不合格所采取的措施”。纠正可连同纠正措施一起实施，在其之前或之后。返工或降级可作为纠正的示例。

纠正措施是指“为消除不合格的原因并防止再发生所采取的措施”。一个不合格可以有若干个原因。采取纠正措施是为了防止再发生不合格或者在其他场合发生不合格。

这里的不合格包括不合格品和不合格项。

2）纠正和纠正措施是不一样的。纠正是针对不合格本身所采取的处置措施（就事论事，如对不合格品的返工、降级等），但该类不合格今后可能还会再发生。纠正是一种临时应急措施。而纠正措施则是为消除导致不合格的原因所采取的措施，采取纠正措施是为了防止再次出现同类不合格（举一反三）。两种措施最本质的区别在于原因，消除原因的措施是纠正措施，未涉及原因的措施只是纠正。纠正可以和纠正措施一同采取，也可以分开采取。

同步练习强化

1. 单项选择题

1）组织是指为实现（　　），由职责、权限和相互关系构成自身功能的一个人或一组人。

A. 目标　　　　B. 战略

C. 组织宗旨　　　　C. 组织方针

2）相关方是指可影响（　　）、受（　　）所影响，或自认为受（　　）影响的个人或组织。（　　）（真题）

A. 决策或活动　　　　B. 决策和活动

C. 活动或过程　　　　D. 活动和过程

3）依据管理体系通用术语中“要求”的定义，以下说法错误的是（　　）。（真题）

A. 要求包括明示的、通常隐含的或必须履行的需求或期望

B. 要求就是指在文件中阐明的要求

C. 通常隐含的要求是指惯例或一般做法，所考虑的需求或期望是不言而喻的

D. 要求可以由不同的相关方或组织自己提出

4）管理体系是指“组织建立方针和目标以及实现这些目标的过程的（　　）的一组要素”。

A. 相互关联或相互依赖　　B. 相互作用或相互依赖

C. 相互关联或相互作用　　D. 相互关联、相互依赖或相互作用

5）最高管理者是指在最高层指挥和控制组织的（　　）。

A. 一个人　　B. 一个人或一组人

C. 最高领导　　D. 最高负责人

6）（　　）是指完成策划的活动并得到策划结果的程度。

A. 有效性　　B. 效率

C. 效果　　D. 效能

7）方针是指“由最高管理者正式发布的组织的（　　）”。

A. 愿景和方向　　B. 使命和愿景

C. 宗旨和方向　　D. 宗旨和使命

8）风险是“不确定性的影响”，不确定性是一种对某个事件，或是事件的局部的（　　）缺乏理解或知识方面的信息的情形。

A. 结果　　B. 结果或可能性

C. 可能性　　D. 结果和可能性

9）下面关于“风险”正确的是（　　）。

A. 风险通常是以某个事件的后果（包括情况的变化）及其发生的可能性的组合来表述的

B. 风险通常是以某个事件的后果（包括情况的变化）来表述的

C. 风险通常是以某个事件的后果（包括情况的变化）及其发生的可能性以及发现的可能性的组合来表述的

D. 风险通常是以某个事件的发生的可能性来表述的

10）人员能力是指“应用知识和技能实现（　　）的本领”。

A. 目标　　B. 目的

C. 要求　　D. 预期结果

11）成文信息是指“组织需要控制和保持的（　　）”。

A. 信息及其载体　　B. 文件和记录

C. 文件　　D. 记录

12）过程是指利用输入实现预期结果的（　　）的一组活动。

A. 相互关联或相互作用　　B. 相互关联和相互作用

C. 相互关联　　D. 相互作用

13）绩效是“可测量的结果”，绩效可能涉及（　　）结果。

A. 定量的　　B. 定量的和定性的

C. 定量的或定性的　　D. 可量化的

14）虽然（　　）是在组织的管理体系范围内，但是（　　）处在范围之外。

A. 外包的职能或过程，外部组织　　B. 外部组织，外包的职能或过程

C. 外包，外部组织　　D. 外部组织，外包

15）监视是通过检查、监督或密切观察，确定体系、过程、产品、服务或活动的（　　）。

A. 运行状态　　B. 合格状态

C. 动态　　D. 状态

16）质量管理体系审核是用来确定（　　）。(真题)

A. 组织的管理效率

B. 产品和服务符合有关法律法规的程度

C. 质量管理体系满足审核准则的程度

D. 质量手册与标准的符合程度

17）测量是指确定（　　）的过程。

A. 数值　　B. 量值

C. 数据　　D. 质量要求

18）当有建立合同关系的意向时，对供方进行体系评价是（　　）。(真题)

A. 第一方审核　　B. 第二方审核

C. 第三方审核　　D. 以上都不是

19）组织对外包过程供方的审核属于（　　）。(真题)

A. 第一方审核　　B. 第二方审核

C. 第三方审核　　D. 认证审核

20）由行业协会对组织进行的审核是（　　）。(真题)

A. 第一方审核　　B. 第二方审核

C. 第三方审核　　D. 联合审核

21）以下明显属于第二方审核的是（　　）。(真题)

A. 某集团公司内其中一个分公司对另一个分公司的审核

B. 认证机构代表某集团公司对其供方的审核

C. 某集团公司组成审核组对下属的一个分公司的审核

D. 认证机构代表政府主管部门对其行业内组织的评优审查

22）采取（　　）是为了防止再发生不合格。

A. 纠正　　B. 纠正措施

C. 返工　　D. 返修

23）（　　）是为消除已发现的不合格所采取的措施。

A. 纠正　　B. 纠正措施

C. 返工　　D. 返修

24）持续改进是指“提高（　　）的循环活动”。

A. 绩效　　B. 产品和服务质量

C. 质量管理体系效率　　D. 效率和有效性

2. 多项选择题

1）下面关于“组织”，正确的是（　　）。

A. 组织是为实现目标，由职责、权限和相互关系构成自身功能的一个人或一组人

B. 组织是为实现目标，由职责、权限和相互关系构成自身功能的一组人

C. 代理商、商行、企事业单位、行政机构、协会或慈善机构，或上述组织的部分或组合

D. 非正式组织、私有的组织不属于管理体系通用术语里“组织”的范畴

2）术语“组织”是指为实现目标，由（　　）构成自身功能的一个人或一组人。（真题）

A. 相互关系　　B. 经济利益

C. 权限　　D. 职责

3）下面关于“最高管理者”正确的是（　　）。

A. 最高管理者是指在最高层指挥和控制组织的一个人或一组人

B. 最高管理者在组织内有授权和提供资源的权力

C. 如果管理体系的范围仅覆盖组织的一部分，在这种情况下，最高管理者是指管理和控制组织的这部分的一个人或一组人

D. 组织的最高领导人就是最高管理者

4）下列关于“目标”正确的是（　　）。

A. 目标可以是战略的、战术的或操作层面的

B. 可用预期结果、活动的目的表述目标

C. 可用运行准则作为目标

D. 可使用其他有类似含义的词作为目标，如目的、终点或标的

答案点拨解析

1. 单项选择题

题号	答案	解析
1	A	见本书 2.3.1 节之方框中的“3.1 组织”
2	A	见本书 2.3.1 节之方框中的“3.2 相关方”
3	B	见本书 2.3.1 节之方框中的“3.3 要求”
4	C	见本书 2.3.1 节之方框中的“3.4 管理体系”
5	B	见本书 2.3.1 节之方框中的“3.5 最高管理者”
6	A	见本书 2.3.1 节之方框中的“3.6 有效性”
7	C	见本书 2.3.1 节之方框中的“3.7 方针”
8	B	见本书 2.3.1 节之方框中的“3.9 风险”
9	A	见本书 2.3.1 节之方框中的“3.9 风险”
10	D	见本书 2.3.1 节之方框中的“3.10 能力”
11	A	见本书 2.3.1 节之方框中的“3.11 成文信息”
12	A	见本书 2.3.1 节之方框中的“3.12 过程”
13	C	见本书 2.3.1 节之方框中的“3.13 绩效”
14	A	见本书 2.3.1 节之方框中的“3.14 外包”
15	D	见本书 2.3.1 节之方框中的“3.15 监视”
16	C	见本书 2.3.1 节之方框中的“3.17 审核”
17	A	见本书 2.3.1 节之方框中的“3.16 测量”
18	B	见本书 2.3.1 节之方框中的“3.17 审核”
19	B	见本书 2.3.1 节之方框中的“3.17 审核”
20	B	见本书 2.3.1 节之方框中的“3.17 审核”
21	B	见本书 2.3.1 节之方框中的“3.17 审核”
22	B	见本书 2.3.1 节之方框中的“3.21 纠正措施”
23	A	见本书 2.3.1 节之方框中的“3.20 纠正”
24	A	见本书 2.3.1 节之方框中的“3.22 持续改进”

2. 多项选择题

题号	答案	解析
1	AC	见本书 2.3.1 节之方框中的“3.1 组织”
2	ACD	见本书 2.3.1 节之方框中的“3.1 组织”
3	ABC	见本书 2.3.1 节之方框中的“3.5 最高管理者”
4	ABCD	见本书 2.3.1 节之方框中的“3.8 目标”

2.3.2 管理体系常用术语

考点知识讲解

下面方框中是来自 GB/T 19000—2016 中的 19 个管理体系常用术语。

3.2.2 组织环境

对组织建立和实现目标的方法有影响的内部和外部因素的组合。

注 1：组织的目标可能涉及其产品和服务、投资和对其相关方的行为。

注 2：组织环境的概念，除了适用于营利性组织，还同样能适用于非营利或公共服务组织。

注 3：在英语中，这一概念常被其他术语，如："business environment" "organizational environment" 或 "ecosystem of an organization" 所表述。

注 4：了解基础设施对确定组织环境会有帮助。

3.2.4 顾客

能够或实际接受为其提供的，或按其要求提供的产品或服务的个人或组织。

示例：消费者、委托人、最终使用者、零售商、内部过程的产品或服务的接收人、受益者和采购方。

注：顾客可以是组织内部的或外部的。

3.2.5 供方

提供产品或服务的组织。

示例：产品或服务的制造商、批发商、零售商或商贩。

注 1：供方可以是组织内部的或外部的。

注 2：在合同情况下，供方有时称为"承包方"。

3.4.5 程序

为进行某项活动或过程所规定的途径。

注：程序可以形成文件，也可以不形成文件。

3.5.2 基础设施

〈组织〉组织运行所必需的设施、设备和服务的系统。

3.6.1 客体

可感知或可想象到的任何事物。

示例：产品、服务、过程、人员、组织、体系、资源。

注：客体可能是物质的（如一台发动机、一张纸、一颗钻石）、非物质的（如转换率、一个项目计划）或想象的（如组织未来的状态）。

[源自：GB/T 15237.1—2000，3.1.1，改写]

3.6.2　质量

客体的一组固有特性满足要求的程度。

注 1：术语“质量”可使用形容词来修饰，如差、好或优秀。

注 2：“固有”（其对应的是“赋予”）是指存在于客体中。

3.6.13　可追溯性

追溯客体的历史、应用情况或所处位置的能力。

注 1：当考虑产品或服务时，可追溯性可涉及：

——原材料和零部件的来源；

——加工的历史；

——产品或服务交付后的分布和所处位置。

注 2：在计量学领域中，采用 ISO/IEC 指南 99 中的定义。

3.7.5　输出

过程的结果。

注：组织的输出是产品还是服务，取决于其主要特性，如：画廊销售的一幅画是产品，而接受委托绘画则是服务；在零售店购买的汉堡是产品，而在饭店里接受点餐并提供汉堡则是服务的一部分。

3.7.6　产品

在组织和顾客之间未发生任何交易的情况下，组织能够产生的输出。

注 1：在供方和顾客之间未发生任何必要交易的情况下，可以实现产品的生产。但是，当产品交付给顾客时，通常包含服务因素。

注 2：通常，产品的主要要素是有形的。

注 3：硬件是有形的，其量具有计数的特性（如轮胎）。流程性材料是有形的，其量具有连续的特性（如燃料和软饮料）。硬件和流程性材料经常被称为货物。软件由信息组成，无论采用何种介质传递（如计算机程序、移动电话应用程序、操作手册、字典、音乐作品版权、驾驶执照）。

3.7.7　服务

至少有一项活动必须在组织和顾客之间进行的组织的输出。

注 1：通常，服务的主要要素是无形的。

注 2：通常，服务包含与顾客在接触面的活动，除了确定顾客的要求以提供服务外，可能还包括与顾客建立持续的关系，如银行、会计师事务所，或公共组织（如学校或医院）等。

注 3：服务的提供可能涉及，例如：

——在顾客提供的有形产品（如需要维修的汽车）上所完成的活动；

——在顾客提供的无形产品（如为准备纳税申报单所需的损益表）上所完成的活动；

——无形产品的交付（如知识传授方面的信息提供）；

——为顾客创造氛围（如在宾馆和饭店）。

注 4：通常，服务由顾客体验。

3.8.5 文件

信息及其载体。

示例：记录、规范、程序文件、图样、报告、标准。

注1：载体可以是纸张，磁性的、电子的、光学的计算机盘片，照片或标准样品，或它们的组合。

注2：一组文件，如若干个规范和记录，英文中通常被称为“documentation”。

注3：某些要求（如易读的要求）与所有类型的文件有关，而另外一些对规范（如修订受控的要求）和记录（如可检索的要求）的要求可能有所不同。

3.8.7 规范

阐明要求的文件。

示例：质量手册、质量计划、技术图纸、程序文件、作业指导书。

注1：规范可能与活动有关（如程序文件、过程规范和试验规范）或与产品有关（如产品规范、性能规范和图样）。

注2：规范可以陈述要求，也可以附带设计和开发实现的结果。因此，在某些情况下，规范也可以作为记录使用。

3.8.10 记录

阐明所取得的结果或提供所完成活动的证据的文件。

注1：记录可用于正式的可追溯性活动，并为验证、预防措施和纠正措施提供证据。

注2：通常，记录不需要控制版本。

3.8.12 验证

通过提供客观证据对规定要求已得到满足的认定。

注1：验证所需的客观证据可以是检验结果或其他形式的确定结果，如变换方法进行计算或文件评审。

注2：为验证所进行的活动有时被称为鉴定过程。

注3：“已验证”一词用于表明相应的状态。

3.8.13 确认

通过提供客观证据对特定的预期用途或应用要求已得到满足的认定。

注1：确认所需的客观证据可以是试验结果或其他形式的确定结果，如变换方法进行计算或文件评审。

注2：“已确认”一词用于表明相应的状态。

注3：确认所使用的条件可以是实际的或是模拟的。

3.10.1 特性

可区分的特征。

注1：特性可以是固有的或赋予的。

注2：特性可以是定性的或定量的。

注3：有各种类别的特性，如：

a）物理的（如机械的、电的、化学的或生物学的特性）；
b）感官的（如嗅觉、触觉、味觉、视觉、听觉）；
c）行为的（如礼貌、诚实，正直）；
d）时间的（如准时性、可靠性、可用性、连续性）；
e）人因工效的（如生理的特性或有关人身安全的特性）；
f）功能的（如飞机的最高速度）。

3.11.6 测量设备

为实现测量过程所必需的测量仪器、软件、测量标准、标准物质或辅助设备或它们的组合。

3.11.7 检验

对符合规定要求的确定。

注1：显示合格的检验结果可用于验证的目的。

注2：检验的结果可表明合格、不合格或合格的程度。

这里只对一些易混淆的地方做些讲解，考生需认真去看术语与定义的原文。

1. 组织环境

组织环境是指“对组织建立和实现目标的方法有影响的内部和外部因素的组合”。请注意“内部和外部因素的组合”前面的“对组织建立和实现目标的方法有影响的”这句话。

2. 顾客

1）考生请注意“顾客”术语以及示例中的“或”字。顾客是指那些能够或实际接受产品或服务的个人或组织，所接受的产品或服务可以是预先为顾客生产或设计完成的，也可以是应顾客要求定制的。

2）顾客可以是个人，也可以是组织；顾客可以是组织外部的，也可以是组织内部的，如下道工序是上道工序的顾客。

3. 供方

1）供方是指“提供产品或服务的组织”。供方可以是组织内部的或外部的，如企业内部，一车间向二车间提供零件，一车间就是二车间的供方。在合同情况下，供方有时称为“承包方”。

2）外部供方是指“组织以外的供方”。

4. 客体

1）客体可以是产品、服务、过程、人员、组织、体系、资源等。客体可以是物质的（如一台发动机、一张纸、一颗钻石），也可以是非物质的（如转换率、一个项目计划）或想象的（如组织未来的状态）。

2）质量管理的对象是客体，各项活动的对象也是客体。管理始于客体，终于客体。

5. 质量

1）“质量”表述的是客体的一组固有特性满足要求的程度，其定义本身没有“好”或“不好”的含义。其固有特性满足要求的程度越高，其“质量”越好，反之则“质量”越差，因此，“质量”可使用形容词来修饰，以表明固有特性满足要求的程度。

2）组织的产品和服务质量取决于满足顾客的能力，以及对相关方有意和无意的影响。

3）产品和服务的质量不仅包括其预期的功能和性能，而且还涉及顾客对其价值和利益的感知。

4）“固有特性”是指某事物中本来就有的特性，尤其是那种永久的特性，如螺栓的直径、机器的生产率或接通电话的时间等技术特性。“赋予特性”不是固有特性，不是某事或某物中本来就有的，而是完成产品后因不同的要求而对产品所增加的特性，如产品的价格等特性。人为赋予的特性不属于“质量”所关注的范畴，例如价格。

6. 产品、服务

1）产品和服务都是输出的一种形式，两者的区别主要在于“是否与顾客接触”。产品是指在组织和顾客之间未发生接触的情况下，组织生产的输出。而服务是指至少有一项活动必须在组织和顾客之间的接触面上进行的输出。需说明的是，当产品交付给顾客时，通常包含服务因素。

2）输出是指“过程的结果”。各行业组织的输出通常都包含有产品和服务内容，但是因行业的特点不同，产品和服务的占比不同。组织的输出是归属产品还是服务，取决于其主要特性，如：画廊卖一幅画是产品，而委托绘画则是服务；在零售店购买的汉堡是产品，而在饭店订一份汉堡则是服务。

3）通常，产品的主要要素是有形的。产品通常有三种类别，即硬件、流程性材料和软件。软件由信息组成，通常是无形产品并可以方法、论文或程序的形式存在。硬件通常是有形产品，其量具有可计数的特性。流程性材料通常是有形产品，如液体、气体等，其量具有可连续计量的特性。硬件和流程性材料经常被称为货物。

4）通常，服务的主要要素是无形的。有些服务活动的过程和活动的结果是同时发生和同步运行的。有形产品的提供和使用可能成为服务的一部分，但有形产品在这里仅仅被视为服务的手段或外壳。服务具有同时性、无形性、非重复性、异质性、易逝性、非储存性、非运输性等特性。

5）有些服务组织除了提供服务外，可能还包括建立与顾客间持续的关系，例如，银行、会计师事务所、学校、医院等组织需要与顾客建立一个较长期、持续的关系。

6）服务的提供可能涉及以下活动：

① 在顾客提供的有形产品（如维修的汽车）上所完成的活动。

② 在顾客提供的无形产品（如为准备纳税申报单所需的损益表）上所完成的活动。

③ 无形产品的交付（如知识传授方面的信息提供）。

④ 为顾客创造氛围（如在宾馆和饭店）。

7）通常，服务是需要由顾客体验的，在接触过程中，组织和顾客可能由人员或物体来代表。

7. 文件

1）文件类型很多，记录、规范、程序文件、图样、报告、标准都是文件，记录是证据性文件。载体可以是纸张，磁性的、电子的、光学的计算机盘片，照片或标准样品，或它们的组合。这里要注意的是“标准样品”也是文件载体。

2）针对文件的管理要求，有些要求，如“易读性”的要求，是对所有类型文件的通用要求；而有些要求只与某类文件有关，如规范的修订受控、记录可检索的要求。

8. 规范

1）规范的类型有质量手册、质量计划、技术图纸、程序文件、作业指导书等。

2）规范可能与活动有关或与产品有关。

3）规范可以陈述要求，也可以附带设计和开发实现的结果。因此，在某些情况下，规范也可以作为记录使用。

9. 记录

1）记录可用于正式的可追溯性活动，并为验证、预防措施和纠正措施提供证据。

2）通常，记录不需要控制版本。

10. 验证、确认

1）验证是基于客观证据的一种活动，目的是通过这种活动表明相应的过程、产品或服务是否达到了规定的要求。例如，设计验证是对设计输出满足输入要求的认定，采购产品的验证是对采购品满足采购要求的认定。

验证所需的客观证据可以是检验结果或其他形式的确定结果，如变换方法进行计算或文件评审。设计方案评审、工艺文件审签、产品检验、实验及演示、变换方法计算、与类似的经证实的设计结果进行比较等，都是验证的方式。

为验证所进行的活动有时被称为鉴定。

2）确认是基于客观证据的一种活动，目的是通过这种活动表明相应的过程、产品或服务是否达到了特定的预期用途或应用要求。例如，设计确认是证实设计的产品满足规定的使用要求或已知的预期用途要求。

确认所需的客观证据可以是试验结果或其他形式的确定结果，如变换方法进行计算或文件评审。鉴定会、展销会、研究报告的专家评审、教材试用、药品临床实验、服装展示、样机试用、产品定型、变换方法计算、与类似的经证实的设计结果进行比较、工艺评审、设备认可等，都是确认的方式。

确认所使用的条件可以是实际的或是模拟的。

3）必须指出的是，设计和开发的验证和确认之间有关联，甚至有重叠。有时验证做完的同时，确认也做完了。例如，对新设计的汽车样车进行碰撞试验是设计验证活动，也可以是设计确认活动。

11. 特性、质量特性

1）特性是指“可区分的特征”。质量特性是指“与要求有关的、客体的固有特性”。质量特性是客体的固有特性，与要求有关。赋予客体的特性（如客体的价格）不是质量特性。

2）特性可以是固有的或赋予的。“固有特性”是指某事物中本来就有的特性，尤其是那种永久的特性。“赋予特性”不是固有特性，不是某事或某物中本来就有的，而是完成产品后因不同的要求而对产品所增加的特性，如产品的价格等。

不同产品的固有特性与赋予特性是不尽相同的。某些产品的赋予特性可能是另一些产品的固有特性，例如，供货时间及运输方式对硬件产品而言属于赋予特性，但对运输服务而言就属于固有特性。

3）特性可以是定性的或定量的。

12. 检验

1）检验是指“对符合规定要求的确定”。产品检验是对产品质量特性是否符合规定要求所做的技术性检查活动，涉及观察、测量、试验等，在生产过程中必不可少。

2）检验的结果可表明合格、不合格或合格的程度。显示合格的检验结果可用于验证的目的。

同步练习强化

1. 单项选择题

1）组织环境指对组织（　　）的方法有影响的内部和外部因素的组合。（真题）

A. 经营和决策　　B. 质量管理
C. 建立和实现目标　　D. 持续改进

2）客体是指“可感知或可想象到的任何事物”，客体可能是物质的、非物质的或（　　）。

A. 主观的　　B. 想象的
C. 规定的　　D. 预期实现的

3）程序是指“为进行某项（　　）所规定的途径”。

A. 活动或过程　　B. 活动和过程
C. 活动　　D. 过程

4）文件是指“信息及其（　　）”。

A. 格式　　B. 载体
C. 形式　　D. 要求

5）（　　）是阐明要求的文件。

A. 标准　　B. 规范
C. 指南　　D. 指导性文件

6）设计和开发活动中的“变换方法进行计算”的活动是（　　）。（真题）

A. 设计输出　　B. 设计评审
C. 设计验证　　D. 设计控制

7）对样机进行的型式试验是（　　）。（真题）

A. 设计输出　　B. 设计评审
C. 设计验证　　D. 设计确认

8）确认是“通过提供客观证据对（　　）已得到满足的认定”。

A. 特定的预期用途或应用要求　　B. 规定要求
C. 顾客要求和期望　　D. 顾客和其他相关方要求

9）基础设施是指“组织运行所必需的设施、设备和（　　）的系统”。

A. 服务　　B. 通讯
C. 运输　　D. 信息

10）顾客是指“能够或实际接受为其提供的，或按其要求提供的（　　）的个人或组织”。

A. 产品和服务　　B. 产品或服务
C. 产品　　D. 服务

11）在组织和顾客之间未发生任何交易的情况下，组织能够产生的输出是（　　）。（真题）

A. 产品　　B. 过程
C. 服务　　D. 活动

12）下列关于“服务”描述不正确的是（　　）。（真题）

A. 服务的主要要素可以是无形的也可以是有形的

B. 服务通过与顾客接触的活动来确定顾客要求

C. 通常，服务的输出包括有形或无形的产品

D. 服务可能涉及为顾客创造气氛

13）至少有一项活动必须在组织和顾客之间进行的组织的输出是（　　）。

A. 产品　　B. 服务

C. 活动　　D. 信息

14）术语“产品”的概念为（　　）。（真题）

A. 过程的结果

B. 组织的一切输出

C. 在组织和顾客之间未发生任何交易下组织能够产生的输出

D. 至少有一项活动在组织和顾客之间进行的组织的输出

15）质量的定义是：客体的一组固有特性满足（　　）的程度。（真题）

A. 要求　　B. 顾客要求

C. 相关方要求　　D. 法律法规要求

16）特性是指“可区分的（　　）”。

A. 特征　　B. 事务

C. 要求　　D. 事实

17）特性有各种类别，其中（　　）不是特性的类别。

A. 物理的　　B. 感官的

C. 行为的　　D. 精神的

18）检验是对符合规定要求的确定。检验的结果可表明合格、不合格或合格的（　　）。（真题）

A. 性质　　B. 原因

C. 分类　　D. 程度

19）检验是对符合规定要求的确定。显示合格的检验结果可用于（　　）的目的。

A. 确认　　B. 验证

C. 评审　　D. 认可

2. 多项选择题

1）关于组织环境描述准确的是（　　）。（真题）

A. 组织环境的概念，除了适用于营利性组织，还同样能适用于非营利或公共服务组织

B. 对组织建立和实现目标的方法有影响的内外部因素的组合

C. 对策划、实现质量方针的方法有影响的内外部结果的组合

D. 了解基础设施对确定组织环境会有帮助

2）文件是指信息及其载体，载体可以是（　　）。

A. 磁性的、电子的　　B. 光学的计算机盘片

C. 照片　　D. 标准样品

3）关于“可追溯性”，下列描述正确的是（　　）。

A. 可追溯性是追溯客体的历史、应用情况和所处位置的能力

B. 当考虑产品或服务时，可追溯性可涉及原材料和零部件的来源

C. 当考虑产品或服务时，可追溯性可涉及加工的历史

D. 当考虑产品或服务时，可追溯性可涉及产品或服务交付后的分布和所处位置

4）下面说法哪些是正确的？（　　）

A. 供方是指“提供产品或服务的组织”

B. 供方是指“提供产品和服务的组织”

C. 供方可以是组织内部的或外部的；在合同情况下，供方有时称为“承包方”

D. 外部供方是指“组织以外的供方”

5）下列哪些属于测量设备？（　　）

A. 测量仪器　　B. 测量软件

C. 测量标准　　D. 标准物质

答案点拨解析

1. 单项选择题

题号	答案	解析
1	C	见本书 2.3.2 节之方框中的“3.2.2 组织环境”
2	B	见本书 2.3.2 节之方框中的“3.6.1 客体”
3	A	见本书 2.3.2 节之方框中的“3.4.5 程序”
4	B	见本书 2.3.2 节之方框中的“3.8.5 文件”
5	B	见本书 2.3.2 节之方框中的“3.8.7 规范”
6	C	见本书 2.3.2 节之方框中的“3.8.12 验证”
7	D	见本书 2.3.2 节之方框中的“3.8.13 确认”。型式试验的依据是产品标准，产品标准中的试验条件是按产品使用环境设置或模拟，所以型式试验是设计确认手段之一

（续）

题号	答案	解析
8	A	见本书 2.3.2 节之方框中的“3.8.13 确认”
9	A	见本书 2.3.2 节之方框中的“3.5.2 基础设施”
10	B	见本书 2.3.2 节之方框中的“3.2.4 顾客”
11	A	见本书 2.3.2 节之方框中的“3.7.6 产品”
12	A	见本书 2.3.2 节之方框中的“3.7.7 服务”
13	B	见本书 2.3.2 节之方框中的“3.7.7 服务”
14	C	见本书 2.3.2 节之方框中的“3.7.6 产品”
15	A	见本书 2.3.2 节之方框中的“3.6.2 质量”
16	A	见本书 2.3.2 节之方框中的“3.10.1 特性”
17	D	见本书 2.3.2 节之方框中的“3.10.1 特性”
18	D	见本书 2.3.2 节之方框中的“3.11.7 检验”
19	B	见本书 2.3.2 节之方框中的“3.11.7 检验”

2. 多项选择题

题号	答案	解析
1	ABD	见本书 2.3.2 节之方框中的“3.2.2 组织环境”
2	ABCD	见本书 2.3.2 节之方框中的“3.8.5 文件”
3	BCD	见本书 2.3.2 节之方框中的“3.6.13 可追溯性”
4	ACD	见本书 2.3.2 节之方框中的“3.2.5 供方”
5	ABCD	见本书 2.3.2 节之方框中的“3.11.6 测量设备”

2.3.3 管理体系认证认可的主要术语

考点知识讲解

《管理体系认证基础》一书给出了 8 个认证、认可术语：认证、认可、获证客户、公正性、管理体系咨询、认证审核、认证方案、管理体系认证审核时间。其中，认证、认可采用《中华人民共和国认证认可条例》中的定义，其余 6 个是 GB/T 27021.1/ISO/IEC 17021-1 中的术语。

下面方框中是《中华人民共和国认证认可条例》与认证、认可有关的条款。

第一章　总则

第一条　为了规范认证认可活动，提高产品、服务的质量和管理水平，促进经济和社会的发展，制定本条例。

第二条　本条例所称**认证**，是指由认证机构证明产品、服务、管理体系符合相关技术规范、相关技术规范的强制性要求或者标准的合格评定活动。

本条例所称**认可**，是指由认可机构对认证机构、检查机构、实验室以及从事评审、审核等认证活动人员的能力和执业资格，予以承认的合格评定活动。

第六条　认证认可活动应当遵循客观独立、公开公正、诚实信用的原则。

第二章　认证机构

第九条　取得认证机构资质，应当经国务院认证认可监督管理部门批准，并在批准范围内从事认证活动。

未经批准，任何单位和个人不得从事认证活动。

第十条　取得认证机构资质，应当符合下列条件：

（一）取得法人资格；

（二）有固定的场所和必要的设施；

（三）有符合认证认可要求的管理制度；

（四）注册资本不得少于人民币 300 万元；

（五）有 10 名以上相应领域的专职认证人员。

从事产品认证活动的认证机构，还应当具备与从事相关产品认证活动相适应的检测、检查等技术能力。

第十三条　认证机构不得与行政机关存在利益关系。

认证机构不得接受任何可能对认证活动的客观公正产生影响的资助；不得从事任何可能对认证活动的客观公正产生影响的产品开发、营销等活动。

认证机构不得与认证委托人存在资产、管理方面的利益关系。

第四章　认可

第三十六条　国务院认证认可监督管理部门确定的认可机构（以下简称认可机构），独立开展认可活动。

除国务院认证认可监督管理部门确定的认可机构外，其他任何单位不得直接或者变相从事认可活动。其他单位直接或者变相从事认可活动的，其认可结果无效。

第三十七条　认证机构、检查机构、实验室可以通过认可机构的认可，以保证其认证、检查、检测能力持续、稳定地符合认可条件。

第三十八条　从事评审、审核等认证活动的人员，应当经认可机构注册后，方可从事相应的认证活动。

第四十一条　认可机构委托他人完成与认可有关的具体评审业务的，由认可机构对评审结论负责。

下面方框中是 GB/T 27021.1/ISO/IEC 17021-1《合格评定　管理体系审核认证机构要求　第 1 部分：要求》中的 6 个术语。

3.1　获证客户

管理体系已获认证的组织。

3.2　公正性

客观性的存在。

注 1：客观性意味着利益冲突不存在或已解决，不会对认证机构的后续活动产生不利影响。

注 2：其他可用于表示公正性的要素的术语有：独立、无利益冲突、没有成见、没有偏见、中立、公平、思想开明、不偏不倚、不受他人影响、平衡。

3.3　管理体系咨询

参与建立、实施或保持管理体系。

示例 1：筹划或编制手册或程序。

示例 2：对管理体系的建立和实施提供具体的建议、指导或解决方案。

注 1：如果与管理体系和审核有关的培训课程仅限于提供通用信息，那么组织培训并作为培训者参与培训不被视为咨询，即培训者不宜针对特定的客户提出解决方案。

注 2：为过程或体系的改进提供通用信息，而不是针对特定客户的解决方案，不被视为咨询。此类通用信息可以包括：

——解释认证准则的含义和意图；

——识别改进机会；

——解释相关的理论、方法学、技巧或工具；

——分享关于相关良好实践的非保密信息；

——所审核的管理体系未覆盖的其他管理方面。

3.4　认证审核

由独立于客户和依赖认证的各方的审核组织实施的、对客户的管理体系进行以认证为目的的审核。

注 1：在下面的定义中，第三方认证审核简称为“审核”。

注 2：认证审核包括初次审核、监督审核和再认证审核，还可以包括特殊审核。

注 3：认证审核通常由依据管理体系标准要求提供符合性认证的认证机构的审核组实施。

注4：两个或两个以上审核组织合作审核同一个客户，称作联合审核。

注5：一个客户同时按照两个或两个以上管理体系标准的要求接受审核，称作结合审核（多体系审核）。

注6：一个客户已将两个或两个以上管理体系标准要求的应用整合在一个单一的管理体系中，并按照一个以上标准接受审核，称作一体化审核。

3.15　认证方案

应用相同的规定要求、特定规则与程序的，与管理体系有关的合格评定制度。

3.17　管理体系认证审核时间

审核时间的一部分，包括从首次会议到末次会议之间实施审核活动的所有时间。

注：审核活动通常包括：

——举行首次会议；

——审核实施中的文件评审；

——审核中的沟通；

——向导和观察员的作用和责任；

——信息的收集和验证；

——形成审核发现；

——准备审核结论；

——举行末次会议。

这里只对一些易混淆的地方做些讲解，考生需认真去看术语与定义的原文。

1. 认可、认证

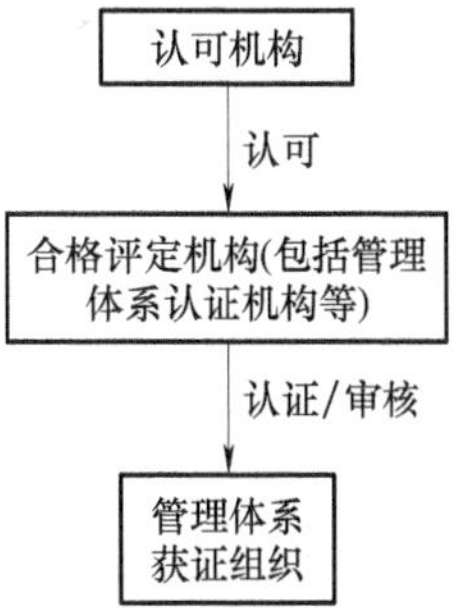

图2-6　合格评定关系

1）合格评定关系如图2-6所示。认可、认证都是合格评定活动。合格评定活动，包括检测、检查和认证，以及对合格评定机构的认可。合格评定机构是从事合格评定服务的机构，如认证机构、实验室，但认可机构不是合格评定机构。

2）认证的实施方是认证机构；认证的对象是产品、服务、管理体系；认证的依据是相关技术规范、相关技术规范的强制性要求或者标准。

3）认可的实施方是认可机构；认可的对象是认证机构、检查机构、实验室以及从事评审、审核等认证活动人员的能力和执业资格。

2. 认证审核

1）认证审核是指第三方认证审核，简称“审核”。认证审核包括初次审核、监督审核和再认证审核，还可以包括特殊审核。

2）两个或两个以上审核组织合作审核同一个客户，称作联合审核。

3）一个客户同时按照两个或两个以上管理体系标准的要求接受审核，称作结合审核。注意，GB/T 19011—2021 标准已将结合审核定义为**多体系审核**。当两个或多个不同领域的管理体系整合到单一管理体系中时，GB/T 19011—2021 标准称为**整合管理体系**。

同步练习强化

1. 单项选择题

1）《中华人民共和国认证认可条例》所称认可，是指由认可机构对认证机构、检查机构、实验室以及从事评审、审核等认证活动人员的能力和执行资格，予以承认的（　　）活动。（真题）

A. 认可　　B. 认证

C. 合格评定　　D. 标准化

2）《中华人民共和国认证认可条例》所称认证，是指由认证机构证明产品、服务、管理体系符合相关技术规范、相关技术规范的强制性要求或者标准的（　　）活动。

A. 认可　　B. 合格评定

C. 认证　　D. 标准化

3）认证是指由认证机构证明（　　）符合相关技术规范、相关技术规范的强制性要求或者标准的合格评定活动。

A. 产品　　B. 服务

C. 管理体系　　D. A + B + C

4）CQC、SGS 合作审核同一个客户，称作（　　）。

A. 多体系审核　　B. 联合审核

C. 组合审核　　D. 综合审核

5）管理体系认证审核时间是审核时间的一部分，包括从（　　）实施审核活动的所有时间。

A. 首次会议到末次会议之间

B. 审核启动到审核完成之间

C. 建立审核方案到审核后续活动结束之间

D. 审核活动的准备到末次会议之间

2. 多项选择题

1）认可是指由认可机构对（　　），予以承认的合格评定活动。

A. 认证机构
B. 检查机构、实验室
C. 从事评审、审核等认证活动的人员
D. 从事评审、审核等认证活动人员的能力和执业资格

2）认证是指由认证机构证明产品、服务、管理体系符合（　　）或者标准的合格评定活动。

A. 相关技术规范　　B. 相关技术规范的强制性要求
C. 相关强制性产品标准　　D. 相关管理体系标准

3）认证审核包括（　　），还可以包括特殊审核。

A. 初次审核　　B. 监督审核
C. 再认证审核　　D. 第三方审核

答案点拨解析

1. 单项选择题

题号	答案	解析
1	C	见本书 2.3.3 节《中华人民共和国认证认可条例》第二条
2	B	见本书 2.3.3 节《中华人民共和国认证认可条例》第二条
3	D	见本书 2.3.3 节《中华人民共和国认证认可条例》第二条
4	B	见本书 2.3.3 节 GB/T 27021.1 标准 3.4 条款
5	A	见本书 2.3.3 节 GB/T 27021.1 标准 3.17 条款

2. 多项选择题

题号	答案	解析
1	ABD	见本书 2.3.3 节《中华人民共和国认证认可条例》第二条
2	AB	见本书 2.3.3 节《中华人民共和国认证认可条例》第二条
3	ABC	见本书 2.3.3 节 GB/T 27021.1 标准 3.4 条款

2.4 管理体系实现过程

考点知识讲解

管理体系实现过程见表 2-1。

表 2-1　管理体系实现过程

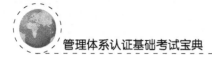

阶段	一级活动	二级活动/活动内容简述
1. 管理体系的建立	1.1　管理体系策划启动	1.1.1　最高管理者将策划活动纳入议事日程 1.1.2　成立工作组 1.1.3　学习培训相关管理标准和知识
	1.2　管理体系的策划信息及内容（统筹规划、系统分析和整体设计）	1.2.1　理解组织所处的生存环境和相关方的需求和期望
		1.2.2　确定管理体系的范围
		1.2.3　在管理体系范围内确定管理过程及过程之间的相互关系
		1.2.4　确定岗位、职责和权限
		1.2.5　策划应对风险和机遇的措施
		1.2.6　评审管理体系所在领域的初始状况
		1.2.7　制定方针和目标
	1.3　创建体系文件	1.3.1　创建体系文件的前提条件（确定哪些情况下需要形成文件化信息）
		1.3.2　确定体系文件的详略程度
		1.3.3　明确创建体系文件的原则（系统协调原则、融合优化原则、可操作原则）
		1.3.4　确定体系文件的类型（纲领性文件化信息、程序性文件化信息、作业性文件化信息、记录性文件化信息）
2. 管理体系的运行	2.1　管理体系的运行	管理体系建立阶段完成后，体系将进入试运行阶段。试运行的目的是验证管理体系文件的有效性和协调性，并对暴露的问题采取纠正和改进措施，从而进一步完善管理体系 管理体系运行过程中，主要的管理事项有： 1）过程内和过程间的信息沟通 2）组织与外部的信息沟通与协调 3）员工的能力管理与提高 4）基础设施的配置与运行 5）供方、顾客及其他相关方的关系管理 6）特定领域的控制，如产品质量、环境因素、危险源、能源使用 7）外包方的管理 8）运行过程中的变更控制，等等

（续）

阶段	一级活动	二级活动/活动内容简述
3. 绩效评价	3.1　对过程监视、测量、分析结果的评价（过程绩效评价）	3.1.1　各层次的工作制度执行情况
		3.1.2　设备、设施、工程、系统的运行情况，包括对外包过程的监控、对应急系统的测试
		3.1.3　目标实施及完成情况，包括管理目标和管理体系所在领域的预期目标
	3.2　合规性评价	在实施合规性评价之前，首先应当识别、获取组织应当遵守的合规义务，并在以下方面评价合规义务的执行情况： 1）建立方针时考虑合规义务的内容 2）涉及合规义务的过程绩效和特定领域绩效的输出 3）合规义务的变化情况 4）在组织控制下的工作人员履行合规义务的过程，以及不履行合规义务的后果 5）合规义务可能带来的风险和机遇
	3.3　内部审核	说明：内部审核、管理评审、自我评价都属于**管理体系评价**
	3.4　管理评审	—
	3.5　自我评价	组织可利用自我评价来识别改进和创新的机会，确定优先次序并制订以持续成功为目标的行动计划。自我评价的输出能够显示组织的优势、劣势和成熟度等级。组织如果持续开展自我评价，则能显示组织在一段时间内的进展状况
4. 管理体系的持续改进	4.1　渐进性改进	渐进性改进是由组织内人员对现有过程进行程度较小的持续改进活动
	4.2　突破性改进	突破性改进主要是对现有过程进行改进，或实施新过程。突破性改进通常包含对现有过程进行重大的再设计

同步练习强化

1. 问答题

1）建立管理体系时，要对管理体系进行策划，策划的内容有哪些？

2）创建体系文件的原则有哪些？

3）管理体系运行过程中，主要的管理事项有哪些？

4）什么是渐进性改进、突破性改进？

5）在实施合规性评价之前，应在哪些方面评价合规义务的执行情况？

6）管理体系实施过程中，如何对过程结果、管理体系结果进行验证？

7）管理体系核心理念包括哪些内容？每个核心理念的主要内容是什么？

8）PDCA 有哪些特点？如何理解这些特点？

9）什么是过程？什么是过程方法？

2. 综合应用题

张先生是一家企业的副总经理，半年前这家企业被顾客要求建立××管理体系，顾客将在6个月之后对其管理体系进行现场审核。张先生为此着手建立××管理体系，经过6个月的努力，最近顺利通过了顾客的现场审核。请回答：

1）管理体系的建立到完善有几个阶段？要开展哪些主要活动？

2）创建体系文件时，要开展哪些主要工作？

3）管理体系运行过程中，如何开展绩效评价？

答案点拨解析

1. 问答题

1）见本书2.4节表2-1之1.2。策划的内容包括：

① 理解组织所处的生存环境和相关方的需求和期望。

② 确定管理体系的范围。

③ 在管理体系范围内确定管理过程及过程之间的相互关系。

④ 确定岗位、职责和权限。

⑤ 策划应对风险和机遇的措施。

⑥ 评审管理体系所在领域的初始状况。

⑦ 制定方针和目标。

2）见本书2.4节表2-1之1.3.3。创建体系文件的原则有：

① 系统协调原则。

② 融合优化原则。

③ 可操作原则。

3）见本书2.4节表2-1之2.1。管理体系运行过程中，主要的管理事项有：

① 过程内和过程间的信息沟通。

② 组织与外部的信息沟通与协调。

③ 员工的能力管理与提高。

④ 基础设施的配置与运行。

⑤ 供方、顾客及其他相关方的关系管理。

⑥ 特定领域的控制，如产品质量、环境因素、危险源、能源使用。

⑦ 外包方的管理。

⑧ 运行过程中的变更控制，等等。

4）见本书2.4节表2-1之4.1、4.2。

① 渐进性改进是由组织内人员对现有过程进行程度较小的持续改进活动。

② 突破性改进主要是对现有过程进行改进，或实施新过程。突破性改进通常包含对现有过程进行重大的再设计。

5）见本书2.4节表2-1之3.2。

在实施合规性评价之前，应在以下方面评价合规义务的执行情况：

① 建立方针时考虑合规义务的内容。

② 涉及合规义务的过程绩效和特定领域绩效的输出。

③ 合规义务的变化情况。

④ 在组织控制下的工作人员履行合规义务的过程，以及不履行合规义务的后果。

⑤ 合规义务可能带来的风险和机遇。

6）见本书2.4节表2-1之3。

管理体系实施过程中，可以通过绩效评价对过程结果、管理体系结果进行验证。绩效评价包括：

① 过程绩效评价，也就是对过程的监视、测量和分析的结果进行评价。

② 合规性评价。

③ 管理体系评价，包括内部审核、管理评审、自我评价。

7）见本书2.2节。管理体系核心理念及其主要内容见表2-2。

表2-2 管理体系核心理念及其主要内容

核心理念	主要内容
1. 运用过程方法	系统地识别和管理组织所应用的过程及其活动，将活动作为相互关联、功能连贯的过程组成的系统来理解和管理时，可更加有效和高效地得到一致的、可预知的结果
2. 采用PDCA循环	PDCA循环是将管理过程分为策划—实施—检查—处置四个阶段，PDCA循环使组织能够确保其过程得到充分的资源和管理，确定改进机会并采取行动
3. 建立风险管理思维	组织的所有活动都涉及风险。组织通过识别、分析和评定是否运用风险处理来修正风险以满足风险准则，并管理风险

（续）

核心理念	主要内容
4. 追求持续成功	为获得持续成功，组织应建立其使命、愿景和价值观。组织确定其战略方向和发展方针是实现组织使命、追求持续成功的有效途径
5. 关注绩效	通过绩效制定、绩效沟通、绩效考核评价、绩效结果应用、绩效目标提升的持续循环过程，持续提升个人、部门和组织的绩效
6. 以顾客为关注焦点	质量管理是所有领域管理的基石，没有质量管理，其他领域管理是没有意义的。质量管理的首要关注点是满足顾客要求并且努力超越顾客期望
7. 强调领导作用	各级领导建立统一的宗旨和方向，并创造全员积极参与实现组织的目标的条件
8. 提倡全员参与	整个组织内各级胜任、经授权并积极参与的人员，是提高组织创造和提供价值能力的必要条件
9. 循证决策	循证决策就是将数据和信息及其不确定性经过科学加工后形成证据，基于证据实施决策的理论。基于数据和信息的分析和评价的决策，更有可能产生期望的结果
10. 关系管理	为了持续成功，组织需要管理与有关相关方的关系。通过管理与相关方的关系，建立互利原则，一方面，最大限度地发挥相关方在组织绩效方面的作用；另一方面，实现以平衡的方式满足相关方的要求和期望

8）见本书2.2.2节之1之2）。PDCA循环可分为4个阶段8个步骤，具有以下3个特点：

① 闭环管理。PDCA循环是一个完整的循环。PDCA循环的四个阶段，并非是截然分开，而是紧密衔接连成一体。

② 环中有环。环中有环，大环套小环，互相促进。

③ 螺旋上升。PDCA是周而复始地循环，而且每循环一次就上升一个台阶，质量、管理水平等不断提高。

9）见本书2.2.1节。

①“过程”是指“利用输入实现预期结果的相互关联或相互作用的一组活动”。

②“过程方法”，就是“系统地识别和管理组织所应用的过程及其活动，将活动作为相互关联、功能连贯的过程组成的系统来理解和管理时，可更加有效和高效地得到一致的、可预知的结果”。

2. 综合应用题

见本书2.4节表2-1。

1）管理体系的建立到完善的阶段，以及要开展的主要活动有：

① 管理体系的建立阶段，主要的活动包括：管理体系策划启动，管理体系的策划信息及内容（统筹规划、系统分析和整体设计），创建体系文件。

② 管理体系的运行阶段，主要的管理事项有：过程内和过程间的信息沟通；组织与外部的信息沟通与协调；员工的能力管理与提高；基础设施的配置与运行；供方、顾客及其他相关方的关系管理；特定领域的控制，如产品质量、环境因素、危险源、能源使用；外包方的管理；运行过程中的变更控制，等等。

③ 绩效评价阶段，主要的活动包括：对过程监视、测量、分析结果的评价（过程绩效评价），合规性评价，内部审核，管理评审，自我评价。

④ 管理体系的持续改进阶段。通过持续改进，不断完善管理体系。实施改进的两条基本途径是渐进性改进和突破性改进。

2）创建体系文件时，要开展的主要工作有：

① 创建体系文件的前提条件（确定需要形成文件的信息）。

② 确定体系文件的详略程度。

③ 明确创建体系文件的原则（系统协调原则、融合优化原则、可操作原则）。

④ 确定体系文件的类型（纲领性文件化信息、程序性文件化信息、作业性文件化信息、记录性文件化信息）。

3）管理体系运行过程中，通过以下方面开展绩效评价：

① 过程绩效评价，也就是对过程的监视、测量和分析的结果进行评价。

② 合规性评价。

③ 管理体系评价，包括内部审核、管理评审、自我评价。

第3章 管理体系标准的高层结构

考试大纲要求

1）管理体系标准高层结构的作用、核心内容。

2）管理体系标准高层结构核心条款的内涵。

考点知识讲解

管理体系标准高层结构（High Level Structure，HLS）具有相同的通用术语和核心定义、相同的标准核心条款、相同的条款核心文本的特点。高层结构是国际标准化组织对管理体系相互融合提出的**集约化理念**，是管理体系标准需要遵守的原则。

3.1 高层结构理论基础

不同领域的管理体系标准虽然管理的对象有所不同，但其管理的原理和基本要求是相同的。为加强各管理体系标准的一致性、协调性和兼容性，ISO 于 2012 年发布了 ISO/IEC 导则附录 1，规定了适用于所有 ISO 管理体系标准的高层结构。

3.1.1 高层结构的作用

管理体系标准高层结构的特点是具有相同的通用术语和核心定义、相同的标准核心条款、相同的条款核心文本。高层结构具有以下作用：

1）提高相关方之间的沟通效率。

2）帮助组织实现其预期结果。

3）提高管理体系运行的兼容性。

4）鼓励管理体系标准的创新。

5）鼓励全球贸易自由。

3.1.2　高层结构的核心内容

高层结构可应用于"要求"性（A 类）和"指南"性（B 类）两类标准。"要求"性标准是指组织应满足标准中规定的内容，如 ISO 9001《质量管理体系　要求》；"指南"性标准是指组织可参考标准中给出的指南提示，选择适合组织特点的内容加以应用，如 ISO 9004《质量管理　组织的质量　实现持续成功指南》。

有些标准，为了方便管理体系标准的使用，把"要求"性和"指南"性两类标准进行了适当的合并，把"要求"性内容列入正文，"指南"性内容列入附录，附录中的条款与正文中的条款是对应的，如 ISO 14001：2015《环境管理体系 要求及使用指南》、ISO 45001：2018《职业健康安全管理体系　要求及使用指南》等。

管理体系标准高层结构的核心内容是：

1）相同的标准框架和条款标题。特定的管理体系标准在相同的标准条款标题下，可以在特定管理体系标准中增加二级条款和三级、四级条款。

2）相同的通用术语和核心定义。如果通用术语和核心定义中与特定的管理体系标准中的术语和定义名称相同但内涵不同，则需要在特定管理体系中加以说明。

3）相同的条款核心文本。高层结构给出了相同的条款核心文本的格式，在相同的条款核心文本的格式基础上，可依据特定管理体系标准增加相应的要求。这个是针对"要求"性标准的核心文本内容，"指南"性标准核心文本内容可不受这些格式限制。

3.1.3　高层结构的框架和条款

1. 高层结构的框架和条款标题

管理体系标准高层结构的框架和条款标题见表 3-1。

表 3-1　管理体系标准高层结构的框架和条款标题

章	二级条款	说明
引言		
1　范围		
2　规范性引用文件		
3　术语和定义		包括了通用术语及核心定义
4　组织环境	4.1　理解组织及其环境	
	4.2　理解相关方的需求和期望	
	4.3　确定 × 管理体系的范围	
	4.4　× 管理体系	

（续）

章	二级条款	说明
5　领导作用	5.1　领导作用和承诺	
	5.2　方针	
	5.3　组织的岗位、职责和权限	
6　策划	6.1　应对风险和机遇的措施	
	6.2　×目标及其实现的策划	
7　支持	7.1　资源	
	7.2　能力	
	7.3　意识	
	7.4　沟通	
	7.5　成文信息	
8　运行	8.1　运行的策划和控制	特定管理体系在第8章会有较大不同
9　绩效评价	9.1　监视、测量、分析和评价	
	9.2　内部审核	
	9.3　管理评审	
10　改进	10.1　不合格和纠正措施	
	10.2　持续改进	

2. 引言、范围和规范性引用文件

1）引言。引言主要介绍具体管理体系标准的背景、目的、作用、运行模式及主要内容。

2）范围。范围主要提出使用特定管理体系标准所达到的预期结果和使用范围。如果由于特殊情况，特定管理体系标准中的某些要求不适用于组织，那么在范围中应要求组织对不适用部分予以说明，否则不能声称符合该管理体系标准要求。

3）规范性引用文件。规范性引用文件是标准的书写格式，可按照实际的引用情况进行描述。

3. 术语和定义

高层结构中给出了通用的术语和定义，这些术语和定义见本书2.3节。在特定的管理体系标准中除了通用术语和定义外，可以添加特定管理体系标准的专用术语和定义。

4. 管理体系高层结构框架与PDCA的关系

管理体系高层结构中，第4章至第10章被称为核心条款，基本上是按PDCA

逻辑安排这些条款，第 4 章、第 5 章、第 6 章是策划 P 的过程，第 7 章、第 8 章是实施 D 的过程，第 9 章是检查 C 的过程，第 10 章是处置（改进）A 的过程，参见前文图 2-5。

3.1.4　高层结构的管理思维

高层结构的管理思维包括战略思维、风险思维、过程思维、系统思维。

宗旨和战略是组织发展的指导思想，战略决策关系到组织的发展方向，管理体系标准是在战略发展的基础上开展管理体系活动的。

高层结构中的 PDCA 模式是系统思维的体现。

3.1.5　核心条款文本描述方式

1）高层结构的核心条款部分都是针对“组织”提出的。

2）在核心条款中，常使用一些词：

①“应”表示要求，对组织的要求。

②“宜”表示建议，对组织的建议。

③“可”表示允许，对组织的允许。

④“能”表示可能性或能够，组织可能或能够产生的结果。

⑤“考虑”表示认真思考，组织应思考的内容，但不一定要采纳。

3）核心条款中把“成文信息”表述为“保持成文信息”或“保留成文信息”。“保持成文信息”，即要求组织形成文件；“保留成文信息”，即要求组织形成记录并保存。

3.2　组织环境（高层结构第 4 章）

组织环境是组织建立、保持、实施和改进其管理体系的基石。高层结构第 4 章“组织环境”，包括“4.1 理解组织及其环境”“4.2 理解相关方的需求和期望”“4.3 确定 × 管理体系的范围”“4.4 × 管理体系”。

3.2.1　理解组织及其环境（高层结构 4.1 条款）

4.1　理解组织及其环境

组织应确定与其宗旨和战略方向相关并影响其实现 × 管理体系预期结果的能力的各种外部和内部因素。

注 1：本章的内容是高层结构的表述形式，引自 ISO/IEC 导则附录 1。后述相同，不再注释。

注2："×"表示特定管理体系的"领域"，如环境、质量、职业健康安全、能源。后述相同，不再注释。

1. 组织环境的定义

组织环境是指"对组织建立和实现目标的方法有影响的内部和外部因素的组合"。

组织的目标可能涉及其产品和服务、投资和对其相关方的行为。组织环境的概念，除了适用于营利性组织，还同样能适用于非营利或公共服务组织。在英语中，组织环境可用商业环境或组织生态系统来表述。了解基础设施对确定组织环境会有帮助。

2. 组织环境的确定

需要组织确定的组织环境（各种外部和内部因素），仅是与以下两方面相关的外部和内部因素：

1）与组织宗旨和战略方向相关。

2）影响组织实现×管理体系预期结果的能力。

3.2.2 理解相关方的需求和期望（高层结构4.2条款）

4.2 理解相关方的需求和期望

组织应确定：

——与×管理体系有关的相关方；

——相关方的要求。

1. 相关方的定义

相关方是指"可影响决策或活动，被决策或活动所影响，或自认为被决策或活动影响的个人或组织"。

相关方可以是组织内部的，也可以是组织外部的。典型的相关方有：顾客、所有者、组织内的员工、供方、银行、监管者、工会、合作伙伴以及竞争对手或相对立的社会群体。

2. 相关方的管理

1）确定与×管理体系有关的相关方。

2）确定相关方的要求。要把这些要求落实到组织的×管理体系中去。

3.2.3 确定×管理体系的范围（高层结构4.3条款）

4.3 确定×管理体系的范围

组织应确定×管理体系的边界和适用性，以确定其范围。

> 在确定范围时，组织应考虑：
> —— 4.1 中提及的各种外部和内部因素；
> —— 4.2 中提及的要求。
> 范围应作为成文信息提供。

1. 确定×管理体系的边界和适用性

1）边界是组织实行×管理体系的物理的和组织的界线。组织根据管理的需要自主灵活地界定其边界。

2）适用性是指特定的×管理体系标准的要求是通用的，但由于不同组织的实际情况不同，有可能有些要求并不适用。组织可根据其规模和复杂程度、所采用的管理模式、活动领域以及所面临风险和机遇的性质，对相关要求的适用性进行评审。

2. 确定×管理体系的范围

1）确定×管理体系的范围时要考虑的因素。

根据确定的×管理体系的边界和适用性，确定×管理体系的范围。确定×管理体系的范围时，要考虑下面两个因素：

① 高层结构 4.1 中提及的各种外部和内部因素。

② 高层结构 4.2 中提及的相关方的要求。

2）×管理体系范围应作为成文信息提供。

3.2.4　×管理体系（高层结构 4.4 条款）

> **4.4　×管理体系**
> 组织应按本标准的要求建立、实施、保持和持续改进×管理体系，包括所需过程及其相互作用。

组织应按本标准的要求，建立、实施、保持和持续改进×管理体系，包括所需过程及其相互作用，这是对每个特定管理体系的要求。

3.3　领导作用（高层结构第5章）

高层结构第5章“领导作用”，明确了最高管理者在管理体系中的作用，包括“5.1 领导作用和承诺”“5.2 方针”“5.3 组织的岗位、职责和权限”。

3.3.1 领导作用和承诺（高层结构 5.1 条款）

5.1 领导作用和承诺

最高管理者应通过下述方面证实其对×管理体系的领导作用和承诺：

——确保制定×管理体系的方针和目标，并与组织环境相适应，与战略方向相一致；

——确保×管理体系要求融入组织的业务过程；

——确保×管理体系所需的资源是可获得的；

——沟通有效的×管理和符合×管理体系要求的重要性；

——确保×管理体系实现其预期的结果；

——指导和支持员工为×管理体系的有效性做出贡献；

——促进持续改进；

——支持其他相关管理者在其职责范围内发挥领导作用。

注：使用的“业务”一词可广义地理解为组织的核心活动。

1. “最高管理者”的定义

“最高管理者”的定义是：“在最高层指挥和控制组织的一个人或一组人。”

最高管理者不仅限于组织最高权限的一位领导，可以是组织最高管理层的若干领导。管理职责可以大家共同承担，关键是职责要清楚，分工要明确。

2. 领导作用和承诺

组织最高管理者应承诺建立和实施×管理体系并在其中发挥领导作用。这些领导作用和承诺通过以下 8 个方面予以证实：

1）确保制定×管理体系的方针和目标，并与组织环境相适应，与战略方向相一致。

2）确保×管理体系要求融入组织的业务过程。

3）确保×管理体系所需的资源是可获得的。

4）沟通有效的×管理和符合×管理体系要求的重要性。

5）确保×管理体系实现其预期的结果。

6）指导和支持员工为×管理体系的有效性做出贡献。

7）促进持续改进。

8）支持其他相关管理者在其职责范围内发挥领导作用。

建议考生记住这 8 个方面。

3.3.2 方针（高层结构5.2条款）

> **5.2 方针**
>
> 最高管理者应制定×方针，×方针应：
>
> ——适应组织的宗旨；
>
> ——为建立的×目标提供框架；
>
> ——包括满足适用要求的承诺；
>
> ——包括持续改进×管理体系的承诺。

最高管理者应制定×方针。×方针在内容上应做到一个“适应”、一个“框架”、两个“承诺”。

1）一个“适应”：适应组织的宗旨。组织的宗旨是其经营的总方针、总目标。

2）一个“框架”：为建立×目标提供框架。×方针是宏观的，但不能空洞无内容。×方针应能为×目标的建立提供框架。×目标是×方针展开的具体化，×目标应与×方针相对应。

3）两个“承诺”：满足适用要求的承诺、持续改进×管理体系的承诺。要求是指相关方的要求和适用的法律法规的要求。

3.3.3 组织的岗位、职责和权限（高层结构5.3条款）

> **5.3 组织的岗位、职责和权限**
>
> 最高管理者应**确保**组织相关岗位的职责、权限得到**分配和沟通**。
>
> 最高管理者应**分配**职责和权限，以：
>
> a）确保×管理体系符合本标准的要求；
>
> b）向最高管理者报告×管理体系的绩效。

1. 最高管理者分配相关岗位的职责和权限

最高管理者应分配职责和权限。分配职责和权限的目的是一个“确保”、一个“报告”。

1）一个“确保”：确保×管理体系符合本标准的要求。

2）一个“报告”：向最高管理者报告×管理体系的绩效。

上述职责和权限，可分配给一人承担，也可分配给多人承担。

2. 最高管理者应确保相关岗位的职责、权限得到沟通

最高管理者应确保组织相关岗位的职责、权限得到分配、沟通。要确保每一个人都知道他们要做的事情（职责）和他们可以做的事情（权限），并使他们明白这些职责和权限之间的相互关系。

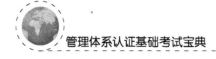

3.4 策划（高层结构第6章）

高层结构第6章“策划”是高层结构中的策划（P）过程，包括“6.1应对风险和机遇的措施”“6.2×目标及其实现的策划”。

3.4.1 应对风险和机遇的措施（高层结构6.1条款）

> **6.1 应对风险和机遇的措施**
>
> 在策划×管理体系时，组织应考虑到4.1所提及的因素和4.2所提及的要求，并确定需要应对的风险和机遇，以：
>
> ——确保×管理体系能够实现预期结果；
>
> ——预防或减少不利影响；
>
> ——实现持续改进。
>
> 组织应策划：
>
> a）应对这些风险和机遇的措施。
>
> b）如何：
>
> ——在×管理体系过程中整合并实施这些措施；
>
> ——评估这些措施的有效性。

1. 策划×管理体系时的要求，确定需要应对的风险和机遇

在策划×管理体系时，组织应做到3点：

1）考虑到高层结构4.1所提及的组织的环境因素。

2）考虑到高层结构4.2所提及的相关方的要求。

3）确定需要应对的风险和机遇。

从上面可看到，高层结构4.1、4.2是确定风险和机遇的两个输入因素。

2. 确定风险和机遇的目的

确定风险和机遇的目的有3个：

1）确保×管理体系能够实现预期结果。

2）预防或减少不利影响。

3）实现持续改进。

3. 策划应对风险和机遇的措施

策划应对风险和机遇的措施时，要做到3个方面：

1）针对确定的风险和机遇，组织应策划应对这些风险和机遇的措施。

风险的应对措施可包括：选择规避风险，为寻求机遇承担风险，消除风险源，改变风险的可能性或后果，分担风险，或通过信息充分的决策而保留风险。

机遇可能导致采用新实践、推出新产品、开辟新市场、赢得新顾客、建立合作伙伴关系，利用新技术和其他可行之处，以应对组织或其顾客的需求。

2）要考虑如何在×管理体系过程中整合并实施这些应对风险和机遇的措施。

3）要考虑如何评价应对风险和机遇的措施的有效性。

组织应实施策划好的应对风险和机遇的措施，并评价这些措施的效果。当发现措施未能解决风险或未能有效把握机遇时，应重新确定措施，必要时应重新分析风险。

3.4.2　×目标及其实现的策划（高层结构6.2条款）

> **6.2　×目标及其实现的策划**
>
> 组织应针对相关职能和层次建立×目标。
>
> ×目标应：
>
> ——与×方针保持一致；
>
> ——可测量（如果可实现）；
>
> ——考虑适用的要求；
>
> ——予以监视；
>
> ——予以沟通；
>
> ——适时更新。
>
> 组织应保持×目标的成文信息。
>
> 策划如何实现×目标时，组织应确定：
>
> ——要做什么；
>
> ——需要什么资源；
>
> ——由谁负责；
>
> ——何时完成；
>
> ——如何评价结果。

1. 在相关职能、层次建立×目标

组织应针对相关职能、层次建立×目标。

职能目标、层次目标之间有关联，甚至有重叠，要处理好它们之间的关系。

2. ×目标内容上的要求

×目标内容上的3个要求如下：

1）×目标应与×方针保持一致。×目标应建立在×方针的基础上，应在×方针给定的框架内展开。

2）×目标应是可测量的（如果可实现）。测量不是量化，测量可以定量也可以定性，如考评、测评、评价等。

3）建立×目标时应考虑适用的要求，包括相关方的要求、法律法规的要求等。

3. ×目标管理上的要求

×目标管理上的3个要求如下：

1）予以监视。对目标的实现情况应进行监视，对于没有达到预期的目标，组织应分析其原因，必要时调整目标或采取改进措施实现目标。

2）予以沟通。进行内外部沟通，确定适当的沟通的对象，以便相关人员了解目标的要求，理解如何才能实现目标。

3）适时更新。目标不是静态的，需要根据当前的组织环境、相关方的需求和持续改进的要求进行更新。

4. ×目标要形成文件

要将×目标形成文件并保持。文件的形式可以多样化。

5. 策划实现×目标的措施

策划实现×目标的措施时，应确定以下5个基本方面的内容：

1）要做什么（采取什么措施）。

2）需要什么资源。

3）由谁负责。

4）何时完成。

5）如何评价结果。

3.5 支持（高层结构第7章）

高层结构第7章“支持”规定了为了达到预期目标，有效实施和运作管理体系所需的必要条件，主要包括资源、能力、意识、沟通和成文信息。

3.5.1 资源（高层结构7.1条款）

> **7.1 资源**
>
> 组织应确定并提供所需的资源，以建立、实施、保持和持续改进×管理体系。

组织应确定并提供所需的资源，目的是建立、实施、保持和持续改进×管理体系。资源可能包括人力资源、自然资源、基础设施、技术资源、财务资源、社会资源、信息资源等，由于不同特定管理体系所处的领域不同，其所需的资源也不尽相同。

3.5.2　能力（高层结构7.2条款）

> **7.2　能力**
>
> 组织应：
>
> ——**确定**在其控制下的人员所需具备的能力，这些能力影响×绩效；
>
> ——基于适当的教育、培训**或**经验，**确保**这些人员是胜任的；
>
> ——适用时，采取措施以获得所需的能力，并**评价**措施的有效性；
>
> ——**保留**适当的成文信息，作为人员能力的证据。
>
> 注：适用措施可包括对在职人员进行培训、辅导或重新分配工作，或者聘用、外包胜任的人员。

1. 对有能力要求的人员的范围的界定

该条款仅指人的能力，不包括过程能力等。高层结构中对能力有要求的人员要同时满足以下两点：

1）在组织控制下。

2）能力影响×绩效。

在组织控制下的人员，包括与组织有劳动合同的人员，也包括临时聘用人员、代表组织工作的外包方人员等。只要从事的工作影响×管理体系绩效，都要具备相应能力。

2. 人员能力的基本要求

人员能力是基于适当的教育、培训或经验这3个方面（注意其中的“或”字），从3个方面评定人员的能力：

1）教育，即与岗位职责相应的教育背景，如学历等。

2）培训，即在专业工作中接受过的专门培训。

3）经验，从相似工作的经历中获得的技术、方法、技巧等。

3. 人员能力的管理

1）确定。一是确定哪些人员需要具备能力，也就是对人员的范围的界定；二是确定这些人员要具备什么能力。

2）确保。基于适当的教育、培训或经验，配备胜任的人员。如果不胜任，就要采取适用的措施，使人员获得所需的能力。这些措施可以是培训、辅导或重新分配工作，或者聘用、外包胜任的人员。

3）评价。要评价确保人员胜任的措施的有效性，如培训后的考试，对招聘人员的转正考核等。

4）保留。保留适当的成文信息，作为人员能力的证据，如培训记录、考试试卷等。注意标准中的“保留”“适当的”这些关键词。

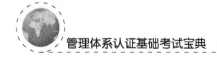

3.5.3 意识（高层结构 7.3 条款）

> **7.3 意识**
>
> 组织应**确保**在其控制下工作的人员意识到：
>
> ——×方针；
>
> ——他们对×管理体系有效性的贡献，包括改进×绩效的益处；
>
> ——不符合×管理体系要求的后果。

1. 对“意识”有要求的人员

对“意识”有要求的人员是在组织控制下的相关工作人员，包括组织内的人员和组织指定的外部人员（如外包人员），这些人员应具有相应的意识。

高层结构 7.2 对“能力”有要求的人员是在组织控制下，能力影响绩效的人员。请注意两者的区别。

2. 意识的内涵与管理要求

意识的内涵包括 3 个方面，组织应确保在其控制下工作的人员意识到：

1）方针（指方针的内涵）。

2）他们对管理体系有效性的贡献，包括改进绩效的益处。

3）不符合管理体系要求的后果。

3.5.4 沟通（高层结构 7.4 条款）

> **7.4 沟通**
>
> 组织应确定与×管理体系相关的内部和外部沟通，包括：
>
> ——沟通什么；
>
> ——何时沟通；
>
> ——与谁沟通。

1. 沟通的范围

沟通的范围是与管理体系相关的内部和外部沟通。应做好沟通范围的策划（也就是确定）。

2. 沟通的要求

组织在确定沟通过程时，要确定沟通的 3 项要素：

1）沟通什么（沟通的内容）。

2）何时沟通（沟通的时机）。

3）与谁沟通（沟通的对象）。

3.5.5　成文信息（高层结构7.5条款）

> **7.5　成文信息**
>
> 7.5.1　总则
>
> 组织的×管理体系应包括：
>
> ——本标准要求的成文信息；
>
> ——组织所确定的、为确保×管理体系有效性所需的成文信息。
>
> 注：对于不同组织，×管理体系成文信息的多少与详略程度可以不同，取决于：
>
> ——组织的规模，以及活动、过程、产品和服务的类型；
>
> ——过程及其相互作用的复杂程度；
>
> ——人员的能力。
>
> 7.5.2　创建和更新
>
> 在创建和更新成文信息时，组织应确保适当的：
>
> ——标识和说明（如标题、日期、作者、索引编号）；
>
> ——形式（如语言、软件版本、图表）和载体（如纸质的、电子的）；
>
> ——评审和批准，以保持适宜性和充分性。
>
> 7.5.3　成文信息的控制
>
> 应控制×管理体系和本标准所要求的成文信息，以确保：
>
> ——在需要的场合和时机，均可获得并适用；
>
> ——予以妥善保护（如防止泄密、不当使用或损失）。
>
> 为控制成文信息，适用时，组织应进行以下活动：
>
> ——分发、访问、检索和使用；
>
> ——存储和防护，包括保持可读性；
>
> ——更改控制（如版本控制）；
>
> ——保留和处置。
>
> 对于组织确定的策划和运行×管理体系所必需的来自外部的成文信息，组织应进行适当识别，并予以控制。
>
> 注：对成文信息的“访问”可能意味着仅允许查阅，或者意味着允许查阅并授权修改。

1. 管理体系要求的成文信息

管理体系要求的成文信息包括两个方面：

1）标准要求的成文信息。在标准中凡是有“保持成文信息”“保留成文信息”的地方，均需根据标准要求形成成文信息。

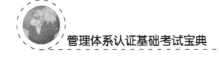

“保持成文信息”，即要求组织形成文件；“保留成文信息”，即要求组织形成记录并保存。

2）组织所确定的、为确保管理体系有效性所需的成文信息。除标准要求的成文信息外，组织可以根据自身产品、服务及过程的实际情况增加适当的成文信息。

管理体系成文信息的多少和详略程度，取决于：

——组织的规模，以及活动、过程、产品和服务的类型；

——过程及其相互作用的复杂程度；

——人员的能力。

2. 成文信息创建和更新的要求

创建就是编写新文件，更新就是对文件进行修改。在创建和更新成文信息时，组织应确保适当的：

1）标识和说明（如标题、日期、作者、索引编号）。

2）形式（如语言、软件版本、图表）和载体（如纸质的、电子的）。

3）评审和批准，以保持适宜性和充分性。“适宜性”是指文件符合组织的实际，可操作；“充分性”是指该规定的都作了规定。评审是保证文件的正确性，批准意味着从行政上赞同文件的实施。

3. 成文信息的控制目的

应控制管理体系和标准所要求的成文信息，以确保满足以下 2 个目的：

1）在需要的场合和时机，均可获得并适用；

2）予以妥善保护（如防止泄密、不当使用或缺失）。

4. 成文信息的控制要求

为控制成文信息，适用时，组织应进行下列 4 项活动：

1）分发、访问、检索和使用。

2）存储和防护，包括保持可读性。

3）更改控制（如版本控制）。文件更改要进行适当的评审和批准。为了方便使用，文件更改应标明修订状态和版本。

4）保留和处置。保留文件时，应防止作废文件的非预期使用。对失去使用价值的文件要进行处置。

5. 外来文件的控制

对于组织确定的策划和运行管理体系所必需的来自外部的成文信息，组织应进行适当识别，并予以控制。请注意，这里的“来自外部的成文信息”仅指“策划和运行管理体系所必需的”外来文件，要做好“确定”“适当识别”“控制”——确定需要哪些外来文件，识别是否有效版本，哪些地方可用，控制就是要做好分发、防护等。

3.6 运行（高层结构第8章）

高层结构第8章“运行”是高层结构中的实施（D）过程，只给出了一个二级条款“8.1 运行的策划和控制”，特定管理体系应根据其领域特点增加相应的条款。

> **8.1 运行的策划和控制**
>
> 为满足要求，并实施6.1所确定的措施，组织应通过以下措施对所需的过程进行策划、实施和控制：
>
> ——建立过程准则；
>
> ——按照准则实施过程控制；
>
> ——在必要的范围和程度上，保留成文信息以确信过程已经按策划进行。
>
> 组织应控制策划的变更，评审非预期变更的后果，必要时，采取措施减轻不利影响。
>
> 组织应确保外包过程受控。

1. 运行策划和控制的对象

运行策划和控制的对象是所需的过程。对这些所需的过程进行策划、实施和控制，目的是满足要求，并实施高层结构6.1条款（应对风险和机遇的措施）所确定的措施。这里所说的“控制”就是要使“策划”和“实施”的过程处于受控状态。

2. 运行策划和控制的措施

策划和实施都应得到控制。策划和控制的措施包括：

1）建立过程准则（有效运行的控制准则）。

2）按照上面确定的准则实施过程控制。

3）在必要的范围和程度上，保留成文信息以确信过程已经按策划进行。

3. 运行策划和控制的要求

1）组织应控制策划的变更，评审非预期变更的后果，必要时，采取措施减轻不利影响。也就是三点要求：一是对策划的变更进行控制；二是对非预期变更的后果进行评审；三是如果经过评审发现非预期更改可能造成不利影响，那么在实施更改的同时就需采取必要的措施减轻不利影响。

2）组织应确保外包过程受控。

3.7 绩效评价（高层结构第9章）

高层结构第9章“绩效评价”是高层结构中的检查（C）过程，明确了对管理体系绩效评价的要求，包括“9.1 监视、测量、分析和评价”“9.2 内部审核”“9.3 管理评审”三个二级条款。通过监视、测量、分析和评价，内部审核以及管理评审活动对管理体系的绩效进行评价。

3.7.1 监视、测量、分析和评价（高层结构9.1条款）

> **9.1 监视、测量、分析和评价**
>
> 组织应确定：
>
> ——需要监视和测量什么；
>
> ——需要用什么方法进行监视、测量、分析和评价，以确保结果有效；
>
> ——何时实施监视和测量；
>
> ——何时对监视和测量的结果进行分析和评价。
>
> 组织应保留适当的成文信息，以作为结果的证据。
>
> 组织应评价×管理体系的绩效和有效性。

1. 监视、测量、分析和评价的确定

确定是策划活动，组织应对监视、测量、分析和评价进行策划，确定：

1）需要监视和测量什么。监视和测量的对象，因管理体系的领域不同而不同，可以是过程、目标、运行控制等。

监视是指“确定体系、过程、产品、服务或活动的状态”。通过监视活动确保监视对象处于检查、监督和控制之下。常用的监视方法有检查、监督或密切观察等。

测量是指“确定数值的过程”。通过测量活动，通常可以获得具体的数值或量值，在一个组织的管理体系中有很多活动是需要测量的，如在生产过程中测量恒温炉的温度。

2）需要用什么方法进行监视、测量、分析和评价，以确保结果有效。方法应能确保结果有效。

3）何时实施监视和测量。

4）何时对监视和测量的结果进行分析和评价。分析是利用监视、测量或其他信息，有时还需要进行信息再加工，确定其原因或判定其趋势的过程。评价是判定其适宜性、充分性和有效性是否达到规定要求的过程。

2. 评价管理体系的绩效和有效性

组织应评价管理体系的绩效和有效性。

绩效是指“可测量的结果”。绩效可能涉及定量的或定性的结果。绩效可能涉及活动、过程、产品、服务、体系或组织的管理。

有效性是指“完成策划的活动并得到策划结果的程度”。

3. 保留监视、测量、分析和评价活动的成文信息

组织应保留适当的成文信息，以作为开展监视、测量、分析和评价活动结果的证据。需注意的是，这里讲的是“适当的成文信息”，就是说并非所有的监视和测量活动都需要保留记录，例如一些生产设备上的监视和测量仪表的数据并不一定需要全部记录下来。

3.7.2 内部审核（高层结构9.2条款）

> **9.2 内部审核**
>
> 组织应按照策划的时间间隔进行内部审核，以提供有关×管理体系的下列信息：
>
> a）是否符合：
>
> ——组织自身的×管理体系要求；
>
> ——本标准的要求。
>
> b）是否得到有效的实施和保持。
>
> 组织应：
>
> a）依据有关过程的重要性、对组织产生影响的变化和以往的审核结果，策划、制定、实施和保持审核方案，审核方案包括频次、方法、职责、策划要求和报告；
>
> b）规定每次审核的审核准则和范围；
>
> c）选择审核员并实施审核，以确保审核过程的客观性和公正性；
>
> d）及时采取适当的纠正和纠正措施；
>
> e）保留成文信息，作为实施审核方案和审核结果的证据。

1. 内部审核的时机与频次

组织应按照策划的时间间隔进行内部审核。

2. 内部审核的目的

提供有关管理体系的下列信息：

1）管理体系是否符合组织自身的管理体系要求和标准的要求（符合性）。

2）管理体系是否得到有效的实施和保持（有效性）。

3. 内部审核的具体内容和要求

1）依据有关过程的重要性、对组织产生影响的变化和以往的审核结果，策划、制定、实施和保持审核方案，审核方案包括频次、方法、职责、策划要求和报告。

2）规定每次审核的审核准则和范围。准则可以是具体的标准或要求，范围可以是具体部门、产品、过程和设施。在一个特定的时间段内，通常应覆盖组织管理体系标准的所有要求，但并非每次审核都需要覆盖所有的内容，只要确保在组织规定的时间段内能覆盖所有内容就可以了。

3）选择审核员并实施审核，以确保审核过程的客观性和公正性。审核人员最好是非从事受审活动的人员，并独立于受审核部门。但对于小型企业，审核员可能会审核自身的工作领域，但要想办法保证客观公正，比如可以让内审员与同行一起审核或让同行/上级评审审核结果。

4）针对内审发现的不符合，及时采取适当的纠正和纠正措施。

5）保留成文信息，作为实施审核方案以及审核结果的证据，如审核计划、审核检查表、不符合报告、审核报告等。

3.7.3　管理评审（高层结构 9.3 条款）

9.3　管理评审

最高管理者应按照**策划的时间间隔**对组织的×管理体系进行评审，以确保其持续的适宜性、充分性和有效性，并与组织的战略方向保持一致。

管理评审应包括并考虑以下内容：

a）以往管理评审所采取措施的情况。

b）与×管理体系相关的内外部因素的变化。

c）×管理绩效的信息，包括其趋势：

——不合格及纠正措施；

——监视和测量结果；

——审核结果。

d）持续改进的机会。

管理评审的输出应包括与持续改进的机会和×管理体系变更的需求相关的**决定**。

组织应保留成文信息，作为管理评审**结果的证据**。

1. 管理评审的时机与频次

最高管理者应按照策划的时间间隔进行管理评审。一般至少每隔 12 个月要进行一次，特殊情况下，如出现重大质量、环境事故时，应适时策划进行。

2. 管理评审的目的

管理评审的目的是确保管理体系持续的适宜性、充分性和有效性，并与组织的战略方向保持一致。适宜——是否仍适用于其用途；充分——是否仍然足够满足要求；有效——是否仍达成预期的结果；与战略方向一致——是否仍支持战略方针的实现。

3. 管理评审的输入（管理评审应考虑的内容）

策划和实施管理评审时应考虑下列内容：

1）以往管理评审所采取措施的情况。

2）与管理体系相关的内外部因素的变化（高层结构 4.1 条款），如法律法规的变化等。

3）下列有关管理体系**绩效**的信息，包括其趋势：

① 不合格以及纠正措施（高层结构 10.1 条款）。

② 监视和测量结果（高层结构 9.1 条款）。

③ 审核结果（高层结构 9.2 条款）。

4）持续改进的机会（高层结构 10.2 条款）。

4. 管理评审的输出

管理评审的输出应包括与下列事项相关的决定：

1）持续改进的机会。

2）管理体系变更的需求。

组织应保留成文信息，作为管理评审结果的证据。

3.8 改进（高层结构第 10 章）

高层结构第 10 章“改进”是管理体系中的处置（A）过程，要求采取措施，提高绩效，包括“10.1 不合格和纠正措施”“10.2 持续改进”。改进既可以针对管理体系的整体，也可以针对一个过程或活动；既可以是宏观的，也可以是微观的。

3.8.1 不合格和纠正措施（高层结构 10.1 条款）

> **10.1 不合格和纠正措施**
>
> 当发生不合格时，组织应：
>
> a）对不合格做出**应对**，适用时：
>
> ——采取措施以**控制**和**纠正**不合格；
>
> ——处置后果。

> b）通过下列活动，评价是否需要采取措施，以消除产生不合格的原因，避免其再次发生或者在其他场合发生：
> ——评审和分析不合格；
> ——确定不合格的原因；
> ——确定是否存在或可能发生类似的不合格。
> c）实施所需的措施。
> d）评审所采取的纠正措施的有效性。
> e）需要时，变更×管理体系。
> 纠正措施应与不合格所产生的影响相适应。
> 组织应保留成文信息，作为下列事项的证据：
> ——不合格的性质以及随后所采取的措施；
> ——纠正措施的结果。

1. 纠正与纠正措施

1）纠正是指“为消除已发现的不合格所采取的措施”。纠正可连同纠正措施一起实施，在其之前或之后。返工或降级可作为纠正的示例。

纠正措施是指“为消除不合格的原因并防止再发生所采取的措施”。一个不合格可以有若干个原因。采取纠正措施是为了防止再发生或者在其他场合发生。

这里的不合格包括不合格品和不合格项。

2）纠正和纠正措施是不一样的。纠正是针对不合格本身所采取的处置措施（就事论事，如对不合格品的返工、降级等），但该类不合格今后可能还会再发生。纠正是一种临时应急措施。而纠正措施则是为消除不合格的原因所采取的措施，采取纠正措施是为了防止再次出现同类不合格（举一反三）。两种措施最本质的区别在于原因，消除原因的措施是纠正措施，未涉及原因的措施只是纠正。纠正可以和纠正措施一同采取，也可以分开采取。

2. 不合格的应对

当发生不合格时，组织应对不合格做出应对，适用时包括：

1）采取措施控制和纠正不合格。

2）处置后果。针对不合格产生的后果做出处置。

3. 纠正措施的要求

1）在评审和分析不合格，确定不合格的原因，确定是否存在或可能发生类似的不合格后，评价是否需要采取纠正措施，以消除产生不合格的原因，避免其再次发生或者在其他场合发生。

2）实施所需的纠正措施。纠正措施应与不合格所产生的影响相适应。

3）评审所采取的纠正措施的有效性。每项纠正措施完成后，都要对其有效性进行评审，看其是否能够防止不合格继续发生。

4）需要时，变更管理体系，如对管理手册、程序文件和任何其他相关文件的修改。

4. 不合格和纠正措施管理中的记录要求

应保留成文信息，作为下列事项的证据：

1）不合格的性质以及随后所采取的措施。可包括不合格事实、发生的时间、地点、严重程度以及随后所采取的控制、纠正措施等。

2）纠正措施的结果。纠正措施及其结果的记录可包括原因分析、纠正措施的内容、完成情况、有效性评审的结论等。

3.8.2　持续改进（高层结构10.2条款）

> **10.2　持续改进**
>
> 组织应持续改进×管理体系的适宜性、充分性和有效性。

1. “改进”“持续改进”的定义

1）“改进”的定义是“提高绩效的活动”。活动可以是循环的或一次性的。

2）“持续改进”的定义是“提高绩效的循环活动”。为改进制定目标和寻找机会的过程，是一个通过利用审核发现和审核结论、数据分析、管理评审或其他方法的持续过程，通常会产生纠正措施或预防措施。

《管理体系认证基础》一书认为：基于戴明理论和相关的实践，持续改进机制主要关注三个维度：一是把控制重点前移至控制过程，利用对各过程的控制来保证结果，当过程控制存在不确定性时，把控制重点再转向结果；二是要把改进的授权下达到过程，让过程的管理者主动地实施自我改进；三是掌握改进的方法，如标杆比对。

2. 持续改进的对象

管理体系的适宜性、充分性和有效性。

同步练习强化

1. 单项选择题

1）审核员在一家机械制造厂与公司领导交谈，公司领导感觉近一年该企业的外界环境变化非常快，原来提供的产品在市场上呈现衰退期，市场份额下降，顾客流失严重，但企业未对此进行明确确定，此情景适用于高层结构的（　　）条款。

A. 4.1　　　　B. 4.2

C. 6.1　　D. 6.3

2）根据高层结构，组织应确定与其宗旨和战略方向相关并影响其实现×管理体系（　　）的能力的各种外部和内部因素。

A. 绩效　　B. 结果

C. 预期结果　　D. 及其过程

3）物流公司C拟在某城市港口建立危险化学品的进口供货基地，该公司对周边商户、居民社区、道路、河道与水库、地区气候等信息进行调研，并分析法律法规对于危险化学品存储和运输的要求。该场景适用于高层结构的哪个条款？（　　）

A. 4.1　　B. 6.1

C. 4.2　　D. 与高层结构不相关

4）根据高层结构，在确定管理体系审核范围时，需要考虑（　　）。

A. 组织的产品和服务　　B. 相关方要求

C. 影响组织的内外部因素　　D. B+C

5）根据高层结构，组织应按本标准的要求，建立、实施、（　　）和持续改进×管理体系，包括所需过程及其（　　）。

A. 保持，相互作用　　B. 监视，相互顺序

C. 监视，相互作用　　D. 保持，相互顺序

6）在管理体系高层结构中，“组织环境”是组织建立、实施、保持和改进其管理体系的基石，其构成不包括（　　）。（真题）

A. 理解组织及其环境　　B. 确定管理体系范围

C. 合规性要求　　D. 管理体系

7）依据高层结构，关于“领导作用”，以下说法正确的是（　　）。

A. 最高管理者应制定方针和目标

B. 最高管理者审批管理手册

C. 最高管理者应支持其他相关管理者在其职责范围内发挥领导作用

D. 最高管理者应合理授权相关人员为管理体系的有效性承担责任

8）依据高层结构，最高管理者应证明其对管理体系的领导作用和承诺。以下说法不正确的是（　　）。

A. 确保管理体系要求融入组织的业务过程

B. 指导和支持员工为管理体系的有效性做出贡献

C. 使用管理的系统方法

D. 促进持续改进

9）根据高层结构，（　　）应确保组织相关岗位的职责、权限得到（　　）和沟通。

A. 总负责人，分配　　　　B. 最高管理者，分配

C. 最高管理者，规定　　　　D. 总负责人，规定

10）高层结构第5章“领导作用”，明确了最高管理者在管理体系中的作用，其中不包括（　　）。

A. 领导作用和承诺　　　　B. 方针

C. 目标及其实现的策划　　　　D. 组织的岗位、职责和权限

11）根据高层结构，管理体系（　　）时，组织应考虑高层结构4.1中提及的因素和4.2中提到的要求，并确定需要应对的风险和机遇。

A. 策划　　　　B. 实施

C. 检查　　　　D. 改进

12）根据高层结构，关于目标，以下说法不正确的是（　　）。

A. 组织应针对相关职能和层次建立目标

B. 建立目标时应考虑适用的要求

C. 目标应是量化、可考评的

D. 目标应与方针一致

13）根据高层结构，组织应（　　）并提供所需的资源，以建立、实施、（　　）和持续改进管理体系。

A. 策划，维护　　　　B. 确定，保持

C. 计划，保持　　　　D. 计划，维护

14）根据高层结构，确定人员所需能力应从下列哪些方面考虑？（　　）

A. 经验　　　　B. 培训

C. 教育　　　　D. 以上都是

15）根据高层结构，适用时，组织应采取措施获得所需人员的能力，采取的适当措施不包括（　　）。

A. 辅导或重新分配工作　　　　B. 制定岗位能力说明书

C. 聘用、外包胜任的人员　　　　D. 对在职人员进行培训

16）高层结构中对（　　）的能力提出要求。

A. 在组织交往范围内有联系的人员

B. 组织内所有的正式或临时工作员工

C. 所有与组织工作有关的人员

D. 在组织控制下、能力影响绩效的人员

17）根据高层结构，组织应（　　）适当的成文信息，作为人员能力的证据。

A. 保留　　　　B. 保持

C. 建立　　　　D. 保管

18）高层结构 7.3 条款特指人员意识，要求组织应确保其控制范围内相关工作人员意识到（　　）。

A. 高超技术的重要性　　B. 他们对企业的贡献

C. 不符合管理体系要求的后果　　D. 持续改进的重要性

19）根据高层结构，组织应确保受其控制的工作人员意识到他们对管理体系有效性的贡献，包括（　　）。

A. 失效模式后果分析　　B. 改进绩效的益处

C. 知识分享　　D. 体系的绩效

20）根据高层结构，组织应确定与管理体系相关的内部和外部沟通，包括（　　）。（真题）

A. 沟通什么　　B. 何时沟通

C 与谁沟通　　D. 以上都是

21）高层结构中表示的“保留成文信息”指的是（　　）。

A. 程序文件　　B. 作业文件

C. 记录　　D. 图纸

22）依据高层结构，在创建和更新成文信息时，组织应确保以下相关事项得到适当安排，以下不正确的是（　　）。

A. 标识和说明　　B. 方针和战略

C. 形式和载体　　D. 评审和批准，以保持适宜性和充分性

23）依据高层结构，控制成文信息，适用时组织应关注的活动不包括（　　）。

A. 编制和更新　　B. 分发、访问、检索和使用

C. 存储和防护　　D. 保留和处置

24）依据高层结构，组织应对所确定的策划和运行管理体系所必需的来自外部的成文信息进行适当（　　），并予以控制。

A. 发放并使用　　B. 授权并修改

C. 识别　　D. 标识

25）依据高层结构，在创建和更新成文信息时，应进行评审和批准，以确保（　　）。

A. 充分性和有效性　　B. 有效性和适宜性

C. 适宜性和充分性　　D. 适宜性和符合性

26）针对高层结构中 7.5 条款“成文信息”中包含的管理体系成文信息，以下不正确的理解是（　　）。

A. 标准要求的成文信息

B. 为确保管理体系有效性所需的成文信息

C. 文件数量多少与详略程度各企业可以不同

D. 不需要管理手册

27）依据高层结构，针对组织确定的来自外部的管理体系所需成文信息，你认为正确的是（ ）。

A. 只考虑国家标准　　B. 只考虑上级来文

C. 适当识别并加以控制　　D. 识别

28）为满足要求，并实施高层结构 6.1 所确定的措施，组织应采取措施对所需的过程进行策划、实施和（ ）。

A. 保持　　B. 控制

C. 保持和持续改进　　D. 控制和持续改进

29）按照高层结构 8.1 的要求，组织应在必要的范围和程度上，保留成文信息以（ ）。

A. 确信过程已经按策划进行　　B. 证实最高管理者的领导作用和承诺

C. 支持过程运行　　D. 满足顾客要求

30）按照高层结构 8.1 的要求，组织应控制策划的变更，评审（ ）的后果，必要时，采取措施减轻不利影响。

A. 预期变更　　B. 非预期变更

C. 运行变更　　D. 实施

31）高层结构第 7 章“支持”规定了为了达到预期目标，有效实施和运作管理体系所需的必要条件，这些必要条件中不包括（ ）。

A. 资源　　B. 能力

C. 意识　　D. 组织的知识

32）依据高层结构，关于管理体系绩效评价说法错误的是（ ）。

A. 应评价管理体系的绩效

B. 应评价管理体系的有效性

C. 管理体系评价的结果应保留适当的成文信息

D. 应评价运行过程的绩效

33）依据高层结构，以下关于监视、测量、分析和评价描述不正确的是（ ）。

A. 组织应评价管理体系的预期结果　　B. 组织应评价管理体系的绩效

C. 组织应评价管理体系的有效性　　D. B + C

34）依据高层结构 9.1 条款，以下错误的是（ ）。

A. 组织应确定需要监视和测量的对象

B. 组织应确定监视和测量的时机

C. 组织应保存所有实施监视和测量活动的成文信息

D. 组织应确定适用的监视、测量、分析和评价的方法以确保结果有效

35）依据高层结构 9.1 条款，组织应评价管理体系的（　　）。

A. 绩效和有效性　　B. 符合性和有效性

C. 适宜性、充分性和有效性　　D. 以上全部

36）组织策划、制定、实施和保持内部审核方案，应依据（　　）。

A. 有关过程的重要性　　B. 对组织产生影响的变化

C. 以往的审核结果　　D. 以上都是

37）依据高层结构 9.2 的要求，组织应保留成文信息，作为实施（　　）和审核结果的证据。

A. 审核　　B. 审核方案

C. 审核过程　　D. 审核工作

38）依据高层结构，组织应（　　）进行内部审核。

A. 每年一次或多次　　B. 按照策划的时间间隔

B. 按照审核程序的要求　　D. 按照管理评审的决议

39）依据高层结构 9.2 的要求，审核的目的是提供有关管理体系的信息，下列哪项不是审核目的？（　　）

A. 管理体系是否符合组织自身的管理体系要求

B. 管理体系是否符合本标准（相应管理体系标准）的要求

C. 管理体系的有效性

D. 管理体系是否得到有效的实施和保持

40）依据高层结构，最高管理者应（　　）对组织的管理体系进行评审。

A. 每年一次或多次

B. 按照策划的时间间隔

C. 按照管理评审程序的要求

D. 按照管理评审的决议

41）依据高层结构，下列哪项不是管理评审考虑的内容？（　　）

A. 以往管理评审所采取措施的情况

B. 与管理体系相关的内外部因素的变化

C. 管理绩效的信息，包括其趋势

D. 风险应对措施的实施情况

42）根据高层结构的要求，纠正措施应与（　　）相适应。

A. 纠正　　B. 不合格所产生的影响

C. 预防措施　　D. 组织规模

43）根据高层结构 10.2 条款的要求，组织应持续改进管理体系的（　　）。

A. 适宜性　　B. 充分性

C. 有效性　　　　　　　　　　D. A + B + C

44）根据高层结构，运行的策划和控制包括（　　）。

A. 不包括外包过程　　　　　　B. 建立过程准则

C. 运行准则应该文件化　　　　D. 过程准则不可以变更

45）针对目标及其实现策划时，组织应（　　）。

A. 对目标进行监视　　　　　　B. 对所有职能部门都建立目标

C. 对目标定量化　　　　　　　D. 与相关方进行沟通

46）高层结构可应用于（　　）标准。

A. A类标准　　　　　　　　　B. 所有国际标准

C. B类标准　　　　　　　　　D. A + C

47）标准的（　　），主要介绍具体管理体系标准的背景、目的、作用、运行模式及主要内容。

A. 引言　　　　　　　　　　　B. 范围

C. 前言　　　　　　　　　　　D. 定义

2. 多项选择题

1）根据高层结构，关于组织环境描述准确的是（　　）。

A. 组织环境的概念，除了适用于营利性组织，还同样能适用于非营利或公共服务组织

B. 对建立和实现目标的方法有影响的内外部因素的组合

C. 对策划、实现方针的方法有影响的内外部结果的组合

D. 影响其实现管理体系预期结果的能力的各种内部和外部因素

2）根据高层结构，需要组织确定的各种外部和内部因素，仅是与下面哪些方面相关的外部和内部因素？（　　）

A. 与组织宗旨和战略方向相关

B. 与组织的产品和服务相关

C. 影响组织实现管理体系预期结果的能力

D. 影响顾客满意度

3）高层结构4.2对相关方进行管理的内容包括（　　）。

A. 确定与管理体系有关的相关方

B. 对相关方进行现场监视和评审

C. 确定相关方的要求

D. 监视和评审相关方的信息及其相关要求

4）根据高层结构确定管理体系范围，下列描述哪些是正确的？（　　）

A. 组织应确定管理体系的边界和适用性，以确定其范围

B. 在确定范围时，组织应考虑各种外部和内部因素

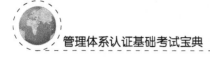

C. 在确定范围时，组织应考虑相关方的要求

D. 范围应作为成文信息提供

5）根据高层结构，组织应按本标准的要求，（　　）管理体系，包括所需过程及其相互作用。

A. 建立　　B. 实施

C. 保持　　D. 持续改进

6）根据高层结构，能证实最高管理者对管理体系的领导作用和承诺的活动是（　　）。

A. 确保制定管理体系的方针和目标，并与组织环境相适应，与战略方向相一致

B. 确保管理体系要求融入组织的业务过程

C. 沟通有效的管理和符合管理体系要求的重要性

D. 支持其他相关管理者在其职责范围内发挥领导作用

7）根据高层结构，最高管理者应制定方针，方针应（　　）。

A. 适应组织的宗旨

B. 适应组织的规模和环境

C. 为建立的目标提供框架

D. 承诺满足适用要求，承诺持续改进管理体系

8）根据高层结构，企业最高管理层应分配以下（　　）职责和权限。

A. 确保企业的政策在组织的各个层次上得到理解、实施和保持

B. 确保管理体系符合本标准的要求

C. 向最高管理者报告管理体系的绩效

D. 应为企业的活动制定政策和目标，并形成文件

9）依据高层结构6.1条款要求，在策划管理体系时，组织应考虑到（　　）。

A. 组织的环境　　B. 相关方的要求

C. 需要应对的风险和机遇　　D. 组织的产品和服务类别

10）依据高层结构，组织在策划管理体系时，要确定需要应对的风险和机遇，以（　　）。

A. 确保管理体系能够实现预期结果

B. 消除风险或规避风险

C. 预防或减少不利影响

D. 实现持续改进

11）依据高层结构，组织针对确定的风险和机遇，应策划（　　）。

A. 应对这些风险和机遇的措施

B. 如何评价风险和机遇

C. 如何在管理体系过程中整合并实施这些措施

D. 如何评价应对风险和机遇的措施的有效性

12）依据高层结构，策划如何实现目标时，组织应确定（　　）。

A. 考虑适用的要求　　B. 采取的措施和需要的资源

C. 由谁负责及何时完成　　D. 如何评价结果

13）依据高层结构，组织应建立目标，目标应（　　）。

A. 与方针保持一致　　B. 可测量（如果可实现）

C. 考虑适用的要求　　D. 予以监视，予以沟通，适时更新

14）高层结构第6章“策划”是高层结构中的策划（P）过程，包括（　　）。

A. 应对风险和机遇的措施　　B. 目标及其实现的策划

C. 方针　　D. 组织的岗位、职责和权限

15）组织应确定并提供有效实施特定管理体系所需要的人员。按高层结构要求，以下对人员说法不准确的是（　　）。

A. 管理体系的内审员　　B. 能力影响绩效的人员

C. 组织控制下的所有人员　　D. 可能直接或间接影响符合性的人员

16）依据高层结构，组织应确保在控制范围内的工作人员意识到（　　）。

A. 方针

B. 他们对管理体系有效性的贡献，包括改进绩效的益处

C. 不符合管理体系要求的后果

D. 应对风险的重要性

17）依据高层结构，在创建和更新成文信息时，组织应确保适当的（　　）。（真题）

A. 标识和符号

B. 形式

C. 评审和批准，以保持适宜性和充分性

D. 标识和说明

18）依据高层结构，对于不同组织，管理体系成文信息的多少与详略程度可以不同，取决于（　　）。

A. 组织的规模　　B. 活动、过程、产品和服务的类型

C. 人员的能力　　D. 过程及其相互作用的复杂程度

19）组织应控制管理体系和高层结构所要求的成文信息，以确保（　　）。

A. 在受控条件下进行生产和服务提供

B. 予以妥善保护（如防止泄密、不当使用或缺失）

C. 追溯到授权放行人员的信息

D. 在需要的场合和时机，均可获得并适用

20）依据高层结构，为控制成文信息，适用时，组织应进行（　　）活动。

A. 分发、访问、检索和使用　　B. 保留和处置

C. 更改控制（如版本控制）　　D. 存储和防护，包括保持可读性

21）为满足要求，并实施高层结构 6.1 所确定的措施，组织应通过以下（　　）措施对所需的过程进行策划、实施和控制。

A. 确定监视的要求　　B. 确定所需的资源

C. 建立过程准则　　D. 按照准则实施过程控制

22）依据高层结构，组织应对监视、测量、分析和评价进行策划，确定（　　）。

A. 需要监视和测量什么

B. 需要用什么方法进行监视、测量、分析和评价，以确保结果有效

C. 何时实施监视和测量

D. 何时对监视和测量的结果进行分析和评价

23）依据高层结构的要求，组织应依据有关过程的重要性、对组织产生影响的变化和以往的审核结果，（　　）审核方案。

A. 策划　　B. 制定

C. 实施和保持　　D. 实施和修订

24）依据高层结构，内部审核的要求包括（　　）。

A. 规定每次审核的审核准则和范围

B. 选择审核员并实施审核，以确保审核过程的客观性和公正性

C. 及时采取适当的纠正和纠正措施

D. 保留成文信息，作为实施审核方案以及审核结果的证据

25）依据高层结构 9.2 的要求，组织应依据有关过程的重要性、对组织产生影响的变化和以往的审核结果，策划、制定、实施和保持审核方案，审核方案包括（　　）。

A. 频次　　B. 方法

C. 职责　　D. 策划要求和报告

26）依据高层结构的要求，最高管理者应按照策划的时间间隔对组织的管理体系进行管理评审，以确保管理体系持续的（　　），并与组织的战略方向保持一致。

A. 适宜性　　B. 充分性

C. 符合性　　D. 有效性

27）依据高层结构，管理评审输入包括下列哪方面的管理绩效的信息，包括其趋势？（　　）

A. 监视和测量结果　　B. 不合格以及纠正措施

C. 审核结果　　　　　　　　　　D. 持续改进的机会

28）依据高层结构，管理评审的输出包括（　　）的决定。

A. 持续改进机会　　　　　　　　B. 管理体系变更的需求

C. 资源需求　　　　　　　　　　D. 过程变更的需求

29）高层结构第9章“绩效评价”，明确了对管理体系绩效评价的要求，包括（　　）。

A. 监视、测量、分析和评价　　　B. 合规性评价

C. 内部审核　　　　　　　　　　D. 管理评审

30）根据高层结构的要求，当发生不合格时，组织应对不合格做出应对，并在适用时包括（　　）。

A. 采取措施以控制和纠正不合格　B. 处置后果

C. 返工　　　　　　　　　　　　D. 换货

31）根据高层结构要求，通过下列（　　）活动，评价是否需要采取措施，以消除产生不合格的原因，避免其再次发生或者在其他场合发生。

A. 评审和分析不合格

B. 确定不合格的原因

C. 确定是否存在或可能发生类似的不合格

D. 确定不合格的严重程度

32）根据高层结构要求，不合格和纠正措施的管理包括（　　）。

A. 对不合格做出应对

B. 评价是否需要采取措施，以消除产生不合格的原因，避免其再次发生或者在其他场合发生

C. 实施所需的措施

D. 评审所采取的纠正措施的有效性

33）根据高层结构要求，应保留不合格和纠正措施的成文信息，作为下列（　　）事项的证据。

A. 不合格的性质以及随后所采取的措施

B. 纠正措施的结果

C. 原因分析

D. 纠正措施有效性评审结果

34）高层结构的作用包括（　　）。

A. 提高相关方之间的沟通效率　　B. 帮助组织实现其预期结果

C. 提高管理体系运行的兼容性　　D. 鼓励管理体系标准的创新

35）管理体系标准高层结构的核心内容包括（　　）。

A. 相同的标准框架和条款标题　　B. 相同的通用术语和核心定义

C. 相同的结构模式　　　　　　　　D. 相同的条款核心文本

36）高层结构的管理思维包括（　　）。

A. 战略思维　　　　　　　　　　　B. 风险思维

C. 过程思维　　　　　　　　　　　D. 系统思维

37）下列关于高层结构的描述，哪些是正确的？（　　）

A. “宜”表示建议，对组织的建议

B. “可”表示允许，对组织的允许

C. “能”表示可能性或能够，组织可能或能够产生的结果

D. “考虑”表示认真思考，组织应思考的内容，但不一定要采纳

38）高层结构第 10 章“改进”是管理体系中的处置（　　）过程，包括（　　）。

A. 不合格和纠正措施　　　　　　　B. 持续改进

C. PDCA 循环　　　　　　　　　　D. 预防措施

3. 问答题

1）依据高层结构，你认为最高管理者应通过哪些方面证实其对管理体系的领导作用和承诺？

2）ISO 国际标准化组织推出了管理体系标准的高层构架，请简述 ISO 高层结构的核心内容。（真题）

3）高层结构有什么作用？

4）请简述管理体系标准高层结构的框架。

答案点拨解析

1. 单项选择题

题号	答案	解析
1	A	见本书 3.2.1 节，高层结构 4.1 条款
2	C	见本书 3.2.1 节，高层结构 4.1 条款
3	C	见本书 3.2.2 节，高层结构 4.2 条款
4	D	见本书 3.2.3 节，高层结构 4.3 条款
5	A	见本书 3.2.4 节，高层结构 4.4 条款
6	C	见本书 3.2 节，高层结构第 4 章“组织环境”，包括“4.1 理解组织及其环境”“4.2 理解相关方的需求和期望”“4.3 确定 × 管理体系的范围”“4.4 × 管理体系”
7	C	见本书 3.3.1 节，高层结构 5.1 条款。A 选项是错的。最高管理者要确保制定方针和目标，应制定方针（见高层结构 5.2 条款），但不一定要亲自制定目标

（续）

题号	答案	解析
8	C	见本书3.3.1节，高层结构5.1条款
9	B	见本书3.3.3节，高层结构5.3条款
10	C	见本书3.3节，高层结构第5章“领导作用”，包括“5.1领导作用和承诺”“5.2方针”“5.3组织的岗位、职责和权限”。
11	A	见本书3.4.1节，高层结构6.1条款
12	C	见本书3.4.2节，高层结构6.2条款。目标可测量，但测量不是量化，所以C选项是错误的
13	B	见本书3.5.1节，高层结构7.1条款
14	D	见本书3.5.2节，高层结构7.2条款
15	B	见本书3.5.2节，高层结构7.2条款
16	D	见本书3.5.2节，高层结构7.2条款
17	A	见本书3.5.2节，高层结构7.2条款
18	C	见本书3.5.3节，高层结构7.3条款
19	B	见本书3.5.3节，高层结构7.3条款
20	D	见本书3.5.4节，高层结构7.4条款
21	C	见本书3.5.5节之1之1)
22	B	见本书3.5.5节，高层结构7.5条款
23	A	见本书3.5.5节，高层结构7.5条款。选项A“编制和更新”属于高层结构“7.5.2创建和更新”的活动，不属于“7.5.3成文信息的控制”活动
24	C	见本书3.5.5节，高层结构7.5.3条款
25	C	见本书3.5.5节，高层结构7.5.2条款
26	D	见本书3.5.5节，高层结构7.5.1条款。高层结构中没有规定不需要管理手册，需不需要管理手册由组织自己决定
27	C	见本书3.5.5节，高层结构7.5.3条款
28	B	见本书3.6节
29	A	见本书3.6节
30	B	见本书3.6节
31	D	见本书3.5节
32	D	见本书3.7.1节，高层结构9.1条款。此处说的是管理体系绩效评价的总体要求，所以D选项是错误的
33	A	见本书3.7.1节，高层结构9.1条款
34	C	见本书3.7.1节，高层结构9.1条款

（续）

题号	答案	解析
35	A	见本书 3. 7. 1 节，高层结构 9. 1 条款
36	D	见本书 3. 7. 2 节，高层结构 9. 2 条款
37	B	见本书 3. 7. 2 节，高层结构 9. 2e）条款
38	B	见本书 3. 7. 2 节，高层结构 9. 2 条款
39	C	见本书 3. 7. 2 节，高层结构 9. 2 条款
40	B	见本书 3. 7. 3 节，高层结构 9. 3 条款
41	D	见本书 3. 7. 3 节，高层结构 9. 3 条款
42	B	见本书 3. 8. 1 节，高层结构 10. 1 条款
43	D	见本书 3. 8. 2 节，高层结构 10. 2 条款
44	B	见本书 3. 6 节
45	A	见本书 3. 4. 2 节，高层结构 6. 2 条款。沟通对象不一定是所有相关方，所以 D 选项是错误的
46	D	见本书 3. 1. 2 节
47	A	见本书 3. 1. 3 节之 2

2. 多项选择题

题号	答案	解析
1	ABD	见本书 3. 2. 1 节
2	AC	见本书 3. 2. 1 节，高层结构 4. 1 条款
3	AC	见本书 3. 2. 2 节，高层结构 4. 2 条款
4	ABCD	见本书 3. 2. 3 节，高层结构 4. 3 条款
5	ABCD	见本书 3. 2. 4 节，高层结构 4. 4 条款
6	ABCD	见本书 3. 3. 1 节，高层结构 5. 1 条款
7	ACD	见本书 3. 3. 2 节，高层结构 5. 2 条款
8	BC	见本书 3. 3. 3 节，高层结构 5. 3 条款
9	ABC	见本书 3. 4. 1 节，高层结构 6. 1 条款
10	ACD	见本书 3. 4. 1 节，高层结构 6. 1 条款
11	ACD	见本书 3. 4. 1 节，高层结构 6. 1 条款
12	BCD	见本书 3. 4. 2 节，高层结构 6. 2 条款。“考虑适用的要求” 是目标内容上的要求，不是实施上的要求
13	ABCD	见本书 3. 4. 2 节，高层结构 6. 2 条款

（续）

题号	答案	解析
14	AB	见本书3.4节，高层结构第6章包括“6.1应对风险和机遇的措施”“6.2×目标及其实现的策划”
15	ACD	见本书3.5.2节，高层结构7.2条款
16	ABC	见本书3.5.3节，高层结构7.3条款
17	BCD	见本书3.5.5节，高层结构7.5.2条款
18	ABCD	见本书3.5.5节，高层结构7.5.1条款之注
19	BD	见本书3.5.5节，高层结构7.5.3条款
20	ABCD	见本书3.5.5节，高层结构7.5.3条款
21	CD	见本书3.6节
22	ABCD	见本书3.7.1节，高层结构9.1条款
23	ABC	见本书3.7.2节，高层结构9.2条款
24	ABCD	见本书3.7.2节，高层结构9.2条款
25	ABCD	见本书3.7.2节，高层结构9.2条款
26	ABD	见本书3.7.3节，高层结构9.3条款
27	ABC	见本书3.7.3节，高层结构9.3c）条款
28	AB	见本书3.7.3节，高层结构9.3条款
29	ACD	见本书3.7节
30	AB	见本书3.8.1节，高层结构10.1a）条款
31	ABC	见本书3.8.1节，高层结构10.1b）条款
32	ABCD	见本书3.8.1节，高层结构10.1条款
33	AB	见本书3.8.1节，高层结构10.1条款
34	ABCD	见本书3.1.1节
35	ABD	见本书3.1.2节
36	ABCD	见本书3.1.4节
37	ABCD	见本书3.1.5节
38	AB	见本书3.8节

3. 问答题

1）见本书3.3.1节（高层结构5.1条款）。最高管理者应通过以下方面证实其对管理体系的领导作用和承诺：

① 确保制定管理体系的方针和目标，并与组织环境相适应，与战略方向相一致；

② 确保管理体系要求融入组织的业务过程；

③ 确保管理体系所需的资源是可获得的；
④ 沟通有效的管理和符合管理体系要求的重要性；
⑤ 确保管理体系实现其预期的结果；
⑥ 指导和支持员工为管理体系的有效性做出贡献；
⑦ 促进持续改进；
⑧ 支持其他相关管理者在其职责范围内发挥领导作用。

2）见本书3.1.2节。管理体系标准高层结构的核心内容是：
① 相同的标准框架和条款标题。
② 相同的通用术语和核心定义。
③ 相同的条款核心文本。

3）见本书3.1.1节。高层结构有以下作用：
① 提高相关方之间的沟通效率。
② 帮助组织实现其预期结果。
③ 提高管理体系运行的兼容性。
④ 鼓励管理体系标准的创新。
⑤ 鼓励全球贸易自由。

4）见本书3.1.3节之1表3-1，这里不再重复。

第4章 管理体系认证机构管理基础

考试大纲要求

1）管理体系认证机构的概念、基本要求。

2）管理体系认证机构的主要特征。

3）认证机构管理体系建立的依据及主要内容。

4）管理体系认可及国际互认的内涵。

考点知识讲解

管理体系认证是一种保证方法，认证可以通过认证机构的管理和审核，独立地证明组织的管理体系是否按照管理体系标准及其他规定实施并符合要求、是否能够自始至终实现组织声明的方针和目标。

4.1 管理体系认证机构的概念

管理体系认证的实施方是管理体系认证机构，**管理体系认证的对象**是组织的管理体系。**认证的依据**是相关技术规范和特定管理体系标准。

4.1.1 管理体系认证机构和审核机构

1. 与合格评定有关的术语

这些术语来自 GB/T 27000/ISO/IEC 17000《合格评定　词汇和通用原则》，见下面方框。

> **2.1　合格评定**
>
> 与产品、过程、体系、人员或机构有关的规定要求得到满足的证实。
>
> 注1：合格评定的专业领域包括本标准其他地方所定义的活动，如检测、检查和认证，以及对合格评定机构的认可。

> 注2：本标准所称的“合格评定对象”或“对象”包含接受合格评定的特定材料、产品、安装、过程、体系、人员或机构。产品的定义包含服务。
>
> **2.5　合格评定机构**
>
> 从事合格评定服务的机构。
>
> 注：认可机构不是合格评定机构。
>
> **2.6　认可机构**
>
> 实施认可的权威机构。
>
> 注：认可机构的权力通常源自于政府。
>
> **5.5　认证**
>
> 与产品、过程、体系或人员有关的第三方证明。
>
> 注1：管理体系认证有时也被称为注册。
>
> 注2：认证适用于除合格评定机构自身外的所有合格评定对象，认可适用于合格评定机构。
>
> **5.6　认可**
>
> 正式表明合格评定机构具备实施特定合格评定工作的能力的第三方证明。

下面讲一讲合格评定、认证、认可之间的联系。

1）在《中华人民共和国认证认可条例》中是这样定义认证、认可的：

① 认证，是指由认证机构证明产品、服务、管理体系符合相关技术规范、相关技术规范的强制性要求或者标准的**合格评定活动**。

② 认可，是指由认可机构对认证机构、检查机构、实验室以及从事评审、审核等认证活动人员的能力和执业资格，予以承认的**合格评定活动**。

2）结合 GB/T 27000、《中华人民共和国认证认可条例》可以对合格评定、认证、认可的关系做如下描述：

① 认可、认证都是合格评定活动。合格评定活动，包括检测、检查和认证，以及对合格评定机构的认可。

② 合格评定机构是从事合格评定服务的机构，如认证机构、校准实验室、检测实验室，但认可机构不是合格评定机构。

③ 认证是指与产品、过程、体系或人员有关的第三方证明。认可是指正式表明合格评定机构具备实施特定合格评定工作的能力的第三方证明。认证适用于除合格评定机构自身外的所有合格评定对象，认可适用于合格评定机构。**认可不是认证活动**。

④ 认可机构是实施认可的权威机构。合格评定机构（认证机构等）要得到认可机构的认可。比如，中国质量认证中心（CQC，认证机构）必须得到中国合格评定国家认可委员会（CNAS，认可机构）的认可。

图4-1所示为合格评定关系。

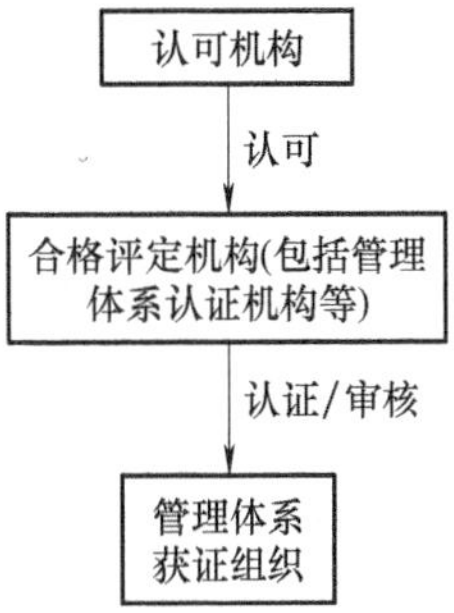

图4-1　合格评定关系

2. 管理体系认证机构

综合上述定义，得出认证机构、管理体系认证机构的定义：

1）认证机构。认证机构是证明产品、服务、过程、体系或人员符合规定要求或者标准的合格评定机构。认证机构可能包括管理体系认证、产品认证、特种职业人员注册或认证、服务认证等机构。认证机构可以是非政府的或政府的，具有或不具有法定权力。

2）管理体系认证机构。管理体系认证机构是证明管理体系符合规定要求或者标准的合格评定机构。

3. 管理体系审核机构

1）审核机构。审核机构是那些从事对产品（服务）、过程、体系或人员符合规定要求实施审核活动的合格评定机构。

2）管理体系审核机构。管理体系审核机构是对组织的管理体系与规定要求（标准或其他规范性文件）的符合性提供评价活动的机构。

3）审核机构可以受托于组织并为其提供内部审核（第一方审核）服务，也可以受托于组织产品或服务的采购方（组织的用户）实施第二方审核，也可能受托于管理体系认证机构实施第三方审核。

4. 管理体系审核机构与管理体系认证机构的区别

管理体系审核机构与管理体系认证机构之间存在很大不同，可能存在组织形式方面的不同，也可能存在实施活动与过程的不同等。一个显著的差别就是管理体系审核机构仅就组织的管理体系与规定要求（标准或其他规范性文件）的符合性进行评价和得出评价结论，而管理体系认证机构除了完成上述活动之外还需根据评价结论做出能否授予、保持、暂停、撤销、更新的认证决定，并颁发相应的认证文件。

4.1.2　管理体系认证机构基本要求

GB/T 27021/ ISO/IEC 17021《合格评定　管理体系审核认证机构要求》系列标准陈述了对管理体系认证机构的基本要求。

1. 管理体系认证机构通用要求

GB/T 27021.1 标准“引言”：GB/T 27021.1/ISO/IEC 17021-1《合格评定　管理体系审核认证机构要求　第1部分：要求》（GB/T 27021.1 也即 CNAS-CC01）规定了对管理体系审核和认证机构的要求。它对从事质量、环境及其他管理体系审核与认证的机构提出了通用要求。贯彻这些要求旨在确保认证机构以有能力、一致和公正的方式实施管理体系认证，以促进国际和国内承认这些机构并接受它们的认证。

管理体系认证是独立地证明组织的管理体系：

1）符合规定要求。

2）能够自始至终实现其声明的方针和目标。

3）得到有效实施。

管理体系认证等合格评定活动为组织、组织的顾客及利益相关方提供了价值。

认证活动是构成从申请评审到认证终止的整个认证过程的活动。

认证活动包括对组织的管理体系的审核。认证机构通常以认证文件或证书的形式证明组织的管理体系符合特定的管理体系标准或其他规范性要求。

GB/T 27021.1“范围”：GB/T 27021.1 包含了所有类型管理体系审核与认证机构的能力、一致性和公正性的原则与要求。

GB/T 27021.1 共 10 章，见表 4-1。

表 4-1　GB/T 27021.1 标准的结构

章（一级条款）	简述
1　范围	阐述了标准的适用范围，即适用于所有管理体系审核和认证机构的使用
2　规范性引用文件	描述了与该标准相关的国际标准
3　术语和定义	规定了与该标准有关的术语和定义
4　原则	1）阐述了可信的认证所依据的原则。这些原则有助于用户理解认证的本质属性，并为第 5 章至第 10 章做了必要的铺垫。这些原则构成了标准的所有要求的基础，但其本身并不是评审所依据的要求 2）**认证的原则**有 7 个：公正性、能力、责任、公开性、保密性、对投诉的回应、基于风险的方法。请注意 GB/T 27021.1 标准 4.1.3 条款所陈述的认证的原则与 GB/T 19011 中审核原则的区别。认证的原则就是建立信任的原则。认证的原则见下面方框 3）GB/T 27021.1 标准 4.1.2 条款：认证的总体目标是使所有相关方相信管理体系满足规定要求。认证的价值取决于第三方通过公正、有能力的评定所建立的公信力的程度
5　通用要求	提出了对管理体系认证机构的有关法律地位与合同、公正性的管理（含认证活动的风险管理）、责任与财力方面的通用要求
6　结构要求	提出了管理体系认证机构的组织结构、最高管理层和运行控制的要求
7　资源要求	提出了有关认证机构的人力资源和外包方控制方面的要求
8　信息要求	提出了有关认证机构与其客户或认证的相关利益方之间的信息交换的要求，以及认证资格的引用和认证标志的使用等要求

（续）

章（一级条款）	简述
9　过程要求	提出了认证机构有关认证实施过程的各个环节或方面的要求，包括认证前的活动、策划审核、初次认证、实施审核、认证决定、保持认证、申诉、投诉、客户记录9个方面
10　认证机构的管理体系要求	提出了有关认证机构自身管理体系的要求，为认证机构通过建立管理体系来保障和证实其始终满足GB/T 27021.1标准的要求提供了两种可供选择的途径：一是按通用的管理体系要求建立管理体系；二是按与ISO 9001一致的管理体系要求建立管理体系

下面方框中是认证七大原则，来自GB/T 27021.1标准第4章。

4　原则

4.1　总则

4.1.1　本章所述原则是本部分中后续的特定绩效要求和说明性要求的基础。本部分未就所有可能发生的情况给出特定要求。在出现未预料到的情况时，宜应用这些原则作为决策的指南。这些原则不是要求。

4.1.2　认证的总体目标是使所有相关方相信管理体系满足规定要求。认证的价值取决于第三方通过公正、有能力的评定所建立的公信力的程度。认证的利益相关方包括（但不限于）：

a）认证机构的客户；

b）获证客户的顾客；

c）政府部门；

d）非政府组织；

e）消费者和其他公众。

4.1.3　建立信任的原则包括：

——公正性；

——能力；

——责任；

——公开性；

——保密性；

——对投诉的回应；

——基于风险的方法。

注：本部分在第4章给出了认证的原则，ISO 19011第4章给出了与审核有关的原则。

4.2 公正性

4.2.1 公正，并被认为公正，是认证机构提供可建立信任的认证的必要条件。重要的是所有内部和外部人员都意识到公正性的必要性。

4.2.2 客户支付的认证费用是认证机构的收入来源．也是对公正性的潜在威胁，这一点得到公认。

4.2.3 认证机构根据其所获得的符合（或不符合）的客观证据做出决定，且不受其他利益或其他各方的影响．对于获得和保持信任是必不可少的。

4.2.4 对公正性的威胁可能包括，但不限于：

a）自身利益：此类威胁源于个人或机构依其自身利益行事。在认证中，财务方面的自身利益是一种对公正性的威胁。

b）自我评审：此类威胁源于个人或机构评审自己所做的工作。认证机构对由其进行管理体系咨询的客户实施管理体系审核属于此类威胁。

c）熟识（或信任）：此类威胁源于个人或机构对另外一人过于熟悉或信赖，而不去寻找审核证据。

d）胁迫：此类威胁源于个人或机构察觉受到公然或暗中的强迫，如威胁用他人取而代之或向主管告发。

4.3 能力

4.3.1 认证活动涉及的所有职能的认证机构人员的能力是认证提供信任的必要条件。

4.3.2 能力也需要由认证机构的管理体系来支撑。

4.3.3 认证机构管理的一个关键问题是具有一个得到实施的过程，来为参与审核和其他认证活动的人员建立**能力准则**，并按照准则实施评价。

4.4 责任

4.4.1 始终一致地达到实施管理体系标准的预期结果和符合认证要求的责任，在于获证客户而不是认证机构。

4.4.2 认证机构有责任对足够的客观证据进行评价，并在此基础上做出认证决定。根据审核结论，如果符合性的证据充分，认证机构做出授予认证的决定；如果符合性的证据不充分，则不授予认证。

注：任何审核都是基于对组织管理体系的抽样，因此并不保证管理体系100%符合要求。

4.5 公开性

4.5.1 为获得对认证的诚信性与可信性的信任，认证机构需要提供获取有关审核过程、认证过程和所有组织认证状态（即认证的授予、保持，认证范围的扩大或缩小，认证的更新、暂停、恢复或者撤销）的适当、及时信息的公开渠道，或公布这些信息。公开性是获得或公布适当信息的一项原则。

4.5.2 为获得或保持对认证的信任，认证机构宜向特定利益相关方提供获取特定审核（如为回应投诉而做的审核）结论的非保密信息的适当渠道，或公布这些信息。

4.6 保密性

为了享有获取充分评价管理体系符合性所需信息的特权，认证机构不透露任何保密信息是至关重要的。

4.7 对投诉的回应

依赖认证的各方期望投诉得到调查。认证机构应当使依赖认证的各方相信，在投诉经查明有效时，认证机构将对这些投诉进行适当的处理，并为解决这些投诉做出适当的努力。当投诉表明出现错误、疏忽或不合理行为时，对投诉做出有效回应是保护认证机构及其客户和其他认证使用方的重要手段。对投诉进行适当处理将维护对认证活动的信任。

注：为了向认证的所有用户证明认证的诚信性与可信性，需要在公开性和保密性（包括对投诉的回应）等原则之间取得适当的平衡。

4.8 基于风险的方法

认证机构需要考虑与提供有能力的、一致的和公正的认证相关的风险。风险可能与下列方面有关（包括但不限于）：

——审核目的；

——审核过程中的抽样；

——真正的和被感知到的公正性；

——法律法规问题和责任问题；

——所审核的客户组织及其运行环境；

——审核对客户及其活动的影响；

——审核组的健康和安全；

——利益相关方的认知；

——获证客户做出的误导性声明；

——标志的使用。

2. 特定管理体系要求

在管理体系认证机构通用要求的基础上，认证机构还应按照特定管理体系的审核与认证能力之要求实施管理，如：

1）GB/T 27021.2/ISO/IEC 17021-2《合格评定　管理体系审核认证机构要求　第2部分：环境管理体系审核与认证能力要求》。

2）GB/T 27021.3/ISO/IEC 17021-3《合格评定　管理体系审核认证机构要求　第3部分：质量管理体系审核与认证能力要求》，等等。

考生可查看 GB/T 27021/ ISO/IEC 17021《合格评定　管理体系审核认证机构要求》系列标准。

一些特定管理体系领域还规定了其领域内的相关要求，如 ISO/TS 22003、ISO/IEC 27006、TL 9000，分别规定了食品安全管理体系、信息安全管理体系、电信行业质量管理体系的认证机构要求。

4.2　管理体系认证机构的特征

管理体系认证机构的主要特征有 10 点：法律地位，公正性，责任，信息公开与保密，风险管理，申诉、投诉处理，许可与授权，认证证书与标志，认可，互认。

管理体系认证机构特征的要点见表 4-2。

表 4-2　管理体系认证机构特征的要点

特征	要点
1. 法律地位	《中华人民共和国认证认可条例》： 第九条　取得认证机构资质，应当经国务院认证认可监督管理部门批准，并在批准范围内从事认证活动 未经批准，任何单位和个人不得从事认证活动 第十条　取得认证机构资质，应当符合下列条件： （一）取得法人资格 （二）有固定的场所和必要的设施 （三）有符合认证认可要求的管理制度 （四）注册资本不得少于人民币 300 万元 （五）有 10 名以上相应领域的专职认证人员
2. 公正性	一、公正性的概念 1）GB/T 27021.1 标准 3.2 条款对“公正性”的定义： 客观性的存在 注 1：客观性意味着利益冲突不存在或已解决，不会对认证机构的后续活动产生不利影响 注 2：其他可用于表示公正性的要素的术语有：独立、无利益冲突、没有成见、没有偏见、中立、公平、思想开明、不偏不倚、不受他人影响、平衡 2）GB/T 27001《合格评定　公正性　原则和要求》对“公正性”的定义： “公正性”是实际存在着的并被感知到的客观性 3）GB/T 27021.1 标准 4.2.1 条款：公正，并被认为公正，是认证机构提供可建立信任的认证的必要条件。GB/T 27021.1 标准 4.1.2 条款：认证的价值取决于第三方通过公正、有能力的评定所建立的公信力的程度

（续）

特征	要点
2. 公正性	二、公正性对合格评定活动的重要性 GB/T 27001 标准 4.1 ~ 4.3 条款论述了公正性对合格评定活动的重要性： 4.1　公正性是一个由若干部分组成的要素，这些组成部分被认为是实施合格评定活动的机构或个人的基础素质。这些组成部分包括： a）以客观的且无偏见的方式实施合格评定活动 b）识别已存在的和潜在的利益冲突，且对其主动管理以确保客观性 c）合格评定机构和从事合格评定活动的个人，独立于与合格评定活动的结果有利益关系的任何其他组织或个人 d）意识到实施合格评定活动以及做出合格评定决定或/和证明所应承担的责任和义务 4.2　在合格评定活动中缺乏公正性，可能会导致错误的或有缺陷的合格评定行为和结果 4.3　开展合格评定活动时，为增加合格评定活动在市场上的信任、信心和价值，重要的是： a）保持客观性 b）识别、避免、减轻和管理利益冲突 c）确保独立性 说明：上面的“合格评定”可以用“认证”代替
	三、对公正性的威胁 《管理体系认证基础》一书认为，对公正性的威胁的来源有：某种关系、某种活动、认证人员、财务方面的自身利益。GB/T 27021.1 标准 4.2.4 条款描述的对公正性的威胁有自身利益、自我评审、熟识（或信任）、胁迫
	四、认证机构公正性管理 1）建立维护公正性的管理机制 2）最高管理者对公正性的承诺 3）识别、避免、减轻和管理利益冲突 4）确保独立性。独立性是公正性的基础。GB/T 27021.1 标准 5.2.10 条款：为确保没有利益冲突，参与了对客户管理体系咨询的人员（包括管理人员）不应被认证机构用于针对该客户的审核或其他认证活动。一种公认的减轻该威胁的方式是在咨询结束后**至少两年内**不应使用该人员
3. 责任	1）**获证组织的责任**是持续符合认证要求实现预期结果（GB/T 27021.1 标准 4.4.1 条款）。**认证机构的责任**是根据客观证据进行评价，并在此基础上做出认证决定。根据审核结论，如果符合性的证据充分，认证机构做出授予认证的决定；如果符合性的证据不充分，则不授予认证（GB/T 27021.1 标准 4.4.2 条款） 2）认证责任保险（认证机构作为被保险人）、储备金、认证机构的注册资金都是对认证业务引发责任的一种安排

（续）

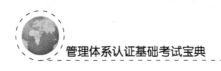

特征	要点
4. 信息公开与保密	一、公开性和保密性的作用 1）公开性和保密性都是认证建立信任的原则，是一个问题的两个方面。为了建立对认证的诚信性和可信性的信心，认证机构需要提供审核过程、认证过程和关于组织认证状态的信息。为了获得认证评价有效进行所需的信息，认证机构应确保保密性信息不被泄露 2）对认证中获得的和产生的信息的保密和公开进行管理以提升相关方的信任和对认证评价活动价值的认同
	二、信息公开（信息公开三原则） 在信息公开中，认证机构及其开展的活动应遵守公开性、信息的可获取性、信息保密和公开的可质疑性三个方面的原则 1）公开性。认证机构需向所有用户公开其认证活动的信息，包括认证申请受理的条件、认证流程、认证方案、授予、拒绝、保持、更新、暂停、恢复或撤销认证、扩大或缩小认证范围的过程、申诉和投诉的处理过程、证书和标志使用要求等 ① 授予是指向得到符合性证实的初次申请认证客户颁发认证文件 ② 保持是指对获证客户在认证周期内**持续符合性**的承认 ③ 扩大是指对获证客户在认证周期内已证实的认证范围扩大的符合性的承认 ④ 缩小是指对获证客户在认证周期内已证实的认证范围缩小的符合性的承认 ⑤ 更新是指在认证终止日前，根据再认证审核的结果，以及认证周期内的体系评价结果和认证采信方的反馈，做出重新认证的决定，开始新的认证周期 ⑥ 暂停是指符合性说明中指出的全部或部分证明范围的暂时无效 ⑦ 撤销是指废止/符合性说明的取消 2）信息的可获取性 3）信息保密和公开的可质疑性
	三、保密性 1）秘密和保密 ① 认证机构为了获取组织的管理体系有效运行的相关证据，享有查看和访问的权利，组织和个人对其提供的任何专有信息有权要求受到保护 ② 认证机构对从事认证活动时获取或产生的所有信息的管理负责 ③ 根据秘密的性质不同，可分为国家秘密、商业秘密、工作秘密和个人秘密。秘密的存在方式分为有形和无形两种 2）认证中的保密性 ① 认证中保密性原则。为有效进行合格评定活动所获得的信息，认证机构应确保保密性信息不被泄露。所有的组织和个人对其提供的任何专有信息有权要求受到保护 ② 采取保密措施，如签订保密承诺书等 ③ 区分公开信息和保密信息

（续）

特征	要点
4. 信息公开与保密	a）认证机构应实施保密的信息包括：客户申请认证的资料及文件；审核（含文件审核和现场审核）中所获取的有关信息；客户（含潜在客户）档案；通过其他渠道获取的客户保密信息；其他专门确定/约定的保密信息 b）认证机构可予以披露的保密信息包括：履行法律责任，或者得到被认证的客户的书面同意的信息 c）不属于认证机构履行保密责任的信息包括：出版物上公布的关于获准认证客户的认证状态的信息及相关信息；特定获证客户被授予认证、保持、暂停或撤销认证资格、扩大或缩小认证范围的事实及认证范围的详细情况；客户或获证客户已公开或应公开的信息；认证机构从其他合法渠道获得的有关客户或获证客户的公开信息 ④ 落实保密的实施 ⑤ 做好保密信息的安全处理
5. 风险管理	一、认证风险的概念 认证风险是指认证机构或认证人员失误、获证企业活动发生偏离对认证**有效性**的影响程度与发生的可能性的组合。认证风险只界定对认证有效性影响程度和发生的可能性，隐含部分法律风险、经济风险，不包括认证经营性风险、自然灾害 GB/T 27021.1 标准 4.8 条款：认证机构需要考虑与提供有能力的、一致的和公正的认证相关的风险
	二、认证风险管理 1）认证风险识别和评估 2）制定认证风险对策，包括风险承担、风险规避、风险转移、风险控制等 3）做好认证风险的控制，如认证受理、认证决定等认证各环节的风险控制 4）常态化的风险控制分析与管理
6. 申诉、投诉处理	一、申诉、投诉的概念 1）申诉。申诉是指认证申请方或获证组织请认证机构重新考虑其关于认证资格所作决定的正式请求（改自 GB/T 27000 之 6.4 术语）。这些决定包含申请的受理及评审、审核结论、认证授予、保持、扩大、缩小、暂停、撤销等决定。与认证有关的申诉的含义与法律意义上的申诉不同，与认证有关的申诉处理过程由认证机构内部管理事项 2）投诉。投诉是指任何组织或个人对认证机构的认证活动表达不满意并期望得到回复的行为（改自 GB/T 27000 之 6.5 术语） 3）认证认可中的申诉属于投诉范畴，是一种特定投诉
	二、处理申诉、投诉中的要求（要点） 1）申诉和投诉的调查和决定不应对申诉、投诉人造成任何歧视性行为 2）对送交投诉人或申诉人的决定，应由与申诉或投诉所涉及的合格评定活动无关的人员做出，或者对其审查和批准

（续）

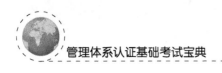

特征	要点
6. 申诉、投诉处理	三、申诉和投诉的处理过程 1）过程：沟通、受理、原始评估、答复及通知处理意见、跟踪、结束投诉 2）如果投诉者接受处理意见，那么应立即执行该决定并作记录。如果投诉者拒绝接受处理意见，此投诉继续进行，并将被记录下来，投诉者可选择内部的或外部的解决方式，如向认可机构、国家认证认可监督管理部门投诉
7. 许可与授权	1）认证机构开展认证活动必须经过许可和授权。在我国，认证机构开展管理体系认证需经认证认可监督管理部门的批准。认证机构在经过批准的认证领域中扩展业务范围需要经过备案 2）一些特定管理体系认证还应取得认证制度所有者的授权，如 IATF 16949 汽车质量管理体系等
8. 认证证书与标志	一、有关认证证书与标志的概念 认证机构应建立自己的规则、程序和过程管理制度，并据此对组织的管理体系实施审核，以颁发认证证书。**认证方案**是认证制度的一部分，是指应用相同的规定要求、特定规则与程序的，与管理体系有关的合格评定制度（GB/T 27021.1 标准之 3.15 术语） 1）认证证书。认证证书是指在第三方认证制度的程序下，表明组织的管理体系符合规定的管理体系标准和（或）产品特性符合特定标准，以及其他任何补充规定的文件 2）徽标。徽标是认证机构使用的一种符号，作为表明其身份的一种形式，通常具有自己的风格 3）认证标志。认证标志是在第三方认证制度的程序下，依法注册的商标或其他受保护的符号。它是按照认证机构的规则颁发的，表明一个组织所运行的体系已被证明为可信并符合某一特定标准的要求，如 3C 标志 需注意的是，有些认证机构的徽标和认证标志采用同一图案（基本上是一些外国认证机构，如 UL），有些认证机构的徽标和认证标志采用不同的图案。认证机构的徽标和认证标志代表着不同的含义，有着不同的使用范围 4）认可标识。认可标识是依法注册的商标或其他受保护的符号，它是按照认可机构的规则颁发的，表明一个机构所运行的体系已被证明为可信或有关产品或人员符合某一特定标准的要求（见图 4-2） 5）IAF 国际互认标识。IAF 国际互认标识是根据国际认可合作组织的规则授权使用的，表明国际认可合作组织成员及其所认可的认证机构，在规定的领域内具有国际认可合作组织承认的认可或认证的能力（见图 4-3）

（续）

特征	要点
8. 认证证书与标志	二、徽标、标志、标识图案 图4-2所示为中国管理体系认可标识。图4-3所示为IAF国际互认标识“IAF-MLA标识”，在认可机构已签署IAF国际互认协议的领域，经认可机构许可，需要时可附加IAF国际互认标识 图4-2　中国管理体系认可标识　　图4-3　IAF国际互认标识
	三、认证证书、徽标和标志使用的监督管理 认证机构按GB/T 27021.1、《认证证书和认证标志管理办法》做好认证证书、徽标和标志的使用与管理
9. 认可	一、认可的概述 1）认可是指由认可机构对认证机构、检查机构、实验室以及从事评审、审核等认证活动人员的能力和执业资格予以承认的合格评定活动。认证机构必须得到认可机构的认可。认可是表明合格评定机构具备实施特定合格评定工作能力的第三方证明 2）认可机构有中国合格评定国家认可委员会（CNAS）、英国皇家认可委员会（UKAS）、美国国家标准协会-美国质量学会认证机构认可委员会（ANAB）、德国认可委员会（DAkkS）、澳大利亚和新西兰联合认可体系（JAS-ANZ）等
	二、认可的作用 认可机构对管理体系认证机构的认可，为其有能力实施所承担的任务提供了保证，从而降低了拟认证组织和获证组织的顾客的风险。认可的作用有： ① 证实管理体系认证机构具备实施特定合格评定活动的能力 ② 增强政府使用管理体系认证结果的信心，减少做出相关决定的不确定性和行政许可中的技术评价环节，降低行政监管风险和成本 ③ 通过与国际组织、区域组织或国外认可机构签署多边或双边互认协议，促进管理体系认证结果的国际互认，促进对外贸易 ④ 促进健康、安全、社会服务等非贸易领域规范性、质量和能力等方面的提高 ⑤ 帮助管理体系认证机构及其客户增强社会知名度和市场竞争力 ⑥ 通过对管理体系认证机构进行系统、规范的技术评价和持续监督，有助于管理体系认证机构及其客户实现自我改进和自我完善

（续）

特征	要点
10. 互认	一、认可互认机制 1）认可层面的互认机制，由合格评定认可机构和其他有意在管理体系、产品、服务、人员和其他相似领域内从事合格评定活动的相关机构共同组建的合作机制。建立一套一致的合格评定体系，通过确保已认可的认证证书的可信度来减少商业及其顾客的风险 2）国际认可论坛（International Accreditation Forum，IAF），国际认可论坛多边承认协议（IAF-MLA）。国家认可机构只有加入了IAF-MLA集团，才能表明其认可结果是等效的，带有该签约方认可标志的认证证书才具有国际等效性和互认性
	二、认证互认机制 1）认证层面的互认机制是认证机构组成合作组织，通过成员之间的能力互认机制实现认证证书的互认和互换 2）国际认证联盟（IQNet）。IQNet正式成员机构颁发的ISO 9001、ISO 14001等认证证书都可以同时获得IQNet证书，并可换发其他成员机构的认证证书，或其他成员机构的等效声明，实现认证结果的互认

4.3 认证机构的管理体系

认证机构需针对管理体系认证建立一个有效的管理体系。GB/T 27021.1标准第10章提出了认证机构自身的管理体系要求：认证机构应建立、实施和保持一个文件化的、能够支撑并证实其始终满足GB/T 27021.1标准要求的管理体系（见GB/T 27021.1标准10.1条款）。

认证机构可以两种途径之一建立管理体系：一是按通用的管理体系要求（方式A，见GB/T 27021.1标准10.2条款）建立管理体系；二是按与ISO 9001一致的管理体系要求建立管理体系（方式B）。

方式A：采用通用的管理体系要求，即按照GB/T 27021.1标准第5章到第9章的相关要求建立体系，并在管理手册、文件控制、记录控制、管理评审和内部审核、纠正措施等方面提出运作认证机构的质量管理体系应遵循的要求。

方式B：在采取与GB/T 19001一致的管理体系要求的同时，再增加“范围”“以顾客为关注焦点”“管理评审”三项补充要求建立体系的方式。

认证机构的管理体系建立的依据有：

1）认证机构要求的通用部分，如GB/T 27021.1、GB/T 27005。

2）认证机构要求的特定领域部分，如GB/T 27021.2、GB/T 27021.3。

3）国家认证认可相关制度，如认证机构管理办法、认可规则。

《管理体系认证基础》一书认为，认证机构管理体系主要包括认证机构管理、资源管理、认证制度管理、认证过程管理、信息管理、测量分析改进6个方面，这6个方面的主要内容见表4-3。

表4-3 认证机构管理体系组成部分及其内容

组成部分	内容
1. 认证机构管理	1）战略与方针目标管理 2）法律责任 3）公正性管理 4）机构风险管理 5）组织机构 6）职责 7）分支机构的管理 8）维护公正性的委员会 9）管理体系程序 10）知识管理 11）保密 12）文件管理，等等
2. 资源管理	1）管理层和认证人员的要求 2）认证人员管理 3）对认证人员的能力评价 4）认证人员的培训 5）外部审核员和外部技术专家的使用 6）人员记录 7）分包机构的管理 8）认证项目管理软件的管理 9）基础设施与环境管理，等等
3. 认证制度管理	1）认证领域的开拓和认证范围的扩展 2）认证业务范围分类 3）技术领域分析 4）认证策划准备过程的专业管理 5）认证实施过程的专业管理 6）批准、拒绝、保持、更新、暂停、恢复或撤销认证、扩大或缩小范围的条件和程序 7）认证证书的转换 8）认证要求的变更，等等

（续）

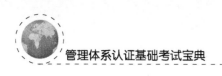

组成部分	内容
4. 认证过程管理	1）可公开获取的认证信息 2）认证申请的受理、评审和批准 3）审核准备 4）审核活动实施 5）审核报告 6）复核审核报告 7）批准认证 8）颁发认证证书 9）监督和再认证 10）证书、标志的使用和管理 11）申诉、投诉处理，等等
5. 信息管理	1）公开文件及其发布方式 2）获证客户的变更管理 3）外部沟通 4）记录管理，等等
6. 测量分析改进	1）过程的监视和测量 2）满意度调查分析 3）内部审核 4）管理评审 5）突发事件与应急措施 6）不符合控制与纠正措施等，等等

可以运用过程思维建立认证机构管理体系，认证机构管理体系主要过程及其输入、输出见表4-4（根据《管理体系认证基础》一书进行归纳）。

表4-4　认证机构管理体系主要过程及其输入、输出

过程	子过程	过程输入	过程输出
1. 战略和方针目标管理	1）战略和方针目标的制定 2）战略和方针目标的展开 3）战略和方针目标考评	1）认证机构所处环境分析 2）管理体系认证相关方需求分析 3）市场和顾客需求分析 4）市场和业务推进中信息反馈 5）过程改进需要	1）组织结构 2）管理体系、过程、方针、目标、措施、预算、关键绩效指标 3）新业务开发 4）人力资源规划 5）市场和业务推进计划

（续）

过程	子过程	过程输入	过程输出
2. 人力资源管理	1）人力资源规划 2）基于战略进行人力资源现状分析 3）人员招聘、管理人员培训、审核员培养 4）审核员监视、审核员评价、审核员能力提升	1）业务发展规划 2）已有业务变更需要 3）过程监测结果 4）合作方管理需要	符合业务发展的认证相关人员、审核人员（数量、能力、适度超前储备）
3. 基础设施与工作环境	1）提供办公场所、环境、办公设施、设备 2）认证项目管理软件系统管理	1）战略发展定位 2）需求分析 3）能力评价	1）总体计划 2）采购实施 3）使用维护、更新改造 4）突发事件应急的处理
4. 供方和合作方管理	供方和合作方的选择、评价、管理	1）业务和产品要求 2）采购和外包要求 3）供方和合作方信息 4）相关过程信息	1）供方和合作方协议（合同） 2）相关信息评价管理记录
5. 分支机构管理	1）体系运行管理 2）业务项目管理 3）技术管理 4）审核人员管理	1）战略输出 2）法律法规要求 3）认可规范要求 4）业务技术要求	1）体系管理过程及相关文件 2）项目管理及文件要求 3）人员管理及文件要求
6. 市场分析、业务推进过程	1）市场分析 2）行业、顾客需求分析 3）业务推进活动	1）业务发展规划 2）市场和顾客需求	1）业务（市场）推进活动 2）认证业务（产品）开发需求
7. 认证服务项目开发和技术管理	1）科研开发 2）新业务（产品）开发	1）战略展开 2）市场的需要 3）业务开发计划 4）改进的需要	1）科研成果 2）新业务（产品）认证实施要求 3）人员培训、市场推进、已有产品改进
8. 技术信息和管理	1）专业审核知识经验的收集管理 2）认证过程管理相关知识经验的收集管理 3）分支运作相关知识经验的管理	1）业务发展战略 2）行业专业发展研究 3）同行业动态 4）顾客信息反馈 5）审核员反馈 6）过程控制信息、审定信息	1）专业审核指南文件 2）文章、培训教材 3）技术交流内容

（续）

过程	子过程	过程输入	过程输出
9. 认证过程管理	1）受理与审核方案策划 2）现场审核 3）审定发证过程 4）项目管理过程	1）客户信息 2）认证要求 3）外部信息 4）组织现场运作信息	1）审核方案、计划、范围 2）报告、证书 3）方案调整
10. 改进过程	1）体系改进 2）过程改进 3）产品改进 4）与监管部门、认可机构、协会沟通 5）投诉处理 6）审核员监视与管理 7）过程监视与管理 8）业务过程监视 9）体系监督 10）相关方沟通	1）外部监督 2）内部监督（目标监督） 3）相关方意见 4）检查员监督结果 5）顾客反馈 6）认证过程监督	1）战略调整 2）业务（产品）规划调整 3）体系调整 4）方针变化、目标管理、认证要求改进 5）审核员监督、改进认证过程

例题分析

1）（多项选择题）认证机构认证过程管理的输出是（　　）。

A. 认证要求　　B. 审核方案、计划、范围

C. 报告、证书　　D. 方案调整

答案及分析：选择 BCD。见本书 4.3 节表 4-4 之“9. 认证过程管理”。

2）（多项选择题）认证机构技术信息和管理的输入是（　　）。

A. 业务发展战略　　B. 同行业动态

C. 顾客信息反馈　　D. 过程控制信息、审定信息

答案及分析：选择 ABCD。见本书 4.3 节表 4-4 之“8. 技术信息和管理”。

3）（多项选择题）认证机构认证过程管理包括（　　）。

A. 可公开获取的认证信息　　B. 认证申请的受理、评审和批准

C. 监督和再认证　　D. 证书、标志的使用和管理

答案及分析：选择 ABCD。见本书 4.3 节表 4-3 之“4. 认证过程管理。

同步练习强化

1. 单项选择题

1）关于认可，错误的表述是（　　）。

A. 认可是表明合格评定机构具备实施特定合格评定工作的能力的第三方证明

B. 认可是一项特殊的认证评定活动

C. 认可是一项合格评定活动

D. 认可适用于合格评定机构

2）关于认证，错误的表述是（　　）。

A. 认证是合格评定活动

B. 认证适用于除合格评定机构自身外的所有合格评定对象

C. 认证适用于合格评定机构

D. 认证是指与产品、过程、体系或人员有关的第三方证明

3）《中华人民共和国认证认可条例》所称认可，是指由认可机构对认证机构、检查机构、实验室以及从事评审、审核等认证活动人员的能力和执行资格，予以承认的（　　）活动。（真题）

A. 认可　　B. 认证

C. 合格评定　　D. 标准化

4）关于合格评定机构，错误的表述是（　　）。

A. 认证机构是合格评定机构

B. 认可机构是合格评定机构

C. 合格评定机构要得到认可机构的认可

D. 校准实验室是合格评定机构

5）关于管理体系认证机构、管理体系审核机构，正确的表述是（　　）。

A. 管理体系认证机构是对组织的管理体系与规定要求的符合性提供评价活动的机构

B. 管理体系认证机构是证明管理体系符合规定要求或者标准的合格评定机构

C. 管理体系审核机构能颁发相应的认证文件

D. 管理体系审核机构做出能否授予、保持、暂停、撤销、更新的认证决定

6）（　　）标准对从事质量、环境及其他管理体系审核与认证的机构提出了通用要求。

A. GB/T 27021.1　　B. GB/T 19011

C. GB/T 27021.3　　D. GB/T 19001

7）下面哪一个不是认证的原则？（　　）

A. 公正性　　B. 独立性

C. 能力　　D. 对投诉的回应

8）认证的（　　）是使所有相关方相信管理体系满足规定要求。

A. 总体目标　　B. 总体目的

C. 价值　　　　　　　　　　　　　　D. 使命

9）下列哪项不是管理体系认证机构的特征？（　　）

A. 法律地位　　　　　　　　　　　　B. 责任

C. 风险管理　　　　　　　　　　　　D. 财力

10）认证机构的资质，应当经（　　）批准。取得认证机构资质的条件之一是取得法人资格。

A. 国务院认证认可监督管理部门　B. 中国合格评定国家认可委员会

C. 国家市场监督管理总局　　　　　D. 中国认证认可协会

11）认证的“公正性”是指（　　）的存在。（　　）意味着利益冲突不存在或已解决，不会对认证机构的后续活动产生不利影响。

A. 客观性　　　　　　　　　　　　　B. 独立性

C. 责任　　　　　　　　　　　　　　D. 可信性

12）参与了对客户管理体系咨询的人员（包括管理人员）不应被认证机构用于针对该客户的审核或其他认证活动。一种公认的减轻该威胁的方式是在咨询结束后至少（　　）内不应使用该人员。

A. 2 年　　　　　　　　　　　　　　B. 1 年

C. 3 年　　　　　　　　　　　　　　D. 半年

13）合格评定术语（　　）是指在认证终止日前，根据再认证审核的结果，以及认证周期内的体系评价结果和认证采信方的反馈，做出重新认证的决定，开始新的认证周期。

A. 保持　　　　　　　　　　　　　　B. 更新

C. 授予　　　　　　　　　　　　　　D. 再认证

14）认证活动的授予是指（　　）。（真题）

A. 向得到符合性证实的初次申请认证客户颁发认证文件

B. 向得到符合性证实的客户颁发认证文件

C. 向受审核方颁发执照

D. 对被证实符合性的客户发证明

15）认证活动的保持是指（　　）。

A. 对获证客户持续符合性的承认

B. 对获证客户在认证周期内持续符合性的承认

C. 对获证客户在认证周期内持续有效性、符合性的承认

D. 对获证客户持续有效性、符合性的承认

16）认证机构是证明一个认证对象符合规定要求或者标准的（　　）机构。（真题）

A. 审核　　　　　　　　　　　　　　B. 合格评定

C. 检查　　D. 评价

17）认证机构对认证中获得的和产生的信息的（　　）进行管理以提升相关方的信任和对认证评价活动价值的认同。

A. 保密和公开　　B. 保密

C. 公开　　D. 保护

18）下列哪项不属于认证机构履行保密责任的信息？（　　）

A. 特定获证客户被暂停或撤销认证资格

B. 文件审核中所获取的有关信息

C. 现场审核中所获取的有关信息

D. 客户档案

19）认证风险是指认证机构或认证人员失误、获证企业活动发生偏离对认证（　　）的影响程度与发生的可能性的组合。

A. 有效性　　B. 公正性

C. 客观性　　D. 保密性

20）认证活动中，申诉是指（　　）。

A. 认证申请方或获证组织请认证机构重新考虑其关于认证资格所作决定的正式请求

B. 认证申请方或获证组织请认证机构重新考虑其决定的正式请求

C. 任何组织或个人对认证机构的认证活动表达不满意并期望得到回复的行为

D. 认证申请方或获证组织请认证机构重新考虑其决定的请求

21）认证方案是认证制度的一部分，是指应用相同的规定要求、特定规则与程序的，与管理体系有关的（　　）制度。

A. 认证　　B. 合格评定

C. 评审　　D. 审核

22）（　　）是在第三方认证制度的程序下，依法注册的商标或其他受保护的符号，它是按照认证机构的规则颁发的，表明一个组织所运行的体系已被证明为可信并符合某一特定标准的要求。

A. 认可标识　　B. 认证标志

C. 徽标　　D. 认证证书

23）认可是表明合格评定机构具备实施特定（　　）工作能力的第三方证明。

A. 评审　　B. 合格评定

C. 检查　　D. 认证

24）根据（　　），成员之间的认证证书可以互认和互换。

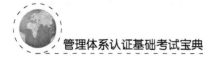

A. 认证互认机制　　B. 认可互认机制

C. 认可、认证互认机制　　D. 以上都不对

25）依据 GB/T 27021.1 标准，认证机构需针对其自身的管理建立（　　）。（真题）

A. 控制程序　　B. 运营文件

C. 有效的生产管理制度　　D. 有效的管理体系

26）申诉和投诉的处理过程一般为（　　）。

① 原始评估　② 沟通　③受理　④结束投诉　⑤答复及通知处理意见　⑥跟踪

A. ③—①—②—⑤—⑥—④　　B. ③—②—①—⑥—⑤—④

C. ②—③—①—⑤—⑥—④　　D. ②—⑥—①—③—⑤—④

27）（　　）是指与产品、过程、体系或人员有关的第三方证明。（　　）适用于除合格评定机构自身外的所有合格评定对象。

A. 第三方审查　　B. 认可

C. 第三方审核　　D. 认证

28）（　　）是指与产品、过程、体系、人员或机构有关的规定要求得到满足的证实。

A. 合格评定　　B. 认可

C. 第三方审核　　D. 认证

29）认证的价值取决于第三方通过公正、有能力的评定所建立的（　　）。

A. 公信力的程度　　B. 公信力

C. 独立性　　D. 客观性的信誉

30）为获得对认证的诚信性与可信性的信任，认证机构需要提供获取有关（　　）的适当、及时信息的公开渠道。

A. 审核过程　　B. 认证过程

C. 所有组织认证状态　　D. A + B + C

2. 多项选择题

1）管理体系审核机构可以（　　）。

A. 对组织实施内审

B. 对组织实施第二方审核

C. 对组织实施第三方审核

D. 可以为同一组织实施第一方、第二方、第三方审核

2）贯彻执行 GB/T 27021.1《合格评定　管理体系审核认证机构要求　第 1 部分：要求》，旨在确保认证机构以（　　）的方式实施管理体系认证，以促进国际和国内承认这些机构并接受它们的认证。

A. 有能力　　B. 一致

C. 统一　　D. 公正

3）管理体系认证是独立地证明组织的管理体系（　　）。

A. 符合规定要求

B. 能够自始至终实现其声明的方针和目标

C. 得到有效实施

D. 能够实现预期的结果

4）下面哪些是认证的原则?（　　）

A. 公正性、能力、责任　　B. 职业素养、公正表达

C. 公开性、保密性　　D. 对投诉的回应、基于风险的方法

5）认证的价值取决于第三方通过（　　）的评定所建立的公信力的程度。

A. 独立　　B. 公正

C. 有能力　　D. 客观

6）取得认证机构资质，应当符合下列哪些条件?（　　）

A. 取得法人资格

B. 有符合认证认可要求的管理制度

C. 注册资本不得少于500万元

D. 有10名以上相应领域的专职认证人员

7）可用于表示公正性的要素的术语有（　　）。

A. 独立　　B. 思想开明

C. 平衡　　D. 公正表达

8）根据GB/T 27021.1标准，对认证机构公正性的威胁有（　　）。

A. 自身利益　　B. 自我评审

C. 熟识（或信任）　　D. 胁迫

9）根据秘密的性质不同，可分为（　　）。

A. 国家秘密　　B. 商业秘密

C. 工作秘密　　D. 个人秘密

10）为增加认证活动在市场上的信任、信心和价值，认证机构应（　　）。（真题）

A. 识别和管理风险　　B. 保持客观性

C. 确保独立性　　D. 识别、避免、减轻和管理利益冲突

11）在信息公开中，认证机构及其开展的活动应遵守（　　）三个方面的原则。

A. 开放性　　B. 信息的可获取性

C. 公开性　　D. 信息保密和公开的可质疑性

12）认证机构的管理体系建立的依据有（　　）。

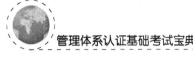

A. 认证机构要求的通用部分　　B. 认证机构要求的特定领域部分
C. 国家认证认可相关制度　　D. 管理体系审核指南

13）公正性是由若干部分组成的要素，这些组成部分被认为是实施认证的机构或个人的基础素质。这些组成部分包括（　　）。

A. 以客观的且无偏见的方式实施认证活动
B. 识别已存在的和潜在的利益冲突，且对其主动管理以确保客观性
C. 认证机构和从事认证活动的个人，独立于与认证活动的结果有利益关系的任何其他组织或个人
D. 意识到实施认证活动以及做出认证评定决定或/和证明所应承担的责任和义务

14）认证方案是认证制度的一部分，是指应用相同的（　　）的，与管理体系有关的合格评定制度。

A. 规定要求　　B. 特定规则
C. 程序　　D. 流程

15）认证机构管理体系主要包括（　　）。

A. 认证机构管理、资源管理　　B. 认证制度管理、认证过程管理
C. 信息管理　　D. 测量分析改进

16）认证机构管理体系中的认证制度管理包括（　　）。

A. 认证领域的开拓和认证范围的扩展
B. 技术领域分析
C. 认证实施过程的专业管理
D. 批准、拒绝的条件和程序

17）认证机构管理体系中的认证机构管理包括（　　）。

A. 法律责任　　B. 公正性管理
C. 机构风险管理　　D. 文件管理

18）根据 GB/T 27021.1，对认证公正性的威胁可能包括（　　）。

A. 自身利益　　B. 自我评审
C. 熟识（或信任）　　D. 胁迫

19）认证机构公正性管理包括（　　）。

A. 建立维护公正性的管理机制　　B. 最高管理者对公正性的承诺
C. 识别、避免、减轻和管理利益冲突　　D. 确保独立性

3. 问答题

1）简述管理体系审核机构与管理体系认证机构的区别。

2）简述管理体系认证机构公开性和保密性的作用。

3）认可的作用是什么？

4）如何理解管理体系认证机构的公正性？

5）简述管理体系认证机构的主要特征。

6）简述管理体系认可及国际互认的内涵。

7）认证机构管理体系包括哪几个方面？认证过程管理包括哪些方面？

8）认证机构管理体系中认证过程管理的输入、输出是什么？

答案点拨解析

1. 单项选择题

题号	答案	解析
1	B	见本书4.1.1节之1之2）
2	C	见本书4.1.1节之1之2）
3	C	见本书4.1.1节之1之1）
4	B	见本书4.1.1节之1之2）
5	B	见本书4.1.1节之2～4
6	A	见本书4.1.2节之1
7	B	见本书4.1.2节之1表4-1之“4　原则”
8	A	见本书4.1.2节之1表4-1之“4　原则”
9	D	见本书4.2节
10	A	见本书4.2节表4-2之“1. 法律地位”（《中华人民共和国认证认可条例》第九条）
11	A	见本书4.2节表4-2之“2. 公正性”（GB/T 27021.1标准3.2条款）
12	A	见本书4.2节表4-2之“2. 公正性”（GB/T 27021.1标准5.2.10条款）
13	B	见本书4.2节表4-2之“4. 信息公开与保密”
14	A	见本书4.2节表4-2之“4. 信息公开与保密”
15	B	见本书4.2节表4-2之“4. 信息公开与保密”
16	B	见本书4.1.1节之2之1）
17	A	见本书4.2节表4-2之“4. 信息公开与保密”之“一、公开性和保密性的作用”
18	A	见本书4.2节表4-2之“4. 信息公开与保密”之“三、保密性”之2）之③
19	A	见本书4.2节表4-2之“5. 风险管理”之“一、认证风险的概念”
20	A	见本书4.2节表4-2之“6. 申诉、投诉处理”之“一、申诉、投诉的概念”
21	B	见本书4.2节表4-2之“8. 认证证书与标志”之“一、有关认证证书与标志的概念”
22	B	见本书4.2节表4-2之“8. 认证证书与标志”之“一、有关认证证书与标志的概念”

（续）

题号	答案	解析
23	B	见本书4.2节表4-2之“9. 认可”之“一、认可的概述”
24	A	见本书4.2节表4-2之“10. 互认”之“二、认证互认机制”
25	D	见本书4.3节（GB/T 27021.1标准第10章）
26	C	见本书4.2节表4-2之“6. 申诉、投诉处理”之“三、申诉和投诉的处理过程”
27	D	见本书4.1.1节之1方框中GB/T 27000标准5.5条款
28	A	见本书4.1.1节之1方框中GB/T 27000标准2.1条款
29	A	见本书4.1.2节之1方框中GB/T 27021.1标准4.1.2条款
30	D	见本书4.1.2节之1方框中GB/T 27021.1标准4.5.1条款

2. 多项选择题

题号	答案	解析
1	ABC	见本书4.1.1节之3之3)
2	ABD	见本书4.1.2节之1（GB/T 27021.1标准“引言”）
3	ABC	见本书4.1.2节之1（GB/T 27021.1标准“引言”）
4	ACD	见本书4.1.2节之1表4-1之“4　原则”
5	BC	见本书4.1.2节之1表4-1之“4　原则”
6	ABD	见本书4.2节表4-2“1. 法律地位”（《中华人民共和国认证认可条例》第十条）
7	ABC	见本书4.2节表4-2之“2. 公正性”（GB/T 27021.1标准3.2条款）
8	ABCD	见本书4.2节表4-2之“2. 公正性”（GB/T 27021.1标准4.2.4条款）
9	ABCD	见本书4.2节表4-2之“4. 信息公开与保密”
10	BCD	见本书4.2节表4-2之“2. 公正性”（GB/T 27001标准4.3条款）
11	BCD	见本书4.2节表4-2之“4. 信息公开与保密”之“二、信息公开（信息公开三原则）”
12	ABC	见本书4.3节
13	ABCD	见本书4.2节表4-2之“2. 公正性”之“二、公正性对合格评定活动的重要性”
14	ABC	见本书4.2节表4-2之“8. 认证证书与标志”之“一、有关认证证书与标志的概念”
15	ABCD	见本书4.3节
16	ABCD	见本书4.3节表4-3
17	ABCD	见本书4.3节表4-3
18	ABCD	见本书4.1.2节之1方框中GB/T 27021.1标准4.2.4条款
19	ABCD	见4.2节表4-2之“2. 公正性”之“四、认证机构公正性管理”

3. 问答题

1）见本书4.1.1节之2～4。管理体系审核机构与管理体系认证机构的区别是：

① 管理体系认证机构是证明管理体系符合规定要求或者标准的合格评定机构。管理体系审核机构是对组织的管理体系与规定要求（标准或其他规范性文件）的符合性提供评价活动的机构。

② 管理体系审核机构与管理体系认证机构之间存在很大不同，可能存在组织形式方面的不同，也可能存在实施活动与过程的不同等。一个显著的差别就是管理体系审核机构仅就组织的管理体系与规定要求（标准或其他规范性文件）的符合性进行评价和得出评价结论，而管理体系认证机构除了完成上述活动之外还需根据评价结论做出能否授予、保持、暂停、撤销、更新的认证决定，并颁发相应的认证文件。

2）见本书4.2节表4-2之“4. 信息公开与保密”。管理体系认证机构公开性和保密性的作用是：

① 公开性和保密性都是认证建立信任的原则，是一个问题的两个方面。为了建立对认证的诚信性和可信性的信心，认证机构需要提供审核过程、认证过程和关于组织认证状态的信息。为了获得认证评价有效进行所需的信息，认证机构应确保保密性信息不被泄露。

② 对认证中获得的和产生的信息的保密和公开进行管理以提升相关方的信任和对认证评价活动价值的认同。

3）见本书4.2节表4-2之“9. 认可”之“二、认可的作用”。认可的作用是：

① 证实管理体系认证机构具备实施特定合格评定活动的能力。

② 增强政府使用管理体系认证结果的信心，减少做出相关决定的不确定性和行政许可中的技术评价环节，降低行政监管风险和成本。

③ 通过与国际组织、区域组织或国外认可机构签署多边或双边互认协议，促进管理体系认证结果的国际互认，促进对外贸易。

④ 促进健康、安全、社会服务等非贸易领域规范性、质量和能力等方面的提高。

⑤ 帮助管理体系认证机构及其客户增强社会知名度和市场竞争力。

⑥ 通过对管理体系认证机构进行系统、规范的技术评价和持续监督，有助于管理体系认证机构及其客户实现自我改进和自我完善。

4）见本书4.2节表4-2之“2. 公正性”。这样理解管理体系认证机构的公正性：

①“公正性”是实际存在着的并被感知到的客观性。

② 公正，并被认为公正，是认证机构提供可建立信任的认证的必要条件。

③ 认证的价值取决于第三方通过公正、有能力的评定所建立的公信力的程度。

④ 在合格评定活动中缺乏公正性，可能会导致错误的或有缺陷的合格评定行为和结果。

5）见本书 4.2 节。

管理体系认证机构的主要特征有 10 点：法律地位，公正性，责任，信息公开与保密，风险管理，申诉、投诉处理，许可与授权，认证证书与标志，认可，互认。

6）见本书 4.2 节表 4-2 之“9. 认可”和“10. 互认”。

①“认可”是表明合格评定机构具备实施特定合格评定工作能力的第三方证明。管理体系认可是认可机构对管理体系认证机构的认可。

② 国际互认包括认可层面的互认机制和认证层面的互认机制。

a）认可层面的互认机制，由合格评定认可机构和其他有意在管理体系、产品、服务、人员和其他相似领域内从事合格评定活动的相关机构共同组建的合作机制。这个机制有国际认可论坛（IAF）、国际认可论坛多边承认协议（IAF-MLA）。国家认可机构只有加入了 IAF-MLA 集团，才能表明其认可结果是等效的，带有该签约方认可标志的认证证书才具有国际等效性和互认性。

b）认证层面的互认机制是认证机构组成合作组织，通过成员之间的能力互认机制实现认证证书的互认和互换。这个机制有国际认证联盟（IQNet）。

7）见本书 4.3 节，以及 4.3 节表 4-3 之“4. 认证过程管理”。

① 认证机构管理体系主要包括认证机构管理、资源管理、认证制度管理、认证过程管理、信息管理、测量分析改进 6 个方面。

② 认证过程管理包括：可公开获取的认证信息，认证申请的受理、评审和批准，审核准备，审核活动实施，审核报告，复核审核报告，批准认证，颁发认证证书，监督和再认证，证书、标志的使用和管理，申诉、投诉处理，等等。

8）见本书 4.3 节表 4-4 之“9. 认证过程管理”。

① 认证机构管理体系中认证过程管理的输入是客户信息、认证要求、外部信息和组织现场运作信息。

② 认证机构管理体系中认证过程管理的输出是：审核方案、计划、范围，报告、证书，方案调整。

第5章 管理体系认证能力及认证过程

考试大纲要求

1）管理体系认证业务范围。
2）通用管理体系审核员能力要求。
3）特定管理体系审核及认证能力要求。
4）认证人员能力评价方法。
5）管理体系认证过程。

考点知识讲解

5.1 管理体系认证业务范围

1. 认证业务范围

认证业务范围分类是认证机构实施能力管理的基础。国际认可论坛 IAF ID1《质量和环境管理体系认可范围》、我国的《认证机构认可规则》将所有管理体系认证业务范围分为 39 大类，包括 280 个中类和 615 个小类。这种分类源于《欧共体经济活动统计分类》（第二版）。质量管理体系（QMS）、环境管理体系（EMS）和职业健康安全管理体系（OHSMS）的认证业务范围就是按此分类。

某些特定行业认证业务范围分类，如 TL 9000 电信行业、ISO 22000 食品安全领域，应考虑认证制度所有者的规定、行业特点和认可机构发布的相应文件。国际标准化组织对能源管理体系另有分类，具体可参考 ISO 50003：2021《能源管理体系　能源管理体系审核与认证机构要求》标准。我国《能源管理体系认证规则》按照能源供给和能源需求将能源管理体系认证业务范围分成了 15 大类。

2. 技术领域分析

39 大类划分的详略程度与行业或产品在经济活动中的重要程度相关，39 大类不是专门为认证认可编制的，认证机构应针对认证业务范围开展**技术领域分析**。

技术领域分析是指以具有相似的活动、产品或服务及特定管理体系的共性特征为原则，考虑各认证业务范围的相似性、差异性以及各业务范围的复杂程度，对39大类（包括中类和小类）认证业务范围的基本专业特点进行分析，对相似性认证业务范围进行合并，对复杂的认证业务范围进行细分。

技术领域分析是认证人员能力分析和评价系统的基础，而认证人员能力分析和评价系统是认证业务范围内的认证能力管理的保障。

3. 认证风险分级

由于各类业务活动涉及的人员、过程、场所、环境及法规要求等方面存在差异，因此认证机构有必要将业务范围区分为不同风险级别，并加以管理。认证机构可根据技术领域分析和特定管理体系领域的特点，对具体的认证业务范围进行风险分级。

认证业务范围风险级别的表现方式可以是高风险、中风险、低风险，或一级风险、二级风险、三级风险、有限风险、特殊风险等。风险等级不同，对其控制的方式和程度也不同，实施高风险业务范围的审核，则要求配备具有相应能力的审核组，审核时间也会更长。

例题分析

1）（单项选择题）认证机构需开展技术领域分析，应对（　　）大类认证业务范围的基本专业特点进行分析。

A. 28　　B. 39

C. 80　　D. 615

答案及分析：选择B。见本书5.1节之2。

2）（多项选择题）管理体系认证机构应对开展的业务领域进行业务分类，可能需考虑（　　）。

A. 按39大类进行管理　　B. 认证制度所有者的规定

C. 认可机构发布的相关文件　　D. 认证机构进行行业分析确定业务分类

答案及分析：选择ABC。见本书5.1节之1。

5.2 管理体系认证人员通用能力要求

在技术领域分析、认证风险分级的基础上，确定认证人员能力要求和评价准则。不同的认证职能对认证人员的能力要求是不同的。

5.2.1　通用认证职能

《管理体系认证基础》一书认为，管理体系通用认证职能包括 5 项：认证申请评审、选择审核组、策划审核活动、审核实施、认证决定。

表 5-1 是管理体系通用认证职能工作要点。

表 5-1　管理体系通用认证职能工作要点

认证职能	工作要点
1. 认证申请评审	1）确定提交的认证申请（合同）是否和认证机构实施的范围相适应 2）确定是否存在需要考虑的特殊问题（针对地域、行业、法律、组织等的问题） 3）确定是否存在多场所 4）确定是否有季节性生产 5）计算审核时间 6）建立认证协议/合同 7）与客户签订认证协议/合同，等等
2. 选择审核组	1）确定需要的资源（审核员数量、技术专家和翻译） 2）确定是否有可用的能力资源（例如审核员、技术专家） 3）评审所选用资源的公正性，等等
3. 策划审核活动	1）确定审核范围 2）评审实施历史状况 3）确认资源需求 4）建立或确认审核策略和方法 5）分配审核组角色、责任和活动 6）建立审核计划 7）评审审核的后勤安排 8）考虑历次审核和纠正措施的结果 9）考虑相关的法规要求 10）策划审核组准备会，等等
4. 审核实施	1）文件评审 2）召开首次会议 3）按照审核计划进行审核 4）审核组内部沟通 5）确定所有的不符合项和改进机会 6）召开末次会议 7）提交审核报告 8）验证不符合项纠正措施的有效性，等等
5. 认证决定	1）评审做出认证决定必要的报告和其他相关信息 2）必要时与审核组就审核发现交换意见 3）做出认证决定，等等

例题分析

1）（多项选择题）认证决定的主要职能包括（　　）。（真题）

A. 评审做出认证决定必要的报告

B. 评审申投诉结果

C. 评审认证风险及等级

D. 评审做出认证决定必要的其他相关信息

答案及分析：选择 AD。

2）（单项选择题）选择审核组的职能不包括（　　）。

A. 确定需要的资源

B. 分配审核组角色、责任和活动

C. 确定是否有可用的能力资源

D. 评审所选用资源的公正性

答案及分析：选择 B。

3）（单项选择题）计算审核时间属于（　　）职能的内容。

A. 策划审核活动　　B. 认证申请评审

C. 审核实施　　D. 选择审核组

答案及分析：选择 B。

5.2.2　通用能力要求

1. GB/T 27021.1 中关于管理体系认证机构认证人员能力的条款摘录

GB/T 27021.1 标准 7.1.2 条款要求认证机构建立确定认证人员能力准则的管理过程。下面方框中是 GB/T 27021.1/ISO/IEC 17021-1《合格评定　管理体系审核认证机构要求　第 1 部分：要求》（GB/T 27021.1 即 CNAS-CC01）中关于管理体系认证机构认证人员能力的条款摘录。

3.7　能力（术语）

能够应用知识和技能实现预期结果的本领。

4.3　能力（原则）

4.3.1　认证活动涉及的所有职能的认证机构人员的能力是认证提供信任的必要条件。

4.3.2　能力也需要由认证机构的管理体系来支撑。

4.3.3　认证机构管理的一个关键问题是具有一个得到实施的过程，来为参与审核和其他认证活动的人员建立能力准则，并按照准则实施评价。

> **7.1 人员能力**（资源要求）
>
> 7.1.2 能力准则的确定
>
> 认证机构应有过程，以确定参与管理和实施审核及其他认证活动的人员的能力准则。应根据每类管理体系标准的要求，针对每个技术领域和认证过程中的每项职能**确定**能力准则。该过程的输出应是形成文件的所要求知识和技能的准则，这些知识和技能是有效地实施审核与认证任务以实现预期结果所必需的。

2. 认证机构中相关认证职能需具有的知识和技能

GB/T 27021.1 在附录 A 中，对认证机构中不同认证职能（对认证申请进行评审以确定所需的审核组能力、选择审核组成员并确定审核时间，复核审核报告并做出认证决定，审核实施及领导审核组）涉及的人员，从 11 个维度［业务管理实践的知识，审核原则、实践和技巧的知识，特定管理体系标准和（或）规范性文件的知识，认证机构过程的知识，客户业务领域的知识，客户产品、过程和组织的知识，与客户组织中的各个层级相适应的语言技能，作记录和撰写报告的技能，表达技能，面谈技能，审核管理技能］提出了知识和技能的要求，见表 5-2（即 GB/T 27021.1 标准表 A.1）。表中的 A.2、A.3、A.4 是 GB/T 27021.1 标准中的条款代号。

表 5-2 认证职能需具有的知识和技能

知识和技能	认证职能		
	实施申请评审以确定所需的审核组能力、选择审核组成员并确定审核时间	复核审核报告并做出认证决定	审核及领导审核组
业务管理实践的知识			√（见 A.2.1）
审核原则、实践和技巧的知识		√（见 A.3.1）	√（见 A.2.2）
特定管理体系标准和（或）规范性文件的知识	√（见 A.4.1）	√（见 A.3.2）	√（见 A.2.3）
认证机构过程的知识	√（见 A.4.2）	√（见 A.3.3）	√（见 A.2.4）
客户业务领域的知识	√（见 A.4.3）	√（见 A.3.4）	√（见 A.2.5）
客户产品、过程和组织的知识	√（见 A.4.4）		√（见 A.2.6）
与客户组织中的各个层级相适应的语言技能			√（见 A.2.7）
做记录和撰写报告的技能			√（见 A.2.8）
表达技能			√（见 A.2.9）
面谈技能			√（见 A.2.10）
审核管理技能			√（见 A.2.11）

注：风险和复杂程度是在决定这些职能中任何一项职能所需的专业能力的水平时考虑的其他因素。

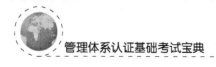

下面方框中是配合表 5-2 的 GB/T 27021.1 标准附录 A 的摘录。

A.2 管理体系审核员能力要求

A.2.1 业务管理实践的知识

通用的组织类型、规模、治理、结构与工作场所实务、信息与数据系统、文件系统以及信息技术的知识。

A.2.2 审核原则、实践和技巧的知识

本部分规定的通用的管理体系审核原则、实务和技巧的知识，需足以实施认证审核及评价内部审核过程。

A.2.3 特定管理体系标准和（或）规范性文件的知识

认证所依据的管理体系标准或其他规范性文件的知识，需足以确定体系是否得到有效实施并符合要求。

A.2.4 认证机构过程的知识

认证机构过程的知识，需足以按照认证机构的程序和过程开展工作。

A.2.5 客户业务领域的知识

客户业务领域的通用术语、实践和过程的知识，需足以在管理体系标准或其他规范性文件的背景下理解该领域的期望。

注：业务领域可理解为经济活动（例如航空航天、化工、金融服务）。

A.2.6 客户产品、过程和组织的知识

与客户的产品或过程的类型相关的知识，需足以理解该组织如何运行，如何应用管理体系标准或其他相关规范性文件的要求。

A.2.7 与客户组织中的各个层级相适应的语言技能

能够用适宜的术语、措辞和话语与组织任何层次的人员有效地进行沟通。

A.2.8 作记录和撰写报告的技能

能够以足够的速度、准确度和理解力阅读和书写，以记录、做笔记以及有效地沟通审核发现和结论。

A.2.9 表达技能

能以容易理解的方式表述审核发现和结论。审核组长还要能够在公开场合（例如末次会议）表述与听众相适宜的审核发现、结论和推荐意见。

A.2.10 面谈技能

能够通过提开放式、经过良好构思的问题并倾听、理解和评价对方的回答来进行面谈，以获取信息。

A.2.11 审核管理技能

能够实施和管理审核，以在约定的时间框架内获取审核证据。审核组长还要能够主持会议以有效地交流信息，并能够分配任务或在必要时重新分配。

A.3　复核审核报告并做出认证决定的人员的能力要求

这类人员的职能可由一人或多人完成。

A.3.1　审核原则、实践和技巧的知识

本部分规定的通用的管理体系审核原则、实务和技巧的知识，需足以理解认证审核报告。

A.3.2　特定管理体系标准和（或）规范性文件的知识

认证所依据的管理体系标准或其他规范性文件的知识，需足以根据认证审核报告做出决定。

A.3.3　认证机构过程的知识

认证机构过程的知识，需足以根据提交复核的信息确定是否达到了认证机构的期望。

A.3.4　客户业务领域的知识

客户业务领域的通用术语、实践和过程的知识，需足以在管理体系标准或其他规范性文件的背景下理解审核报告。

A.4　实施申请评审以确定所需的审核组能力、选择审核组成员并确定审核时间的人员的能力要求

这类人员的职能可由一人或多人完成。

A.4.1　特定管理体系标准和（或）规范性文件的知识

知道认证依据的是什么管理体系标准或其他规范性文件。

A.4.2　认证机构过程的知识

认证机构过程的知识，需足以指派有能力的审核组成员以及准确地确定审核时间。

A.4.3　客户业务领域的知识

客户业务领域的通用术语、实践和过程的知识，需足以指派有能力的审核组成员以及准确地确定审核时间。

A.4.4　客户产品、过程和组织的知识

与客户的产品或过程的类型相关的知识，需足以指派有能力的审核组成员以及准确地确定审核时间。

例题分析

1）（单项选择题）GB/T 27021.1 中要求认证机构应建立确定（　　）能力准则的管理过程。

A. 审核人员　　　　B. 管理人员

C. 认证人员　　D. 技术专家

答案及分析：选择 C。见本书 5. 2. 2 节之 1 的开头（或见 GB/T 27021. 1 标准 7. 1. 2 条款）。

2）（单项选择题）下列哪一项不是复核审核报告并做出认证决定的人员应具有的知识和技能？（　　）

A. 审核原则、实践和技巧的知识

B. 认证机构过程的知识

C. 审核管理技能

D. 客户业务领域的知识

答案及分析：选择 C。见本书 5. 2. 2 节之 2 表 5-2。

3）（多项选择题）对认证申请进行评审以确定所需的审核组能力、选择审核组成员并确定审核时间的认证人员应具备的知识和技能包括（　　）。

A. 特定管理体系标准和（或）规范性文件的知识

B. 客户业务领域的知识

C. 客户产品、过程和组织的知识

D. 业务管理实践的知识

答案及分析：选择 ABC。见本书 5. 2. 2 节之 2 表 5-2。

4）（单项选择题）管理体系审核员要求的技能有（　　）。

A. 语言技能、表达技能、面谈技能

B. 审核管理技能

C. 作记录和撰写报告的技能

D. A + B + C

答案及分析：选择 D。见本书 5. 2. 2 节之 2 表 5-2。

5.3　特定管理体系认证人员能力要求

一个认证人员需同时具备管理体系认证人员**通用**能力要求和**特定**管理体系认证人员能力要求，才能有效开展特定管理体系的审核和认证。

特定管理体系认证人员能力要求见 GB/T 27021 系列标准，如 GB/T 27021. 2《合格评定　管理体系审核认证机构要求　第 2 部分：环境管理体系审核与认证能力要求》、GB/T 27021. 3《合格评定　管理体系审核认证机构要求　第 3 部分：质量管理体系审核与认证能力要求》、GB/T 27021. 10《合格评定　管理体系审核认证机构要求　第 10 部分：职业健康安全管理体系审核与认证能力要求》等。

5.4　认证人员能力评价

认证机构在评价认证人员时，按照技术领域划分，确定被评价人员的大类、中类和小类，认证机构应当在识别认证职能的基础上，依据管理体系认证人员通用能力要求和特定能力要求，**确定**每项职能的能力准则和评价方法，对认证人员的能力开展评价，并持续地开展评价活动。

GB/T 27021.1 标准 7.1.3 条款对认证人员能力的评价过程进行了描述，见下面方框。

> **7.1.3　评价过程**
>
> 认证机构应有形成文件的过程，以应用所确定的能力准则，对所有参与管理和实施审核及其他认证活动的人员进行初始能力评价，并持续监视其能力和绩效。认证机构应证实其评价方法是有效的。这些过程的输出应是识别出有能力的人员，即被证实具有审核与认证过程不同职能所需的能力水平的人员。在认证机构内，人员为其活动绩效承担责任前，能力应得到证实。
>
> 注 1：附录 B 介绍了一些可用于能力评价的评价方法。
>
> 注 2：附录 C 提供了一个能力确定和保持流程的示例。

5.4.1　认证人员能力评价流程

GB/T 27021.1/ISO/IEC 17021-1《合格评定　管理体系审核认证机构要求　第 1 部分：要求》附录 C 提供了认证人员能力评价流程（能力确定和保持过程），如图 5-1 所示。

认证机构对认证人员的评价是一个持续的过程，在对认证人员初次评价后，还要定期实施持续监督评价，并在任何有需要的情况下开展评价，如能力扩大评价、专业知识提升评价、认证标准更新后知识评价。

5.4.2　认证人员能力评价方法

GB/T 27021.1/ISO/IEC 17021-1《合格评定　管理体系审核认证机构要求　第 1 部分：要求》附录 B 提供了认证人员能力评价方法。认证人员能力评价方法包括记录审查、意见反馈、面谈、观察和考试五种方式。每种评价方法都有其特点和局限性，应组合使用这些评价方法。

下面方框中是 GB/T 27021.1—2017 标准附录 B 的摘录。

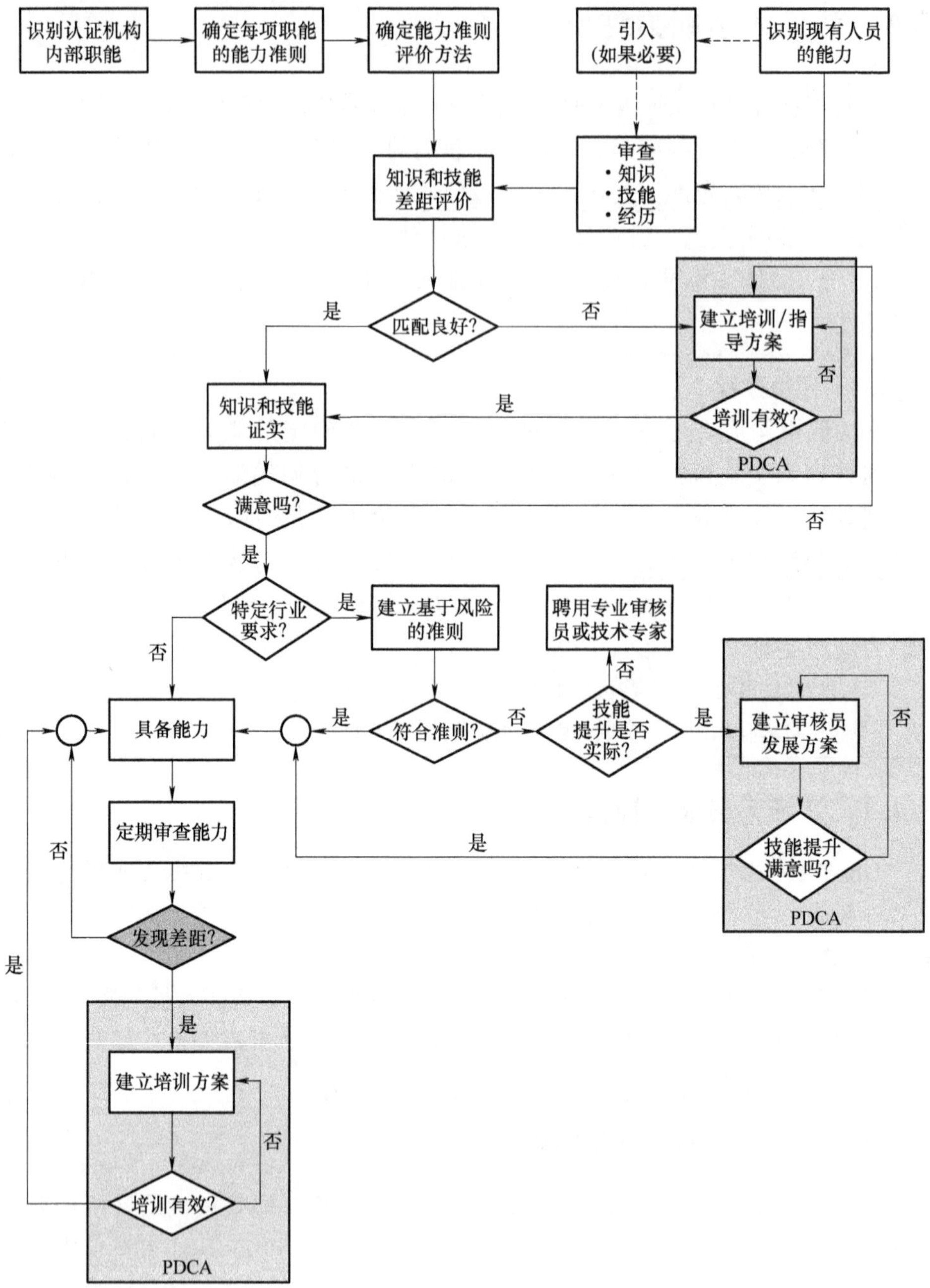

图 5-1　认证人员能力评价流程（能力确定和保持过程）

附录 B

（资料性附录）

可能的评价方法

B.1 概述

本资料性附录提供评价方法的示例，为认证机构提供帮助。

人员的评价方法可以分为五大类：记录审查、意见反馈、面谈、观察和考试。每一类评价方法可以进一步细分。下面简要说明了每类评价方法及其对于知识和技能评价的用处和局限性。不太可能只用其中任何一种方法就能确认能力。

B.2～B.6 所述的方法可以提供知识和技能的有用信息；这些方法如被设计成与7.1.2 和7.1.3 所述的能力确定过程输出的特定能力准则结合使用，会更有效。

附录 C 提供了一个能力确定和保持过程的示例。

B.2 记录审查

有些记录可以显示知识，例如显示工作经历、审核经历、教育和培训的简历或履历。

有些记录可以显示技能，例如审核报告或工作经历、审核经历、教育和培训的记录。

单凭上述记录不太可能构成能力的充分证据。

其他记录是证实能力的直接证据，例如对审核员实施审核的绩效评价报告。

B.3 意见反馈

来自以前雇主的直接反馈可以显示知识和技能，但重要的是要注意有时雇主会特意排除负面信息。

个人推荐函可以显示知识和技能。应聘者不大可能提供含有负面信息的个人推荐函。

同行的意见反馈可以显示知识和技能。这种反馈可能受到同行之间关系的影响。

客户的意见反馈可以显示知识和技能。对于审核员来说，这种反馈可能受到审核结果的影响。

单凭意见反馈并不是令人满意的能力证据。

B.4 面谈

面谈可有助于询问出知识、技能方面的信息。

人员招聘时的面谈可有助于从简历和过去的工作经历详细了解知识和技能的信息。

在绩效考评中进行面谈，可以提供知识和技能的具体信息。

在审核后的评审中与审核组面谈，可以提供关于审核员知识和技能的有用信息。它可以使评审者有机会了解审核员为什么做出某项决定、选择某一审核路径等。这一技巧可在见证审核后使用，也可在之后评价书面审核报告时使用。这一技巧可能对确定与特定技术领域有关的能力尤其有用。

能力证实的直接证据可以通过依据规定的能力准则进行**结构化**的、并得到适当记录的面谈而获得。

可以使用面谈来评估语言、沟通和人际技能。

B.5　观察

对人员实施任务的情况进行观察能够为能力（经证实的应用知识和技能来实现预期结果）提供直接证据。这种评价方法对所有职能、行政和管理人员以及审核员和认证决定人员都有用。对审核员实施的一次审核进行见证的局限性在于这次特定审核所具有的难易程度。

定期对一个人进行见证（观察），有助于确认持续的能力。

B.6　考试

笔试可为知识以及技能（后者取决于方法）提供良好的文件化证据。

口试可为知识提供良好的证据（取决于考官的能力），可提供关于技能的有限的结果。

实际操作考试可以提供关于知识和技能的平衡的结果（取决于考试过程和考官的能力）。实际操作考试的方法例如情景演练、案例分析、压力模拟和岗位实操考核等。

例题分析

1）（多项选择题）对认证人员能力的评价方法包括（　　）。

A. 记录审查、意见反馈　　B. 面谈、观察

C. 考试　　D. 心理测试

答案及分析：选择 ABC。见本书 5.4.2 节中 GB/T 27021.1 标准附录 B.1。

2）（多项选择题）哪些记录可以显示认证人员的技能？（　　）

A. 审核报告或工作经历　　B. 审核经历

C. 教育和培训的记录　　D. 教育和培训的简历或履历

答案及分析：选择 ABC。见本书 5.4.2 节中 GB/T 27021.1 标准附录 B.2。

3）（单项选择题）口试是对认证人员能力的一种评价方法。口试可为知识提供良好的证据，可提供关于技能的（　　）的结果。

A. 有限　　　　　　　　　　B. 有用

C. 完整　　　　　　　　　　D. 可参考

答案及分析：选择A。见本书5.4.2节中GB/T 27021.1标准附录B.6。

4)（单项选择题）面谈可有助于询问出（　　）方面的信息。可以使用面谈来评估语言、沟通和人际技能。

A. 知识、技能　　　　　　　B. 知识

C. 技能　　　　　　　　　　D. 能力

答案及分析：选择A。见本书5.4.2节中GB/T 27021.1标准附录B.4。

5.5　管理体系认证过程

管理体系的一个认证周期为3年。《管理体系认证基础》一书将管理体系认证分为6个主要过程：认证前的活动、初次认证策划、审核实施、认证决定、监督认证和再认证。各过程的活动见表5-3。本节依据GB/T 27021.1标准第9章讲述管理体系认证过程的要求，包括认证前的活动、策划审核、初次认证、实施审核、认证决定、保持认证、申诉、投诉、客户的记录。

表5-3　管理体系认证过程的活动（主要内容）

序号	认证过程	活动（主要内容）	本书对应章节
1	认证前的活动	1）客户与认证机构的信息交流 2）认证申请的评审 3）制定审核方案及确定审核时间 4）签订认证协议	本书5.5.1节
2	初次认证策划和审核实施	1）确定审核目的、范围和准则 2）选择审核组 3）编制审核计划 4）初次认证第一阶段 5）初次认证第二阶段	本书5.5.2节、5.5.3节、5.5.4节
3	认证决定	主要是审查与审核目的相关的所有文件，决定是否准予认证，包括对再认证的决定、特殊认证的决定	本书5.5.5节
4	监督活动（监督认证）	1）日常监督 2）年度监督审核 3）特殊审核 4）暂停、撤销或缩小认证范围	本书5.5.6节
5	再认证	在认证证书有效期到期之前，对获证组织持续满足特定管理体系标准或其他规范性文件的认证过程，并决定是否换发新一轮有效期的认证证书	本书5.5.6节

GB/T 27021.1/ISO/IEC 17021-1《合格评定　管理体系审核认证机构要求　第1部分：要求》附录E给出了审核和认证过程的典型流程（见图5-2），其他审核活动如文件审查、特殊审核，可参照进行。

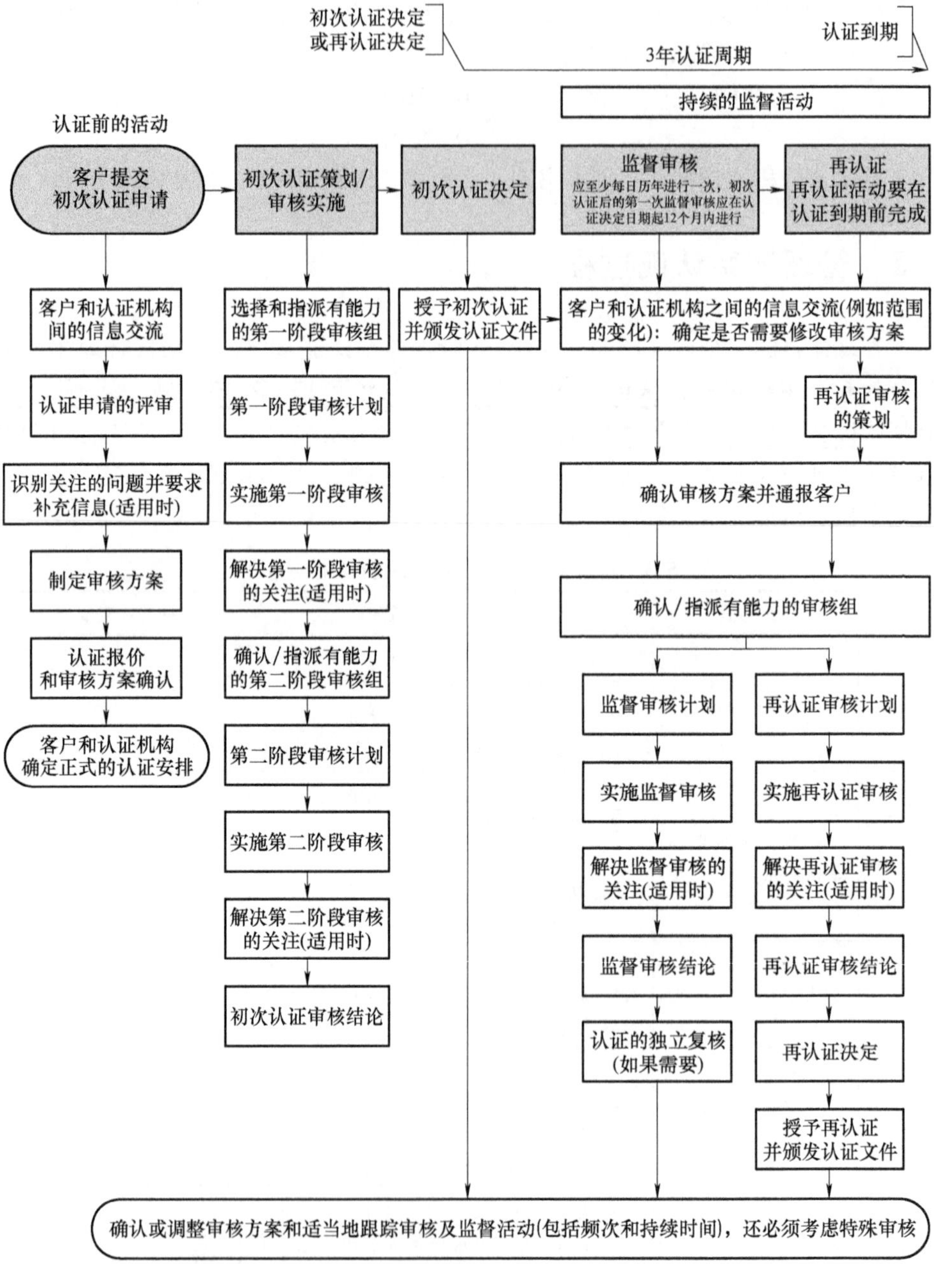

图5-2　审核和认证过程的典型流程

5.5.1 认证前的活动

下面方框中是GB/T 27021.1/ISO/IEC 17021-1《合格评定 管理体系审核认证机构要求 第1部分：要求》第9章中关于认证前的活动的条款。

9 过程要求

9.1 认证前的活动

9.1.1 申请

认证机构应要求申请组织的授权代表提供必要的信息，以便认证机构确定：

a）申请认证的范围；

b）特定认证方案所要求的申请组织的相关详细情况，包括其名称、场所的地址、过程和运作的重要方面、人力资源和技术资源、职能、关系以及任何相关的法律义务；

c）识别申请组织采用的所有影响符合性的外包过程；

d）申请组织寻求认证的标准或其他要求；

e）是否接受过与拟认证的管理体系有关的咨询，如果接受过，由谁提供咨询。

9.1.2 申请评审

9.1.2.1 认证机构应对认证申请及补充信息进行评审，以确保：

a）关于申请组织及其管理体系的信息足以建立审核方案（见9.1.3）；

b）解决了认证机构与申请组织之间任何已知的理解差异；

c）认证机构有能力并能够实施认证活动；

d）考虑了申请的认证范围、申请组织的运作场所、完成审核需要的时间和任何其他影响认证活动的因素（语言、安全条件、对公正性的威胁等）。

9.1.2.2 在申请评审后，认证机构应接受或拒绝认证申请。当认证机构基于申请评审的结果拒绝认证申请时，应记录拒绝申请的原因并使客户清楚拒绝的原因。

9.1.2.3 根据上述评审，认证机构应确定审核组及进行认证决定需要具备的能力。

9.1.3 审核方案

9.1.3.1 应对**整个认证周期**制定审核方案，以清晰地识别所需的**审核活动**，这些审核活动用以证实客户的管理体系符合认证所依据标准或其他规范性文件的要求。认证周期的审核方案应覆盖全部的管理体系要求。

9.1.3.2　**初次认证审核方案**应包括两阶段初次审核、认证决定之后的第一年与第二年的监督审核和第三年在认证到期前进行的再认证审核。第一个三年的认证周期从**初次认证决定**算起。以后的周期从**再认证决定**（见9.6.3.2.3）算起。**审核方案**的确定和任何后续调整**应考虑**客户的规模，其管理体系、产品和过程的范围与复杂程度，以及经过证实的管理体系有效性水平和以前审核的结果。

注1：附录E提供了一个典型的审核与认证过程的流程图。

注2：下面列举了建立或修改审核方案时可能需要考虑的其他事项，在确定审核范围和编制审核计划时可能也**需要考虑这些事项**：

——认证机构收到的对客户的投诉；

——结合、一体化或联合审核；

——认证要求的变化；

——法律要求的变化；

——认可要求的变化；

——组织的绩效数据［例如缺陷水平、关键绩效指标（KPI）数据等］；

——利益相关方的关注。

注3：如果特定的行业认证方案有规定，认证周期可以不为3年。

9.1.3.3　监督审核应至少每个日历年（应进行再认证的年份除外）进行一次。初次认证后的第一次监督审核应在**认证决定日期**起12个月内进行。

注：为了考虑诸如季节或有限时段的管理体系认证（例如临时施工场所）等因素，可能有必要调整监督审核的频次。

9.1.3.4　如果认证机构考虑客户已获的认证或由另一认证机构实施的审核，则应获取并保留充足的证据，例如报告和对不符合采取的纠正措施的文件。所获取的文件应为满足本部分要求提供支持。认证机构应根据获取的信息证明对审核方案的任何调整的合理性，并予以记录，并对以前不符合的纠正措施的实施进行跟踪。

9.1.3.5　如果客户采用轮班作业，应在建立审核方案和编制审核计划时考虑在轮班工作中发生的活动。

9.1.4　确定审核时间

9.1.4.1　认证机构应有形成文件的确定审核时间的程序。认证机构应针对每个客户确定策划和完成对其管理体系的完整有效审核所需的时间。

9.1.4.2　在确定审核时间时，认证机构应考虑（但不限于）以下方面：

a）相关管理体系标准的要求；

b）客户及其管理体系的复杂程度；

c）技术和法规环境；

d）管理体系范围内活动的分包情况；

e）以前审核的结果；

f）场所的数量和规模、地理位置以及对多场所的考虑；

g）与组织的产品、过程或活动相关联的风险；

h）是否是结合审核（多体系审核）、联合审核或一体化审核。

注1：往返于审核场所之间所花费的时间不计入管理体系认证审核时间。

注2：认证机构在制定文件化过程时，可以使用ISO/IEC TS 17023（GB/T 27204）建立的指南来确定管理体系认证审核时间。

在已为特定的认证方案确定了特定的准则时，例如ISO/TS 22003（GB/T 22003）或ISO/IEC 27006，这些特定准则应得到采用。

9.1.4.3 认证机构应记录管理体系审核的时间及其合理性。

9.1.4.4 未被指派为审核员的审核组成员（即技术专家、翻译人员、观察员和实习审核员）所花费的时间不应计入上面所确定的审核时间。

注：使用翻译人员可能需要额外增加审核时间。

9.1.5 多场所的抽样

当客户管理体系包含**在多个地点进行的相同活动**时，如果认证机构在审核中使用多场所抽样，则应**制定抽样方案**以确保对该管理体系的正确审核。认证机构应针对每个客户将抽样计划的合理性形成文件。一些特定的认证方案不允许抽样，如果特定认证方案已经建立了具体准则（例如ISO/TS 22003），应采用这些准则。

注：当多场所不是覆盖相同的活动时，抽样是不适宜的。

9.1.6 多管理体系标准

认证机构在提供依据多个管理体系标准进行认证时，审核策划应确保充分的现场审核，以提供对认证的信任。

1. 初次认证的申请和申请评审的要点

1）GB/T 27021.1标准在9.1.1条款中规定申请组织要提供5项必要的信息；在9.1.2条款中规定认证机构在进行申请评审时，要达到4个方面的要求。申请评审的重点是认证机构是否有能力实施认证活动。

2）认证机构根据申请评审，确定审核组及进行认证决定需要具备的能力。

2. 审核方案制定和调整的要点

1）审核方案是针对每一个具体的审核项目而言的。应对整个3年的认证周期制定审核方案，认证周期的审核方案应覆盖全部的管理体系要求。需注意的是，如果特定的行业认证方案有规定，认证周期可以不为3年。

2）初次认证审核方案应包括两阶段初次审核、认证决定之后的第一年与第二年的监督审核和第三年在认证到期前进行的再认证审核。第一个三年的认证周期从初次认证决定算起，以后的周期从再认证决定算起。

3）GB/T 27021.1 标准在 9.1.3.2 条款中对制定和调整审核方案时要考虑的因素进行了明确规定。

4）监督审核应至少每个日历年（应进行再认证的年份除外）进行一次。初次认证后的第一次监督审核应在认证决定日期起 12 个月内进行。

3. 确定审核时间的要点

1）GB/T 27021.1 标准在 9.1.4.2 条款中要求在确定审核时间时至少要考虑 8 个方面的因素。

2）未被指派为审核员的审核组成员（即技术专家、翻译人员、观察员和实习审核员）所花费的时间不应计入所确定的审核时间。使用翻译人员时，可能需要额外增加审核时间。

4. 多场所的抽样的要点

1）GB/T 27021.1 标准 9.1.5 条款要求：针对多场所，认证机构应制定抽样方案，并应针对每个客户将抽样计划的合理性形成文件。

2）当多场所不是覆盖相同的活动时，抽样是不适宜的。

5. 对多管理体系标准提出了要求

认证机构进行多个管理体系标准认证时，审核策划应确保充分的现场审核，以提供对认证的信任。

例题分析

1）（多项选择题）认证机构应对认证申请及补充信息进行评审，以确保（　　）。（真题）

A. 关于申请组织及其管理体系的信息足以建立审核方案

B. 解决了认证机构与申请组织之间任何已知的理解差异

C. 认证机构有能力并能够实施认证活动

D. 考虑了申请的认证范围、申请组织的运作场所、完成审核需要的时间和任何其他影响认证活动的因素

答案及分析：选择 ABCD。见本书 5.5.1 节中 GB/T 27021.1 标准 9.1.2.1 条款。

2）（单项选择题）依据 GB/T 27021.1 标准，以下哪种说法是错误的？（　　）（真题）

A. 审核组长和审核员需要的知识和技能可以通过技术专家和翻译人员补充

B. 技术专家应在审核员指导下工作

C. 管理体系的初次认证审核应分为两个阶段实施：第一阶段和第二阶段

D. 初次认证后第一次监督审核应在第二阶段审核末次会议日期起 12 个月内进行

答案及分析：选择 D。见本书 5.5.1 节中 GB/T 27021.1 标准 9.1.3.3 条款：监督审核应至少每个日历年（应进行再认证的年份除外）进行一次。初次认证后的第一次监督审核应在认证决定日期起 12 个月内进行。

3）（单项选择题）初次认证审核方案应包括（　　）。（真题）

A. 认证决定之后的第一年与第二年的监督审核

B. 两阶段初次审核

C. 第三年在认证到期前进行的再认证审核

D. 以上全部

答案及分析：选择 D。见本书 5.5.1 节中 GB/T 27021.1 标准 9.1.3.2 条款：初次认证审核方案应包括两阶段初次审核、认证决定之后的第一年与第二年的监督审核和第三年在认证到期前进行的再认证审核。

4）（多项选择题）以下关于审核方案的说法正确的是（　　）。（真题）

A. 认证周期的审核方案应覆盖全部的管理体系要求

B. 审核方案的确定和任何后续调整应考虑客户的规模，其管理体系、产品和过程的范围与复杂程度，以及经过证实的管理体系有效性水平和以前审核的结果

C. 监督审核应至少每个日历年进行一次

D. 审核方案的第一个周期从初次认证决定算起。以后的周期从证书颁发之日起算

答案及分析：选择 ABC。见本书 5.5.1 节中 GB/T 27021.1 标准 9.1.3.2 条款：第一个三年的认证周期从初次认证决定算起。以后的周期从再认证决定算起。所以 D 选项是错的。

5.5.2 策划审核

下面方框中是 GB/T 27021.1/ISO/IEC 17021-1《合格评定　管理体系审核认证机构要求　第 1 部分：要求》第 9 章中关于策划审核的条款。

> **9.2　策划审核**
>
> **9.2.1　确定审核目的、范围和准则**
>
> 9.2.1.1　**审核目的应由认证机构确定**。审核范围和准则，包括任何更改，应由认证机构在与客户商讨后确定。
>
> 9.2.1.2　审核目的应说明审核要完成什么，并应包括下列内容：

a）确定客户管理体系或其部分与审核准则的符合性；

b）确定管理体系确保客户满足适用的法律、法规及合同要求的能力；

注：管理体系认证审核**不是**合规性审核。

c）确定管理体系在确保客户可以合理预期实现其规定目标方面的有效性；

d）适用时，识别管理体系的潜在改进区域。

9.2.1.3　审核范围应说明审核的内容和界限，例如拟审核的场所、组织单元、活动及过程。当初次认证或再认证过程包含一次以上审核（例如覆盖不同场所的审核）时，单次审核的范围可能并不覆盖整个认证范围，但整个审核所覆盖的范围应与认证文件中的范围一致。

9.2.1.4　审核准则应被用作确定符合性的依据，并应包括：

——所确定的管理体系规范性文件的要求；

——所确定的由客户制定的管理体系的过程和文件。

9.2.2　选择和指派审核组

9.2.2.1　总则

9.2.2.1.1　认证机构应有根据实现审核目的所需的能力以及公正性要求来选择和任命审核组（**包括审核组长以及必要的技术专家**）的过程。如果仅有一名审核员，该审核员应有能力履行适用于该审核的审核组长职责。审核组应整体上具备认证机构按照9.1.2.3确定的审核能力。

9.2.2.1.2　决定审核组的规模和组成时，应考虑下列因素：

a）审核目的、范围、准则和预计的审核时间；

b）是否是结合、联合或一体化审核；

c）实现审核目的所需的审核组整体能力（见表A.1）；

d）认证要求（包括任何适用的法律、法规或合同要求）；

e）语言和文化。

注：结合审核（多体系审核）或一体化审核的审核组长宜至少对一个标准有深入的知识，并了解该审核所使用的其他标准。

9.2.2.1.3　审核组长和审核员所需的知识和技能可以通过技术专家和翻译人员补充。技术专家和翻译人员应在审核员的指导下工作。使用翻译人员时，翻译人员的选择要避免他们对审核产生不正当影响。

注：技术专家的选择准则根据每次审核的**审核组和审核范围的需要**为基础确定。

9.2.2.1.4　实习审核员可以参与审核，此时要指派一名审核员作为评价人员。评价人员应有能力接管实习审核员的任务，并对实习审核员的活动和审核发现最终负责。

9.2.2.1.5　审核组长在与审核组商议后，应向每个审核组成员分配对特定过程、职能、场所、区域或活动实施审核的职责。所进行的分配应考虑到所需的能力、有效并高效地使用审核组以及审核员、实习审核员和技术专家的不同作用和职责。在审核进程中，为确保实现审核目的，可以改变工作分配。

9.2.2.2　观察员、技术专家和向导

9.2.2.2.1　观察员

认证机构与客户应在实施审核前就审核活动中观察员的到场及理由达成一致。审核组应确保观察员不对审核过程或审核结果造成不当影响或干预。

注：观察员可以是客户组织的成员、咨询人员、实施见证的认可机构人员、监管人员或其他有合理理由的人员。

9.2.2.2.2　技术专家

认证机构应在实施审核前与客户就技术专家在审核活动中的作用达成一致。技术专家不应担任审核组中的审核员。技术专家应由审核员陪同。

注：技术专家可以就审核准备、策划或审核向审核组提出建议。

9.2.2.2.3　向导

每个审核员应由一名向导陪同，除非审核组长与客户另行达成一致。为审核组配备向导是为了方便审核。审核组应确保向导不影响或不干预审核过程或审核结果。

注1：向导的职责可以包括：

a）为面谈建立联系或安排时间；

b）安排对现场或组织的特定部分的访问；

c）确保审核组成员知道并遵守关于现场安全和安保程序的规则；

d）代表客户观察审核；

e）应审核员请求提供澄清或信息。

注2：适宜时，受审核方也可以担任向导。

9.2.3　审核计划

9.2.3.1　总则

认证机构应确保为审核方案中确定的每次审核编制审核计划，以便为有关各方就审核活动的日程安排和实施达成一致提供依据。

注：不期望认证机构在建立审核方案时，为每次审核都编制审核计划。

9.2.3.2　编制审核计划

审核计划应与审核目的和范围相适应。审核计划至少应包括或引用：

a）审核目的；

b）审核准则；

c）审核范围，包括识别拟审核的组织和职能单元或过程；

d）拟实施现场审核活动（适用时，包括对临时场所的访问和远程审核活动）的日期和场所；

e）预计的现场审核活动持续时间；

f）审核组成员及与审核组同行的人员（例如观察员或翻译）的角色和职责。

注：审核计划的信息可以包含在一个以上的文件中。

9.2.3.3　审核组任务的沟通

认证机构应明确说明审核组的任务。认证机构应要求审核组：

a）检查和验证客户与管理体系标准相关的结构、方针、过程、程序、记录及相关文件；

b）确定上述方面满足与拟认证范围相关的所有要求；

c）确定客户组织有效地建立、实施并保持了管理体系过程和程序，以便为建立对客户管理体系的信任提供基础；

d）告知客户其方针、目标及指标的任何不一致，以使其采取措施。

9.2.3.4　审核计划的沟通

认证机构应提前与客户就审核计划进行沟通，并商定审核日期。

9.2.3.5　审核组成员信息的通报

认证机构应向客户提供审核组每位成员的姓名，并在客户请求时使其能够了解每位成员的背景情况。认证机构应留出足够的时间，以使客户能够对某一审核组成员的任命表示反对，并在反对有效时使认证机构能够重组审核组。

1. 确定审核目的、范围和准则的要点

1）审核目的应由认证机构确定。审核范围和准则，包括任何更改，应由认证机构在与客户商讨后确定。

2）GB/T 27021.1 标准 9.2.1.2 条款明确了审核目的应包括 4 个方面的内容。

3）GB/T 27021.1 标准 9.2.1.3 条款明确了审核范围：审核范围应说明审核的内容和界限，例如拟审核的场所、组织单元、活动及过程。当初次认证或再认证过程包含一次以上审核（例如覆盖不同场所的审核）时，单次审核的范围可能并不覆盖整个认证范围，但整个审核所覆盖的范围应与认证文件中的范围一致。

4）审核准则是确定符合性的依据，包括管理体系标准，客户制定的管理体系的过程和文件。

5）GB/T 27021.1 标准 3.4 条款对“认证审核”的定义：由独立于客户和依赖认证的各方的审核组织实施的、对客户的管理体系进行以认证为目的的审核。认证审核包括初次审核、监督审核和再认证审核，还可以包括特殊审核。认证审核通常由依据管理体系标准要求提供符合性认证的认证机构的审核组实施。

2. 选择和指派审核组的要点

1）选择和指派审核组时，需要考虑实现审核目的能力和公正性的要求。

2）GB/T 27021.1 标准 9.2.2.1.2 条款要求在决定审核组的规模和组成时，应考虑 5 个方面的因素。

3）技术专家和翻译人员应在审核员的指导下工作。技术专家的选择准则根据每次审核的审核组和审核范围的需要为基础确定。

4）实习审核员可以参与审核，此时要指派一名审核员作为评价人员。评价人员应有能力接管实习审核员的任务，并对实习审核员的活动和审核发现最终负责。

3. 对观察员、技术专家和向导的要求

1）观察员可以是客户组织的成员、咨询人员、实施见证的认可机构人员、监管人员或其他有合理理由的人员。认证机构与客户应在实施审核前就审核活动中观察员的到场及理由达成一致。

2）技术专家不应担任审核组中的审核员。技术专家应由审核员陪同。技术专家可以就审核准备、策划或审核向审核组提出建议。

3）向导（也就是陪同人员）是客户指派的协助审核组的人。每个审核员应由一名向导陪同。GB/T 27021.1 标准 9.2.2.2.3 条款从 5 个方面明确了向导的职责。

4）向导和观察员可以陪同审核组，但不是审核组成员。

4. 审核计划的要点

1）认证机构应确保为审核方案中确定的每次审核编制审核计划。审核计划由审核组长编写。

2）审核计划应与审核目的和范围相适应。GB/T 27021.1 标准 9.2.3.2 条款要求审核计划至少应包括或引用 6 个方面的内容。

3）GB/T 27021.1 标准 9.2.3.3 条款要求认证机构应从 4 个方面明确说明审核组的任务。

4）认证机构应提前与客户就审核计划进行沟通，并商定审核日期。沟通的过程中，客户（受审核方）对审核计划进行确认。

例题分析

1）（单项选择题）审核范围和准则，包括任何更改，应由（　　）确定。（真题）

A. 认证机构　　B. 客户

C. 审核组　　D. 认证机构与客户商讨后

答案及分析：选择 D。见本书 5.5.2 节中 GB/T 27021.1 标准 9.2.1.1 条款：审核目的应由认证机构确定。审核范围和准则，包括任何更改，应由认证机构在与客户商讨后确定。

2）（多项选择题）审核准则应被用作确定符合性的依据，并应包括（　　）。（真题）

A. 所确定的管理体系规范性文件的要求

B. 所确定的由客户制定的管理体系的过程

C. 所确定的由客户制定的管理体系的过程和文件

D. 所确定的客户实现其规定目标方面的有效性

答案及分析：选择 AC。见本书 5.5.2 节中 GB/T 27021.1 标准 9.2.1.4 条款。

3）（单项选择题）以下说法错误的是（　　）。（真题）

A. 首次会议应确认审核计划

B. 审核组长应该能够指导实习审核员进行审核

C. 审核方案中的目的应当考虑其他相关方的需求

D. 现场审核过程中，由审核组长确定审核范围

答案及分析：选择 D。见本书 5.5.2 节中 GB/T 27021.1 标准 9.2.1.1 条款：审核目的应由认证机构确定。审核范围和准则，包括任何更改，应由认证机构在与客户商讨后确定。

5.5.3　初次认证

下面方框中是 GB/T 27021.1/ISO/IEC 17021-1《合格评定　管理体系审核认证机构要求　第 1 部分：要求》第 9 章中关于初次认证的条款。

9.3　初次认证

9.3.1　初次认证审核

9.3.1.1　总则

管理体系的初次认证审核应分两个阶段实施：第一阶段和第二阶段。

9.3.1.2　第一阶段

9.3.1.2.1　策划应确保第一阶段的目的能够实现，应告知第一阶段需实施的任何现场活动。

注：第一阶段不要求正式的审核计划（见9.2.3）。

9.3.1.2.2　**第一阶段的目的**为：

a）审查客户的文件化的管理体系信息；

b）评价客户现场的具体情况，并与客户的人员进行讨论，以确定第二阶段的准备情况；

c）审查客户理解和实施标准要求的情况，特别是对管理体系的关键绩效或重要的因素、过程、目标和运作的识别情况；

d）收集关于客户的管理体系范围的必要信息，包括：

——客户的场所；

——使用的过程和设备；

——所建立的控制的水平（特别是客户为多场所时）；

——适用的法律法规要求；

e）审查第二阶段所需资源的配置情况，并与客户商定第二阶段的细节；

f）结合管理体系标准或其他规范性文件充分了解客户的管理体系和现场运作，以便为策划第二阶段提供关注点；

g）评价客户是否策划和实施了内部审核与管理评审，以及管理体系的实施程度能否证明客户已为第二阶段做好准备。

注：如果至少第一阶段的部分活动在客户场所实施，这能有助于达到上述目的。

9.3.1.2.3　认证机构应将第一阶段目的是否达到及第二阶段是否准备就绪的书面结论告知客户，包括识别任何引起关注的、在第二阶段可能被判定为不符合的问题。

注：第一阶段的输出不必满足审核报告的所有要求（见9.4.8）。

9.3.1.2.4　认证机构在确定第一阶段和第二阶段的间隔时间时，应考虑客户解决第一阶段识别的任何需关注问题所需的时间。认证机构也可能需要调整第二阶段的安排。如果发生任何将影响管理体系的重要变更，认证机构应考虑是否有必要重复整个或部分第一阶段。认证机构应告知客户第一阶段的结果有可能导致推迟或取消第二阶段。

9.3.1.3　第二阶段

第二阶段的目的是评价客户管理体系的实施情况，包括有效性。第二阶段应在客户的现场进行，并**至少覆盖以下方面**：

a）与适用的管理体系标准或其他规范性文件的所有要求的符合情况及证据；

b）依据关键绩效目标和指标（与适用的管理体系标准或其他规范性文件的期望一致），对绩效进行的监视、测量、报告和评审；

c）客户管理体系的能力以及在符合适用法律法规要求和合同要求方面的绩效；

d）客户过程的运作控制；

e）内部审核和管理评审；

f）针对客户方针的管理职责。

9.3.1.4　初次认证的审核结论

审核组应对在第一阶段和第二阶段中收集的所有信息和证据进行分析，以评审审核发现并就审核结论达成一致。

管理体系的初次认证审核应分两个阶段实施：第一阶段和第二阶段。

1. 初次认证第一阶段要点

1）GB/T 27021.1 标准 9.3.1.2.2 条款规定了初次认证第一阶段的 7 个审核目的（也是审核内容）。如果至少第一阶段的部分活动在客户场所实施，这能有助于达到审核目的。

第一阶段文件评审的目的是确定文件所述的体系与审核准则的符合性/适宜性。

2）认证机构应将第一阶段目的是否达到及第二阶段是否准备就绪的书面结论告知客户，包括识别任何引起关注的、在第二阶段可能被判定为不符合的问题。第一阶段的输出不必满足审核报告的所有要求。

在第一阶段审核中发现并确定的不符合，可以开出“不符合报告”，也可以列出问题清单。

3）认证机构在确定第一阶段和第二阶段的间隔时间时，应考虑客户解决第一阶段识别的任何需关注问题所需的时间。

4）通常情况下，都需要进行第一阶段现场审核。《审核概论》一书认为，在特定情况下，也可以不进行第一阶段现场审核。特定情况可能是源于小组织的需要，或出于对申请人的组织结构、过程、资源、重要影响因素及其控制方式等已有了足够的了解。

但无论是否有第一阶段现场审核，都应满足有关第一阶段审核的目标和要求。

2. 初次认证第二阶段要点

1）GB/T 27021.1 标准 9.3.1.3 条款：第二阶段的目的是评价客户管理体系的实施情况，包括有效性。第二阶段应在客户的现场进行。第二阶段的审核至少包括 6 项审核内容。

2）第二阶段审核过程主要包括：召开首次会议，审核中的沟通，获取和验证信息，确认和记录审核发现，准备审核结论，召开末次会议，审核报告，客户对不符合的原因分析，验证纠正和纠正措施的有效性。

3）GB/T 27021.1 标准 9.3.1.4 条款对初次认证的审核结论提出了要求：审核组应对在第一阶段和第二阶段中收集的所有信息和证据进行分析，以评审审核发现并就审核结论达成一致。

表 5-4 是第一阶段审核和第二阶段审核的比较（来自《审核概论》一书）。

表 5-4　第一阶段审核和第二阶段审核的比较

比较项	第一阶段	第二阶段
目的	1）了解受审核方管理体系的基本情况 2）确定受审核方对审核的准备程度 3）确定第二阶段审核的可行性和第二阶段审核的关注点	1）确认受审核方的管理体系是否符合“标准”的所有要求和认证要求 2）确认管理体系是否有效运行和保持，是否正在实现其方针和目标；是否遵守了管理体系的各项程序 3）确定能否对组织的管理体系推荐认证/注册
范围和活动	1）审阅受审核方的主要体系文件和相关资料 2）向组织的管理层，体系策划/管理部门及其他相关部门了解体系建立和运作的情况 3）体系范围覆盖场所的巡视 4）抽取高风险场所进行现场观察，了解运行控制情况（重要环境因素、危险源有关的现场、其他重要现场，如主要的生产现场、动力现场，环保设施、化学品贮存、废物处置等现场） 5）对产品实现过程控制的主要现场进行观察	1）审阅的文件范围涉及受审核方的所有体系文件及有关资料 2）现场审核（询问、查阅记录、观察、测试等方法）涉及受审核方的所有部门、所有现场和活动（除了那些在第一阶段已进行了充分和成功审核的部分）
审核人日数	较少，约占总人日数的 1/3	较多，约占总人日数的 2/3

（续）

比较项	第一阶段	第二阶段
审核内容	侧重体系的策划和建立，产品实现及其他因素控制的策划，自我改进和自我完善机制的建立 第一阶段审核应了解受审核方管理体系的基本情况，以及受审核方对审核的准备程度 1）了解文件化管理体系的建立情况 2）了解组织的基本情况（应包括岗位、职能；产品、活动、服务的特点；投入和产出如原材料、能源、产品、废物等；现场分布；关键过程及其他重要因素控制点/岗位/场所/设施设备等） 3）确定组织是否具有相关活动的资质、许可 4）如针对环境和职业健康安全，管理体系是否包括环境因素，危险源识别与评价的准则；了解识别与评价的过程信息，初步判断识别与评价结果的充分性和合理性 5）评审组织对适用的合规义务的获取、适用性确认结果的充分性，并了解组织对这些要求的基本遵循情况 6）关键绩效、过程、目标及其措施、重要环境因素运行等的识别与策划 7）组织的内部审核是否符合“标准”的要求 8）组织是否进行了管理评审，是否包括对管理体系的持续适宜性、充分性和有效性的评价 9）组织与外部相关方交流的文件、回应和处理 10）管理体系运行以来，对于内部发现的不符合是否采取了相应的纠正措施 11）组织策划并建立的管理体系是否可以实现其方针和目标 12）组织的管理体系运行情况是否证明可以继续进行第二阶段审核 13）需要评审的其他文件化信息和需要在第二阶段审核前获取的其他信息	侧重体系运行的全面符合性和有效性，产品实现过程、重要环境因素和危险源等控制的有效性，方针的实施、目标和绩效的实现 第二阶段审核应关注“标准”所有要求的实施情况。尤其应将重点放在： 1）质量策划和产品实现过程有效性管理；针对环境和职业健康安全，判断环境因素、危险源识别的充分性，重要环境因素和不可接受风险评价的合理性 2）确认是否符合法律法规及其他要求的程序（“要求”的识别与合规性评价，采取的行动） 3）经评审而确定的目标及其措施是否得到有效的实施 4）产品/服务质量的关键过程的识别及控制的有效性；确认重要环境因素、不可接受风险有关的运行是否得到有效的管理，例如：运行控制的有效性，相关目标及其措施的实施，相关的应急准备与响应预案的适宜性和充分性；相关的监视测量活动的实施及后续措施 5）组织对不符合的识别与评价是否符合要求，纠正措施是否实施、是否有效 6）组织是否有效地实施了内部审核与管理评审，是否提出和实施了改进要求/措施/行动 7）与实现方针承诺有关的职责是否得到落实，有关资源提供是否得到保障，承诺是否得以实施、实现 8）方针、目标及其措施、职责、资源、内审和管理评审之间的策划和实施是否具有一致性，是否能确保体系的持续符合性和有效性 9）是否取得预期的绩效；全员意识是否提高并产生作用，体系持续改进所取得的成绩等

（续）

比较项	第一阶段	第二阶段
审核结论	审核的阶段性结论。主要是对体系文件的符合性做出基本评价，对第二阶段审核的可行性做出结论，并明确第二阶段审核的重点	整个审核的结论。对照审核准则要求对体系的符合性、有效性进行全面评价，做出是否推荐认证/注册的决定

例题分析

1）（多项选择题）依据 GB/T 27021.1/ISO/IEC 17021-1 标准，第二阶段审核应在受审核方现场进行，并至少包括（　　）。（真题）

A. 与适用的管理体系标准或其他规范性文件的所有要求的符合情况及证据

B. 依据关键绩效目标和指标，对绩效进行的监视、测量、报告和评审

C. 客户过程的运作控制

D. 内部审核和管理评审

答案及分析：选择 ABCD。见本书 5.5.3 节中 GB/T 27021.1 标准 9.3.1.3 条款。

2）（单项选择题）依据 GB/T 27021.1，初次认证的审核组应对在（　　）中收集的所有信息和证据进行分析，以评审审核发现并就审核结论达成一致。（真题）

A. 第二阶段　　B. 第一阶段和第二阶段

C. 整个认证周期　　D. 以上都是

答案及分析：选择 B。见本书 5.5.3 节中 GB/T 27021.1 标准 9.3.1.4 条款。

3）（单项选择题）认证机构在确定第一阶段和第二阶段的间隔时间时，应考虑（　　）。（真题）

A. 受审核方解决第一阶段不符合项所需的时间

B. 受审核方解决第一阶段识别的任何需关注问题所需的时间

C. 受审核方根据自己的情况确定的时间

D. 与受审核方协商确定的时间

答案及分析：选择 B。见本书 5.5.3 节中 GB/T 27021.1 标准 9.3.1.2.4 条款：认证机构在确定第一阶段和第二阶段的间隔时间时，应考虑客户解决第一阶段识别的任何需关注问题所需的时间。

5.5.4　实施审核

下面方框中是 GB/T 27021.1/ISO/IEC 17021-1《合格评定　管理体系审核

认证机构要求 第1部分：要求》第9章中关于实施审核的条款。

9.4 实施审核

9.4.1 总则

认证机构应有实施现场审核的过程。该过程应包括审核开始时的首次会议和审核结束时的末次会议。

当审核的任何部分以电子手段实施时，或拟审核的场所为虚拟场所时，认证机构应确保由具备适宜能力的人员实施此类活动。在此类审核活动中获取的证据应足以让审核员对相关要求的符合性做出有根据的决定。

注："现场"审核可以包括对包含管理体系审核相关信息的电子化场所的远程访问。也可以考虑使用电子手段实施审核。

9.4.2 召开首次会议

应与客户的管理层（适用时，还包括拟审核职能或过程的负责人员）召开正式的首次会议。首次会议通常由审核组长主持，会议目的是简要解释将如何进行审核活动。详略程度可与客户对审核过程的熟悉程度相一致，并应考虑下列方面：

a）介绍参会人员，包括简要介绍其角色；

b）确认认证范围；

c）确认审核计划（包括审核的类型、范围、目的和准则）及其任何变化，以及与客户的其他相关安排，例如末次会议的日期和时间，审核期间审核组与客户管理层的会议的日期和时间；

d）确认审核组与客户之间的正式沟通渠道；

e）确认审核组可获得所需的资源和设施；

f）确认与保密有关的事宜；

g）确认适用于审核组的相关的工作安全、应急和安保程序；

h）确认可得到向导和观察员及其角色和身份；

i）报告的方法，包括审核发现的任何分级；

j）说明可能提前终止审核的条件；

k）确认审核组长和审核组代表认证机构对审核负责，并应控制审核计划（包括审核活动和审核路径）的执行；

l）适用时，确认以往评审或审核的发现的状态；

m）基于抽样实施审核的方法和程序；

n）确认审核中使用的语言；

o）确认在审核中将告知客户审核进程及任何关注点；

p）让客户提问的机会。

9.4.3　审核中的沟通

9.4.3.1　在审核中，审核组应定期评估审核的进程，并沟通信息。审核组长应在需要时在审核组成员之间重新分配工作，并定期将审核进程及任何关注告知客户。

9.4.3.2　当可获得的审核证据显示审核目的无法实现，或显示存在紧急和重大的风险（例如安全风险）时，审核组长应向客户（如果可能还应向认证机构）报告这一情况，以确定适当的行动。该行动可以包括重新确认或修改审核计划，改变审核目的或审核范围，或者终止审核。审核组长应向认证机构报告所采取行动的结果。

9.4.3.3　如果在现场审核活动的进行中发现需要改变审核范围，审核组长应与客户审查该需要，并报告认证机构。

9.4.4　获取和验证信息

9.4.4.1　在审核中应通过适当的抽样来获取与审核目的、范围和准则相关的信息（包括与职能、活动和过程之间的接口有关的信息），并对这些信息进行验证，使之成为审核证据。

9.4.4.2　信息获取方法应包括（但不限于）：

a）面谈；

b）对过程和活动进行观察；

c）审查文件和记录。

9.4.5　确定和记录审核发现

9.4.5.1　应确定审核发现（概述符合性并详细描述不符合），并予以分级和报告，以能够为认证决定或保持认证提供充分的信息。

9.4.5.2　可以识别和记录改进机会，除非某一管理体系认证方案的要求禁止这样做。但是属于不符合的审核发现不应作为改进机会予以记录。

9.4.5.3　关于不符合的审核发现应对照具体要求予以记录，包含对不符合的清晰陈述（详细标识不符合所基于的客观证据）。应与客户讨论不符合，以确保证据准确且不符合得到理解。但是，审核员应避免提示不符合的原因或解决方法。

9.4.5.4　审核组长应尝试解决审核组与客户之间关于审核证据或审核发现的任何分歧意见，未解决的分歧点应予以记录。

9.4.6　准备审核结论

在末次会议前，由审核组长负责，审核组应：

a）对照审核目的和审核准则，审查审核发现和审核中获得的任何其他适用的信息，并对不符合分级；

b）考虑审核过程中固有的不确定性，就审核结论达成一致；

c）就任何必要的跟踪活动达成一致；

d）确认审核方案的适宜性，或识别任何为将来的审核所需要的修改（例如认证范围、审核时间或日期、监督频次、审核组能力）。

9.4.7 召开末次会议

9.4.7.1 应与客户的管理层（适用时，还包括所审核的职能或过程的负责人员）召开正式的末次会议，并记录参加人员。末次会议通常由审核组长主持，会议目的是提出审核结论，包括关于认证的推荐性意见。不符合应以使其被理解的方式提出，并应就回应的时间表达成一致。

注："被理解"不一定意味着客户已经接受了不符合。

9.4.7.2 末次会议还应包括下列内容，其详略程度应与客户对审核过程的熟悉程度一致：

a）向客户说明所获取的审核证据基于对信息的抽样，因而会有一定的**不确定性**；

b）进行报告的方法和时间表，包括审核发现的任何分级；

c）认证机构处理不符合（包括与客户认证状态有关的任何结果）的过程；

d）客户为审核中发现的任何不符合的纠正和纠正措施提出计划的时间表；

e）认证机构在审核后的活动；

f）说明投诉和申诉处理过程。

9.4.7.3 客户应有机会提出问题。审核组与客户之间关于审核发现或结论的任何分歧意见应得到讨论并尽可能获得解决。任何未解决的分歧意见应予以记录并提交认证机构。

9.4.8 审核报告

9.4.8.1 认证机构应为每次审核向客户提供书面报告。审核组可以识别改进机会，但不应提出具体解决办法的建议。认证机构应享有对审核报告的所有权。

9.4.8.2 审核组长应确保审核报告的编制，并应对审核报告的内容负责。审核报告应提供对审核的准确、简明和清晰的记录，以便为认证决定提供充分的信息，并应包括或引用下列内容：

a）注明认证机构；

b）客户的名称和地址及客户的代表；

c）审核的类型（例如初次、监督、再认证或特殊审核）；

d）审核准则；

e）审核目的；

f）审核范围，特别是标识出所审核的组织或职能单元或过程，以及审核时间；

g）任何偏离审核计划的情况及其理由；

h）任何影响审核方案的重要事项；

i）注明审核组长、审核组成员及任何与审核组同行的人员；

j）审核活动（现场或非现场，永久或临时场所）的实施日期和地点；

k）与审核类型的要求一致的审核发现（见9.4.5）、对审核证据的引用以及审核结论；

l）如有时，在上次审核后发生的影响客户管理体系的重要变更；

m）已识别出的任何未解决的问题；

n）适用时，是否为结合、联合或一体化审核；

o）说明审核基于对可获得信息的抽样过程的免责声明；

p）审核组的推荐意见；

q）适用时，接受审核的客户对认证文件和标志的使用进行着有效的控制；

r）适用时，对以前不符合采取的纠正措施有效性的验证情况。

9.4.8.3 审核报告还应包含：

a）关于管理体系符合性与有效性的声明以及对下列方面相关证据的总结：

——管理体系满足适用要求和实现预期结果的能力；

——内部审核和管理评审的过程；

b）对认证范围适宜性的结论；

c）确认是否达到审核目的。

9.4.9 不符合的原因分析

对于审核中发现的不符合，认证机构应要求客户在规定期限内分析原因，并说明为消除不符合**已采取或拟采取**的具体纠正和纠正措施。

9.4.10 纠正和纠正措施的有效性

认证机构应审查客户提交的纠正、所确定的原因和纠正措施，以确定其是否可被接受。认证机构应验证所采取的任何纠正和纠正措施的有效性。所取得的为不符合的解决提供支持的证据应予以记录。应将审查和验证的结果告知客户。如果为了验证纠正和纠正措施的有效性，将需要补充一次全面的或有限的审核，或者需要文件化的证据（需要在未来的审核中确认），则认证机构应告知客户。

注：可以通过审查客户提供的文件化信息，或在必要时实施现场验证来验证纠正和纠正措施的有效性。验证活动通常由审核组成员完成。

认证活动包括了管理体系审核的全部活动。实施审核是认证活动的基础和核心，是认证活动的一个过程。审核的结果是认证是否通过的一个依据。

全面、完整地讲述实施审核，参见本书第 9 章。在此列出审核实施，一是考虑认证过程的完整性；二是以往的考试中，有些题目就来自 GB/T 27021.1 标准的这一部分。

1. 召开首次会议的要点

1）首次会议通常由审核组长主持，详略程度可与客户对审核过程的熟悉程度相一致。

2）GB/T 27021.1 标准 9.4.2 条款提出了首次会议内容的 16 个方面。重要的有确认审核计划，确认与保密有关的事宜，确认适用于审核组的相关的工作安全、应急和安保程序。

对于认证审核，可能需要在审核实施的前 1 天或前几天，召开**审核前的审核组准备会议**，会议时间不超过半天，会议内容见表 5-5 中第 3 项。

2. 审核中的沟通的要点

1）在审核中，审核组应定期评估审核的进程，并沟通信息。审核组长应在需要时在审核组成员之间重新分配工作，并定期将审核进程及任何关注告知客户。

2）当可获得的审核证据显示审核目的无法实现，或显示存在紧急和重大的风险时，审核组长应向客户（如果可能还应向认证机构）报告这一情况，以确定适当的行动。该行动可以包括重新确认或修改审核计划，改变审核目的或审核范围，或者终止审核。审核组长应向认证机构报告所采取行动的结果。

3）如果在现场审核活动的进行中发现需要改变审核范围，审核组长应与客户审查该需要，并报告认证机构。

表 5-5 是审核中几个重要的沟通。

表 5-5　审核中几个重要的沟通

沟通类别	沟通内容
1. 有关审核组组成及审核日期与受审核方的沟通	在完成审核策划后，认证机构的审核计划安排人员要将拟定的审核日期、审核组组成与受审核方进行沟通，并允许受审核方对审核日期和审核组成员提出要求和建议
2. 审核组长编制计划前与受审核方的沟通	审核组长接到审核任务后，要依据审核方案编制审核计划，为了确保审核计划符合组织的实际，审核组要就生产季节性、倒班情况、作息时间与受审核方进行沟通。计划编制后，在经过认证机构项目管理人员对计划进行的评审后，须将审核计划在现场审核前提交受审核方确认

（续）

沟通类别	沟通内容
3. 审核前的审核组内部沟通	审核组长介绍受审核方概况，请熟悉该专业的审核组成员或技术专家介绍受审核方产品和过程特点、生产流程、关键和特殊过程/重要环境因素/主要危险源及不可接受的风险，主要法律法规和标准要求，审核计划安排和分工说明，审核的关注点及注意事项，上次审核的不符合及纠正措施有效性情况（如有的话）
4. 认证审核第二阶段审核前审核组内部沟通	第一阶段审核的情况及遗留问题，受审核方产品和过程的特点、生产流程、关键和特殊过程/重要环境因素/主要危险源及不可接受的风险，主要法律法规和标准要求，审核的关注点及注意事项，审核计划安排和分工说明
5. 审核过程中审核组内部沟通	1）审核计划的安排是否合适？是否适应受审核方的实际情况，是否需要调整？ 2）审核组的分工是否合理，是否需要调整？ 3）审核的关注点及注意事项 4）审核是否按计划进行？是否完成了预期的进展？ 5）审核中出现的异常情况及其应对措施 6）审核组成员从不同渠道所获得的信息汇总及相互补充验证，确定并实施应跟踪的审核信息 7）评审审核发现，包括确定不符合
6. 审核过程中审核组与受审核方的沟通	1）审核进展通报 2）审核中收集的证据表明存在紧急和重大风险时的风险情况报告 3）当已获证据表明不能达到审核目的时，对审核调整的沟通，如组织的实际人数与其申请书中声明的人数严重不符，出现了严重违反法律法规的情况 4）超出审核范围之外的需要引起关注的问题，如在实施质量管理体系审核时，发现组织的大量污染物未经处理直接排放
7. 审核过程中审核组与审核委托方的沟通	1）适当时，审核组长应定期向审核委托方沟通进度、重要审核发现和任何关注 2）如果审核中收集的证据显示存在紧急的和重大的风险，适当时向审核委托方报告 3）对于超出审核范围之外的引起关注的问题，应予以记录并与审核委托方进行可能的沟通 4）当获得的审核证据表明不能达到审核目标时，审核组长应向审核委托方报告理由以确定适当的措施。这些措施可以包括审核策划、审核目标或审核范围的变更或终止审核 5）对于随着审核活动的进行而出现的任何变更审核计划的需求，适当时应由审核方案管理人员和审核委托方评审和接受 6）如果在现场审核活动的进行中发现需要改变审核范围，审核组长应与客户审查该需要，并报告认证机构（针对认证审核）

（续）

沟通类别	沟通内容
8. 末次会议前审核组内部沟通	1）根据审核目标，评审审核发现和审核期间收集的任何其他适当信息 2）考虑审核过程中固有的不确定因素，对审核结论达成一致 3）如果审核计划中有规定，提出建议 4）讨论审核后续活动（如适用） 如是认证审核，末次会议前审核组内部沟通的内容有： 1）对照审核目的和审核准则，审查审核发现和审核中获得的任何其他适用的信息，并对不符合分级 2）考虑审核过程中固有的不确定性，就审核结论达成一致 3）就任何必要的跟踪活动达成一致 4）确认审核方案的适宜性，或识别任何为将来的审核所需要的修改（例如认证范围、审核时间或日期、监督频次、审核组能力）
9. 末次会议前审核组与受审核方管理层的沟通	审核组在完成了内部沟通后，在末次会议前要与受审核方管理层就本次审核的主要审核发现、需要进一步澄清的问题、可能影响审核结论的不确定因素、良好的管理实践和主要运行绩效、现场审核结论、改进建议进行沟通，并请受审核方管理体系负责人确认审核组开具的不符合报告，并就审核结论达成一致

3. 获取和验证信息的要点

1）在审核中应通过适当的抽样来获取与审核目的、范围和准则相关的信息（包括与职能、活动和过程之间的接口有关的信息），并对这些信息进行验证，使之成为审核证据。

2）应记录导致审核发现的审核证据。

3）只有经过某种程度验证的信息才能被接受为审核证据。

4）信息获取的方法应包括面谈、观察、文件评审。

4. 确定和记录审核发现的要点

1）可以识别和记录改进机会，除非某一管理体系认证方案的要求禁止这样做。但是属于不符合的审核发现不应作为改进机会予以记录。

2）应记录不符合及支持不符合的审核证据。关于不符合的审核发现应对照具体要求予以记录。

3）应与客户讨论不符合，以确保证据准确且不符合得到理解。但是，审核员应避免提示不符合的原因或解决方法。

5. 准备审核结论的要点

GB/T 27021.1 标准 9.4.6 条款对准备审核结论提出了 4 点要求。

6. 召开末次会议的要点

1）末次会议通常由审核组长主持。

2）末次会议目的是提出审核结论，包括关于认证的推荐性意见。不符合应以使其被理解的方式提出，并应就受审核方回应的时间表达成一致。

3）末次会议的内容除上面2）中的内容外，GB/T 27021.1 标准 9.4.7.2 条款提出了末次会议还应包括的 6 项内容。但认证机构对末次会议要求的内容更多。《审核概论》一书列举了 15 项认证审核末次会议的内容/议程：

① 与会者签到。

② 审核组感谢受审核方的支持和配合。

③ 重申审核的目的、准则、范围。

④ 简要介绍审核过程。

⑤ 报告审核发现。

⑥ 澄清有关问题。

⑦ 说明审核抽样的局限性。必要时，审核组长应告知受审核方在审核过程中遇到的问题。

⑧ 降低审核结论可信程度的情况。

⑨ 宣布审核结论，包括关于认证的推荐性意见。

⑩ 说明审核报告发放日期。

⑪ 提出对不符合项的纠正措施要求。

⑫ 重申审核组公正性保密的承诺。

⑬ 证后监督及认证证书使用规定说明（结论为推荐通过认证/注册时）。

⑭ 请受审核方领导发言。

⑮ 宣布末次会议结束。

4）审核组与客户之间关于审核发现或结论的任何分歧意见应得到讨论并尽可能获得解决。任何未解决的分歧意见应予以记录并提交认证机构。

7. 审核报告的要点

1）审核组长应确保审核报告的编制，并对审核报告的内容负责。审核委托方（第三方认证时是认证机构）应享有对审核报告的所有权。认证机构应为每次审核向客户提供书面报告。

2）审核组可以识别改进机会，但不应提出具体解决办法的建议。

3）GB/T 27021.1 标准 9.4.8.2 条款提出了审核报告应包括或引用的 18 项内容，GB/T 27021.1 标准 9.4.8.3 条款提出了审核报告还应包含的 3 项内容，所以审核报告共有 21 项内容。

8. 不符合的原因分析的要点

对于审核中发现的不符合，认证机构应要求客户在规定期限内分析原因，并说明为消除不符合已采取或拟采取的具体纠正和纠正措施。

9. 纠正和纠正措施的有效性的要点

1）认证机构应验证客户所采取的任何纠正和纠正措施的有效性。

2）验证方式主要取决于不符合的严重程度。可以通过审查客户提供的文件化信息（书面验证），或在必要时实施现场验证来验证纠正和纠正措施的有效性（现场验证），或在随后的审核时验证，先对受审核方提交的纠正措施计划的可行性进行确认，纠正措施的有效性则在下次的审核（如监督审核）中验证。验证活动通常由审核组成员完成。

3）所取得的为不符合的解决提供支持的证据应予以记录。

4）应将审查和验证的结果告知客户。

例题分析

1）（多项选择题）按照 GB/T 27021.1/ISO/IEC 17021-1，首次会议应考虑以下哪些方面？（　　）（真题）

A. 确认与保密有关事宜

B. 确认适用于审核组的相关的工作安全、应急和安保程序

C. 说明可能提前终止审核的条件

D. 确认审核检查表

答案及分析：选择 ABC。见本书 5.5.4 节中 GB/T 27021.1 标准 9.4.2 条款。

2）（多项选择题）随着现场审核活动的进展，可以（　　）。（真题）

A. 更改审核范围　　B. 修改审核计划

C. 改变审核目的　　D. 改变审核对象

答案及分析：选择 ABC。见本书 5.5.4 节中 GB/T 27021.1 标准 9.4.3.2 条款。

3）（单项选择题）在审核中应通过适当的抽样来获取与审核目的、范围和准则相关的信息，包括与（　　）有关的信息，并对这些信息进行验证，使之成为审核证据。（真题）

A. 审核发现　　B. 职能、活动和过程之间的接口

C. 受审核方　　D. 审核结论

答案及分析：选择 B。见本书 5.5.4 节中 GB/T 27021.1 标准 9.4.4.1 条款。

4）（单项选择题）审核组对于不符合的审核发现应（　　），包含对不符合的清晰陈述。（真题）

A. 灵活处置　　B. 找出不符合的原因

C. 对照具体要求予以记录　　D. 以上全部

答案及分析：选择 C。见本书 5.5.4 节中 GB/T 27021.1 标准 9.4.5.3 条款。

5）（单项选择题）关于不符合，与客户讨论的目的是（　　）。（真题）

A. 提示不符合的原因　　B. 使不符合得到理解

C. 拟定不符合的解决办法　　D. 以上都不对

答案及分析：选择B。见本书5.5.4节中GB/T 27021.1标准9.4.5.3条款。

6）（多项选择题）在末次会议前，审核组应准备审核结论，包括（　　）。（真题）

A. 对照审核目的和审核准则，审查审核发现和审核中获得的任何其他适用的信息，并对不符合分级

B. 考虑审核过程中内在的不确定性，就审核结论达成一致

C. 就任何必要的跟踪活动达成一致

D. 确认审核方案的适宜性，或识别任何为将来的审核所需要的修改

答案及分析：选择ABCD。见本书5.5.4节中GB/T 27021.1标准9.4.6条款。

7）（单项选择题）审核组（　　）识别改进机会，（　　）提出具体解决办法的建议。（真题）

A. 不可以，也不得　　B. 可以，但不应

C. 可以，且　　D. 以上都不对

答案及分析：选择B。见本书5.5.4节中GB/T 27021.1标准9.4.8.1条款。

8）（单项选择题）对于审核中发现的不符合，认证机构应要求客户在规定期限内分析原因，并说明为消除不符合已采取或拟采取的具体（　　）。（真题）

A. 纠正和纠正措施　　B. 纠正措施

C. 纠正措施和预防措施　　D. 预防措施

答案及分析：选择A。见本书5.5.4节中GB/T 27021.1标准9.4.9条款。

9）（单项选择题）可以通过审查受审核方提供的文件化信息，或在必要时实施现场验证来验证纠正和纠正措施的有效性。验证活动通常由（　　）来完成。（真题）

A. 审核组成员　　B. 技术专家

C. 认证机构　　D. 实习审核员

答案及分析：选择A。见本书5.5.4节中GB/T 27021.1标准9.4.10条款之“注”。

10）（多项选择题）管理体系认证审核末次会议的内容包括（　　）。（真题）

A. 报告审核发现　　B. 宣布审核结论

C. 提出认证的推荐性意见　　D. 提出改进措施

答案及分析：选择ABC。见本书5.5.4节之6。

5.5.5 认证决定

下面方框中是 GB/T 27021.1/ISO/IEC 17021-1《合格评定　管理体系审核认证机构要求　第1部分：要求》第9章中关于认证决定的条款。

9.5　认证决定

9.5.1　总则

9.5.1.1　认证机构应确保做出授予或拒绝认证、扩大或缩小认证范围、暂停或恢复认证、撤销认证或更新认证的决定的人员或委员会不是实施审核的人员。被指定进行认证决定的人员应具有适宜能力。

9.5.1.2　认证机构指定的认证决定人员［不包括委员会（见6.1.4）成员］应为认证机构的雇员，或者是一个处于认证机构组织控制下的实体的雇员；或者与认证机构或上述实体具有在法律上有强制实施力的安排。认证机构的组织控制应为下列情况之一：

a）认证机构拥有另一实体的全部或多数所有权；

b）认证机构在另一实体的董事会中占多数；

c）在一个通过所有权或董事会控制联结而成的法律实体网络中（认证机构处于其中），认证机构对另一实体有形成文件的权力。

注：对于政府认证机构，同一政府内部的其他部分可视为通过所有权与该认证机构相联系。

9.5.1.3　处于认证机构组织控制下的实体的雇员或与该实体有合同的人员，应同认证机构雇员或与认证机构有合同的人员一样满足本部分要求。

9.5.1.4　认证机构应记录每项认证决定，包括从审核组或其他来源获得的任何补充信息或澄清。

9.5.2　做出决定前的行动

认证机构在做出授予或拒绝认证、扩大或缩小认证范围、更新、暂停或恢复或者撤销认证的决定前，应有过程对下列方面进行有效的审查：

a）审核组提供的信息足以确定认证要求的满足情况和认证范围；

b）对于所有严重不符合，认证机构已审查、接受和验证了纠正和纠正措施；

c）对于所有轻微不符合，认证机构已审查和接受了客户对纠正和纠正措施的计划。

9.5.3　授予初次认证所需的信息

9.5.3.1　为使认证机构做出认证决定，审核组**至少**应向认证机构提供以下信息：

a）审核报告；

b）对不符合的意见，适用时，还包括对客户采取的纠正和纠正措施的意见；

c）对提供给认证机构用于申请评审（见9.1.2）的信息的确认；

d）对是否达到审核目的的确认；

e）对是否授予认证的推荐性意见及附带的任何条件或评论。

9.5.3.2　如果认证机构不能在第二阶段结束后6个月内验证对严重不符合实施的纠正和纠正措施，则应在推荐认证前再实施一次第二阶段。

9.5.3.3　当认证从一个认证机构转换到另一个认证机构时，接受认证机构应有过程获取充分的信息以做出认证决定。

注：特定认证方案可能有认证转换的具体规则。

9.5.4　授予再认证所需的信息

认证机构应根据再认证审核的结果，以及认证周期内的体系评价结果和认证使用方的投诉，做出是否更新认证的决定。

1. 认证决定概述

1）认证决定是指认证机构对申请组织或客户做出的授予或拒绝认证、扩大或缩小认证范围、暂停或恢复认证、撤销认证或更新认证的决定。

GB/T 27021.1 标准5.1.3 条款“认证决定的责任”：认证机构应对与认证有关的决定（包括授予、拒绝、保持认证，扩大或缩小认证范围，更新、暂停、在暂停后恢复、撤销认证）负责，并应保持做出上述决定的权力。

2）认证决定完成后，认证机构可以向认证客户颁发认证证书，同时，认证机构还应将客户的认证信息向国家监管部门备案。认证客户的认证信息在国家监管部门的官网上是可以查询的。

3）认证范围由认证机构决定。认证范围是第三方认证机构提供证明，承担证明责任的范围，要在认证文件或证书上准确表述。

2. 认证决定的要点

1）认证决定的人员或委员会不应是实施审核的人员。

2）严重不符合、轻微不符合的定义与理解。

① GB/T 27021.1 标准3.12 条款关于“严重不符合”的定义：严重不符合是指影响管理体系实现预期结果的能力的不符合。严重不符合可能是下列情况：

a）对过程控制是否有效或者产品或服务能否满足规定要求存在严重的怀疑。

b）多项轻微不符合都与同一要求或问题有关，可能表明存在系统性失效，从而构成一项严重不符合。

② GB/T 27021.1 标准 3.13 条款关于“轻微不符合”的定义：轻微不符合是指不影响管理体系实现预期结果的能力的不符合。《审核概论》一书将“轻微不符合”称为“一般不符合”，认为出现下列情况时构成轻微不符合项：

a）所发现的不符合是个别的、偶然的、孤立的。

b）对整个系统产生的影响比较轻微。

③ 出现下列情况之一，原则上可构成严重不符合项：

a）体系出现系统性失效。例如，管理体系标准的一项或多项要求完全没有实施，管理体系标准的某项要求在多个部门重复出现失效现象。

b）体系运行区域性失效（可能由多个轻微不符合组成），如某一部门或场所的全面失效现象。例如，某成品仓库出现了账、卡、物不符，标识不清，状态不明，库房漏雨，出库交付手续混乱等全面失效现象。

c）可能产生严重的后果。例如，可能产生严重的质量事故，可能严重降低对产品和过程的控制能力。

d）组织违反法律法规或其他要求的行为较严重。

3）GB/T 27021.1 标准 9.5.3.1 条款要求在认证机构做出认证决定前，审核组至少应向认证机构提供 5 个方面的信息。

如果认证机构不能在第二阶段结束后 6 个月内验证对严重不符合实施的纠正和纠正措施，则应在推荐认证前再实施一次第二阶段。

4）GB/T 27021.1 标准 9.5.2 条款要求认证机构做出认证决定前，要对 3 个方面做出有效的审查。

3. 授予再认证所需的信息的要点

GB/T 27021.1 标准 9.5.4 条款：认证机构应根据再认证审核的结果，以及认证周期内的体系评价结果和认证使用方的投诉，做出是否更新认证的决定。

例题分析

1）（多项选择题）依据 GB/T 27021.1，认证机构在做出决定前应确认（　　）。（真题）

A. 审核组提供的信息足以确定认证要求的满足情况

B. 审核组提供的信息足以确定认证范围

C. 对于所有严重不符合，认证机构已审查、接受和验证了纠正和纠正措施

D. 对于所有轻微不符合，认证机构已审查和接受了客户对纠正和纠正措施的计划

答案及分析：选择 ABCD。见本书 5.5.5 节中 GB/T 27021.1 标准 9.5.2 条款。

2)（多项选择题）审核组至少应向认证机构提供（　　）信息，以做出授予初次认证的决定。（真题）

A. 对是否授予认证的推荐性意见及附带的任何条件

B. 对受审核方是否遵守法律法规的确认

C. 对提供给认证机构用于申请评审的信息的确认

D. 对是否达到审核目的的确认

答案及分析：选择ACD。见本书5.5.5节中GB/T 27021.1标准9.5.3.1条款。

3)（多项选择题）认证机构应根据（　　），做出是否更新认证的决定。（真题）

A. 内部审核和管理评审的过程

B. 认证使用方的投诉

C. 认证周期内的体系评价结果

D. 再认证审核的结果

答案及分析：选择BCD。见本书5.5.5节中GB/T 27021.1标准9.5.4条款。

5.5.6　保持认证、申诉、投诉、客户的记录

下面方框中是GB/T 27021.1/ISO/IEC 17021-1《合格评定　管理体系审核认证机构要求　第1部分：要求》第9章中关于保持认证的条款。

> **9.6　保持认证**
>
> **9.6.1　总则**
>
> 认证机构应在证实获证客户持续满足管理体系标准要求后保持对其的认证。认证机构满足下列前提条件时，可以根据审核组长的**肯定性结论**保持对客户的认证，而无需再进行独立复核和决定：
>
> a）对于任何严重不符合或其他可能导致暂停或撤销认证的情况，认证机构有制度要求审核组长向认证机构报告需由具备适宜能力（见7.2.8）且未实施该审核的人员进行复核，以确定能否保持认证；
>
> b）由具备能力的认证机构人员对认证机构的监督活动进行监视，包括对审核员的报告活动进行监视，以确认认证活动在有效地运作。
>
> **9.6.2　监督活动**
>
> 9.6.2.1　总则
>
> 9.6.2.1.1　认证机构应对其监督活动进行设计，以便定期对管理体系范围内有代表性的区域和职能进行监视，并应考虑获证客户及其管理体系的变更情况。

9.6.2.1.2　监督活动应包括对获证客户管理体系满足认证标准规定要求情况的现场审核。监督活动还可以包括：

a）认证机构就认证的有关方面询问获证客户；

b）审查获证客户对其运作的说明（如宣传材料、网页）；

c）要求获证客户提供文件化信息（纸质或电子介质）；

d）其他监视获证客户绩效的方法。

9.6.2.2　监督审核

监督审核是现场审核，但不一定是对整个体系的审核，并应与其他监督活动一起策划，以使认证机构能对获证客户管理体系在认证周期内持续满足要求保持信任。相关管理体系标准的每次监督审核应包括对以下方面的审查：

a）内部审核和管理评审；

b）对上次审核中确定的不符合采取的措施；

c）投诉的处理；

d）管理体系在实现获证客户目标和各管理体系的预期结果方面的有效性；

e）为持续改进而策划的活动的进展；

f）持续的运作控制；

g）任何变更；

h）标志的使用和（或）任何其他对认证资格的引用。

9.6.3　再认证

9.6.3.1　再认证审核的策划

9.6.3.1.1　再认证审核的目的是确认管理体系作为一个整体的持续符合性与有效性，以及与认证范围的持续相关性和适宜性。认证机构应策划并实施再认证审核，以评价获证客户是否持续满足相关管理体系标准或其他规范性文件的所有要求。上述策划和实施应及时进行，以便认证能在到期前及时更新。

9.6.3.1.2　再认证活动应考虑管理体系在最近一个认证周期内的绩效，包括调阅以前的监督审核报告。

9.6.3.1.3　当管理体系、组织或管理体系的运作环境（如法律的变更）有重大变更时，再认证审核活动可能需要有第一阶段。

注：此类变更可能在认证周期中的任何时间发生，认证机构可能需要实施特殊审核（见9.6.4），该特殊审核可能需要或不需要两阶段审核。

9.6.3.2　再认证审核

9.6.3.2.1　再认证审核应包括针对下列方面的现场审核：

a）结合内部和外部变更来看的整个管理体系的有效性，以及认证范围的持续相关性和适宜性。

b）经证实的对保持管理体系有效性并改进管理体系，以提高整体绩效的承诺。

c）管理体系在实现获证客户目标和管理体系预期结果方面的有效性。

9.6.3.2.2　对于严重不符合，认证机构应规定实施纠正与纠正措施的时限。这些措施应在认证到期前得到实施和验证。

9.6.3.2.3　如果在当前认证的终止日期前成功完成了再认证活动，新认证的终止日期可以基于当前认证的终止日期。新证书上的颁证日期应不早于再认证决定日期。

9.6.3.2.4　如果在认证终止日期前，认证机构未能完成再认证审核或不能验证对严重不符合实施的纠正和纠正措施（见 9.5.2），则不应推荐再认证，也不应延长认证的效力。认证机构应告知客户并解释后果。

9.6.3.2.5　在认证到期后，如果认证机构能够在 6 个月内完成未尽的再认证活动，则可以恢复认证，否则应至少进行一次第二阶段才能恢复认证。证书的生效日期应不早于再认证决定日期，终止日期应基于上一个认证周期。

9.6.4　特殊审核

9.6.4.1　扩大认证范围

对于已授予的认证，认证机构应对扩大认证范围的申请进行评审，并确定任何必要的审核活动，以做出是否可予扩大的决定。这类审核活动可以和监督审核同时进行。

9.6.4.2　提前较短时间通知的审核

认证机构为调查投诉、对变更做出回应或对被暂停的客户进行追踪，可能需要在提前较短时间通知获证客户后或不通知获证客户就对其进行审核。此时：

a）认证机构应说明并使获证客户提前了解（如在 8.5.1 所述的文件中）将在何种条件下进行此类审核；

b）由于客户缺乏对审核组成员的任命表示反对的机会，认证机构应在指派审核组时给予更多的关注。

9.6.5　暂停、撤销或缩小认证范围

9.6.5.1　认证机构应有暂停、撤销或缩小认证范围的政策和形成文件的程序，并规定认证机构的后续措施。

9.6.5.2　发生以下情况（但不限于）时，认证机构应**暂停**获证客户的认证资格：

——客户的获证管理体系持续地或严重地不满足认证要求，包括对管理体系有效性的要求；

——获证客户不允许按要求的频次实施监督或再认证审核；

——获证客户主动请求暂停。

9.6.5.3 在暂停期间，客户的管理体系认证暂时无效。

9.6.5.4 如果造成暂停的问题已解决，认证机构应恢复被暂停的认证。如果客户未能在认证机构规定的时限内解决造成暂停的问题，认证机构应撤销或缩小其认证范围。

注：多数情况下，暂停将不超过6个月。

9.6.5.5 如果客户在认证范围的某些部分持续地或严重地不满足认证要求，认证机构应缩小其认证范围，以排除不满足要求的部分。认证范围的缩小应与认证标准的要求一致。

9.7 申诉

9.7.1 认证机构应有受理和评价申诉并对之做出决定的形成文件的过程。

9.7.2 认证机构应对申诉处理过程各个层次的所有决定负责。认证机构应确保参与申诉处理过程的人员没有实施申诉涉及的审核，也没有做出申诉涉及的认证决定。

9.7.3 申诉的提出、调查和决定不应造成针对申诉人的任何歧视行为。

9.7.4 申诉处理过程应至少包括以下要素和方法：

a）受理、确认和调查申诉的过程，以及参考以前类似申诉的结果，决定采取何种措施以回应申诉的过程；

b）跟踪和记录申诉，包括为解决申诉而采取的措施；

c）确保采取任何适当的纠正和纠正措施。

9.7.5 收到申诉的认证机构应负责收集和验证所有必要的信息，以确定申诉的有效性。

9.7.6 认证机构应确认收到了申诉，并应向申诉人提供申诉处理的进展报告和结果。

9.7.7 对申诉的决定应由与申诉事项无关的人员做出，或经其审查和批准，并应告知申诉人。

9.7.8 认证机构应在申诉处理过程结束时正式通知申诉人。

9.8 投诉

9.8.1 认证机构应对投诉处理过程各层级的决定负责。

9.8.2 投诉的提交、调查和决定不应造成针对投诉人的任何歧视行为。

9.8.3 认证机构在收到投诉时，应确认投诉是否与其负责的认证活动有关，并在经确认有关时予以处理。如果投诉与获证客户有关，认证机构在调查投诉时应考虑获证管理体系的有效性。

9.8.4　对于针对获证客户的有效投诉，认证机构还应在适当的时间将投诉告知该客户。

9.8.5　认证机构应有受理和评价投诉并对之做出决定的形成文件的过程。该过程涉及投诉人和投诉事项的方面应满足保密要求。

9.8.6　投诉处理过程应至少包括以下要素和方法：

a）受理、确认和调查投诉的过程，以及决定采取何种措施以回应投诉的过程；

b）跟踪和记录投诉，包括为回应投诉而采取的措施；

c）确保采取任何适当的纠正和纠正措施。

注：ISO 10002 为投诉的处理提供了指南。

9.8.7　收到投诉的认证机构应负责收集与核实对投诉进行确认所需的一切信息。

9.8.8　在可能时，认证机构应确认收到了投诉，并应向投诉人提供投诉处理的进展报告和结果。

9.8.9　对投诉的决定应由与投诉事项无关的人员做出，或经其审查和批准，并应告知投诉人。

9.8.10　在可能时，认证机构应在投诉处理过程结束时正式通知投诉人。

9.8.11　认证机构应与获证客户及投诉人共同决定是否应将投诉事项公开，并在决定公开时，共同确定公开的程度。

9.9　客户的记录

9.9.1　认证机构应对所有客户（包括所有提交申请的组织、接受审核的组织和获得认证或被暂停或撤销认证的组织）保持审核及其他认证活动的记录。

9.9.2　获证客户记录应包括以下内容：

a）申请资料及初次认证、监督和再认证的审核报告；

b）认证协议；

c）适用时，多场所抽样方法的理由；

注：抽样方法包括为审核特定管理体系和（或）在多场所审核中选取场所而做的抽样。

d）确定审核时间的理由（见9.1.4）；

e）纠正与纠正措施的验证；

f）投诉和申诉及任何后续纠正或纠正措施的记录；

> g）适用时，委员会的审议和决定；
>
> h）认证决定的文件；
>
> i）认证文件，包括与产品（包括服务）、过程相关的认证范围，适用时，包括每个场所相应的认证范围；
>
> j）建立认证的可信度所需的相关记录，如审核员和技术专家能力的证据；
>
> k）审核方案。
>
> 9.9.3 认证机构应保证申请组织和客户记录的安全，以确保满足保密要求。运送、传输或传递记录的方式应确保保密。
>
> 9.9.4 认证机构应有关于记录保存的形成文件的政策和程序。获证客户及以往获证客户的记录保存期应为当前认证周期加上一个完整的认证周期。
>
> 注：某些情况下，记录需按法律规定保存更长的时间。

1. 监督活动的分类

《管理体系认证基础》一书这样定义认证机构对获证客户的监督活动：为使获证客户保持认证状态，认证机构应在认证证书有效期内对认证客户实施年度监督活动。认证机构对获证客户的监督活动包括日常监督、年度监督审核、特殊审核，以及监督活动可能导致的获证客户的认证暂停、撤销或缩小认证范围。

1）日常监督。GB/T 27021.1 标准 9.6.2.1.2 条款对日常监督提出了 4 个方面的要求：

① 认证机构就认证的有关方面询问获证客户；

② 审查获证客户对其运作的说明（如宣传材料、网页）；

③ 要求获证客户提供文件化信息（纸质或电子介质）；

④ 其他监视获证客户绩效的方法。

2）年度监督审核。

① GB/T 27021.1 标准 9.1.3.3 条款：监督审核应至少每个日历年（应进行再认证的年份除外）进行一次。初次认证后的第一次监督审核应在认证决定日期起 12 个月内进行。监督审核的目的是确定管理体系是否持续满足要求，决定能否保持认证注册。

② GB/T 27021.1 标准 9.6.2.2 条款：监督审核是现场审核，但不一定是对整个体系的审核，并应与其他监督活动一起策划，以使认证机构能对获证客户管理体系在认证周期内持续满足要求保持信任。GB/T 27021.1 标准 9.6.2.2 条款提出了监督审核应包括 8 个方面的内容。

3）特殊审核。当获证客户出现下面 6 种情况时，认证机构可能会对获证客户实施特殊审核：

① 扩大管理体系认证范围，包括认证区域的变更。

② 认证准则的重大变更，如管理体系标准要求、与认证直接相关的法律法规、获证客户体系文件等认证准则的重大变更。

③ 任何运行的重大变更，如重大工艺的变更。

④ 重大管理体系事故、重大相关方投诉等。

⑤ 国家认证认可监管部门有要求时。

⑥ 认证机构依据日常监督活动所收集的信息，认证有必要时。

4）暂停、撤销或缩小认证范围。GB/T 27021.1 标准 9.6.5.2 条款 ~ 9.6.5.5 条款对哪些情况下要对获证客户实施认证资格暂停、哪些情况下要撤销认证证书、哪些情况下要缩小认证范围，以及暂停阶段对证书的使用、暂停时间作了规定。注意，没有“注销”认证证书这一说法。

2. 监督活动实施中的要点

1）GB/T 27021.1 标准 9.6.2.1.1 条款：认证机构应对其监督活动进行设计，以便定期对管理体系范围内有代表性的区域和职能进行监视，并应考虑获证客户及其管理体系的变更情况。

2）当认证机构在监督活动中发现有任何严重不符合、重大管理体系事故或其他可能导致暂停或撤销认证的情况时，认证机构应对其进行复核，以确定能否保持认证。

3）认证机构对监督活动中的**肯定性结论**无需再进行独立复核和决定。

3. 再认证的要点

再认证是指在认证证书有效期到期之前，对获证组织持续满足特定管理体系标准或其他规范性文件的认证过程，并决定是否换发新一轮有效期的认证证书。

初次认证后的第三年，在获证客户认证到期前进行的审核属于再认证审核。第一个三年的认证周期从初次认证决定算起。以后的周期从再认证决定算起（见 GB/T 27021.1 标准 9.1.3.2 条款）。

再认证审核的目的是确认管理体系作为一个整体的持续符合性与有效性，以及与认证范围的持续相关性和适宜性（见 GB/T 27021.1 标准 9.6.3.1.1 条款）。

1）再认证审核的策划的要点。

① 认证机构应策划并实施再认证审核，以评价获证客户是否持续满足相关管理体系标准或其他规范性文件的所有要求。策划和实施应及时进行，以便认证能在到期前及时更新。

再认证审核作为一个新认证周期启动的审核活动，其审核范围需要覆盖组织整个管理体系运作范围；再认证审核作为一个延续认证资格的审核类型，其审核工作量预算通常都明显少于初次认证审核；再认证审核是对完整体系的审核，但又不应将其简单地等同于一次减少样本量的初次审核。

② 再认证活动应考虑管理体系在最近一个认证周期内的绩效，包括调阅以前的监督审核报告（见 GB/T 27021.1 标准 9.6.3.1.2 条款）。

③ 当管理体系、组织或管理体系的运作环境（如法律的变更）有重大变更时，再认证审核活动可能需要有第一阶段（见 GB/T 27021.1 标准 9.6.3.1.3 条款）。

2）再认证审核的要点。

① GB/T 27021.1 标准 9.6.3.2.1 条款要求再认证要进行现场审核，审核的内容至少包括 3 个方面。

② 对于严重不符合，认证机构应规定实施纠正与纠正措施的时限。这些措施应在认证到期前得到实施和验证（见 GB/T 27021.1 标准 9.6.3.2.2 条款）。

③ 如果在认证终止日期前，认证机构未能完成再认证审核或不能验证对严重不符合实施的纠正和纠正措施，则不应推荐再认证，也不应延长认证的效力（见 GB/T 27021.1 标准 9.6.3.2.4 条款）。

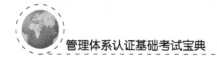

例题分析

1）（多项选择题）依据 GB/T 27021.1，监督审核管理方案至少应包括对（　　）的审核。（真题）

A. 获证组织的管理体系在实现目标方面的有效性

B. 持续的运作控制

C. 持续改进活动的进展

D. 投诉的处理

答案及分析：选择 ABCD。见本书 5.5.6 节中 GB/T 27021.1 标准 9.6.2.2 条款。

2）（多项选择题）监督活动可以包括（　　）。（真题）

A. 对获证客户管理体系满足认证标准规定要求情况的现场审核

B. 认证机构就认证的有关方面询问获证客户

C. 审查获证客户对其运作的说明（如宣传材料、网页）

D. 要求获证客户提供文件化信息（纸质或电子介质）

答案及分析：选择 ABCD。见本书 5.5.6 节中 GB/T 27021.1 标准 9.6.2.1.2 条款。

3）（单项选择题）依据 GB/T 27021.1，当管理体系、组织或管理体系的运作环境（如法律的变更）有重大变更时，再认证审核活动可能需要（　　）。（真题）

A. 重点审核变化部分　　　　B. 有第一阶段

C. 有文件规定　　　　D. 实施审核的人员

答案及分析：选择B。见本书5.5.6节中GB/T 27021.1标准9.6.3.1.3条款。

4）（单项选择题）对于特殊审核，以下描述不正确的是（　　）。（真题）

A. 对于已授权的认证，认证机构对其扩大认证范围的审核可以和监督审核同时进行

B. 提前较短时间的审核，认证机构在指派审核组时应给予更多关注

C. 认证机构为调查投诉进行的特殊审核可以和监督审核同时进行

D. 认证机构为调查投诉，对变更做出回应或对被暂停的客户进行追踪时可能需要在提前较短时间通知获证客户后或不通知获证客户就对其进行审核

答案及分析：选择C。GB/T 27021.1标准9.6.4.1条款指出，“扩大认证范围”这种特殊审核可以和监督审核同时进行。对“调查投诉”这种特殊审核，属于9.6.4.2条款所说的“提前较短时间通知的审核”，不能和监督审核同时进行。

5）（多项选择题）发生以下（　　）情况时，认证机构应暂停获证组织的认证证书。（真题）

A. 获证组织不允许按要求的频次实施监督或再认证审核

B. 组织的获证管理体系持续地或严重地不满足认证要求，包括对管理体系有效性的要求

C. 获证组织的设计生产活动暂停

D. 获证组织主动请求暂停

答案及分析：选择ABD。见本书5.5.6节中GB/T 27021.1标准9.6.5.2条款。

6）（单项选择题）按照GB/T 27021.1标准要求，对申诉的决定应由（　　）做出，或经其审查和批准，并应告知申诉人。（真题）

A. 认证机构负责人　　　　B. 上级监管机构

C. 与申诉事项无关的人员　　　　D. 认证决定人员

答案及分析：选择C。见本书5.5.6节中GB/T 27021.1标准9.7.7条款。

同步练习强化

1. 单项选择题

1）审核计划应与（　　）相适应。（真题）

A. 市场监管要求　　　　B. 审核目的和范围

C. 审核人员要求　　D. 相关方及其客户要求

2）认证机构应提前与客户就（　　）进行沟通，并商定审核日期。（真题）

A. 审核准则　　B. 审核目的

C. 审核方案　　D. 审核计划

3）认证机构应确保为审核方案中确定的（　　）审核编制计划。（真题）

A. 每次　　B. 所有

C. 重要环节　　D. 主要

4）认证机构应提前与客户就审核计划进行沟通，并商定（　　）。（真题）

A. 认证过程　　B. 认证结论

C. 认证机构管理人员　　D. 审核日期

5）由（　　）确定第一阶段和第二阶段的间隔时间。（真题）

A. 认证机构　　B. 审核组长

C. 审核组　　D. 受审核方

6）审核计划应提交（　　）进行确认。（真题）

A. 认证机构领导　　B. 受审核方

C. 审核委托方　　D. 当地政府

7）管理体系复核审核报告并做出认证决定的人员应具备相关的知识和技能，不包括（　　）。（真题）

A. 审核原则、实践和技巧的知识　　B. 供应商的产品

C. 管理体系标准和规范性文件的知识　　D. 客户业务领域的知识

8）监督审核应至少（　　）进行一次。（真题）

A. 每三年　　B. 第 12 个月

C. 每个日历年　　D. 每一年

9）第二阶段认证的目的是评价（　　）。（真题）

A. 客户是否做好认证准备　　B. 最高管理层的政绩

C. 客户管理体系的实施情况，包括有效性　　D. 客户管理体系的咨询效果

10）认证方案的第一个（　　）的认证周期从初次认证决定算起。（真题）

A. 五年　　B. 二年

C. 三年　　D. 一年

11）认证周期的审核方案应（　　）管理体系要求。（真题）

A. 覆盖重要的　　B. 覆盖全部的

C. 不遗漏重要的　　D. 包含主要的

12）我国的《认证机构认可规则》将所有管理体系认证业务范围分为（　　）大类，包括（　　）个中类和（　　）个小类。

A. 39，280，615　　B. 15，150，250

C. 15，280，615　　D. 15，215，618

13）管理体系通用认证职能不包括（　　）。

A. 认证申请评审　　B. 选择审核组

C. 认证策划　　D. 审核实施

14）选择审核组的职能不包括（　　）。

A. 确定需要的资源　　B. 分配审核组角色、责任和活动

C. 确定是否有可用的能力资源　　D. 评审所选用资源的公正性

15）认证机构评价认证人员可采取面谈的评价方法。面谈可有助于询问出人员的知识、技能方面的信息，还可以用来评估其（　　）。（真题）

A. 语言、沟通和人际技能　　B. 交流、观察及管理技能

C. 沟通和交流能力　　D. 知识、表达技能

16）策划审核活动的职能不包括（　　）。

A. 确定审核范围　　B. 分配审核组角色、责任和活动

C. 建立审核计划　　D. 计算审核时间

17）认证人员能力评价方法不包括（　　）。

A. 记录审查　　B. 观察

C. 预测　　D. 考试

18）管理体系认证人员能力评价方法是（　　）。

A. 记录审查　　B. 考试

C. 意见反馈　　D. 以上都是

19）对人员实施任务的情况进行观察能够为能力（经证实的应用知识和技能来实现预期结果）提供直接证据。定期对一个人进行观察，有助于确认（　　）。

A. 持续的能力　　B. 能力的保持

C. 能力的稳定　　D. 能力的更新

20）管理体系认证人员的能力是指能够应用知识和技能实现（　　）的本领。

A. 预期结果　　B. 认证

C. 认证和审核　　D. 审核

21）认证机构应建立确定认证人员能力准则的管理过程。该过程的输出应是形成文件的所要求（　　）的准则。

A. 知识和技能　　B. 教育和培训

C. 教育、培训或经验　　D. 技能和经验

22）管理体系认证的主要过程不包括（　　）。

A. 技术领域划分　　B. 审核实施

C. 认证决定　　D. 认证前的活动

23）依据 GB/T 27021.1，以下哪项不属于认证机构对客户做出的与认证有关的决定？（　　）（真题）

A. 授予证书

B. 保持证书

C. 更新、扩大、缩小、暂停和撤销证书

D. 特殊审核通知

24）依据 ISO/IEC 17021-1 标准，监督审核应至少每年进行一次，第一次监督审核时间为（　　）。（真题）

A. 以发放体系证书时间的那天起 12 个月内

B. 纠正措施关闭的那天起 12 个月内

C. 认证决定日期起 12 个月内

D. 审核报告发放那天起 12 个月内

25）以下说法正确的是（　　）。（真题）

A. 获证组织的再认证周期为 4 年

B. 初次认证审核后的第一次监督审核应在第一阶段审核最后一天起 12 月内进行

C. 第三方认证审核中的初次审核、监督审核和再认证都是完整体系审核

D. 当获证方发生严重影响相应管理体系运行与活动的重大事故时，认证机构应提前进行监督审核

26）应对整个认证周期制定（　　），以清晰地识别所需的审核活动。（真题）

A. 审核计划　　B. 审核方案

C. 监督计划　　D. 再认证方案

27）按照 GB/T 27021.1 要求，应对整个认证周期制定审核方案，以清晰地识别所需的（　　）。（真题）

A. 审核发现　　B. 审核活动

C. 审核证据　　D. 审核结论

28）关于认证周期的审核方案，以下说法正确的是（　　）。（真题）

A. 认证周期的审核方案应覆盖全部的管理体系要求

B. 认证周期的审核方案应覆盖主要的管理体系要求

C. 认证周期的审核方案不需要覆盖全部的管理体系要求

D. 以上说法都不对

29）在确定审核时间时，认证机构不应考虑的因素是（　　）。（真题）

A. 客户及其管理体系的复杂程度

B. 场所的数量和规模、地理位置以及对多场所的考虑

C. 从客户收取的认证费用的多少

D. 与组织的产品、过程或活动相关联的风险

30）认证机构在审核中可以抽样的基本条件是（　　）处理决定。（真题）

A. 认证机构与申请客户有充分的协商后

B. 客户管理体系涉及的活动比较多时

C. 管理体系包含在多个地点进行的相同活动时

D. 以上都有

31）依据 ISO/IEC 17021-1，如果认证机构在审核中使用多场所抽样，则应制定（　　）以确保对管理体系的正确审核。（真题）

A. 审核方案　　B. 审核方法

C. 抽样方法　　D. 抽样方案

32）某机械制造公司委托某第三方机构对下属五家工厂进行第三方质量管理体系认证审核，在确定审核目的时，你认为应由（　　）确定。（真题）

A. 审核机构　　B. 审核委托方

C. 审核组长　　D. 审核员

33）审核范围和准则，包括任何更改，应由（　　）确定。（真题）

A. 认证机构　　B. 客户

C. 审核组　　D. 认证机构与客户商讨后

34）依据 ISO/IEC 17021-1，审核目的应由认证机构确定，审核范围和准则，包括（　　），应由认证机构在与客户商讨后确定。（真题）

A. 标准　　B. 审核方法

C. 审核频次　　D. 任何更改

35）审核范围和审核准则由（　　）确定。（真题）

A. 审核组长　　B. 受审核方或申请方

C. 认证机构审核管理人员　　D. 认证机构与申请方协商后

36）下列说法不正确的是（　　）。（真题）

A. 审核组可以由一名或多名审核员组成

B. 至少配备一名经认可具有专业能力的成员

C. 实习审核员可在技术专家指导下承担审核任务

D. 实习审核员不可以单独审核

37）认证机构应根据实现审核目的所需的能力以及公正性要求来选择和任命审核组成员，包括审核组长以及必要的（　　）。（真题）

A. 专业审核员　　B. 技术专家

C. 审核员　　D. 专职审核员

38）关于现场审核中的技术专家，以下说法正确的是（　　）。

A. 不是审核组成员

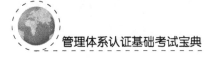

B. 应当在审核员的指导下进行工作

C. 不能单独成组实施审核，但可以和其他审核员一同实施审核

D. 应当指导审核工作

39）（　　）可以就审核准备、策划或审核向审核组提出建议。（真题）

A. 观察员　　B. 技术专家

C. 向导　　D. 陪同人员

40）（　　）可以是客户组织的成员、咨询人员、实施见证的认可机构人员、监管人员或其他有合理理由的人员。（真题）

A. 观察员　　B. 技术专家

C. 向导　　D. 陪同人员

41）以下说法不正确的是（　　）。（真题）

A. 审核组长和审核员所需的知识和技能可以通过技术专家和翻译人员来补充

B. 结合审核或一体化审核的审核组长宜至少对两个标准有深入的知识，并了解该审核所使用的其他标准

C. 如果仅有一名审核员，该审核员应有能力履行适用于该审核的审核组长职责

D. 在审核过程中，为确保实现审核目的，可以改变工作分配

42）关于实习审核员，以下说法正确的是（　　）。（真题）

A. 如具有专业能力，可以独立实施审核

B. 工作量不能计入审核人日，因此不作为审核组成员

C. 必须在审核员指导下实施审核

D. 可以在审核员的指导和帮助下，作为实习审核组长领导审核组完成审核任务

43）现场审核中，以下哪一项不是向导的作用？（　　）（真题）

A. 建立沟通与联系　　B. 审核路线引导

C. 帮助回答审核中的提问　　D. 现场证实审核员发现的审核证据

44）下列文件应在现场审核前通知受审核方的是（　　）。（真题）

A. 检查表　　B. 审核计划

C. 审核工作文件　　D. 以上都需要

45）下列哪种文件应在现场审核前通知受审核方？（　　）（真题）

A. 审核计划　　B. 检查表

C. 审核工作文件和表式　　D. 审核方案

46）认证周期内的初次认证审核是指（　　）。（真题）

A. 现场审核前的初访

B. 第一阶段审核

C. 组织提出申请后认证周期内的首次正式审核

D. 预审核

47）依据 ISO/IEC 17021-1，在作初次认证审核结论时，审核组应对在第一阶段和第二阶段中收集的所有（　　）进行分析，以评审审核发现并就审核结论达成一致。(真题)

A. 审核证据　　B. 信息和证据

C. 审核发现　　D. A+C

48）关于审核组的组成，以下说法错误的是（　　）。

A. 初次认证审核一、二阶段审核组的组成应是相同的

B. 受审核方可以对审核组的组成提出异议

C. 审核组中可以包括技术专家

D. 审核组长由认证机构指定

49）第一阶段审核时对文件的审查主要评价（　　）。

A. 文件对管理体系标准的符合程度

B. 文件在实际过程中的执行程度

C. 通过文件化体系的运行，过程绩效如何

D. 文件所描述管理方法的适宜程度

50）第一阶段的输出（　　）审核报告的所有要求。(真题)

A. 应满足　　B. 不必满足

C. 应包括　　D. 包括

51）依据 ISO/IEC 17021-1，认证机构在确定第一阶段和第二阶段的间隔时间时，应考虑（　　）。(真题)

A. 受审核方解决第一阶段不符合项所需的时间

B. 受审核方解决第一阶段识别的任何需关注问题所需的时间

C. 受审核方根据自己的情况确定的时间

D. 与受审核方协商确定的时间

52）管理体系第一阶段审核的目的包括（　　）。(真题)

A. 确定审核范围

B. 确定受审核方是否具备认证注册的条件

C. 评价受审核方的管理体系是否已建立并得到有效实施

D. 以上都正确

53）环境管理体系第二阶段审核的内容一般不包括（　　）。(真题)

A. 重要环境因素是否受到有效的控制

B. 组织确定的环境管理体系范围的合理性

C. 目标指标、方案是否按照预定的计划安排实施或完成

D. 体系监测及内审程序的实施，以及管理评审的实施情况

54）关于初次认证审核的两个阶段审核的描述，以下不正确的是（　　）。（真题）

A. 第一阶段审核不要求正式的审核计划

B. 认证机构应将第一阶段目的是否达到及第二阶段是否准备就绪的书面结论告知客户

C. 第一阶段的输出要满足审核报告的所有要求

D. 第二阶段审核应在客户的现场进行

55）首次会议应考虑以下哪些方面？（　　）（真题）

A. 确认与保密有关的事宜

B. 确认审核组的健康安全事项、应急和安全程序

C. 有关审核可能被终止的条件的信息

D. 以上全部

56）关于现场审核的首、末次会议，以下描述正确的是（　　）。（真题）

A. 现场审核的首、末次会议通常由审核组长主持

B. 现场审核首次会议必须由审核组长主持，末次会议必须由受审核组织的最高管理者主持

C. 现场审核的首、末次会议必须由受审核组织的最高管理者主持

D. 现场审核的首、末次会议可以由审核组长和审核组成员共同主持

57）下列哪一项不是首次会议必需包括的内容？（　　）（真题）

A. 确认审核目标、范围、准则

B. 确认有关保密事项

C. 对不符合项采取纠正措施的要求

D. 确认向导的安排、作用和身份

58）首次会议的主要目的包括（　　）。（真题）

A. 为审核制订计划

B. 确定实施审核所需的资源和审核员人数

C. 介绍实施审核采用的方法和程序

D. 以上全部

59）按照 ISO/IEC 17021-1 要求，当可获得的审核证据显示审核目的无法实现，或显示存在紧急和重大的风险（如安全风险）时，审核组长应向客户，如果可能还应向（　　）报告这一情况，以确定适当的行动。（真题）

A. 认证机构　　B. 监管机构

C. 审核委托方　　D. 审核机构

60）审核员在不符合项的提出及纠正和跟踪验证中需要完成的工作不包括（　　）。（真题）

A. 现场审核中确定不符合项

B. 对受审核方如何纠正不符合提出改进建议

C. 对受审核方提出纠正措施的整改要求

D. 进行不符合项纠正措施的跟踪验证

61）当受审核方与审核组因审核发现有分歧意见时，其解决的方式是（　　）。（真题）

A. 终止审核　　B. 审核组报认证机构进行解决

C. 交当地环保局决定　　D. 记录尚未解决的问题

62）关于不符合，与客户讨论的目的是（　　）。（真题）

A. 找到不符合的原因　　B. 使不符合得到理解

C. 拟定不符合的解决办法　　D. 以上都不对

63）现场审核中的末次会议应由（　　）主持。（真题）

A. 向导　　B. 企业的最高管理者

C. 企业授权的代表　　D. 审核组长

64）第三方认证时，（　　）享有对审核报告的所有权。（真题）

A. 受审核方　　B. 监管机构

C. 认证机构　　D. 以上都对

65）认证审核报告由审核组长负责编写，并经批准分发，你认为正确的是（　　）。（真题）

A. 审核报告的所有权归认证机构　　B. 审核报告的所有权归审核组

C. 审核报告的所有权归受审核方　　D. 审核报告的所有权归审核委托方

66）认证机构应为每次审核向客户提供书面报告。审核组可以识别改进机会，但不应提供（　　）。（真题）

A. 改进措施　　B. 纠正和预防措施建议

C. 咨询　　D. 具体解决办法的建议

67）审核报告通常由（　　）。（真题）

A. 审核方与受审核方共同编写　　B. 组长和管代编写

C. 组长负责编写　　D. 组员负责编写

68）在第三方认证审核时，（　　）不是审核员的职责。（真题）

A. 收集审核证据得出审核发现

B. 确定不合格项

C. 对发现的不合格项制定纠正措施

D. 验证受审核方所采取的纠正措施的有效性

69）依据 GB/T 27021.1，对于审核中发现的不符合，认证机构应要求客户（　　）分析原因，并说明为消除不符合已采取或拟采取的具体纠正和纠正措施。（真题）

A. 针对已经发现的不合格　　B. 30 天内

C. 在规定期限内　　D. 以上都是

70）应当对纠正措施的完成情况及有效性进行验证，验证方式取决于（　　）。（真题）

A. 不符合的严重程度　　B. 不符合数量的多少

C. 与受审核方共同商定　　D. 对纠正措施的理解程度

71）审核组对于受审核方所采取的纠正措施的跟踪验证方式可以是（　　）。（真题）

A. 打电话去验证　　B. 书面验证与监督审核查验

C. 听受审核方来电话汇报　　D. 指定内审员去验证

72）纠正措施追踪验证方式不包括（　　）。（真题）

A. 文件、资料验证　　B. 电话验证

C. 现场验证　　D. 监督审核

73）依据 ISO/IEC 17021-1，认证机构应审查客户提交的纠正和纠正措施，以确定其是否可被接受，（　　）应予以记录。（真题）

A. 所取得的为不符合的解决提供支持的证据

B. 纠正和纠正措施实施过程的证据

C. 对不符合的解决进行审查和验证的记录

D. 改进的结果

74）可以通过审查受审核方提供的文件化信息，或在必要时实施现场验证来验证纠正和纠正措施的有效性。验证活动通常由（　　）完成。（真题）

A. 审核组成员　　B. 审核组长

C. 认证机构　　D. 专业审核员

75）认证机构应确保做出授予或拒绝认证、扩大或缩小认证范围、暂停或恢复认证、撤销认证或变更新认证的决定人员或委员会不是（　　）。（真题）

A. 审核方案管理人员　　B. 审核组长

C. 审核员　　D. 实施审核的人员

76）依据 ISO/IEC 17021-1 标准，认证机构应确保做出认证决定的人员或委员会（　　）人员。（真题）

A. 不是与受审核方所在行业有关的　　B. 不是实施审核的

C. 是实施审核的　　D. 以上都不对

77）认证证书的认证范围由（　　）。（真题）

A. 申请人决定　　B. 认证机构决定

C. 受审核方决定　　D. 认证机构和申请人协商决定

78）依据 GB/T 27021.1，以下哪项不属于认证机构对客户做出的与认证有关的决定？（　　）（真题）

A. 授予证书　　B. 保持证书

C. 更新、扩大、缩小、暂停和撤销证书　　D. 特殊审核、重新验证通知

79）认证结论最终由（　　）正式发布。（真题）

A. 审核组长　　B. 审核组经充分讨论后

C. 认证机构技术委员会　　D. 认证机构

80）如果认证机构不能在第二阶段审核结束后（　　）内验证对（　　）不符合实施的纠正和纠正措施，则应在推荐认证前再实施一次第二阶段审核。（真题）

A. 3 个月、/　　B. 6 个月、/

C. 3 个月、严重　　D. 6 个月、严重

81）如果认证机构不能在第二阶段结束后（　　）个月内验证对严重不符合实施的纠正和纠正措施，则应在推荐认证前再实施一次第二阶段审核。（真题）

A. 1　　B. 3

C. 6　　D. 9

82）以下哪种说法是正确的？（　　）（真题）

A. 再认证时可以不进行文件评审

B. 认证机构根据再认证的结果，以及认证周期内的体系评价结果和认证使用方的投诉，做出是否再次认证注册的决定

C. 再认证和监督审核都不是完整体系审核

D. 再认证和初次审核的审核内容和方法是相同的

83）依据 ISO/IEC 17021-1，认证机构应根据（　　），做出是否更新认证的决定。（真题）

A. 再认证审核的结果，以及认证周期内体系评价结果和认证使用方的投诉

B. 审核结论

C. 审核发现

D. 审核思路

84）认证机构应在证实获证客户持续满足管理体系标准要求后保持对其的认证。认证机构可以根据审核组长的（　　）保持对客户的认证，而无须对这一结论进行独立复核。（真题）

A. 推荐性意见　　B. 审核结论

C. 整个认证周期的审核结论　　D. 肯定性结论

85）监督审核的目的是（　　）。（真题）

A. 验证组织的管理体系是否符合审核证据的要求

B. 验证组织的管理体系是否符合审核发现的要求

C. 验证组织的管理体系是否符合审核准则的要求

D. 验证获证组织的管理体系是否持续运行并满足审核准则的要求

86）审核通过后要进行证后监督，其中证后监督包括（　　）。（真题）

A. 监督审核与管理　　B. 定期监察

C. 跟踪验证措施的落实和有效性　　D. 自我考评与外部监察

87）以下说法正确的是（　　）。（真题）

A. 再认证审核可以不进行文件审核

B. 再认证审核可以只进行一次现场审核

C. 再认证和监督审核都不是完整的体系审核

D. 再认证和初次审核的内容和方法都是相同的

88）依据 GB/T 27021.1，当管理体系、组织或管理体系的运作环境（如法律的变更）有重大变更时，再认证审核活动可能需要（　　）。（真题）

A. 重点审核变化部分　　B. 有第一阶段

C. 有文件规定　　D. 实施审核的人员

89）某公司的环境管理体系认证证书有效期是2021 年3 月18 日，公司于证书到期前3 个月内重新向原来的认证机构提出申请，该认证机构受理了申请，并对该公司进行的认证活动称为（　　）。（真题）

A. 第二阶段审核　　B. 再认证

C. 监督审核　　D. 预审核

90）在监督审核中缩小审核范围的条件不包括（　　）。（真题）

A. 获证组织的主要区域、主要生产线、主要过程等不再继续符合认证标准和其他能力的要求，但无违规行为

B. 获证组织范围内部分产品范围、现场区域、生产线、主要过程等不愿再保持认证资格，但无违规行为，组织申请缩小审核范围的

C. 获证组织将某污染较重的工序承包给相关方

D. 获证组织不再生产某类产品或不再提供某种服务

91）依据 GB/T 27021.1 标准，管理体系证书暂停的时间通常不超过（　　）。（真题）

A. 3 个月　　B. 6 个月

C. 9 个月　　D. 12 个月

92）现场审核过程中，当受审核方提出扩大认证范围的要求时，审核组长应该（　　）。

A. 宣布终止审核

B. 明确告知受审核方不能接受此要求，仍按原计划进行审核

C. 与审核委托方和受审核方进行沟通

D. 本着以顾客为关注焦点的原则，同意受审核方的要求

93）依据 GB/T 27021.1 标准，发生以下（　　）情景时，认证机构应暂停获证客户的认证资格。（真题）

A. 客户的获证管理体系持续地或严重地不满足认证要求，包括对管理体系有效性的要求

B. 获证客户不允许按要求的频次实施监督或再认证审核

C. 获证客户主动请求暂停

D. A + B + C

94）根据 ISO/IEC 17021-1 的要求，第二次监督审核应在什么时间完成？（　　）

A. 第一次监督的认证决定日期起 12 个月内

B. 第一次监督审核时间起 12 个月内

C. 当下的日历年中

D. 以上均不对

95）再认证审核应在什么时间进行？（　　）

A. 第二次监督认证决定日期起 12 个月内

B. 第二次监督审核时间起 12 个月内

C. 认证到期前

D. B + C

96）初审二阶段审核结束日期为 2020 年 1 月 25 日，初审二阶段认证决定日期为 2020 年 2 月 21 日，以下哪个日期如未完成一监审核，证书将有可能暂停？（　　）

A. 2021 年 1 月 25 日　　　　B. 2021 年 2 月 21 日

C. 2021 年 1 月 26 日　　　　D. 2021 年 2 月 20 日

97）上周期证书有效期为 2017.10.23—2020.10.22，再认证审核日期为 2020.7.21—2020.7.24，并且开具了严重不符合项，应在（　　）前关闭不符合项。

A. 2020.10.25　　　　B. 2020.10.22

C. 2020.10.23　　　　D. 2020.10.24

98）上周期证书有效期为 2017.10.23—2020.10.22，再认证审核日期为 2020.7.21—2020.7.24，无严重不符合项，认证决定日期为 2020.8.2，则新证书的有效期为（　　）。

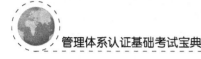

A. 2020. 10. 23—2023. 10. 22　　B. 2020. 8. 2—2023. 10. 22

C. 2020. 7. 24—2023. 10. 22　　D. 以上均不对

99）上周期证书有效期为 2017. 10. 23—2020. 10. 22，再认证审核日期为 2020. 7. 21—2020. 7. 24，无严重不符合项，认证决定日期为 2020. 11. 2，则新证书的有效期为（　　）。

A. 2020. 11. 2—2023. 10. 22　　B. 2020. 10. 23—2023. 10. 22

C. 2020. 7. 24—2023. 10. 22　　D. 以上均不对

100）对认证申请进行评审的人员应具备的知识和技能有（　　）。

A. 特定管理体系标准和（或）规范性文件的知识

B. 认证机构过程的知识

C. 客户业务领域、产品、过程和组织的知识

D. 以上均对

101）对认证人员进行考试可以采取的方式有（　　）。

A. 笔试　　B. 口试

C. 实际操作　　D. 以上都包括

102）认证机构应在证实获证客户持续满足管理体系标准要求后保持对其的认证。可能涉及的活动包括（　　）。

A. 监督审核　　B. 暂停、撤销或缩小认证范围

C. 再认证　　D. 以上都包括

103）依据 GB/T 27021.1 标准，以下哪种说法是错误的？（　　）

A. 审核组长和审核员需要的知识和技能可以通过技术专家和翻译人员补充

B. 技术专家可不在审核员指导下工作

C. 管理体系的初次认证审核应分为两个阶段实施：第一阶段和第二阶段

D. 初次认证后第一次监督审核应在认证决定日期起 12 个月内进行

2. 多项选择题

1）认证决定的主要职能包括（　　）。（真题）

A. 评审做出认证决定必要的报告

B. 评审申投诉结果

C. 评审认证风险及等级

D. 评审做出认证决定必要的其他相关信息

2）初次认证的审核方案应包括（　　）。（真题）

A. 特殊审核　　B. 获证后两次监督审核

C. 两阶段初次审核　　D. 证书到期前的再认证审核

3）认证申请评审的主要职能包括（　　）。

A. 确定提交的认证申请（合同）是否和认证机构实施的范围相适应

B. 确定是否有可用的能力资源

C. 确定是否有季节性生产

D. 计算审核时间

4）复核审核报告并做出认证决定的人员应具有的知识和技能包括（　　）。

A. 审核原则、实践和技巧的知识　　B. 认证机构过程的知识

C. 审核管理技能　　D. 客户业务领域的知识

5）GB/T 27021《合格评定　管理体系审核认证机构要求》系列标准中对哪些认证职能提出了知识和技能要求？（　　）

A. 认证申请评审、选择审核组、策划审核活动

B. 审核实施

C. 认证决定

D. 客户服务人员

6）管理体系认证机构的通用认证职能包括（　　）。

A. 认证申请评审　　B. 策划审核活动

C. 选择审核组　　D. 认证决定

7）管理体系审核员的通用能力要求包括（　　）。

A. 业务管理实践的知识　　B. 认证机构过程的知识

C. 审核管理技能　　D. 客户业务领域的知识

8）采用意见反馈的方法对认证人员能力进行评价，意见反馈的信息来源有（　　）。

A. 个人推荐　　B. 客户反馈

C. 同行评价　　D. 领导意见

9）对认证人员进行能力评价的方法有（　　）。

A. 记录审查　　B. 观察

C. 面谈　　D. 考试

10）认证前的活动包括（　　）。

A. 客户与认证机构的信息交流　　B. 认证申请的评审

C. 制定审核方案及确定审核时间　　D. 签订认证协议

11）认证机构对获证客户的监督活动包括（　　）。

A 日常监督　　B. 年度监督审核

C. 特殊审核　　D. 认证暂停、撤销或缩小认证范围

12）依据 ISO/IEC 17021-1，以下哪些情况可以被划分为严重不符合？（　　）（真题）

A. 产品质量不满足相应产品标准的要求

B. 未能满足质量管理体系标准的一项或多项要求

C. 使人对质量管理体系实现预期结果的能力产生重大怀疑的情况

D. 某一生产工艺未按要求进行控制

13）依据 ISO/IEC 17021-1（GB/T 27021.1）标准，以下可以构成严重不符合的是（　　）。（真题）

A. 受审核方未能满足管理体系标准的一项或多项要求

B. 受审核方试制产品出现较多不合格品

C. 受审核方利润急剧下降

D. 受审核方存在使人对环境管理体系实现预期结果的能力产生重大怀疑的情况

14）初次认证审核方案应包括（　　）。（真题）

A. 两阶段初次审核

B. 认证决定后第一年至第三年的监督审核

C. 认证决定后第一年和第二年的监督审核

D. 认证决定后的第三年在认证到期前进行的再认证审核

15）依据 ISO/IEC 17021-1 标准，以下关于审核方案的说法正确的是（　　）。（真题）

A. 认证周期的审核方案应覆盖全部的管理体系要求

B. 审核方案的确定和任何后续调整应考虑客户的规模，其管理体系、产品和过程的范围与复杂程度，以及经过证实的管理体系有效性水平和以前审核的结果

C. 监督审核应至少每个日历年进行一次

D. 审核方案的第一个周期从接受审核申请算起，以后的周期从证书颁发之日起算

16）认证机构应确定审核时间，关于审核时间描述正确的是（　　）。（真题）

A. 往返于审核场所之间所花费的时间不计入管理体系认证审核时间

B. 不被指派为审核员的审核组成员（即技术专家、翻译人员、观察员和实习审核员）所花费的时间不计入审核时间

C. 认证机构可以使用 ISO/IEC TS 17023（GB/T 27204《合格评定 确定管理体系认证审核时间指南》）建立的指南来确定管理体系认证审核时间

D. 使用翻译人员不需要额外增加审核时间

17）在确定审核时间时，认证机构应考虑（　　）。（真题）

A. 相关管理体系标准的要求

B. 客户及其管理体系的复杂程度

C. 管理体系范围内活动的分包情况

D. 场所的数量和规模、地理位置以及对多场所的考虑

18）观察员可以是（　　）或其他有合理理由的人员。（真题）

A. 客户组织的成员　　B. 监管人员

C. 实施见证的认可机构人员　　D. 咨询人员

19）决定审核组的规模和组成时，应考虑（　　）因素。（真题）

A. 语言和文化　　B. 审核范围和准则

C. 是否是结合审核　　D. 相关方的要求

20）（　　）可以独立承担审核义务。（真题）

A. 实习审核员　　B. 审核员

C. 技术专家　　D. 审核组长

21）以下哪些文件不需要在现场审核前通知受审核方？（　　）（真题）

A. 审核计划　　B. 检查表

C. 审核组的审核工作文件和表式　　D. 认证机构的审核方案

22）按照 GB/T 27021.1 标准规定，下列哪些是第一阶段审核的目的？（　　）（真题）

A. 审核客户的文件化的管理体系信息

B. 审核客户理解和实施标准要求的情况，特别是对管理体系的关键绩效或重要的因素、过程、目标和运作的识别情况

C. 审核第二阶段所需资源的配置情况，并与客户商定第二阶段的细节

D. 评价客户管理体系的实施情况

23）依据 ISO/IEC 17021-1 标准，第二阶段审核应在受审核方现场进行，覆盖的内容包括（　　）。（真题）

A. 与适用的管理体系标准或其他规范性文件的所有要求的符合情况及证据

B. 依据关键绩效目标和指标，对绩效进行的监视、测量、报告和评审

C. 客户过程的运作控制

D. 内部审核和管理评审

24）按照 ISO/IEC 17021-1 规定，首次会议应考虑以下哪些方面？（　　）（真题）

A. 确认与保密有关的事宜

B. 确认适用用于审核组的相关的工作安全、应急和安保程序

C. 说明可能提前终止审核的条件

D. 确认审核计划

25）按照 ISO/IEC 17021-1，首次会议应考虑以下哪些方面？（　　）（真题）

A. 确认与保密有关事宜

B. 确认适用于审核组的相关的工作安全、应急和安保程序

C. 说明可能提前终止审核的条件

D. 说明文件审核中的问题

26）依据 ISO/IEC 17021-1 标准，在审核中应通过适当的抽样来获取与（　　）相关的信息。（真题）

A. 审核方案　　B. 审核目的

C. 审核范围　　D. 审核准则

27）在第三方认证审核时，审核员的职责应包括（　　）。（真题）

A. 实施审核

B. 确定不合格项

C. 对发现的不合格项指定纠正措施

D. 验证受审核方所采取的纠正措施的有效性

28）审核组至少应向认证机构提供（　　）信息，以做出授予初次认证的决定。（真题）

A. 对是否授予认证的推荐性意见及附带的任何条件

B. 对受审核方文件是否满足要求的确认

C. 对提供给认证机构用于申请评审的信息的确认

D. 对是否达到审核目的的确认

29）为使认证机构做出认证决定，审核组至少应向认证机构提供以下（　　）信息。（真题）

A. 审核报告

B. 对不符合的意见，适用时，还包括对客户采取的纠正和纠正措施的意见

C. 审核计划

D. 对是否授予认证的推荐性意见及附带的任何条件或评论

30）依据 ISO/IEC 17021-1 标准，认证机构应根据（　　），做出是否更新认证的决定。（真题）

A. 内部审核和管理评审的过程　　B. 认证使用方的投诉

C. 认证周期内的体系评价结果　　D. 再认证审核的结果

31）认证监督活动可以包括（　　）。（真题）

A. 对获证客户管理体系满足认证标准（如 GB/T 19001 等）要求情况的现场审核

B. 认证机构就认证的有关方面询问获证客户

C. 审查获证客户对其运作的说明（如宣传材料、网页）

D. 要求获证客户提供文件化信息（纸质或电子介质）

32）ISO/IEC 17021-1 标准规定，监督活动应包括（　　）。（真题）

A. 对获证客户管理体系满足认证标准规定要求情况的现场审核

B. 认证机构就认证的有关方面询问获证客户

C. 审查获证客户对其运作的说明

D. 其他监视获证客户绩效的方法

33）认证机构在进行再认证审核的策划时应考虑（　　）。（真题）

A. 管理体系在认证周期内的绩效，包括调阅以前的监督审核报告

B. 当获证组织或管理体系的运作环境有重大变更时，再认证审核活动可能需要有第一阶段审核

C. 对于多场所认证应确保现场审核具有足够的覆盖范围，以提供对认证的信任

D. 由初审的审核组实施再认证审核，以确保审核的连续性和一致性

34）在监督审核中对所发现的问题，视问题的严重程度，对获证方可以采用的处置方式包括（　　）。（真题）

A. 暂停证书　　B. 撤销证书

C. 注销证书　　D. 保持证书

35）发生以下哪些情况时，依据 ISO/IEC 17021-1，认证机构应暂停获证客户的认证资格？（　　）（真题）

A. 客户的获证管理体系持续地或严重地不满足认证要求，包括对管理体系有效性的要求

B. 获证客户不允许按要求的频次实施监督或再认证审核

C. 获证客户主动请求暂停

D. 客户未能在认证机构规定的时限内解决不符合

36）当获证客户出现下面哪些情况时，认证机构可能会对获证客户实施特殊审核？（　　）

A. 扩大管理体系认证范围，包括认证区域的变更

B. 认证准则的重大变更，如管理体系标准要求、与认证直接相关的法律法规、获证客户体系文件等认证准则的重大变更

C. 任何运行的重大变更，如重大工艺的变更

D. 重大管理体系事故、重大相关方投诉等

37）认证机构应根据每类管理体系标准的要求，针对（　　）确定能力准则。

A. 每个技术领域　　B. 认证过程中的每项职能

C. 每类认证业务范围　　D. 每小类认证业务范围

38）初次认证审核第一阶段的目的是（　　）。

A. 审查客户的文件化管理体系信息

B. 确定第二阶段的准备情况

C. 收集关于客户的管理体系范围的必要信息

D. 审查客户理解和实施标准要求的情况

39）特殊审核可能包括（　　）。

A. 扩大范围审核　　B. 不通知或较短时间通知的审核

C. 暂停恢复　　D. 补充审核

40）通过对认证人员哪些记录的审查，可以显示其能力？（　　）

A. 教育、工作经历、培训　　B. 审核经历

C. 审核报告　　D. 审核绩效评价报告

41）初次认证审核方案应包括（　　）。

A. 初次审核　　B. 产品抽样检验活动

C. 监督审核　　D. 再认证审核

3. 问答题

1）简述认证业务范围类别及认证风险分级的主要内容。

2）简述不同认证职能对知识和技能的通用要求。

3）简述对认证人员的主要评价方法。

4）简述管理体系认证的主要过程。

5）简述初次认证策划和审核实施的主要内容。

6）简述策划审核活动这个认证职能的主要工作。

7）管理体系通用认证职能有哪些？

8）认证审核第一阶段的目的是什么？第一阶段完成后，应告知客户哪些内容？

9）认证机构做出认证决定前的行动有哪些？

10）认证机构授予初次认证所需的信息有哪些？

11）在什么情况下，认证机构应暂停获证客户的认证资格？在什么情况下，认证机构应撤销或缩小客户的认证范围？

4. 综合应用题

题目1：认证审核的策划是认证审核活动中一项重要工作，需要开展的工作包括确定审核目的、范围和准则，选择审核组，编制审核计划。某认证机构现在要对××电子元器件公司进行审核，请回答下列问题：

1）审核目的、审核范围、审核准则包括哪些内容？

2）选择审核组应考虑哪些因素？

3）审核计划的内容包括哪些方面？

4）审核组任务的沟通包括哪些内容？

题目2：认证审核中，召开首次会议、召开末次会议、编写审核报告是必须进行的工作。某认证机构对××机械制造公司进行了审核，请回答下列问题：

1）首次会议的内容有哪些？首次会议有哪些要求？

2）末次会议的内容有哪些？末次会议有哪些要求？

3）审核报告的内容有哪些？审核报告分发的要求有哪些？

题目3：认证审核过程中，获取和验证信息、确定和记录审核发现、准备审核结论是必须进行的工作。某认证机构对××电工实业有限公司进行了初次认证第二阶段审核，请回答下列问题：

1）应获取哪些信息？如何使获取的信息成为审核证据？有哪些获取信息的方法？

2）确定和记录审核发现有哪些要求？

3）什么时间准备审核结论？怎样准备审核结论？

题目4：对于保持认证的客户，认证机构进行监督活动、监督审核、再认证是必须的。某认证机构针对××机械制造有限公司保持认证，请回答下列问题：

1）监督活动包括哪些方面？

2）监督审核应对哪些方面进行审查？

3）再认证审核的策划要注意哪些事项？

4）再认证审核应对哪些方面进行现场审核？

答案点拨解析

1. 单项选择题

题号	答案	解析
1	B	见本书5.5.2节之4之2）（GB/T 27021.1标准9.2.3.2条款）
2	D	见本书5.5.2节之4之4）（GB/T 27021.1标准9.2.3.4条款）
3	A	见本书5.5.2节之4之1）（GB/T 27021.1标准9.2.3.1条款）
4	D	见本书5.5.2节之4之4）（GB/T 27021.1标准9.2.3.4条款）
5	A	见本书5.5.3节之1之3）（GB/T 27021.1标准9.3.1.2.4条款）
6	B	理解题，见本书5.5.2节之4之4）（GB/T 27021.1标准9.2.3.4条款）：认证机构应提前与客户就审核计划进行沟通，并商定审核日期。沟通的过程中，客户（受审核方）对审核计划进行确认
7	B	见本书5.2.2节之2表5-2（即GB/T 27021.1标准表A.1）。复核审核报告并做出认证决定的人员应具有的知识和技能包括4个方面：审核原则、实践和技巧的知识，特定管理体系标准和（或）规范性文件的知识，认证机构过程的知识，客户业务领域的知识
8	C	见本书5.5.1节之2之4）（GB/T 27021.1标准9.1.3.3条款）

（续）

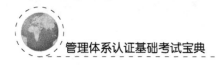

题号	答案	解析
9	C	见本书5.5.3节之2之1）（GB/T 27021.1标准9.3.1.3条款）
10	C	见本书5.5.1节之2之2）（GB/T 27021.1标准9.1.3.2条款）
11	B	见本书5.5.1节之2之1）（GB/T 27021.1标准9.1.3.1条款）
12	A	见本书5.1节
13	C	见本书5.2.1节。管理体系通用认证职能包括5项：认证申请评审、选择审核组、策划审核活动、审核实施、认证决定
14	B	见本书5.2.1节表5-1
15	A	见本书5.4.2节方框中GB/T 27021.1标准附录B之B.4最后一句话
16	D	见本书5.2.1节表5-1
17	C	见本书5.4.2节
18	D	见本书5.4.2节
19	A	见本书5.4.2节方框中GB/T 27021.1标准附录B之B.5
20	A	见本书5.2.2节之1方框中GB/T 27021.1标准3.7条款
21	A	见本书5.2.2节之1方框中GB/T 27021.1标准7.1.2条款
22	A	见本书5.5节
23	D	见本书5.5.5节之1（GB/T 27021.1标准5.1.3条款），与认证有关的决定包括授予、拒绝、保持认证，扩大或缩小认证范围，更新、暂停、在暂停后恢复、撤销认证
24	C	见本书5.5.1节方框中GB/T 27021.1标准9.1.3.3条款
25	D	见本书5.5.6节之1之3）（GB/T 27021.1标准9.6.4条款）
26	B	见本书5.5.1节方框中GB/T 27021.1标准9.1.3.1条款
27	B	见本书5.5.1节方框中GB/T 27021.1标准9.1.3.1条款
28	A	见本书5.5.1节方框中GB/T 27021.1标准9.1.3.1条款
29	C	见本书5.5.1节方框中GB/T 27021.1标准9.1.4.2条款
30	C	见本书5.5.1节方框中GB/T 27021.1标准9.1.5条款
31	D	见本书5.5.1节方框中GB/T 27021.1标准9.1.5条款
32	A	见本书5.5.2节方框中GB/T 27021.1标准9.2.1.1条款：审核目的应由认证机构确定。审核范围和准则，包括任何更改，应由认证机构在与客户商讨后确定
33	D	见本书5.5.2节方框中GB/T 27021.1标准9.2.1.1条款
34	D	见本书5.5.2节方框中GB/T 27021.1标准9.2.1.1条款
35	D	见本书5.5.2节方框中GB/T 27021.1标准9.2.1.1条款

（续）

题号	答案	解析
36	C	理解题，见本书 5.5.2 节方框中 GB/T 27021.1 标准 9.2.2.1.4 条款：实习审核员可以参与审核，此时要指派一名审核员作为评价人员。评价人员应有能力接管实习审核员的任务，并对实习审核员的活动和审核发现最终负责
37	B	见本书 5.5.2 节方框中 GB/T 27021.1 标准 9.2.2.1.1 条款
38	B	见本书 5.5.2 节方框中 GB/T 27021.1 标准 9.2.2.2.2 条款
39	B	见本书 5.5.2 节方框中 GB/T 27021.1 标准 9.2.2.2.2 条款之“注”
40	A	见本书 5.5.2 节方框中 GB/T 27021.1 标准 9.2.2.2.1 条款之“注”
41	B	见本书 5.5.2 节方框中 GB/T 27021.1 标准 9.2.2.1.2 条款之“注”
42	C	见本书 5.5.2 节方框中 GB/T 27021.1 标准 9.2.2.1.4 条款
43	C	见本书 5.5.2 节方框中 GB/T 27021.1 标准 9.2.2.2.3 条款
44	B	理解题，见本书 5.5.2 节方框中 GB/T 27021.1 标准 9.2.3.4 条款
45	A	理解题，见本书 5.5.2 节方框中 GB/T 27021.1 标准 9.2.3.4 条款
46	C	理解题，见本书 5.5.3 节方框中 GB/T 27021.1 标准 9.3.1 条款。管理体系的初次认证审核应分两个阶段实施：第一阶段和第二阶段。两个阶段的审核都属于初次认证审核。无初访、预审核之说
47	B	见本书 5.5.3 节方框中 GB/T 27021.1 标准 9.3.1.4 条款。
48	A	理解题，结合本书 5.5.2 节方框中 GB/T 27021.1 标准 9.2.2 条款、9.2.3.5 条款理解
49	A	见本书 5.5.3 节之 1，第一阶段文件评审的目的是确定文件所述的体系与审核准则的符合性/适宜性
50	B	见本书 5.5.3 节方框中 GB/T 27021.1 标准 9.3.1.2.3 条款之“注”
51	B	见本书 5.5.3 节方框中 GB/T 27021.1 标准 9.3.1.2.4 条款
52	A	见本书 5.5.3 节方框中 GB/T 27021.1 标准 9.3.1.2.2 条款 d)
53	B	管理体系范围的确定在第一阶段进行，见本书 5.5.3 节方框中 GB/T 27021.1 标准 9.3.1.2.2 条款 d)
54	C	第一阶段的输出不必满足审核报告的所有要求，见本书 5.5.3 节方框中 GB/T 27021.1 标准 9.3.1.2.3 条款之“注”
55	D	见本书 5.5.4 节方框中 GB/T 27021.1 标准 9.4.2 条款
56	A	结合本书 5.5.4 节方框中 GB/T 27021.1 标准 9.4.2 条款、9.4.7.1 条款来判断
57	C	见本书 5.5.4 节方框中 GB/T 27021.1 标准 9.4.2 条款
58	C	见本书 5.5.4 节方框中 GB/T 27021.1 标准 9.4.2 条款
59	A	见本书 5.5.4 节方框中 GB/T 27021.1 标准 9.4.3.2 条款

（续）

题号	答案	解析
60	B	见本书 5.5.4 节方框中 GB/T 27021.1 标准 9.4.8.1 条款：审核组可以识别改进机会，但不应提出具体解决办法的建议
61	D	见本书 5.5.4 节方框中 GB/T 27021.1 标准 9.4.5.4 条款
62	B	见本书 5.5.4 节方框中 GB/T 27021.1 标准 9.4.5.3 条款
63	D	见本书 5.5.4 节方框中 GB/T 27021.1 标准 9.4.7.1 条款
64	C	见本书 5.5.4 节方框中 GB/T 27021.1 标准 9.4.8.1 条款
65	A	见本书 5.5.4 节方框中 GB/T 27021.1 标准 9.4.8.1 条款
66	D	见本书 5.5.4 节方框中 GB/T 27021.1 标准 9.4.8.1 条款
67	C	见本书 5.5.4 节方框中 GB/T 27021.1 标准 9.4.8.2 条款
68	C	见本书 5.5.4 节方框中 GB/T 27021.1 标准 9.4.9 条款
69	C	见本书 5.5.4 节方框中 GB/T 27021.1 标准 9.4.9 条款
70	A	见本书 5.5.4 节之 9 之 2)：纠正措施的验证方式主要取决于不符合的严重程度
71	B	见本书 5.5.4 节之 9 之 2)
72	B	见本书 5.5.4 节之 9 之 2)
73	A	见本书 5.5.4 节方框中 GB/T 27021.1 标准 9.4.10 条款
74	A	见本书 5.5.4 节方框中 GB/T 27021.1 标准 9.4.10 条款之“注”
75	D	见本书 5.5.5 节方框中 GB/T 27021.1 标准 9.5.1.1 条款
76	B	见本书 5.5.5 节方框中 GB/T 27021.1 标准 9.5.1.1 条款
77	B	见本书 5.5.5 节之 1 之 3)
78	D	见本书 5.5.5 节之 1 之 1)，与认证有关的决定包括授予、拒绝、保持认证，扩大或缩小认证范围，更新、暂停、在暂停后恢复、撤销认证
79	D	见本书 5.5.5 节方框中 GB/T 27021.1 标准 9.5.2 条款
80	D	见本书 5.5.5 节方框中 GB/T 27021.1 标准 9.5.3.2 条款
81	C	见本书 5.5.5 节方框中 GB/T 27021.1 标准 9.5.3.2 条款
82	B	结合本书 5.5.5 节方框中 GB/T 27021.1 标准 9.5.4、9.6.3 条款来判断
83	A	见本书 5.5.5 节方框中 GB/T 27021.1 标准 9.5.4 条款
84	D	见本书 5.5.6 节方框中 GB/T 27021.1 标准 9.6.1 条款
85	D	理解题，结合本书 5.5.6 节之 1 之 2)、GB/T 27021.1 标准 9.6.2.2 条款来理解
86	A	理解题，结合本书 5.5.6 节之 1、GB/T 27021.1 标准 9.6.2 条款来理解
87	B	理解题，再认证审核是对完整体系的审核，再认证审核需要进行文件评审，再认证审核与初次审核的审核内容和方法不尽相同
88	B	见本书 5.5.6 节方框中 GB/T 27021.1 标准 9.6.3.1.3 条款

（续）

题号	答案	解析
89	B	持续维持认证资格的认证是再认证，见本书5.5.6节方框中GB/T 27021.1标准9.6.3条款
90	C	结合本书5.5.6节方框中GB/T 27021.1标准9.6.5.5条款理解。外包过程，应纳入环境/质量管理体系范围内，不能去掉。GB/T 19001标准8.4.2条款之a）确保外部提供的过程保持在其质量管理体系的控制之中
91	B	见本书5.5.6节方框中GB/T 27021.1标准9.6.5.4条款之“注”
92	C	见本书5.5.4节方框中GB/T 27021.1标准9.4.3.3条款
93	D	见本书5.5.6节方框中GB/T 27021.1标准9.6.5.2条款
94	B	理解题，见本书5.5.1节方框中GB/T 27021.1标准9.1.3.3条款：监督审核应至少每个日历年（应进行再认证的年份除外）进行一次。初次认证后的第一次监督审核应在认证决定日期起12个月内进行。标准中只对初次认证后的第一次监督审核的时间有明确的规定
95	D	理解题，再认证审核时间既要满足“监督审核应至少每个日历年进行一次”的要求，又要满足“认证到期前进行再认证审核”的要求
96	B	见本书5.5.1节方框中GB/T 27021.1标准9.1.3.3条款：初次认证后的第一次监督审核应在认证决定日期起12个月内进行
97	B	见本书5.5.6节方框中GB/T 27021.1标准9.6.3.2.2条款：对于严重不符合，认证机构应规定实施纠正与纠正措施的时限。这些措施应在认证到期前得到实施和验证
98	B	见本书5.5.1节方框中GB/T 27021.1标准9.1.3.2条款：第一个三年的认证周期从初次认证决定算起。**以后的周期从再认证决定算起**。本书5.5.6节方框中GB/T 27021.1标准9.6.3.2.3条款：如果在当前认证的终止日期前成功完成了再认证活动，**新认证的终止日期可以基于当前认证的终止日期**。新证书上的颁证日期应不早于再认证决定日期。结合这两个条款，选择B
99	A	见本书5.5.1节方框中GB/T 27021.1标准9.1.3.2条款：第一个三年的认证周期从初次认证决定算起。**以后的周期从再认证决定算起**。本书5.5.6节方框中GB/T 27021.1标准9.6.3.2.5条款：在认证到期后，如果认证机构能够在6个月内完成未尽的再认证活动，则可以恢复认证，否则应至少进行一次第二阶段才能恢复认证。证书的生效日期应不早于再认证决定日期，**终止日期应基于上一个认证周期**。结合这两个条款，选择A
100	D	见本书5.2.2节之2表5-2
101	D	见本书5.4.2节方框中GB/T 27021.1标准附录B之B.6

（续）

题号	答案	解析
102	D	见本书5.5.6节方框中GB/T 27021.1标准9.6条款：保持认证的活动包括监督活动、再认证、特殊审核、暂停、撤销或缩小认证范围
103	B	见本书5.5.2节方框中GB/T 27021.1标准9.2.2.2.2条款

2. 多项选择题

题号	答案	解析
1	AD	见本书5.2.1节表5-1
2	BCD	见本书5.5.1节之2之2）（GB/T 27021.1标准9.1.3.2条款）
3	ACD	见本书5.2.1节表5-1
4	ABD	见本书5.2.2节之2表5-2（即GB/T 27021.1标准表A.1）。复核审核报告并做出认证决定的人员应具有的知识和技能包括4个方面：审核原则、实践和技巧的知识，特定管理体系标准和（或）规范性文件的知识，认证机构过程的知识，客户业务领域的知识
5	ABC	见本书5.2.2节之2
6	ABCD	见本书5.2.1节
7	ABCD	见本书5.2.2节之2表5-2及GB/T 27021.1标准附录A.2
8	ABC	见本书5.4.2节GB/T 27021.1标准附录B.3
9	ABCD	见本书5.4.2节
10	ABCD	见本书5.5节表5-3
11	ABCD	见本书5.5.6节之1
12	BC	见本书5.5.5节之2之2）
13	AD	见本书5.5.5节之2之2）
14	ACD	见本书5.5.1节方框中GB/T 27021.1标准9.1.3.2条款
15	ABC	见本书5.5.1节方框中GB/T 27021.1标准9.1.3条款
16	ABC	见本书5.5.1节方框中GB/T 27021.1标准9.1.4.2条款之注1、注2，以及9.1.4.4条款
17	ABCD	见本书5.5.1节方框中GB/T 27021.1标准9.1.4.2条款
18	ABCD	见本书5.5.2节方框中GB/T 27021.1标准9.2.2.2.1条款之“注”：观察员可以是客户组织的成员、咨询人员、实施见证的认可机构人员、监管人员或其他有合理理由的人员
19	ABC	见本书5.5.2节方框中GB/T 27021.1标准9.2.2.1.2条款

（续）

题号	答案	解析
20	BD	理解题，见本书5.5.2节方框中GB/T 27021.1标准9.2.2条款
21	BCD	理解题，从本书5.5.2节方框中GB/T 27021.1标准9.2.3.4条款知，现场审核前，需将审核计划通知受审核方，B、C、D项不需通知受审核方
22	ABC	见本书5.5.3节方框中GB/T 27021.1标准9.3.1.2.2条款
23	ABCD	见本书5.5.3节方框中GB/T 27021.1标准9.3.1.3条款
24	ABCD	见本书5.5.4节方框中GB/T 27021.1标准9.4.2条款
25	ABC	见本书5.5.4节方框中GB/T 27021.1标准9.4.2条款
26	BCD	见本书5.5.4节方框中GB/T 27021.1标准9.4.4.1条款
27	ABD	审核员不应该对发现的不合格项指定纠正措施
28	ACD	见本书5.5.5节方框中GB/T 27021.1标准9.5.3.1条款
29	ABD	见本书5.5.5节方框中GB/T 27021.1标准9.5.3.1条款
30	BCD	见本书5.5.5节方框中GB/T 27021.1标准9.5.4条款
31	ABCD	见本书5.5.6节方框中GB/T 27021.1标准9.6.2.1.2条款
32	ABCD	见本书5.5.6节方框中GB/T 27021.1标准9.6.2.1.2条款
33	ABC	理解题，结合本书5.5.6节方框中GB/T 27021.1标准9.6.3.1.2、9.6.3.1.3条款理解。多场所认证应确保现场审核具有足够的覆盖范围。没有标准规定由初审的审核组实施再认证审核
34	ABD	根据监督审核结果，认证机构可以保持、暂停、撤销或缩小认证范围，没有注销这种方式
35	ABC	见本书5.5.6节方框中GB/T 27021.1标准9.6.5.2条款
36	ABCD	见本书5.5.6节之1之3）
37	AB	见本书5.2.2节方框中GB/T 27021.1标准7.1.2条款
38	ABCD	见本书5.5.3节方框中GB/T 27021.1标准9.3.1.2.2条款
39	AB	见本书5.5.6节方框中GB/T 27021.1标准9.6.4条款：特殊审核包括扩大认证范围、提前较短时间通知的审核
40	ABCD	见本书5.4.2节方框中GB/T 27021.1标准附录B之B.2
41	ACD	见本书5.5.1节方框中GB/T 27021.1标准9.1.3.2条款

3. 问答题

1）见本书5.1节。

①认证业务范围类别主要内容。

认证业务范围分类是认证机构实施能力管理的基础。国际认可论坛IAF ID1《质量和环境管理体系认可范围》、我国的《认证机构认可规则》将所有管理体系认证业务范围分为 39 大类，包括 280 个中类和 615 个小类。这种分类源于《欧共体经济活动统计分类》（第二版）。质量管理体系（QMS）、环境管理体系（EMS）和职业健康安全管理体系（OHSMS）的认证业务范围就是按此分类。认可机构依据 39 大类对认证机构进行认可范围管理。认证机构需要依据 39 大类向认可机构申请认可范围。

某些特定行业认证业务范围分类，如 TL 9000 电信行业、ISO 22000 食品安全领域，应考虑认证制度所有者的规定、行业特点和认可机构发布的相应文件。

② 认证风险分级的主要内容。

由于各类业务活动涉及的人员、过程、场所、环境及法规要求等方面存在差异，因此认证机构有必要将业务范围区分为不同风险级别，并加以管理。认证机构可根据技术领域分析和特定管理体系领域的特点，对具体的认证业务范围进行风险分级。

认证业务范围风险级别的表现方式可以是高风险、中风险、低风险，或一级风险、二级风险、三级风险、有限风险、特殊风险等。风险等级不同，对其控制的方式和程度也不同，实施高风险业务范围的审核，则要求配备具有相应能力的审核组，审核时间也会更长。

2）见本书 5.2.2 节之 2。

GB/T 27021.1 在附录 A 中，对认证机构中不同认证职能提出了知识和技能的要求，见本书 5.2.2 节之 2 表 5-2。

3）见本书 5.4.2 节。

认证人员能力评价方法包括记录审查、意见反馈、面谈、观察和考试五种方式。

4）见本书 5.5 节。

管理体系认证有 6 个主要过程：认证前的活动、初次认证策划、审核实施、认证决定、监督认证和再认证。

5）见本书 5.5 节表 5-3。

初次认证策划和审核实施的主要内容有：

① 确定审核目的、范围和准则。

② 选择审核组。

③ 编制审核计划。

④ 初次认证第一阶段。

⑤ 初次认证第二阶段。

6）见本书 5.2.1 节表 5-1。

策划审核活动这个认证职能的主要工作有：

① 确定审核范围。

② 评审实施历史状况。

③ 确认资源需求。

④ 建立或确认审核策略和方法。

⑤ 分配审核组角色、责任和活动。

⑥ 建立审核计划。

⑦ 评审审核的后勤安排。

⑧ 考虑历次审核和纠正措施的结果。

⑨ 考虑相关的法规要求。

⑩ 策划审核组准备会。

7）见本书5.2.1节。

管理体系通用认证职能有认证申请评审、选择审核组、策划审核活动、审核实施、认证决定。

8）见本书5.5.3节GB/T 27021.1标准9.3.1.2.2、9.3.1.2.3条款。

① 第一阶段的目的为：

a）审查客户的文件化的管理体系信息。

b）评价客户现场的具体情况，并与客户的人员进行讨论，以确定第二阶段的准备情况。

c）审查客户理解和实施标准要求的情况，特别是对管理体系的关键绩效或重要的因素、过程、目标和运作的识别情况。

d）收集关于客户的管理体系范围的必要信息，包括：

——客户的场所。

——使用的过程和设备。

——所建立的控制的水平（特别是客户为多场所时）。

——适用的法律法规要求。

e）审查第二阶段所需资源的配置情况，并与客户商定第二阶段的细节。

f）结合管理体系标准或其他规范性文件充分了解客户的管理体系和现场运作，以便为策划第二阶段提供关注点。

g）评价客户是否策划和实施了内部审核与管理评审，以及管理体系的实施程度能否证明客户已为第二阶段做好准备。

② 认证机构应将第一阶段目的是否达到及第二阶段是否准备就绪的书面结论告知客户，包括识别任何引起关注的、在第二阶段可能被判定为不符合的问题。

9）见本书5.5.5节GB/T 27021.1标准9.5.2条款，这里不再重复。

10）见本书5.5.5节GB/T 27021.1标准9.5.3条款，这里不再重复。

11）见本书5.5.6节GB/T 27021.1标准9.6.5.2、9.6.5.4、9.6.5.5条款。

① 发生以下情况（但不限于）时，认证机构应暂停获证客户的认证资格：

a）客户的获证管理体系持续地或严重地不满足认证要求，包括对管理体系有效性的要求。

b）获证客户不允许按要求的频次实施监督或再认证审核。

c）获证客户主动请求暂停。

② 如果造成暂停的问题已解决，认证机构应恢复被暂停的认证。如果客户未能在认证机构规定的时限内解决造成暂停的问题，认证机构应撤销或缩小其认证范围。

③ 如果客户在认证范围的某些部分持续地或严重地不满足认证要求，认证机构应缩小其认证范围，以排除不满足要求的部分。认证范围的缩小应与认证标准的要求一致。

4. 综合应用题

题目 1：见本书 5.5.2 节 GB/T 27021.1 标准 9.2.1、9.2.2、9.2.3.2、9.2.3.3 条款。

1）审核目的、审核范围、审核准则包括的内容如下：

① 审核目的应说明审核要完成什么，并应包括下列内容：

a）确定客户管理体系或其部分与审核准则的符合性。

b）确定管理体系确保客户满足适用的法律、法规及合同要求的能力。

c）确定管理体系在确保客户可以合理预期实现其规定目标方面的有效性。

d）适用时，识别管理体系的潜在改进区域。

② 审核范围应说明审核的内容和界限，例如拟审核的场所、组织单元、活动及过程。

③ 审核准则应被用作确定符合性的依据，并应包括：

a）所确定的管理体系规范性文件的要求。

b）所确定的由客户制定的管理体系的过程和文件。

2）选择审核组应考虑的因素：

① 根据实现审核目的所需的能力以及公正性要求选择和任命审核组。如果仅有一名审核员，该审核员应有能力履行适用于该审核的审核组长职责。

② 决定审核组的规模和组成时，应考虑下列因素：

a）审核目的、范围、准则和预计的审核时间。

b）是否是结合、联合或一体化审核。

c）实现审核目的所需的审核组整体能力。

d）认证要求（包括任何适用的法律、法规或合同要求）。

e）语言和文化。

③ 如果审核组中的审核员不具备必要的能力，则应使用具有相关能力的技

术专家来支持审核组。

3）审核计划应与审核目的和范围相适应。审核计划至少应包括或引用：

① 审核目的。

② 审核准则。

③ 审核范围，包括识别拟审核的组织和职能单元或过程。

④ 拟实施现场审核活动（适用时，包括对临时场所的访问和远程审核活动）的日期和场所。

⑤ 预计的现场审核活动持续时间。

⑥ 审核组成员及与审核组同行的人员（例如观察员或翻译）的角色和职责。

4）认证机构应明确说明审核组的任务。认证机构应要求审核组：

① 检查和验证客户与管理体系标准相关的结构、方针、过程、程序、记录及相关文件。

② 确定上述方面满足与拟认证范围相关的所有要求。

③ 确定客户组织有效地建立、实施并保持了管理体系过程和程序，以便为建立对客户管理体系的信任提供基础。

④ 告知客户其方针、目标及指标的任何不一致，以使其采取措施。

题目 2：此题的答案涉及第 5 章、第 9 章的内容。

1）首次会议的内容参见本书 5.5.4 节 GB/T 27021.1 标准 9.4.2 条款；首次会议的要求参见本书 9.4.2 节之 3。内容明确，这里不再重复。

2）末次会议的内容参见本书 5.5.4 节之 6。末次会议的主要内容包括：

① 重申审核的目的、准则、范围。

② 简要介绍审核过程。

③ 报告审核发现。

④ 澄清有关问题。

⑤ 说明审核抽样的局限性。必要时，审核组长应告知受审核方在审核过程中遇到的问题。

⑥ 降低审核结论可信程度的情况。

⑦ 宣布审核结论，包括关于认证的推荐性意见。

⑧ 说明审核报告发放日期。

⑨ 提出对不符合项的纠正措施要求。

⑩ 重申审核组公正性保密的承诺。

⑪ 证后监督及认证证书使用规定说明（结论为推荐通过认证/注册时）。

末次会议的要求参见本书 9.4.9 节之 3，这里不再重复。

3）审核报告的内容参见本书 5.5.4 节 GB/T 27021.1 标准 9.4.8.2、9.4.8.3 条款，这里不再重复。

审核报告分发的要求参见本书 9.5.2 节。审核报告分发的要求有：

① 审核报告应在商定的时间期限内提交。如果延迟，应向受审核方和审核方案管理人员通告原因。

② 审核报告应按审核方案的规定注明日期，并经适当的评审和批准。

③ 审核报告应分发至审核方案或审核计划规定的有关相关方。对第三方认证审核，认证机构应为每次审核向客户提供书面审核报告。

④ 在分发审核报告时，应考虑采取适当措施确保保密。

题目 3：此题的答案涉及第 5 章。

1）参见本书 5.5.4 节 GB/T 27021.1 标准 9.4.4 条款。

① 在审核中应通过适当的抽样来获取与审核目的、范围和准则相关的信息（包括与职能、活动和过程之间的接口有关的信息），并对这些信息进行验证，使之成为审核证据。

② 信息获取方法应包括（但不限于）：

a）面谈；

b）对过程和活动进行观察；

c）审查文件和记录。

2）参见本书 5.5.4 节 GB/T 27021.1 标准 9.4.5 条款。

① 应确定审核发现（概述符合性并详细描述不符合），并予以分级和报告，以能够为认证决定或保持认证提供充分的信息。

② 可以识别和记录改进机会，除非某一管理体系认证方案的要求禁止这样做。但是属于不符合的审核发现不应作为改进机会予以记录。

③ 关于不符合的审核发现应对照具体要求予以记录，包含对不符合的清晰陈述（详细标识不符合所基于的客观证据）。应与客户讨论不符合，以确保证据准确且不符合得到理解。但是，审核员应避免提示不符合的原因或解决方法。

④ 审核组长应尝试解决审核组与客户之间关于审核证据或审核发现的任何分歧意见，未解决的分歧点应予以记录。

3）参见本书 5.5.4 节 GB/T 27021.1 标准 9.4.6 条款。

在末次会议前，由审核组长负责准备审核结论，审核组应：

① 对照审核目的和审核准则，审查审核发现和审核中获得的任何其他适用的信息，并对不符合分级。

② 考虑审核过程中固有的不确定性，就审核结论达成一致。

③ 就任何必要的跟踪活动达成一致。

④ 确认审核方案的适宜性，或识别任何为将来的审核所需要的修改（例如认证范围、审核时间或日期、监督频次、审核组能力）。

题目 4：此题的答案涉及第 5 章。

1）参见本书5.5.6节GB/T 27021.1标准9.6.2.1条款。

监督活动应包括对获证客户管理体系满足认证标准规定要求情况的现场审核。监督活动还可以包括：

① 认证机构就认证的有关方面询问获证客户。

② 审查获证客户对其运作的说明（如宣传材料、网页）。

③ 要求获证客户提供文件化信息（纸质或电子介质）。

④ 其他监视获证客户绩效的方法。

2）参见本书5.5.6节GB/T 27021.1标准9.6.2.2条款。

监督审核是现场审核，但不一定是对整个体系的审核，并应与其他监督活动一起策划，以使认证机构能对获证客户管理体系在认证周期内持续满足要求保持信任。相关管理体系标准的每次监督审核应包括对以下方面的审查：

① 内部审核和管理评审。

② 对上次审核中确定的不符合采取的措施。

③ 投诉的处理。

④ 管理体系在实现获证客户目标和各管理体系的预期结果方面的有效性。

⑤ 为持续改进而策划的活动的进展。

⑥ 持续的运作控制。

⑦ 任何变更。

⑧ 标志的使用和（或）任何其他对认证资格的引用。

3）参见本书5.5.6节GB/T 27021.1标准9.6.3.1条款。

① 再认证审核的目的是确认管理体系作为一个整体的持续符合性与有效性，以及与认证范围的持续相关性和适宜性。认证机构应策划并实施再认证审核，以评价获证客户是否持续满足相关管理体系标准或其他规范性文件的所有要求。上述策划和实施应及时进行，以便认证能在到期前及时更新。

② 再认证活动应考虑管理体系在最近一个认证周期内的绩效，包括调阅以前的监督审核报告。

③当管理体系、组织或管理体系的运作环境（如法律的变更）有重大变更时，再认证审核活动可能需要有第一阶段。

4）参见本书5.5.6节GB/T 27021.1标准9.6.3.2.1条款。

再认证审核应包括针对下列方面的现场审核：

① 结合内部和外部变更来看的整个管理体系的有效性，以及认证范围的持续相关性和适宜性。

② 经证实的对保持管理体系有效性并改进管理体系，以提高整体绩效的承诺。

③ 管理体系在实现获证客户目标和管理体系预期结果方面的有效性。

第 6 章 管理体系专项认证技术

考试大纲要求

1）审核方案的功能、基本要求和管理方法。

2）认证范围、审核范围的确定方法及其相互关系。

3）审核时间的确定方法。

4）多场所审核与认证方法。

5）管理体系认证结合审核的应用方法。

6）基于过程方法的管理体系审核方法。

考点知识讲解

审核方案管理在第 8 章讲解，本章讲述认证范围与审核范围确定方法、审核时间的确定方法、多场所审核与认证方法、管理体系认证结合审核（多体系审核）应用方法、基于过程的质量管理体系审核方法。

6.1 认证范围与审核范围确定方法

1. 认证范围

《管理体系认证基础》一书对认证范围的定义是：认证范围是第三方认证机构提供证明，承担证明责任的范围，要在认证文件或证书上准确表述。

认证范围是认证机构担保的受审核方的管理体系覆盖的范围，包括体系覆盖的产品、类型、主要的实现过程、区域以及所依据的标准等。认证范围用于认证注册的目的，通常体现在认证证书上。

认证文件或证书上认证范围信息包括：

1）获证客户的名称和地理位置，对于多场所情况，认证范围包括总部和所有场所的地理位置。

2）与活动、产品和服务类型等相关的认证范围，包括每个场所相应的活动、产品和服务范围。

3）获证客户所用的管理体系标准和（或）其他规范性文件，包括发布状态的标识（例如修订时间或编号）。

4）认证生效日期，认证有效期或与认证周期一致的应进行再认证的日期。

5）授予认证、扩大或缩小认证范围、更新认证的生效日期。

2. 审核范围

下面方框中的内容是 GB/T 19011—2021/ISO 19011：2018 对审核范围的定义。

> **3.5　审核范围**
>
> 审核（3.1）的内容和界限。
>
> 注1：审核范围通常包括对实际和虚拟位置、职能、组织单元、活动和过程以及所覆盖的时期的描述。
>
> 注2：虚拟位置是指组织执行工作或提供服务所使用的在线环境，该在线环境允许无论实际位置如何的个人执行过程。

1）审核范围是指审核的内容和界限，例如：组织的实际和虚拟位置、职能、组织单元、受审核的活动和过程以及审核所覆盖的时期。每次认证审核范围的策划与审核目的、审核计划、特定管理体系认证制度的要求、审核方案的安排相关。

2）审核范围通常包括实际和虚拟位置、职能、组织单元、活动和过程及所覆盖的时期。

①“实际位置”是指受审核方所处的地理位置或其活动发生的场所位置，包括固定的、流动的和临时的位置。例如，某化工厂坐落的地址、某航空公司的航线（流动位置是指在场所之外的活动与过程发生的位置，除航线外，还有旅游线路、运输服务等）、某施工单位的施工现场等。

“虚拟位置”是指组织执行工作或提供服务所使用的在线环境，该在线环境允许无论实际位置如何的个人执行过程。

②“职能、组织单元”是指受审核的管理体系所涉及的组织的部门或职能或岗位，如组织的管理层、产品开发部、采购部、质量部、金工车间，或针对特定任务成立的临时性组织形式，如项目部、课题组等。

③“活动和过程”指的是受审核的管理体系所涉及的活动和过程。尤其要关注与产品重要特性、重要环境因素、高职业伤害风险直接相关的过程和活动。与此相关的活动与过程如果没有纳入审核范围，将直接影响审核的可信度。

在确定审核范围时，还需要考虑那些在组织固定场所之外进行的活动或过程（如运输服务、建筑施工项目等），以及分包给外包方实施的活动和过程。

④“覆盖的时期”是指审核需要追溯的时间范围。例如，某组织每年进行一次内审，则其每次内审所覆盖的时期至少为一年。

3）多体系审核范围的确定。不同的管理体系所关注的管理事项不同，以及在实施多体系审核时，可能不同的管理体系的审核目的不同，因此，其审核范围也不尽相同。任何一个管理体系都应单独明确其审核范围。

4）针对每一次具体的审核，审核范围应形成文件，包括对实际和虚拟位置、职能、组织单元、活动和过程以及所覆盖的时期的描述。

3. 审核范围和认证范围的区别与联系

认证范围是进行审核的基础，认证机构要依据认证范围来确定具体的审核范围。同时，认证机构要根据已审核的范围及审核结论，确定与批准最终的认证范围。审核范围和认证范围是不同的两个概念，《管理体系认证基础》一书从实际位置、组织单元、活动与过程、时间范围四个方面描述了审核范围和认证范围的区别与联系（见表6-1）。

表6-1 审核范围和认证范围的区别与联系的描述

项目	审核范围	认证范围	区别与联系
实际位置	审核活动涉及区域和地点	需要证明的区域和场所，通常要在认证文件或证书中表述	审核范围支撑认证范围 组织有多场所情况，抽样可能会出现审核范围小于认证范围的情况 由于组织有外包过程或对组织之外产生影响，审核范围可能超出组织的物理边界
组织单元	客户的部门、岗位和临时性小组，相关外部组织	需要证明的组织，通常要在认证文件或证书中表述	审核范围支撑认证范围
活动与过程	认证的产品和过程的展开、细化以及相关支持过程	需要证明的产品、过程，通常要在认证文件或证书中表述	审核范围支撑认证范围
时间范围	审核需要向前追溯的时间范围	认证有效期范围	一个以审核时点向前追溯，另一个以认证生效向后延续

还可以从目的与作用、范围内容描述、范围大小、时间范围、使用者等几个方面描述审核范围与认证范围的区别（见表6-2）。

表6-2　审核范围和认证范围的区别

比较项目	审核范围	认证范围
目的与作用	界定具体审核的内容的界限，用于指导具体审核活动的实施	界定受审核方的认证范围，用于认证注册的目的，证明被认证的受审核方的管理体系所覆盖的范围
范围内容描述	具体审核所包括的实际和虚拟位置、职能、组织单元、活动和过程及所覆盖的时期的详细描述	认证所依据的管理体系标准和所覆盖的产品、过程、活动、场所的概括性描述
范围大小	具体审核的审核范围与认证范围并不一定完全一致。一次具体审核的审核范围可以只覆盖部分场所。例如，监督审核的审核范围通常少于认证范围；对于多场所组织的第三方认证，由于可以进行抽样，一次具体审核的审核范围可以只覆盖部分场所。 有时审核范围大于认证范围，如分包方活动等	需要证明的产品、过程、活动、场所，通常在认证文件或证书中描述
时间范围	审核需要向前追溯的时间范围，以审核时点向前追溯	认证有效期范围，以认证生效向后延续
使用者	审核组	认证机构和获证组织

例题分析

1）（单项选择题）确定审核范围时应考虑（　　）。（真题改进）

A. 组织的实际和虚拟位置、职能、组织单元

B. 覆盖的时期

C. 组织的活动和过程

D. 以上全部

答案及分析：选择D。见本书6.1节之2（或见GB/T 19011标准3.5条款）。

2）（多项选择题）审核范围的确定应考虑（　　）。

A. 组织的实际和虚拟位置　　B. 组织的职能、组织单元

C. 组织的活动和过程　　D. 覆盖的时期

答案及分析：选择ABCD。见本书6.1节之2（或见GB/T 19011标准3.5条款）。

6.2 审核时间的确定方法

不同领域管理体系审核时间的计算方法不尽相同，但都是以管理体系的有效人数以及其他因素为基础，先计算初次审核时间，然后再计算其他类型的审核时间。本节就与审核时间有关的基本概念及初次审核、监督审核、再认证审核、临时场所审核、多场所审核和外部提供职能或过程的审核时间，进行要点讲解。

6.2.1 与审核时间有关的基本概念及应用

下面方框中的内容是 CNAS-CC105：2020《确定管理体系审核时间》中与审核时间有关的基本概念的摘录。

1.3 常设场所

客户组织（1.2）持续进行工作或提供服务的场所（有形的或虚拟的）。

1.4 虚拟场所

客户组织使用在线环境进行工作或提供服务，允许人员无须考虑有形位置或实施过程的虚拟位置。

注 1：当某过程必须在某一有形环境实现时不能将其考虑为虚拟场所，如仓储、制造、物理检测实验、安装或维修有形产品等。

注 2：一个虚拟场所（如企业互联网）被当作一个独立场所来计算审核时间。

1.5 临时场所

客户组织（1.2）为在有限的时期内进行特定工作或服务而设立的场所（有形的或虚拟的），且该场所不准备作为常设场所（1.3）。

1.6 审核时间

为客户组织策划并完成一次完整且有效的管理体系审核所需要的时间。

1.7 管理体系认证审核时间

审核时间（1.6）的一部分，包括从首次会议到末次会议之间实施审核活动的所有时间。

注：审核活动通常包括：

——举行首次会议；

——审核实施中的文件评审；

——审核中的沟通；

——向导和观察员的作用和责任；

——信息的收集和验证；

——形成审核发现；

——准备审核结论；

——举行末次会议。

1.8 审核人日

一个审核人日通常为8小时，是否可以包括午饭休息时间以当地法定要求为准。

1.9 有效人数

有效人数包括认证范围内涉及的所有人员（固定人员、临时人员和兼职人员，含每个班次的人员）。覆盖于认证范围内的非固定人员（如承包商人员）也应包括在有效人数内。

对OHSMS，也应包括可能影响到组织的OHSMS绩效，在组织控制下或受组织影响下，来自承包商或次级承包商的工作人员或开展工作相关活动的人员。

按2.3条计算有效人数。

1.10 风险类型（仅适用QMS）

对于质量管理体系，根据对客户组织的产品或服务失效带来的风险，在本文件划分为三个风险类型。风险类型可以按照高风险、中风险和低风险分为三类。高风险活动（如有关核电、医疗、制药、食品、建筑）通常需要更多的审核时间。中风险活动（如简单制造业）可能需要平均水平的审核时间来实施一次有效的审核，而低风险活动需用较少的审核时间。（见附录A表QMS 2）

1.11 复杂程度类型（仅适用于EMS）

对于环境管理体系，组织环境因素的性质、数量和严重程度对审核时间有根本影响，本文件所规定的条款基于按照组织环境因素的性质、数量和严重程度划分的五种基本的环境因素复杂程度类型。（见附录B表EMS 2）

1.12 复杂程度类型（仅适用于OHSMS）

对于OHSMS，本文件的规定是以三个主要的复杂程度类型为基础，这些类型是根据影响组织审核时间的OHS风险的性质、数量和严重程度来划分的。（见附录C表OHSMS 2）

1. 审核时间

1）审核时间是指为客户组织策划并完成一次完整且有效的管理体系审核所需要的时间。

2）CNAS-CC105标准2.1.1条款：所有类型审核的审核时间包括在客户场所（有形的或虚拟的）现场的总时间（即管理体系认证审核时间），以及在现场以外实施策划、文件审查、与客户人员之间的相互活动和编写报告等活动的时间。CNAS-CC105 标准 2.1.2 条款“注”特别说明 CNAS-CC105 标准所述的现场审核时间不包括第一阶段在现场实施的文件审查所用时间。

3）管理体系认证审核时间是审核时间的一部分，包括从首次会议到末次会议之间实施审核活动的所有时间。

CNAS-CC105 标准 2.1.2 条款：管理体系认证审核时间通常不宜少于审核时间的 80%。这适用于初次审核、监督审核和再认证审核。

4）《管理体系认证基础》一书将在不考虑增加和减少审核时间因素的条件下，按一定方法初步确定的审核时间称为**基准审核时间**，即初步确定的初次审核（第一阶段+第二阶段）的管理体系审核时间。QMS、EMS、OHSMS 基准审核时间的确定方法见 6.2.2 节（依据 CNAS-CC105 标准条款 3）。

5）CNAS-CC105 标准 2.1.3 条款：旅途（往返途中或在场所之间的途中）以及其他任何中断休息不能计入现场的管理体系认证审核时间。

2. 审核人日

1）一个审核人日通常为 8 小时，是否可以包括午饭休息时间以当地法定要求为准。

2）CNAS-CC105 标准 2.2.2 条款明确指出：不应通过增加每个工作日的工作小时数来减少审核人日数。可以考虑允许对倒班活动进行高效的审核，这可能需要在一个工作日中增加小时数。

3）CNAS-CC105 标准 2.2.3 条款：如果审核人日计算后结果包括小数，宜将其调整为最接近的**半人日数**（如将 5.3 个审核人日调整为 5.5 个审核人日，5.2 个审核人日调整为 5 个审核人日）。

4）CNAS-CC105 标准 2.2.4 条款：为了帮助保证审核的有效性，认证机构宜同时考虑审核组的构成以及审核组的规模（如 2 个审核员 0.5 天的有效性可能不如 1 个审核人日由 1 个审核员领导 1 个技术专家在 1 天完成，而后种情况的有效性强于 1 个审核员不带技术专家的情况）。

3. 有效人数

1）有效人数包括认证范围内涉及的所有人员（固定人员、临时人员和兼职人员，含每个班次的人员）。覆盖于认证范围内的非固定人员（如承包商人员）也应包括在有效人数内。

2）CNAS-CC105 标准 2.3.1 条款：有效人数是用以计算管理体系审核时间的基础。确定有效人数时，包括考虑兼职人员和部分处于范围中的雇员，倒班工作，行政工作和全部类别的办公室职员，相似或重复过程以及在一些国家雇佣大量非熟练人员的情况。

如果是季节性运营的情况（例如，收获活动、度假村或度假旅馆等），计算有效人数应以典型生产季节高峰的人员为计算基础。

3）CNAS-CC105 标准 2.3.2 条款：认证机构应能提供确定有效人数的正当理由。

4）CNAS-CC105 标准 2.3.3 条款描述了对兼职人员和部分处于范围中的雇员的处理：根据实际工作的小时数，兼职人员的数量和部分处于范围中的雇员数可以减少或增加并换算成等效的全职人员数量（如 30 名每天工作 4 小时的兼职人员，相当于 15 名全职人员）。

5）CNAS-CC105 标准 2.3.5 条款描述了对倒班雇员的处理：认证机构应确定审核的持续时间和时机，以对有关客户全部活动范围的管理体系实施最为有效的评价，包括需要对正常工作时间之外的以及各种倒班模式的审核。应与客户就此达成一致。

《审核概论》一书这样处理倒班情况：当体系运行的重要部分是倒班的形式，雇员总数应按如下公式计算：

$$雇员总数 = 不倒班的雇员人数 + \frac{倒班的雇员人数}{倒班数 - 1}$$

这样计算的前提是不同的班次之间活动的类型与强度无重大区别。

6.2.2 管理体系认证初次审核时间

1. 基准审核时间的确定

1）不同的管理体系依据其行业特点、风险高低、过程复杂程度等因素，以认证范围内的有效员工数为基点，确定基准审核时间，即初步确定的初次审核（第一阶段 + 第二阶段）的管理体系审核时间。

基准审核时间是计算审核时间的起始点，考虑相关的调整因素，对基准审核时间进行调整（增加/减少）（见下面 2），就得出具体的审核时间。CNAS-CC105 标准 3.9 条款中要求管理体系审核时间调整时，减少量不应超过 30%。认证机构宜确保任何审核时间的变化都不影响审核的有效性。

审核时间不应计入实习审核员、观察员或技术专家的工作时间（CNAS-CC105 标准 3.8 条款）。

2）对于多数需在现场实施第一阶段审核的情况，第一阶段现场审核所需的审核时间一般不宜少于 1 个审核人日。对于人数较少（如有效雇员的数量少于 10 人的组织）、风险较低的受审核组织可适当降低至 0.5 个人日。

3）对于已经实施了第一阶段现场审核的项目，第二阶段审核所用审核时间不宜低于第一阶段和第二阶段总的审核时间的 70%。

部分非现场实施第一阶段审核的情况，第二阶段现场审核所需的审核时间，《管理体系认证基础》一书要求不宜低于第一阶段和第二阶段总审核时间的 80% ~90%（《审核概论》一书要求不宜低于总审核时间的 80%）。

4）《审核概论》一书就应用计算机辅助审核技术（CAAT）的审核时间做

了说明：应用计算机辅助审核技术（CAAT）的审核时间可计入总的现场审核时间，但不宜超过总的现场审核时间的 50%。如果应用 CAAT 的审核时间占所确定的现场审核时间的 30% 以上，认证机构应证明其合理性，并在审核实施前获得认可机构的特别批准。

2. 调整管理体系审核时间的考虑因素

CNAS-CC105 标准条款 8 描述了调整管理体系审核时间的考虑因素。下面方框中的内容是 CNAS-CC105 标准条款 8 的摘录（为了配合《管理体系认证基础》一书，对 CNAS-CC105 标准条款 8 进行了少许改进）。

8　调整管理体系审核时间（QMS、EMS 和 OHSMS）的考虑因素

在调整审核时间时，还应考虑下列因素（但不限于这些因素）：

1）所有管理体系增加审核时间的考虑因素：

a）组织的工作在多于一处的建筑物或地点实施，审核时需要复杂的后勤安排，例如必须对一个单独的设计中心实施审核；

b）员工使用多于一种的语言（需要翻译或妨碍单个审核员独立工作）；

c）与人员数量相比，现场很大（例如工业园区）；

d）受法规管制的程度较高（例如食品、药品、航天、核能等领域）；

e）体系覆盖着高度复杂的过程或数量较多的互不相同的活动；

f）需要访问临时场所，以确认拟认证管理体系中的常设场所的活动。

2）仅适用于 QMS 增加审核时间的考虑因素：

a）被划为高风险的活动（见附录 A 的表 QMS 2）；

b）外包职能或过程。

3）仅适用于 EMS 增加审核时间的考虑因素：

a）同行业典型情况相比，受纳环境的敏感度较高，能源使用较高；

b）相关方的意见；

c）有必要增加审核时间的间接因素；

d）组织所属行业的附加的或特殊的环境因素或法规要求；

e）环境事故的风险，以及作为事件后果产生的或可能发生的影响，事故和潜在的紧急情况，之前由于组织原因发生过的环境问题；

f）外包职能或过程。

4）仅适用于 OHSMS 增加审核时间的考虑因素：

a）相关方的意见；

b）事故和职业病发生率高于行业平均水平；

c）组织的场所存在公众人员（如医院、学校、机场、火车站、港口、公共交通运输）；

d）组织正面临与OHS相关的法律诉讼（取决于所涉及风险的严重程度和影响）；

e）承包商公司（次级承包商公司）及其雇员临时性地大量出现，导致复杂程度或OHS风险增加（如定期启停的炼油厂、化工厂、钢铁厂和其他大型工业联合体）；

f）根据适用的国家法规和/或风险评估文件，危险物质存在的数量使工厂面临重大工业事故的风险；

g）认证范围内包含境外场所的组织（如果不熟悉法律法规和语言）。

5）减少审核时间的考虑因素：

a）（仅适用于QMS）客户不负责设计工作，或体系的范围不适用标准的其他要素；

b）与人员数量相比，现场很小（例如仅有综合办公区）；

c）体系成熟；

d）对客户管理体系已有的了解（例如同一认证机构已依据另一标准认证了该客户），对OHSMS这意味着在其他自愿性OHSMS方案中已经认证；

e）客户为认证所做的准备（例如已经获得另一个第三方合格评定制度的认证或承认），对OHSMS这意味着已经接受国家主管部门定期对其进行强制性政府OHSMS方案的审核；

注：如果审核依据CNAS-CC106实施，不能采用此项调整，审核时间的减少将由一体化程度计算。

f）自动化程度高（对OHSMS不适用）；

g）有一部分员工在组织的场所外工作，例如销售人员、司机、服务人员等，并且有可能通过记录审查来对其活动是否符合体系要求进行充分的审核（对OHSMS不适用），认为活动的风险或复杂程度低（对OHSMS不适用），见表QMS2示例及表EMS2；

h）多个管理体系的整合程度，参见CNAS-CC106；

i）活动的风险、复杂程度低、过程单一；

j）倒班员工从事相同的活动，且有适当证据表明所有班次的表现相同。

认证机构在确定审核时间时，宜考虑客户的体系、过程和产品或服务的所有属性，并根据这些因素合理调整审核时间，同时能够证明审核时间的增加或减少对于有效审核是合理的。增加审核时间的因素与减少审核时间的因素对审核时间的影响可以相互抵消。

与本条款要求有关的所有决定应具有合理性并保留记录。

注1：减少审核时间的因素对每个客户组织的每次计算仅可以使用一次。

注2：计算一体化管理体系审核时间时需考虑的其他因素参见CNAS-CC106。

6.2.3 管理体系认证其他审核时间

1. 监督审核时间

CNAS-CC105 标准条款 5 描述了监督审核时间，条款 5 的内容摘要见下面方框。

> **5 监督**
>
> 在初始的三年认证周期中，对特定组织实施监督审核的审核时间，宜与初次认证审核（第一阶段+第二阶段）的时间成比例，即每年实施监督审核的总时间约为初次认证审核时间的 1/3。作为每次监督审核的组成部分，认证机构应获得与客户管理体系有关的更新信息。所策划的监督审核时间应得到审查（至少在每次监督审核和再认证时），以便考虑客户的组织、体系成熟度等方面的变化。实施该审查（包括任何对管理体系审核时间的调整）的证据应得到记录。
>
> 注：监督审核时间通常情况下不会少于 1 个审核人日，否则可能影响审核有效性。

2. 再认证审核时间

CNAS-CC105 标准条款 6 描述了再认证审核时间，条款 6 的内容摘要见下面方框。

> **6 再认证**
>
> 再认证审核时间宜根据更新的客户信息计算，而不是简单按初次认证审核（第一阶段+第二阶段）时间的 2/3 计算。通常做法是：假设基于更新的信息对组织实施初次认证审核（第一阶段+第二阶段），再认证审核时间约为该初次审核所需时间的 2/3。作为特例，如果再认证时组织的情况与初次认证审核时相同，则再认证审核时间大约为初次认证审核时间的 2/3。管理体系审核时间应考虑管理体系绩效评价的结果（见 CNAS-CC01）。对管理体系绩效评价本身并不作为再认证审核时间的一部分。
>
> 注：再认证审核时间通常情况下不会少于 1 个审核人日，否则可能影响审核有效性。

3. 临时场所审核时间

CNAS-CC105 标准条款 9 描述了临时场所审核时间要考虑的事项，下面方框中的内容是条款 9 的摘要。

> **9 临时场所**
>
> 9.1 如果认证申请方或获证客户在临时场所提供其产品或服务，该临时场所应被纳入审核方案。

9.2　临时场所可以是较大的项目管理现场，也可以是较小的服务/安装现场。认证机构宜评估与客户运行相关的管理体系运行失效的风险（对 QMS 为产品或服务输出的控制失效、对 EMS 为环境因素及影响的控制失效、对 OHSMS 为 OHS 风险控制失效），根据该风险评估的结果来确定是否需要访问这些临时场所以及抽样的范围与程度。

对 QMS 和 EMS，所选取的临时场所样本宜代表客户的认证范围、能力需求和不同服务的范围，并已考虑了活动的规模和类型、进行中的项目的不同阶段以及相关的环境因素及影响。

对 OHSMS，所选取的临时场所样本宜代表客户的认证范围、活动和过程的规模和类型、所涉及的危险源和相关的 OHS 风险类型以及项目进行的不同阶段。

9.3　通常情况下，认证机构将对临时场所进行现场审核。但是，可以考虑用下列方法来代替一部分现场审核：

1）通过面对面或电视电话会议的方式，与客户及（或）其顾客进行访谈，或者参与他们的进度会议；

2）对临时场所的活动实施文件审查；

3）远程访问包含同管理体系与临时场所的评审有关的记录或其他信息的电子化场所；

4）使用电视电话会议及其他技术实施有效的远程审核。

对 OHSMS，上述方法仅可以考虑用以代替不涉及见证运行控制且不涉及其他 OHSMS 风险控制的部分现场审核。

9.4　在每种情况下，宜完整地记录审核方法，并充分证明审核方法的有效性。

4. 多场所的审核时间

多场所的审核时间在 CNAS-CC105 标准条款 10、CNAS-CC11：2018《多场所组织的管理体系审核与认证》标准 7.3 条款中有规定。下面方框 1 是 CNAS-CC105 标准条款 10 的摘要，方框 2 是 CNAS-CC11 标准 7.3 条款的摘要。

CNAS-CC105 标准

10　多场所的管理体系审核时间

10.1　对管理体系运行覆盖多个场所的情况，有必要确定是否允许抽样。

对 OHSMS，应基于认证范围内每个场所实施活动和过程相关的 OHS 风险程度的评价，确定是否允许场所抽样。此类评价的记录和所作决定的理由应向认可机构提供。

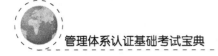

10.2　对多场所管理体系认证的要求在 CNAS-CC11《多场所组织的管理体系审核与认证》中规定。

CNAS-CC11 标准

7.3　审核时间计算

7.3.1　符合资格准则的组织，可以由可抽样场所构成、不可抽样场所构成，或由这两种情况组合构成。无论组织由何种方式构成，必须有充足的审核时间来实施有效的审核。

除非特定认证方案另有规定，单个被抽样场所审核时间的减少量不应超过 50%。

例如，CNAS-CC105 允许审核时间减少量最大为 30%（CNAS-CC105 标准 3.9 条款），另外 20% 是由于单一管理体系所运行中心职能以及任何可能的集中化过程（如采购）而考虑允许缩减的最大值。

对每个被选定场所（无论场所是按 6.1 抽样的，或不能抽样按 6.2 确定的，或按照 6.3 混合方法确定的），包括适用时含中心职能要素的，应使用现有的准则文件（如应用 CNAS-CC105 对 QMS 和 EMS，应用 CNAS-CC106 对一体化管理体系）以及必要时适用的专项方案要求来计算每个场所的审核时间。

1）对每个被选定场所，应使用现有的准则文件（如 CNAS-CC105、CNAS-CC106《CNAS-CC01 在一体化管理体系审核中的应用》）以及必要时适用的专项方案要求来计算每个场所的审核时间。

2）对于允许使用抽样的多场所认证，分别确定每个被抽取场所的审核时间。各被抽取场所审核时间加起来的总审核时间**不能少于**将所有的工作都集中到一个场所进行（即组织的所有员工都在同一个场所）时，根据运作的规模和复杂程度计算出的审核时间。

3）除非特定认证方案另有规定，单个被抽样场所审核时间的减少量不应超过 50%。通常允许审核时间减少量最大为 30%。

5. 外部提供职能或过程的审核时间

外部提供职能或过程的审核时间在 CNAS-CC105 标准条款 11 中有规定。下面方框中的内容是 CNAS-CC105 标准条款 11 的摘要。

11　外部提供职能或过程的控制（外包）

11.1　如果组织外包其部分职能或过程，认证机构有责任获得如下证据：组织已经有效地确定了其采用的控制方式和控制范围，以确保外部提供的职能或过程不会对管理体系有效性（包括组织向其顾客稳定提供合格产品和服务的能力，或控制其环境影响因素/控制其 OHS 风险，并承诺满足法规要求方面）产生负面影响。

11.2　对 QMS 和 EMS，认证机构将审核并评估客户管理体系的有效性，包括对任何外部提供活动及其引起有关目标交付、顾客和满足要求方面的风险进行的管理。这可以包括收集对供方有效性水平的反馈。考虑到组织的管理体系范围仅包括对供应活动的控制，而且并非由组织自身执行这些（外部供应）活动，因此并未要求审核供方的管理体系。根据对风险的这一理解，应确定任何附加的审核时间。

11.3　对 OHSMS，认证机构将审核和评价组织的 OHSMS 对外包活动管理的有效性，以及外包活动对其自身活动和过程的 OHS 绩效和符合性要求所带来的风险。

a）这可能包括收集对供方有效性水平的反馈，基于以下内容：

——组织对这些外部供方的评价、选择、绩效监视和再评价的应用准则，这些准则是以他们按照特定要求提供职能或过程的能力为基础，并与法律要求一致，和

——外部供方可能对组织控制其自身 OHS 风险的能力产生不利影响的风险。

b）虽然不要求对外部供方的管理体系实施审核，为了策划并完成一项有效的审核，认证机构应就组织 OHSMS 范围内对外包给外部供方的过程或职能的控制进行审核。包含于组织 OHSMS 范围的过程中，在组织场地作业的承包商人员应被访谈到，以评价他们的 OHS 意识。

c）认证机构宜能够在审核方案准备的过程中确定，并且在后续初次认证审核中以及在每次监督及再认证审核前对其核实。

1）如果申请认证的组织（认证客户）外包其部分职能或过程，认证机构有责任获得如下证据：组织已经有效地确定了其采用的控制方式和控制范围，以确保外部提供的职能或过程不会对管理体系有效性产生负面影响。

2）一般情况下，可能不需要直接对外包方进行审核。如果认为外包过程可能会对管理体系产生负面影响，包括可能产生较大的风险，在确定审核时间时，需要增加附加的审核时间。

例题分析

1）（单项选择题）一个管理体系减少审核时间的总量不应多于基准审核时

间的（　　）。

A. 60%　　B. 50%

C. 40%　　D. 30%

答案及分析：选择 D。见本书 6.2.2 节之 1 之 1）（或见 CNAS-CC105 标准 3.9 条款）。

2）（单项选择题）第一阶段现场审核所需的审核时间一般不宜少于（　　）审核人日。对于人数少于 10 人、风险较低的受审核组织可适当降低至 0.5 个人日。对于已经实施了第一阶段现场审核的项目，第二阶段的审核时间不宜低于第一阶段和第二阶段总的审核时间的（　　）。

A. 0.5 个，70%　　B. 1 个，80%

C. 0.5 个，80%　　D. 1 个，70%

答案及分析：选择 D。见本书 6.2.2 节之 1 之 2）、3）。

3）（单项选择题）减少审核时间的因素包括（　　）。

A. 与人员数量相比，现场很小

B. 体系成熟

C. 多个管理体系整合程度

D. A + B + C

答案及分析：选择 D。见本书 6.2.2 节之 2 方框中的 CNAS-CC105 标准条款 8。

4）（多项选择题）对监督审核时间，描述正确的是（　　）。

A. 每年监督审核的总时间约为初次认证审核时间的 1/3

B. 每年监督审核的时间应考虑认证客户管理体系的更新信息

C. 每年监督审核的时间应考虑认证客户管理体系成熟度方面的变化

D. 监督审核时间通常情况下不会少于 1 个审核人日

答案及分析：选择 ABCD。见本书 6.2.3 节之 1 方框中的 CNAS-CC105 标准条款 5。

5）（单项选择题）再认证审核时间，描述不正确的是（　　）。

A. 按初次认证审核（第一阶段 + 第二阶段）时间的 2/3 计算

B. 假设基于更新的信息对组织实施初次认证审核，再认证审核时间约为该初次审核所需时间的 2/3

C. 如果再认证时组织的情况与初次认证审核时相同，则再认证审核时间大约为初次认证审核时间的 2/3

D. 再认证审核时间通常情况下不会少于 1 个审核人日

答案及分析：选择 A。见本书 6.2.3 节之 2 方框中的 CNAS-CC105 标准条款 6。

6.3　多场所审核与认证方法

6.3.1　多场所审核与认证有关的定义及应用

下面方框中的内容是CNAS-CC11：2018《多场所组织的管理体系审核与认证》中与多场所审核与认证有关的定义的摘录。

2.2　常设场所

客户组织持续进行工作或提供服务的场所（有形或虚拟）。

2.3　临时场所

客户组织为在有限时期内进行特定工作或提供服务而设立的场所（有形或虚拟），该场所不准备作为常设场所。

2.4　多场所组织

某单一管理体系覆盖的一个组织，其构成包括经识别的中心职能以及多个场所，中心职能（并不必须是组织的总部）对某些过程、活动进行策划和控制，在多个场所（常设的、临时的或虚拟的）中这些过程、活动得到全部或部分实施。

2.5　中心职能

对管理体系负责并对管理体系集中控制的职能。

2.6　虚拟场所

虚拟地点指客户组织完成工作或提供服务所用到的，允许处于不同物理地点的人员执行过程的在线环境。

注1：当某过程必须在某一有形环境实现时不能将其考虑为虚拟场所，如仓储、物理检测实验、安装或维修有形产品等。

注2：这类虚拟场所的一个例子是，一个设计和开发组织的所有员工在远程位置开展工作，在云环境中工作。

注3：一个虚拟场所（如一个组织的内部网络）被当作一个独立场所来计算审核时间。

注4：更进一步信息见CNAS-CC14（IAF MD4）《计算机辅助审核技术在获得认可的管理体系认证中的使用》。

2.7　子范围

单个场所的范围。

注1：单个场所的范围可能与多场所组织的全部范围相同，但也有可能是多场所组织范围的一小部分。

注2：本文件中所说的“子范围”针对认证范围而言，而非针对认可范围。

1. 常设场所

1）常设场所是指客户组织持续进行工作或提供服务的场所（有形或虚拟）。

2）CNAS-CC11 标准 3.1.1 条款：场所可以包括所有土地，在其上的特定地点实现组织所控制的过程、活动，包括任何相关联或附属的仓库，用以储存原材料、副产品、中间产品、最终产品和废料，以及上述过程、活动涉及的任何固定的或活动的设备或设施。另外，如果法律有要求，场所的定义应以国家或地方的相关注册登记制度的定义为准。

3）CNAS-CC11 标准 3.1.2 条款：在无法确定地点时（如服务提供组织可能会有这种情况），认证的覆盖范围宜考虑组织总部的过程、活动以及服务的交付。适用时，认证机构可以决定仅在组织交付服务的地方进行认证审核。此时，认证机构应识别并审核所有与中心职能有关的接口。

2. 临时场所

1）临时场所是指客户组织为在有限时期内进行特定工作或提供服务而设立的场所（有形或虚拟），该场所不准备作为常设场所。

2）CNAS-CC11 标准 3.2.1 条款：认证机构应通过抽样对组织管理体系覆盖的临时场所进行审核，以获得管理体系运行和有效性的证据。当认证机构和客户组织协商一致时，多场所认证的范围以及认证文件中也可以包括临时场所。当认证文件中显示临时场所时，应注明该场所是临时的。

3. 多场所组织

1）定义：某单一管理体系覆盖的一个组织，其构成包括经识别的中心职能以及多个场所，中心职能（并不必须是组织的总部）对某些过程、活动进行策划和控制，在多个场所（常设的、临时的或虚拟的）中这些过程、活动得到全部或部分实施。

这里“单一”是指组织的运行服从于统一的一个管理体系。

2）CNAS-CC11 标准 3.3.1 条款：一个多场所组织可以包含一个以上的法律实体，但该组织的所有场所应与该组织的中心职能具有法律或合同联系，并服从于单一管理体系。该管理体系应由中心职能制定、建立，并服从于中心职能的持续监督和内部审核。这意味着中心职能有权要求任何场所在必要时采取纠正措施。适用时，中心职能与各场所的正式协议宜对此做出规定。

4. 中心职能

1）中心职能是指对管理体系负责并对管理体系集中控制的职能。

2）中心职能并不必须是组织的总部（此句话嵌入在 CNAS-CC11 标准 2.4 条款“多场所组织”定义里面）。

3）CNAS-CC11 标准 5.2 条款：组织应识别其中心职能。中心职能是组织的一部分并且不应被分包给外部的组织。

4）CNAS-CC11标准5.6条款“注”：中心职能是实施控制并得到组织最高管理者授权的，是对所有场所产生影响的。并没有要求中心职能仅处于某个单一场所。

5）多场所组织单一管理体系由中心职能制定、建立，并服从于中心职能的持续监督和内部审核。中心职能有权要求任何场所在必要时采取纠正措施（见CNAS-CC11标准3.3.1条款）。

6）中心职能应有责任确保来自所有场所的数据得到收集和分析，并且应能够证明其权威和能力，以便在需要时发起组织的变更（见CNAS-CC11标准5.6条款）。

6.3.2　多场所组织认证的条件

多场所组织认证的条件，也就是多场所组织认证的资格要求。CNAS-CC11标准条款5有明确规定，见下面方框。

5　多场所组织认证的资格要求

5.1　组织应具有单一管理体系。

5.2　组织应识别其中心职能。中心职能是组织的一部分并且不应被分包给外部的组织。

5.3　中心职能应获得组织的授权以规定、建立并保持该单一管理体系。

5.4　组织的单一管理体系应服从集中的管理评审。

5.5　所有场所应服从组织的内部审核程序。

5.6　中心职能应有责任确保来自所有场所的数据得到收集和分析，并且应能够证明其权威和能力，以便在需要时（包括但不限于下述情况）发起组织的变更。

（ⅰ）体系文件和体系变更；

（ⅱ）管理评审；

（ⅲ）投诉；

（ⅳ）纠正措施的评价；

（ⅴ）内部审核的策划和对结果的评价；

（ⅵ）与适用标准有关的法律法规要求。

注：中心职能是实施控制并得到组织最高管理者授权的，是对所有场所产生影响的。并没有要求中心职能仅处于某个单一场所。

6.3.3　多场所组织的抽样审核

CNAS-CC11标准6.1条款对多场所组织的抽样审核有明确规定，见下面方框（里面的说明是作者所加）。

6.1　应用场所抽样对多场所组织审核的方法

6.1.1　条件（说明：什么情况下才能进行多场所抽样审核）

6.1.1.1　当每个场所均运行非常相似的过程、活动时，允许对这组场所抽样。

6.1.1.2　并非所有满足“多场所组织”定义的组织都具备抽样的资格。

6.1.1.3　并非所有的管理体系标准都适于多场所认证。例如，当标准要求对差异性的当地因素审核时，对多场所的抽样是不适宜的。在一些方案中也会适用特定规则，如包括航空业（AS 9100 系列）或汽车业（IATF 16949）（说明：ISO 22000 食品安全管理体系也是），这些方案的要求应被优先考虑。

6.1.1.4　为了通过审核获得对管理体系有效性的充分信任，认证机构应有形成文件的程序对于在什么情况下进行场所抽样是不适宜的做出限制。认证机构应针对以下情况规定此类限制。

- 范围类别或过程、活动（即基于对该类别或该活动相关的风险或复杂程度的评估）；
- 具备多场所审核资格的场所规模；
- 为处理不同的过程、活动或不同的合同与法规系统，在当地运行管理体系的差异；
- 在组织管理体系之下运行的临时场所，即便这些临时场所未列入认证文件。

6.1.2　抽样（说明：抽样的要求）

6.1.2.1　样本中应有一部分根据以下因素选取（选择性抽样），一部分随机抽取（非选择性抽样）；并且其结果应选到在有代表性的不同场所，确保认证范围内覆盖的**所有过程**将被审核到。

6.1.2.2　**至少 25%的样本应随机抽取**。

6.1.2.3　考虑到下述规定，其余部分的选择应使得证书有效期内所选场所之间的差异尽可能大。

6.1.2.4　场所选取应考虑，但不限于以下方面：

- 场所内部审核、管理评审或以前认证审核的结果；
- 投诉记录以及纠正和预防措施的其他相关方面；
- 各场所在规模上的显著差异；
- 在倒班安排和工作程序上的差异；
- 管理体系以及在场所实施过程的复杂程度；
- 上次认证审核后的变化；

- 管理体系的成熟度和组织的理解程度；
- 对于环境管理体系，考虑环境问题和环境因素及其关联影响的程度；
- 对于职业健康安全管理体系，考虑活动和过程的性质相关的职业健康安全风险程度；
- 文化、语言和法律法规方面的差异；
- 地理位置的分散程度；
- 场所是常设的、临时的或虚拟的。

6.1.2.5 并不是必须在审核过程一开始就完成抽样。也可能在完成对中心职能的审核时完成抽样。不论哪种情况，应将样本中所包括的场所通知中心职能。这可能是在相对较短时间内通知，但应给出充分的时间用于审核准备。

6.1.3 抽样数量

6.1.3.1 认证机构应有形成文件的程序用于确定抽样数量，并应考虑本部分描述的所有因素。

6.1.3.2 认证机构应对每个多场所组织每次应用抽样形成记录，证明其操作符合本文件要求。

6.1.3.3 每次审核最少访问的场所数量是：

- **初次认证审核：**样本的数量应为场所数量的平方根（$y=\sqrt{x}$），计算结果向上取整为最接近的整数，其中 y 为将抽取场所的数量、x 为场所总数。
- **监督审核：**每年的抽样数量应为场所数量的平方根乘以0.6（即 $y=0.6\sqrt{x}$），计算结果向上取整为最接近的整数。
- **再认证审核：**样本的数量应与初次审核相同。然而，如果证明管理体系在认证周期中是有效的，样本的数量可以减少至乘以系数0.8（即 $y=0.8\sqrt{x}$），计算结果向上取整为最接近的整数。

6.1.3.4 在初次认证审核、每次再认证审核以及作为监督的一部分在每个日历年至少一次的审核中，都应对中心职能（详见第5章）审核。

6.1.3.5 当认证机构对拟认证或获证管理体系涵盖的过程、活动进行风险分析，发现涉及下列因素的特殊情况时，应增加抽样的数量或频率。

- 场所的规模和员工的数量；
- 过程、活动以及管理体系复杂程度和风险水平；
- 工作方式的差异（如倒班）；
- 所从事过程、活动的差异；
- 投诉记录，以及纠正措施和预防措施的其他相关方面；
- 与跨国经营有关的任何方面；

- 内部审核和管理评审的结果。

6.1.3.6　如果组织的分支机构分为不同等级（如总部办公室、中心办公室、全国性办公室、地区办公室、地方分支），上述的初次认证审核抽样模式适用于每个等级的场所。

示例：

1个总部办公室：每个审核周期（初次审核、监督审核或再认证审核）都访问；

4个全国性办公室：样本数量=2，至少1个为随机抽样；

27个地区办公室：样本数量=6，至少2个为随机抽样；

1700个地方分支：样本数量=42，至少11个为随机抽样。

地区办公室的样本中宜至少覆盖到每个全国办公室控制的地区办公室。地方分支的样本中宜至少覆盖到每个地区办公室控制的地区分支。这样可能导致每个等级的场所抽样数量超过按照第6.1.3.3条计算的最小抽样数量。

6.1.3.7　抽样过程应作为审核方案管理的一部分。在任何时候（即在策划监督审核之前，或组织的任何场所变更其结构时，或将在认证边界之内增加新的场所时），认证机构应预先评审审核方案中的抽样安排，以便在为保持认证对样本审核之前能确定抽样数量调整的需求。

6.1.4　增加场所

6.1.4.1　如果对已认证的多场所组织增加新场所或增加一组新的场所，认证机构应确定在证书中增加这些新场所前所需实施的必要活动。这应包括考虑是否对新场所审核。在新场所纳入证书后，需要确定后续监督或再认证审核的抽样数量。

《审核概论》一书在确定多场所抽样样本量时，考虑了风险的情况。

抽取的样本量：

$$y = k\sqrt{x}$$

式中，y 为抽取的样本量，计算结果向上取整为最接近的整数；x 为场所总数；k 为抽样系数。

抽样系数根据产品、活动的风险水平和审核性质确定，见表6-3。

表6-3　抽样系数

风险水平	初次审核 k	监督审核 k	再认证审核 k
低到中	1	0.6	0.8
高	1.2	0.7	1.0

6.3.4 对不适用抽样的多场所组织审核的方法及其他

CNAS-CC11 标准 6.2 条款对不适用抽样的多场所组织审核的方法进行了规定，CNAS-CC11 标准 6.3 条款对场所构成中部分可抽样部分不可以抽样的多场所组织审核的方法进行了规定，见下面方框。

> **6.2 对不适用 6.1 条场所抽样的多场所组织审核的方法**
>
> 6.2.1 审核方案的构成应包括对所有场所的初次认证审核和再认证审核。在监督审核中，应在每个日历年覆盖 30% 的场所（向上取整至整数）。每次审核都包括中心职能。第二次监督审核选取的场所通常不同于第一次监督审核所选取的场所。
>
> 6.2.2 审核方案的设计应确保在认证范围覆盖的所有过程在每个周期内被审核到。
>
> 6.2.3 增加场所
>
> 如果对已认证的多场所组织增加一个新场所，除了在审核方案中策划监督之外，该场所应在被增加到证书中之前被审核到。在新场所纳入证书后，为确定后续监督或再认证审核的审核时间应将其与以前的场所累计。
>
> **6.3 对场所构成中部分可抽样部分不可以抽样的多场所组织审核的方法**
>
> 应按照第 6.1 条对可抽样的场所并按照第 6.2 条对组织中剩余不适用抽样的场所建立审核方案。

6.3.5 多场所审核与认证

CNAS-CC11 标准条款 7 讲述了多场所的审核与认证，下面方框中的内容是 CNAS-CC11 标准条款 7 的摘录。

> **7 审核与认证**
>
> 认证机构应有形成文件的程序以处理其多场所程序下的审核。这些程序应确立方法，让认证机构自身确信单一管理体系控制着全部场所的过程、活动，并且其在全部场所得到实际应用。认证机构应证明并记录采用何种方法对多场所组织实施审核与认证的理由。
>
> **7.1 申请与申请评审**
>
> 7.1.1 认证机构应获得有关申请组织的必要信息，以：
>
> - 确认贯穿组织部署了单一管理体系；
> - 确定管理体系运行范围及寻求认证的范围，以及适用时的子范围；
> - 理解每个场所的法律与合同安排；

• 理解“在哪里发生了什么”，即确定每个场所提供的过程、活动，并识别中心职能；

• 确定向所有场所提供的过程、活动（如采购）的集中化程度；

• 确定在不同场所之间的接口；

• 确定哪些场所适用抽样（即哪些场所提供非常相似的过程、活动），以及哪些场所不具备抽样资格；

• 纳入考虑的其他相关因素［见 CNAS-CC14《信息和通信技术（ICT）在审核中应用》、CNAS-CC105《确定管理体系审核时间（QMS、EMS、OHSMS）》、CNAS-CC106《CNAS-CC01 在一体化管理体系审核中的应用》、GB/T 27204/ISO/IEC TS 17023《合格评定　确定管理体系认证审核时间指南》］；

• 确定组织的审核时间；

• 确定审核组的能力要求；

• 识别管理体系覆盖的过程、活动的复杂程度和规模范围（如一个或多个）。

7.2　审核方案

7.2.1　除了 CNAS-CC01：2015 第 9.1.3 条的要求外，审核方案还应至少包括或引用下述内容：

• 每个场所的过程、活动；

• 识别哪些场所可以被抽样、哪些场所不能；

• 识别哪些场所被抽样覆盖、哪些场所未被抽样覆盖。

7.2.2　当确定审核方案时，由于被审核组织的特定结构，认证机构应为额外活动给予充分的时间，这些活动的时间不计入审核时间，例如，用于路途、审核组成员之间联系、审核后会议等。

注：假如拟审核过程的属性适用于远程审核（见 CNAS-CC01 及 CNAS-CC14），可使用远程审核技术。

7.2.3　在任何时候使用多于一名成员构成审核组时，认证机构应有责任与审核组长协同识别出对每个场所及每一部分审核所需的技术能力，并为审核的每一部分分派适当的审核组成员。

7.3　审核时间计算

7.3.1　符合资格准则的组织，可以由可抽样场所构成、不可抽样场所构成，或由这两种情况组合构成。无论组织由何种方式构成，必须有充足的审核时间来实施有效的审核。

除非特定认证方案另有规定，单个被抽样场所审核时间的减少量不应超过 50%。

例如，CNAS-CC105 允许审核时间减少量最大为30%，另外20%是由于单一管理体系所运行中心职能以及任何可能的集中化过程（如采购）而考虑允许缩减的最大值。

对每个被选定场所（无论场所是按6.1 抽样的，或不能抽样按6.2 确定的，或按照6.3 混合方法确定的），包括适用时含中心职能要素的，应使用现有的准则文件（如应用 CNAS-CC105 对 QMS 和 EMS，应用 CNAS-CC106 对一体化管理体系）以及必要时适用的专项方案要求来计算每个场所的审核时间。

7.4　审核计划

7.4.1　除了 CNAS-CC01：2015 第9.2.3 条的要求外，认证机构在准备审核计划时还应至少考虑下述内容：

- 认证范围以及每个场所的子范围；
- 在考虑多个管理体系标准的情况下，对每个场所的管理体系标准；
- 拟审核的过程、活动；
- 每个场所的审核时间；
- 分派审核组。

7.5　初次认证审核：第一阶段

通过第一阶段审核，审核组应完善信息以：

- 确认审核方案；
- 策划第二阶段审核，考虑对每个场所拟审核的过程、活动；
- 确认承担第二阶段审核的审核组具备必要的能力。

7.6　初次认证审核：第二阶段

初次认证审核的输出中，审核组应将在每个场所审核了哪些过程形成文件。这些信息将用于修正审核方案以及后续监督审核的审核计划。

7.7　不符合与认证

7.7.1　在任何独立场所发现不符合（如 CNAS-CC01 中规定），无论是由内部审核发现或经由认证机构的审核发现，应开展调查以确定其他场所是否可能受到影响。因此，认证机构应要求组织对不符合评审，以确定这些不符合是否指出了适用于其他场所的总体上的系统不足。如果发现确实如此，应同时对中心职能及受到影响的独立场所实施纠正措施并验证。如果发现并非如此，组织应能够向认证机构证明其限定后续纠正措施范围的正当理由。

7.7.2　认证机构应要求提供这些措施的证据并增加其抽样频率和/或抽样数量，直到确信恢复了控制。

7.7.3 在做出决定的过程中，如果任一场所出现严重不符合，在得到满意的纠正措施之前应拒绝对整个多场所组织所列的场所进行认证。

7.7.4 在认证过程中，认证机构不应允许组织为克服由于某个场所存在不符合造成的问题，而从认证范围中删除存在问题的场所。

7.8 认证文件

7.8.1 认证文件应反映认证范围以及多场所认证所覆盖的场所、法律实体（适用时）。

7.8.2 认证文件应包含所有场所的名称和地址，反映出组织与认证文件相关。范围或认证文件引用的其他信息应清晰表明经认证的活动由清单中所列场所实施。然而，如果某一场所的活动仅是包含于组织范围内的一部分，认证文件应包括该场所的子范围。当在认证文件上展示临时场所时，应注明这些场所为临时场所。

7.8.3 如果向一个场所颁发认证文件，其中应包括：

- 管理体系针对被认证的整个组织；
- 该认证所覆盖对特定场所、法律实体的活动；
- 与主证书之间的可追溯性，如编号/代码；
- 声明：本证书的有效性取决于主证书有效。

在任何情况下，都不得以该场所、该法律实体的名义颁发认证文件，或误导该场所、该法律实体被认证（被认证的是客户组织），也不应包括该场所、该法律实体的过程、活动符合规范文件的声明。

7.8.4 一旦任何场所不能满足保持认证的必要规定，认证文件将被整体撤销。

7.9 监督审核

7.9.1 对可以抽样多场所组织的监督审核应与6.1条一致。每个场所审核时间计算应与上述7.3条一致。

7.9.2 对不能按照6.1条抽样的多场所组织，监督基于对30%场所的审核外加对中心职能的审核。认证周期中第二次监督选取的场所通常应不包括第一次监督所选取的场所。每个场所审核时间的计算应与上述7.3条一致。

7.10 再认证审核

7.10.1 对可以抽样多场所组织的再认证审核应与6.1条一致。每个场所审核时间计算应与上述7.3条一致。

7.10.2 对不能抽样的多场所组织，再认证应按照初次认证审核，即对所有场所外加中心职能审核。对每个场所以及中心职能的审核时间计算应与上述7.3条一致。

例题分析

1）（单项选择题）受审核方在同城有5个住宅楼的建筑施工现场，均在基础施工阶段，在制订初次认证审核计划时应考虑相同现场抽取的样本量最少为（　　）。（真题）

A. 4个　　B. 1个

C. 2个　　D. 3个

答案及分析：选择D。见本书6.3.3节方框中CNAS-CC11标准6.1.3.3条款：样本的数量应为场所数量的平方根（$y=\sqrt{x}$），计算结果向上取整为最接近的整数。$\sqrt{5}\approx 2.2$，所以样本量取3。

2）（单项选择题）多场所抽样的原则不包括（　　）。（真题改进）

A. 所有的场所都由同一管理体系覆盖，并得到统一管理评审

B. 中心职能也可以抽样

C. 应对组织有代表性的场所进行审核

D. 组织根据内审程序对所有的场所都实施了审核，并实施了管理评审

答案及分析：选择B。从本书6.3.3节方框中CNAS-CC11标准6.1.3.4条款知：在初次认证审核、每次再认证审核以及作为监督的一部分在每个日历年至少一次的审核中，都应对中心职能审核。也就是说，中心职能必须审核，而不能做抽样对待。

3）（单项选择题）下面哪个条件不是多场所认证的条件？（　　）

A. 组织已确定中心职能

B. 中心职能获得了授权并被外包给外部组织

C. 实施集中的管理评审，服从组织的内部审核程序

D. 建立和保持了统一的管理体系

答案及分析：选择B。见本书6.3.2节方框中CNAS-CC11标准条款5。

6.4 管理体系认证结合审核（多体系审核）应用方法

6.4.1 与结合审核（多体系审核）、一体化审核有关的定义及应用

CNAS-GC02《管理体系认证结合审核应用指南》（2015年7月15日第二次修订）对结合审核、一体化审核进行了定义（见下面方框1），GB/T 19011—2021《管理体系审核指南》标准已将“结合审核”改为“多体系审核”（见下面方框2），CNAS-CC106《CNAS-CC01在一体化管理体系审核中的应用》

（2015 年6 月1 日第一次修订）对与一体化审核有关的术语进行了定义（见下面方框3）。

CNAS-GC02 标准

3　术语和定义

在 CNAS-CC01 及 CNAS-CC106 中确立的以及下列术语和定义适用于本文件。

3.1　结合审核

认证机构对一个客户同时按照两个或两个以上管理体系标准要求实施的审核。

3.2　一体化审核

一个客户已将两个或两个以上管理体系标准要求的应用整合在一个单一的管理体系中，认证机构对其按照一个以上标准同时实施的审核。

注：CNAS-CC106 中给出了“一体化管理体系”以及“一体化程度”的定义。

GB/T 19011—2021 标准

3.2　多体系审核

在一个受审核方（3.13），对两个或两个以上管理体系（3.18）一起实施的审核（3.1）。

注：当两个或多个不同领域的管理体系整合到单一管理体系中时，称为整合管理体系。

CNAS-CC106 标准

1.2　一体化管理体系（IMS）

对组织绩效的多方面进行管理，以满足两个或多个管理体系标准要求的、具有一定一体化程度（见 1.3）的单一管理体系。管理体系可以是分别按照每一审核准则/标准建立的单个管理体系组合而成的结合体系，也可以是共享单一体系文件、管理体系要素和职责的一体化管理体系。

注：“一体化管理体系”有时也称为“整合的管理体系”。

1.3　一体化程度

组织运用单一的管理体系来实现**组织绩效**的多方面管理，以满足一个以上管理体系标准要求的程度。一体化针对的是能够将涉及两个或以上审核准则/标准的文件、适宜的管理要素和职能加以整合的管理体系。

注：审核准则是指用于合格评定和认证依据的管理体系标准（如 GB/T 19001、GB/T 24001、GB/T 24405.1、GB/T 22000、GB/T 22080 等）。

1. 结合审核（多体系审核）

1）结合审核在 GB/T 19011—2021 标准中称为“多体系审核”。多体系审核是指在一个受审核方，对两个或两个以上管理体系一起实施的审核。多体系审核，受审核方是同一个，审核的对象是两个或两个以上的管理体系。

2）多体系审核的对象是两个以上的管理体系（如质量管理体系、环境管理体系、职业健康安全管理体系），依据的是不同的管理体系标准（如 GB/T 19001、GB/T 24001、GB/T 45001）。

多体系审核的实施与管理见下面 6.4.2～6.4.6 节。

2. 一体化审核

1）一体化管理体系在 GB/T 19011—2021 标准中称为“整合管理体系”。当两个或多个不同领域的管理体系整合到**单一管理体系**中时，称为整合管理体系。

2）一体化审核是指一个客户已将两个或两个以上管理体系标准要求的应用整合在一个单一的管理体系中，认证机构对其按照一个以上标准同时实施的审核。

3）CNAS-CC106 标准附录 A 中的图 A.1（也就是本书的图 6-1）说明了一体化审核时间的减少量（%）与一体化程度和审核组一体化审核能力之间的关系。

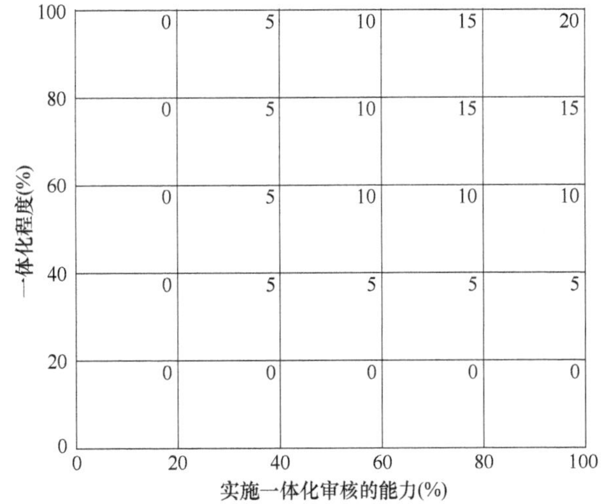

图 6-1　一体化审核时间的减少量与一体化程度和审核组一体化审核能力之间的关系

图中纵坐标为组织管理体系的一体化程度，这里宜包括受审核方应对多方面问题的能力的考虑。当组织运用一个单一的管理体系来**管理组织绩效**的多个方面时，该体系即为一体化管理体系，其**特征**如下（但不限于）：

① 一套整合的文件，适宜时，包括适度融合的作业文件。

② 考虑总体经营战略和计划的管理评审。

③ 对内部审核采用的一体化方法。

④ 对方针和目标采用的一体化方法。

⑤ 对体系过程采用的一体化方法。

⑥ 对改进机制（纠正和预防措施、测量和持续改进）采用的一体化方法。

⑦ 一体化的管理支持和管理职责。

认证机构须根据组织管理体系满足上述规定的程度，来确定其一体化程度的百分率。

图中横坐标为审核组具有的能力程度，取决于审核组中审核员资质能力、审核员的专业能力、审核员对组织的了解程度等。

由横坐标、纵坐标决定的图中的数字就是一体化审核时间的减少量（%）。本书6.4.6节方框2中CNAS-CC106标准2.1.5.1条款对一体化审核时间的确定有规定。

举例：客户按一体化建立的管理体系，认证机构评估其一体化程度为80%，认证机构本身的一体化审核能力为80%。如果多个单体系审核需要的审核时间累计为T，根据图6-1，一体化审核可以减少的审核时间为15%T。

6.4.2 结合审核（多体系审核）的准备信息

CNAS-GC02标准5.1条款对结合审核（多体系审核）的准备信息有详细要求，下面方框中的内容是其摘要。

> **5.1 结合审核的准备信息**
>
> 5.1.1 认证机构在策划结合审核方案时宜获得受审核组织的信息，包括但不限于：
>
> 1）组织管理体系的状况，如：
>
> a）结合审核所涉及的管理体系的数量以及各管理体系覆盖范围的界定情况；
>
> b）多个管理体系标准或规范的要求是否一体化实施，以及管理体系的一体化程度；
>
> 注：组织管理体系的一体化程度及评价一体化程度的特征见CNAS-CC106中1.3及附录A相关内容。
>
> c）结合审核所涉及体系运行的成熟度（如体系建立的时间、内审/管理评审的结果、以往外部审核的结果等）。

2）与某一管理体系所关注的组织特定绩效相关的方面及其复杂程度，如对产品质量产生重要影响的因素、对环境产生重要影响的因素、重大危险源和职业健康安全风险的情况、具有信息安全重大风险的资产情况等。

3）组织的结构及其业务活动，包括：

a）组织规模、管理模式、场所及其分布；

b）行政许可要求等；

c）针对不同管理体系要求所识别的主要过程、活动和场所；

d）识别组织外包的过程和/或活动。

5.1.2　为了有效地实施结合审核，必要时，认证机构可以安排对组织的预访问，以便了解组织的相关信息。

6.4.3　结合审核（多体系审核）方案

CNAS-GC02 标准5.2 条款对结合审核（多体系审核）方案有详细要求，下面方框中的内容是其摘要。

5.2　结合审核方案

除了 CNAS-CC01 中9.1.3 的要求及 GB/T 19011《管理体系审核指南》有关审核方案管理的指南之外（说明：CNAS-CC01、GB/T 19011 针对的是单一的管理体系），认证机构在制定结合审核方案及对其实施管理时还宜考虑的因素包括，但不限于：

1）结合审核的目的。

2）结合审核所涉及的管理体系标准和/或规范性文件。

3）结合审核中各管理体系所涉及的技术领域。

4）结合审核的风险识别，如：

a）与每一个管理体系相关的法律、法规要求的情况。

b）对受审核组织及其所建立的管理体系的信任度。

c）受审核组织的行业风险和社会关注程度。

d）认证机构现有认证资源的配置基础等。

5）根据结合审核的风险识别，认证应采取的控制和降低认证风险的措施。

6）结合审核有效性的保证措施，如：

a）确保实施结合审核的审核组能力满足所有管理体系的需求。在确定审核任务时，应依据审核组成员的能力，合理地分配审核任务，并确保对每个管理体系审核的完整性。

b）确保结合审核计划充分考虑了对两阶段审核内容的安排。

c）确保结合审核计划考虑了组织的管理体系的状况，如管理体系数量、管理体系一体化程度、管理体系运行的成熟度等。

d）根据审核的性质（如初次认证审核、监督审核或再认证审核等），确保结合审核计划覆盖了与每一个管理体系标准和/或规范性文件的要求相关的过程和活动，并为针对每一个管理体系标准和/或规范性文件的审核提供足够的审核时间。

e）确保针对每一个管理体系标准和/或规范性文件的审核深度，包括应关注的审核要求和抽样量，特别是有关每个管理体系的重要过程、活动、现场或场所等。

f）确保审核报告清楚地表明与每一个管理体系标准或规范性文件的所有要求的符合性，并包括分析和描述与每个管理体系标准或规范性文件相关的不符合。

g）当结合审核中提出的不符合涉及多个管理体系标准或规范性文件时，确保受审核组织针对每一个管理体系标准或规范性文件提出必要的纠正和纠正措施，并确保验证纠正和纠正措施的人员具有相应的能力。

7）对两阶段审核要求及其审核内容与结合审核计划的协调做出安排。若承担两阶段审核任务的组长分别由不同的人员担任时，结合审核方案还宜对此情况做出充分的安排，以确保第二阶段的审核组长能够获取必要的信息，保证其对有关的审核要求和审核内容有充分的理解。

6.4.4 结合审核（多体系审核）计划

CNAS-GC02 标准 5.3 条款对结合审核（多体系审核）计划有详细要求，下面方框中的内容是其摘要。

5.3 结合审核计划

5.3.1 除了 CNAS-CC01 中 9.2.3 的要求之外，在制订审核计划时还宜考虑或注意的方面包括，但不限于：

1）结合审核的时机，即

a）针对每一个管理体系标准或规范性文件均是初次认证审核时，实施结合审核。

b）在针对不同管理体系标准或规范性文件的不同认证审核阶段，如初次认证审核、监督审核、再认证审核等，实施结合审核；或

c）在针对不同管理体系标准或规范性文件的初次认证审核的不同审核

阶段，如第一阶段、第二阶段等，实施结合审核。

2）结合审核的范围，即对于不同的管理体系标准或规范性文件而言：

a）同一受审核组织的审核范围可能是一致的；或

b）同一受审核组织的审核的范围可能是不一致的。

3）结合审核的抽样方案。

a）选择并组合审核样本的前提应确保通过结合审核能够充分、客观地判定组织的管理体系与每一个管理体系标准或规范性文件的符合性与有效性。

b）实施结合审核时，审核组宜根据每一个管理体系标准或规范性文件的要求及其关注内容的不同（如质量控制、环境因素及其影响控制、危险源及其风险控制等）确定审核的现场、审核样本的选择、抽样基数及抽样数量。只有在满足各管理体系标准或规范性文件要求的前提下，才能考虑抽样样本的结合，而不能仅是考虑审核的经济性和便利性，如：

- **质量管理体系审核强调：**

——关注质量要求（包括顾客当前的需求和未来的期望、法律法规要求、组织自身生存与发展的要求等）的识别和转化；

——关注组织如何运用质量管理体系原则，持续稳定地实现产品（服务）的质量；

——关注组织运用质量管理体系来实现诸如开拓创新、稳定质量和优化管理（过程增值）等方面持续改进的有效性；

——根据组织对其过程确定、测量和过程实施的有效性评价，并结合组织绩效或顾客满意度的评价，确定审核计划的重点。

- **环境管理体系审核强调：**

——关注组织能够控制或能够施加影响的环境因素的识别及其相关影响的控制，审核中特别注意与组织的环境因素相关的各类活动，包括组织生产或服务的主过程现场、设施及设备（如原料准备、工艺过程等）和支持系统现场、设施及设备（如各种类型的动力提供、污染防治、物流、仓储、生活服务等）的运作状况；

——关注组织对重要环境因素、绩效的监测和测量及对环境因素控制的有效性，审核中特别注意组织的所有环境基础设施，并在现场通过抽样验证重要环境因素的控制和相关法规与要求的符合情况（如危险废物的转移方式与证据等）来判断环境管理体系的有效性；

——关注组织在合规、污染预防和持续改进方面的状况；

——根据申请评审的信息和结合组织的环境绩效评价结果，确定审核方案的要求和优先考虑审核重点，在办公室审核与现场审核之间建立必要与合理的平衡。

- **职业健康安全管理体系审核强调：**

——根据组织危险源辨识、风险评价和控制措施确定的信息以及结合组织的相关情况，确定审核计划的重点；

——关注组织的危险源辨识、风险评价和控制措施确定，审核中重点关注：组织对其工作场所危险源辨识的系统性和全面性，通过风险评价过程对危险源现有控制措施效果的评定，通过风险评价结果对危险源进一步控制措施的确定；

——关注组织的相关风险控制过程，包括：资源、作用、职责、责任和权限，能力、培训和意识，沟通、参与和协商，文件和文件控制，运行控制，应急准备和响应；审核中特别注意组织开展其工作活动的所有工作场所，并在现场通过抽样验证风险控制过程的有效性；通常情况下，风险控制过程在现场实现的最低要求是满足相关的法律法规和其他要求；还要强调的是，关注组织与员工协商职业健康安全管理工作的状况，特别关注员工对组织职业健康安全状况的感受和评价；

——关注组织的检查和纠正措施过程，包括：绩效监测和测量，合规性评价，事件调查，不符合、纠正和预防措施，内审和管理评审；

——关注组织以法律法规为基础的职业健康安全绩效的持续改进。

5.3.2　当对组织的管理体系实施两阶段结合审核时，在第一阶段结合审核后，必要时认证机构可根据获取的组织管理体系一体化程度的信息和组织人员对与每个管理体系相关的问题的回答能力重新核定第二阶段审核人日数。认证机构如根据第一阶段确认的信息调整第二阶段审核时间，应与受审核组织充分沟通并保留第二阶段审核时间调整合理性的记录。

6.4.5　结合审核组（多体系审核组）

CNAS-GC02 标准 5.4 条款对结合审核组有详细要求，下面方框中的内容是其摘要。

5.4　结合审核组

5.4.1　认证机构有责任确保结合审核组满足 CNAS 认可准则中有关每一个管理体系认证对审核组的要求。

5.4.2　结合审核组的能力

除 CNAS 认可准则的有关要求和 GB/T 19011 的指南外，对于结合审核组，认证机构还宜考虑：

1）结合审核组长，应具备策划、组织、协调结合审核的能力，并满足每一个管理体系认证对组长的要求。否则，可以设立分组长以满足每一个管理体系认证对组长的要求，并负责做出结合审核组长没有能力做出的那部分推荐意见。

2）结合审核组的审核成员，应具备与其承担的审核工作相适应的能力。当一个审核员审核与两个或多个管理体系共有的要求相关的过程或活动时，审核人员应具备对每一个管理体系的审核能力（包括技术能力）；当对与每个管理体系特有要求相关的过程和活动审核时，确保由具备相应能力和背景的审核员实施审核。

3）考虑每一个管理体系认证对技术专家的需求，可选择多名技术专家为结合审核组提供技术支持。

4）结合审核组的组成及其任务分配宜考虑组织的管理体系的成熟度情况，并使得审核员的能力及其任务与受审核组织的管理体系情况相适应。

6.4.6　结合审核的人日数（多体系审核的人日数）

CNAS-GC02 标准 5.5 条款对结合审核的人日数有详细要求，下面方框 1 中的内容是其摘要。CNAS-CC106《CNAS-CC01 在一体化管理体系审核中的应用》中的有关条款对一体化审核的人日数进行了规定（见下面方框 2）。

CNAS-GC02 标准

5.5　结合审核的人日数

5.5.1　认证机构有责任确保结合审核计划为针对每一个管理体系标准和/或规范性文件要求的审核提供足够的审核时间。

5.5.2　CNAS 的相关认可准则为单一的管理体系认证提供了确定审核人日数的基本要求和方法，并且为在基本要求的基础上增加或减少审核人日数提供了可考虑因素。除此之外，对于结合审核，认证机构还宜考虑以下因素（不仅限于）来确定结合审核的人日数，而不应简单地相对单一的管理体系审核减少结合审核的人日数，即

1）结合审核所涉及的管理体系的数量；

2）多个管理体系标准或规范的要求是否一体化实施，以及管理体系的一体化程度；

3）体系运行的成熟度（如体系建立的时间、内审，管理评审的结果、以往外部审核的结果等）；

4）针对每一个管理体系标准或规范性文件而言，审核范围不一致的情况；

5）针对不同的管理体系认证存在的过程、活动、场所的差异和每个管理体系的要求和关注方面的差异，所导致的审核抽样方案的差异情况；

6）受审核组织所涉及的技术领域的风险程度；

7）受审核组织的结构及其业务活动；

8）审核组长和审核组成员所具备的审核能力，如组长的策划、组织和协调结合审核的能力，每个成员所具备的对多个管理体系的审核能力和实施结合审核的能力，以及必要的审核员资格等。

5.5.3　对一体化管理体系的审核中，审核时间应满足 CNAS-CC106 的要求。

注：

1. 若结合审核中组织建立了多套管理体系而并未一体化形成一套独立的管理体系，则认证机构可以单独计算每个管理体系审核时间通过累加求和确定结合审核的时间，此时不宜再对结合审核时间的计算值进行缩减；

2. 对 CNAS-CC106 未予规定的其他结合审核，认证机构也应保留确定审核时间的记录以及对审核时间计算值调整的合理性的记录。

CNAS-CC106 标准

2.1.5　在确定的审核范围内，为对组织的管理体系实施完整而有效的审核分配足够的时间。

2.1.5.1　为涵盖了两个或以上管理体系标准/规范的**一体化管理体系审核**确定审核时间，如 A + B + C，认证机构应：

a）分别针对每一个管理体系标准/规范计算所要求的审核时间（应用与每一个标准相关的应用文件和/或方案规则所提供的所有影响因素，如 CNAS-CC105、CNAS-CC18、CNAS-CC17）；

b）将分别计算出的每个管理体系标准/规范的审核时间相加，计算出一体化管理体系审核时间的起始点 T（例如 T = A + B + C）；

c）考虑可以增加或减少所需审核时间的影响因素，并在确定的起始点（T）基础上调整审核时间（见附录 A。说明：也就是本书 6.4.1 节之 2）。

减少审核时间的因素应包括但不限于：

ⅰ）组织管理体系的一体化程度；

ⅱ）组织的人员应对涉及多个管理体系标准问题的能力；

ⅲ）具有审核多个管理体系标准/规范能力的审核员的可用性。

增加审核时间的因素应包括但不限于：

i）一体化管理体系审核较单一的管理体系审核的复杂性。

d）告知客户，基于组织所声明的管理体系的一体化程度来确定的一体化审核时间，可在第一阶段和后续的审核中，根据所确认的组织管理体系的一体化程度来做出调整。

2.1.5.2　一体化管理体系审核可能会导致审核时间的增加，但在减少审核时间的情况下，其减少量不应超过起始点T（2.1.5.1b）的20%。

2.1.5.3　起始点的计算以及增加或减少审核时间的合理性应给予记录。

例题分析

1）（单项选择题）一个客户已将两个或两个以上管理体系标准要求的应用整合在一个单一的管理体系中，并按照一个以上标准接受审核，这称作（　　）。

A. 联合审核　　　　B. 结合审核

C. 一体化审核　　　　D. 以上都对

答案及分析：选择C。见本书6.4.1节方框1中CNAS-GC02标准3.2条款。

2）（单项选择题）一个审核组同时对组织的质量管理体系和食品安全管理体系进行的审核是（　　）。

A. 联合审核　　　　B. 结合审核（多体系审核）

C. 一体化审核　　　　D. 合并审核

答案及分析：选择B。见本书6.4.1节之1。

3）（单项选择题）下列哪项不是一体化管理体系的特征？（　　）

A. 一套整合的文件，适宜时，包括适度融合的作业文件

B. 考虑总体经营战略和计划的管理评审

C. 一体化的管理支持和管理职责

D. 一套人员

答案及分析：选择D。见本书6.4.1节之2。

6.5　基于过程的质量管理体系审核方法

《管理体系认证基础》一书第七章第六节“基于过程的质量管理体系审核方法”是依据CNAS-TRC-006：2009《基于过程的质量管理体系审核指南》编写的，而最新的标准是RB/T 180—2017《基于过程的质量管理体系审核指南》。考虑到考试是以《管理体系认证基础》一书为准，所以本书在讲解基于过程的

质量管理体系审核方法的要点时，依据的也是 CNAS-TRC-006。

6.5.1 基于过程的质量管理体系审核的概述

1. 基于过程的质量管理体系审核的定义

CNAS-TRC-006 标准 5.1 条款：

基于过程的 QMS（质量管理体系）审核是指以受审核方的过程、过程间相互关系、过程目标和过程绩效指标作为审核的路径或审核的追踪线索所实施的 QMS 审核。

基于过程的质量管理体系审核通过对过程的检查而确定有关过程结果的活动、资源和行为是否被有效并高效地管理。

把组织的质量管理体系运行过程加以梳理，用 PDCA 的思维按照流程化、模块化等进行审核，审核会更加具有深度，可能得到更具有价值的审核发现。

2. 基于过程的 QMS 审核特征

CNAS-TRC-006 标准 5.1.1 条款：

1）顾客导向。在审核中，审核员不仅考虑受审核方的需要，而且考虑受审核方顾客的需要，关注受审核方是否已经正确理解了顾客要求并在每个过程中予以落实。

2）过程导向。在审核中，审核员关注过程、过程间的相互关系与接口和过程绩效，以及关注每个过程的绩效及其对 QMS 整体绩效的影响。

3）结果导向。在审核中，审核员关注过程结果，并将审核发现与它对受审核方提供合格产品能力的影响相关联。

4）关注 QMS 的持续改进。在审核中，审核员通过对过程绩效的系统分析，发现过程的波动和改进点，促进受审核方在 QMS 的整体改进，提供增值服务。

3. 基于过程的 QMS 审核具体体现

CNAS-TRC-006 标准 5.1.1 条款：

1）无论是判断 QMS 的整体绩效，还是审核一个具体过程，都以其绩效指标的实现与改进情况为基础。

2）参照受审核方自身的业务流程，并按照受审核方所确定的一定数量和类型的 QMS 过程及其之间的内在连接关系，对审核的路径进行策划和实施审核。

3）始终以满足受审核方的顾客要求和法律法规要求作为审核的关注点，并以产品实现类的过程作为审核的主线。

4）在对产品实现类的过程实施审核的同时，关注与之相关的 QMS 其他过程（如管理类的过程、资源类的过程和监视、测量、分析与改进类的过程）的作用和绩效。

5）针对每一个过程的审核，以该过程的绩效指标为切入点，通过追踪其绩效表现以及过程之间的输出与输入的关系，从系统的角度评价该过程在QMS中的作用及其有效性。

6）从QMS的整体角度，关注法规、顾客和相关方要求的实现情况、过程间的接口和过程的绩效情况等方面，并对QMS的适宜性和有效性做出综合评价。

4. 基于过程的QMS审核的益处

CNAS-TRC-006标准5.1.2条款：

1）审核是以受审核方所确定的过程及其绩效指标为切入点，并以受审核方的绩效表现为主要线索，同时基于审核员的判断而适时调整审核的路径以满足审核的最终目标，即审核始终处于一种动态的判断过程中，从QMS的整体角度判断过程活动与标准的符合性，进而提高审核的有效性。

2）审核是基于受审核方的实际业务流程设计审核路径，并关注每一个过程的顾客要求及该过程的有效性，这有利于发现受审核方的QMS与其实际运行是否存在不一致的问题，从而确保受审核方的QMS的建立、运行和改进与受审核方的质量绩效紧密结合。

3）审核时关注质量目标的系统性及其与过程系统性的关系，打破部门/职能单元间的隔阂，不仅关注每个职能单元“分内”职能的执行情况，更关心过程间的接口，这有利于发现是否存在部门目标与过程目标不一致的问题，即系统与子系统目标不协调的问题。

4）审核中比较容易发现过程接口和部门接口间的缺陷和系统性问题，这有利于受审核方识别不增值的过程以及待改进的过程和查找QMS存在问题的原因，从而通过审核达到QMS过程优化的目的。

5）审核员是围绕与过程相关的活动提问，而不是按照标准条款提问，使得审核方法容易为受审核方所理解。

6）专业审核员的专业优势可以得到充分地发挥，有利于提高审核的深度和增值作用。

6.5.2 基于过程的质量管理体系审核的实施基础

CNAS-TRC-006标准5.2条款对基于过程的质量管理体系审核的实施基础进行了规定，下面方框中的内容是其摘要（说明：稍微做了修改）。

5.2 基于过程的QMS审核的实施基础

5.2.1 受审核方

受审核方已经制定了符合其自身实际情况的质量方针和目标，并建立和有效地运行了QMS。尤其是按照GB/T 19001的要求，根据其业务流程，确定自身的过程，明确这些过程的绩效指标，以及通过监视这些绩效指标所获得的信息来分析和改进这些过程及其绩效。

5.2.2　审核组

除了满足 CNAS-CC01（GB/T 27021.1/ISO/IEC 17021-1）的相关要求，认证机构在选派审核组时还需特别考虑：

1）审核组成员具有“采用过程方法建立、实施和改进组织 QMS”及“基于过程的审核”等方面的知识，能够理解和掌握“基于过程的审核”的思路、方法与技巧；

2）审核组成员有能力根据受审核方的实际业务流程（如通过现场观察到的业务流程）和已确定的过程（如 QMS 文件中已定义），并结合 GB/T 19001 中的要求，形成有关受审核方所确定的过程之间相互关系的概念；

3）审核组长需有能力通过对受审核方的过程的了解，而对审核活动进行策划，编制审核计划，并在审核中有效、合理地利用审核组的资源；

4）审核组成员了解受审核方产品和业务流程及其活动。

6.5.3　基于过程的质量管理体系审核的要求

CNAS-TRC-006 标准 5.3～5.9 条款讲的都是基于过程的质量管理体系审核的要求，《管理体系认证基础》一书只选择其中的 5.3～5.6 条款进行讲解。下面方框中的内容是 CNAS-TRC-006 标准 5.3～5.6 条款的摘要。

5.3　策划基于过程的审核需获得的受审核方信息

5.3.1　对于初次认证审核，在第一阶段审核前，审核组需要了解或掌握受审核方所确定的过程（包括外包过程）的情况；监督审核和再认证审核前，审核组需要获得上述情况的变化信息或可能导致审核方案变化的其他信息。

5.3.2　在第一阶段审核中，审核组的**主要任务**是关注受审核方 QMS 文件与审核准则的**符合性**；完整、准确地了解受审核方所确定的过程、过程顺序与相互作用；过程的绩效指标及过程拥有者；受审核方是否为第二阶段审核做好了相应准备等。这些可以通过文件评审和在受审核方的现场对受审核方产品实现过程的现场巡视、与高层管理者的沟通、QMS 文件（手册和相关程序）的评审等手段获得。

在第一阶段审核中应获得的与过程有关的具体信息包括（但不限于）：

1）受审核方对其过程、过程目标和绩效指标的确定情况；

注：绩效指标的选择应涉及产品实现过程和其他过程的有效性和效率。

2）受审核方对所确定的过程顺序和过程相互作用的描述；

3）受审核方所确定的过程与涉及的认证要求（认证所使用的标准或其他规范性文件）的对应关系的适当描述；

4）受审核方对其与顾客、产品和过程有关的关键绩效指标与受审核方绩效的跟踪情况与趋势分析，以及对法律法规的符合情况与趋势分析；

注：不仅限于QMS的运行绩效本身。

5）主要相关方针对受审核方问题的负面信息；

注：不仅限于投诉信息。

6）受审核方最近12个月内的内审和管理评审的策划、实施情况，及其实施结果是如何运用到QMS的改进上的信息；

7）受审核方接受第二阶段审核的准备情况（包括所需受审核方资源的配置情况），以及从提出申请到第一阶段审核之间的任何变化情况；

8）对审核范围的确认信息（包括实际位置、组织单元、受审核的产品范围、活动和过程、审核所覆盖的时期及多场所）；

9）从受审核方的顾客角度，按照产品实现的业务流程所需的过程，对GB/T 19001要求删减的理由。

5.3.3 第一阶段审核结束后，审核组应对收集的信息和证据进行分析，就受审核方对过程确定的充分性与适宜性和对审核准备的充分性做出判断，并分析认证机构实施第二阶段审核存在的风险。审核组要让受审核方理解和接受第一阶段所提出的问题，并与其商定第二阶段审核的细节。

此外，审核组还需识别任何引起他们和/或受审核方关注的、在第二阶段审核中可能被判定为不符合的问题。

5.3.4 针对第一阶段审核中发现的问题，审核组认为受审核方在短时间内难以解决并足以导致影响第二阶段的审核实施时，应判定受审核方不具备接受第二阶段审核的可行性。

针对受审核方未确定或未充分确定其过程、过程目标和绩效指标、过程顺序及其相互关系，并使其文件化的情况，宜判定受审核方不具备接受基于过程的第二阶段审核的条件。

注：审核员宜从受审核方的行业特点及其产品的实际风险来判断受审核方所确定的过程的适宜性，并应充分地理解受审核方用自己的语言所描述的过程。过程应有确定的目标和绩效指标、输入、输出、活动和资源，其表现形式可以是文字、图示、表格等。

5.4 基于过程的第二阶段审核计划的编制

5.4.1 审核组编制第二阶段审核计划时宜考虑如下方面：

1）根据优先排序的原则，考虑过程在QMS中的关键程度和审核效率等因素，依照审核的关注点来配备合适的资源，如审核人员、时间等；

注：对于QMS审核，以对产品实现类的过程实施审核为主线，同时关注与之相关的QMS其他过程（如管理类的过程、资源类的过程和监视、测量、分析与改进类的过程）是一个较为合理的安排。

2）根据受审核方确定的过程、过程的顺序和相互关系以及多场所的有关情况，来策划审核的路径；

注：通常情况下，对于审核路径与过程的关系，审核组可以根据不同的需要灵活应用，如顺着受审核方的业务流程、逆着受审核方的业务流程或它们的组合等。

3）当受审核方有多个外部分场所时，审核计划尤其需要关注过程的接口及外部分场所与总部的管理接口；

4）考虑受审核方的实际布局和主要的产品实现过程优化审核路径和时间。

5.4.2　审核计划的详略程度要能够反映审核的范围和复杂程度，初次认证的审核计划和再认证的审核计划应包括受审核方确定的所有过程，并覆盖GB/T 19001 的全部要求（除删减要求）。

注：为了提示审核是否能够覆盖认证所使用标准或其他规范性文件的全部（或部分）要求，审核计划中并不限制列出审核所依据的上述标准或其他规范性文件的条款。

5.5　审核组的内部沟通

审核组在审核中召开内部沟通会议是必要的沟通环节，尤其是审核组包括多名审核员或多个审核小组的时候。内部沟通会议可在审核的不同时期进行，并可能涉及以下内容的一项或多项：

1）第一阶段审核的情况/上一次审核情况及遗留问题（审核准备时）；

2）受审核方产品和过程的特点、受审核方主要过程所涉及的职能单元/受审核方单元以及它们的接口（审核准备时）；

3）基于从现场巡视和对领导层审核所获得的信息，调整后续的审核安排（审核过程中）；

4）需要审核组其他人员在审核中追踪审核的信息的沟通（审核过程中）；

5）评价审核进展情况，必要时，重新分派审核组成员的工作（审核过程中）；

6）对审核发现的评审和确定（审核过程中或编写审核发现与审核报告前）；

7）对 QMS 的综合评价（编写审核发现和审核报告前）等。

5.6　实施基于过程的第二阶段审核

5.6.1　在受审核方现场实施的第二阶段审核至少覆盖以下方面：

1）受审核方的 QMS 与适用的 QMS 标准或其他规范性文件的所有要求的符合情况及证据；

2）受审核方对过程的运行控制；

3）受审核方依据目标和关键绩效指标，对绩效进行的监视、测量、报告和评审；

注：质量目标和绩效指标应与适用的 QMS 标准或其他规范性文件的期望一致。

4）受审核方 QMS 绩效中遵守法律法规情况，如受审核方提供的产品及其质量绩效与法律法规的符合性等；

5）受审核方的产品及其质量绩效与顾客要求和期望的一致性；

6）受审核方对其质量方针的管理，以及质量方针与受审核方企业方针或策略的一致性；

7）内审的实施、发现与结论的关系和内审有效性；

8）管理评审的实施、发现与结论的关系和管理评审有效性；

9）持续改进措施及其与内审、管理评审或外部评审的发现和结论的一致性，以及措施实施的有效性；

10）受审核方的产品质量与顾客要求和法律法规要求、质量方针与质量目标和绩效指标、QMS 运作与质量绩效、人员职责与能力等的内在联系，以及它们之间的关系。

5.6.2 实施基于过程的现场审核需要考虑采取有效的审核方式。

评价受审核方 QMS 时，审核员需要针对每一个过程提出以下**四个基本问题**：

a）过程是否已被识别并恰当地定义？

b）职责是否已被分配？

c）程序是否得到实施和保持？

d）在实现所要求的结果方面，过程是否有效？

围绕这四个问题的提出顺序，可以构成很多种**审核方式**。例如：

1）针对过程结果所实施的审核（C）。

向过程的负责人了解过程的概况与主要活动，以及过程绩效指标的实际情况与趋势，进而分析绩效指标反映出来的问题，以此来选择审核的切入点。

例如，有关的绩效指标，特别是与顾客有关的绩效指标，是否达到预定的要求？若绩效指标显示不良或趋势存在风险，受审核方采取了哪些行动？通过分析绩效指标的表现，初步判断过程中可能存在的问题，并以此作为审核追踪的重点。

2）针对受审核方的过程绩效指标及采取的措施所实施的审核（A）。

① 倘若过程绩效指标满足预期要求，除了要了解绩效指标的测量方法外，应向过程负责人重点了解对目前绩效指标的看法和对过程持续改进方面所做的工作，新的目标、新的措施的设定和目前的进展实施情况以及其有效性；

② 倘若绩效指标不满足预期要求，应向负责人了解是否知道问题产生的原因及所采取措施的效果，并对相关的措施进行跟踪落实。

注：经过对数据的分析判断可能会引发人员能力的培养与提升，与过程活动相关的程序的改进与变更，文件/记录的传递与管理的改进等多方面的行动。通常，上述的审核活动大部分是针对过程的负责人所进行的审核。

3）对受审核方已策划的过程实施审核（P/D）。

这一审核的目的是判断目前受审核方已确定的过程的适宜性和有效性。

根据上述分析和判断的结果确定抽取的样本，然后按照受审核方程序文件的规定从过程的输入开始直到过程输出的结果为止，判断所抽取样本对照该程序文件要求的符合程度。

在审核中，审核员应随时对审核过程中获得的信息进行分析和判断，调整下一步的审核重点，以得到审核发现。

例题分析

1）（单项选择题）基于过程的审核特征，描述错误的是（　　）。

A. 过程导向　　B. 顾客导向

C. 侧重部门的职责　　D. 结果导向

答案及分析：选择 C。见本书 6.5.1 节之 2。

2）（多项选择题）基于过程的现场审核采取的审核方式有（　　）。

A. 针对过程结果所实施的审核

B. 针对受审核方的过程绩效指标及采取的措施所实施的审核

C. 对受审核方已策划的过程实施审核

D. 以 PDCA 逻辑实施审核

答案及分析：选择 ABC。见本书 6.5.3 节方框中 CNAS-TRC-006 标准 5.6.2 条款。

3）（多项选择题）依据基于过程的现场审核，评价受审核方 QMS 时，审核员需要针对每一个过程提出以下哪些基本问题？（　　）

A. 过程是否已被识别并恰当地定义

B. 职责是否已被分配

C. 程序是否得到实施和保持

D. 在实现所要求的结果方面，过程是否有效

答案及分析：选择 ABCD。见本书 6.5.3 节方框中 CNAS-TRC-006 标准 5.6.2 条款。

4）（多项选择题）以过程为导向的基于过程的审核中，审核员要关注（　　）。

A. 过程

B. 过程间的相互关系与接口

C. 过程绩效

D. 每个过程的绩效及其对整体绩效的影响

答案及分析：选择 ABCD。见 6.5.1 节之 2 之 2）（CNAS-TRC-006 标准 5.1.1 条款）。

5）（单项选择题）以结果为导向的基于过程的审核中，审核员要关注过程结果，并将（　　）与它对受审核方提供合格产品能力的影响相关联。

A. 审核结论　　B. 审核发现

C. 审核证据　　D. 审核结果

答案及分析：选择 B。见 6.5.1 节之 2 之 3）（CNAS-TRC-006 标准 5.1.1 条款）。

同步练习强化

1. 单项选择题

1）审核范围通常不包括对（　　）的描述。

A. 职能、组织单元　　B. 认证依据

C. 活动和过程　　D. 实际和虚拟位置

2）对认证范围的表述正确的是（　　）。

A. 第三方认证机构提供证明，承担证明责任的范围

B. 应在认证文件上准确表述

C. 认证文件上的认证范围信息包括授予认证扩大或缩小认证范围、更新认证的生效日期

D. 以上都正确

3）符合多场所抽样条件的多场所监督审核的抽样数量为（　　），x 为场所总数。

A. $\sqrt{x}$　　B. $0.7\sqrt{x}$

C. $0.8\sqrt{x}$　　D. $0.6\sqrt{x}$

4）多场所审核抽样的抽样条件是（　　）。

A. 各场所风险和复杂程度可以差异较大

B. 每个场所均运行相似的过程

C. 过程、产品和服务可以有较大

D. 可以有不同的法规体系

5）一体化审核可能会导致审核时间的增加，但在减少审核时间的情况下，其减少量不应超过起始点 T 的（　　）。

A. 50%　　B. 30%

C. 20%　　D. 1/3

6）下述哪些文件不必描述审核范围？（　　）（真题）

A. 审核计划　　B. 审核报告

C. 审核作业指导书　　D. 认证证书

7）管理体系认证审核时间（现场审核时间）通常不宜少于审核时间的（　　）。这适用于初次审核、监督审核和再认证审核。

A. 70%　　B. 80%

C. 90%　　D. 2/3

8）管理体系审核时间调整时，减少量不应超过（　　）。

A. 30%　　B. 20%

C. 50%　　D. 1/3

9）调整管理体系审核时间时，下列哪个不是减少审核时间要考虑的因素？（　　）

A. 与人员数量相比，现场很小

B. 体系成熟

C. 有一部分员工在组织的场所外工作，例如销售人员、司机、服务人员等，并且有可能通过记录审查来对其活动是否符合体系要求进行充分的审核

D. 外包职能或过程

10）当审核条件基本不变时，对一个特定的管理体系的监督审核时间是初次审核时间的（　　）。

A. 2/3　　B. 3/5

C. 1/2　　D. 1/3

11）监督审核时间通常情况下不会少于（　　）审核人日。

A. 0.5 个　　B. 1 个

C. 1.5 个　　D. 1/3 个

12）以下对临时场所审核描述不正确的是（　　）。

A. 所选取的临时场所样本宜代表客户的认证范围、能力需求和不同服务的范围

B. 所选取的临时场所样本已考虑了活动的规模和类型、进行中的项目的不同阶段

C. 对临时场所的活动可以仅通过文件审查实施

D. 通常情况下，对临时场所需要进行现场审核

13）对于多场所组织审核，除非特定认证方案另有规定，单个被抽样场所审核时间的减少量不应超过（　　）。通常允许审核时间减少量最大为（　　）。

A. 50%，30%　　B. 50%，20%

C. 30%，20%　　D. 20%，30%

14）多场所组织是指某单一管理体系覆盖的一个组织，其构成包括经识别的（　　）以及多个场所，（　　）对某些过程、活动进行策划和控制，在多个场所中这些过程、活动得到全部或部分实施。

A. 中心职能　　B. 中心办公室

C. 总部　　D. 行政中心

15）对多场所组织进行抽样时，样本中应有一部分根据有关因素选取，一部分随机抽取。至少（　　）的样本应随机抽取。

A. 50%　　B. 25%

C. 20%　　D. 10%

16）对某组织的27个地区办公室进行初次认证审核，应抽取的样本数量为（　　），至少（　　）为随机抽样。

A. 6个，2个　　B. 14个，4个

C. 9个，5个　　D. 7个，4个

17）对不适用抽样的多场所组织进行监督审核时，应在每个日历年覆盖（　　）的场所。

A. 50%　　B. 30%

C. 20%　　D. 10%

18）多场所审核与认证，审核方案应至少包括或引用（　　）。

A. 每个场所的过程、活动

B. 识别哪些场所可以被抽样、哪些场所不能

C. 识别哪些场所被抽样覆盖、哪些场所未被抽样覆盖

D. 以上全部

19）多场所审核与认证，通过第一阶段审核，审核组应完善信息以开展哪些工作？（　　）

A. 确认审核方案

B. 策划第二阶段审核，考虑对每个场所拟审核的过程、活动

C. 确认承担第二阶段审核的审核组具备必要的能力

D. 以上全部

20）对多场所进行审核时，在某独立场所发现不符合，进一步确定发现这些不符合也存在于其他场所（系统问题）。此时应要求受审核组织对（　　）及受到影响的独立场所实施纠正措施并验证。

A. 中心职能　　B. 总部

D. 相同过程　　D. 相同职能

21）关于一体化审核，下列描述不正确的是（　　）。

A. 一体化审核的审核组能力应满足审核的所有管理体系需求

B. 一体化审核的审核报告应清楚地表明与每一个管理体系标准的所有要求的符合性

C. 接受一体化审核的受审核组织的每一个管理体系的审核范围必须是一致的

D. 体系运行的成熟度影响一体化审核的审核人日数

22）一体化审核是指（　　）。

A. 一个客户已将两个或两个以上管理体系标准要求的应用整合在一个单一的管理体系中，认证机构对其按照一个以上标准同时实施的审核

B. 对一个客户同时按照两个或两个以上管理体系标准要求实施的审核

C. 对管理体系集中控制的多个场所的审核

D. 对一个特定管理体系全条款的审核

23）当组织运用一个单一的管理体系来管理组织（　　）的多个方面时，该体系即为一体化管理体系。

A. 绩效　　B. 管理体系

C. 要求　　D. 管理体系标准

24）一体化管理体系审核可能会导致审核时间的增加，但在减少审核时间的情况下，其减少量不应超过起始点 T 的（　　）。

A. 50%　　B. 30%

C. 20%　　D. 10%

25）对监督审核时间确定描述错误的是（　　）。

A. 每年监督审核的总时间约为初次认证审核时间的 1/3

B. 每年监督审核的时间应考虑认证客户管理体系的更新信息

C. 每年监督审核的时间应考虑认证客户管理体系成熟度方面的变化

D. 以上都不对

2. 多项选择题

1）每次认证审核范围的策划与（　　）相关。

A. 审核目的　　B. 审核计划

C. 特定管理体系认证制度的要求　　D. 审核方案的安排

2）下面关于多场所组织的中心职能描述正确的是（　　）。

A. 中心职能是指对管理体系负责并对管理体系集中控制的职能

B. 中心职能并不必须是组织的总部

C. 中心职能是组织的一部分并且不应被分包给外部的组织

D. 不要求中心职能仅处于某个单一场所

3）管理体系认证审核时间包括从首次会议到末次会议之间实施审核活动的所有时间，这些审核活动包括（　　）。

A. 举行首次会议　　B. 审核实施中的文件评审

C. 信息的收集和验证，形成审核发现　　D. 准备审核结论，举行末次会议

4）认证有效人数包括认证范围内涉及的（　　）。

A. 固定人员　　B. 临时人员

C. 兼职人员　　D. 承包商人员

5）调整管理体系审核时间时，下列哪些是增加审核时间要考虑的因素？（　　）

A. 员工使用多于一种的语言　　B. 与人员数量相比，现场很大

C. 体系覆盖着高度复杂的过程　　D. 与人员数量相比，现场很小

6）特定管理体系审核时间的计算方法基本上是（　　）。

A. 以管理体系的有效人数及其他因素为基础

B. 先计算初次审核时间，然后再计算监督审核、再认证审核等类型的审核时间

C. 主要考虑认证产品的产量

D. 考虑组织所处的特殊风险

7）如果认证客户外包其部分职能或过程，认证机构要考虑是否需增加审核时间。认证机构有责任获得认证客户对其外包职能或过程进行控制的（　　）的证据，以确保外部提供的职能或过程不会对管理体系有效性产生负面影响。

A. 控制方式　　B. 控制范围

C. 控制程序　　D. 控制措施

8）多场所组织认证的资格要求包括（　　）。

A. 组织应具有单一管理体系

B. 组织应识别其中心职能

C. 组织应服从集中的管理评审

D. 所有场所应服从组织的内部审核程序

9）多场所认证和审核时，认证机构在准备审核计划时还应至少考虑（　　）。

A. 认证范围以及每个场所的子范围　　B. 对每个场所的管理体系标准

C. 拟审核的过程、活动　　D. 每个场所的审核时间

10）基于过程的 QMS 审核特征包括（　　）。

A. 顾客导向　　B. 过程导向

C. 结果导向　　D. 关注 QMS 的持续改进

11）基于过程的 QMS 审核是指以受审核方的（　　）作为审核的路径或审核的追踪线索所实施的 QMS 审核。

A. 过程　　B. 过程间相互关系

C. 过程目标　　D. 过程绩效指标

12）基于过程的质量管理体系审核通过对过程的检查而确定有关过程结果的（　　）是否被有效并高效地管理。

A. 活动　　B. 资源

C. 行为　　D. 要求

13）基于过程的 QMS 审核具体体现包括（　　）。

A. 以绩效指标的实现与改进情况为基础

B. 以产品实现类的过程作为审核的主线

C. 以过程的绩效指标为切入点

D. 参照受审核方的业务流程设计审核路径

14）审核时间包括（　　）。

A. 现场审核时间

B. 现场以外实施策划、文件审查时间

C. 与客户人员之间的相互活动的时间

D. 编写审核报告的时间

15）可能增加审核时间的因素包括（　　）。

A. 审核地点多于一个工作场所

B. 需要访问临时场所

C. 所审核领域受法规管制的程度较高

D. 体系覆盖着数量较多的互不相同的活动

16）基于过程的质量管理体系审核特征之一是过程导向，即在审核中，审核员关注（　　）。（真题）

A. 质量目标　　B. 过程间相互关系与接口

C. 过程绩效　　D. 过程

3. 问答题

1）确定初次审核、监督审核和再认证审核时间需要考虑的主要内容有哪些？

2）简述对多场所组织进行抽样审核时，需要考虑哪些内容。

3）举例说明结合审核抽样方案的要求。

4）基于过程的质量管理体系审核有哪些特征？

5）认证范围和审核范围包括哪些内容？二者之间的区别与联系是什么？（真题）

6）认证机构在实施结合审核时，要制订结合审核计划，请问结合审核计划的内容有哪些？在制订结合审核计划时要考虑哪些方面？

7）多场所组织认证的资格要求是什么？

8）认证机构在实施多场所审核时，要制订多场所审核计划，请问多场所审核计划的内容有哪些？在制订多场所审核计划时要考虑哪些方面？

9）基于过程的审核第二阶段审核计划的编制要考虑哪些方面？

10）基于过程的第二阶段审核内容包括哪些？

11）认证机构在实施多场所审核时，发现不符合，有哪些特别的要求？

4. 综合应用题

某一生产制造企业申请认证，其总部在深圳（包括办公、研发设计），旗下有12个子公司分布在全国12个省市，其中第1～6个子公司主要从事产品生产加工。第7个子公司主要从事新产品的研发设计，第8～12个子公司主要从事产品研发设计和生产加工，另外在全国20个省市设有销售分公司30个。审核时发现第7个子公司未与工作满十年以上的员工签订无固定期限的劳动合同。根据以上情形，请回答以下问题：

1）对此公司初次审核时对现场是否可以抽样？如可以，如何进行抽样？

2）上述情景审核时发现的情况是否违反法规？如有，违法了哪些法规？

3）对该公司审核中发现的不符合项，审核组对于不符合项的纠正措施有哪些要求？

答案点拨解析

1. 单项选择题

题号	答案	解析
1	B	见本书6.1节之2（或见GB/T 19011标准3.5条款）
2	D	见本书6.1节之1
3	D	见本书6.3.3节方框中CNAS-CC11标准6.1.3.3条款
4	B	见本书6.3.3节方框中CNAS-CC11标准6.1.1.1条款
5	C	见本书6.4.6方框2中CNAS-CC106标准2.1.5.2条款
6	D	理解题，参考本书6.1节之1，认证证书上体现的是认证范围
7	B	见本书6.2.1节之1之3），CNAS-CC105标准2.1.2条款：管理体系认证审核时间通常不宜少于审核时间的80%。这适用于初次审核、监督审核和再认证审核
8	A	见本书6.2.2节之1之1），CNAS-CC105标准3.9条款中要求管理体系审核时间调整时，减少量不应超过30%

（续）

题号	答案	解析
9	D	见本书6.2.2节之2方框中的CNAS-CC105标准条款8，外包职能或过程是增加审核时间要考虑的因素
10	D	见本书6.2.3节之1方框中CNAS-CC105标准条款5
11	B	见本书6.2.3节之1方框中CNAS-CC105标准条款5
12	C	见本书6.2.3节之3方框中CNAS-CC105标准9.2、9.3条款
13	A	见本书6.2.3节之4之3）（见本书6.2.3节之4方框2中的CNAS-CC11标准7.3.1条款）
14	A	见本书6.3.1节方框中CNAS-CC11标准2.4条款
15	B	见本书6.3.3节方框中CNAS-CC11标准6.1.2.2条款
16	A	应抽取的样本数量$\sqrt{27}\approx 5.2$，向上取整为6；随机抽取的样本量$6\times 25\% =1.5$，向上取整为2。计算方法见本书6.3.3节方框中CNAS-CC11标准6.1.2.2、6.1.3.3条款
17	B	见本书6.3.4节方框中CNAS-CC11标准6.2.1条款
18	D	见本书6.3.5节方框中CNAS-CC11标准7.2.1条款
19	D	见本书6.3.5节方框中CNAS-CC11标准7.5条款
20	A	见本书6.3.5节方框中CNAS-CC11标准7.7.1条款
21	C	不同的管理体系有不同的审核范围。一体化审核是结合审核的特例，可参考本书6.4.4节方框中的CNAS-GC02标准5.3.1条款2）来解答本题
22	A	见本书6.4.1节方框1中CNAS-GC02标准3.2条款
23	A	见本书6.4.1节之2之3）
24	C	见本书6.4.6节方框2中CNAS-CC106标准2.1.5.2条款
25	D	A、B、C项的描述都是对的，见6.2.3节之1方框中的CNAS-CC105标准条款5

2. 多项选择题

题号	答案	解析
1	ABCD	见本书6.1节之2之1）
2	ABCD	见本书6.3.1节之4
3	ABCD	见本书6.2.1节方框中CNAS-CC105标准1.7条款
4	ABCD	见本书6.2.1节之3
5	ABC	见本书6.2.2节之2方框中的CNAS-CC105标准条款8
6	AB	见本书6.2节
7	AB	见本书6.2.3节之5之1）（或见本书6.2.3节之5方框中CNAS-CC105标准11.1条款）

（续）

题号	答案	解析
8	ABCD	见本书6.3.2节方框中CNAS-CC11标准条款5
9	ABCD	见本书6.3.5节方框中CNAS-CC11标准条款7.4.1条款
10	ABCD	见本书6.5.1节之2
11	ABCD	见本书6.5.1节之1
12	ABC	见本书6.5.1节之1
13	ABCD	见本书6.5.1节之3
14	ABCD	见本书6.2.1节之1之2）
15	ABCD	见本书6.2.2节之2方框中CNAS-CC105标准条款8之1）
16	BCD	见本书6.5.1节之2之2）

3. 问答题

1）确定初次审核、监督审核和再认证审核时间需要考虑的主要内容：

① 确定初次审核时间要考虑的主要内容（见本书6.2.2节）：

a）依据行业特点、风险高低、过程复杂程度等因素，以认证范围内的有效员工数为基点，确定基准审核时间。

b）基准审核时间是计算审核时间的起始点，考虑相关的调整因素，对基准审核时间进行调整（增加/减少），就得出具体的初次审核时间。

调整审核时间时，要能够证明审核时间的增加或减少对于有效审核是合理的。增加审核时间的因素与减少审核时间的因素对审核时间的影响可以相互抵消。

② 确定监督审核时间要考虑的主要内容（见本书6.2.3节之1）：

a）在初始的三年认证周期中，对特定组织实施监督审核的审核时间，宜与初次认证审核（第一阶段＋第二阶段）的时间成比例，即每年实施监督审核的总时间约为初次认证审核时间的1/3。

b）监督审核时间还要考虑认证客户管理体系有关的更新信息及体系成熟度等方面的变化。

c）监督审核时间通常情况下不会少于1个审核人日，否则可能影响审核有效性。

③ 再认证审核时间要考虑的主要内容（见本书6.2.3节之2）：

a）再认证审核时间宜根据更新的客户信息计算，而不是简单按初次认证审核（第一阶段＋第二阶段）时间的2/3计算。通常做法是：假设基于更新的信息对组织实施初次认证审核（第一阶段＋第二阶段），再认证审核时间约为该初次审核所需时间的2/3。作为特例，如果再认证时组织的情况与初次认证审核时相同，则再认证审核时间大约为初次认证审核时间的2/3。

b）管理体系审核时间应考虑管理体系绩效评价的结果。

c）再认证审核时间通常情况下不会少于1个审核人日，否则可能影响审核有效性。

2）对多场所组织进行抽样审核时，需要考虑的内容有（见本书6.3.3节）：

① 抽样审核的条件。

只有当每个场所均运行非常相似的过程、活动时，才允许对这组场所抽样。

② 抽样审核的要求。

a）样本中应有一部分根据以下因素选取，一部分随机抽取；应选取有代表性的不同场所，确保认证范围内覆盖的所有过程将被审核到。样本选取应考虑的因素有：

——场所内部审核、管理评审或以前认证审核的结果。

——投诉记录以及纠正和预防措施的其他相关方面。

——各场所在规模上的显著差异。

——在倒班安排和工作程序上的差异。

——风险程度。

——地理位置的分散程度。

——场所是常设的、临时的或虚拟的，等等。

b）至少25%的样本应随机抽取。

③ 抽样审核的抽样数量。

a）每次审核最少访问的场所数量是：

——**初次认证审核**：样本的数量应为场所数量的平方根（$y=\sqrt{x}$），计算结果向上取整为最接近的整数，其中y为将抽取场所的数量、x为场所总数。

——**监督审核**：每年的抽样数量应为场所数量的平方根乘以0.6（即$y=0.6\sqrt{x}$），计算结果向上取整为最接近的整数。

——**再认证审核**：样本的数量应与初次审核相同。然而，如果证明管理体系在认证周期中是有效的，样本的数量可以减少至乘以系数0.8（即$y=0.8\sqrt{x}$），计算结果向上取整为最接近的整数。

b）在初次认证审核、每次再认证审核以及作为监督的一部分在每个日历年至少一次的审核中，都应对中心职能审核。

3）以下依据质量管理体系说明结合审核抽样方案的要求［见本书6.4.4节方框中CNAS-GC02标准5.3.1条款3）］：

① 选择并组合审核样本的前提应确保通过结合审核能够充分、客观地判定组织的管理体系与每一个管理体系标准或规范性文件的符合性与有效性。

② 实施结合审核时，审核组宜根据每一个管理体系标准或规范性文件的要求及其关注内容的不同（如质量控制、环境因素及其影响控制、危险源及其风险控制等）确定审核的现场、审核样本的选择、抽样基数及抽样数量。只有在满足各管理体系标准或规范性文件要求的前提下，才能考虑抽样样本的结合，而不能仅是考虑审核的经济性和便利性，如：

质量管理体系审核强调：

——关注质量要求（包括顾客当前的需求和未来的期望、法律法规要求、组织自身生存与发展的要求等）的识别和转化。

——关注组织如何运用质量管理体系原则，持续稳定地实现产品（服务）的质量。

——关注组织运用质量管理体系来实现诸如开拓创新、稳定质量和优化管理（过程增值）等方面持续改进的有效性。

——根据组织对其过程确定、测量和过程实施的有效性评价，并结合组织绩效或顾客满意度的评价，确定审核计划的重点。

4）基于过程的质量管理体系审核的特征有（见本书 6.5.1 节之 2）：

① 顾客导向。

在审核中，审核员不仅考虑受审核方的需要，而且考虑受审核方顾客的需要，关注受审核方是否已经正确理解了顾客要求并在每个过程中予以落实。

② 过程导向。

在审核中，审核员关注过程、过程间的相互关系与接口和过程绩效，以及关注每个过程的绩效及其对 QMS 整体绩效的影响。

③ 结果导向。

在审核中，审核员关注过程结果，并将审核发现与它对受审核方提供合格产品能力的影响相关联。

④ 关注 QMS 的持续改进。

在审核中，审核员通过对过程绩效的系统分析，发现过程的波动和改进点，促进受审核方在 QMS 的整体改进，提供增值服务。

5）见本书 6.1 节。

① 认证范围信息包括：

a）获证客户的名称和地理位置，对于多场所情况，认证范围包括总部和所有场所的地理位置。

b）与活动、产品和服务类型等相关的认证范围，包括每个场所相应的活动、产品和服务范围。

c）获证客户所用的管理体系标准和（或）其他规范性文件，包括发布状态的标识（例如修订时间或编号）。

d）认证生效日期，认证有效期或与认证周期一致的应进行再认证的日期。

e）授予认证、扩大或缩小认证范围、更新认证的生效日期。

② 审核范围通常包括对实际和虚拟位置、职能、组织单元、活动和过程以及所覆盖的时期的描述。

③ 审核范围和认证范围的区别与联系见本书6.1节之3表6-1。

6）解题参见5.5.2节中GB/T 27021.1（CNAS-CC01）9.2.3条款、6.4.4节中CNAS-GC02标准5.3条款、9.3.2节中GB/T 19011—2021标准6.3.2.1条款。

① 结合审核计划应与审核目的和范围相适应。结合审核计划至少应包括或引用：

a）审核目的。

b）审核准则。

c）审核范围，包括识别拟审核的组织和职能单元或过程。

d）拟实施现场审核活动（适用时，包括对临时场所的访问和远程审核活动）的日期和场所。

e）预计的现场审核活动持续时间。

f）审核组成员及与审核组同行的人员（例如观察员或翻译）的角色和职责。

② 在制订结合审核计划时应考虑或注意的方面包括但不限于：

a）认证机构应确保为审核方案中确定的每次审核编制审核计划。

b）审核组的组成及其整体能力。

c）适当的抽样技术。

d）提高审核活动的有效性和效率的机会。

e）由于无效的审核策划造成的实现审核目标的风险。

f）实施审核造成的受审核方的风险。

g）结合审核的时机。

h）结合审核的范围。

i）结合审核的抽样方案。

请考生举一反三，对于结合审核方案的内容以及制定时的注意事项、结合审核的人日数这类题目，要结合几个标准才能做出完整解答。

7）解题参见6.3.2节中CNAS-CC11标准条款5，不再重复。

8）解题参见5.5.2节中GB/T 27021.1（CNAS-CC01）9.2.3条款、6.3.5节中CNAS-CC11标准7.4.1条款、9.3.2节中GB/T 19011—2021标准6.3.2.1条款。

① 多场所审核计划应与审核目的和范围相适应。多场所审核计划至少应包

括或引用：

a）审核目的。

b）审核准则。

c）审核范围，包括识别拟审核的组织和职能单元或过程。

d）拟实施现场审核活动（适用时，包括对临时场所的访问和远程审核活动）的日期和场所。

e）预计的现场审核活动持续时间。

f）审核组成员及与审核组同行的人员（例如观察员或翻译）的角色和职责。

② 在制订多场所审核计划时应考虑或注意的方面包括但不限于：

a）认证机构应确保为审核方案中确定的每次审核编制审核计划。

b）审核组的组成及其整体能力。

c）适当的抽样技术。

d）提高审核活动的有效性和效率的机会。

e）由于无效的审核策划造成的实现审核目标的风险。

f）实施审核造成的受审核方的风险。

g）认证范围以及每个场所的子范围。

h）在考虑多个管理体系标准的情况下，对每个场所的管理体系标准。

i）拟审核的过程、活动。

j）每个场所的审核时间。

k）分派审核组。

9）解题参见6.5.3节中CNAS-TRC-006标准5.4.1条款，不再重复。

10）解题参见6.5.3节中CNAS-TRC-006标准5.6.1条款，不再重复。

11）解题参见6.3.5节中CNAS-CC11标准7.7条款。

① 在任何独立场所发现不符合，无论是由内部审核发现或经由认证机构的审核发现，应开展调查以确定其他场所是否可能受到影响。因此，认证机构应要求组织对不符合评审，以确定这些不符合是否指出了适用于其他场所的总体上的系统不足。如果发现确实如此，应同时对中心职能及受到影响的独立场所实施纠正措施并验证。如果发现并非如此，组织应能够向认证机构证明其限定后续纠正措施范围的正当理由。

② 认证机构应要求提供这些措施的证据并增加其抽样频率和/或抽样数量，直到确信恢复了控制。

③ 在做出决定的过程中，如果任一场所出现严重不符合，在得到满意的纠正措施之前应拒绝对整个多场所组织所列的场所进行认证。

④ 在认证过程中，认证机构不应允许组织为克服由于某个场所存在不符合

造成的问题，而从认证范围中删除存在问题的场所。

4. 综合应用题

此题目涉及第6章、第16章。

1）解题参见6.3.3节CNAS-CC11标准6.1条款。

① 总部不能抽样。

② 第1~6个子公司业务类型相似，可以进行抽样审核，样本量=3，至少1个为随机抽样。

③ 第8~12个子公司业务类型相似，可以进行抽样审核，样本量=3，至少1个为随机抽样。

④ 30个销售分公司业务类型相似，可以进行抽样审核，样本量=6，至少2个为随机抽样。

2）解题参见16.7节中《中华人民共和国劳动法》。

第7个子公司未与工作满十年以上的员工签订无固定期限的劳动合同，违反了《中华人民共和国劳动法》第二十条。

3）解题参见6.3.5节中CNAS-CC11标准7.7条款。

① 如不符合项发生在总部，除总部外，各子公司均应对不符合项进行评审，如有同样问题，则应同时实施纠正措施并验证。如果发现并非如此，公司应能够向认证机构证明其限定后续纠正措施范围的正当理由。

② 如不符合项发生在第1~6个子公司的其中一个公司，那么第1~6个子公司、具有同样生产加工业务的第8~12个子公司均应对不符合项进行评审，如有同样问题，则应同时实施纠正措施并验证。如果发现并非如此，公司应能够向认证机构证明其限定后续纠正措施范围的正当理由。

③ 如不符合项发生在第7个子公司，那么第7个子公司、具有同样研发设计业务的总部、第8~12个子公司均应对不符合项进行评审，如有同样问题，则应同时实施纠正措施并验证。如果发现并非如此，公司应能够向认证机构证明其限定后续纠正措施范围的正当理由。

④ 如不符合项发生在30个销售分公司的其中一个公司，那么30个销售分公司均应对不符合项进行评审，如有同样问题，则应同时实施纠正措施并验证。如果发现并非如此，公司应能够向认证机构证明其限定后续纠正措施范围的正当理由。

第 2 部分

管理体系审核通用知识和技术在审核中的应用

说明：

“管理体系审核通用知识和技术在审核中的应用”方面的考试内容是以中国认证认可协会组织编写的《审核概论》作为出题参考课本的，所以本书中所讲的考核要点都来自《审核概论》一书中的内容，同时尽量按该书的编排顺序安排章节顺序。

第7章 审核基础知识

考试大纲要求

审核特征及审核原则在各类认证活动中的应用。

考点知识讲解

7.1 概述

7.1.1 与审核有关的术语

下面方框1中的内容是来自GB/T 19011—2021标准中的20个与审核有关的术语；方框2中的内容是《审核概论》中要求关注的术语，这些术语主要应用于评价技术与方法之中。

> **GB/T 19011—2021 标准**
>
> **3 术语和定义**
>
> **3.1 审核**
>
> 为**获得**客观证据（3.8）并对其进行客观的**评价**，以确定**满足**审核准则（3.7）的程度所进行的系统的、独立的并形成文件的过程。
>
> 注1：内部审核，有时称为第一方审核，由组织自己或以组织的名义进行。
>
> 注2：通常，外部审核包括第二方审核和第三方审核。第二方审核由组织的相关方，如顾客或由其他人员以相关方的名义进行。第三方审核由独立的审核组织进行，如提供合格认证/注册的组织或政府机构。
>
> **3.2 多体系审核**
>
> 在一个受审核方（3.13），对两个或两个以上管理体系（3.18）一起实施的审核（3.1）。

注：当两个或多个不同领域的管理体系整合到单一管理体系中时，称为整合管理体系。

3.3 联合审核

在一个受审核方（3.13），由两个或两个以上审核组织同时实施的审核（3.1）。

3.4 审核方案

针对特定时间段所策划并具有特定目标的一组（一次或多次）审核（3.1）安排。

3.5 审核范围

审核（3.1）的内容和界限。

注1：审核范围通常包括对实际和虚拟位置、职能、组织单元、活动和过程以及所覆盖的时期的描述。

注2：虚拟位置是指组织执行工作或提供服务所使用的在线环境，该在线环境允许无论实际位置如何的个人执行过程。

3.6 审核计划

对审核（3.1）活动和安排的描述。

3.7 审核准则

用于与客观证据（3.8）进行比较的一组要求（3.23）。

注1：如果审核准则是法定的（包括法律或法规的）要求，则审核发现（3.10）中经常使用“合规”或“不合规”这两个词。

注2：要求可以包括方针、程序、作业指导书、法定要求、合同义务等。

3.8 客观证据

支持事物存在或其真实性的数据。

注1：客观证据可通过观察、测量、试验或其他方法获得。

注2：通常，用于审核（3.1）目的的客观证据，是由与审核准则（3.7）相关的记录、事实陈述或其他信息所组成并可验证。

3.9 审核证据

与审核准则（3.7）有关并能够证实的记录、事实陈述或其他信息。

3.10 审核发现

将收集的审核证据（3.9）对照审核准则（3.7）进行评价的结果。

注1：审核发现表明符合（3.20）或不符合（3.21）。

注2：审核发现可导致识别风险、改进机会或记录良好实践。

注3：如果审核准则选自法律要求或法规要求，审核发现被称为合规或不合规。

3.11 审核结论

考虑了审核目标和所有审核发现（3.10）后得出的审核（3.1）结果。

3.12　审核委托方

要求审核（3.1）的组织或个人。

注：在内部审核的情况下，审核委托方也可以是受审核方（3.13）或审核方案管理人员。外部审核的要求可以来自监管机构、合同方或潜在客户或现有客户等来源。

3.13　受审核方

被审核的组织或组织的一部分。

3.14　审核组

实施审核（3.1）的一名或多名人员，需要时，由技术专家（3.16）提供支持。

注1：审核组（3.14）中的一名审核员（3.15）被指定作为审核组长。

注2：审核组可包括实习审核员。

3.15　审核员

实施审核（3.1）的人员。

3.16　技术专家

<审核>向审核组（3.14）提供特定知识或专业技术的人员。

注1：特定知识或专业技术是指与受审核的组织、活动、过程、产品、服务、专业领域，或语言或文化有关的知识或技术。

注2：对审核组（3.14）而言，技术专家不作为审核员（3.15）。

3.17　观察员

随同审核组（3.14）但不作为审核员（3.15）的人员。

注：观察员可以是客户组织的成员、咨询人员、实施见证的认可机构人员、监管人员或其他有合理理由的人员（GB/T 27021.1 标准 9.2.2.2.1 条款）。

3.20　合格（符合）

满足要求（3.23）。

3.21　不合格（不符合）

未满足要求（3.23）。

3.22　能力

应用知识和技能实现预期结果的本领。

《审核概论》中要求关注的术语

一、来自 GB/T 19000 的术语

3.7.8　绩效

可测量的结果。

注1：绩效可能涉及定量的或定性的结果。

注2：绩效可能涉及活动（3.3.11）、过程（3.4.1）、产品（3.7.6）、服务（3.7.7）、

体系（3.5.1）或组织（3.2.1）的管理（3.3.3）。

3.7.9 风险

不确定性的影响。

注1：影响是指偏离预期，可以是正面的或负面的。

注2：不确定性是一种对某个事件，或是事件的局部的结果或可能性缺乏理解或知识方面的信息（3.8.2）的情形。

注3：通常，风险是通过有关可能事件（GB/T 23694—2013 中的定义，4.5.1.3）和后果（GB/T 23694—2013 中的定义，4.6.1.3）或两者的组合来描述其特性的。

注4：通常，风险是以某个事件的后果（包括情况的变化）及其发生的可能性（GB/T 23694—2013 中的定义，4.6.1.1）的组合来表述的。

注5："风险"一词有时仅在有负面后果的可能性时使用。

3.7.11 有效性

完成策划的活动并得到策划结果的程度。

3.8.1 数据

关于客体（3.6.1）的事实。

3.8.2 信息

有意义的数据（3.8.1）。

3.8.12 验证

通过提供客观证据（3.8.3）对规定要求（3.6.4）已得到满足的认定。

注1：验证所需的客观证据可以是检验（3.11.7）结果或其他形式的确定（3.11.1）结果，如变换方法进行计算或文件（3.8.5）评审。

注2：为验证所进行的活动有时被称为鉴定过程（3.4.1）。

注3："已验证"一词用于表明相应的状态。

3.8.13 确认

通过提供客观证据（3.8.3）对特定的预期用途或应用要求（3.6.4）已得到满足的认定。

注1：确认所需的客观证据可以是试验（3.11.8）结果或其他形式的确定（3.11.1）结果，如变换方法进行计算或文件（3.8.5）评审。

注2："已确认"一词用于表明相应的状态。

注3：确认所使用的条件可以是实际的或是模拟的。

3.11.1 确定

查明一个或多个特性（3.10.1）及特性值的活动。

3.11.2 评审

对客体（3.6.1）实现所规定目标（3.7.1）的适宜性、充分性或有效性（3.7.11）的确定（3.11.1）。

示例：管理评审、设计和开发（3.4.8）评审、顾客（3.2.4）要求（3.6.4）评审、纠正措施（3.12.2）评审和同行评审。

注：评审也可包括确定效率（3.7.10）。

3.11.3 监视

确定（3.11.1）体系（3.5.1）、过程（3.4.1）、产品（3.7.6）、服务（3.7.7）或活动的状态。

注1：确定状态可能需要检查、监督或密切观察。

注2：通常，监视是在不同的阶段或不同的时间，对客体（3.6.1）状态的确定。

3.11.4 测量

确定数值的过程（3.4.1）。

注1：根据GB/T 3358.2，确定的数值通常是量值。

二、来自GB/T 27065/ISO/IEC 17065《合格评定　产品、过程和服务认证机构要求》中的术语

3.3 评价

合格评定活动中的选取和确定功能的组合。

这里只对一些易混淆的地方做些讲解，考生需认真去看术语与定义的原文。“审核”这个术语已在2.3.1节讲解，“审核范围”这个术语已在6.1节讲解，这里不再重复。

1. 审核方案

1）审核方案由审核方案管理人员制定，是指导审核的重要依据。

2）审核方案是审核策划的结果，是对具有特定时间段和特定目标的一组审核的安排。

3）审核方案具有以下特点：

①“特定时间段”，根据受审核组织的规模、性质和复杂程度，一个审核方案可以包括在某一时间段内发生的一次或多次审核，这个审核方案所覆盖的是这一时间段的一组审核。

②“特定目标”，每次审核都有其具体目标，一个审核方案要考虑的是针对这一特定时间段的一组审核所具有的总体目标。实现此目标的方式可以不同，可以针对受审核方某一管理体系的单一审核，也可以是多体系审核或联合审核。

2. 审核计划

1）审核计划描述的是一次具体的审核活动及活动的安排。审核计划是对一次具体的审核活动进行策划后形成的结果之一，通常应形成文件。

2）审核计划不同于审核方案，是每次审核活动的具体计划。审核计划的编制应满足审核方案的有关要求。

3）每次审核都要编制审核计划，审核计划由审核组长编制。审核计划的内容包括审核目标、审核范围、审核准则、审核组成员及分工、审核时间安排等。

3. 审核准则

1）审核准则是用于与**客观证据**进行比较的一组要求。要求可以包括方针、程序、作业指导书、法定要求、合同义务等，如 GB/T 19001 标准、受审核方证实管理体系符合性和有效性的成文信息以及有关的法律法规等。

2）审核准则的作用是作为判断客观证据符合性和有效性的依据。

3）如果审核准则是法定的要求，则审核发现中经常使用“合规”或“不合规”这两个词。

4. 审核证据

1）审核证据包括记录、事实陈述或其他信息，这些信息可以通过文件的方式（如各种记录）获取，也可以用通过陈述的方式（如面谈）或通过现场观察的方式等获取。

2）审核证据是能够被证实的信息，不能证实的信息不能作为审核证据，即这种信息应能够被证明是真实的、确实存在的。

3）审核证据是与审核准则有关的信息。例如对质量管理体系认证，审核准则包括质量管理体系要求，但不包括财务方面的要求，所以财务方面的信息不能构成审核证据。

4）审核证据可以是定性的，如员工的质量意识；也可以是定量的，如不合格品率。

5）审核证据的合法性，一方面是审核证据必须与其应遵守的相关法律、法规有关，与受审核方所选定的审核所依据的标准有关；另一方面是审核证据的收集必须符合相关审核程序，在双方约定的认证合同的环境下规范实施。

5. 审核发现

1）审核发现是将已收集到的审核证据对照审核准则进行比较，从而得出的评价的结果。需要注意的是，审核发现中的“发现”是名词，而不是动词，评价的依据是审核准则，不能是其他，如某个人的看法或某单位的经验。

2）审核发现是一种符合性评价的结果，可能是符合，也可能是不符合。如果审核准则选自法律法规要求或其他要求，审核发现可表述为合规或不合规。

3）通过评价还可以发现哪些过程或活动需要改进或可以改进，因此当审核目的有规定时，审核发现可引导识别改进的机会或记录良好实践。

6. 审核结论

1）审核准则、审核证据、审核发现和审核结论之间的关系。审核组通过收集和验证与审核准则有关的信息获得审核证据，并依据审核准则对审核证据进行评价获得审核发现，在综合汇总分析所有审核发现的基础上，考虑此次审核目标而做出最终的审核结论。由此可见，审核准则是判断审核证据符合性的依据，审核证据是获得审核发现的基础，审核发现是做出审核结论的基础。图 7-1 所示为审核证据、审核准则、审核发现和审核结论之间的关系。

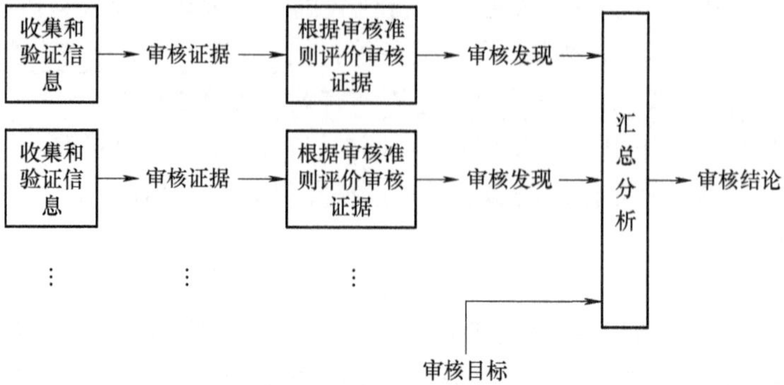

图 7-1　审核证据、审核准则、审核发现和审核结论之间的关系

2）审核结论是审核组得出的有关该次审核的审核结果，而不是审核组的某一个审核人员得出的审核结果。

3）审核结论以审核发现为基础，是在考虑了（包括系统地分析、研究）审核目标和所有审核发现的基础上得出的综合的、整体的审核结果。

4）审核结论与审核目标有关，审核目标不同，审核结论也不同。如果审核目标包括“识别管理体系潜在的改进方面”，则审核结论应包括提出改进的建议；如果审核目标是为了管理体系认证，则审核结论应确定管理体系符合审核准则的程度，提出是否推荐认证的建议。

5）管理体系的审核结论通常从符合性和有效性两方面做出。

7. 技术专家

1）技术专家是指向审核组提供技术支持的人员。

2）技术专家可以在审核组中发挥其提供技术支持的作用，但应在审核员的指导下进行工作，技术专家是审核组成员，但不能作为审核员实施审核。

3）技术专家提供的技术支持的内容是指与受审核的组织、过程或活动，语言或文化有关的知识或技术，如提供有关专业方面的知识或技术，作为翻译提供语言（如少数民族语言）方面的支持等。

8. 审核委托方

1）审核委托方是指要求审核的组织或个人。

2）审核委托方可以是组织，也可以是人员。

3）审核委托方要求的事项是审核。

4）审核委托方可以是受审核方，也可以是依据法律法规或合同有权要求审核的任何组织，如顾客、认证机构或其他管理机构。

5）对于内部审核，审核委托方可以是受审核方或审核方案管理人员；对于外部审核，可以是监管机构、合同方或潜在客户或现有客户等。

6）在第三方认证审核中，对于认证机构而言，认证委托方是申请认证的组织；对审核组而言，审核委托方是认证机构。

例题分析

1）（单项选择题）认证审核的目的是（　　）。（真题）

A. 寻找不符合

B. 评价并确定满足审核准则的程度

C. 评价体系的适宜性

D. 评价体系的完整性

答案及分析：选择 B。见本书 7. 1. 1 节方框 1 中 GB/T 19011 标准 3. 1 条款。

2）（单项选择题）当两个或两个以上不同领域的管理体系被一起审核时，称为（　　）。（真题）

A. 多体系审核　　B. 联合审核

C. 组合审核　　D. 整合审核

答案及分析：选择 A。见本书 7. 1. 1 节方框 1 中 GB/T 19011 标准 3. 2 条款。老标准叫“结合审核”。

3）（单项选择题）组织对其材料供应商的审核属于（　　）。（真题）

A. 第一方审核　　B. 第二方审核

C. 第三方审核　　D. 以上都有可能

答案及分析：选择 B。见本书 7. 1. 1 节方框 1 中 GB/T 19011 标准 3. 1 条款“注 2”。

4）（单项选择题）质量管理体系内部审核的准则包括（　　）。（真题）

A. 审核方案　　B. GB/T 19001 标准

C. 审核员的审核经验　　D. 专业知识

答案及分析：选择 B。理解题，参见本书 7. 1. 1 节方框 1 中 GB/T 19011 标准 3. 7 条款。

5）（单项选择题）在审核客户服务部时，该部门负责人介绍了收集和利用顾客满意信息的具体要求和方法，该部门负责人介绍的内容是（　　）。（真题）

A. 审核准则　　B. 审核发现

C. 审核结论　　D. 审核证据

答案及分析：选择 A。理解题，参见本书 7. 1. 1 节方框 1 中 GB/T 19011 标准 3. 7 条款。

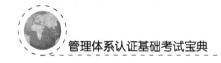

6）（单项选择题）审核准则、审核证据、审核发现三者之间的关系为（　　）。（真题）

A. 将审核证据对照审核准则形成审核发现

B. 将审核发现对照审核准则形成审核证据

C. 将审核准则形成审核证据，从而形成审核发现

D. 三者毫无关系

答案及分析：选择 A。理解题，参见本书 7.1.1 节方框 1 中 GB/T 19011 标准 3.10 条款。

7）（单项选择题）在形成审核结论时，应该考虑下述因素（　　）。（真题）

A. 被审核方的意见　　B. 所有审核发现

C. 委托方的意见　　D. 审核机构的要求

答案及分析：选择 B。理解题，参见本书 7.1.1 节方框 1 中 GB/T 19011 标准 3.11 条款（或参见本书 7.1.1 节之 6）。

7.1.2　审核简述

1. "大审核"概念

《审核概论》一书中有关审核的概念、内涵，审核技术及其实践，都是基于"大审核"概念，即不仅仅是局限于管理体系审核，还覆盖了产品认证和服务认证过程中所涉及的各类现场的审核活动。

2. 与审核有关的国际标准

《审核概论》一书介绍了国际标准化组织以及 IAF（国际认可论坛）、CASCO（国际标准化组织合格评定委员会）制定与审核有关的两类国际标准。

1）与审核指南有关的标准，包括 GB/T 19011（ISO 19011）《管理体系审核指南》、ISO/IEC 27007《信息技术　安全技术　信息安全管理体系审核指南》等。

2）与认证机构的审核过程管理和审核人员能力管理有关的标准，包括 GB/T 27021.1（ISO/IEC 17021-1）《合格评定　管理体系审核认证机构要求　第 1 部分：要求》、GB/T 27065（ISO/IEC 17065）《合格评定　产品、过程和服务认证机构要求》，以及 GB/T 27021.2（ISO/IEC 17021-2）《合格评定　管理体系审核认证机构要求　第 2 部分：环境管理体系审核与认证能力要求》、GB/T 27021.3（ISO/IEC 17021-3）《合格评定　管理体系审核认证机构要求　第 3 部分：质量管理体系审核与认证能力要求》等 GB/T 27021（ISO/IEC 17021）系列标准。

3. 审核是审核员的基本功

审核员的基本功包括掌握审核活动的特点，熟悉审核活动的内在规律和逻辑性，并在实践中熟练运用审核方法，实现审核目标。

审核是一项专门的与评价有关的技术活动。审核的特征决定了这项活动的特殊性和专属性。《审核概论》一书认为审核活动及其审核活动的管理与下列事项有关：

1）通常审核均具有明确的目的，为实现其预期目的，审核员需遵循若干原则，并按照规定的程序实施审核活动。

2）审核员胜任审核任务所需的能力，除通用的知识和技能以外，还需有对特定审核任务所需的知识和技能。

3）审核方法是一种评价管理过程有效性、识别风险和确定满足要求的方法。在各类认证活动中，均包含了审核方法的运用，即审核的实施。

4）审核活动是一种集成的活动。被审核的对象是一个复杂的集合体。一个成功的审核项目不仅与现场审核中审核人员的能力表现有关，还与认证机构显性和隐性的认证过程的管理有关。所以，审核人员需要熟悉和掌握 GB/T 19011、GB/T 27021. 1、GB/T 27065 中有关审核过程的要求。

5）审核活动客观上存在着风险，识别和评估审核风险是认证过程管理的重要方面。对审核风险进行识别和评估，进而采取有效的控制措施，以提高审核的有效性和认证结果的置信度，这是认证机构的责任。

7.2　审核的分类

审核是一项评价活动，按照不同的分类方式可将审核分成不同类型，《审核概论》一书中审核的分类见表 7-1。

表 7-1　审核的分类

<table>
<tr><th>序号</th><th>分类方式</th><th colspan="2">审核类型</th></tr>
<tr><td rowspan="3">1</td><td rowspan="3">按审核委托方划分</td><td rowspan="3">第一方审核</td><td>定义：由组织自己或以组织的名义对自身进行的审核</td></tr>
<tr><td>目的：第一方审核主要用于管理评审和组织其他内部目的，也可作为组织自我合格声明的基础。管理体系第一方审核的目的有：
1）保障管理体系正常运行和改进的需要
2）作为一种管理手段，促进组织内部管理有效性的提高
3）为外部审核前做准备</td></tr>
<tr><td>审核准则：组织自己制定的符合相关标准要求的管理体系文件和相关联产品的法律、法规、标准及其合同等</td></tr>
</table>

（续）

序号	分类方式	审核类型	
1	按审核委托方划分	第二方审核	定义：第二方审核是由组织的相关方（如顾客）或由其他人员以相关方的名义进行的审核
			目的： 1）合同前的评定（选择合格供方） 2）在有合同关系的情况下，验证组织的管理体系是否正常运行，管理体系和产品质量能否持续满足要求，从而促进供方改进管理体系，给组织以持续的信心 3）沟通和加强供需双方对质量要求的共识
			审核准则：第二方审核的依据主要是合同，适用的法律、法规和标准等也是第二方审核的准则
		第三方审核	定义：第三方审核是由外部独立于第一方和第二方之外的审核组织（如被认可的认证机构或其委托的审核机构）进行的审核。这种审核按照规定的程序和方法进行 在第三方审核中，由被认可的认证机构或其委托的审核机构，依据认证方案的要求实施的以认证为目的的审核，其结果通常是对受审核方的管理体系或产品和服务是否符合规定要求给出书面证明（合格证书），又叫认证或注册
			目的： 1）确定管理体系是否符合规定要求 2）确定管理体系实现规定目标的有效性 3）确定受审核方是否可以认证/注册 4）为受审核方提供改进的机会 5）为潜在的顾客提供信任 6）减少重复的第二方审核 7）确定满足适用的法律、法规及合同要求的能力
			审核准则：第三方审核的依据主要是管理体系标准和与产品有关的标准及其他规定要求，其次还包括受审核方的管理体系文件和适用的法律、法规、标准及其他要求等
2	按认证审核时序划分	初次认证审核	分为第一阶段和第二阶段审核。详见本书 5.5.3 节
		监督审核	详见本书 5.5.6 节方框中 GB/T 27021.1 标准 9.6.2.2 条款
		再认证审核	详见本书 5.5.6 节方框中 GB/T 27021.1 标准 9.6.3.2 条款

（续）

序号	分类方式	审核类型	
3	在特殊情况下的划分	结合（多体系）审核	详见本书6.4节
		联合审核	在一个受审核方，由两个或两个以上审核组织同时实施的审核
		特殊审核	特殊审核包括扩大认证范围审核、提前较短时间通知的审核，详见本书5.5.6节方框中GB/T 27021.1标准9.6.4条款
4	按领域划分	管理体系审核	管理体系审核可分为质量管理体系审核、环境管理体系审核、职业健康安全管理体系审核、食品安全管理体系审核等
		产品审核/审查	产品审核/审查可分为对产品质量审核/审查、产品安全性审核/审查等
		过程审核	服务和过程审核可分为对服务和过程的质量、安全和生态认证的审核/审查
		服务认证中的服务管理审核	

7.3 审核原则

下面方框中的内容是GB/T 19011—2021标准第4章“审核原则”的摘要。

4 审核原则

审核的特征在于其遵循若干原则。这些原则有助于使审核成为支持管理方针和控制的有效与可靠的工具，并为组织提供可以改进其绩效的信息。遵循这些原则是得出相关的和充分的审核结论的前提，也是使独立工作的审核员在相似的情况下得出相似结论的前提。

第5章至第7章中给出的指南基于下列7项原则。

a）诚实正直：职业的基础。

审核员和审核方案管理人员应：

——以诚实和负责任的道德精神从事他们的工作；

——只承担有能力去做的审核活动；

——以不偏不倚的态度从事工作，即对待所有事务保持公正和无偏见；

——在审核时，对可能影响其判断的任何因素保持警觉。

b）公正表达：真实、准确地报告的义务。

审核发现、审核结论和审核报告应真实和准确地反映审核活动。应报告在审核过程中遇到的重大障碍以及在审核组和受审核方之间未解决的分歧意见。沟通应是真实、准确、客观、及时、清楚和完整的。

c）职业素养：在审核中尽责并具有判断力。

审核员应珍视他们所执行的任务的重要性以及审核委托方和其他相关方对他们的信任。在工作中具有职业素养的一个重要因素是能够在所有审核情况下做出合理的判断。

d）保密性：信息安全。

审核员应审慎使用和保护在履职过程中获得的信息。审核员或审核委托方不应为个人利益不适当地或以损害受审核方合法利益的方式使用审核信息。这个概念包括正确处理敏感或保密的信息。

e）独立性：审核公正性和审核结论客观性的基础。

审核员应独立于受审核的活动（只要可行时），并且在任何情况下都应不带偏见，没有利益上的冲突。对于内部审核，如可行，审核员应独立于被审核的职能。审核员在整个审核过程应保持客观性，以确保审核发现和审核结论仅建立在审核证据的基础上。

对于小型组织，内审员也许不可能完全独立于被审核的活动，但是应尽一切努力消除偏见和体现客观。

f）基于证据的方法：在一个系统的审核过程中得出可信和可重现的审核结论的合理方法。

审核证据应是能够验证的。由于审核是在有限的时间内并在有限的资源条件下进行的，因此审核证据应建立在可获得信息的样本的基础上。应合理地进行抽样，因为这与审核结论的可信性密切相关。

g）基于风险的方法：考虑风险和机遇的审核方法。

基于风险的方法应对审核的策划、实施和报告具有实质性影响，以确保审核关注于对审核委托方重要的事项和对实现审核方案目标重要的事项。

审核原则共有 7 项：诚实正直、公正表达、职业素养、保密性、独立性、基于证据的方法、基于风险的方法。审核原则的具体要求，请考生仔细阅读标准条款。这里只讲述审核原则的理解要点。

1. 审核的特征

GB/T 19011 标准明确指出：审核的特征在于其遵循若干原则。《审核概论》一书从审核的定义（审核是指为获得客观证据并对其进行客观的评价，以确定满足审核准则的程度所进行的系统的、独立的并形成文件的过程）出发，附加了下列内容：

1）审核的基础。审核的三个特点——“系统的”“独立性”“形成文件”——奠定了审核的基础。

2）审核的基本特征：公正性、客观性和独立性。

2. 审核原则的说明

《审核概论》一书认为，审核原则是审核员、审核方案管理人员和实施审核工作所必须遵循的基本原则，是对审核员、审核方案管理人员等道德品德、思想作风、业务水平的明确要求，也是规范审核工作的重要指导思想。遵循这些原则是确保审核的客观性、符合性和有效性的基础。

3. 遵守审核原则的意义

1）为使审核结果有价值且为审核有关的各方所接受，应遵循审核原则。

2）遵循审核原则是得出相关的和充分的审核结论的前提，也是使独立工作的审核员在相似的情况下得出相似结论的前提。

3）对于一个认证机构所从事的某一领域的管理体系认证审核，只有针对每一组织的每项具体审核活动都按同一程序和规则进行，都遵守一致的审核原则，才能保证不同审核人员组成的不同审核组对同一管理体系的审核才能得出相似的结论。

4）对于一个国家的认证认可体系，只有国家授权的认可组织和其认可的认证机构都按同样的原则管理、规范认可评审活动和认证审核活动，不同认证机构所颁发的认证证书才有同样的效力。共同遵守约定的审核原则是国际上对认可与认证证书相互承认的基础。

5）标准不可能就所有可能发生的情况给出特定的要求和行动指南，此时要求按原则采取相应的行动。

例题分析

1）（单项选择题）遵循审核原则是确保审核的（　　）的基础。

A. 客观性、符合性和充分性　　B. 公正性、专业性和符合性

C. 客观性、符合性和有效性　　D. 公正性、专业性和有效性

答案及分析：选择 C。见本书 7.3 节之 2。

2）（单项选择题）审核的特征在于其遵循若干原则，以下不属于审核基本特征的是（　　）。

A. 公正性　　B. 客观性

C. 独立性　　D. 形成文件

答案及分析：选择 D。见本书 7.3 节之 1 之 2)。

3)（单项选择题）审核的（　　）的三个特点奠定了审核的基础。

A. 系统的、独立性和形成文件　　B. 公正性、有效性和符合性

C. 客观性、符合性和有效性　　D. 公正性、客观性和独立性

答案及分析：选择 A。见本书 7.3 节之 1 之 1)。

4)（多项选择题）以下哪些体现了“保密性”这一审核原则？（　　）（真题改进）

A. 审慎使用审核信息　　B. 正确处理敏感信息

C. 不为个人利益使用审核信息　　D. 审核过程中尽量少做记录

答案及分析：选择 ABC。见本书 7.3 节方框中 GB/T 19011 标准条款 4 之 d)。

5)（多项选择题）以下哪些体现了“基于证据的方法”的审核原则？（　　）（真题）

A. 审核证据是能够验证的

B. 审核员独立于受审核的活动

C. 审核证据是建立在可获得信息的样本的基础上

D. 抽样的合理性与审核结论的可信性密切相关

答案及分析：选择 ACD。见本书 7.3 节方框中 GB/T 19011 标准条款 4 之 f)。

6)（单项选择题）审核原则（　　），是审核公正性和审核结论的客观性的基础。（真题）

A. 诚实正直　　B. 明断自立

C. 独立性　　D. 基于证据的方法

答案及分析：选择 C。见本书 7.3 节方框中 GB/T 19011 标准条款 4 之 e)。

7.4 认证中的审核活动

7.4.1 审核是认证的关键活动之一

1. 合格评定功能法

合格评定由以下三项功能有序组成，在需要证实满足规定要求时，这些功能可以满足这一需要（可查阅 GB/T 27000/ISO/IEC 17000 标准附录 A）：

——选取。

——确定。

——复核与证明。

——监督（如需要）。（《审核概论》一书这样表达）

所有类型的合格评定都遵循相同的基本方法，如图 7-2 所示。每项功能包括

的活动见表7-2（《审核概论》一书这样表达）。

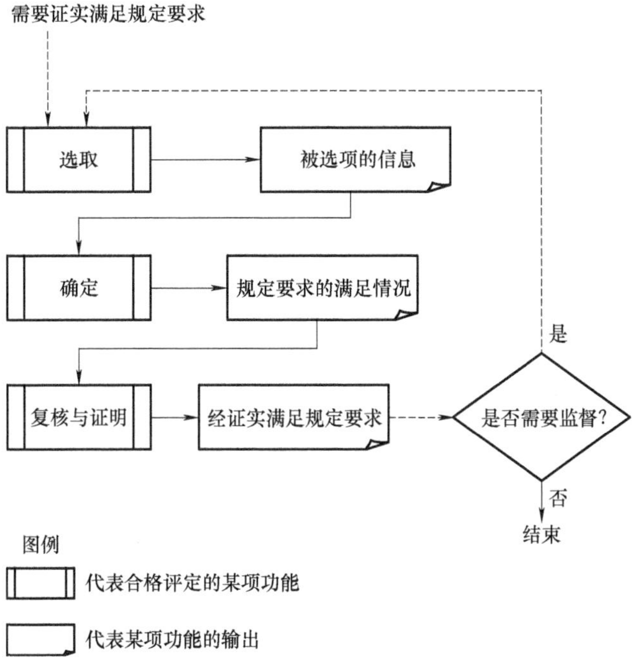

图7-2 合格评定功能法

表7-2 功能法每项功能包括的活动

功能	开展的活动
选取	1）明确符合性评定所依据的标准或有关文件的规定 2）选取拟被评定对象样品 3）统计抽样技术的规范（适宜时）
确定	1）为确定评定对象的规定特性而进行的测试 2）对评定对象物理特性的检查 3）对评定对象相关的体系和记录的审核 4）对评定对象的质量评估 5）对评定对象的规范和图纸的审查 说明：检测、检查、审核和同行评审等术语表示不同类型的确定活动
复核与证明	1）评定从确定阶段收集的评定对象符合规定要求的证据 2）返回确定阶段，以解决不符合项的问题 3）拟定并发布符合性声明 4）在合格产品上加贴符合性标志

（续）

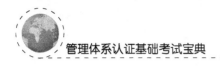

功能	开展的活动
监督	1）在生产现场或通往市场的供应链中进行确定活动 2）在市场中进行确定活动 3）在使用现场进行确定活动 4）评审确定活动的结果 5）返回确定阶段，以解决不符合项的问题 6）拟定并发布持续符合性确认书 7）如果有不符合项，启动补救和预防措施

2. 审核是合格评定活动中的关键活动之一

各类认证活动遵循的基本原则是一致的，审核是合格评定活动中的关键活动之一，其**关键性**体现在合格评定的可信度将基于审核证据的获取及审核结论的得出。

7.4.2 管理体系认证、产品认证和服务认证中的审核活动

根据《中华人民共和国认证认可条例》，我国的认证共分为三类，即管理体系认证、产品认证和服务认证。

1. 管理体系认证中的审核

《审核概论》一书认为：管理系统认证是“与管理体系有关的第三方证明”，是一种“证实”活动。审核的实施为这种“证实”提供了用于评价的充分客观证据与有用信息。现场审核的一致性和有效性直接决定了认证的有效性。

2. 产品认证中的审核活动

《审核概论》一书认为：产品认证是由第三方通过检验评定企业的质量管理体系和样品型式试验来确认企业的产品、过程或服务是否符合特定要求，是否具备持续稳定地生产符合标准要求产品的能力，并给予书面证明的程序。GB/T 27067《合格评定　产品认证基础和产品认证方案指南》中提出了 6 种产品认证方案。

产品认证中的认证方案做出的相关安排，包括审核活动，如产品认证中的验厂审核或生产线一致性检查。

3. 在服务认证中的服务管理审核

GB/T 27067《合格评定　产品认证基础和产品认证方案指南》提出的“方案类型 6”，主要适用于服务和过程审核。下面方框中的内容是 GB/T 27067 标准中对服务认证和过程审核描述的摘要。

5.3.8　方案类型 6

这种方案主要适用于服务和过程的认证。

服务通常是无形的，但确定活动并不仅仅局限于无形要素的评价（比如组织程序有效性、管理滞后和响应能力等）。在某些情况下，可以通过对服务中有形要素涉及的过程、资源及管理的评价，作为表明符合性的支持证据。例如，针对公共交通的质量而进行的对车辆清洁检查。

对于过程认证，情况非常类似。例如，适用时，焊接过程的确定活动可以包括对焊接样品焊缝的检测和检查。

对服务和过程认证，这种方案的监督环节宜包括对管理体系的周期性审核，以及对服务与过程的周期性评价。

例题分析

1）（单项选择题）合格评定由三项功能有序组成，在需要证实满足规定要求时，这些功能可以满足这一需要。三项功能包括（　　）。

A. 抽样、审核、认证　　B. 访谈、观察、评审

C. 选取、确定、复核与证明　　D. 抽样、评价、评审

答案及分析：选择 C。见本书 7.4.1 节之 1。

2）（单项选择题）合格评定功能法中的“复核与证明”功能的输出是（　　）。

A. 规定要求的满足情况　　B. 经证实满足规定要求

C. 被选项的信息　　D. 认证证书

答案及分析：选择 B。见本书 7.4.1 节图 7-2。

3）（多项选择题）合格评定功能法中的“确定”功能开展的活动有（　　）。

A. 对评定对象物理特性的检查

B. 对评定对象相关的体系和记录的审核

C. 对评定对象的规范和图纸的审查

D. 在合格产品上加贴符合性标志

答案及分析：选择 ABC。见本书 7.4.1 节表 7-2。

4）（单项选择题）审核是合格评定活动中的关键活动之一，其关键性体现在合格评定的（　　）将基于审核证据的获取及审核结论的得出。

A. 公正性　　B. 可信度

C. 客观性　　D. 独立性

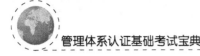

答案及分析：选择 B。见本书 7.4.1 节之 2。

5）（多项选择题）根据《中华人民共和国认证认可条例》，我国的认证分为（　　）。

A. 管理体系认证　　B. 产品认证

C. 服务认证　　D. 人员认证

答案及分析：选择 ABC。见本书 7.4.2 节。

同步练习强化

1. 单项选择题

1）质量管理体系审核与质量管理体系认证的共同点包括（　　）。（真题）

A. 都对质量管理体系实施现场审核及编制审核报告

B. 都要颁发证书

C. 都是一种第三方审核

D. 以上都不是

2）当质量管理体系、环境管理体系、职业健康安全管理体系被一起审核时，称为（　　）。（真题）

A. 整合审核　　B. 第二方审核

C. 联合审核　　D. 多体系审核（结合审核）

3）质量管理体系审核是用来确定（　　）。（真题）

A. 组织的管理效率

B. 产品和服务符合有关法律法规的程度

C. 质量管理体系满足审核准则的程度

D. 质量手册与标准的符合程度

4）当有建立合同关系的意向时，对供方进行体系评价是（　　）。

A. 第一方审核　　B. 第二方审核

C. 第三方审核　　D. 以上都是

5）组织对其材料供应商的审核属于（　　）。（真题）

A. 第一方审核　　B. 第二方审核

C. 第三方审核　　D. 以上都有可能

6）由行业协会对组织进行的审核是（　　）。（真题）

A. 第一方审核　　B. 第二方审核

C. 第三方审核　　D. 联合审核

7）以下明显属于第二方审核的是（　　）。（真题）

A. 某集团公司内其中一个分公司对另一个分公司的审核

B. 认证机构代表某集团公司对其供方的审核

C. 某集团公司组成审核组对下属的一个分公司的审核

D. 认证机构代表政府主管部门对其行业内组织的评优审查

8）质量管理体系内部审核的准则包括（　　）。

A. 审核方案　　B. GB/T 19001 标准

C. 审核员的审核经验　　D. 以往的教训

9）在审核客户服务部时，该部门负责人介绍了收集和利用顾客满意信息的具体要求和方法，该部门负责人介绍的内容是（　　）。（真题）

A. 审核准则　　B. 审核发现

C. 审核结论　　D. 审核证据

10）以下不属于质量管理体系审核准则的是（　　）。（真题）

A. 公司与顾客签订的协议

B. 公司生产用工艺卡片

C. 岗位操作法

D. 向导提供的竞争对手的《生产操作规范》

11）以下不属于审核准则的是（　　）。（真题）

A. 顾客的隐含要求　　B. 组织的产品的检验记录

C. 生产设备维护管理规定　　D. 认证产品所执行的产品标准

12）环境管理体系内部审核的依据可以是（　　）。（真题）

A. 环境管理体系文件

B. 适用于本组织的环境法律法规和其他要求

C. 环境管理体系标准及顾客的合同

D. A + B + C

13）对于一个建筑施工企业而言，以下哪一项不是环境管理体系审核的审核准则？（　　）（真题）

A. 噪声的检测报告

B. GB/T 24001 标准

C. 施工垃圾管理规定

D.《建筑施工场界环境噪声排放标准》

14）在对某印染厂进行环境管理体系审核时，以下属于审核准则的是（　　）。（真题）

A. GB/T 24001—2016 标准

B. 组织编制的 EMS 文件

C. GB 4287《纺织染整工业水污染排放标准》

D. 以上都是

15）下述哪项最有可能不是审核的准则？（　　）（真题）

A. 管理体系标准　　B. 相关方的要求

C. 法律法规要求　　D. 股东的要求

16）审核准则是指用于与（　　）进行比较的一组要求。（真题改进）

A. 审核证据　　B. 客观证据

C. 审核发现　　D. 以上都是

17）审核员用来作为参照所收集的关于主体事项的审核证据进行比较的方针、惯例程序或要求是（　　）。（真题）

A. 审核证据　　B. 审核发现

C. 审核结论　　D. 审核准则

18）以下哪一种情况可以作为质量管理体系审核证据？（　　）（真题）

A. 钢铁生产企业的操作人员自带的午餐

B. 向导说："公司这几年在产品安全性方面投入了大量的研发资金。"

C. 化工企业的安全科科长说："这几年公司在生产安全上投入了大量的资金。"

D. 设计科科长说："我们确实这几年在产品安全性方面投入了大量的研发资金。"

19）以下哪种情况可作为质量管理体系审核的审核证据？（　　）（真题）

A. 审核员见相邻的另一个企业正在施工的人员未带安全带

B. 审核员在食品加工企业的车间内发现分拣包装操作人员未按规定操作

C. 向导向审核员解释不合格品的处理情况

D. 观察员查看受审核方工艺控制记录

20）审核证据是与审核准则有关并能够证实的记录、事实陈述或其他信息，以下哪一种情况不可以作为审核证据？（　　）（真题）

A. 技术部经理说："技术部采用方差分析法进行分析时，认为数据都是服从正态分布的，所以从不检验数据的正态性。"

B. 受审核方供应商说："这家单位用我们的产品从来都不做进货检验的，对我们充分信任。"

C. 对受审核组织某供应商进行评价的记录

D. 对某受审核组织新产品设计和开发输入的评审记录

21）以下哪种情况可以作为环境管理体系审核的审核证据？（　　）（真题）

A. 质检员按检验规程的要求对某产品进行检验

B. 审核员看见某操作者正在处理危险废料

C. 审核员看见一台 pH 值测定仪没有贴检定标签

D. 审核员认为废气处理应编制作业指导书

22）以下可以作为环境管理体系审核证据的是（　　）。（真题）

A. 审核员看见操作人员正在分选废料

B. 质检员按检验规程的要求对某产品进行检验

C. 审核员看见一台声级仪没有贴检定标签，认为这台声级仪没有检定

D. 审核员认为污水处理站应编制一份污水处理的程序文件

23）以下哪种信息不可以作为审核证据？（　　）（真题）

A. 现场看到的生活垃圾桶内有含油抹布

B. 检测报告显示废气排放超标

C. 车间主任说危险物交给了有资质的处置方

D. 管理评审报告

24）下面哪一种情况是审核证据？（　　）（真题）

A. 陪同人员质检科科长向审核员反映："供应科从非合格供方 A 处采购硫酸。"

B. 供应科科长承认从非合格供方 A 处采购硫酸

C. 因为在合格供方名录中找不到硫酸供应商 A，所以审核员认为供应科从非合格供方 A 处采购硫酸

D. 以上都是

25）在审核客户服务部时，该部门负责人介绍了收集和利用顾客满意信息的具体要求和方法，这是（　　）。（真题）

A. 审核准则　　B. 审核发现

C. 审核结论　　D. 审核证据

26）以下哪些是质量管理体系审核的审核发现？（　　）（真题）

A. 机加工操作人员加工零件的方法和相应的作业指导书的规定是一致的

B. 机加工操作人员正在按一份图纸加工零件

C. 机修车间负责人向审核员提供了《设备维护保养规程》

D. 机修车间的操作人员每周对各车间的生产设备进行一次检修

27）审核准则、审核证据、审核发现三者之间的关系为（　　）。（真题）

A. 将审核证据对照审核准则形成审核发现

B. 将审核发现对照审核准则形成审核证据

C. 将审核准则形成审核证据，从而形成审核发现

D. 三者毫无关系

28）将收集到的审核证据对照（　　）进行评价的结果是审核发现。（真题）

A. GB/T 19001 标准　　B. 法律、法规要求

C. 审核准则　　D. 质量管理体系文件

29）审核发现是指（　　）。（真题）

A. 审核中观察到的客观事实

B. 将收集的审核证据对照审核准则进行评价的结果

C. 审核的不合格项

D. 审核中的观察项

30）以下哪一项是环境管理体系审核的审核发现？（　　）（真题）

A. 审核员查看了电镀车间排放的污水化验报告

B. 审核员查看了《污水处理和检验控制程序》

C. 污水处理站提供生产污水的检测报告，审核员将检测结果与《污水综合排放标准》及控制进行核对，表明没有超标排放

D. 审核员看见污水排放口排出深黄色的水，认为该企业的污水超标排放

31）在形成审核结论时，应该考虑下述因素（　　）。

A. 被审核方的意见　　B. 所有审核发现

C. 委托方的意见　　D. 顾客的意见

32）审核委托方可以是（　　）。（真题）

A. 受审核方自己　　B. 受审核方的上级公司

C. 某顾问公司　　D. A+B+C

33）依据 GB/T 19011 标准，技术专家是指（　　）。（真题）

A. 向受审核方提供特定知识和技术的人员

B. 向审核组提供特定知识或专业技术的人员

C. 向审核委托方提供特定知识或技术的人员

D. 随行审核组的技术顾问，但不是审核组的成员

34）观察员可来自（　　），可陪同审核组但不参与审核。（真题）

A. 受审核方　　B. 监管机构

C. 其他见证审核的相关方　　D. 以上都是

35）（　　）可以是客户组织的成员、咨询人员、实施见证的认可机构人员、监管人员或其他有合理理由的人员。（真题）

A. 观察员　　B. 技术专家

C. 向导　　D. 陪同人员

36）审核方案（　　）。（真题）

A. 是针对特定时间段所策划并具有特定目的的一组（一次或多次）审核安排

B. 就是对审核进行策划后形成的文件

C. 是审核检查方案

D. 是审核计划

37）针对特定时间段所策划并具有特定目标的一组（一次或多次）审核安

排，称为（　　）。（真题）

A. 审核计划　　B. 审核发现

C. 审核方案　　D. 特殊审核

38）审核范围的描述通常应包括（　　）。

A. 实际位置、产品、活动和过程以及所覆盖的时期

B. 实际和虚拟位置、职能、组织单元、活动和过程以及所覆盖的时期

C. 实际位置、产品、活动和过程

D. 实际位置、组织单元、产品、活动和过程

39）确定环境管理体系审核范围时可以考虑（　　）。（真题）

A. 组织的管理权限和产品范围　　B. 组织的活动范围和现场区域

C. 组织自己确定的区域　　D. A + B

40）确定审核范围时应考虑（　　）。（真题）

A. 组织的实际位置与组织单元　　B. 覆盖的时期

C. 组织的活动和过程　　D. 以上全部

41）（　　）是对审核活动和安排的描述。（真题）

A. 审核计划　　B. 审核方案

C. 审核范围　　D. 审核准则

42）以下对有关“审核计划”和“审核方案”概念的理解正确的是（　　）。（真题）

A. 审核方案的输出就是审核计划

B. 审核方案和审核计划都是审核策划的结果

C. 审核方案和审核计划都是审核组长的职责

D. 审核方案和审核计划都应该形成文件

43）GB/T 19011 标准提供关于审核方案管理和管理体系审核的策划和实施以及审核员和审核组能力的评价指南，这里所提及的能力是指（　　）。（真题）

A. 实施审核的能力

B. 应用知识和技能获得预期结果的本领

C. 掌握审核方法与技巧

D. 管理审核组的本领

44）环境管理体系审核中，以下哪种情况可构成不符合？（　　）（真题）

A. 宾馆餐厅没有处理泔水的作业指导书

B. 两位管理者之间提供不出内部交流的记录

C. 喷涂废气处理装置故障停运 10 天未修好但仍在进行喷漆作业

D. 喷涂作业人员因为紧张没有完整回答审核员提出的问题

45）环境管理体系审核中，以下哪种情况已构成不符合？（　　）（真题）

A. 宾馆餐厅没有处理泔水的作业指导书

B. 两位管理者之间提供不出内部交流的记录

C. 生产现场某过程没有按该过程的安全规程操作

D. 两位管理者没有按规定做出内部信息交流的记录

46）绩效是“可测量的结果”，绩效可能涉及（　　）的结果。

A. 定量　　B. 定性

C. 定量的或定性　　D. 可量化

47）风险是“不确定性的影响”，不确定性是一种对某个事件，或是事件的局部的（　　）缺乏理解或知识方面的信息的情形。

A. 结果　　B. 结果或可能性

C. 可能性　　D. 结果和可能性

48）下面关于“风险”正确的是（　　）。

A. 风险通常是以某个事件的后果（包括情况的变化）及其发生的可能性的组合来表述的

B. 风险通常是以某个事件的后果（包括情况的变化）来表述的

C. 风险通常是以某个事件的后果（包括情况的变化）及其发生的可能性以及发现的可能性的组合来表述的

D. 风险通常是以某个事件的发生的可能性来表述的

49）（　　）是完成策划的活动并得到策划结果的程度。

A. 效果　　B. 绩效

C. 有效性　　D. 效率

50）（　　）是关于客体的事实。

A. 文件　　B. 记录

C. 数据　　D. 信息

51）设计和开发活动中的“变换方法进行计算”的活动是（　　）。（真题）

A. 设计输出　　B. 设计评审

C. 设计验证　　D. 设计控制

52）对样机进行的型式试验是（　　）。

A. 设计试验　　B. 设计评审

C. 设计验证　　D. 设计确认

53）确认是“通过提供客观证据对（　　）已得到满足的认定”。

A. 特定的预期用途或应用要求　　B. 规定要求

C. 顾客要求和期望　　D. 顾客和其他相关方要求

54）验证是“通过提供客观证据对（　　）已得到满足的认定”。

A. 特定的预期用途或应用要求　　B. 规定要求

C. 顾客要求和期望　　D. 顾客和其他相关方要求

55）查明一个或多个特性及特性值的活动是（　　）。

A. 检验　　B. 监视

C. 确定　　D. 测量

56）评审是对客体实现所规定目标的适宜性、充分性或有效性的（　　）。

A. 确定　　B. 检查

C. 监视　　D. 检验

57）监视是通过检查、监督或密切观察，确定体系、过程、产品、服务或活动的（　　）。

A. 运行状态　　B. 合格状态

C. 动态　　D. 状态

58）测量是确定（　　）的过程。

A. 数值　　B. 量值

C. 合格　　D. 状态

59）审核是一项专门的与（　　）有关的技术活动。

A. 评价　　B. 认证

C. 确定　　D. 确认

60）第三方审核的目的不包括（　　）。

A. 确定管理体系是否符合规定要求

B. 确定管理体系实现规定目标的有效性

C. 为受审核方提供改进的机会

D. 保障管理体系正常运行和改进的需要

61）客观证据是支持事物存在或其真实性的（　　）。

A. 数据　　B. 信息

C. 记录　　D. 事实

62）（　　）在于其遵循若干原则。

A. 审核的特征　　B. 审核的特点

C. 审核的意义　　D. 审核的要求

63）下面错误的是（　　）。

A. 审核员应独立于受审核的活动（只要可行时），并且在任何情况下都应不带偏见，没有利益上的冲突

B. 对于内部审核，如可行，审核员应独立于被审核的职能

C. 审核员在整个审核过程应保持客观性，以确保审核发现和审核结论仅建立在审核证据的基础上

D. 对于所有组织，内审员必须完全独立于被审核活动

64）审核员在整个审核过程应保持（　　），以确保审核发现和审核结论仅建立在（　　）的基础上。

A. 客观性，审核证据　　B. 独立性，审核证据

C. 客观性，客观证据　　D. 独立性，客观证据

65）依据 GB/T 19011—2021 标准，以下哪一项不属于与审核有关的原则？（　　）（真题改进）

A. 道德行为　　B. 公正表达

C. 独立性　　D. 职业素养

66）GB/T 19011—2021《管理体系审核指南》标准审核原则中的“保密性”指的是（　　）安全。（真题）

A. 信息　　B. 产品

C. 人身　　D. 管理体系

67）在一个系统的审核过程中，得出可信的和可重现的审核结论的合理方法是（　　）。（真题）

A. 审核发现　　B. 基于客观事实的方法

C. 收集审核证据的方法　　D. 基于证据的方法

68）考虑风险和机遇的审核方法是（　　）。

A. 基于风险的方法　　B. 基于风险和机遇的方法

C. 基于风险的思维　　D. 过程方法

69）审核员在工作中具有职业素养的一个重要因素是能够（　　）。（真题）

A. 做出合理的判断

B. 在审核情况下做出合理的判断

C. 在所有审核情况下做出合理的判断

D. 在特殊审核情况下做出合理的判断

70）确定审核发现的原则是（　　）。（真题）

A. 应以可以预见的分析结果为依据　　B. 应以获得并验证的证据为基础

C. 应获得审核方认可　　D. 应符合认证机构的要求

71）根据 GB/T 19011—2021 审核原则“基于证据的方法”，即在一个系统的审核过程中，得出可信的和可重现的审核结论的合理的方法，审核证据应（　　）。（真题）

A. 是能够验证的

B. 是能够证实的

C. 是建立在可获得信息的样本的基础上

D. A + C

72）审核原则中的（　　）是审核公正性和审核结论的客观性的基础。（真题）

A. 诚实正直　　B. 明确自立

C. 独立性　　D. 基于证据的方法

73）审核原则中的（　　）要求在审核中尽责并具有判断力。

A. 职业素养　　B. 公正表达

C. 诚实正直　　D. 基于证据的方法

74）关于审核原则“公正表达”，不正确的是（　　）。

A. 真实、准确地报告的义务

B. 审核发现、审核结论和审核报告应真实和准确地反映审核活动

C. 应报告在审核过程中遇到的重大障碍以及在审核组和受审核方之间未解决的分歧意见

D. 以不偏不倚的态度从事工作，即对待所有事务保持公正和无偏见

75）合格评定功能法中“确定”功能的输出是（　　）。

A. 规定要求的满足情况　　B. 经证实满足规定要求

C. 被选项的信息　　D. 认证证书

76）合格评定功能法中“选取”功能开展的活动不包括（　　）。

A. 明确符合性评定所依据的标准或有关文件的规定

B. 选取拟被评定对象样品

C. 统计抽样技术的规范（适宜时）

D. 对评定对象物理特性的检查

77）GB/T 27067《合格评定　产品认证基础和产品认证方案指南》中提出了（　　）产品认证方案。

A. 6种　　B. 8种

C. 5种　　D. 3种

78）GB/T 27067《合格评定　产品认证基础和产品认证方案指南》提出的（　　），主要适用于服务和过程审核。

A. 方案类型6　　B. 方案类型5

C. 方案类型4　　C. 方案类型3

79）审核过程包括的活动有（　　）。

A. 获得客观证据　　B. 对客观证据进行客观评价

C. 确定满足审核准则的程度　　D. 以上全部

80）审核的对象可以是（　　）。

A. 产品、管理体系　　B. 产品、过程和服务

C. 产品、过程和服务、管理体系　　D. 产品、过程和服务

81）质量管理体系审核是用来确定（　　）。

A. 组织的管理效率

B. 产品和服务符合有关法律法规要求的程度

C. 质量管理体系满足审核准则的程度

D. 质量管理体系文件与标准的符合程度

82）如审核目标是为了管理体系认证，那么（　　）应确定管理体符合审核准则的程度，提出是否推荐认证的建议。

A. 审核准则　　B. 审核证据

C. 审核发现　　D. 审核结论

83）如果审核准则选自法律要求或法规要求，审核发现被称为（　　）。

A. 符合或不符合　　B. 合规或不合规

C. 合法或不合法　　D. 满足或不满足

84）第二方审核的目的可以是（　　）。

A. 合同签订前选择合格供方

B. 在有合同关系的情况下，验证组织的管理体系是否正常运行

C. 沟通和加强供需双方质量要求的共识

D. 以上都是

85）由组织自己或以组织的名义进行，用于管理评审和其他内部目的审核是（　　）。

A. 第一方审核　　B. 第二方审核

C. 第三方审核　　D. 结合审核

86）审核发现表明符合或不符合，可导致识别风险、改进机会或记录（　　）。

A. 审核结果　　B. 审核证据

C. 良好实践　　D. 良好案例

87）以下说法不正确的是（　　）。

A. 审核准则是判断审核证据符合性的依据

B. 审核证据是获得审核发现的基础

C. 审核发现是做出审核结论的基础

D. 审核结论是综合汇总分析所有审核证据的基础上得出的

88）在第三方审核中，由被认可的认证机构或其委托的审核机构，依据认证方案的要求实施的以认证为目的的审核，其结果通常是对受审核方的管理体系或产品和服务是否符合规定要求给出（　　）。

A. 书面证明　　B. 推荐或不推荐认证

C. 合格申明　　D. 认证结论

89）考虑了审核目标和所有审核发现后得出的审核结果是（　　）。

A. 审核准则　　B. 审核证据

C. 审核发现　　D. 审核结论

90）将收集的审核证据对照审核准则进行评价的结果是（　　）。

A. 审核发现　　B. 审核准则

C. 审核证据　　D. 审核结论

2. 多项选择题

1）下列不属于质量管理体系审核准则的是（　　）。（真题）

A. 公司编写的质量管理体系文件

B. 化工公司收集的适用环境相关的法律法规

C. 化工公司的消防演练记录

D. 化工公司的产品检验规程

2）以下属于环境管理体系审核准则的有（　　）。（真题）

A. GB/T 19011 标准

B. GB/T 24001 标准

C. 适用的与环境有关的法律、法规和其他要求

D. 受审核方的环境管理体系文件

3）对某纺织厂进行环境管理体系审核的审核准则是（　　）。（真题）

A. GB/T 24001—2016 标准　　B. 组织的运行控制程序

C. 产品质量法　　D. 纺织染整工业适用的法律法规

4）审核证据可以包括（　　）。（真题）

A. 环保局关于组织超标排放的罚款通知书

B. 组织污水排放口的检测数据

C. 周围居民的投诉和抱怨

D. 企业周围有部分农田麦苗死亡但责任尚未确定的事实

5）关于现场审核过程中的观察员，以下说法正确的是（　　）。（真题）

A. 观察员是审核组成员　　B. 观察员可来自受审核方

C. 可以是监管机构派来的　　D. 可以是见证审核的其他相关方

6）审核范围的确定应考虑（　　）。（真题）

A. 组织的管理权限　　B. 组织的活动领域

C. 组织的现场区域　　D. 覆盖的时期

7）环境管理体系审核中，以下哪些可以构成不符合？（　　）（真题）

A. 生产车间工人没戴安全帽　　B. MSDS 不清晰

C. 控制噪声的设施已损坏　　D. 危险化学品库房有警戒标识

8）质量管理体系审核中，以下哪些情况可构成不符合？（　　）（真题）

A. 小餐馆没有如何煮面条的策划文件

B. 两位管理者之间提供不出内部交流的记录

C. 生产现场某过程没有按该过程作业指导书操作

D. 检验员未在检验记录上签字

9）在环境管理体系审核中，以下哪些可以构成不符合？（　　）（真题）

A. 生产车间工人没戴安全帽

B. 危险化学品库房的管理人员不知道甲苯的 MSDS 所描述的信息

C. 控制噪声的设施已损坏

D. 危险化学品库房有警戒标识

10）“评价”是合格评定活动中的（　　）功能的组合。

A. 选取　　B. 确定

C. 证明　　D. 监督

11）审核员的基本功包括（　　）。

A. 掌握审核活动的特点

B. 熟悉审核活动的内在规律和逻辑性

C. 在实践中熟练运用审核方法，实现审核目标

D. 按标准要求建立相关管理体系

12）对审核风险进行识别和评估，进而采取有效的控制措施，以（　　），这是认证机构的责任。

A. 提高审核的有效性　　B. 提高认证结果的置信度

C. 确保审核的客观性　　D. 确保审核的独立性

13）按审核委托方划分审核类型，可将审核分为（　　）。

A. 第一方审核、第二方审核　　B. 结合审核、联合审核

C. 特殊审核　　D. 第三方审核

14）第三方审核的依据是（　　）。

A. 管理体系标准和与产品有关的标准及其他规定要求

B. 受审核方的管理体系文件

C. 适用的法律、法规、标准及其他要求

D. 认证合同

15）按认证审核时序划分审核类型，可将审核分为（　　）。

A. 初次认证审核　　B. 监督审核

C. 特殊审核　　D. 再认证审核

16）特殊审核包括（　　）。

A. 扩大认证范围审核　　B. 提前较短时间通知的审核

C. 结合（多体系）审核　　D. 联合审核

17）在特殊情况下的审核类型包括（　　）。

A. 扩大认证范围审核　　B. 提前较短时间通知的审核

C. 结合（多体系）审核　　D. 联合审核

18）按领域划分审核类型，可将审核分为（　　）。

A. 管理体系审核　　B. 产品审核/审查

C. 过程审核　　D. 服务认证中的服务管理审核

19）产品审核/审查可分为（　　）。

A. 产品质量审核/审查　　B. 产品安全性审核/审查

C. 产品符合性审核/审查　　D. 产品可用性审核/审查

20）服务和过程审核可分为对服务和过程的（　　）审核/审查。

A. 质量　　B. 安全

C. 生态认证　　D. 符合性

21）审核基本特征包括（　　）。

A. 公正性　　B. 客观性

C. 独立性　　D. 保密性

22）依据 GB/T 19011—2021 标准，审核原则包括（　　）。（真题改进）

A. 道德行为　　B. 公正表达

C. 独立性　　D. 基于风险的方法

23）以下属于审核原则的是（　　）。（真题）

A. 基于证据的方法　　B. 公正表达

C. 诚实正直　　D. 职业素养

24）基于风险的方法应对审核的策划、实施和报告具有实质性影响，以确保审核关注于（　　）。

A. 对审核委托方重要的事项

B. 对实现审核方案目标重要的事项

C. 对受审核方重要的事项

D. 对实现审核目标重要的事项

25）“诚实正直”这一审核原则要求审核员和审核方案管理人员应（　　）。

A. 以诚实和负责任的道德精神从事他们的工作

B. 只承担有能力去做的审核活动

C. 以不偏不倚的态度从事工作，即对待所有事务保持公正和无偏见

D. 在审核时，对可能影响其判断的任何因素保持警觉

26）管理系统认证中，现场审核的（　　）直接决定了认证的有效性。

A. 一致性　　B. 有效性

C. 公正性　　D. 独立性

27）产品认证是由第三方通过（　　）来确认企业的产品、过程或服务是否符合特定要求，是否具备持续稳定地生产符合标准要求产品的能力，并给予

书面证明的程序。

A. 检验评定企业的质量管理体系　　B. 样品抽验检验

C. 样品型式试验　　D. 质量管理体系认证

28）服务和过程认证的监督环节包括（　　）。

A. 对管理体系的周期性审核　　B. 对服务与过程的周期性评价

C. 对服务和过程进行认证监督审核　　D. 对管理体系进行监督审核

29）审核是一个评价过程，具有（　　）特点。

A. 系统的　　B. 独立性

C. 客观的　　D. 形成文件

3. 问答题

1）遵守审核原则的意义是什么？

2）审核的定义和内涵是什么？

3）论述审核、审核准则、审核证据、审核发现、审核结论之间的关系。

4）描述审核的类型。

5）说明第一方、第二方、第三方审核的主要目的和审核准则。

6）简要说明审核活动在各类认证中的应用。

7）简述审核员应遵循的审核原则。

答案点拨解析

1. 单项选择题

题号	答案	解析
1	A	理解题，见本书7.1.2节之1，审核不仅仅是局限于管理体系审核，还覆盖了管理体系认证中所涉及的各类现场的审核活动
2	D	见本书7.1.1节方框1中GB/T 19011标准3.2条款
3	C	理解题，根据本书7.1.1节方框1中GB/T 19011标准3.1条款“审核”的定义去理解
4	B	见本书7.1.1节方框1中GB/T 19011标准3.1条款之“注2”
5	B	见本书7.1.1节方框1中GB/T 19011标准3.1条款之“注2”
6	B	见本书7.1.1节方框1中GB/T 19011标准3.1条款之“注2”
7	B	见本书7.1.1节方框1中GB/T 19011标准3.1条款之“注2”
8	B	见本书7.1.1节之3
9	A	见本书7.1.1节之3，“收集和利用顾客满意信息的具体要求和方法”是作业指导，是审核准则

（续）

题号	答案	解析
10	D	理解题，此处竞争对手的《生产操作规范》不能作为审核准则
11	B	检验记录可作为审核证据
12	D	有时顾客在合同中会对组织的内审提出要求，尤其在汽车配件行业，所以顾客的合同也可以作为内部审核的依据
13	A	噪声的检测报告可以作为审核证据
14	D	见本书7.1.1节之3
15	D	见本书7.1.1节之3
16	B	见本书7.1.1节方框1中GB/T 19011标准3.7条款
17	D	理解题，参见本书7.1.1节方框1中GB/T 19011标准3.7条款
18	D	见本书7.1.1节之4
19	B	见本书7.1.1节之4
20	B	见本书7.1.1节之4。供应商所说未经审核员证实
21	B	见本书7.1.1节之4。A选项是质量检验，不是环境管理体系的审核对象；B选项正确；C选项，pH值测定仪没有贴检定标签，不能说明没有检定，需要进一步证实；D选项是审核员的个人观点，不是事实
22	A	见本书7.1.1节之4。B选项不属于环境管理体系；C选项的事实需进一步验证；D选项只是表明一个观点而非事实；A选项可以作为审核证据
23	C	见本书7.1.1节之4。车间主任的说法需要验证
24	B	参见本书7.1.1节之4
25	D	参见本书7.1.1节之4。收集和利用顾客满意信息的具体要求和方法本身是审核准则，但此处是部门负责人向审核员介绍收集和利用顾客满意信息的具体要求和方法，是一种事实陈述，这是审核证据
26	A	参见本书7.1.1节之5
27	A	参见本书7.1.1节之5
28	C	参见本书7.1.1节之5
29	B	见本书7.1.1节方框1中GB/T 19011标准3.10条款
30	C	参见本书7.1.1节之5
31	B	见本书7.1.1节方框1中GB/T 19011标准3.11条款
32	D	见本书7.1.1节方框1中GB/T 19011标准3.12条款
33	B	见本书7.1.1节方框1中GB/T 19011标准3.16条款
34	D	参见本书7.1.1节方框1中GB/T 19011标准3.17条款。观察员可来自受审核方、监管机构或其他见证审核的相关方

（续）

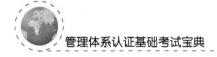

题号	答案	解析
35	A	参见本书7.1.1节方框1中GB/T 19011标准3.17条款
36	A	参见本书7.1.1节方框1中GB/T 19011标准3.4条款
37	C	参见本书7.1.1节方框1中GB/T 19011标准3.4条款
38	B	参见本书7.1.1节方框1中GB/T 19011标准3.5条款
39	D	参见本书7.1.1节方框1中GB/T 19011标准3.5条款
40	D	参见本书7.1.1节方框1中GB/T 19011标准3.5条款
41	A	参见本书7.1.1节方框1中GB/T 19011标准3.6条款
42	B	A选项表述不严谨，“过程”才讲“输出”，审核方案不是“过程”。B选项正确。C选项不对，因为审核方案管理是审核方案管理人员的职责，不是审核组长的职责。D选项不对，因为标准没有明文规定要将审核方案形成文件
43	B	参见本书7.1.1节方框1中GB/T 19011标准3.22条款
44	C	不符合是审核证据与审核准则对照的结果。A、B选项虽然都有审核证据，但没有对照审核准则，无法确定是否不符合；C选项构成不符合；D选项没有收集到审核证据
45	D	A、B选项不能确定不符合；C选项不是环境相关的；D选项，有规定，不按规定执行。参见本书7.1.1节方框1中GB/T 19011标准3.21条款
46	C	参见本书7.1.1节方框2中GB/T 19000标准3.7.8条款
47	B	参见本书7.1.1节方框2中GB/T 19000标准3.7.9条款
48	A	参见本书7.1.1节方框2中GB/T 19000标准3.7.9条款
49	C	参见本书7.1.1节方框2中GB/T 19000标准3.7.11条款
50	C	参见本书7.1.1节方框2中GB/T 19000标准3.8.1条款
51	C	参见本书7.1.1节方框2中GB/T 19000标准3.8.12条款
52	D	型式试验的依据是产品标准，产品标准中的试验条件是按产品使用环境设置或模拟，所以型式试验是设计确认手段之一
53	A	参见本书7.1.1节方框2中GB/T 19000标准3.8.13条款
54	B	参见本书7.1.1节方框2中GB/T 19000标准3.8.12条款
55	C	参见本书7.1.1节方框2中GB/T 19000标准3.11.1条款
56	A	参见本书7.1.1节方框2中GB/T 19000标准3.11.2条款
57	D	参见本书7.1.1节方框2中GB/T 19000标准3.11.3条款
58	A	参见本书7.1.1节方框2中GB/T 19000标准3.11.4条款
59	A	见本书7.1.2节之3
60	D	参见本书7.2节表7-1。D选项是第一方审核的目的

（续）

题号	答案	解析
61	A	见本书7.1.1节方框1中GB/T 19011标准3.8条款
62	A	见本书7.3节方框中GB/T 19011标准第4章第一句话
63	D	参见本书7.3节方框中GB/T 19011标准条款4之e)。对于小型组织，内审员也许不可能完全独立于被审核的活动，但是应尽一切努力消除偏见和体现客观
64	A	参见本书7.3节方框中GB/T 19011标准条款4之e)
65	A	审核原则共有7项：诚实正直、公正表达、职业素养、保密性、独立性、基于证据的方法、基于风险的方法
66	A	参见本书7.3节方框中GB/T 19011标准条款4之d)
67	D	参见本书7.3节方框中GB/T 19011标准条款4之f)
68	A	参见本书7.3节方框中GB/T 19011标准条款4之g)
69	C	参见本书7.3节方框中GB/T 19011标准条款4之c)
70	B	参见本书7.3节方框中GB/T 19011标准条款4之f)
71	D	参见本书7.3节方框中GB/T 19011标准条款4之f)
72	C	参见本书7.3节方框中GB/T 19011标准条款4之e)
73	A	参见本书7.3节方框中GB/T 19011标准条款4之c)
74	D	参见本书7.3节方框中GB/T 19011标准条款4之b)
75	A	参见本书7.4.1节图7-2
76	D	参见本书7.4.1节表7-2
77	A	参见本书7.4.2节之2
78	A	参见本书7.4.2节之3
79	D	见本书7.1.1节方框1中GB/T 19011标准3.1条款
80	C	参见本书7.2节表7-1之4
81	C	见本书7.1.1节方框1中GB/T 19011标准3.1条款。这类题往往要紧扣定义
82	D	理解题，见本书7.1.1节之6之4)
83	B	见本书7.1.1节方框1中GB/T 19011标准3.10条款之“注3”
84	D	参见本书7.2节表7-1
85	A	参见本书7.2节表7-1
86	C	见本书7.1.1节方框1中GB/T 19011标准3.10条款之“注2”
87	D	参见本书7.1.1节方框1中GB/T 19011标准3.11条款，审核结论是考虑了审核目标和所有审核发现后得出的审核结果
88	A	参见本书7.2节表7-1
89	D	见本书7.1.1节方框1中GB/T 19011标准3.11条款
90	A	见本书7.1.1节方框1中GB/T 19011标准3.10条款

2. 多项选择题

题号	答案	解析
1	BC	理解题，参见本书 7.1.1 节之 3。B 选项是环境管理体系的审核准则；C 选项是记录，不是审核准则
2	BCD	参见本书 7.1.1 节之 3。GB/T 19011 是管理体系审核指南，不是审核准则
3	ABD	参见本书 7.1.1 节之 3。产品质量法不能作为环境管理体系的审核准则
4	ABC	参见本书 7.1.1 节之 4
5	BCD	参见本书 7.1.1 节方框 1 中 GB/T 19011 标准 3.17 条款
6	ABCD	参见本书 7.1.1 节方框 1 中 GB/T 19011 标准 3.5 条款
7	BC	工人没戴安全帽属于职业健康安全管理体系的问题
8	CD	参见本书 7.1.1 节方框 1 中 GB/T 19011 标准 3.21 条款
9	BC	工人没戴安全帽属于职业健康安全管理体系的问题
10	AB	参见本书 7.1.1 节方框 2 中 GB/T 27065 标准 3.3 条款
11	ABC	见本书 7.1.2 节之 3
12	AB	见本书 7.1.2 节之 3 之 5)
13	AD	见本书 7.2 节表 7-1
14	ABC	见本书 7.2 节表 7-1
15	ABD	见本书 7.2 节表 7-1
16	AB	见本书 7.2 节表 7-1 之 3
17	ABCD	见本书 7.2 节表 7-1 之 3
18	ABCD	见本书 7.2 节表 7-1 之 4
19	AB	见本书 7.2 节表 7-1 之 4
20	ABC	见本书 7.2 节表 7-1 之 4
21	ABC	见本书 7.3 节之 1 之 2)
22	BCD	审核原则共有 7 项：诚实正直、公正表达、职业素养、保密性、独立性、基于证据的方法、基于风险的方法
23	ABCD	同上面 22 题
24	AB	参见本书 7.3 节方框中 GB/T 19011 标准条款 4 之 g)
25	ABCD	参见本书 7.3 节方框中 GB/T 19011 标准条款 4 之 a)
26	AB	参见本书 7.4.2 节之 1
27	AC	参见本书 7.4.2 节之 2
28	AB	参见本书 7.4.2 节之 3 方框中 GB/T 27067 标准 5.3.8 条款
29	ABD	参见本书 7.3 节之 1 之 1)

3. 问答题

1）见本书7.3节之3。

遵守审核原则的意义是：

① 为使审核结果有价值且为审核有关的各方所接受，应遵循审核原则。

② 遵循审核原则是得出相关的和充分的审核结论的前提，也是使独立工作的审核员在相似的情况下得出相似结论的前提。

③ 对于一个认证机构所从事的某一领域的管理体系认证审核，只有针对每一组织的每项具体审核活动都按同一程序和规则进行，都遵守一致的审核原则，才能保证不同审核人员组成的不同审核组对同一管理体系的审核才能得出相似的结论。

④ 对于一个国家的认证认可体系，只有国家授权的认可组织和其认可的认证机构都按同样的原则管理、规范认可评审活动和认证审核活动，不同认证机构所颁发的认证证书才有同样的效力。共同遵守约定的审核原则是国际上对认可与认证证书相互承认的基础。

⑤ 标准不可能就所有可能发生的情况给出特定的要求和行动指南，此时要求按原则采取相应的行动。

2）参见本书7.1.1节方框1中GB/T 19011标准3.1条款，以及本书2.3.1节之11。

① 审核的定义是：为获得客观证据并对其进行客观的评价，以确定满足审核准则的程度所进行的系统的、独立的并形成文件的过程。

② 审核的内涵是：

a）审核的目的是“确定满足审核准则的程度”，这要通过“获得客观证据并对其进行客观的评价”的活动实现。

b）审核的特点是系统的、独立的和形成文件的。“系统的”是指审核活动是一项正式、有序的活动。“正式”是指按合同，有授权；“有序”是指有组织、有计划地按规定的程序（从策划、准备、实施到跟踪验证以及记录、报告）进行的审核。“独立的”是指对审核证据的收集、分析和评价是客观的、公正的，应避免任何外来因素的影响以及审核员自身因素的影响，如要求审核的人员与受审核的活动无责任关系；“形成文件的”是指审核过程要有适当的文件支持，形成必要的文件，如审核策划阶段应形成审核计划、审核实施阶段应做好必要的记录、审核结束阶段应编制审核报告等。

3）参见本书7.1.1节之6之1）。

审核、审核准则、审核证据、审核发现、审核结论之间的关系如下：

在审核过程中收集和验证与审核准则有关的信息以获得审核证据，并依据审核准则对审核证据进行评价获得审核发现，在综合汇总分析所有审核发现的基础上，考虑此次审核目标而做出最终的审核结论。

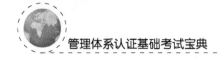

由此可见，从审核过程获得审核证据，审核准则是判断审核证据符合性的依据，审核证据是获得审核发现的基础，审核发现是做出审核结论的基础。

4）见本书7.2节表7-1。

① 按审核委托方分类，审核包括第一方审核、第二方审核、第三方审核。

② 按认证审核时序分类，审核包括初次认证审核、监督审核、再认证审核。

③ 在特殊情况下的审核包括结合（多体系）审核、联合审核、特殊审核。

④ 按领域分类，审核包括管理体系审核、产品审核/审查、过程审核、服务认证中的服务管理审核。

5）见本书7.2节表7-1。此处不再重复。

6）见本书7.4.2节。

认证共分为三类，即管理体系认证、产品认证和服务认证。

① 审核在管理体系认证中的应用：

管理系统认证是“与管理体系有关的第三方证明”，是一种“证实”活动。审核的实施为这种“证实”提供了用于评价的充分客观证据与有用信息。现场审核的一致性和有效性直接决定了认证的有效性。

② 审核在产品认证中的应用：

产品认证中的认证方案做出的相关安排，包括审核活动，如产品认证中的验厂审核或生产线一致性检查。

③ 审核在服务认证中的应用：

服务通常是无形的，但确定活动并不仅仅局限于无形要素的评价（比如组织程序有效性、管理滞后和响应能力等）。在某些情况下，可以通过对服务中有形要素涉及的过程、资源及管理的评价，作为表明符合性的支持证据。对于过程认证，情况非常类似。

服务和过程认证的监督环节宜包括对管理体系的周期性审核，以及对服务与过程的周期性评价。

7）见本书7.3节。

审核员应遵循的审核原则包括：诚实正直、公正表达、职业素养、保密性、独立性、基于证据的方法、基于风险的方法。

第8章

审核方案管理

考试大纲要求

审核方案的功能、基本要求和管理方法，审核方案在各类认证活动中的应用。

考点知识讲解

本书第8章“审核方案管理”讲述《管理体系认证基础》一书第七章第一节“审核方案管理在认证过程中的应用”、《审核概论》一书第二章“审核方案管理”中的要点。

在本书编写时，GB/T 19011—2021《管理体系审核指南》标准已经正式发布，所以本书统一采纳GB/T 19011—2021标准的内容。

审核方案管理主要依据GB/T 19011标准。在此先对GB/T 19011—2021标准做一简单介绍。

GB/T 19011—2021标准在“引言”中明确指出：

1）审核结果能为业务策划的分析提供输入，还能有助于识别改进需求和活动。

2）审核可以针对不同的审核准则分别或组合进行，审核准则包括但不限于：

——在一个或多个管理体系标准中确定的要求。

——有关相关方规定的方针和要求。

——法律法规要求。

——组织或其他各方确定的一个或多个管理体系过程。

——与管理体系提供的特定输出有关的管理体系计划（例如，质量计划、项目计划）。

3）GB/T 19011—2021标准为所有规模和类型的组织以及不同范围和规模的

审核提供指导，包括由大型审核组实施的审核，通常是大型组织的审核；以及无论大型或小型组织中，由单个审核员实施的审核。应视审核方案的范围、复杂程度和规模情况而应用 GB/T 19011—2021 标准。

4）GB/T 19011—2021 标准**专注于**内部审核（第一方）和组织对其外部供方和其他外部相关方进行的审核（第二方）。GB/T 19011—2021 标准也可用于**第三方管理体系认证以外**的其他目的的外部审核。GB/T 27021.1《合格评定　管理体系审核认证机构要求　第 1 部分：要求》为第三方认证的管理体系审核提供了要求，GB/T 19011—2021 标准可以提供有用的附加指导（见表 8-1）。

表 8-1　不同类型的审核

第一方审核	第二方审核	第三方审核
内部审核	外部供方审核	认证和/或认可审核
	其他外部相关方审核	法律、法规和类似的审核

5）GB/T 19011—2021 标准旨在适用于广泛的潜在使用者，包括审核员、实施管理体系的组织和出于合同或法规原因需要进行管理体系审核的组织。GB/T 19011—2021 标准的使用者可以在制定自己的审核相关的要求时应用 GB/T 19011—2021 标准。

6）GB/T 19011—2021 标准中的指南也可用于自我声明的目的，并且可对从事审核员培训或人员认证的组织提供帮助。

7）可以根据组织的管理体系的规模和成熟度等级的不同来使用 GB/T 19011—2021 标准。还应考虑受审核的组织的性质和复杂程度，以及拟实施的审核的目的和范围。

8）当两个或多个不同领域的管理体系一起审核时，采用多体系审核的方法。当这些体系整合到单一的管理体系中时，审核的原则和过程与多体系审核相同（有时称为一体化审核）。

9）GB/T 19011—2021 标准对审核方案的管理、管理体系审核的策划和实施，以及审核员和审核组的能力和评价提供指南。

GB/T 19011—2021 标准在第 1 章“范围”中对 GB/T 19011—2021 标准适用范围做了说明：

1）GB/T 19011—2021 标准提供了管理体系审核的指南，包括审核原则、审核方案管理和管理体系审核实施，以及评价参与审核过程的人员能力的指南。这些活动涉及审核方案管理人员、审核员和审核组。

2）GB/T 19011—2021 标准适用于需要策划和实施管理体系内部审核、外部审核或需要管理审核方案的所有组织。

3）只要对于所需的特定能力予以特殊考虑，GB/T 19011—2021 标准也可应用于其他类型的审核。

8.1 审核方案管理概述

下面方框中的内容是 GB/T 19011—2021 标准 5.1 条款。

5.1 总则

应建立审核方案，其中可包括针对一个或多个管理体系标准或其他要求、单独实施的审核或结合实施的审核（多体系审核）。

审核方案的范围和程度应基于受审核方的规模和性质，以及拟审核的管理体系的性质、功能、复杂程度、风险和机遇的类型以及成熟度等级。

当大多数重要职能外包并在其他组织的领导下管理时，管理体系的功能性可能更加复杂。需要特别注意最重要的决定在何处做出，以及管理体系的最高管理者的构成。

在多个地点/场所（例如，不同国家）的情况下，或重要职能外包并在另一组织的领导下管理的情况时，应特别注意审核方案的设计、策划和确认。

对于较小或复杂程度较低的组织，审核方案可以适当地调整。

为了解受审核方所处的环境，审核方案应考虑受审核方的：

——组织目标；

——有关的外部和内部因素；

——有关相关方的需求和期望；

——信息安全和保密要求。

内部审核方案的策划，以及某些情况下对审核外部供方的方案的策划，可用于为组织的其他目标做出贡献。

审核方案管理人员应确保保持审核的完整性，并确保审核没有被施加不当影响。

审核应**优先考虑**将资源和方法分配给管理体系中**内在风险较高**和**绩效水平较低**的事项。

应指派有能力的人员来管理审核方案。

审核方案应包括以下信息，并识别资源，以使审核能够在规定的时限内有效和高效地实施：

a）审核方案的目标；

b）与审核方案有关的风险和机遇（见 5.3）及应对措施；

c）审核方案内每次审核的范围（详略程度、边界、地点）；

d）审核的日程安排（数量/持续时间/频次）；

e）审核类型，如内部或外部；

f）审核准则；

g）拟采用的审核方法；

h）选择审核组成员的准则；

i）相关的成文信息。

在更详细的审核策划完成之前，上述的某些信息可能无法获得。

应持续监视和测量审核方案的执行情况（见5.6），以确保实现其目标。应评审审核方案，以识别变更的需求和可能的改进机会（见5.7）。

图1（即正文中的图8-1）所示是审核方案的管理流程。

GB/T 19011—2021标准第5章是有关审核方案的管理指南，分为7个条款，包括总则、确立审核方案的目标、确定和评价审核方案的风险和机遇、建立审核方案、实施审核方案、监视审核方案、评审和改进审核方案。

GB/T 19011—2021标准5.1条款是总则，明确了影响审核方案的范围和程度的因素、审核方案的内容、对审核方案的整体管理要求，并给出了审核方案管理的流程图。

1. 审核方案的作用

审核方案是针对特定时间段所策划并具有特定目标的一组（一次或多次）审核安排。

对审核方案的理解已在本书7.1.1节之1进行了讲解。

建立审核方案，可以起到以下作用：

1）为审核活动的实施提供一整套基于策划、实施、监督和改进的管理方法和手段，适用于对不同规模、不同类型和不同范围的组织的审核活动。

2）保证审核过程的有效性。

3）审核方案的严谨性、系统性、科学性和对方案的持续改进，使得审核过程这项主要依靠人的能力来实施的过程，通过有效审核，使组织管理过程的增值成为可能。

4）审核方案聚焦于效率、一致性和有效性的实现。审核过程的结果验证审核目标的实现。而审核目标实质上是对要求、约束或限制的遵守程度的证明，并能够实现推动组织的管理过程持续改进。

5）对于认证机构而言，审核方案管理是认证管理的重要部分，贯穿于认证活动的始终。为确保审核过程及评价结果满足要求，认证机构应针对每一个认证项目的认证活动进行全面策划，按照策划组织实施，根据实施结果加以改进。

2. 审核方案的要求

1）策划的审核方案应基于风险的考虑并系统、全面、具有逻辑、环环相扣、具有可追溯性、可连续监测、可持续稳定改进。

2）审核方案由一系列成文信息组成。与审核方案有关的全部活动安排可以包括在一份文件中，也可以在不同的文件中分别规定。

3）第一方、第二方、第三方审核目的不同，其审核方案策划的输出形式和内容也会有所不同。

4）通常情况下，认证机构可根据每个认证客户的规模、性质和复杂程度，策划一个认证周期的审核方案，也可针对某一次具体审核策划审核方案。

5）审核方案可以包括针对一个或多个管理体系标准的审核，可单独实施，也可结合实施。

3. 审核方案的分类

《审核概论》一书是这样划分的：

1）依据审核目的，可划分为第一阶段审核方案、第二阶段审核方案、监督审核方案、提前较短时间的审核（必要时）方案、再认证审核方案等。

2）依据审核方式可划分为联合审核方案、结合审核方案等。

3）依据认证客户的不同需求还可有特定审核方案，如扩大认证范围审核方案。

4. 审核方案的范围和程度要考虑的因素

1）审核方案的范围和程度应基于受审核方的规模和性质，以及拟审核的管理体系的性质、功能、复杂程度、风险和机遇的类型以及成熟度等级。

2）当大多数重要职能外包并在其他组织的领导下管理时，管理体系的功能性可能更加复杂。需要特别注意最重要的决定在何处做出，以及管理体系的最高管理者的构成。

3）为了解受审核方所处的环境，审核方案应考虑受审核方的组织目标、有关的外部和内部因素、有关相关方的需求和期望、信息安全和保密要求。

5. 审核方案的内容

审核方案应包括以下信息，并识别资源，以使审核能够在规定的时限内有效和高效地实施：

1）审核方案的目标。

2）与审核方案有关的风险和机遇及应对措施。

3）审核方案内每次审核的范围（详略程度、边界、地点）。

4）审核的日程安排（数量/持续时间/频次）。

5）审核类型，如内部或外部。

6）审核准则。

7）拟采用的审核方法。

8）选择审核组成员的准则。

9）相关的成文信息。

6. 审核方案的管理要求

1）应指派有能力的人员来管理审核方案。审核方案管理通常可涉及认证机构的合同评审人员、专业能力评价人员、审核组长及认证决定人员等。

2）审核方案管理人员应确保保持审核的完整性，并确保审核没有被施加不当影响。

3）审核应优先考虑将资源和方法分配给管理体系中内在风险较高和绩效水平较低的事项。

4）按图 8-1 所示流程对审核方案进行管理：

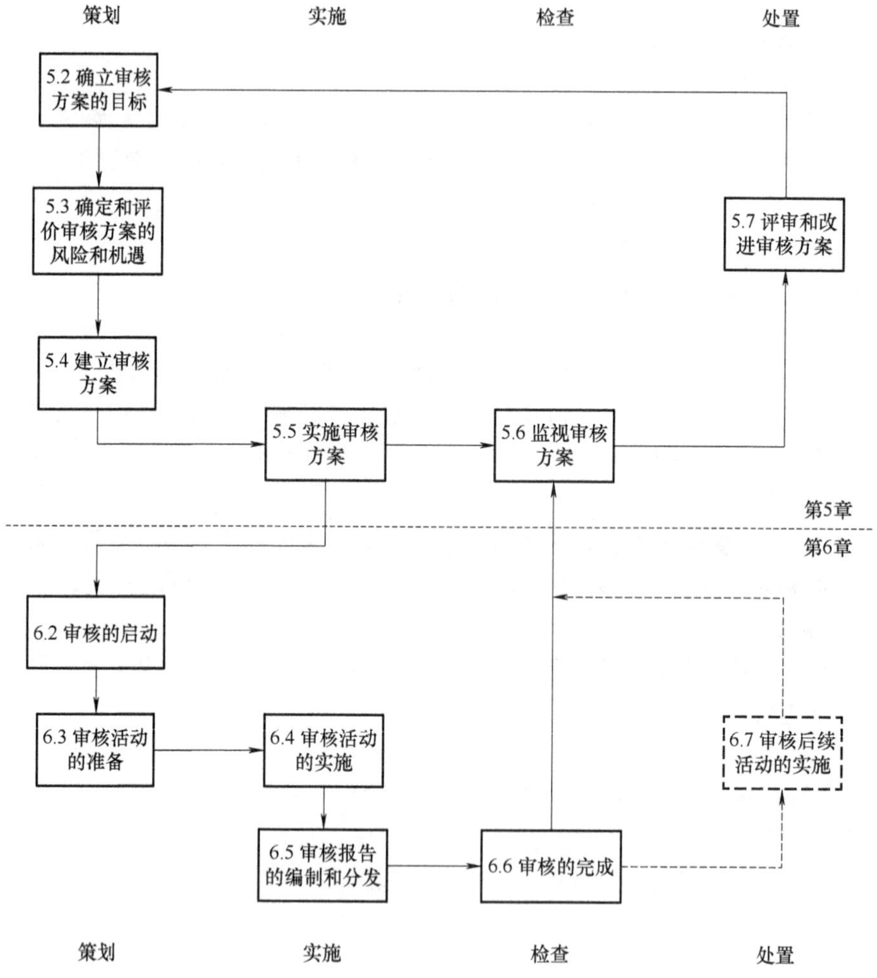

图 8-1　审核方案的管理流程

注：1. 图中表示了 PDCA 循环在 GB/T 19011—2021 中的应用。

2. 图中条款号指的是 GB/T 19011—2021 的相关条款。

① 确立审核方案的目标。

② 确定和评价审核方案的风险和机遇。

③ 建立审核方案，包括：审核方案管理人员的作用和职责，审核方案管理人员的能力，确立审核方案的范围和详略程度，确定审核方案资源。

④ 实施审核方案，包括：规定每次审核的目标、范围和准则，选择和确定审核方法，选择审核组成员，为审核组长分配每次的审核职责，管理审核方案结果，管理和保持审核方案记录。

⑤ 监视审核方案。应持续监视和测量审核方案的执行情况，以确保实现其目标。

⑥ 评审和改进审核方案。应评审审核方案，以识别变更的需求和可能的改进机会。

例题分析

1）（多项选择题）审核方案的范围和程度应基于（　　）。

A. 受审核方的规模和性质

B. 拟审核的管理体系的性质、功能、复杂程度

C. 拟审核的管理体系的风险和机遇的类型

D. 拟审核的管理体系的成熟度等级

答案及分析：选择 ABCD。见本书 8.1 节方框中 GB/T 19011—2021 标准 5.1 条款。

2）（多项选择题）为了解受审核方所处的环境，审核方案应考虑受审核方的（　　）。

A. 组织目标　　B. 有关的外部和内部因素

C. 有关相关方的需求和期望　　D. 信息安全和保密要求

答案及分析：选择 ABCD。见本书 8.1 节方框中 GB/T 19011—2021 标准 5.1 条款。

3）（单项选择题）审核应优先考虑将资源和方法分配给管理体系中（　　）的事项。

A. 内在风险较高和绩效水平较低　　B. 内在风险较低和绩效水平较高

C. 内在风险较高和绩效水平较高　　D. 内在风险较低和绩效水平较低

答案及分析：选择 A。见本书 8.1 节方框中 GB/T 19011—2021 标准 5.1 条款。

4）（单项选择题）审核应优先考虑将（　　）分配给管理体系中内在风险较高和绩效水平较低的事项。

A. 资源和方法　　　　B. 资源

C. 审核方案　　　　D. 资源和信息

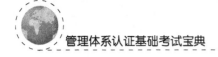

答案及分析：选择 A。见本书 8.1 节方框中 GB/T 19011—2021 标准 5.1 条款。

8.2 确立审核方案的目标

下面方框中的内容是 GB/T 19011—2021 标准 5.2 条款。

5.2 确立审核方案的目标

审核委托方应确保确立审核方案目标以指导审核的策划与实施，并确保审核方案得到有效执行。审核方案的目标应与**审核委托方的战略方向**相一致，并支持管理体系的方针和目标。

这些目标可以基于以下方面的考虑：

a）有关相关方的需求和期望，包括外部的和内部的；

b）过程、产品、服务和项目的特性和要求，以及它们的任何变更；

c）管理体系要求；

d）对外部供方进行评价的需求；

e）受审核方管理体系的成熟度等级和绩效水平，反映在相关绩效指标(如 KPI)、不合格或事件的发生或相关方的投诉；

f）已识别的受审核方的风险和机遇；

g）以往审核的结果。

审核方案目标的示例可包括：

——识别改进管理体系及其绩效的机会；

——评价受审核方确定其所处环境的能力；

——评价受审核方确定风险和机遇以及识别和实施有效措施以应对这些风险和机遇的能力；

——符合所有相关要求，例如法律法规要求、合规承诺、管理体系标准的认证要求；

——获得并保持对外部供方能力的信任；

——确定受审核方管理体系的持续适宜性、充分性和有效性；

——评价管理体系目标与组织战略方向的相容性和一致性。

审核方案的目标是指审核委托方通过实施审核方案中的一组审核所要达到的目的。由于审核方案是一组审核的策划与安排，因此审核方案的目标是一组审核的目标。组织在编制审核方案前，要明确确定有关审核方案的目标。

1. 确定审核方案目标时考虑的因素

GB/T 19011—2021 标准 5.2 条款 a）~g）要求确定审核方案目标时要考虑 7 个因素。

2. 审核方案的目标

GB/T 19011—2021 标准 5.2 条款中列举了 7 个审核方案的目标。不同的审核有不同的目的，相应的审核方案也有不同的目标。

第三方审核的审核方案的目标是为认证的批准、保持，扩大、缩小、暂停和撤销提供依据。第二方审核的审核方案的目标则是为需方组织是否与供方建立或保持合同关系提供依据。第一方审核的审核方案的目标可以是满足体系依据的标准或程序的要求，也可以是发现改进管理体系的机会。

《审核概论》一书提供了一个管理体系认证、产品认证和服务认证中的审核方案的目标的例子（见表 8-2）。

表 8-2　管理体系认证、产品认证和服务认证中的审核方案的目标

序号	举例项	目标阐述
1	体系审核目标	审核方案的目标例子可以包括下列各项： ——确定改进管理体系及其绩效的机会 ——评价受审核方的能力以确定其背景 ——评价受审核方确定风险和机遇的能力，确定并实施有效的行动来应对 ——符合所有相关要求，例如法律法规要求，合规承诺，管理体系标准认证 ——获得和保持对外部供方能力的信心 ——确定受审核方管理系统的持续适宜性、充分性和有效性 ——评价管理体系的目标与管理体系方针、组织总体目标的兼容性和一致性
2	产品检查目标	工厂质量保证能力要求的审核，确认能力要求得到满足
3	服务审查目标	服务设计的审核，确认设计能力；服务管理的审核，确认服务管理能力

例题分析

1）（单项选择题）审核方案的目标应与（　　）的战略方向相一致，并支持管理体系的方针和目标。

A. 审核委托方　　　　B. 受审核方

D. 相关方　　　　D. 顾客

答案及分析：选择 A。见本书 8.2 节方框中 GB/T 19011—2021 标准 5.2 条款。

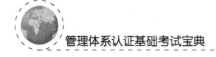

2）（单项选择题）（　　）是指审核委托方通过实施审核方案中的一组审核所要达到的目的。

A. 审核方案的目标　　B. 审核目标

C. 审核方案的作用　　D. 审核方案的实现

答案及分析：选择 A。见本书 8.2 节理解部分。

3）（多项选择题）确定审核方案目标时考虑的因素有（　　）。

A. 有关相关方的需求和期望，包括外部的和内部的

B. 过程、产品、服务和项目的特性和要求，以及它们的任何变更

C. 已识别的受审核方的风险和机遇

D. 以往审核的结果

答案及分析：选择 ABCD。见本书 8.2 节方框中 GB/T 19011—2021 标准 5.2 条款。

8.3 确定和评价审核方案的风险和机遇

下面方框中的内容是 GB/T 19011—2021 标准 5.3 条款。

5.3 确定和评价审核方案的风险和机遇

某些与受审核方所处环境相关的风险和机遇可能与审核方案有关联，并且可能影响审核方案目标的实现。在确定审核方案和资源要求时，**审核方案管理人员**应识别并向审核委托方提出所考虑的风险和机遇，以便能够适当地应对。

可能存在与以下方面相关的风险：

a）策划，例如未能确立相关的审核目标，及未能确定审核的范围和详略程度、数量、持续时间、地点和日程安排；

b）资源，例如在时间、设备和/或培训不足的情况下制定审核方案或实施审核；

c）审核组的选择，例如有效实施审核的整体能力不足；

d）沟通，例如无效的外部/内部沟通过程/渠道；

e）实施，例如审核方案内的审核工作协调不力，或未考虑信息安全和保密性；

f）对成文信息的控制，例如：未有效确定审核员和有关相关方所要求的必要成文信息；未能充分保护审核记录以证明审核方案的有效性；

g）监视、评审和改进审核方案，例如对审核方案的结果监视无效；

h）受审核方的协助与配合以及抽样的证据的可获得性。

> 改进审核方案的机会可包括：
> ——允许在一次访问中进行多个审核；
> ——尽量减少到达场所的时间和距离；
> ——将审核组的能力水平与达到审核目标所需的能力水平相匹配；
> ——将审核日期与受审核方关键人员的时间相协调。

某些与受审核方所处环境相关的风险和机遇可能与审核方案有关联，并且可能影响审核方案目标的实现。在确定审核方案和资源要求时，审核方案管理人员应识别并向审核委托方提出所考虑的风险和机遇，以便能够适当地应对。

GB/T 19011—2021 标准 5.3 条款 a）~h）列举了 8 个方面的风险，最后又列举了 4 个方面的机会。

例题分析

1）（单项选择题）在确定审核方案和资源要求时，（　　）应识别并向审核委托方提出所考虑的风险和机遇，以便能够适当地应对。

A. 审核组　　　　B. 审核方案管理人员

C. 审核员　　　　D. 审核组长

答案及分析：选择 B。见本书 8.3 节方框中 GB/T 19011—2021 标准 5.3 条款。

2）（多项选择题）改进审核方案的机会可包括（　　）。

A. 允许在一次访问中进行多个审核

B. 尽量减少到达场所的时间和距离

C. 将审核组的能力水平与达到审核目标所需的能力水平相匹配

D. 将审核日期与受审核方关键人员的时间相协调

答案及分析：选择 ABCD。见本书 8.3 节方框中 GB/T 19011—2021 标准 5.3 条款。

3）（单项选择题）依据 GB/T 19011—2021 标准的要求，在建立、实施、监视、评审和改进审核方案过程中存在多种风险，这些风险不包括（　　）。（真题改进）

A. 未能设定合适的审核目标

B. 未能确定审核方案范围和详略程度

C. 审核未能通过给审核认证的组织带来的损失

D. 没有有效沟通审核方案

答案及分析：选择 C。理解题，参见本书 8.3 节方框中 GB/T 19011—2021

标准 5.3 条款。

8.4 建立审核方案

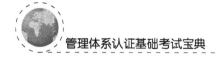

GB/T 19011—2021 标准中，建立审核方案包括审核方案管理人员的作用和职责、审核方案管理人员的能力、确立审核方案的范围和详略程度、确定审核方案资源。

8.4.1 审核方案管理人员的作用和职责

下面方框中的内容是 GB/T 19011—2021 标准 5.4 中 5.4.1 条款。

> **5.4 建立审核方案**
>
> **5.4.1 审核方案管理人员的作用和职责**
>
> 审核方案管理人员应：
>
> a）根据相关目标（见 5.2）和任何已知的约束确立审核方案的范围和详略程度。
>
> b）确定可能影响审核方案的外部和内部因素以及风险和机遇，并实施应对这些因素的措施，适当时将这些措施纳入所有相关的审核活动。
>
> c）适当时，通过分配角色、责任和授权，以及支持领导作用，确保审核组的选择和审核活动的总体能力。
>
> d）建立所有相关的过程，包括：
>
> ——协调和安排审核方案内的所有审核；
>
> ——确定审核目标、审核范围和审核准则，确定审核方法，并选择审核组；
>
> ——评价审核员；
>
> ——适当时建立外部和内部沟通过程；
>
> ——争议的解决和投诉的处理；
>
> ——审核的后续活动，如适用；
>
> ——适当时向审核委托方和有关相关方报告。
>
> e）确定并确保提供所有必要的资源。
>
> f）确保准备和保持适当的成文信息，包括审核方案记录。
>
> g）监视、评审和改进审核方案。
>
> h）将审核方案与审核委托方进行沟通，适当时与有关相关方沟通。
>
> 审核方案管理人员应请**审核委托方**批准其方案。

GB/T 19011—2021 标准 5.4.1 条款 a）~h）明确了审核方案管理人员 8 个

方面的作用和职责。审核方案管理人员应请审核委托方批准其方案。

《审核概论》一书将审核方案管理人员的作用和职责细分为两个方面：

1）需要审核方案管理人员直接负责活动的实施，包括：

① 确定审核方案的目的和审核方案的范围和程度。

② 规定职责，制定程序。

③ 识别所需要的资源。

④ 监视、评审和改进审核方案。

2）需要审核方案管理人员采取措施，确保活动有效实施方面的职责（管理职责），包括：

① 确保审核资源的提供。

② 确保审核方案的有效实施，并为其提供支持。

③ 确保有关审核方案实施和管理的文件与记录的有效管理。

8.4.2　审核方案管理人员的能力

下面方框中的内容是 GB/T 19011—2021 标准 5.4.2 条款。

> **5.4.2　审核方案管理人员的能力**
>
> 审核方案管理人员应具有有效和高效地管理方案及其相关风险和机遇以及外部和内部因素的必要能力，包括以下知识：
>
> a）审核原则（见第4章）、方法和过程（见 A.1 和 A.2）；
>
> b）管理体系标准、其他相关标准和参考/指导文件；
>
> c）关于受审核方及其所处环境的信息（例如，受审核方的外部/内部因素、有关相关方及其需求和期望、业务活动、产品、服务和过程）；
>
> d）适用于受审核方业务活动的法律法规要求和其他要求。
>
> 适当时，可以考虑风险管理、项目和过程管理以及信息和通信技术（ICT）的知识。
>
> 审核方案管理人员应参与适当的持续提升活动，以保持管理审核方案的必要能力。

1. 审核方案管理人员的能力

审核方案管理人员应具有有效和高效地管理方案及其相关风险和机遇以及外部和内部因素的必要能力，并具备5个方面的知识：

1）审核原则、方法和过程。

2）管理体系标准、其他相关标准和参考/指导文件。

3）关于受审核方及其所处环境的信息（例如，受审核方的外部/内部因素、有关相关方及其需求和期望、业务活动、产品、服务和过程）。

4）适用于受审核方业务活动的法律法规要求和其他要求。

5）适当时，可以考虑风险管理、项目和过程管理以及信息和通信技术（ICT）的知识。

审核方案管理人员应参与适当的持续提升活动，以保持管理审核方案的必要能力。

2. 认证机构审核方案管理人员的能力

认证机构相关认证职能具备的知识和技能见本书5.2.2节之2。《审核概论》一书对审核方案管理人员的能力提出的要求是：

1）理解审核原则。

2）理解审核员的能力以及审核组整体能力的概念。

3）理解审核技术的应用，这里指审核员对受审核方开展审核所需要运用的知识和技能。

4）具有最基本的组织和协调能力，掌握基本的IT化工具为其对项目的管理提供技术支撑。

5）了解与受审核活动相关的技术和业务，例如：特定行业的过程、产品和服务的技术特性，特定行业的检测技术和质量控制的技术。

6）了解与受审核方活动、产品有关的适用法律法规要求和其他要求。

8.4.3 确立审核方案的范围和详略程度

下面方框中的内容是GB/T 19011—2021标准5.4.3条款。

5.4.3 确立审核方案的范围和详略程度

审核方案管理人员应确定审核方案的范围和详略程度，这取决于受审核方提供的关于其所处环境的信息（见5.3）。

注：在某些情况下，根据受审核方的结构或活动，审核方案可能只包括一次审核（例如一个小型项目和组织）。

影响审核方案范围和详略程度的其他因素可包括：

a）每次审核的目标、范围、持续时间，以及审核次数和报告方式，适用时，还包括审核后续活动；

b）管理体系标准或其他适用准则；

c）受审核的活动的数量、重要性、复杂性、相似性和地点；

d）影响管理体系有效性的因素；

e）适用的审核准则，例如有关管理体系标准的经策划的安排、法律法规要求以及组织承诺的其他要求；

f）以往的内部或外部审核和管理评审的结果，如适用；

g）以往审核方案的评审结果；

h）语言、文化和社会因素；

i）相关方的关注点，例如顾客投诉、不符合法律法规要求和组织承诺的其他要求，或供应链因素；

j）受审核方所处环境或其运行以及相关风险和机遇的重大变化；

k）支持审核活动的信息和通信技术的可用性，尤其是使用远程审核方法的情况（见 A.16）；

l）内部和外部事件的发生，如产品或者服务不合格、信息安全泄密事件、健康和安全事件、犯罪行为或环境事件；

m）业务风险和机遇，包括应对它们的措施。

1. 确立审核方案的范围和详略程度

审核方案管理人员应确定审核方案的范围和详略程度，以确保审核方案的制定与实施是适宜的。

审核方案的范围和详略程度取决于受审核方提供的关于其所处环境的信息。GB/T 19011—2021 标准 5.4.3 条款明确指出了 13 个影响审核方案范围和详略程度的其他因素。

2. 认证机构确定审核方案应考虑的因素

《审核概论》一书认为，认证机构审核方案的对象是一个具体的客户组织。审核方案不应仅局限于某一个认证制度类别（如 QMS 认证、EMS 认证）。认证机构所确定的审核方案既有用于通用审核活动的普适化的审核方案，更应针对具体组织特点制定适用的审核方案，从而降低认证审核活动的风险。

表 8-3 是认证机构各类审核方案的相关要点以及应考虑的因素。

表 8-3　认证机构各类审核方案的相关要点以及应考虑的因素

序号	审核方案	相关要点以及应考虑的因素
1	常用审核方案	应基于以下方面的考虑来获取认证客户的相关信息： 1）认证客户管理体系的范围及其复杂程度 2）认证客户的组织规模及拟审核的场所 3）产品/服务、活动/过程的复杂程度及风险程度 4）认证客户管理体系的成熟度或有效性水平 5）相关方的关注点 6）法律法规及其行业性的强制要求 7）以往的审核结论或以往审核方案的评审结果 8）认证客户组织或其运作的重大变化 9）认证客户所处的地域、文化、语言等。

（续）

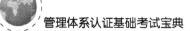

序号	审核方案	相关要点以及应考虑的因素
1	常用审核方案	审核方案输入的客户信息： ① 组织名称、隶属关系、所有制、组织结构、规模及其职能 ② 拟申请的认证类型 ③ 拟申请认证的范围（产品/服务、过程/活动、区域） ④ 生产/服务活动的特点（包括生产/服务活动的连续性、周期性、季节性、阶段性） ⑤ 管理体系覆盖的有效人数 ⑥ 有关删减和分包情况 ⑦ 倒班情况和时间安排 ⑧ 多场所及其分布情况（固定场所、临时场所和流动性场所） ⑨ 近期发生的、对体系运作有重大影响的投诉、事故或曝光情况 ⑩ 相关的行政许可和法律法规要求 ⑪ 管理体系的现状及有效性水平 ⑫ 拟申请认证的时间 ⑬ 使用的语言等
		审核方案的输出： 1）审核目标 2）审核准则和其他规范性文件 3）审核频次 4）审核范围 5）审核时机 6）审核时间的确定 7）审核组要求 8）审核内容和要求（包括抽样要求和关注重点）等
		审核频次的确定： 1）认证机构应根据与每个认证客户签订的认证协议和/或认证客户变化的信息来确定并调整其审核频次。通常，一个认证周期的审核频次包括初次认证审核、两次监督审核和认证到期前的再认证审核 2）当管理体系、组织或管理体系的运作环境（如法律的变更）有重大变更时，再认证审核活动可能需要有第一阶段。此类变更可能在认证周期中的任何时间发生，认证机构可能需要实施特殊审核。该特殊审核可能需要或不需要两阶段审核 3）当出现下列情况时，应在审核方案中考虑调整相应的审核频次，如可包括缩短审核周期、增加审核频次或是增加提前较短时间通知的审核： ① 认证客户出现重大质量、环境、职业健康安全及食品安全事故等 ② 认证客户发生影响认证基础的重大变更，如所有权、规模、产品/服务、人员、设备变化等 ③ 国家行政主管部门的要求或抽查的结果

（续）

序号	审核方案	相关要点以及应考虑的因素
2	已认可的认证转换审核方案	在确立审核方案时，认证机构应根据获证客户认证转换的申请，充分考虑该客户以往的审核信息，包括： 1）历次审核所反映的管理体系建立、实施、保持和改进的情况 2）产品/服务质量的状况 3）顾客满意情况和投诉 4）质量、环境、职业健康安全监督和抽查情况 5）上次审核的不合格情况 6）文件审核意见和结论等 当认证机构难以充分获得该申请客户以往全部的认证材料，或对客户目前/以前所持有的认证的充分性存在疑问时，其审核方案应考虑是否将该客户作为新客户对待，或仅针对所发现的问题区域进行监督审核
3	扩大认证范围审核方案	1）在确立该类审核方案时，可考虑客户拟扩大认证范围所涉及的产品、过程和活动及其场所与原认证范围的相关性 2）当拟扩大的认证范围与原有认证范围的相关程度低，如完全不同的产品、重要环境因素或危险源产生的影响完全不同时，该审核方案的范围宜充分覆盖拟扩大范围所涉及的产品、过程、活动和场所，包括对管理体系文件评审，以及为满足扩大范围的认证要求而需要的审核活动 3）当这一审核与监督审核同时进行时，其审核时间宜为监督审核的时间与扩大认证范围所需审核时间之和（可考虑因部分管理活动或过程合并审核，而减少相应的审核时间）
4	多体系结合审核方案	结合审核方案在满足 GB/T 27021.1 标准 9.1.3 条款的要求及 GB/T 19011《管理体系审核指南》有关审核方案管理的指南之外，认证机构在制定结合审核方案及对其实施管理时还应至少考虑以下因素： 1）结合审核的目标 2）结合审核所涉及的管理体系标准和/或规范性文件 3）结合审核中各管理体系所涉及的技术领域 4）结合审核的风险识别 5）根据结合审核的风险识别，认证应采取的控制和降低认证风险的措施 6）结合审核有效性的保证措施 7）对两阶段审核要求及其审核内容与结合审核计划的协调做出安排 详见本书 6.4.3 节

8.4.4 确定审核方案资源

下面方框中的内容是 GB/T 19011—2021 标准 5.4.4 条款。

5.4.4　确定审核方案资源

在确定审核方案的资源时，审核方案管理人员应考虑：

a）开发、实施、管理和改进审核活动所需的财务和时间资源；

b）审核方法（见 A.1）；

c）具备适合特定审核方案目标的能力的审核员和技术专家的个人和整体的可用性；

d）审核方案的范围和详略程度（见 5.4.3）及审核方案的风险和机遇（见 5.3）；

e）旅途时间和费用、住宿及其他审核需求；

f）不同时区的影响；

g）信息和通信技术的可用性（例如，利用支持远程协作的技术来建立远程审核所需的技术资源）；

h）需要的任何工具、技术和设备的可用性；

i）在建立审核方案期间确定的必要成文信息的可获得性（见 A.5）；

j）与设施有关的要求，包括任何安全许可和设备（例如，背景调查、个人防护装备、穿戴洁净室服装的能力）。

1. 审核所需的资源类型

审核所需要的资源，适用时，包括以下几个方面：

1）财务资源，如审核员的培训费用。

2）设施资源，如审核期间的办公设施。

3）人力资源，如审核员、技术专家。

4）技术资源，如审核指导书。

5）时间资源，如审核时间和审核人员路途时间。

6）后勤资源，如审核人员的交通和食宿安排。

7）其他资源，如通信工具、审核工作文件、信息资源、照相及录音设备。

2. 确定审核方案的资源时，应考虑的内容

GB/T 19011—2021 标准 5.4.4 条款明确要求，在确定审核方案的资源时，要考虑 10 个方面的内容。

例题分析

1）（单项选择题）下列哪一项不是审核方案管理人员的作用和职责？（　　）

A. 确立审核方案的范围和详略程度

B. 确定可能影响审核方案的外部和内部因素以及风险和机遇

C. 策划并建立审核计划

D. 确保审核组的选择和审核活动的总体能力

答案及分析：选择C。见本书8.4.1节方框中GB/T 19011—2021标准5.4.1条款。

2）（单项选择题）GB/T 19011—2021标准中，建立审核方案不包括（　　）。

A. 审核方案管理人员的能力

B. 确立审核方案的范围和详略程度

C. 选择和确定审核方法

D. 确定审核方案资源

答案及分析：选择C。见本书8.4节。

8.5　审核方案的实施

GB/T 19011—2021标准中，审核方案的实施包括：审核方案管理人员应开展的工作，规定每次审核的目标、范围和准则，选择和确定审核方法，选择审核组成员，为审核组长分配每次的审核职责，管理审核方案结果，管理和保持审核方案记录。

《审核概论》一书在审核方案的实施一节，还针对认证审核讲了审核计划以及审核方案的调整管理。其中的审核计划就是GB/T 27021.1标准9.2.3条款的内容，本书已在5.5.2节中讲解了其要点，这里就不再重复了。本书在8.5.8节中就审核方案的调整管理的要点做简单讲解。

8.5.1　审核方案管理人员应开展的工作

下面方框中的内容是GB/T 19011—2021标准5.5中5.5.1条款。

5.5　实施审核方案

5.5.1　总则

一旦建立了审核方案（见5.4.3）并确定了相关资源（见5.4.4），就需要实施运行计划和协调方案内的所有活动。

审核方案管理人员应：

a）利用既定的外部和内部沟通渠道，将审核方案的有关部分，包括所涉及的风险和机遇向有关相关方沟通，并定期向其通报审核方案的进展情况；

b）规定每次审核的目标、范围和准则；

c）选择审核方法（见A.1）；

d）协调和安排审核和与审核方案有关的其他活动；

e）确保审核组具备必要的能力（见5.5.4）；

f）向审核组提供必要的人员和总体资源（见5.4.4）；

g）确保审核按照审核方案进行，管理在方案部署期间出现的所有运行风险、机遇和因素（即非预期事件）；

h）确保有关审核活动的相关成文信息得到妥善管理和保持（见5.5.7）；

i）规定和实施监视审核方案所需的运行控制（见5.6）；

j）评审审核方案，以识别其改进机会（见5.7）。

GB/T 19011—2021标准5.5.1条款明确要求在实施审核方案时，审核方案管理人员要开展10个方面的工作。

8.5.2 规定每次审核的目标、范围和准则

下面方框中的内容是GB/T 19011—2021标准5.5.2条款。

5.5.2 规定每次审核的目标、范围和准则

每次审核应基于明确的审核目标、范围和准则。这些应该与总体审核方案的目标相一致。

审核目标规定每次审核应完成什么，可包括以下内容：

a）确定所审核的管理体系或其一部分与审核准则的符合程度；

b）评价管理体系帮助组织满足相关法律法规要求以及组织所承诺的其他要求的能力；

c）评价管理体系在实现其预期结果方面的有效性；

d）识别潜在的改进管理体系的机会；

e）评价管理体系对于受审核方所处环境和战略方向的适宜性和充分性；

f）评价管理体系在不断变化的环境下建立和实现目标及有效应对风险和机遇的能力，包括相关措施的实施能力。

审核范围应与审核方案和审核目标相一致。它包括拟审核的位置、职能、活动和过程以及审核覆盖的时期等因素。

审核准则是确定合格的依据。这可以包括以下一项或多项：适用的方针、过程、程序、包括目标的绩效准则、法律法规要求、管理体系要求、由受审核方确定的所处环境及风险和机遇的信息（包括相关的外部/内部相关方要求）、行业行为规范或其他策划的安排。

如果审核目标、范围或准则有任何变化，应根据需要修改审核方案，并与相关方沟通，适当时获得批准。

当同时对多个领域进行审核时，审核目标、范围和准则与每个领域的相关审核方案保持一致是非常重要的。一些领域的范围可能对应整个组织，而另一些领域的范围可能对应整个组织的一部分。

8.5.3　选择和确定审核方法

下面方框中的内容是 GB/T 19011—2021 标准 5.5.3 条款。

5.5.3　选择和确定审核方法

审核方案管理人员应根据规定的**审核目标、范围和准则**，选择和确定有效和高效地实施审核的方法。

审核可以现场、远程或组合的方式进行。这些方法的使用，尤其应基于相关风险和机遇予以适当平衡。

当两个或多个审核组织对同一受审核方进行联合审核时，管理不同审核方案的人员应就审核方法达成一致，并考虑对审核资源和审核策划的影响。如果受审核方运行两个或多个不同领域的管理体系，审核方案可以包括多体系审核。

审核方案管理人员应根据规定的审核目标、范围和准则，选择和确定有效和高效地实施审核的方法。表 8-4 给出了适当的审核方法（来自 GB/T 19011—2021 标准附录 A.1 表 A.1）。

表 8-4　审核方法

审核员与受审核方之间的相互作用程度	审核员的位置	
	现场	远程
有人员互动	进行访谈 在受审核方参与的情况下完成检查表和问卷 在受审核方参与的情况下进行文件评审抽样	借助交互式的通信手段： ——进行访谈 ——通过远程向导观察工作情况 ——完成检查表和问卷 ——在受审核方参与的情况下进行文件评审
无人员互动	进行文件评审（例如记录、数据分析） 观察工作情况 进行现场巡视 完成检查表 抽样（例如产品）	进行文件评审（例如记录、数据分析） 在考虑社会和法律法规要求的前提下，通过监视手段来观察工作情况 分析数据

（续）

<table>
<tr><td rowspan="2">审核员与受审核方之间的相互作用程度</td><td colspan="2">审核员的位置</td></tr>
<tr><td>现场</td><td>远程</td></tr>
<tr><td colspan="3">现场审核活动在受审核方的现场进行。远程审核活动在受审核方现场以外的地点进行，无论距离远近
互动的审核活动包含受审核方人员和审核组之间的相互交流。无互动的审核活动不存在与受审核方代表的交流，但需要使用设备、设施和文件</td></tr>
</table>

8.5.4 选择审核组成员

下面方框中的内容是 GB/T 19011—2021 标准 5.5.4 条款。

5.5.4 选择审核组成员

审核方案管理人员应指定审核组成员，包括审核组长和特定审核所需的任何技术专家。

选择审核组应考虑在规定的范围内实现每次审核目标所需的能力。如果只有一名审核员，该审核员应履行审核组长的所有适用职责。

注：第 7 章包含关于确定审核组成员所要求的能力的指南，并描述了评价审核员的过程。

为确保审核组的整体能力，**应实施以下步骤**：

——识别实现审核目标所需的能力；

——选择审核组成员，以便使审核组具有必要的能力。

在确定具体审核的审核组规模和组成时，**应考虑以下事项**：

a）考虑到审核范围和准则，实现审核目标所需的审核组整体能力；

b）审核的复杂程度；

c）审核是否是多体系审核或联合审核；

d）所选择的审核方法；

e）避免审核过程中的任何利益冲突，确保客观性和公正性；

f）审核组成员工作能力以及与受审核方代表和有关相关方互动的能力；

g）相关的外部/内部因素，如审核语言，以及受审核方的社会和文化特性，这些因素可以通过审核员自身的技能或通过技术专家的支持予以解决，同时考虑到对翻译的需求；

h）拟审核的过程的类型和复杂程度。

在适当情况下，审核方案管理人员应就审核组的组成与组长协商。

如果审核组中的审核员没有具备必要的能力，应使用具有相关能力的技术专家来支持审核组。

> 审核组可以包括实习审核员，但实习审核员应在审核员的指导和帮助下参与审核。
>
> 在审核期间，可能需要改变审核组的组成，例如，如果出现利益冲突或能力问题。当出现这种情况，应在做出任何改变之前，与适当的各方（例如，审核组长、审核方案管理人员、审核委托方或受审核方）解决该问题。

对审核组而言，技术专家不作为审核员。技术专家应由审核员陪同。技术专家可以就审核准备、策划或审核向审核组提出建议。

审核组可以包括实习审核员，但实习审核员应在审核员的指导和帮助下参与审核。

《审核概论》一书还对认证审核选择和指派审核组进行了讲解，本书在第5章5.5.2节有要点讲解，这里不再重复。

8.5.5　为审核组长分配每次的审核职责

下面方框中的内容是GB/T 19011—2021标准5.5.5条款。

> **5.5.5　为审核组长分配每次的审核职责**
>
> 审核方案管理人员应向审核组长分配实施每次审核的职责。
>
> 为确保审核工作的有效策划，应在计划的审核日期之前的足够时间内分配审核职责。
>
> 为确保有效实施每次审核，应向审核组长提供以下信息：
>
> a）审核目标；
>
> b）审核准则和任何相关的成文信息；
>
> c）审核范围，包括受审核的组织及其受审核的职能和过程的识别；
>
> d）审核过程和相关方法；
>
> e）审核组的组成；
>
> f）受审核方的联系方式、审核活动的地点、时间段和持续时间；
>
> g）实施审核所必需的资源；
>
> h）评价和应对所识别的风险和机遇以实现审核目标所需的信息；
>
> i）支持审核组长与受审核方就审核方案有效性进行互动的信息。
>
> 适当时，分配信息还应包括以下内容：
>
> ——在审核员或受审核方或双方的语言不同的情况下，审核工作和报告的语言；
>
> ——所需要的审核报告输出及其发放对象；
>
> ——审核方案所要求的与保密和信息安全有关的事项；

——对审核员的任何健康、安全和环境安排；
——出行或访问远程场所的要求；
——任何安全和授权要求；
——任何需要评审的行动，例如以往审核的后续行动；
——与其他审核活动的协调，例如，不同的审核组在不同地点审核相似或相关的过程或联合审核。

在实施联合审核时，在开始审核之前，重要的是，实施审核的组织间就每一方的具体责任，尤其是关于被任命的审核组长的权限达成一致。

在计划的审核日期之前的足够时间内，审核方案管理人员应向审核组长分配实施每次审核的职责，以确保审核工作的有效策划。

审核方案管理人员应向审核组长提供必要的信息，包括 GB/T 19011—2021 标准中 5.5.5 条款 a) ~i) 9 条信息，适当时，还应按标准要求提供其他 8 条信息。

8.5.6　管理审核方案结果

下面方框中的内容是 GB/T 19011—2021 标准 5.5.6 条款。

5.5.6　管理审核方案结果

审核方案管理人员应**确保**实施以下活动：

a）对审核方案内的每次审核的目标的实现进行评价；
b）评审和批准关于审核范围和目标的达成情况的审核报告；
c）评审针对审核发现所采取的措施的有效性；
d）向有关相关方分发审核报告；
e）确定任何后续审核的必要性。

适当时，审核方案管理人员应考虑：
——将审核结果和最佳实践与组织的其他区域进行沟通，以及
——对其他过程的影响。

8.5.7　管理和保持审核方案记录

下面方框中的内容是 GB/T 19011—2021 标准 5.5.7 条款。

5.5.7　管理和保持审核方案记录

审核方案管理人员应**确保**审核记录的形成、管理和保持，以证明审核方案的实施。应当建立过程以确保与审核记录相关的任何信息安全和保密需求得到规定。

记录可以包括以下内容。

a）与审核方案有关的记录，如：

——审核日程安排；

——审核方案目标、审核方案范围和详略程度；

——审核方案的风险和机遇以及相关的外部和内部因素的应对；

——对审核方案有效性的评审。

b）与每次审核相关的记录，如：

——审核计划和审核报告；

——客观审核证据和审核发现；

——不符合报告；

——纠正和纠正措施报告；

——审核后续活动报告。

c）涉及以下主题的与审核组有关的记录，如：

——审核组成员的能力和绩效评价；

——审核组和审核组成员的选择准则和审核组的组成；

——能力的保持和提高。

记录的形式和详细程度应证明已经实现审核方案的目标。

《审核概论》一书还对认证记录的管理做了讲解，讲解的内容是GB/T 27021.1标准9.9条款的摘录，本书已在5.5.6节讲解了其要点。

8.5.8 认证审核中审核方案的调整管理

1. 决定审核方案调整的因素

认证机构根据每次审核的结果和审核中收集到的相关信息，决定是否对审核方案进行必要的调整或更新。审核方案是否需要调整，应基于以下因素（不限于）：

1）第一阶段审核的结果。

2）以往的审核发现和审核结论。

3）客户及其管理体系的变更。

4）认证范围的变更。

5）有关的投诉。

6）经证实的管理体系的有效性水平。

7）持续改进的情况。

8）来自客户的最新需求。

9）外部环境的变化（如法规、认证要求的变更）等。

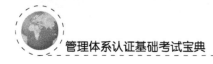

2. 各认证阶段审核方案调整的要点

各认证阶段审核方案调整的要点见表8-5（根据《审核概论》一书内容提炼）。

表8-5　各认证阶段审核方案调整的要点

序号	阶段	审核方案调整要点
1	第一阶段审核后的审核方案调整	根据第一阶段的审核发现及其收集到的其他信息，对第二阶段审核方案进行必要的修改和调整，以便： 1）确定是否需要为审核组补充专业能力和增补审核员 2）审查审核时间的充分性 3）根据实际场所的数量及其运作情况，调整审核的抽样量 4）确定进入第二阶段审核的时机等
2	监督审核前的审核方案调整	每次监督审核前，认证机构应基于上一次审核的结果、认证客户的最新信息，包括变更的情况，以及对认证客户日常管理的情况、审核方案的评审结果等，调整监督审核方案。该调整可能涉及： 1）增加对体系文件的评审 2）扩大或缩小认证范围，如新增、扩改建项目或某种产品长时间（如2年）未进行生产 3）增加审核时间，如增加了产品的生产/服务场所等 4）针对客户管理体系的相关问题，确定本次审核所要求的内容等
3	再认证审核前的审核方案调整	1）再认证审核实施前，认证机构应在充分考虑表8-5中序号2内容的基础上，根据客户认证周期内的管理体系绩效和以往监督审核的结果，调整或更新再认证审核方案 2）当认证周期内客户发生质量、环境、职业健康安全和食品安全事故，或获证组织及其管理体系，包括组织的运作环境发生重大变化时，再认证审核方案可能需要增加有关的第一阶段审核
4	认证审核过程中的审核方案调整	随着审核的进展，审核方案的内容可能因审核中收集到的信息，或审核中存在的不确定因素而发生变化，认证机构应考虑来自审核组审核过程中反馈的以下信息，修改或调整审核方案： 1）客户信息不充分导致的审核资源配备不足 2）发生突发事件 3）审核中可供评审的样本量不足 4）客户提供的申请信息与实际情况不符（如雇员数量、倒班、场所数量及其分布情况等） 5）审核时，未覆盖到的区域，或认证范围内所涉及的产品/服务无相关的专业活动现场 6）客户出现重大质量、环境、职业健康安全事故等 调整后的审核方案可能是：补充或调整审核组内的专业审核员，增加或减少审核时间，调整审核抽样量，缩小审核范围，中断审核等

例题分析

1）（单项选择题）以下说法错误的是（　　）。（真题）

A. 首次会议应确认审核计划

B. 审核组长应该能够指导实习审核员进行审核

C. 审核方案中的目的应当考虑其他相关方的需求

D. 现场审核过程中，由审核组长确定审核范围

答案及分析：选择D。见本书8.5.1节方框中GB/T 19011标准5.5.1条款之b)：审核方案管理人员应规定每次审核的目标、范围和准则。

2）（单项选择题）依据GB/T 19011标准中（　　）的要求，应为每次审核确定审核目标、范围和准则。（真题改进）

A. 审核方案　　B. 审核计划

C. 审核报告　　D. 审核实施

答案及分析：选择A。见本书8.5.2节方框中GB/T 19011标准5.5.2条款。

3）（单项选择题）如果审核目标、范围或准则发生变化，应根据需要修改（　　）。（真题）

A. 审核计划　　B. 审核方案

C. 审核范围　　D. 审核准则

答案及分析：选择B。见本书8.5.2节方框中GB/T 19011标准5.5.2条款。

4）（多项选择题）审核方案管理人员应根据规定的（　　），选择和确定有效和高效地实施审核的方法。

A. 审核目标　　B. 审核范围

C. 审核方案　　D. 审核准则

答案及分析：选择ABD。见本书8.5.3节方框中GB/T 19011标准5.5.3条款。

5）（多项选择题）审核员在无人员互动的情况下进行现场审核，审核方法有（　　）。

A. 文件评审　　B. 观察工作情况

C. 抽样　　D. 访谈

答案及分析：选择ABC。见本书8.5.3节表8-4。

6）（多项选择题）（　　）可以独立承担审核任务。（真题）

A. 实习审核员　　B. 审核员

C. 技术专家　　D. 审核组长

答案及分析：选择BD。见本书8.5.4节的要点理解。

7）管理审核方案结果的活动包括（　　）。

A. 对审核方案内的每次审核的目标的实现进行评价

B. 评审和批准关于审核范围和目标的达成情况的审核报告

C. 评审针对审核发现所采取的措施的有效性

D. 确定任何后续审核的必要性

答案及分析：选择 ABCD。见本书 8.5.6 节方框中 GB/T 19011 标准 5.5.6 条款。

8.6　监视审核方案

下面方框中的内容是 GB/T 19011—2021 标准 5.6 条款。

5.6　监视审核方案

审核方案管理人员应确保对以下内容的评价：

a）日程安排是否执行以及审核方案目标是否实现；

b）审核组成员的绩效，包括审核组长和技术专家；

c）审核组实施审核计划的能力；

d）审核委托方、受审核方、审核员、技术专家和其他有关各方的反馈；

e）整个审核过程中成文信息的充分性。

某些因素可能表明需要修改审核方案。这些因素可包括以下内容的变化：

——审核发现；

——经证实的受审核方管理体系的有效性水平和成熟度等级；

——审核方案的有效性；

——审核范围或审核方案范围；

——受审核方的管理体系；

——标准以及组织所承诺的其他要求；

——外部供方；

——已识别的利益冲突；

——审核委托方的要求。

1. 审核方案监视的内容

审核方案管理人员应确保对以下内容的评价：

1）日程安排是否执行以及审核方案目标是否实现。这是指每次审核，是否符合相关的日程安排，审核方案的目标是否实现。

2）审核组成员的绩效，包括审核组长和技术专家。审核组成员在每次审核时，对审核方案的执行情况、实现审核目标的程度。

3）审核组实施审核计划的能力。在规定的时间内，利用所提供的资源，完成审核范围内所有审核内容，并实现审核的目标。

4）审核委托方、受审核方、审核员、技术专家和其他有关各方的反馈。

5）整个审核过程中成文信息的充分性。

2. 审核方案的修改

在对审核方案进行监视时，可能会发现审核方案与实际情况不相符，因此审核组织要考虑修改审核方案。下列因素的变化可能导致需要修改审核方案，如：

1）审核发现。例如，审核时发现多个严重不符合，此时可能需要修改审核方案，增加审核次数。

2）经证实的受审核方管理体系的有效性水平和成熟度等级。

3）审核方案的有效性。

4）审核范围或审核方案范围。

5）受审核方的管理体系。例如，受审核方的组织结构进行了重大调整，企业进行了重组，此时都需修改审核方案。

6）标准以及组织所承诺的其他要求。例如，标准发生了改变。

7）外部供方。组织的供方发生可能影响产品质量的重大变化时，组织可能需要修改审核方案，增加对供应商审核的内容。

8）已识别的利益冲突。

9）审核委托方的要求。

8.7　评审和改进审核方案

下面方框中的内容是 GB/T 19011—2021 标准 5.7 条款。

> **5.7　评审和改进审核方案**
>
> 审核方案管理人员和审核委托方应评审审核方案，以评估其目标是否已经实现。从审核方案评审中得到的经验教训应作为方案改进的输入。
>
> 审核方案管理人员应确保：
>
> ——评审审核方案的全面实施状况；
>
> ——识别改进的区域和机会；
>
> ——在必要时对审核方案做出变更；
>
> ——按照 7.6，评审审核员的持续专业发展；
>
> ——报告审核方案的结果并适当时与审核委托方和有关相关方进行评审。

审核方案评审应考虑以下事项： a）审核方案监视的结果和趋势； b）审核方案过程和相关成文信息的符合性； c）有关相关方进一步的需求和期望； d）审核方案记录； e）可替代的或新的审核方法； f）可替代的或新的审核员评价方法； g）应对与审核方案有关的风险和机遇以及内部和外部因素的措施的有效性； h）与审核方案有关的保密和信息安全事宜。

1. 评审审核方案的目的

1）审核方案管理人员和审核委托方应评审审核方案，以评估其目标是否已经实现。

2）从审核方案评审中得到的经验教训应作为方案改进的输入。

2. 评审和改进审核方案的要求

这是改进审核方案的要求。审核方案管理人员应确保：

1）评审审核方案的全面实施状况。

2）识别改进的区域和机会。

3）在必要时对审核方案做出变更。

4）按照 GB/T 19011 标准 7.6 条款（保持并提高审核员能力）的要求，评审审核员的持续专业发展。

5）报告审核方案的结果并适当时与审核委托方和有关相关方进行评审。

3. 审核方案评审应考虑的事项

1）审核方案监视的结果和趋势。

2）审核方案过程和相关成文信息的符合性。

3）有关相关方进一步的需求和期望。

4）审核方案记录。

5）可替代的或新的审核方法。

6）可替代的或新的审核员评价方法。

7）应对与审核方案有关的风险和机遇以及内部和外部因素的措施的有效性。

8）与审核方案有关的保密和信息安全事宜。

这些是改进审核方案的输入信息。

4. 认证机构对审核方案的综合性评审

《审核概论》一书就认证机构对审核方案的综合性评审进行了讲解，这里讲一讲其中的要点。

1）综合性评审的信息输入包括：

① 认证客户的信息。

② 认证评审的信息。

③ 审核方案确定和调整的结果（如审核时间、范围、要求等）。

④ 审核计划。

⑤ 审核方案实施中审核组反馈的信息（如产品、过程、规模、场所等）。

⑥ 认证决定过程形成的信息。

⑦ 再认证审核前对管理体系有效性的评价。

⑧ 获证客户有关暂停、事故、投诉的信息。

2）认证机构应在适当的时机对审核方案的适宜性和有效性进行**综合性评审**，以识别改进的机会，并采取必要的纠正措施。“有效性”是指通过实施审核方案中所确定的一组审核是否实现了审核方案的目的。“适宜性”是指所建立的审核方案与相关方需求和期望及审核实践中发生的变化是否适宜。

审核方案的改进结果可同时作为认证机构持续改进的信息输入或重要依据。

3）审核方案应动态管理，要能把审核过程之中积累的经验传承下来。

8.8　认证机构对审核方案的管理

本书第 5 章 5.5.1 节对认证中的审核方案的建立、调整的要点进行了讲解，这里不再重复。

这里就审核方案的文件化、审核方案的管理内容、增值审核的“五段十八要点”中要掌握的关键点进行讲解。

1. 认证机构审核方案的文件化

《审核概论》一书认为，认证机构审核方案的文件化体现在：

1）审核方案的程序。

2）申请、合同评审的结果及引发的措施的记录。

3）认证合同及其引用文件。

2. 认证机构审核方案的管理内容

认证机构审核方案的管理内容见表 8-6，这是《审核概论》一书的看法。

表 8-6 认证机构审核方案的管理内容

序号	活动	开展的工作
1	基础性管理活动	1）对审核方案的管理进行授权 2）确定与审核方案有关的通用性的活动安排 3）实施综合性的审核方案的监视和评审活动 4）实施改进活动
2	与某个受审核方有关的针对性的管理活动	1）进行认证合同评审，签订认证合同 2）策划和实施每次审核 3）监视和评审审核方案 4）调整和改进审核方案

3. 增值审核的“五段十八要点”

增值审核的“五段十八要点”是《审核概论》一书提出来的。增值审核的“五段十八要点”总结提炼和扩展了 GB/T 19011 中强调的“审核后续活动的实施”，是行之有效的方法。增值审核中的“五段”——职业根基、预研、精准聚焦、研究判断、增值，同布鲁姆的认知目标分类相吻合，也同马斯洛需求层次理论相吻合。布鲁姆的认知目标分类包括基础知识、理解、应用、分析判断、综合应用。马斯洛需求层次理论包括生存、安全、社交、尊重、自我实现。

增值审核的“五段十八要点”的内容见表 8-7。

表 8-7 增值审核的“五段十八要点”的内容

序号	阶段	要点
1	职业根基	1）观察力和好奇心 2）勤奋 3）执着 4）沟通能力 5）宣讲能力 6）逻辑能力 7）知识结构 8）团队
2	预研（预研是将审核的原则、要求等同客户实际状况结合的关键）	9）技术资料 10）理解组织
3	精准聚焦	11）绩效 12）顾客要求 13）关键的少数

（续）

序号	阶段	要点
4	研究判断	14）问正确的问题 15）假设推理。假设推理是指个人根据非现实情境，抽象出其实质成分并得出逻辑结论的思维过程 16）根因查证
5	增值	17）改进方向。审核中针对短板给企业提供改进方向 18）提质增效

同步练习强化

1. 单项选择题

1）审核结果能为（　　）提供输入，还能有助于识别改进需求和活动。

A. 业务策划的分析　　B. 管理体系的分析

C. 审核组　　D. 审核委托方

2）（　　）标准为第三方认证的管理体系审核提供了要求。

A. GB/T 19011　　B. GB/T 27021.1

C. GB/T 19004　　D. GB/T 19001

3）规定每次审核的目标、范围和准则时，应保证审核范围应与（　　）和审核目标相一致。审核范围包括拟审核的位置、职能、活动和过程以及审核覆盖的时期等因素。

A. 审核计划　　B. 审核方案

C. 审核委托方要求　　D. 审核准则

4）如果审核目标、范围或准则有任何变化，应根据需要修改（　　）。

A. 审核计划　　B. 审核方案

C. 审核范围　　D. 审核准则

5）当同时对多个领域进行审核时，审核目标、范围和准则与每个领域的相关（　　）保持一致是非常重要的。

A. 审核计划　　B. 审核方案

C. 审核原则　　D. 管理体系

6）审核目的最终由（　　）确定。（真题）

A. 审核组长　　B. 审核委托方

C. 顾客　　D. 认证机构

7）关于环境管理体系审核的描述，正确的是（　　）。（真题）

A. 审核主要依据环境管理体系标准进行

B. 按审核方与受审核方的关系，可将体系审核分为内部审核、外部审核及第三方审核三种

C. 审核针对受审核方环境管理体系的充分性和实用性进行

D. 外部审核主要依据受审核单位的环境管理体系文件进行

8）实施审核方案可涉及以下哪一方面的工作？（　　）

A. 确定每次审核目的、范围和准则

B. 评审文件的适宜性和充分性

C. 编写审核检查表

D. 制订审核计划

9）下列哪项工作不是审核组长的职责？（　　）

A. 编制审核计划　　B. 指导编写审核报告

C. 制定审核方案　　D. 主持首次会议

10）下列说法不正确的是（　　）。（真题）

A. 审核组可以由一名或多名审核员组成

B. 至少配备一名经认可具有专业能力的成员

C. 实习审核员可在技术专家指导下承担审核任务

D. 审核组长由审核员担任

11）下列关于实习审核员的正确描述是（　　）。（真题）

A. 必要时可以单独成组，但不能独立开具不符合报告

B. 不能单独成组，也不能单独提供涉及审核现场的专业技术支持

C. 不能单独成组，但有可能提供涉及审核现场的专业技术支持

D. 以上都不对

12）如果只有一名审核员，该审核员应承担（　　）的适用的全部职责。（真题）

A. 审核评定人员　　B. 审核员

C. 审核方案管理人员　　D. 审核组长

13）审核方案管理人员应确保审核记录的形成、管理和（　　），以证明审核方案的实施。应当建立过程以确保与审核记录相关的任何（　　）得到规定。

A. 保持，信息安全和保密需求　　B. 保留，信息安全和保密需求

C. 保持，保存期限　　D. 保留，保存期限

14）（　　）应确保审核记录的形成、管理和保持，以证明审核方案的实施。

A. 审核组长　　B. 审核方案管理人员

C. 审核组　　D. 审核委托方

15）下面哪个记录不是与每次审核相关的记录？（　　）

A. 审核计划和审核报告　　B. 审核日程安排

C. 纠正和纠正措施报告　　D. 审核后续活动报告

16）（　　）应评审审核方案，以评估其目标是否已经实现。从审核方案评审中得到的经验教训应作为方案改进的输入。

A. 审核方案管理人员和审核组

B. 审核方案管理人员和审核委托方

C. 审核方案管理人员和审核组长

D. 审核组和审核委托方

17）（　　）应指定审核组成员。

A. 审核委托方　　B. 审核方案管理人员

C. 审核组长　　D. 审核委托方负责人

18）审核方案管理人员应指定审核组成员，包括（　　）。

A. 审核组长和审核员

B. 审核组长和特定审核所需的任何技术专家

C. 审核组长和特定审核所需要的技术专家或实习审核员

D. 审核组所有人员

19）（　　）标准对审核方案的管理、管理体系审核的策划和实施，以及审核员和审核组的能力和评价提供指南。

A. GB/T 19011　　B. GB/T 27021.1

C. GB/T 19004　　D. GB/T 19022

20）关于审核方案，以下说法正确的是（　　）。

A. 审核范围应与审核方案和审核目标相一致

B. 即使审核目标、范围或准则发生变化，也不可修改审核方案

C. 当对两个或更多的管理体系同时进行审核时，审核目标、范围和准则与相关审核方案的目标可以不一致

D. 每次审核，审核目标、范围和准则不一定形成文件

21）在确定审核方案资源时，需要考虑以下哪些方面？（　　）

A. 审核方法　　B. 审核方案的风险和机遇

C. 信息和通信技术的可用性　　D. 以上都对

22）认证审核方案的目标应满足以下（　　）要求。

A. 与认证机构的战略方向相一致，并支持管理体系的方针和目标

B. 考虑相关方的需求和期望

C. 与审核客户的战略方向相一致，并支持管理体系的方针和目标

D. B + C

23）关于审核方案的实施，以下说法错误的是（　　）。

A. 审核方案会通过每一单个的审核项目得以实施

B. 审核方案的策划最终仅以审核计划的方式体现

C. 选择和确定审核方法属于审核方案实施活动

D. 审核方案的记录是审核方案实施的结果之一

24）以下哪项不属于审核方案管理人员的职责？（　　）

A. 根据相关目标和任何已知的约束确立审核方案的范围和详略程度

B. 为每次审核编制审核计划

C. 建立所有的与审核方案相关的过程

D. 监视、评审和改进审核方案

25）下面哪一项不是与审核方案有关的记录？（　　）

A. 审核日程安排

B. 审核方案目标、审核方案范围和详略程度

C. 审核计划和审核报告

D. 对审核方案有效性的评审

26）（　　）应根据规定的审核目标、范围和准则，选择和确定有效和高效地实施审核的方法。

A. 审核组长　　B. 审核方案管理人员

C. 审核委托方　　D. 审核委托方负责人

2. 多项选择题

1）下列说法哪些是错误的？（　　）

A. GB/T 19011—2021 标准专注于内部审核（第一方）和组织对其外部供方和其他外部相关方进行的审核（第二方）

B. GB/T 19011—2021 标准专注于第一方审核和外部审核

C. GB/T 19011—2021 标准不适用于审核员培训或人员认证的组织

D. GB/T 19011—2021 标准可用于第三方管理体系认证以外的其他目的的外部审核

2）根据 GB/T 19011—2021，审核方案的管理包括（　　）。

A. 确立审核方案的目标

B. 确定和评价审核方案的风险和机遇

C. 建立审核方案，实施审核方案

D. 监视、评审和改进审核方案

3）审核方案应包括以下（　　）信息，并识别资源，以使审核能够在规定的时限内有效和高效地实施。

A. 审核方案的目标

B. 与审核方案有关的风险和机遇及应对措施

C. 拟采用的审核方法

D. 选择审核组成员

4）审核方案管理人员应具有有效和高效地管理（ ）的必要能力，

A. 审核方案

B. 与审核方案相关的风险和机遇

C. 审核结果

D. 外部和内部因素

5）根据GB/T 19011—2021标准，审核方案管理人员应具备下列哪些知识？（ ）

A. 审核原则、方法和过程

B. 管理体系标准、其他相关标准和参考/指导文件

C. 关于受审核方及其所处环境的信息

D. 适用于受审核方业务活动的法律法规要求和其他要求

6）根据GB/T 19011—2021标准，影响审核方案范围和详略程度的其他因素可包括（ ）。

A. 影响管理体系有效性的因素

B. 适用的审核准则

C. 相关方的关注点，例如顾客投诉

D. 业务风险和机遇，包括应对它们的措施

7）根据GB/T 19011—2021标准，在确定审核方案的资源时，审核方案管理人员应考虑下面哪些方面的内容？（ ）

A. 审核方法

B. 审核方案的范围和详略程度及审核方案的风险和机遇

C. 在建立审核方案期间确定的必要成文信息的可获得性

D. 与设施有关的要求，包括任何安全许可和设备

8）根据GB/T 19011—2021标准，建立审核方案包括（ ）。

A. 审核方案管理人员的作用和职责

B. 审核方案管理人员的能力

C. 确立审核方案的范围和详略程度

D. 确定审核方案资源

9）根据GB/T 19011—2021标准，审核方案的实施包括（ ）。

A. 选择和确定审核方法

B. 为审核组长分配每次的审核职责

C. 管理审核方案结果

D. 管理和保持审核方案记录

10）下列哪些方面不是审核方案管理人员的工作？（ ）

A. 规定每次审核的目标、范围和准则

B. 为审核组成员分配任务

C. 选择审核方法

D. 编制审核计划

11）审核准则包括（　　）。

A. 管理体系要求、法律法规要求

B. 包括目标的绩效准则

C. 由受审核方确定的所处环境及风险和机遇的信息

D. 行业行为规范或其他策划的安排

12）GB/T 19011—2021 标准规定，决定审核组的规模和组成时，应考虑（　　）。（真题改进）

A. 审核的复杂程度

B. 所选择的审核方法

C. 审核组长的专业能力

D. 拟审核的过程的类型和复杂程度

13）下列说法正确的是（　　）。（真题）

A. 审核组可以由一名或多名审核员组成

B. 审核组应至少配备一名经认可具有专业能力的成员

C. 实习审核员可在技术专家指导下承担审核任务

D. 审核组长由审核员担任

14）依据 GB/T 19011—2021，在确定特定审核的审核组的规模和组成时，应考虑（　　）。（真题改进）

A. 审核的复杂程度

B. 所选择的审核方法

C. 审核范围和准则

D. 避免审核过程中的任何利益冲突，确保客观性和公正性

15）GB/T 19011—2021 标准规定，决定审核组的规模和组成时，应考虑（　　）。（真题改进）

A. 审核的复杂程度

B. 所选择的审核方法

C. 审核组的整体能力

D. 相关的外部/内部因素，如审核语言

16）以下说法正确的有（　　）。（真题）

A. 审核组中至少应有一名具备专业能力的审核员

B. 实习审核员和技术专家都是审核组的正式成员

C. 审核组中至少有一名具有相关专业能力的成员

D. 技术专家是审核组成员之一，故也应参与做审核结论

17）为确保有效实施每次审核，应向审核组长提供以下哪些信息？（　　）

A. 审核目标

B. 审核范围，包括受审核的组织及其受审核的职能和过程的识别

C. 审核过程和相关方法

D. 审核组的组成

18）认证审核过程中可能进行审核方案调整，调整后的审核方案可能是（　　）。

A. 增加或减少审核时间　　B. 调整审核抽样量

C. 缩小审核范围　　D. 中断审核

19）关于监视审核方案，审核方案管理人员应确保对以下哪些内容进行评价？（　　）

A. 日程安排是否执行以及审核方案目标是否实现

B. 审核组实施审核计划的能力

C. 审核委托方、受审核方、审核员、技术专家和其他有关各方的反馈

D. 整个审核过程中成文信息的充分性

20）下列哪些因素的变化可能导致需要修改审核方案？（　　）

A. 审核发现　　B. 审核方案的有效性

C. 外部供方　　D. 已识别的利益冲突

21）审核方案评审应考虑的事项有哪些？（　　）

A. 审核方案监视的结果和趋势

B. 审核方案记录

C. 可替代的或新的审核方法

D. 与审核方案有关的保密和信息安全事宜

22）关于评审和改进审核方案，审核方案管理人员应确保（　　）。

A. 评审审核方案的全面实施状况

B. 识别改进的区域和机会

C. 在必要时对审核方案做出变更

D. 报告审核方案的结果并适当时与审核委托方和有关相关方进行评审

23）认证机构审核方案的基础性管理活动包括（　　）。

A. 对审核方案的管理进行授权

B. 确定与审核方案有关的通用性的活动安排

C. 实施综合性的审核方案的监视和评审活动

D. 实施改进活动

24）增值审核的“五段十八要点”中的“五段”包括（　　）。

A. 职业根基、预研　　B. 基础知识、预研

C. 精准聚焦、研究判断、增值　　D. 分析判断、综合应用、增值

25）增值审核的“五段十八要点”中的“研究判断”包括（　　）。

A. 问正确的问题　　B. 假设推理

C. 改进方向　　D. 根因查证

26）增值审核的“五段十八要点”中的“精准聚焦”包括（　　）。

A. 问正确的问题　　B. 绩效

C. 顾客要求　　D. 关键的少数

27）审核方案可能的风险包括（　　）。

A. 策划不充分、资源配备不足

B. 信息沟通不畅

C. 执行过程偏离审核方案目标

D. 监视、评审、改进审核方案不及时

28）确定审核方案的资源需考虑的因素包括（　　）。

A. 影响管理体系有效性的因素　　B. 审核方法

C. 审核方案的范围、风险和机遇　　D. 信息和通信技术的可用性

29）能够表明审核方案得到执行的证据包括（　　）。

A. 审核计划　　B. 审核报告

C 审核员能力评价记录　　D. 认证证书

30）关于审核方案，以下说法正确的是（　　）。

A. 审核方案是审核计划的一种

B. 审核方案可包括一段时期内各种类型的审核

C. 审核方案即年度内部审核计划

D. 审核方案是审核计划的输入

31）确立审核方案的目标可以基于以下哪些方面的考虑？（　　）

A. 有关相关方的需求和期望

B. 管理体系要求

C. 对外部供方进行评价的需求

D. 已识别的受审核方的风险和机遇

32）审核方案可根据以下哪些信息的变化进行修改？（　　）

A. 审核发现

B. 获证组织顾客发生重大投诉

C. 已识别的利益冲突

D. 受审核方的管理体系发生重大变更

33）审核方案聚焦于（　　）的实现。

A. 效率　　B. 一致性

C. 符合性　　D. 有效性

34）审核方案的范围和程度应基于受审核方的规模和性质，以及（　　）。

A. 拟审核的管理体系的性质、功能

B. 拟审核的管理体系的复杂程度

C. 拟审核的管理体系的风险和机遇的类型

D. 拟审核的管理体系的成熟度等级

35）审核方案可能存在以下哪些方面的风险？（　　）

A. 未能确定审核的范围和详略程度、数量、持续时间、地点和日程安排

B. 在设备和/或培训不足的情况下制定审核方案

C. 审核组有效实施审核的整体能力不足

D. 无效的外部/内部沟通过程

36）对审核方案管理人员的能力要求，以下说法正确的是（　　）。

A. 理解审核原则

B. 理解审核员的能力以及审核组整体能力的概念

C. 具有最基本的组织和协调能力，掌握基本的 IT 化工具为其对项目的管理提供技术支撑

D. 了解与受审核活动相关的技术和业务

37）审核方案管理人员应根据规定的（　　），选择和确定有效和高效地实施审核的方法。

A. 审核目标　　B. 审核范围

C. 审核准则　　D. 审核方案

3. 问答题

1）简要陈述审核方案的定义与内涵。

2）审核方案如何体现特定受审核方组织的特点？

3）如何在审核方案中设定审核记录的方式，以更好地体现审核的逻辑性和有利于审核发现的得出？

4）简述审核方案管理人员在审核方案管理中的职责和任务。

5）审核方案的评审和改进通常包括哪些活动？

6）影响增值审核的因素有哪些？如何利用审核方案促进审核过程的增值？

7）简述审核方案的内容。

8）审核方案管理包括哪些方面？

答案点拨解析

1. 单项选择题

题号	答案	解析
1	A	见本书第 8 章开始部分 GB/T 19011—2021 标准“引言”
2	B	见本书第 8 章开始部分 GB/T 19011—2021 标准“引言”
3	B	见本书 8. 5. 2 节方框中 GB/T 19011—2021 标准 5. 5. 2 条款
4	B	见本书 8. 5. 2 节方框中 GB/T 19011—2021 标准 5. 5. 2 条款
5	B	见本书 8. 5. 2 节方框中 GB/T 19011—2021 标准 5. 5. 2 条款
6	B	理解题，结合 GB/T 19011 标准 5. 2、5. 5. 2 条款理解
7	A	理解题，参见本书 8. 5. 2 节方框中 GB/T 19011 标准 5. 5. 2 条款理解
8	A	见本书 8. 5 节开头
9	C	理解题，参见本书 8. 4. 1 节方框中 GB/T 19011 标准 5. 4. 1 条款：审核方案管理人员应请审核委托方批准其方案
10	C	理解题，参见本书 8. 5. 4 节方框中 GB/T 19011 标准 5. 5. 4 条款：审核组可以包括实习审核员，但实习审核员应在审核员的指导和帮助下参与审核
11	C	理解题，参见本书 8. 5. 4 节方框中 GB/T 19011 标准 5. 5. 4 条款。要保证审核组具有相关专业能力，提供涉及审核现场的专业技术支持的人员可以是审核员、实习审核员，也可以是技术专家
12	D	见本书 8. 5. 4 节方框中 GB/T 19011 标准 5. 5. 4 条款
13	A	见本书 8. 5. 7 节方框中 GB/T 19011 标准 5. 5. 7 条款
14	B	见本书 8. 5. 7 节方框中 GB/T 19011 标准 5. 5. 7 条款
15	B	见本书 8. 5. 7 节方框中 GB/T 19011 标准 5. 5. 7 条款
16	B	见本书 8. 7 节方框中 GB/T 19011 标准 5. 7 条款
17	B	见本书 8. 5. 4 节方框中 GB/T 19011 标准 5. 5. 4 条款
18	B	见本书 8. 5. 4 节方框中 GB/T 19011 标准 5. 5. 4 条款
19	A	见 GB/T 19011—2021 标准“引言”：GB/T 19011—2021 标准对审核方案的管理、管理体系审核的策划和实施，以及审核员和审核组的能力和评价提供指南
20	A	见本书 8. 5. 2 节方框中 GB/T 19011 标准 5. 5. 2 条款
21	D	见本书 8. 4. 4 节方框中 GB/T 19011 标准 5. 4. 4 条款
22	D	见本书 8. 2 节方框中 GB/T 19011 标准 5. 2 条款：审核方案的目标应与审核委托方的战略方向相一致，并支持管理体系的方针和目标。在第三方认证审核中，对于认证机构而言，认证委托方是申请认证的组织

（续）

题号	答案	解析
23	B	审核计划替代不了审核方案的控制活动
24	B	见本书 8.4.1 节方框中 GB/T 19011 标准 5.4.1 条款
25	C	见本书 8.5.7 节方框中 GB/T 19011 标准 5.5.7 条款
26	B	见本书 8.5.3 节方框中 GB/T 19011 标准 5.5.3 条款

2. 多项选择题

题号	答案	解析
1	BC	见本书第 8 章开始部分 GB/T 19011—2021 标准“引言”
2	ABCD	见本书 8.1 节之 6 之 4)
3	ABC	见本书 8.1 节之 5。审核方案包括选择审核组成员的准则，而不是选择审核组成员
4	ABD	见本书 8.4.2 节之 1
5	ABCD	见本书 8.4.2 节之 1
6	ABCD	见本书 8.4.3 节方框中 GB/T 19011—2021 标准 5.4.3 条款
7	ABCD	见本书 8.4.4 节方框中 GB/T 19011—2021 标准 5.4.4 条款
8	ABCD	见本书 8.4 节开始
9	ABCD	见本书 8.5 节开始
10	BD	见本书 8.5.1 节方框中 GB/T 19011—2021 标准 5.5.1 条款
11	ABCD	见本书 8.5.2 节方框中 GB/T 19011—2021 标准 5.5.2 条款
12	ABD	见本书 8.5.4 节方框中 GB/T 19011—2021 标准 5.5.4 条款
13	ABD	理解题，参见本书 8.5.4 节方框中 GB/T 19011—2021 标准 5.5.4 条款
14	ABCD	见本书 8.5.4 节方框中 GB/T 19011—2021 标准 5.5.4 条款
15	ABCD	见本书 8.5.4 节方框中 GB/T 19011—2021 标准 5.5.4 条款
16	BC	理解题，参见本书 8.5.4 节方框中 GB/T 19011—2021 标准 5.5.4 条款。要保证审核组具有相关专业能力。具备这个专业能力的人可以是审核员，也可以是技术专家。技术专家是审核组的成员，但不能担任审核员
17	ABCD	见本书 8.5.5 节方框中 GB/T 19011—2021 标准 5.5.5 条款
18	ABCD	见本书 8.5.8 节表 8-5 之“序号 4”
19	ABCD	见本书 8.6 节方框中 GB/T 19011—2021 标准 5.6 条款
20	ABCD	见本书 8.6 节方框中 GB/T 19011—2021 标准 5.6 条款
21	ABCD	见本书 8.7 节方框中 GB/T 19011—2021 标准 5.7 条款
22	ABCD	见本书 8.7 节方框中 GB/T 19011—2021 标准 5.7 条款
23	ABCD	见本书 8.8 节之 2 表 8-6

（续）

题号	答案	解析
24	AC	见本书8.8节之3表8-7
25	ABD	见本书8.8节之3表8-7
26	BCD	见本书8.8节之3表8-7
27	ABCD	理解题，参见本书8.3节方框中GB/T 19011—2021标准5.3条款
28	BCD	见本书8.4.4节方框中GB/T 19011—2021标准5.4.4条款
29	ABC	见本书8.5.7节方框中GB/T 19011—2021标准5.5.7条款
30	BD	理解题，参见GB/T 19011—2021标准3.4、6.3.2条款
31	ABCD	见本书8.2节方框中GB/T 19011—2021标准5.2条款
32	ACD	见本书8.6节方框中GB/T 19011—2021标准5.6条款
33	ABD	见本书8.1节之1之4）
34	ABCD	见本书8.1节方框中GB/T 19011—2021标准5.1条款
35	ABCD	见本书8.3节方框中GB/T 19011—2021标准5.3条款
36	ABCD	见本书8.4.2节之2
37	ABC	见本书8.5.3节方框中GB/T 19011—2021标准5.5.3条款

3. 问答题

1）参见本书8.1节。

① 审核方案的定义是：针对特定时间段所策划并具有特定目标的一组（一次或多次）审核安排。

② 审核方案的内涵是：为审核活动的实施提供一整套基于策划、实施、监督和改进的管理方法和手段，保证审核过程的有效性。

2）参见本书8.1节。

为了使审核方案体现特定受审核方组织的特点，需按下面的要求开展工作：

① 在确定审核方案的范围和程度时，要基于受审核方的规模和性质，以及拟审核的管理体系的性质、功能、复杂程度、风险和机遇的类型以及成熟度等级。

② 审核方案要考虑受审核方的组织目标、有关的外部和内部因素、有关相关方的需求和期望、信息安全和保密要求。

3）参见本书8.5.7节。

① 审核方案管理人员应确保审核记录的形成、管理和保持，以证明审核方案的实施。

② 应当建立过程以确保与审核记录相关的任何信息安全和保密需求得到规定。

③ 记录的内容、形式和要求。

a）与审核方案有关的记录，如：

——审核日程安排。

——审核方案目标、审核方案范围和详略程度。

——审核方案的风险和机遇以及相关的外部和内部因素的应对。

——对审核方案有效性的评审。

b）与每次审核相关的记录，如：

——审核计划和审核报告。

——客观审核证据和审核发现。

——不符合报告。

——纠正和纠正措施报告。

——审核后续活动报告。

c）涉及以下主题的与审核组有关的记录，如：

——审核组成员的能力和绩效评价。

——审核组和审核组成员的选择准则和审核组的组成。

——能力的保持和提高。

记录的形式和详细程度应证明已经实现审核方案的目标。它可以是文件、报告、表格，可以是电子的或纸质的。详细程度一要可支持审核结论，二要可实现追溯。

4）见本书 8.5.1 节。

审核方案管理人员在审核方案管理中的职责和任务有：

① 利用既定的外部和内部沟通渠道，将审核方案的有关部分，包括所涉及的风险和机遇向有关相关方沟通，并定期向其通报审核方案的进展情况。

② 规定每次审核的目标、范围和准则。

③ 选择审核方法。

④ 协调和安排审核和与审核方案有关的其他活动。

⑤ 确保审核组具备必要的能力。

⑥ 向审核组提供必要的人员和总体资源。

⑦ 确保审核按照审核方案进行，管理在方案部署期间出现的所有运行风险、机遇和因素（即意外事件）。

⑧ 确保有关审核活动的相关成文信息得到妥善管理和保持。

⑨ 规定和实施监视审核方案所需的运行控制。

⑩ 评审审核方案，以识别其改进机会。

5）见本书 8.7 节。

审核方案管理人员应确保：

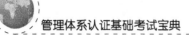

① 评审审核方案的全面实施状况。

② 识别改进的区域和机会。

③ 在必要时对审核方案做出变更。

④ 按照 GB/T 19011 标准 7.6 条款（保持并提高审核员能力）的要求，评审审核员的持续专业发展。

⑤ 报告审核方案的结果并适当时与审核委托方和有关相关方进行评审。

审核方案评审应考虑以下事项：

a）审核方案监视的结果和趋势。

b）审核方案过程和相关成文信息的符合性。

c）有关相关方进一步的需求和期望。

d）审核方案记录。

e）可替代的或新的审核方法。

f）可替代的或新的审核员评价方法。

g）应对与审核方案有关的风险和机遇以及内部和外部因素的措施的有效性。

h）与审核方案有关的保密和信息安全事宜。

6）见本书 8.8 节。

① 影响增值审核的因素可归纳为“五段十八要点”。“五段十八要点”内容包括职业根基（观察力和好奇心、勤奋、执着、沟通能力、宣讲能力、逻辑能力、知识结构、团队）、预研（技术资料、理解组织）、精准聚焦（绩效、顾客要求、关键的少数）、研究判断（问正确的问题、假设推理、根因查证）、增值（改进方向、提质增效）。

② 为了促进审核过程的增值，应将增值审核的“五段十八要点”融合到审核方案中。具体操作上可这样进行：

a）在选择审核组成员时，要保证审核组成员具备增值审核的“职业根基”。“职业根基”的 8 个要点（观察力和好奇心、勤奋、执着、沟通能力、宣讲能力、逻辑能力、知识结构、团队）是选择、评价审核组成员的基础。

b）在建立审核方案时，要对受审核方进行“预研”，理解受审核方及其环境，了解受审核方所在行业的关键技术和新技术、具体产品标准、行业发展方向和趋势等，为建立审核方案、实施审核方案打下坚实的基础。

c）在选择和确定审核方法以及具体的审核实施中，要做到“精准聚焦”，抓住关键绩效、顾客要求以及关键的少数，持续关注审核核心目标的完成。

d）审核中，要做好“研究判断”，问正确的问题，将假设推理运用到循证过程中，要做好根因查证，找到问题背后的根本原因。

e）审核中针对短板给受审核方提供改进方向，做到提质增效，使审核“增值”成为必然。

7）参见本书8.1节。

审核方案应包括以下信息，并识别资源，以使审核能够在规定的时限内有效和高效地实施：

① 审核方案的目标。

② 与审核方案有关的风险和机遇及应对措施。

③ 审核方案内每次审核的范围（详略程度、边界、地点）。

④ 审核的日程安排（数量/持续时间/频次）。

⑤ 审核类型，如内部或外部。

⑥ 审核准则。

⑦ 拟采用的审核方法。

⑧ 选择审核组成员的准则。

⑨ 相关的成文信息。

8）解题参见8.1节之6之4）。

审核方案管理包括：

① 确立审核方案的目标。

② 确定和评价审核方案的风险和机遇。

③ 建立审核方案，包括：审核方案管理人员的作用和职责，审核方案管理人员的能力，确立审核方案的范围和详略程度，确定审核方案资源。

④ 实施审核方案，包括：规定每次审核的目标、范围和准则，选择和确定审核方法，选择审核组成员，为审核组长分配每次的审核职责，管理审核方案结果，管理和保持审核方案记录。

⑤ 监视审核方案。应持续监视和测量审核方案的执行情况，以确保实现其目标。

⑥ 评审和改进审核方案。应评审审核方案，以识别变更的需求和可能的改进机会。

第9章 审核过程

考试大纲要求

审核的阶段划分及典型的审核与认证流程，审核启动阶段包括的活动，审核准备阶段包括的活动，审核活动实施阶段包括的活动，审核报告的编制和分发，审核的后续活动。

考点知识讲解

9.1 概述

审核活动是审核方案的一个组成部分，是指每一项具体审核工作的开展过程，其实施效果直接影响审核方案总目标的实现。GB/T 19011—2021 标准第 6 章“实施审核”为作为审核方案一部分的审核活动的准备与实施提供了指南。前面图 8-1 给出了典型的审核中实施的活动的概述。GB/T 19011—2021 标准第 6 章的**适用程度**取决于具体审核的目标和范围。

典型的管理体系审核实施的审核活动可以划分为以下六个阶段：

1）审核的启动。审核的启动包括与受审核方建立联系、确定审核的可行性。

2）审核活动的准备。审核活动的准备包括审核准备阶段的成文信息评审、审核的策划、审核组工作分配、准备审核所需的成文信息。

3）审核活动的实施。审核活动的实施包括为向导和观察员分配角色和职责、举行首次会议、审核中的沟通、审核信息的可获取性和访问、实施审核时的成文信息评审、收集和验证信息、形成审核发现、确定审核结论、举行末次会议。

4）审核报告的编制与分发。审核报告的编制和分发包括审核报告的编制、审核报告的分发。

5）审核的完成。当所有策划的审核活动已经执行或出现与审核委托方约定的情形时（例如出现了妨碍完成审核计划的非预期情形），审核即告结束。

6）审核后续活动的实施。审核后续活动的实施包括受审核方在商定的时间内，对不符合的纠正、原因分析和纠正措施，以及审核委托方的评审和验证。

与认证有关的第三方审核还应遵守 GB/T 27021.1/ISO/IEC 17021-1《合格评定 管理体系审核认证机构要求 第1部分：要求》的要求。审核和认证过程的典型流程见本书第5章5.5节图5-2。

审核各阶段活动的适用程度取决于具体审核范围和复杂程度，以及审核结论的预期用途（《审核概论》一书的看法）。

9.2 审核的启动

实施审核的责任应该由指定的审核组长承担，直到审核完成。

启动一项审核应考虑前面图8-1中的步骤，但顺序可以因受审核方、审核过程和具体情境而不同。

审核的启动包括与受审核方建立联系、确定审核的可行性。

9.2.1 与受审核方建立联系

下面方框中的内容是 GB/T 19011—2021 标准 6.2.2 条款。

6.2.2 与受审核方建立联系

审核组长应确保与受审核方进行联系：

a）确认受审核方代表的沟通渠道；

b）确认实施审核的权限；

c）提供有关审核目标、范围、准则、方法和审核组组成（包括任何技术专家）的相关信息；

d）请求有权使用用于策划的相关信息，包括关于组织已识别的风险和机遇以及如何应对这些风险和机遇的信息；

e）确定与受审核方的活动、过程、产品和服务有关的适用法律法规要求和其他要求；

f）确认与受审核方关于保密信息的披露程度和处理的协议；

g）对审核做出安排，包括日程安排；

h）确定任何特定地点的访问、健康和安全、安保、保密或其他安排；

i）同意观察员的出席及审核组对向导或翻译人员的需求；

j）确定受审核方与特定审核有关的任何利益、关注或风险领域；
k）与受审核方或审核委托方解决审核组的组成问题。

审核组长负责用正式的（如书面送达审核通知书）或非正式的（如电话口头通知）方式与受审核方就审核的实施进行初步联系。

初步联系的目的有11个，见GB/T 19011—2021标准6.2.2条款a）~k）。

9.2.2 确定审核的可行性

下面方框中的内容是GB/T 19011—2021标准6.2.3条款。

6.2.3 确定审核的可行性

应确定审核的可行性，以确信能够实现审核目标。

确定审核的可行性应考虑是否具备以下因素：

a）用于策划和实施审核的充分和适当的信息；

b）受审核方的充分合作；

c）实施审核所需的足够的时间和资源。

注：资源包括有权使用充分和适当的信息和通信技术。

当审核不可行时，应向审核委托方提出替代方案并与受审核方协商一致。

审核的可行性是指审核委托方与受审核方双方都能够为审核进行必要的安排，使审核具备实施的条件。

在实施审核前，由审核方案管理人员或审核组长确定审核的可行性，这对于确保审核能够得以实施、确保实现审核目标是必要的。

1. 确定审核可行性需要考虑的因素

1）用于策划和实施审核的充分和适当的信息，包括：

① 受审核方及其管理体系的基本信息，如组织的性质、名称、地址、法律地位与资质、审核的范围、规模、组织结构、主要设备与设施、场所、产品、过程、环境因素、危险源、适用的相关法律法规要求等基本情况。

② 管理体系文件的制定与实施情况。

③ 有关管理体系运行充分性的基本情况，如是否进行了内部审核与管理评审，审核期间能否进行正常的生产和（或）服务提供等信息。

2）受审核方的充分合作。

3）实施审核所需的足够的时间和资源。

当审核不可行时，应向审核委托方提出替代方案并与受审核方协商一致。

2. 确定审核可行性的方式

审核方案的管理人员或审核组长，可对从受审核方获得的信息以及审核委托方的资源情况等进行评审，以确定审核是否可行。确定审核可行性的方式根据审核类型的不同而有所不同。

3. 审核不可行性的替代建议

《审核概论》一书要求，当审核不可行时，双方应提出替代建议，并协商一致，如推迟审核、改变审核目的、调整审核范围等。

当存在下列情况时，审核不可行：

1）管理体系运行不充分，包括运行时间不够或未进行内审和管理评审等。

2）在法律法规符合性方面，未获得相应资质，或出现严重违规情况；预定的审核日期无法正常开展生产，或服务提供，或管理者代表及其他重要人员不在场；在预定的审核日期前，没有足够的时间进行审核组的选择、文件评审、编制审核计划等工作。

例题分析

1）（多项选择题）根据 GB/T 19011 标准，审核的启动可涉及以下哪些活动？（　　）（真题改进）

A. 确定审核目的、范围和准则　　B. 与受审核方建立联系

C. 确定审核的可行性　　D. 制订审核计划

答案及分析：选择 BC。见本书 9.2 节开头。

2）（单项选择题）审核的启动可涉及以下哪一方面的工作？（　　）（真题改进）

A. 确定审核的可行性　　B. 评审文件的适宜性和充分性

C. 编写审核检查表　　D. 制订审核计划

答案及分析：选择 A。见本书 9.2 节开头。

9.3 审核活动的准备

审核活动的准备包括审核准备阶段的成文信息评审（也称文件初审）、审核的策划（编制审核计划）、审核组工作分配、准备审核所需的成文信息四项工作。

9.3.1 审核准备阶段的成文信息评审

下面方框 1 中的内容是 GB/T 19011—2021 标准 6.3.1 条款，方框 2 中的内容是 GB/T 19011—2021 标准附录 A.5。

6.3 审核活动的准备

6.3.1 成文信息评审

应评审受审核方的相关管理体系的成文信息，以：

——收集信息，例如过程、职能方面的信息，以了解受审核方的运行，准备审核活动和适用的审核工作文件（见6.3.4）；

——了解成文信息的范围和程度的概况，以确定是否可能符合审核准则，并发现可能关注的区域，如缺陷、遗漏或冲突。

成文信息应包括但不限于：管理体系文件和记录，以及以前的审核报告。评审应考虑受审核方组织所处的环境，包括其规模、性质和复杂程度，以及相关风险和机遇，还应考虑审核范围、准则和目标。

注：A.5 提供了如何验证信息的指南。

A.5 验证信息

在可行的情况下，审核员应考虑信息是否提供了充足的客观证据来证实要求已得到满足，例如，信息是否：

a）完整（成文信息中包含所有期望的内容）；

b）正确（内容符合标准和法规等其他可靠来源）；

c）一致（成文信息本身以及与相关文件都是一致的）；

d）现行有效（内容是最新的）。

还应考虑被验证的信息是否提供足够的客观证据来证明满足要求。

如果信息的提供方式不同于预期（例如，由不同的个人、替代载体），则应评估证据的完整性。

根据数据保护相关的适用法规，需要格外关注信息安全（尤其是审核范围之外，但又包含在文件中的信息）。

1. 审核准备阶段成文信息评审的目的

成文信息评审贯穿审核的全过程。审核准备阶段的成文信息评审也称文件初审，是对受审核方成文信息的初步审查，是审核活动的基础。

审核准备阶段成文信息评审的目的主要有两个方面：

1）收集信息，例如过程、职能方面的信息，以了解受审核方的运行，准备审核活动和适用的审核工作文件，如编制审核计划，准备审核检查表。

2）了解成文信息的范围和程度的概况，以确定是否可能符合审核准则，并发现可能关注的区域，如缺陷、遗漏或冲突。

2. 审核准备阶段成文信息评审的依据

评审依据是审核方案中确定的审核准则，主要包括与受审核方产品、过程和服务有关的标准及相关规范，管理体系标准，适用的法律、法规和其他要求等。

3. 审核准备阶段成文信息评审的内容

审核准备阶段评审的成文信息应包括但不限于：管理体系文件和记录，以及以前的审核报告。

评审应考虑受审核方组织所处的环境，包括其规模、性质和复杂程度，以及相关风险和机遇，还应考虑审核范围、准则和目标。例如，相对简单的组织可能只需要评审管理手册，监督审核通常只对更改的文件进行评审。

《审核概论》一书将审核准备阶段成文信息评审的内容进行了扩充，成文信息评审的内容包括：

1）方针和目标。

2）描述管理体系覆盖范围的文件化信息。

3）描述管理体系整体情况、过程及相互作用的文件化信息。

4）与管理体系相关的重要的文件和记录，例如质量计划、资质许可及相关文件等。

5）以往的审核报告。

6）必要时，可包括“标准”（如管理体系标准）要求的其他文件化信息。

7）需要时，其他文件信息，如认证机构要求的生产工艺流程，以及组织现场有关的平面图等。

4. 审核准备阶段成文信息评审的方式

由审核组长或组长指定的审核组成员进行，但审核组长应掌握文件评审的结果。

评审地点可以在受审核方之外进行（第三方审核一般按此方式），也可以在受审核方处进行（内部审核一般按此方式）。

初次认证审核在第一阶段审核中，文件评审可以在现场活动之前进行，也可以结合现场活动进行。但在任何情况下，文件评审都应在第二阶段审核前完成。

5. 审核准备阶段成文信息评审的要求

1）在可行的情况下，审核员应考虑信息是否提供了充足的客观证据来证实要求已得到满足，例如，信息是否：

① 完整（成文信息中包含所有期望的内容）。

② 正确（内容符合标准和法规等其他可靠来源。《审核概论》一书将“正确性”与“符合性”等同）。

③ 一致（成文信息本身以及与相关文件都是一致的。《审核概论》一书统称“系统性”“协调性”为“一致性”）。

④ 现行有效（内容是最新的）。

2）考虑被验证的信息是否提供足够的客观证据来证明满足要求。

3）如果信息的提供方式不同于预期（例如，由不同的个人、替代载体），则应评估证据的完整性。

4）根据数据保护相关的适用法规，需要格外关注信息安全（尤其是审核范围之外，但又包含在文件中的信息）。

5）应评审成文信息是否覆盖了审核范围并提供足够的信息来支持审核目标。用于描述组织管理体系覆盖范围的文件是否识别并清楚界定了组织管理体系现场区域、运行单位、活动、产品和服务等的覆盖范围。

6）对于第三方审核，成文信息评审发现成文信息有不符合、不适宜或不充分时，应形成书面文件评审意见，并以文件评审报告的形式，通知审核委托方和审核方案管理人员及受审核方。

6. 审核准备阶段成文信息评审的结论

《审核概论》一书指出，对于认证审核，通常有以下三种结论：

1）通过。可以进行现场审核。

2）基本通过。不影响现场审核的实施。审核组长应通知受审核方进行修改，由审核组在进入现场前或后予以验证。

3）需要对成文信息进行修改。审核组长应通知审核方案管理者和受审核方，并按规定采取相应的措施，如要求受审核方修改，并经审核组长验证符合后方能进行现场审核。

9.3.2　审核的策划（编制审核计划）

下面方框中的内容是 GB/T 19011—2021 标准 6.3.2 条款。

6.3.2　审核的策划

6.3.2.1　采用基于风险的方法策划

审核组长应根据审核方案中的信息和受审核方提供的成文信息，采用基于风险的方法来策划审核。

审核策划应考虑审核活动对受审核方过程的风险，为审核委托方、审核组和受审核方就实施审核达成一致提供基础。策划应促进审核活动的高效安排和协调，以便有效地实现目标。

审核计划的详细程度应反映审核的范围和复杂程度，以及未实现审核目标的风险。在进行审核策划时，审核组长应考虑以下事项：

a）审核组的组成及其整体能力；

b）适当的抽样技术（见 A.6）；

c）提高审核活动的有效性和效率的机会；

d）由无效的审核策划造成的实现审核目标的风险；

e）实施审核造成的受审核方的风险。

审核组成员的存在可能对受审核方的健康和安全、环境和质量及其产品、服务、人员或基础设施的安排产生不利影响，从而对受审核方造成风险（例如，洁净室设施的污染）。

对于多体系审核，应特别关注不同管理体系的运行过程与任何相互抵触的目标以及优先事项之间的相互作用。

6.3.2.2 审核策划的具体内容

审核策划的规模和内容可以不同，例如，在初次审核和后续审核之间，以及在内部审核和外部审核之间。审核策划应具有充分的灵活性，以允许随着审核活动的进展而进行必要的调整。

审核策划应包括或涉及以下内容：

a）审核目标；

b）审核范围，包括组织及其职能的识别，以及受审核的过程；

c）审核准则和引用的成文信息；

d）拟实施审核活动的位置（实际和虚拟）、日期、预期时间和持续时间，包括与受审核方管理者的会议；

e）审核组对熟悉受审核方的设施和过程的需求（例如，通过实地考察或评审信息和通信技术）；

f）拟采用的审核方法，包括为了获得足够的审核证据需要进行**审核抽样的程度**；

g）审核组成员以及向导和观察员或翻译人员的角色和职责；

h）在考虑与拟审核的活动有关的风险和机遇的基础上配置适当的资源。

适当时，审核策划应考虑：

——明确受审核方本次审核的代表；

——审核工作和审核报告所用的语言，如果与审核员或受审核方或两者的语言不同时；

——审核报告的主题；

——后勤和沟通安排，包括对受审核地点的具体安排；

——为应对实现审核目标的风险和产生的机遇而采取的任何具体行动；

——与保密和信息安全有关的事项；

——来自以往审核或其他来源的任何后续行动，如经验教训、项目评审；

——对所策划的审核的任何后续活动；

——在联合审核的情况下，与其他审核活动的协调。

审核计划应提交给受审核方。审核计划的任何问题应当在审核组长、受审核方和（如有必要）审核方案管理人员之间解决。

下面 1 ~3 是 GB/T 19011—2021 标准 6.3.2 条款的理解要点。4 是针对《审核概论》一书“审核路线”的理解要点。

1. 采用基于风险的方法进行审核策划

1）审核组长应根据审核方案中的信息和受审核方提供的成文信息，采用基于风险的方法来策划审核。

2）审核策划应考虑审核活动对受审核方过程的风险，为审核委托方、审核组和受审核方就实施审核达成一致提供基础。策划应促进审核活动的高效安排和协调，以便有效地实现目标。

3）审核计划的详细程度应反映审核的范围和复杂程度，以及未实现审核目标的风险。在进行审核策划（编制审核计划）时，审核组长应考虑以下事项：

① 审核组的组成及其整体能力。

② 适当的抽样技术。

③ 提高审核活动的有效性和效率的机会。

④ 由无效的审核策划造成的实现审核目标的风险。

⑤ 实施审核造成的受审核方的风险。

4）审核组成员的存在可能对受审核方的健康和安全、环境和质量及其产品、服务、人员或基础设施的安排产生不利影响，从而对受审核方造成风险（例如，洁净室设施的污染）。

5）对于多体系审核，应特别关注不同管理体系的运行过程与任何相互抵触的目标以及优先事项之间的相互作用。

2. 审核策划的具体内容

通常情况下，审核策划应包括或涉及以下内容（也是审核计划包括的内容）：

1）审核目标。

2）审核范围，包括组织及其职能的识别，以及受审核的过程。

3）审核准则和引用的成文信息。

4）拟实施审核活动（适用时，包括临时场所的访问和远程审核活动）的位置（实际和虚拟）、日期、预期时间和持续时间，包括与受审核方管理者的会议。

5）审核组对熟悉受审核方的设施和过程的需求（例如，通过实地考察或评审信息和通信技术）。

6）拟采用的审核方法，包括为了获得足够的审核证据需要进行审核抽样的程度。

7）审核组成员以及向导和观察员或翻译人员的角色和职责。

8）在考虑与拟审核的活动有关的风险和机遇的基础上配置适当的资源。

9）适当时，审核策划应考虑：

① 明确受审核方本次审核的代表。

② 审核工作和审核报告所用的语言，如果与审核员或受审核方或两者的语言不同时。

③ 审核报告的主题。

④ 后勤和沟通安排，包括对受审核地点的具体安排。

⑤ 为应对实现审核目标的风险和产生的机遇而采取的任何具体行动。

⑥ 与保密和信息安全有关的事项。

⑦ 来自以往审核或其他来源的任何后续行动，如经验教训、项目评审。

⑧ 对所策划的审核的任何后续活动。

⑨在联合审核的情况下，与其他审核活动的协调。

3. 审核策划的要求

1）审核策划的规模和内容可以不同，例如，在初次审核和后续审核之间，以及在内部审核和外部审核之间。

2）审核策划应具有充分的灵活性，以允许随着审核活动的进展而进行必要的调整。

3）审核策划的重要的输出是审核计划。审核方案与审核计划的主要联系和区别见表9-1。

表9-1 审核方案与审核计划的主要联系和区别

项目	审核方案	审核计划
定义	针对特定时间段所策划并具有特定目标的一组（一次或多次）审核安排	对审核活动和安排的描述
审核目标	一项审核方案涉及多次审核活动的目标，不同的审核活动也会有不同的目标	一次审核活动的具体目标，是审核方案目标的一部分
范围	一项审核方案可涉及全部体系、所有产品、所有过程	一项计划可能涉及全部体系、所有产品、所有过程，也可能涉及部分的体系、过程和产品
内容	审核方案通常包括受审核方基本信息、审核风险分析、审核的频次、审核思路与安排（包括资源配置）、审核关注点等	审核计划的内容是有关一次具体的审核的活动和安排的描述，审核计划通常包括审核目的、审核范围、审核依据、审核组成员及分工、审核部门及内容、审核时间安排等

（续）

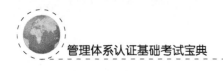

项目	审核方案	审核计划
建立/编制	审核方案管理人员	审核组长
关系	审核方案包括对审核计划的要求	审核计划是审核方案的具体化，应满足审核方案的要求，并作为审核方案监视的依据之一

4）审核计划应提交给受审核方。审核计划的任何问题应当在审核组长、受审核方和（如有必要）审核方案管理人员之间解决。受审核方对审核计划的任何异议应当在现场审核前予以解决。

5）审核计划应符合审核方案的要求，由审核委托方评审和接受，并应在现场审核前提交受审核方，经受审核方确认，也便于受审核方提前做出安排。

4. 审核路线与审核方式

审核方式是指总体上如何进行审核的方式，常用的有顺向追踪、逆向追溯、按过程审核、按部门审核四种审核方式。实际审核时，可以根据不同的审核对象使用不同的审核方式或结合起来使用。无论按部门审核还是按过程审核，都可以与顺向、逆向相结合。

1）按部门审核的方式。这种方式以部门为单位进行审核，即在某一部门，针对涉及该部门的有关过程进行审核。这种方式为多数组织所采纳。

优点是审核时间较为集中，所以审核效率高，对受审核方正常的生产经营活动影响小；缺点是审核内容比较分散，过程的覆盖可能不够全面。

2）按过程审核的方式。按过程审核是以过程为线索进行审核，即针对同一过程的不同环节到各个部门进行审核，以便做出对该过程的审核结论。

优点是目标集中，判断清晰，较好地把握了体系中各个过程的运行状况；缺点是审核效率低，对受审核方正常的生产经营活动影响较大，审核一个过程往往要涉及许多部门，因而各个部门要重复接受多次审核才能完成任务。

3）顺向追踪。顺向追踪的方式是按体系运行的顺序进行审核，即按计划→实施→结果的顺序审核。

优点是可以系统了解体系运行的整个过程，系统性强、可观察接口、信息量大；缺点是一般耗时较长。

4）逆向追溯。逆向追溯的方式是按体系运作的相反方向进行审核，即按结果→实施→策划的反向顺序审核。

优点是目标集中，针对性强，有利于发现问题；缺点是问题复杂时不易理清，受时间和审核经验的限制，不易达到预期的效果，对审核员能力要求高。

《审核概论》一书还讲了认证审核、结合审核、审核的工作量及时间、多场所组织的抽样等内容，这些已在本书第 5 章以及第 6 章的 6.2、6.3、6.4 节讲解，这里不再重复。

9.3.3 审核组工作分配

下面方框中的内容是 GB/T 19011—2021 标准 6.3.3 条款。

> **6.3.3 审核组工作分配**
>
> 审核组长与审核组协商后，应将审核具体过程、活动、职能或地点的职责，分配给每个成员，适当时分配决策权。此项分配应兼顾公正性、客观性和审核员能力以及资源的有效利用，以及审核员、实习审核员和技术专家的不同角色和职责。
>
> 适当时，审核组会议应由审核组长召开，以分配工作任务并决定可能的变更。为确保实现审核目标，可随着审核的进展调整所分配的工作。

1）审核组长与审核组协商后，应将审核具体过程、活动、职能或地点的职责，分配给每个成员，适当时分配决策权。

2）审核组工作分配应兼顾公正性、客观性、审核员能力、资源的有效利用。

3）实习审核员在审核员指导下开展工作，技术专家在审核员的指导下向审核组提供技术支持。

4）为确保实现审核目标，可随着审核的进展调整所分配的工作。

9.3.4 准备审核所需的成文信息

下面方框 1 中的内容是 GB/T 19011—2021 标准 6.3.4 条款，方框 2 中的内容是 GB/T 19011—2021 标准附录 A.6，方框 3 中的内容是 GB/T 19011—2021 标准附录 A.13。

> **6.3.4 准备审核所需的成文信息**
>
> 审核组成员应收集和评审与其审核任务有关的信息，并利用任何适当的载体为审核准备成文信息。
>
> 审核用成文信息可以包括但不限于：
>
> a）纸质的或数字化的检查表；
>
> b）审核抽样具体内容；
>
> c）视听信息。
>
> 这些载体的使用不应限制审核活动的范围和程度，因其可随着审核中收集的信息而发生变化。

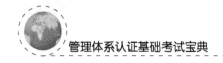

注：A. 13 给出了准备审核工作文件的指南。

为审核准备和产生的成文信息应至少保留到审核完成或审核方案中规定的时间。6. 6 描述了审核完成后成文信息的保留。审核组成员应始终妥善保护在审核过程中创建的涉及保密或专有信息的成文信息。

A. 6 抽样

A. 6. 1 总则

在审核过程中，如果检查所有可获得的信息是不实际或不经济的，则需进行审核抽样，例如记录太过庞大或地域分布太过分散，以至于无法对总体中的每个项目进行检查。为了对总体形成结论，对大的总体进行审核抽样，就是在全部数据集（总体）中，选择小于 100% 数量的项目以获取并评价总体某些特征的证据。

审核抽样的目的是提供信息，以使审核员确信能够实现审核目标。

抽样的风险是从总体中抽取的样本也许不具有代表性，从而可能导致审核员的结论出现偏差，与对总体进行全面检查的结果不一致。其他风险可能源于抽样总体内部的变异和所选择的抽样方法。

典型的审核抽样包括以下步骤：

a）明确抽样的目标；

b）选择抽样总体的范围和组成；

c）选择抽样方法；

d）确定样本量；

e）进行抽样活动；

f）收集、评价和报告结果并形成文件。

抽样时，应考虑可用数据的质量，因为抽样数量不足或数据不准确将不能提供有用的结果。应根据抽样方法和所要求的数据类型（如为了推断出特定行为模式或得出对总体的推论）选择适当的样本。

对样本的报告应考虑样本量、选择的方法以及基于这些样本和一定置信水平做出的估计。

审核可以采用判断抽样（见 A. 6. 2）或者统计抽样（见 A. 6. 3）。

A. 6. 2 判断抽样

判断抽样依赖于审核组的能力和经验（见第 7 章）。

对于判断抽样，可以考虑以下方面：

a）在审核范围内的以前的审核经验；

b）实现审核目标的要求（包括法律法规要求）的复杂程度；

c）组织的过程和管理体系要素的复杂程度及其相互作用；

d）技术、人员因素或管理体系的变化程度；

e）以前识别的重大风险和改进的机会；

f）管理体系监视的输出。

判断抽样的缺点是，可能无法对审核发现和审核结论的不确定性进行统计估计。

A.6.3 统计抽样

如果决定要使用统计抽样，抽样方案应基于审核目标和抽样总体的特征。

统计抽样设计使用一种基于概率论的样本选择过程。当每个样本只有两种可能的结果时（例如正确或错误、通过或不通过）使用**计数抽样**。当样本的结果是连续值时使用**计量抽样**。

抽样方案应考虑检查的结果是计数的还是计量的。例如，当要评价完成的表格与程序规定的要求的符合性时，可以使用计数抽样。当调查食品安全事件的发生次数或安全漏洞的数量时，计量抽样可能更加合适。

能影响审核抽样方案的因素是：

a）组织所处的环境、规模、性质和复杂程度；

b）具备能力的审核员的数量；

c）审核的频次；

d）单次审核时间；

e）外部所要求的置信水平；

f）不良事件和/或意外事件的发生。

当制定统计抽样方案时，审核员能够接受的抽样风险水平是一个重要的考虑因素，这通常称为**可接受的置信水平**。例如，5%的抽样风险对应95%的置信水平。5%的抽样风险意味着审核员能够接受被检查的100个样本中有5个（或20个中有1个）不能反映其真值，该真值通过检查总体样本得出。

当使用统计抽样时，审核员应适当描述工作情况，并形成文件。这应包括抽样总体的描述，用于评价的抽样准则（例如：什么是可接受的样本），使用的统计参数和方法，评价的样本数量以及获得的结果。

A.13 准备审核工作文件

当准备审核工作文件时，审核组应针对每份文件考虑下列问题：

a）使用这份工作文件时将产生哪些审核记录？

b）哪些审核活动与此特定的工作文件相关联？

c）谁将是此工作文件的使用者？

d）准备此工作文件需要哪些信息？

对于多体系审核，准备的工作文件应通过下列活动避免审核活动的重复：

——汇集不同准则的类似要求；

——协调相关检查表和问卷的内容。

审核工作文件应充分关注审核范围内管理体系的所有要素，可通过任何载体提供。

1. 准备审核所需的成文信息的要求

审核组成员应收集和评审与其审核任务有关的信息。在此基础上，依据管理体系标准、法律法规和其他要求、受审核方的管理体系文件，准备必要的审核所需的成文信息，用于审核过程的参考和记录审核证据。

1）收集和评审与审核任务有关的信息。这些信息包括：

① 本次审核的目的、范围和准则。

② 审核计划。

③ 受审核方的管理体系文件以及准备阶段文件评审的结果。

④ 事先获得的有关受审核方管理体系的其他信息，如组织机构、资源、产品、法律法规、过程和活动及职能分配等方面的信息。

2）准备审核所需的成文信息。审核所需的成文信息包括但不限于：

① 纸质的或数字化的检查表。

② 审核抽样具体内容，如判断抽样、统计抽样方案。

③ 视听信息，如用视频或音频录制的方式记录信息和证据。

④ 记录信息（如支持性证据、审核发现和会议记录）的表格。

这些载体的使用不应限制审核活动的范围和程度，因其可随着审核中收集的信息而发生变化。审核员要保持检查表的灵活性，在实际审核过程中，可以对检查表的内容进行适当调整。

当准备审核工作文件（审核所需的成文信息）时，审核组应针对每份文件考虑下列问题：

① 使用这份工作文件时将产生哪些审核记录？

② 哪些审核活动与此特定的工作文件相关联？

③ 谁将是此工作文件的使用者？

④ 准备此工作文件需要哪些信息？

对于多体系审核，准备的工作文件应通过下列活动避免审核活动的重复：

① 汇集不同准则的类似要求。

② 协调相关检查表和问卷的内容。

审核工作文件应充分关注审核范围内管理体系的所有要素，可通过任何载体提供。

3）审核所需的成文信息的保留。

① 为审核准备和产生的成文信息应至少保留到审核完成或审核方案中规定的时间。

②GB/T 19011—2021 标准 6.6 条款描述了审核完成后成文信息的保留。

③ 审核组成员应始终妥善保护在审核过程中创建的涉及保密或专有信息的成文信息。

2. 检查表

1）检查表的作用。检查表确定了具体审核任务实施的路线、内容与方法的框架，用于对审核员实施审核的提示和参考。作用有：

① 保持审核目标的清晰和明确。

② 保持审核内容的周密和完整。

③ 保持审核节奏和连续性。

④ 减少审核员的偏见和随意性。

⑤ 作为审核实施的记录存档。

2）检查表的内容。检查表的内容可包括：

① 审核的场所、部门、过程、活动——到哪儿查？

② 审核的对象——找谁查？

③ 审核的项目或问题——查什么？对于生产现场，一般查 4M1E（即人员、机器、材料、方法、环境）。

④ 审核的方法（包括抽查计划）——怎么查？

3）编制检查表的依据。

① 管理体系标准。

② 受审核方的管理体系文件化信息（包括方针、目标，描述管理体系覆盖范围和整体情况、过程及相互作用的文件化信息等）。

③ 适用的法律、法规、标准/相关规范和其他要求。

④ 收集到的受审核方有关信息。

⑤ 合同。在第二方审核时，合同是重要依据之一。

⑥ 审核计划。

4）编制检查表的基本思路。检查表应体现审核的思路。审核是按照 PDCA 的循环（策划、实施、检查、处置）的思路对过程进行审核。审核的一般思路为：

① 过程是如何确定和规定的？相关职责是否明确规定？标准中要求的输入、输出是什么？

② 文件化信息和规定是否得到实施和保持？

③ 实施的结果如何？是否满足预期的目标？

④ 过程需要做哪些改进？

5）编制检查表的注意要点。

① 依据标准和受审核方文件化信息确定检查表的内容。

② 应用过程方法的思路设计检查表。

③ 以部门审核为主的检查表，应列出该部门有关的主要过程的审核内容和方法。以过程审核为主的检查表，应写明要检查的主要部门和方法，过程的流程应清楚。

④ 应选择典型的问题，注重关键过程和主要因素，突出被审核部门的主要职能或过程的特点。

⑤ 抽样应有代表性。

⑥ 注意审核内容的逻辑顺序。

⑦ 应考虑审核员的经验、知识等。对不熟练的审核员，应为其编制比较详细的检查表。

6）使用检查表的注意事项。

① 检查表是审核员的工作文件，是一种审核辅助工具，因此没有必要向受审核方展示，也不需由受审核方确认。

② 切忌机械地按检查表中所列问题逐条照本宣科。

③ 现场审核中应按所编制的检查表实施审核，不要随意偏离。但必要时，应根据实际情况，对检查表的内容进行调整和补充。

④ 审核中如果发生审核范围的改变，可不局限于原审核范围。

⑤ 审核过程中应综合运用提问、观察、查阅文件化信息（文件和记录）、核实、追踪等方法审核检查表中的审核项目要点。

3. 审核抽样

1）审核抽样要求。

① 审核抽样的目的是提供信息，以使审核员确信能够实现审核目标。

② **抽样的风险**是从总体中**抽取的样本**也许不具有代表性，从而可能导致审核员的结论出现偏差，与对总体进行全面检查的结果不一致。其他风险可能源于抽样总体内部的变异和所选择的抽样方法。抽样带来的风险虽然是无法避免的，但应通过选择抽样方法等措施避免或减少风险。

③ 典型的审核抽样包括以下步骤：

a）明确抽样的目标。

b）选择抽样总体的范围和组成。

c）选择抽样方法。

d）确定样本量。

e）进行抽样活动。

f）收集、评价和报告结果并形成文件。

④ 抽样时，应考虑可用数据的质量，因为抽样数量不足或数据不准确将不能提供有用的结果。应根据抽样方法和所要求的数据类型（如为了推断出特定行为模式或得出对总体的推论）选择适当的样本。

⑤ 对样本的报告应考虑样本量、选择的方法以及基于这些样本和一定置信水平做出的估计。

审核可以采用**判断抽样**或者**统计抽样**

⑥不同性质的场所、职能、产品、过程，不能进行抽样审核。目前对多场所组织的抽样方法，属于典型的统计抽样方法。

2）判断抽样（老标准叫“条件抽样”）。判断抽样依赖于审核组的能力和经验。

对于判断抽样，可以考虑以下方面：

① 在审核范围内的以前的审核经验。

② 实现审核目标的要求（包括法律法规要求）的复杂程度。

③ 组织的过程和管理体系要素的复杂程度及其相互作用。

④ 技术、人员因素或管理体系的变化程度。

⑤ 以前识别的重大风险和改进的机会。

⑥ 管理体系监视的输出。

判断抽样的缺点是，可能无法对审核发现和审核结论的不确定性进行统计估计。

3）统计抽样。如果决定要使用统计抽样，抽样方案应基于审核目标和抽样总体的特征。

统计抽样是指同时具备随机选取样本、运用概率论评价样本结果这两个特征的抽样方法。统计抽样一般分为四种不同的类型：简单随机抽样、等距抽样（又称机械抽样、系统抽样）、分层抽样（又称类型抽样）、整群抽样。

统计抽样设计使用一种基于概率论的样本选择过程。当每个样本只有两种可能的结果时（例如正确或错误、通过或不通过）使用**计数抽样**。当样本的结果是连续值时使用**计量抽样**。

抽样方案应考虑检查的结果是计数的还是计量的。例如，当要评价完成的表格与程序规定的要求的符合性时，可以使用计数抽样。当调查食品安全事件的发生次数或安全漏洞的数量时，计量抽样可能更加合适。

能影响审核抽样方案的因素是：

① 组织所处的环境、规模、性质和复杂程度。

② 具备能力的审核员的数量。

③ 审核的频次。

④ 单次审核时间。

⑤ 外部所要求的置信水平。

⑥ 不良事件和/或意外事件的发生。

当制定统计抽样方案时，审核员能够接受的抽样风险水平是一个重要的考虑因素，这通常称为可接受的置信水平。例如，5%的抽样风险对应95%的置信水平。5%的抽样风险意味着审核员能够接受被检查的100个样本中有5个（或20个中有1个）不能反映其真值，该真值通过检查总体样本得出。

当使用统计抽样时，审核员应适当描述工作情况，并形成文件。这应包括抽样总体的描述，用于评价的抽样准则（例如，什么是可接受的样本），使用的统计参数和方法，评价的样本数量以及获得的结果。

4）合理抽样。《审核概论》一书认为审核抽样方案如果遵循“明确总体，合理抽样”原则，就是采用了“统计抽样”。“合理抽样”体现在以下几个方面：

① 保证样本有一定的量。通常抽3~12个样本。

② 分层抽样（按代表性对全体子样分层进行抽样）。

③ 适度均衡抽样（根据总体大小，大则多抽样，小则少抽样）。

④ 独立随机抽样（在一个总体中所有子样被抽取的机会是相同的）。

⑤ 覆盖全面。抽样要覆盖审核范围总体的所有方面。

例题分析

1）（单项选择题）以下关于文件评审的表述正确的是（　　）。

A. 在现场审核前及现场审核时都应进行文件评审

B. 只有在第一阶段审核时进行文件评审，第二阶段审核不需要开展文件评审

C. 只有在现场审核前进行文件评审，现场审核时，无须开展文件评审

D. 由组长与受审方确定文件评审的时机

答案及分析：选择A。结合本书9.3.1节、9.4.5节来理解。

2）（单项选择题）管理体系认证工作中，启动文件审核的时间为（　　）。（真题）

A. 合同评审时　　　　B. 现场审核活动之前

C. 一阶段审核完成后　　　　　　　　D. 二阶段审核时

答案及分析：选择 B。结合本书 9.3.1 节来理解。

3）（单项选择题）审核活动的准备可不涉及以下哪一方面的工作？（　　）（真题）

A. 确定审核目的、范围和准则　　　　B. 评审文件的符合性

C. 编写审核检查表　　　　　　　　　D. 制订审核计划

答案及分析：选择 A。结合本书 9.3 节来理解。确定审核目的、范围和准则属于实施审核方案要开展的工作。

4）（单项选择题）在现场审核活动开始前，以下说法正确的是（　　）。（真题）

A. 审核计划无须取得审核委托方同意便可提交给受审核方

B. 受审核方对审核计划的任何异议应当现场审核前予以解决

C. 任何经修改的审核计划在继续审核前不必征得各方的同意

D. 审核计划在现场审核开始后不能再修改

答案及分析：选择 B。理解题，结合本书 9.3.2 节之 3、9.4.3 节来理解。

5）（多项选择题）审核员应怎样使用检查表？（　　）（真题）

A. 将检查表提前交给受审核方，以便他们做好准备

B. 将检查表作为审核的工具

C. 严格按检查表所列的问题逐个提问，然后进行核查

D. 检查表的使用不能限制现场审核活动的内容

答案及分析：选择 BD。见本书 9.3.4 节之 2 之 6）。

9.4　审核活动的实施

审核活动的实施包括：为向导和观察员分配角色和职责、举行首次会议、审核中的沟通、审核信息的可获取性和访问、实施审核时的成文信息评审、收集和验证信息、形成审核发现、确定审核结论、举行末次会议。

审核活动通常按照本书图 8-1 所示的确定顺序进行。这个顺序可以根据具体审核的情境而改变。

《审核概论》一书讲到了管理体系认证初次审核的两个阶段，本书已在第 5 章 5.5 节讲述其要点，这里不再重复。

9.4.1　为向导和观察员分配角色和职责

下面方框中的内容是 GB/T 19011—2021 标准 6.4.2 条款。

> **6.4.2　为向导和观察员分配角色和职责**
>
> 如有需要，向导和观察员获得审核组长、审核委托方和/或受审核方的批准，可陪同审核组。向导和观察员不得影响或干扰审核工作的实施。如果不能保证这一点，审核组长应有权拒绝观察员在某些审核活动中出现。
>
> 对观察员的关于访问、健康和安全、环境、安保和保密的任何安排应受审核委托方和受审核方约定管理。
>
> 由受审核方指定的**向导**应协助审核组，并根据审核组长或被指派的审核员的要求采取行动。他们的职责应包括：
>
> a）协助审核员确定参加访谈的人员并确认时间和地点；
>
> b）安排访问受审核方的特定地点；
>
> c）确保审核组成员和观察员了解和遵守关于特定地点的访问、健康和安全、环境、安保、保密和其他问题的安排的规则，并确保任何风险已得到应对；
>
> d）适当时，代表受审核方见证审核；
>
> e）在需要时做出澄清或协助收集信息。

1. 向导的作用和责任

向导由受审核方指定，其作用是：

1）协助审核员确定参加访谈的人员并确认时间和地点。

2）安排访问受审核方的特定地点。

3）确保审核组成员和观察员了解和遵守关于特定地点的访问、健康和安全、环境、安保、保密和其他问题的安排的规则，并确保任何风险已得到应对。

4）适当时，代表受审核方见证审核。

5）在需要时做出澄清或协助收集信息。

2. 观察员的作用和责任

观察员可以是客户组织的成员、咨询人员、实施见证的认可机构人员、监管人员或其他有合理理由的人员。观察员对审核组的审核活动进行观察，不参与具体审核活动。审核组应确保观察员不对审核过程或审核结果造成不当影响或干预。

9.4.2　举行首次会议

下面方框中的内容是 GB/T 19011—2021 标准 6.4.3 条款。

> **6.4.3　举行首次会议**
>
> 首次会议的目的是：
>
> a）确认所有参与者（如受审核方、审核组）同意审核计划；

b）介绍审核组及其角色；

c）确保所有策划的审核活动能够实施。

首次会议应与受审核方管理者以及受审核的职能或过程的适当的负责人一起举行。会议期间，应提供提问的机会。

会议详细程度应与受审核方对审核过程的熟悉程度相一致。在许多情况下，例如小型组织的内部审核，首次会议可简单地包括告知正在进行一项审核以及解释审核的性质。

对于其他审核情况，会议可能是正式的，并应保留出席记录。会议应由审核组长主持。

适当时，应考虑介绍下列事项：

——其他参加者，包括观察员和向导、翻译人员和他们的角色概述；

——管理由于审核组成员的到场而导致的组织风险的审核方法。

适当时，应考虑确认下列事项：

——审核目标、范围和准则；

——审核计划和与受审核方有关的其他相关安排，如末次会议的日期和时间，审核组与受审核方管理者之间的任何临时会议，以及所需的任何变更；

——审核组与受审核方之间的正式沟通渠道；

——审核所使用的语言；

——在审核中，持续对受审核方通报审核进度；

——审核组所需的资源和设施的可用性；

——有关保密及信息安全的事宜；

——对审核组的关于访问、健康和安全、安保、紧急情况和其他的安排；

——能够影响审核实施的现场活动。

适当时，应考虑提供关于下列事项的信息：

——报告审核发现的方法，包括分级准则（如果有）；

——终止审核的条件；

——如何处理审核期间可能的审核发现；

——由受审核方就审核发现或结论做出反馈（包括投诉或申诉）的任何渠道。

1. 首次会议的目的

首次会议是现场审核的开始。首次会议的目的有：

1）确认所有参与者（如受审核方、审核组）同意审核计划。

2）介绍审核组及其角色。

3）确保所有策划的审核活动能够实施。

2. 首次会议的内容

GB/T 19011—2021 标准 6.4.3 条款提出了首次会议内容包括 15 个方面（介绍 2 个事项，确认 9 个事项，提供 4 个信息）；本书第 5 章 5.5.4 节 GB/T 27021.1 标准 9.4.2 条款提出了第三方审核首次会议内容包括的 16 个方面。考题中有时融合了这两个标准的内容。

3. 首次会议的要求

1）首次会议应准时、简短、明了。

2）首次会议时间以不超过半小时为宜。

3）受审核方主要领导应参加首次会议。特殊情况下应指定代表参加。审核组不应强求某一公司领导非参加不可。

4）审核计划如有需要可做适当调整。

5）对于内部审核外的其他审核，首次会议可能是正式的，并应保留出席记录。小型组织的内部审核，首次会议可以只需要简单地告知正在进行一项审核以及解释审核的性质。

6）会议期间，应提供提问的机会。

9.4.3 审核中的沟通

下面方框中的内容是 GB/T 19011—2021 标准 6.4.4 条款。

> **6.4.4 审核中的沟通**
>
> 在审核期间，可能有必要对审核组内部以及审核组与受审核方、审核委托方、可能的外部相关方（例如监管机构）之间的沟通做出正式安排，尤其是法律法规要求强制性报告不符合的情况。
>
> 审核组应定期讨论，以交换信息，评估审核进度，以及需要时重新分配审核组成员的工作。
>
> 在审核中，适当时，审核组长应**定期**向受审核方和审核委托方沟通进度、重要审核发现和任何关注。如果审核中收集的证据显示存在紧急的和重大的风险，应立即报告给受审核方，适当时向审核委托方报告。对于超出审核范围之外的引起关注的问题，应予记录并向审核组长报告，以便与审核委托方和受审核方进行可能的沟通。
>
> 当获得的审核证据表明不能达到审核目标时，审核组长应向审核委托方和受审核方报告理由以确定适当的措施。这些措施可以包括审核策划、审核目标或审核范围的变更或终止审核。
>
> 对于随着审核活动的进行而出现的**任何变更审核计划的需求**，适当时应由审核方案管理人员和审核委托方评审和接受，并提交给受审核方。

1. 沟通简要说明

在审核期间，可能有必要对审核组内部以及审核组与受审核方、审核委托方、可能的外部相关方（例如监管机构）之间的沟通做出正式安排，尤其是法律法规要求强制性报告不符合的情况。

会议是一种沟通方式，现场审核的整个过程包括召开一系列会议：审核组准备会议、首次会议、审核组内部会议、审核组与受审核方沟通会议、末次会议。

审核中的沟通包括审核组内部沟通、审核组与受审核方之间的沟通、审核组与审核委托方之间的沟通、审核组与外部机构（如相关政府部门）的沟通。

2. 沟通要点

沟通的要点有：

1）审核组应定期讨论，以交换信息，评估审核进度，以及需要时重新分配审核组成员的工作。

2）在审核中，适当时，审核组长应定期向受审核方和审核委托方沟通进度、重要审核发现和任何关注。

3）如果审核中收集的证据显示存在紧急的和重大的风险，应立即报告给受审核方，适当时向审核委托方报告。

4）对于超出审核范围之外的引起关注的问题，应予记录并向审核组长报告，以便与审核委托方和受审核方进行可能的沟通。

5）当获得的审核证据表明不能达到审核目标时，审核组长应向审核委托方和受审核方报告理由以确定适当的措施。这些措施可以包括审核策划、审核目标或审核范围的变更或终止审核。

6）对于随着审核活动的进行而出现的任何变更审核计划的需求，适当时应由审核方案管理人员和审核委托方评审和接受，并提交给受审核方。

7）《审核概论》一书要求，当出现法律要求强制性报告的不符合情况时，如受审核方发生相应行业属于重大（较大）级别以上的，与环境污染等有关的事故/事件和（或）引起新闻媒体及社会关注的事故/事件信息时，应及时向认证监管部门报告。

9.4.4 审核信息的可获取性和访问

下面方框1中的内容是GB/T 19011—2021标准6.4.5条款，方框2中的内容是GB/T 19011—2021标准附录A.1、附录A.2条款。

6.4.5 审核信息的可获取性和访问

所选择的审核方法取决于所确定的审核目标、范围和准则，以及持续时间和场所。该场所是审核组可以获得特定审核活动所需信息的场所，可能包括实际位置和虚拟位置。

在何处、何时以及如何访问审核信息，对审核至关重要。这与创建、使用和/或存储信息的位置无关。基于这些问题，需要确定审核方法（见表A.1）。审核可以混合使用多种方法。此外，根据审核情境，审核期间可能需要改变审核方法。

A.1　审核方法的应用

可以采用一系列的审核方法实施审核。本附录给出了常用的审核方法的说明。选择审核方法取决于所确定的审核目标、范围和准则以及持续的时间和地点，还应考虑可获得的审核员能力和应用审核方法出现的任何**不确定性**。灵活运用各种不同的审核方法及其组合，可以使得审核过程及其结果的效率和有效性最佳化。

审核绩效与被审核的管理体系内相关人员的相互作用以及实施审核所采用的技术有关。可以单独或组合运用表A.1提供的审核方法示例，以实现审核目标。如果一次审核使用多名成员组成的审核组，可以同时使用现场和远程的方法。

注：有关访问实际地点的附加信息见A.15。

表A.1　审核方法

审核员与受审核方之间的相互作用程度	审核员的位置	
	现场	远程
有人员互动	进行访谈 在受审核方参与的情况下完成检查表和问卷 在受审核方参与的情况下进行文件评审抽样	借助交互式的通信手段： ——进行访谈； ——通过远程向导观察工作情况； ——完成检查表和问卷； ——在受审核方参与的情况下进行文件评审
无人员互动	进行文件评审（例如记录、数据分析） 观察工作情况 进行现场巡视 完成检查表 抽样（例如产品）	进行文件评审（例如记录、数据分析） 在考虑社会和法律法规要求的前提下，通过监视手段来观察工作情况 分析数据
现场审核活动在受审核方的现场进行。远程审核活动在受审核方现场以外的地点进行，无论距离远近。 互动的审核活动包含受审核方人员和审核组之间的相互交流。无互动的审核活动不存在与受审核方代表的交流，但需要使用设备、设施和文件。		

在策划阶段，审核方案管理人员或审核组长对具体审核中审核方法的有效运用负责。审核组长对实施审核活动负责。

远程审核活动的可行性取决于一些因素（例如，实现审核目标的风险水平、审核员和受审核方人员之间的信任程度以及监管要求）。

在审核方案中，应确保适宜和平衡地应用远程和现场审核方法，以确保圆满实现审核方案的目标。

A.2 过程方法审核

根据 ISO/IEC 导则第 1 部分附录 SL 规定，“过程方法”的应用是对所有 ISO 管理体系标准的要求。审核员应理解审核一个管理体系即是审核一个组织的过程以及它们与一个或多个管理体系标准之间的相互作用。当活动被当作形成连贯系统的相互关联的过程得到理解并加以管理时，可以更有效和高效地实现一致的和可预见的结果。

1）在何处、何时以及如何访问审核信息，对审核至关重要。所以需要确定审核方法。

2）选择审核方法取决于所确定的审核目标、范围和准则以及持续的时间和地点，还应考虑可获得的审核员能力和应用审核方法出现的任何不确定性。

3）灵活运用各种不同的审核方法及其组合，可以使得审核过程及其结果的效率和有效性最佳化。

4）审核绩效与被审核的管理体系内相关人员的相互作用以及实施审核所采用的技术有关。

5）审核方法（收集信息的方法）包括但不限于访谈、观察、成文信息评审。审核可以混合使用多种方法。此外，根据审核情境，审核期间可能需要改变审核方法。

9.4.5 实施审核时的成文信息评审

下面方框中的内容是 GB/T 19011—2021 标准 6.4.6 条款。

6.4.6 实施审核时的成文信息评审

应评审受审核方的相关成文信息，以：

——确定文件所述的体系与审核准则的符合性；

——收集信息以支持审核活动。

注：A.5 提供了关于如何验证信息的指南（见本书 9.3.1 节方框 2）。

只要不影响审核实施的有效性，评审可以与其他审核活动相结合，并贯穿在审核的全过程。

如果在审核计划规定的时间框架内无法提供充分的成文信息，审核组长应告知审核方案管理人员和受审核方。应根据审核目标和范围决定审核是否继续进行或暂停，直到成文信息问题得到解决。

1. 实施审核时成文信息评审的目的

应评审受审核方的相关成文信息，以：

1）确定文件所述的体系与审核准则的符合性。

2）收集信息以支持审核活动。

2. 实施审核时成文信息评审的要求

1）在可行的情况下，审核员应考虑信息是否提供了充足的客观证据来证实要求已得到满足，例如，信息是否：

① 完整（成文信息中包含所有期望的内容）。

② 正确（内容符合标准和法规等其他可靠来源。《审核概论》一书将“正确性”与“符合性”等同）。

③ 一致（成文信息本身以及与相关文件都是一致的。《审核概论》一书统称“系统性”“协调性”为“一致性”）。

④ 现行有效（内容是最新的）。

2）被验证的信息是否提供足够的客观证据来证明满足要求。

3）如果信息的提供方式不同于预期（例如，由不同的个人、替代载体），则应评估证据的完整性。

4）根据数据保护相关的适用法规，需要格外关注信息安全（尤其是审核范围之外，但又包含在文件中的信息）。

3. 实施审核时成文信息评审的方式

1）只要不影响审核实施的有效性，评审可以与其他审核活动相结合，并贯穿在审核的全过程。

2）第一方审核时，往往不单独对文件进行评审，可能只是在审核过程中必要时对文件进行评审，特别是在文件进行了修订后。第二方审核，一般是结合现场审核对顾客所关心的问题相关的文件进行必要的评审。而第三方审核，按照 GB/T 27021.1 的要求，在初次审核时，文件评审是第一阶段的重要内容之一，在第二阶段审核及以后的监督审核的现场审核过程中都要持续地对文件进行审核，在再认证审核时还要重新全面地对文件进行专门的审核。

4. 实施审核时成文信息评审的结论

最终有关管理体系文件的充分性和适宜性的总体结论需要在现场审核之后才能做出。

如果在审核计划规定的时间框架内，受审核方无法提供充分的成文信息，审核组长应告知审核方案管理人员和受审核方。应根据审核目标和范围决定审核是否继续进行或暂停，直到成文信息问题得到解决。

9.4.6 收集和验证信息

下面方框1中的内容是GB/T 19011—2021标准6.4.7条款，方框2中的内容是GB/T 19011—2021标准附录A.14条款，方框3中的内容是GB/T 19011—2021标准附录A.15条款，方框4中的内容是GB/T 19011—2021标准附录A.17条款。

6.4.7 收集和验证信息

在审核中，应通过适当的抽样收集与审核目标、范围和准则有关的信息，包括与职能、活动和过程间的接口有关的信息，并应尽可能加以验证。

注1：验证信息见A.5（见本书9.3.1节方框2）。

注2：关于抽样的指南见A.6（见本书9.3.4节方框2）。

只有经过某种程度**验证**的信息才能被接受为审核证据。在验证程度较低的情况下，审核员应运用其专业判断来确定可将其作为证据的可信度。应记录导致审核发现的审核证据。在收集客观证据的过程中，审核组如果意识到任何新的或变化的情况，或风险或机遇，应相应地予以关注。

图2给出了从收集信息到得出审核结论的典型过程的概述。

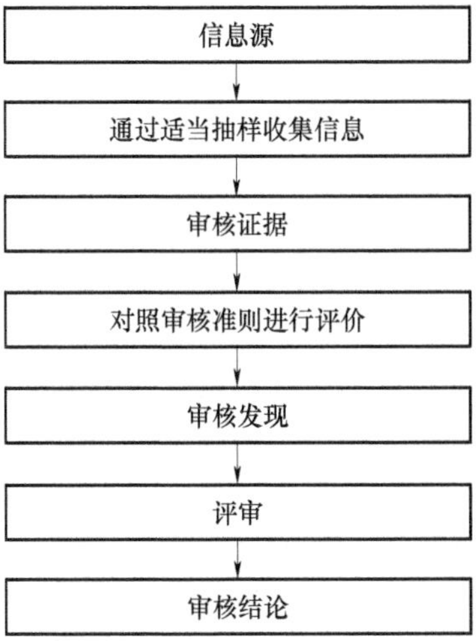

图2 收集和验证信息的典型过程概述

收集信息的方法包括但不限于：

——访谈；

——观察；

——成文信息评审。

注3：选择信息源和观察的指南见 A.14。

注4：访问受审核方场所的指南见 A.15。

注5：进行访谈的指南见 A.17。

A.14　信息源的选择

可根据审核的范围和复杂程度选择不同的信息源。信息源可能包括：

a）与员工和其他人员访谈；

b）观察活动和周围的工作环境与条件；

c）成文信息，例如方针、目标、计划、程序、标准、指导书、执照和许可、规范、图纸、合同和订单；

d）记录，例如检验记录、会议纪要、审核报告、监视方案和测量结果的记录；

e）数据汇总、分析和绩效指标；

f）有关受审核方抽样方案和抽样、测量过程的控制程序的信息；

g）其他来源的报告，例如顾客的反馈、外部调查和测量、来自外部机构和外部供方评级的其他相关信息；

h）数据库和网站；

i）模拟和建模。

A.15　对受审核方的现场访问

在现场访问中，为了最小化审核活动与受审核方工作过程的相互干扰，并确保审核组成员的健康和安全，应考虑以下方面：

a）策划访问时：

——确保允许进入审核范围所确定的受审核方的相关场所；

——向审核员提供有关现场访问的足够信息，这些信息涉及的方面包括安保、健康（例如检疫）、职业健康安全、文化习俗和工作时间，如适用，还包括要求的和推荐的预防接种和检查放行；

——如适用，与受审核方确认提供审核组所需的个人防护装备（PPE）；

——在考虑到安全和保密事宜的情况下，与受审核方确认关于移动设备和照相机的使用的安排，包括记录信息，如地点和设备的照片、截屏副本或文件复印件、活动和访谈视频；

——除了非计划的特别审核，确保受访人员知晓审核目标和范围。

b）现场活动时：

——避免任何对操作过程不必要的干扰；

——确保审核组恰当使用个人防护装备（如适用）；

——确保应急程序得到沟通（例如紧急出口、集合地点）；

——安排好沟通以尽可能避免工作的中断；

——依据审核范围确定审核组的规模以及向导和观察员的数量，以尽可能地避免干扰运作过程；

——即使具备能力或持有执照，除非经明确许可，不要触摸或操作任何设备；

——如果在现场访问期间发生事件，审核组长应与受审核方（如果需要，包括审核委托方）一起评审该状况，就是否中断、重新安排或继续审核达成一致；

——如果以任何载体复制文件，应预先征得许可并考虑保密和安全事宜；

——做笔记时，应避免收集个人信息，除非出于审核目标或审核准则的要求。

c）虚拟审核活动：

——确保审核组使用约定的远程访问协议，包括所要求的设备、软件等；

——如果对任何形式的文件进行截屏，需事先征得许可并考虑保密和安全事宜，并避免未经本人许可的个人录音和录像；

——如果在远程访问期间发生事件，审核组长应与受审核方，必要时与审核委托方一起评审该状况，就是否中断、重新安排或继续审核达成一致；

——使用远程位置的平面图/示意图作为参考；

——在审核中断期间保持对隐私的尊重。

需考虑在将来如果不再需要保留信息和审核证据时，对信息和审核证据（无论其载体类型）予以处置。

A.17 实施访谈

访谈是一种重要的收集信息的方法，并且应以适于当时情境和受访人员的方式进行。访谈可以是面对面进行，也可以通过其他通信方法。但是，审核员应考虑以下内容：

a）受访人员应来自承担审核范围涉及的活动或任务的适当的层次和职能；

b）通常在受访人员正常的工作时间和工作地点（可行时）进行；

c）在访谈之前和访谈期间应尽量使受访人员放松；

d）应解释访谈和做笔记的原因；

e）访谈可以从请受访人员描述其工作开始；

f）注意选择提问的方式（例如，开放式、封闭式、引导式提问，欣赏式探询）；

g）意识到虚拟环境中非语言交流有限，应关注在寻找客观证据时使用的问题类型；

h）应与受访人员总结和评审访谈结果；

i）应感谢受访人员的参与和合作。

现场审核是使用抽样检查的方法，收集并验证与审核目的、范围和准则有关的信息，从而获得审核证据的过程。现场审核在整个审核工作中占有非常重要的地位，审核发现以及最终的审核结论都是依据现场审核的结果得出的，因此，在现场审核过程中运用适宜的审核方法收集并验证信息，获得能够证实的审核证据是成功审核的关键。GB/T 19011—2021 标准中的图 2 展示了收集和验证信息的典型过程。

1. 明确要收集的信息

在审核中，应通过适当的抽样收集与审核目标、范围和准则有关的信息，包括与职能、活动和过程间的接口有关的信息，并应尽可能加以验证。

审核中所收集信息的代表性、相关性、充分性、适宜性与真实性，将影响审核实施的有效性。

2. 信息源的选择

可根据审核的范围和复杂程度选择不同的信息源。GB/T 19011—2021 标准附录 A. 14 条款明确了信息源来自 9 个方面。

3. 收集信息的方法（审核方法）

收集信息的方法包括但不限于：

1）访谈。GB/T 19011—2021 标准附录 A. 17 条款提出了访谈要考虑的 9 个方面的事项。

2）观察。观察包括听、嗅、触、看多种方法的综合应用，即听声音、闻气味、四肢的接触、观察现场状况等。GB/T 19011—2021 标准附录 A. 15 条款明确了现场访问的要求，对策划访问提出了 5 个要考虑的事项；对现场活动提出了 9 个要考虑的事项；对虚拟审核活动提出了 5 个要考虑的事项。

3）成文信息评审。

4. 信息的验证

只有经过某种程度验证的信息才能被接受为审核证据。

在审核过程中，审核员通过运用适宜的方法和技巧收集到的信息很多，但只有与审核准则有关并且能够证实的信息才能成为审核证据。道听途说、假设、主观臆断、猜测等不能证实的信息不能作为审核证据。

为获得审核证据，审核员在需要时应对收集的信息进行验证，验证方法通常可包括：

1）观察实际操作情况与文件规定的符合性验证。

2）审核记录与文件规定的符合性的验证。

3）听相关人员描述的情况与文件规定符合性及记录的一致性验证。

4）在某一场所、部门或对某一人员的审核与对另一场所、部门和人员审核获得情况一致性的验证。

5）通过必要的实际测量来证实活动和过程的结果或记录的符合性、有效性和真实性。

6）现场访问顾客或相关方对符合性进行验证。

5. 记录审核证据

审核员应将获得的审核证据进行记录，记录时应注意以下几个方面：

1）记录的内容可包括审核取证的时间、地点、面谈的对象、主题事件、主要过程和活动实施概要、观察到的事实、凭证材料、涉及的文件、记录、标识等。

2）记录的审核证据应全面反映审核的情况。不应只记录有问题的信息，也应记录审核中能够证实受审核方管理体系符合要求和有效运行的信息，特别是主要过程和关键活动的符合性和有效性信息，并能为审核报告中相应的评价和结论提供依据。

GB/T 19011 标准 6.4.7 条款明确要求要记录导致审核发现的审核证据。

3）对于审核中发现有问题的有关信息，审核员应确保所记录的反映不符合事实的主要情节清楚，包括实现可追溯性的必要信息，如时间、地点、面谈的对象、涉及的文件、记录、标识等，是否需要记录具体数据，由审核员依据不符合事实的性质决定。

4）记录的信息应清楚、准确、具体、具有重查性，只有完整、准确的信息才能作为做出正确判断的依据。

6. 审核的技巧

这是《审核概论》介绍的一些审核技巧。

1）提问的技巧。

① 开放式提问。开放式提问是指需要通过说明、解释来展示答案的提问方

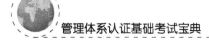

法。所提的问题包括主题式问题、扩展性问题、讨论式问题、调查式问题、重复性问题、假设性问题、验证性问题等7个问题。

② 封闭式提问。封闭式提问是指询问的话题对方用简单的“是”或“否”，“对”或“不对”就可以回答的提问。

③ 澄清式提问。澄清式提问可以用以获取专门的信息，并节约时间将开放式和封闭式提问结合起来，带有主观导向的含义，用以获得一个快速回答或审核员希望支持正确答案时使用的提问类型。

2）倾听的技巧。要记住，信息是通过看、问、听获得的，不能从讲话中获得。

审核员要注意认真听取被访者的回答，并做出适当的反应。首先必须对回答表现出兴趣，保持眼神接触，用适当的口头认可的话语，如“是的”“我明白了”来表明自己的理解，谈话时要注意观察对方的表情，在受审核方对提问产生误解或答非所问时，审核员应礼貌地加以引导，千万不要做出不恰当的反应。

3）观察的技巧。耳听为虚，眼见为实。审核员判断某项质量活动的符合性和有效性，是以眼见的文件、记录、结果为客观证据的，观察和提问是审核中不可截然分开的调查方法，从提问中了解情况，从观察中获得证实。观察常有正向顺序观察法和逆向顺序观察法。其中，正向顺序观察法是按产品工艺路线去审核、去观察；逆向顺序观察法是先从产品最后一道过程向前推的观察方法，例如观察一个生产组织，先了解售后服务及用户的反映和投诉，然后再按检验、生产过程控制、采购、技术文件等反顺序进行观察。

在审核过程中，审核员应仔细观察运行所需工作环境、设备设施等条件、活动的运行状况、环境因素及危险源的分布和控制、相关人员的操作活动等，获得有益的信息。

4）记录的技巧。审核员应确保审核证据的可追溯性，为此必须详细地进行记录，如采用笔录、录音、照相等方式，所做的记录包括时间、地点、人物、事实描述、凭证材料、涉及的文件、各种标识。这些信息均应字迹清楚、准确具体，易于再查。只有所获取的记录准确、完整，才能为审核结果做出合理的判断。

7. 审核活动实施过程的控制

审核活动实施过程的控制是审核组长的责任，审核组成员要配合。

1）审核计划的控制。

① 依照计划进行审核。

② 当获得的审核证据表明不能达到审核目标时，审核组长应向审核委托方和受审核方报告理由以确定适当的措施。这些措施可以包括审核策划、审核目标或审核范围的变更或终止审核。

③ 对于随着审核活动的进行而出现的任何变更审核计划的需求，适当时应

由审核方案管理人员和审核委托方评审和接受，并提交给受审核方。

2）审核活动的控制。

① 明确总体、合理抽样。

② 辨识关键过程，注重有效性证据。

③ 注意相关影响。

④ 审核客观性控制。

⑤ 审核气氛的控制。

⑥ 审核规范纪律的控制。

3）审核结果的控制。

① 以可验证的客观事实为基础做出审核结论。

② 所有不符合报告的事实应得到受审核方确认。

③ 审核结论应是审核组内部充分讨论，达成共识的结果，审核组应对审核结论负责。

④ 审核组长应尝试解决审核组与客户之间关于审核证据或审核发现的任何分歧意见，未解决的分歧点应予以记录。

9.4.7 形成审核发现

下面方框1中的内容是GB/T 19011—2021标准6.4.8条款，方框2中的内容是GB/T 19011—2021标准附录A.3、A.4、A.7、A.8、A.9、A.10、A.11、A.12、A.16、A.18条款。

6.4.8 形成审核发现

应对照审核准则评价审核证据以确定审核发现。审核发现能表明符合或不符合审核准则。当审核计划有规定时，具体的审核发现应包括符合项和良好实践以及它们的支持证据、改进机会和对受审核方提出的任何建议。

应记录不符合及支持不符合的审核证据。

可以根据组织所处的环境及其风险对不符合进行分级。这种分级可以是定量的（如1至5分），也可以是定性的（如轻微的、严重的）。应与受审核方一起评审不符合，以确认审核发现是准确的，并使受审核方理解不符合。应尽一切努力解决与审核证据或审核发现有关的任何分歧意见。未解决的问题应记录在审核报告中。

审核组应根据需要在审核的适当阶段评审审核发现。

注1：A.18给出了对审核发现的识别和评价的附加指南。

注2：与法律法规要求或其他要求相关的审核准则的符合或不符合，有时被称为合规或不合规。

A.3　专业判断

审核员应在审核过程中运用专业判断，避免以牺牲管理体系预期结果为代价而只专注于标准中每个条款的具体要求。某些 ISO 管理体系标准条款并不适合以一套准则与一项程序或作业指导书的内容直接对照的方式来进行审核。在这些情况下，审核员应使用专业判断来确定条款的意图是否得到了满足。

A.4　绩效结果

审核员应在整个审核过程中关注管理体系的预期结果。尽管过程及过程结果是重要的，但管理体系的结果及其绩效才是关键的。考虑不同管理体系的整合程度及其预期结果也同样重要。

缺少某个过程或文件对高风险或复杂的组织可能是个严重问题，但对其他组织却不一定那么严重。

A.7　管理体系内的合规审核

审核组应考虑受审核方是否具有以下有效过程：

a）识别其法律法规要求及其承诺的其他要求；

b）管理其活动、产品和服务，以实现对这些要求的合规；

c）评价其合规状况。

除了本文件中给出的通用指南之外，在评估受审核方为确保对相关要求的合规而实施的过程时，审核组应考虑受审核方是否：

1）具有识别合规要求的变化并将其视为变更管理的一部分的有效过程；

2）有具备能力的人员管理其合规过程；

3）根据监管方或其他相关方的要求，保持并提供关于其合规状况的适当的成文信息；

4）在内部审核方案中包括了合规要求；

5）应对任何不合规情况；

6）在管理评审中考虑合规绩效。

A.8　对组织环境的审核

许多管理体系标准要求组织确定其所处的环境，包括有关相关方的需求和期望以及外部和内部因素。为做到这一点，组织可使用各种战略分析和规划的技术。

审核员应确认组织已经为此建立了适宜的过程并有效地运用，以便这些过程的结果为管理体系范围的确定以及管理体系的建立提供可靠的基础。要做到这一点，审核员应考虑与下列有关的客观证据：

a）所使用的过程或方法；

b）参与该过程的人员的适宜性和能力；

c）过程的结果；

d）对结果的应用，以确定管理体系的范围和建立；

e）适当时，对所处环境进行定期评审。

审核员应具有有关特定专业的知识并理解组织可以使用的管理工具，以便判断用于确定组织环境的过程的有效性。

A.9 对领导作用和承诺的审核

许多管理体系标准提高了对最高管理者的要求。

这些要求包括通过对管理体系的有效性承担责任以及履行一些职责来证实其承诺和领导作用。这些包括最高管理者自己承担的任务和其他的可以委派的任务。

审核员应收集客观证据，证明最高管理者参与和管理体系相关的决策的程度，并证实其确保管理体系有效性的承诺。这可以通过评审相关过程的结果（例如，方针、目标、可用资源、来自最高管理者的沟通）和与员工访谈来确定最高管理者的参与程度来实现。

审核员还应力求与最高管理者进行访谈，以确认他们充分了解与其管理体系相关的特定领域的问题，以及他们的组织所处的环境，以便他们能够确保管理体系达到预期结果。

审核员应不仅关注最高管理者层面的领导作用，适当时，还应审核其他层次的管理者的领导作用和承诺。

A.10 对风险和机遇的审核

审核组织风险和机遇的确定和管理可作为单个审核的一部分工作。此项审核工作的核心目标是：

——确认风险和机遇识别过程的可信性；

——确认正确地确定和管理了风险和机遇；

——评审组织如何应对其所确定的风险和机遇。

对组织确定风险和机遇的方法的审核不应作为孤立的活动来进行。应隐含在对管理体系的整个审核过程中，包括对最高管理者的访谈。审核员应按照下列步骤审核并收集如下客观证据。

a）组织用于确定其风险和机遇的输入，可包括：

——对外部和内部因素的分析；

——组织的战略方向；

——与特定领域的管理体系有关的相关方以及他们的要求；

——风险的潜在来源，例如环境因素、安全危险源等。

b）评价风险和机遇的方法，不同领域和专业可能不同。

组织对其风险和机遇的处理，包括其希望接受的风险水平以及如何控制风险，需要审核员应用专业判断。

A.11　生命周期

某些特定领域的管理体系要求将生命周期观点应用于产品和服务。审核员不应将采用生命周期的方法视为一种要求。生命周期观点包括组织对产品和服务生命周期各个阶段的控制和影响的考虑。生命周期的阶段包括原材料获取、设计、生产、运输/交付、使用、寿命结束后处理和最终处置。这种方法能够使组织在考虑其范围时，识别在哪些区域可以最小化其对环境的影响，同时为组织增加价值。审核员应就组织如何依据其战略以及如下方面，而开展的对生命周期观点的应用进行专业判断；

a）产品或服务的寿命；

b）组织对供应链的影响；

c）供应链的长度；

d）产品的技术复杂程度。

如果组织已将若干管理体系整合到一个单一的管理体系中以满足其自身的需要，审核员则应仔细地检查有关生命周期考虑的任何重叠。

A.12　对供应链的审核

可以要求对供应链进行针对特定要求的审核。应根据适于供方和外部供方类型的审核准则来制定供方审核方案。供应链审核的范围可以是不同的，例如，完整的管理体系审核、单一过程审核、产品审核、技术状态审核。

A.16　对虚拟活动和场所的审核

当组织使用在线环境（例如公司局域网、“计算云”）开展工作或提供服务，允许人员无论实际身处何地均可执行过程时，则实施虚拟审核。对虚拟场所的审核有时被称为虚拟审核。远程审核是指当“面对面”的方法不现实或不理想时，使用技术来收集信息、与受审核方访谈等。

虚拟审核遵循标准的审核过程，同时使用技术来验证客观证据。受审核方和审核组应确保虚拟审核的适当技术要求，可包括：

——确保审核组使用约定的远程访问协议，包括所要求的设备、软件等；

——在审核前进行技术检查，以解决技术问题；

——确保应急计划可用并得到沟通（如中断访问、使用替代技术），包括在必要时提供额外审核时间。

审核员能力应包括：

——审核时使用适当的电子设备和其他技术的技术技能；

——主持虚拟会议的经验，以进行远程审核。

在召开虚拟首次会议或进行虚拟审核时，审核员应考虑以下事项：

——与虚拟审核或远程审核有关的风险；

——使用远程位置的平面图/示意图来参考或定位电子信息；

——协助防止背景噪声干扰和中断；

——在进行文件截屏或任何形式的录音和录像前征得同意，并考虑保密和安全事宜；

——确保在审核中断期间的保密和隐私，如通过关闭麦克风、暂停摄像。

A.18 审核发现

A.18.1 确定审核发现

当确定审核发现时，应考虑以下内容：

a）以往审核记录和结论的跟踪；

b）审核委托方的要求；

c）支持审核发现的客观证据的准确性、充分性和适宜性；

d）所策划的审核活动的实现程度和所策划的结果的达成程度；

e）非常规实践的发现，或改进的机会；

f）样本量；

g）审核发现的分类（如果有）。

A.18.2 记录符合

对于符合的记录，应考虑以下内容：

a）对判断符合的审核准则的描述或引用；

b）支持符合性和有效性的审核证据（适用时）；

c）符合性陈述（适用时）。

A.18.3 记录不符合

对于不符合的记录，应考虑以下内容：

a）描述或引用审核准则；

b）审核证据；

c）不符合陈述；

d）相关的审核发现（适用时）。

A.18.4 与多个准则相关的审核发现的处理

在审核中，有可能识别出与多个准则相关的审核发现。在多体系审核中，当审核员识别出与一个准则相关的审核发现时，应考虑到这一审核发现对其他管理体系中相应或类似准则的**可能影响**。

> 根据审核委托方的安排，审核员可能提出：
> a）分别对应每个准则的审核发现；或
> b）对照多个准则的一个审核发现。
> 根据审核委托方的安排，审核员可以指导受审核方如何应对这些审核发现。

1. 审核发现的性质

1）审核发现是对照审核准则评价审核证据得出的结果。审核发现能表明符合或不符合审核准则。

2）当审核计划有规定时，具体的审核发现应包括符合项和良好实践以及它们的支持证据、改进机会和对受审核方提出的任何建议。

3）可以根据组织所处的环境及其风险对不符合进行分级。这种分级可以是定量的（如1至5分），也可以是定性的（如轻微的、严重的）。

严重不符合、轻微不符合的定义与理解见本书5.5.5节之2。

2. 确定审核发现时要考虑的事项

审核组应根据需要在审核的适当阶段评审审核发现。

应与受审核方一起评审不符合，以确认审核发现是准确的，并使受审核方理解不符合。应尽一切努力解决与审核证据或审核发现有关的任何分歧意见。未解决的问题应记录在审核报告中。

当确定审核发现时，应考虑以下内容：

1）以往审核记录和结论的跟踪。

2）审核委托方的要求。

3）支持审核发现的客观证据的准确性、充分性和适宜性。

4）所策划的审核活动的实现程度和所策划的结果的达成程度。

5）非常规实践的发现，或改进的机会。

6）样本量。

7）审核发现的分类（如果有）。

3. 记录审核发现

1）记录符合。对于符合的记录，应考虑以下内容。

① 对判断符合的审核准则的描述或引用。

② 支持符合性和有效性的审核证据（适用时）。

③ 符合性陈述（适用时）。

2）记录不符合。对于不符合的记录，应考虑以下内容：

① 描述或引用审核准则。

② 审核证据。

③ 不符合陈述。

④ 相关的审核发现（适用时）。

4. 与多个准则相关的审核发现的处理

在审核中，有可能识别出与多个准则相关的审核发现。在多体系审核中，当审核员识别出与一个准则相关的审核发现时，应考虑到这一审核发现对其他管理体系中相应或类似准则的可能影响。

根据审核委托方的安排，审核员可能提出：

1）分别对应每个准则的审核发现；或

2）对照多个准则的一个审核发现。

根据审核委托方的安排，审核员可以指导受审核方如何应对这些审核发现。

5. 不符合条款判定原则

根据发现的不符合项，判定它不符合管理体系（如 ISO 9001）的哪个过程（或条款），应依据以下准则（《审核概论》一书提出了下面的前 4 条）：

1）以客观事实为依据，不增加信息，不减少信息。

2）就近不就远。所谓就近不就远的原则，是指在审核判定中，有适用的具体条款，就不再用综合性条款（总要求的条款）。例如，设计验证没有记录，就应判定不符合 ISO 9001 之 8.3.4（设计和开发控制）条款，而不应判定不符合 ISO 9001 之 7.5.3（成文信息的控制）条款。

3）由表及里。审核中查出不符合事实，又发现不符合原因，应按原因适用的条款判定。如操作人员未按规定程序操作，跟踪审核查明是没有岗前或换岗培训造成的，则判定不符合 ISO 9001 之 7.2c）（能力）条款。

4）事实陈述、判定的条款和理由三者相一致。

5）该细则细。如计量器具因调整而失效，应判定不符合 ISO 9001 之 7.1.5.2 c）条款，而不应笼统判定不符合 ISO 9001 之 7.1.5.2 条款。

6）切忌片面性（透过表象抓实质）。某一问题重复出现，可能是培训不到位造成的，此时应判定不符合 ISO 9001 之 7.2c）条款。

7）严格区分易混淆的条款。使用适宜的设备中的问题，判定不符合 ISO 9001 之 8.5.1 d）条款。设备管理中的问题，判定不符合 ISO 9001 之 7.1.3 条款。产品放行检验、验证无章可循，判定不符合 ISO 9001 之 8.1b）条款。有产品放行检验、验证规定但不执行，判定不符合 ISO 9001 之 8.6 条款。生产和服务过程中未按规定进行监视和测量，判定不符合 ISO 9001 之 8.5.1c）条款。监测设备的管理问题，判定不符合 ISO 9001 之 7.1.5 条款。生产过程中使用监测设备不正确，判定不符合 ISO 9001 之 8.5.1b）条款。生产过程中的人员不胜任，判定不符合 ISO 9001 之 8.5.1e）条款。人员管理中的问题，可能不符合

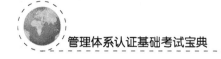

ISO 9001 之 7.1.2 或 7.2 或 7.3 条款。生产过程有了作业指导书未执行或执行不到位，判定不符合 ISO 9001 之 8.5.1 条款。因没有作业指导书或作业指导书不正确而导致错误，判定不符合 ISO 9001 之 8.1b）条款。

8）合理不合法，以法为准。在管理体系文件中，已做出规定的条款就是一个组织的“法规”，并非可执行也可不执行，写到要做到。对一些因客观条件变化，某些条文不尽合理的，在未修改前仍应按原规定执行。

9）综合性条款判断时要慎重（如 ISO 9001 之 4.4、5.3、7.1.1、7.5.1 等条款）。要判定综合性的条款不符合时，一定要慎重，是什么问题就指明是什么，不能以偏概全，全面否定。

6. 不符合报告的内容

开具得较好的不符合项有三个部分的内容（见 GB/T 19011 附录 A.18.3 条款）：

1）审核证据。

2）要求（审核准则）。

3）不符合的陈述。

《审核概论》一书认为不符合报告的内容主要包括不符合事实描述、对应的审核准则的具体要求，以及不符合的分级（如严重不符合、一般不符合）。常见的不符合报告的内容有：

1）受审核方名称。

2）受审核的部门或问题发生的地点。

3）审核员和向导。

4）审核日期。

5）不符合事实的描述，描述应准确具体，包括发生的时间、地点、涉及的人员（一般不写人名而写职务、工号等）、事情发生的细节。

6）不符合的审核准则（如标准、文件等的名称和条款）。

7）不符合的严重程度。

8）审核员签字、审核组长认可签字和受审核方确认签字。

9）纠正措施要求的说明。

10）不符合原因分析。

11）纠正措施计划及预计完成日期。

12）纠正措施的完成情况及验证记录。

9.4.8 确定审核结论

下面方框中的内容是 GB/T 19011—2021 标准 6.4.9 条款。

6.4.9 确定审核结论

6.4.9.1 准备末次会议

审核组在末次会议之前应充分讨论，以：

a）根据审核目标，评审审核发现和审核期间收集的任何其他适当信息；

b）考虑审核过程中固有的不确定因素，对审核结论达成一致；

c）如果审核计划中有规定，提出建议；

d）讨论审核后续活动（如适用）。

6.4.9.2 审核结论内容

审核结论应陈述以下内容：

a）管理体系与审核准则的符合程度和其稳健程度，包括管理体系在达到预期结果方面的有效性、风险的识别以及受审核方为应对风险而采取的行动的有效性；

b）管理体系的有效实施、保持和改进；

c）审核目标的实现情况、审核范围的覆盖情况和审核准则的履行情况；

d）为识别趋势，在已审核的不同区域中获得的，或来自联合审核或以前的审核中的类似审核发现。

如果审核计划中有规定，审核结论可提出改进的建议或今后审核活动的建议。

1. 充分讨论，准备末次会议

在末次会议之前，审核组要进行一次充分的讨论，对审核发现及收集到的任何其他适当信息进行汇总分析，目的是对管理体系符合性、有效性进行评价，并做出审核结论。

审核组充分讨论的内容有：

1）根据审核目标，评审审核发现和审核期间收集的任何其他适当信息。其他适当信息包括：

① 产品质量/环保/安全健康方面的趋势。

② 以往的事故。

③ 受审核方的态度影响了审核目的的达到，等等。

2）考虑审核过程中固有的不确定因素，对审核结论达成一致。

3）如果审核计划中有规定，提出建议。

4）讨论审核后续活动（如适用），如针对不符合的纠正措施的验证方式等。

2. 评价管理体系的符合性和有效性（管理体系的总体评价）

管理体系的审核不仅应关注体系的符合性，还应关注体系的有效性，以便持续改进，不断地改善组织绩效。

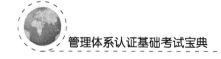

《审核概论》一书提出对以下方面进行综合分析，以评价管理体系的符合性和有效性：

1）管理体系文件化信息与标准的符合性。

2）方针、目标指标的适宜性和实现情况及能力。

3）管理体系达到预期结果的情况。

4）管理体系绩效符合要求的程度。

5）相关方满意度。

6）管理体系运行结果的合规性。

7）自我完善和持续改进机制的建立与作用。

8）管理者和员工的意识和参与情况。

9）相关方对受审核组织有关的投诉、抱怨情况。

10）其他需关注的方面。

根据上述综合分析及审核发现的不符合，审核组对受审核方管理体系的符合性和有效性做出评价：

1）基于组织内外部环境所面临的风险和机遇是否得到了充分的考虑。

2）管理体系与相关标准的符合程度，以及实施程度。

3）管理体系实施的有效程度，主要包括特定部门/区域的过程优缺点、绩效符合要求和适用法律法规的程度等。

4）建立和实施自我完善、自我改进管理体系有效性的机制情况。

3. 确定审核结论

审核结论是“考虑了审核目标和所有审核发现后得出的审核结果”。审核结论陈述的内容包括：

1）管理体系与审核准则的符合程度和其稳健程度，包括管理体系在达到预期结果方面的有效性、风险的识别以及受审核方为应对风险而采取的行动的有效性。

2）管理体系的有效实施、保持和改进。

3）审核目标的实现情况、审核范围的覆盖情况和审核准则的履行情况。

4）为识别趋势，在已审核的不同区域中获得的，或来自联合审核或以前的审核中的类似审核发现。

如果审核计划中有规定，审核结论可提出改进的建议或今后审核活动的建议。

《审核概论》一书认为，审核结论是审核组根据审核目的，在对受审核方管理体系符合性、有效性进行综合评价的基础上得出的最终审核结果。审核结论取决于审核组收集审核证据的客观性、充分性。审核结论可陈述以下内容（这些内容来自 GB/T 19011—2013 老标准 6. 4. 8 条款，请考生注意）：

1）管理体系与审核准则的符合程度及其稳定程度，包括管理体系满足所声称的目标的有效性。

2）管理体系的有效实施、保持和改进。

3）管理评审过程在确保管理体系持续的适宜性、充分性、有效性和改进方面的能力。

4）审核目标的完成情况、审核范围的覆盖情况，以及审核准则的履行情况。

5）审核发现的根本原因（如果审核计划中有要求）。

6）为识别趋势从其他领域获得的相似的审核发现。

7）如果审核计划中有规定，审核结论可提出改进的建议或今后审核活动的建议。

审核结论可导致下列结果：

1）对第一方审核，提出有关改进的建议。

2）对第二方审核，建立业务关系。

3）对认证第三方审核，推荐认证注册建议。

4）未来的审核活动（如再认证审核、监督审核）。

对于第三方审核，审核组做出的是否通过和保持认证的推荐性意见有三种：

1）推荐认证注册。

2）有条件推荐认证注册。

3）不推荐认证注册。

审核组做出的审核结论（注意，各认证机构做出审核结论的标准可能不一样）只是向认证机构提出的推荐性审核结论。在任何时候，认证结论和批准注册都是由认证机构做出的。

9.4.9 举行末次会议

下面方框中的内容是 GB/T 19011—2021 标准 6.4.10 条款。

6.4.10 举行末次会议

应召开末次会议，以提出审核发现和审核结论。

末次会议应由审核组长主持，并有受审核方的管理者出席，适当时包括：

——受审核的职能或过程的负责人；

——审核委托方；

——审核组其他成员；

——审核委托方和/或受审核方确定的其他有关相关方。

> 适用时，审核组长应告知受审核方在审核过程中遇到的可能降低审核结论可信程度的情况。如果管理体系有规定或与审核委托方达成协议，与会者应就针对审核发现而制订的行动计划的时间框架达成一致。
>
> 会议的详细程度应考虑管理体系实现受审核方目标的有效性，包括考虑其所处环境以及风险和机遇。
>
> 末次会议中，还应考虑受审核方对审核过程的熟悉程度，以确保向与会者提供正确的详细程度。
>
> 在一些情况下，会议可以是正式的，应保留会议记录，包括出席记录。对于另一些情况，例如内部审核，末次会议可以不太正式，只是沟通审核发现和审核结论。
>
> 适当时，**末次会议**应向受审核方说明下列**内容**：
>
> a）告知所收集的审核证据是基于可获得的信息样本，不一定充分代表受审核方过程的总体有效性；
>
> b）报告的方法；
>
> c）如何根据商定的过程应对审核发现；
>
> d）未充分应对审核发现的可能后果；
>
> e）以受审核方管理者理解和认同的方式提出审核发现和审核结论；
>
> f）任何相关的审核后续活动（例如，纠正措施的实施和评审、审核投诉的处理、申诉的过程）。
>
> 应讨论审核组与受审核方之间关于审核发现或审核结论的分歧，并尽可能予以解决。如果不能解决，应予以记录。
>
> 如果审核目标有规定，可以提出改进机会的建议，并强调该建议没有约束性。

1. 末次会议目的

末次会议是在现场审核结束前举行的一次会议，《审核概论》一书认为其目的是：

1）向受审核方说明审核情况，以使其能够清楚地理解审核的结果。

2）向受审核方正式宣布审核结果和审核结论。

3）提出纠正措施要求。

4）提出证后监督审核要求（认证的第三方审核时）。

2. 末次会议内容

应召开末次会议，以提出审核发现和审核结论。适当时，末次会议应向受审核方说明下列内容：

1）告知所收集的审核证据是基于可获得的信息样本，不一定充分代表受审核方过程的总体有效性。

2）报告的方法。

3）如何根据商定的过程应对审核发现。

4）未充分应对审核发现的可能后果。

5）以受审核方管理者理解和认同的方式提出审核发现和审核结论。

6）任何相关的审核后续活动（例如，纠正措施的实施和评审、审核投诉的处理、申诉的过程）。

7）应讨论审核组与受审核方之间关于审核发现或审核结论的分歧，并尽可能予以解决。如果不能解决，应予以记录。

8）如果审核目标有规定，可以提出改进机会的建议，并强调该建议没有约束性。

第三方审核末次会议内容/议程见本书5.5.4节之6。

3. 末次会议要求

1）末次会议是现场审核的结论性会议，通常在审核组完成了现场审核活动、获得了审核发现并做出了审核结论之后进行。

末次会议应由审核组长主持，并有受审核方的管理者出席，适当时包括：

① 受审核的职能或过程的负责人。

② 审核委托方。

③ 审核组其他成员。

④ 审核委托方和/或受审核方确定的其他有关相关方。

2）时间一般不超过1小时。

3）适用时，审核组长应告知受审核方在审核过程中遇到的可能降低审核结论可信程度的情况。

4）如果管理体系有规定或与审核委托方达成协议，与会者应就针对审核发现而制订的行动计划的时间框架达成一致。

5）会议的详细程度应考虑管理体系实现受审核方目标的有效性，包括考虑其所处环境以及风险和机遇。

6）末次会议中，还应考虑受审核方对审核过程的熟悉程度，以确保向与会者提供正确的详细程度。

7）在一些情况下，会议可以是正式的，应保留会议记录，包括出席记录。对于另一些情况，例如内部审核，末次会议可以不太正式，只是沟通审核发现和审核结论。

认证审核之类的末次会议是正式会议，末次会议应做好记录并保存，记录包括与会人员签到表。

8）通常情况下，在末次会议之前，审核组可安排一次与受审核方领导的沟通。其目的是通报审核发现、介绍对受审核方管理体系的评价和审核结论，澄清问题、求得共识。避免在末次会议上审核组与受审核部门对不符合报告争执不休。

9）末次会议应适当肯定受审核方取得的成功经验和好的做法，不要一味谈问题。

10）使受审核方了解审核发现和审核结论。

例题分析

1）（单项选择题）审核活动的实施不包括（　　）。

A. 确定审核结论　　B. 收集和验证信息

C. 举行首末次会议　　D. 审核组工作分配

答案及分析：选择 D。见本书 9.4 节开头。审核组工作分配属于审核活动的准备。

2）（单项选择题）首次会议的目的包括（　　）。（真题）

A. 确认所有有关方（例如受审核方、审核组）对审核计划的安排达成一致

B. 确保所有策划的审核活动能够实施

C. 介绍审核组成员

D. 以上都是

答案及分析：选择 D。见本书 9.4.2 节。

3）（单项选择题）审核实施阶段的文件评审，你认为下列说法不正确的是（　　）。

A. 确定文件所述的体系与审核准则的符合性

B. 确定文件实施的有效性

C. 收集信息以支持审核活动

D. 文件评审可以与其他审核活动相结合

答案及分析：选择 B。见本书 9.4.5 节。

4）（单项选择题）当获得的审核证据表明不能达到审核目标时，审核组长应向审核委托方和受审核方报告理由以确定适当的措施。这些措施不包括（　　）。（真题改进）

A. 审核策划的变更　　B. 审核目标、审核范围的变更

C. 终止审核　　D. 受审核方提交审核证据

答案及分析：选择 D。见本书 9.4.3 节方框中 GB/T 19011—2021 标准 6.4.4 条款。

5）（单项选择题）受审核方指派的向导应当协助审核组并且根据（　　）的要求行动。

A. 受审核方　　B. 审核委托方

C. 审核组长或被指派的审核员　　D. 认证机构

答案及分析：选择C。见本书9.4.1节方框中GB/T 19011—2021标准6.4.2条款。

6）（多项选择题）关于审核证据的获取，说法正确的是（　　）。（真题改进）

A. 导致审核发现的审核证据应予以记录

B. 只有验证的信息方可作为审核证据

C. 信息获取的方法应包括访谈、观察、成文信息评审

D. 对过程之间的接口有关的信息不必收集

答案及分析：选择ABC。见本书9.4.6节方框1中GB/T 19011—2021标准6.4.7条款。

7）（多项选择题）依据GB/T 19011—2021标准，针对审核中的不符合，以下哪些是正确的？（　　）（真题改进）

A. 应记录不符合

B. 应记录支持不符合的审核证据

C. 应对不符合进行分级，分级的级别包括“严重”和“一般”

D. 应与受审核方一起评审不符合

答案及分析：选择ABD。见本书9.4.7节方框1中GB/T 19011—2021标准6.4.8条款。对不符合进行分级不是必须的。

8）（多项选择题）适当时，末次会议应向受审核方阐明下列哪些内容？（　　）

A. 任何相关的审核后续活动（例如，纠正措施的实施和评审、审核投诉的处理、申诉的过程）

B. 应讨论审核组与受审核方之间关于审核发现或审核结论的分歧，并尽可能予以解决。如果不能解决，应予以记录

C. 提出纠正和纠正措施的具体改进要求

D. 如果审核目标有规定，可以提出改进机会的建议，并强调该建议没有约束性

答案及分析：选择ABD。见本书9.4.9节方框中GB/T 19011—2021标准6.4.10条款。

9）（多项选择题）远程无人员互动的审核方法有（　　）。

A. 进行文件评审（例如记录、数据分析）

B. 在考虑社会和法律法规要求的前提下，通过监视手段来观察工作情况

C. 分析数据

D. 通过远程向导观察工作情况

答案及分析：选择 ABC。见本书 9. 4. 4 节方框中 GB/T 19011—2021 标准附录 A. 1 表 A. 1。

9. 5 审核报告的编制和分发

9. 5. 1 审核报告的编制

下面方框中的内容是 GB/T 19011—2021 标准 6. 5. 1 条款。

6. 5. 1 审核报告的编制

审核组长应根据审核方案报告审核结论。审核报告应提供完整、准确、简明和清晰的审核记录，并包括或引用以下内容：

a）审核目标；

b）审核范围，特别是明确受审核的组织（受审核方）和职能或过程；

c）明确审核委托方；

d）明确审核组和受审核方在审核中的参与者；

e）进行审核活动的日期和地点；

f）审核准则；

g）审核发现和相关证据；

h）审核结论；

i）对审核准则遵循程度的陈述；

j）审核组与受审核方之间未解决的分歧意见；

k）审核本质上是一种抽样活动；因此，存在被查验的审核证据不具代表性的风险。

适当时，审核报告还可以包括或引用以下内容：

——包括日程安排的审核计划；

——审核过程综述，包括遇到可能降低审核结论可靠性的障碍；

——确认在审核范围内，已按审核计划达到审核目标；

——审核范围内未覆盖的区域，包括任何证据可获得性、资源或保密问题，并附有相关解释理由；

——审核结论综述及支持审核结论的主要审核发现；

——识别的良好实践；

——商定的后续行动计划（如果有）；

——关于内容保密性质的陈述；

——对审核方案或后续审核的影响。

1. 审核报告的内容

1）GB/T 19011—2021 标准 6.5.1 条款提出了审核报告可以包括或引用的 20 项内容，其中必须包括 GB/T 19011—2021 标准 6.5.1 条款中 a）~k）共 11 项，再加上在适当时可以包括或引用的 9 项。

2）本书在 5.5.4 节讲到了认证审核的审核报告内容：GB/T 27021.1 标准 9.4.8.2 条款提出了审核报告应包括或引用的 18 项内容，GB/T 27021.1 标准 9.4.8.3 条款提出了审核报告还应包含的 3 项内容，所以审核报告共有 21 项内容。

2. 审核报告的编写要求

1）审核组长应确保审核报告的编制，并对审核报告的内容负责。

2）审核报告可以在末次会议之前编制，也可以在完成现场审核后编制。

3）审核报告应经审核委托方授权人的批准。第三方认证时应经认证机构的授权人批准。

4）审核组长应根据审核方案报告审核结论。

5）审核组可以识别改进机会，但不应提出具体解决办法的建议。

9.5.2 审核报告的分发

下面方框中的内容是 GB/T 19011—2021 标准 6.5.2 条款。

> **6.5.2 审核报告的分发**
>
> 审核报告应在商定的时间期限内提交。如果延迟，应向受审核方和审核方案管理人员通告原因。
>
> 审核报告应按审核方案的规定注明日期，并经适当的评审和批准。
>
> 审核报告应分发至审核方案或审核计划规定的有关相关方。
>
> 在分发审核报告时，应考虑采取适当措施确保保密。

1）审核报告应在商定的时间期限内提交。如果延迟，应向受审核方和审核方案管理人员通告原因。

2）审核报告应按审核方案的规定注明日期，并经适当的评审和批准。

3）审核报告应分发至审核方案或审核计划规定的有关相关方。对第三方认证审核，认证机构应为每次审核向客户提供书面审核报告。审核报告的接收者由审核委托方确定。

4）审核报告属于审核委托方所有。对第三方认证审核，认证机构应享有对审核报告的所有权。

5）在分发审核报告时，应考虑采取适当措施确保保密。

例题分析

1）（单项选择题）关于审核报告日期的注明，以下说法正确的是（　　）。（真题改进）

A. 审核报告注明的日期应当是末次会议结束的日期

B. 审核报告注明的日期应当是不符合项整改完成的日期

C. 审核报告注明的日期应当是认证机构评审和批准的日期

D. 审核报告应按审核方案的规定注明日期

答案及分析：选择 D。见本书 9.5.2 节方框中 GB/T 19011—2021 标准 6.5.2 条款。

2）（单项选择题）依据 GB/T 19011—2021 标准，以下关于审核报告的描述错误的是（　　）。（真题改进）

A. 审核报告如果不能在商定的时间提交，应向受审核方和审核方案管理人员通告原因

B. 审核报告属于审核委托方所有

C. 审核报告应该经过批准后分发

D. 对于第三方审核，审核报告应该提交认可机构

答案及分析：选择 D。参见本书 9.5.2 节。审核报告应分发至审核方案或审核计划规定的有关相关方。如果没有规定，就不需要将审核报告提交给认可机构。

3）（单项选择题）审核报告应在商定的时间期限内提交，如果延迟，应向（　　）通告原因。（真题改进）

A. 认证机构　　　　B. 受审核方

C. 审核方案管理人员　　　　D. B + C

答案及分析：选择 D。见本书 9.5.2 节方框中 GB/T 19011—2021 标准 6.5.2 条款。

9.6　审核的完成

下面方框中的内容是 GB/T 19011—2021 标准 6.6 条款。

6.6　审核的完成

当所有策划的审核活动已经执行或出现与审核委托方约定的情形时（例如出现了妨碍完成审核计划的非预期情形），审核即告结束。

> 审核的相关成文信息应根据参与各方的协议，按照审核方案或适用要求予以保存或处置。
>
> 除非法律要求，若没有得到审核委托方和受审核方（适当时）的明确批准，审核组和审核方案管理人员不应向任何其他方泄露审核中获得的任何信息或审核报告。如果需要披露审核文件的内容，应尽快通知审核委托方和受审核方。
>
> 从审核中获得的经验教训可为审核方案和受审核方识别风险和机遇。

1. 审核结束的条件

审核结束的条件有两条：

1）当所有策划的审核活动已经执行。

2）出现与审核委托方约定的情形时（例如出现了妨碍完成审核计划的非预期情形），审核即告结束。

2. 与审核相关的文件保存

审核的相关成文信息应根据参与各方的协议，按照审核方案或适用要求予以保存或处置。

审核的相关成文信息包括受审核方提交的管理体系文件化信息（如手册、程序）、记录及证明等，以及在审核过程中形成的记录，如审核计划、检查表与审核记录、不符合报告、会议记录、审核报告等。

3. 信息保密

1）除非法律要求，若没有得到审核委托方和受审核方（适当时）的明确批准，审核组和审核方案管理人员不应向任何其他方泄露审核中获得的任何信息或审核报告。

2）如果需要披露审核文件的内容，应尽快通知审核委托方和受审核方。

4. 经验应用

从审核中获得的经验教训可为审核方案和受审核方识别风险和机遇。

例题分析

（单项选择题）关于审核的完成，以下说法正确的是（　　）。（真题改进）

A. 现场审核末次会议的结束，审核即告结束

B. 分发了经批准的审核报告，审核即告结束

C. 受审核方不符合项整改通过审核组验证，审核即告结束

D. 当所有策划的审核活动已经执行或出现与审核委托方约定的情形时（例如出现了妨碍完成审核计划的非预期情形），审核即告结束

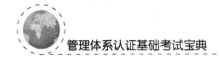

答案及分析：选择 D。见本书 9.6 节方框中 GB/T 19011—2021 标准 6.6 条款。

9.7 审核后续活动的实施

下面方框中的内容是 GB/T 19011—2021 标准 6.7 条款。

> **6.7 审核后续活动的实施**
>
> 根据审核目标，审核结果可以表明采取纠正、纠正措施或改进机会的需求。此类措施通常由受审核方确定并在商定的时间框架内实施。适当时，受审核方应将这些措施的实施状况告知审核方案管理人员和/或审核组。
>
> 应对措施的完成情况及有效性进行验证。验证可以是后续审核活动的一部分。结果应报告给审核方案管理人员，并报告给审核委托方进行管理评审。

1. 审核后续活动的实施

1）根据审核目标，审核结果可以表明采取纠正、纠正措施或改进机会的需求。此类措施通常由受审核方确定并在商定的时间框架内实施。《审核概论》一书认为措施完成的期限通常由受审核方与审核组按审核方案的要求商定。

《审核概论》一书认为审核后续活动的目的有：

① 对已经发生的不符合及时进行纠正，防止或减少已出现的不符合所造成的不良影响。

② 促使受审核方针对已发现的不符合项认真分析，找出不符合的原因，并采取适当的纠正措施防止类似不符合再次发生，从而改进管理体系运行的有效性。

③ 通过对纠正措施的实施及对其有效性验证，促使受审核方对现有不符合采取措施，避免产生严重后果。

2）适当时，受审核方应将这些措施的实施状况告知审核方案管理人员和/或审核组。

3）应对措施的完成情况及有效性进行验证。验证可以是后续审核活动的一部分。验证由本次审核组的成员进行。

4）验证结果应报告给审核方案管理人员，并报告给审核委托方进行管理评审。

2. 验证纠正措施的方式

验证方式主要取决于不符合问题的严重性、影响程度，以及纠正措施的复杂程度，被验证信息的可信度。

纠正措施验证方式一般有三种：

1）现场验证（部分或全面复审）。此方式适用于严重不符合和只有到现场才能验证其完成情况及其有效性的不符合。

2）书面验证（办公室验证或称异地验证）。不到受审核方现场，而是通过审查受审核方提供的纠正措施完成的证据，验证纠正措施的完成情况及其有效性。“轻微不符合”通常采取此办法。

3）在随后的审核时验证。先对受审核方提交的纠正措施计划的可行性进行确认，纠正措施的有效性则在下次的审核（如监督审核）中验证。此种方式适用于发生的不符合对受审核方的管理体系影响极其轻微，或纠正措施实施的效果需花费较长时间才能验证的场合。

例题分析

1）（单项选择题）对审核后续活动，下列说法正确的是（　　）。（真题改进）

A. 如需采取纠正、纠正措施，此类措施通常由受审核方确定并在商定的时间框架内实施，不视为审核的一部分

B. 受审核方应将这些措施的状态告知国家政府相关部门

C. 应对纠正措施的完成情况及有效性进行验证，但验证不是随后审核的一部分

D. 审核方案可规定由审核组成员进行审核后续活动，通过发挥审核组成员的专长实现增值。在这种情况下，在随后审核活动中不必保持独立性

答案及分析：选择A。参见本书9.7节方框中GB/T 19011—2021标准6.7条款。审核、审核后续活动是不同阶段的工作。对纠正措施的完成情况及有效性的验证是审核后续活动的一部分，但不是审核的一部分。审核后续活动中也要保持独立性。

2）（单项选择题）审核后续活动不包括（　　）。（真题改进）

A. 审核组提出纠正措施建议

B. 受审核方纠正措施的确定及实施

C. 受审核方向审核方案管理人员和/或审核组报告实施情况

D. 审核组的验证

答案及分析：选择A。参见本书9.7节。在末次会议上，审核组可以按规定提出纠正措施要求。末次会议不属于审核后续活动。

3）（多项选择题）审核后续活动的目的有（　　）。

A. 对已经发生的不符合及时进行纠正，防止或减少已出现的不符合所造成的不良影响

B. 促使受审核方针对已发现的不符合项认真分析，找出不符合的原因，并采取适当的纠正措施防止类似不符合再次发生，从而改进管理体系运行的有效性

C. 通过对纠正措施的实施及对其有效性验证，促使受审核方对现有不符合采取措施，避免产生严重后果

D. 为了审核组的验证

答案及分析：ABC。见本书9.7节之1之1）。

同步练习强化

1. 单项选择题

1）根据GB/T 19011—2021标准，“审核的完成”属于PDCD循环中的（　　）阶段。

A. P　　B. D

C. C　　D. A

2）审核启动时，与受审核方建立联系不包括（　　）。

A. 确认实施审核的权限

B. 请求有权使用用于策划的相关信息

C. 选择审核组成员

D. 确定受审核方与特定审核有关的任何利益、关注或风险领域

3）在确定审核的可行性时，当发现审核不可行时，应向（　　）提出替代方案并与受审核方协商一致。

A. 受审核方　　B. 审核委托方

C. 审核方案管理人员　　D. 审核组

4）现场审核准备阶段的工作内容主要是（　　）。（真题改进）

A. 组织审核组，任命审核组长　　B. 编制审核计划和检查表

C. 确定审核的可行性　　D. 与受审核方建立初步联系

5）现场审核活动前应评审受审核方的文件，以确定文件所述的体系与（　　）的符合性。（真题改进）

A. 管理体系标准（ISO 9001等）　　B. 适合环境法律法规和其他要求

C. 相关方的要求　　D. 审核准则

6）审核组进入现场前进行的成文信息审核的目的是（　　）。（真题改进）

A. 收集信息以准备审核活动和适用的审核工作文件

B. 收集信息以支持审核活动

C. 了解文件实施的程度

D. A + B

7）下列对于审核计划的表述不正确的是（　　）。（真题改进）

A. 审核计划应当在现场审核活动开始前，经审核委托方评审和接受，并在现场审核活动开始后及时提交给受审核方

B. 受审核方对审核计划的任何异议应当在审核组长、受审核方和（如有必要）审核方案管理人员之间予以解决

C. 任何经修改的审核计划，应当在继续审核前征得各方的同意

D. 可以包括审核工作和审核报告所用的语言、审核后续活动等内容

8）在编制审核计划时，审核组长不必考虑（　　）。

A. 专业审核员的能力　　B. 审核对组织形成的风险

C. 多现场数量　　D. 组织文件的数量

9）在编制审核计划时，审核组长不必考虑（　　）。（真题改进）

A. 审核组的组成　　B. 审核对组织形成的风险

C. 多现场数量　　D. 认证结果

10）当受审核方对审核计划提出异议时，正确的做法是（　　）。（真题改进）

A. 审核组长可以不予理会，仍然按照原计划实施

B. 审核组长必须按照受审核方的意见对原计划进行修改

C. 应当在审核组长、受审核方和审核方案管理人员之间得到解决

D. 应由认证机构进行裁决

11）下列哪种文件应在现场审核前通知受审核方？（　　）（真题改进）

A. 检查表　　B. 审核计划

C. 审核工作文件和表式　　D. 以上全部

12）审核计划不包括以下哪项？（　　）（真题改进）

A. 审核目标　　B. 检查表

C. 适当时，后勤和沟通安排　　D. 适当时，审核报告的主题

13）审核计划的详细程度应反映审核的范围和复杂程度，以及未实现审核目标的（　　）。（真题改进）

A. 程度　　B. 风险

C. 影响因素　　D. 可行性

14）以下不属于一个生产企业审核计划的内容是（　　）。

A. 抽样的生产现场名称　　B. 生产区域的审核要素

C. 审核时间安排　　D. 审核风险的分析与报告

15）编制审核计划应考虑（　　）。

A. 适当的抽样技术　　B. 审核组的组成及其整体能力

C. 实施审核造成的受审核方的风险　　D. A + B + C

16）关于检查表，以下说法正确的是（　　）。

A. 是审核员对审核活动进行具体策划的结果

B. 应提前交给受审核部门的人员认可

C. 必须经过管理者代表的批准

D. 有标准规定的统一格式

17）一般来说，检查表由（　　）编制。

A. 受审核方　　B. 审核员

C. 审核方案管理人员　　D. 技术专家

18）检查表应（　　）。

A. 对现场审核的人员分工及时间进行安排

B. 策划对审核对象的审核思路

C. 使用时严格按检查表提问

D. 提交委托方确认

19）当制定统计抽样方案时，审核员能够接受的抽样风险水平是一个重要的考虑因素，这通常称为可接受的置信水平。（　　）的抽样风险对应95%的置信水平。

A. 20%　　B. 15%

C. 5%　　D. 2%

20）在末次会议上审核组长强调“本次审核是抽样审核”的含义包括（　　）。

A. 应该对管理体系进一步抽样

B. 抽样审核带来的风险是不可能避免的

C. 组织管理体系中没有不符合项

D. 推脱没有发现不符合项的责任

21）抽样的风险是（　　）的样本也许不具有代表性，从而可能导致审核员的结论出现偏差，与对总体进行全面检查的结果不一致。

A. 抽取　　B. 随机抽取

C. 从总体中抽取　　D. 从不同层次中抽取

22）依据GB/T 19011—2021标准，审核过程中抽样包括统计抽样和（　　）。（真题改进）

A. 系统抽样　　B. 分层抽样　　C. 调查抽样　　D. 判断抽样

23）（　　）依赖于审核组的能力和经验。

A. 统计抽样　　B. 分层抽样　　C. 调查抽样　　D. 判断抽样

24）（　　）的缺点是，可能无法对审核发现和审核结论的不确定性进行统计估计。

A. 统计抽样　　B. 分层抽样

C. 调查抽样　　D. 判断抽样

25）审核抽样时使用统计抽样，此时抽样方案应基于审核目标和（　　）。

A. 抽样总体的特征　　B. 样本量

C. 抽样总体　　D. 置信水平

26）统计抽样的抽样方案应考虑检查的结果是计数的还是计量的。当调查食品安全事件的发生次数或安全漏洞的数量时，（　　）可能更加合适。

A. 调查抽样　　B. 计数抽样

C. 计量抽样　　D. 判断抽样

27）审核活动的实施不包括（　　）。（真题改进）

A. 确定审核结论　　B. 收集和验证信息

C. 举行首末次会议　　D. 审核组工作分配

28）下列哪个内容不属于审核活动的实施的内容？（　　）（真题改进）

A. 收集和验证信息　　B. 形成审核发现

C. 验证不符合项纠正的有效性　　D. 举行末次会议

29）依据 GB/T 19011—2021 标准的要求，针对向导和观察员，以下错误的是（　　）。（真题改进）

A. 他们可以陪同审核组

B. 他们不应影响或干扰审核的进行

C. 审核组长有权拒绝观察员参加特定的审核活动

D. 他们可以代表受审核方对审核进行见证

30）向导的作用及职责不包括（　　）。（真题改进）

A. 确保审核组成员了解和遵守有关场所的安全、安保规则

B. 安排访问受审核方的特定地点

C. 代表受审核方对审核进行见证

D. 收集审核证据

31）首次会议应考虑以下哪些方面？（　　）（真题改进）

A. 确认有关保密及信息安全的事宜

B. 确认对审核组的健康和安全、安保、紧急情况的安排

C. 提供终止审核的条件的信息

D. 以上全部

32）下列哪一项不是首次会议必须包括的内容？（　　）（真题改进）

A. 确认审核目标、范围、准则

B. 确认有关保密事项

C. 对不符合项采取纠正措施的要求

D. 介绍向导的安排、作用和身份

33）首次会议的内容包括（　　）。（真题改进）

A. 为审核制订计划

B. 确定实施审核所需的资源和审核员人数

C. 介绍报告审核发现的方法，包括分级准则

D. 以上全部

34）当获得的审核证据表明不能达到审核目的时，审核组长可以（　　）。（真题改进）

A. 宣布停止受审核方的生产/服务活动

B. 向审核委托方和受审核方报告理由，以确定适当的措施

C. 不提交审核报告

D. 以上各项都不可以

35）根据 GB/T 19011—2021 标准，关于审核的沟通，以下说法不正确的是（　　）。（真题）

A. 审核组应定期讨论，以交换信息

B. 适当时，审核组长应定期向受审核方沟通进度、重要审核发现和任何关注

C. 适当时，审核组长应定期向审核委托方沟通进度、重要审核发现和任何关注

D. 如果审核中收集的证据显示存在紧急的和重大的风险，应当及时向审核委托方报告，但不需要报告受审核方

36）在某部门审核时，审核计划的时间为 2 小时，部门经理说必须要处理一件急事，需要 2 小时后才能回来，你应当如何处理？（　　）（真题）

A. 先休息，等他回来后审核

B. 先看资料，等他回来后，再澄清相关情况

C. 与组长和管代沟通，考虑调整时间

D. 告诉经理时间紧，最好不要离开

37）审核中的沟通不包括（　　）。

A. 审核中不符合项的纠正措施

B. 审核进展

C. 审核发现

D. 超出审核范围之外引起关注的问题

38）审核过程中，适当时审核组长应定期向受审核方、审核委托方沟通（　　）。（真题改进）

A. 出现重大环境事故　　　　B. 超出审核范围的情况

C. 审核进度和任何关注　　　　　　D. 以上全部

39）在审核中，如果收集的证据显示受审核方存在紧急的和重大的风险，应及时报告受审核方，适当时向（　　）报告。(真题)

A. 认证机构　　　　　　B. 监管机构

C. 审核委托方　　　　　　D. 审核机构

40）依据 GB/T 19011—2021 标准，关于审核中的沟通，以下说法正确的是（　　）。(真题改进)

A. 审核组应当定期讨论，以交换信息

B. 审核组长必须定期向受审核方沟通审核进度和任何关注

C. 审核组长必须定期向审核委托方沟通审核进度和任何关注

D. 当审核证据显示有紧急的和重大的风险（如安全、环境或质量方面）时，应当及时向审核委托方报告，但不需报告受审核方

41）根据 GB/T 19011— 2021 标准，关于审核中的沟通，以下说法不正确的是（　　）。

A. 审核组应定期讨论，以交换信息

B. 适当时，审核组长应定期向受审核方沟通审核进度、重要审核发现和任何关注

C. 适当时，审核组长应定期向审核委托方沟通审核进度、重要审核发现和任何关注

D. 如果审核中收集的证据显示存在紧急的和重大的风险，应当及时向审核委托方报告，但不需要报告受审核方

42）对于随着审核活动的进行而出现的任何变更审核计划的需求，适当时应由（　　）和审核委托方评审和接受，并提交给受审核方。

A. 受审核方　　　　　　B. 审核方案管理人员

C. 审核组长　　　　　　D. 受审核方负责人

43）选择审核方法取决于所确定的审核目标、范围和准则以及持续的时间和地点，还应考虑可获得的审核员能力和应用审核方法出现的任何（　　）。

A. 风险　　　　　　B. 不确定性

C. 偏差　　　　　　D. 难点

44）关于实施审核时的成文信息评审，你认为下列说法不正确的是（　　）。

A. 确定文件所述的体系与审核准则的符合性

B. 确定文件实施的有效性

C. 收集信息以支持审核活动

D. 成文信息评审可以与其他审核活动相结合

45）依据 GB/T 19011—2021 标准，针对审核实施时的成文信息评审，以下错误的是（　　）。

A. 如果提供的成文信息不充分，审核组长应告知审核方案管理人员和受审核方

B. 成文信息评审可以与其他审核活动相结合，并贯穿在审核的全过程

C. 如果提供的成文信息不充分，审核组长应根据审核目标和范围决定审核是否继续进行或暂停

D. 必须由审核组长进行

46）以下关于成文信息评审的表述正确的是（　　）。

A. 在现场审核前及现场审核时都应进行成文信息评审

B. 只有在第一阶段审核时进行成文信息评审，第二阶段审核不需要开展成文信息评审

C. 只在现场审核前进行成文信息评审，现场审核时无须开展成文信息评审

D. 由组长与受审方确定成文信息评审的时机

47）质量管理体系审核中一般不采用以下哪种方法收集信息？（　　）（真题改进）

A. 访谈　　B. 成文信息评审

C. 抽取产品送认可的实验室检测　　D. 观察

48）关于信息的收集和验证，以下说法错误的是（　　）。（真题改进）

A. 应通过适当的抽样收集并验证与审核目标、范围和准则有关的信息

B. 与职能、活动和过程间接口有关的信息

C. 导致审核发现的审核证据既可以做记录，也可以不做记录

D. 只有经过某种程度验证的信息才能被接受为审核证据

49）审核证据是与审核准则有关并能够证实的记录、事实陈述或其他信息。以下哪一种情况不可以作为审核证据？（　　）（真题改进）

A. 技术部经理说“技术部采用方差分析法进行分析时，认为数据都是服从正态分布的，所以从不检验数据的正态性”

B. 受审核方供应商说“这家单位用我们的产品从来都不做进货检验的，对我们充分信任”

C. 对受审核组织某供应商进行评价的记录

D. 对某受审核组织新产品设计和开发输入的评审记录

50）（　　）是一种重要的收集信息的方法，并且应以适于当时情境和受访人员的方式进行。（真题改进）

A. 现场观察　　B. 访谈

C. 提问　　D. 成文信息评审

51）进行质量管理体系审核时，以下可以作为审核证据的是（　　）。（真题改进）

A. 陪同人员说“他们供应科是从非合格供方中采购的这种关键材料”

B. 在某钳工的工具箱中发现一把自制的匕首

C. 财务主管说“我们建立体系的投资太大了，已经影响与顾客沟通感情的投入了”

D. 供应科长说“我们的确有一种关键材料是从非合格供方中采购的”

52）收集和验证信息的典型过程是（　　）。

A. 信息源—通过适当抽样收集信息—审核证据—对照审核准则进行评价—审核发现—评审—审核结论

B. 信息源—通过适当抽样收集信息—对照审核准则进行评价—审核证据—审核发现—评审—审核结论

C. 通过适当抽样收集信息—信息源—审核证据—对照审核准则进行评价—审核发现—评审—审核结论

D. 信息源—通过适当抽样收集信息—审核发现—对照审核准则进行评价—审核证据—评审—审核结论

53）可根据（　　）和复杂程度选择不同的信息源。

A. 审核目标　　B. 审核范围

C. 审核准则　　D. 审核计划

54）关于评审审核发现，以下说法正确的是（　　）。（真题改进）

A. 审核组应当在审核过程中随时评审审核发现

B. 审核组应当根据需要在审核的适当阶段评审审核发现

C. 审核组应当根据受审核方的要求评审审核发现

D. 审核组应当根据认证机构的要求评审审核发现

55）审核组应当与受审核方一起评审不符合，以便（　　）。（真题改进）

A. 以确认审核发现是准确的，并使受审核方理解不符合

B. 受审核方接受不符合

C. 为末次会议顺利召开做准备

D. 商定纠正措施的验证方式

56）当受审核方与审核组因审核发现有分歧意见时，其解决的方式是（　　）。（真题改进）

A. 终止审核

B. 审核组报认证机构进行解决

C. 交当地环保局决定

D. 未解决的问题应记录在审核报告中

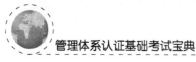

57）对于符合性的记录，应考虑的内容不包括（　　）。（真题改进）

A. 对判断符合的审核准则的描述或引用

B. 支持符合性和有效性的审核证据（适用时）

C. 所有的审核发现

D. 符合性陈述（适用时）

58）审核方法不包括（　　）。（真题改进）

A. 访谈　　B. 查阅文件和资料

C. 与相关方探讨　　D. 查看现场情况

59）审核方法不包括下列哪一项？（　　）

A. 访谈

B. 查阅受审核方的管理体系文件和记录

C. 到当地政府机构查阅有关资料

D. 查看受审核方提供的有关外来记录和文件

60）现场审核中的末次会议应由（　　）主持。（真题）

A. 向导　　B. 企业的最高管理者

C. 企业授权的代表　　D. 审核组长

61）管理体系审核中审核报告阶段不包括（　　）。

A. 审核报告编制　　B. 审核报告批准

C. 审核报告分发　　D. 审核完成

62）依据 GB/T 19011—2021 标准，审核报告应分发至（　　）。

A. 受审核方

B. 受审核方的上级主管部门

C. 审核方案或审核计划规定的有关相关方

D. 以上全部

63）当所有策划的（　　）已经执行或出现与审核委托方约定的情形时（例如出现了妨碍完成审核计划的非预期情形），审核即告结束。

A. 审核计划　　B. 审核内容

C. 审核方案　　D. 审核活动

64）一次审核的结束是指（　　）。

A. 末次会议结束

B. 当所有策划的审核活动已经执行或出现与审核委托方约定的情形时

C. 分发了经批准的审核报告

D. 对不符合项纠正措施进行验证后

65）审核的相关成文信息应根据参与各方的协议，按照（　　）予以保存或处置。

A. 审核方案或适用要求　　B. 审核委托方要求
C. 审核方案管理人员要求　　D. 审核组要求

66）从审核中获得的经验教训可为（　　）和受审核方识别风险和机遇。

A. 审核方案　　B. 审核委托方
C. 审核方案管理人员　　D. 审核组

67）审核中发现的不符合，应当由（　　）进行纠正和纠正措施。

A. 审核员　　B. 外聘咨询师
C. 受审核方　　D. 审核组与受审核方

68）当样本的结果是连续值时使用（　　）。

A. 判断抽样　　B. 统计抽样
C. 计数抽样　　D. 计量抽样

69）审核员对建筑工程公司的采购产品审核时，根据自己的专业经验，把对随后的产品实现或最终产品（建筑工程）影响程度大的，如钢筋、水泥等原材料作为重点进行抽样。这类抽样属于（　　）。

A. 判断抽样　　B. 统计抽样
C. 计数抽样　　D. 计量抽样

70）（　　）是审核方案的一个组成部分，是指每一项具体审核工作的开展过程，其实施效果直接影响审核方案总目标的实现。

A. 结合审核　　B. 认证
C. 审核活动　　D. 第一、二、三方审核

71）为确保实现审核目标，审核组长可随着审核的进展调整（　　）。

A. 所分配的工作　　B. 审核时间
C. 审核人员　　D. 审核对象

72）审核准备阶段的成文信息评审应考虑受审核方组织所处的环境，包括其规模、性质和复杂程度，以及相关风险和机遇。还应考虑审核范围、（　　）和审核目标。

A. 审核原则　　B. 审核准则
C. 审核方案　　D. 审核计划

73）编制审核计划时，应考虑受审核方组织的场所的数量、性质等。当组织具有多个相同场所时，应对（　　）进行审核。

A. 每一个场所进行审核　　B. 采用抽样的方式
C. A + B　　D. A 或 B

74）审核启动时，请求有权使用用于策划的相关信息，包括关于（　　）。

A. 组织已经识别的风险和机遇
B. 组织如何应对这些风险和机遇的信息

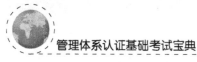

C. 组织已经识别的风险以及如何应对这些风险的信息

D. 组织已识别的风险和机遇以及如何应对这些风险和机遇的信息

75）实施审核的责任应该由指定的（　　）承担，直到审核完成。

A. 审核组　　B. 审核组长

C. 审核方案管理人员　　D. 审核机构

76）审核所需的成文信息包括但不限于（　　）。

A. 纸质的或数字化的检查表　　B. 审核抽样具体内容

C. 视听信息　　D. 以上全部

77）审核后续活动包括（　　）。（真题改进）

A. 受审核方纠正措施的确定及实施

B. 受审核方向审核方案管理人员和/或审核组报告实施情况

C. 审核组的验证

D. 以上全部

78）统计抽样是指同时具备（　　）这两个特征的抽样方法。

A. 随机选取样本、运用概率论评价样本结果

B. 计数抽样样本、运用概率论评价样本结果

C. 统计抽样、运用概率论评价样本结果

D. 条件抽样、运用概率论评价样本结果

79）以下哪些不是审核活动的实施阶段的活动？（　　）

A. 举行首次会议　　B. 文件初审

C. 收集和验证信息　　D. 举行末次会议

80）审核组长负责编制审核报告，审核报告应提供完整、准确、简明和清晰的（　　）。

A. 审核结论　　B. 审核发现

C. 审核证据　　D. 审核记录

81）在末次会议之前，审核组可与受审核方领导层沟通，（　　），以澄清问题、求得共识。

A. 通报审核发现　　B. 通报审核结论

C. 介绍对受审核方管理体系的评价　　D. 以上全部

82）在多体系审核中，当审核员识别出与一个准则相关的审核发现时，应考虑到这一审核发现对其他管理体系中相应或类似准则的（　　）。

A. 关联性　　B. 可能影响

C. 不符合　　D. 以上全部

83）在审核中，适当时，审核组长应定期向受审核方和审核委托方沟通（　　）。

A. 出现的重大事故

B. 超出审核范围的情况

C. 审核进度、重要审核发现和任何关注

D. 以上全部

84）以下哪一项标志着现场审核的开始？（　　）

A. 审核组长接受审核任务　　B. 成文信息的评审

C. 审核组到了审核现场　　D. 召开首次会议

85）对于审核中发现有问题的有关信息，审核员应确保所记录的反映不符合事实的主要情节清楚，包括（　　）的必要信息。

A. 涉及的具体人员姓名　　B. 实现可追溯性

C. 实现审核目标　　D. 证实

86）根据不符合问题的严重性、影响程度，以及纠正措施的复杂程度，被验证信息的可信度，纠正措施的验证方式有（　　）。

A. 现场验证　　B. 书面验证

C. 在随后的审核时验证　　D. 以上全部

87）当所有策划的（　　）已经执行或出现与审核委托方约定的情形时（例如出现了妨碍完成审核计划的非预期情形），审核即告结束。

A. 审核计划　　B. 审核内容

C. 审核方案　　D. 审核活动

88）在审核期间，如果受审核方发生了与环境污染等有关的事故/事件和（或）引起新闻媒体及社会关注的事故/事件信息时，应及时向（　　）报告。

A. 认证机构　　B. 方案管理人员

C. 认证监管部门　　D. 当地执法部门

89）（　　）情况下，第一阶段审核可不在受审核方的现场进行。

A. 组织规模小

B. 对申请人的组织结构、过程、资源、重要影响因素及其控制方式等已有了足够了解

C. A + B

D. A 或 B

90）在末次会议，审核组长应向受审核方说明审核抽样的（　　）。

A. 风险性　　B. 局限性

C. 代表性　　D. 随机性

91）审核报告应分发至（　　）规定的有关相关方。

A. 审核方案　　B. 审核计划

C. A + B　　D. A 或 B

92）审核准备阶段的成文信息评审，应评审成文信息是否覆盖了审核范围并提供足够的信息来支持（　　）。

A. 审核目标　　B. 审核证据

C. 审核发现　　D. 审核结论

93）审核组长应根据审核方案中的信息和受审核方提供的成文信息，采用（　　）来策划审核。

A. 基于审核准则　　B. 基于风险的方法

C. 基于审核范围　　D. 以上全部

94）当制定统计抽样方案时，审核员能够接受的抽样风险水平是一个重要的考虑因素，这通常称为可接受的（　　）。

A. 抽样方案　　B. 置信水平

C. 风险水平　　D. 不确定性

95）审核计划的详细程度应反映审核的范围和复杂程度，以及（　　）。

A. 实施审核造成的受审核方的风险

B. 未实现审核目标的风险

C. 拟采用的审核方法

D. 对所策划的审核的任何后续活动

96）根据审核目标，审核结果可以表明采取纠正、（　　）的需求。

A. 纠正或改进措施　　B. 纠正和预防措施

C. 纠正措施或改进机会　　D. 纠正措施

97）审核抽样的目的是（　　），以使审核员确信能够实现审核目标。

A. 提供证据　　B. 提供信息

C. 以上皆是　　D. 以上皆非

98）审核计划中应包括或涉及拟采用的审核方法，包括为了获得足够的审核证据需要进行（　　）。

A. 审核抽样的程度　　B. 审核方案的设计

C. 审核人员的培训　　D. 抽样方案的设计

99）当要评价完成的表格与程序规定的要求的符合性时，如何抽样更加合适？（　　）

A. 统计抽样　　B. 随机抽样

C. 计量抽样　　D. 计数抽样

2. 多项选择题

1）典型的管理体系审核实施可以划分为以下哪几个阶段？（　　）

A. 审核的启动，审核活动的准备

B. 审核活动的实施，审核报告的编制与分发

C. 审核活动的监视，审核活动的改进

D. 审核的完成，审核后续活动的实施

2）审核启动时，确定审核的可行性应考虑的因素有（　　）。

A. 用于策划和实施审核的充分和适当的信息

B. 受审核方的充分合作

C. 实施审核所需的足够的时间

D. 实施审核所需的足够的资源

3）以下关于成文信息评审描述正确的是（　　）。(真题改进)

A. 成文信息评审可以包括以前的审核报告

B. 如果不影响审核实施的有效性，文件评审可以推迟至现场审核进行

C. 可以结合初访进行文件评审

D. 文件评审与组织的复杂程度有关

4）审核准备阶段成文信息评审的目的有（　　）。

A. 收集信息，以了解受审核方的运行，准备审核活动和适用的审核工作文件

B. 收集信息以支持审核活动

C. 了解成文信息的范围和程度的概况，以确定是否可能符合审核准则

D. 发现可能关注的区域，如缺陷、遗漏或冲突

5）在可行的情况下，审核员应考虑信息是否提供了充足的客观证据来证实要求已得到满足，例如，信息是否（　　）。

A. 完整　　　　B. 正确

C. 一致　　　　D. 现行有效

6）依据 GB/T 19011—2021 标准，对于（　　），审核策划的规模和内容可以不同。(真题改进)

A. 受审核方各部门的审核　　　　B. 按特定要求的审核

C. 初次审核和后续审核　　　　D. 内部和外部审核

7）在编制审核计划时，审核组长需要考虑（　　）。(真题改进)

A. 专业审核员的能力　　　　B. 审核对组织形成的风险

C. 多现场数量　　　　D. 认证费用

8）审核计划应当（　　）。

A. 经审核委托方批准

B. 在现场审核前提交给受审核方

C. 一经批准，在审核过程中不应变动

D. 任何修改均应当经过受审核方同意

9）以下哪些文件不需要在现场审核前通知受审核方？（　　）

A. 审核计划

B. 检查表

C. 审核组的审核工作文件和表式

D. 认证机构的审核方案

10）管理体系审核方式是指总体上如何进行审核的方式，常用的审核方式有（　　）。

A. 顺向追踪　　B. 逆向追溯

C. 按过程审核　　D. 按部门审核

11）审核组长应根据（　　），采用基于风险的方法来策划审核。

A. 审核方案中的信息　　B. 审核准则

C. 受审核方提供的成文信息　　D. 审核目标

12）审核计划的详细程度应反映（　　）。

A. 审核准则　　B. 审核的范围

C. 复杂程度　　D. 未实现审核目标的风险

13）审核组长与审核组协商后，应将审核具体过程、活动、职能或地点的职责，分配给每个成员。此项分配应兼顾（　　），以及审核员、实习审核员和技术专家的不同角色和职责。

A. 公正性、客观性　　B. 独立性、保密性

C. 审核员能力　　D. 资源的有效利用

14）对于结合审核，准备的工作文件应通过（　　）活动避免审核活动的重复。

A. 汇集不同准则的类似要求

B. 观察活动和周围的工作环境

C. 协调相关检查表和问卷的内容

D. 选择抽样方法并确定样本量

15）审核员在现场审核时，怎样使用检查表？（　　）

A. 把检查表提前交给受审核方，以便缩短审核时间

B. 把检查表作为审核的辅助工具

C. 按检查表中所列的问题进行提问，必要时可以偏离检查表

D. 不按检查表审核

16）审核员在现场审核时，怎样使用检查表？（　　）

A. 把检查表提前交给受审核方，以便他们做好准备

B. 把检查表作为审核的辅助工具

C. 严格按检查表中所列的问题逐个提问，然后进行检查

D. 检查表的使用不能限制现场审核活动的内容

17）依据 GB/T 19011—2021 标准，审核抽样的方法可以采用（　　）。（真题改进）

A. 判断抽样　　B. 序贯抽样

C. 统计抽样　　D. 连续抽样

18）抽样的风险是从总体中抽取的样本也许不具有代表性。其他风险可能源于（　　）。

A. 抽样总体内部的变异　　B. 抽样总体范围

C. 所选择的抽样方法　　D. 随机抽样

19）典型的审核抽样步骤包括（　　）。

A. 明确抽样的目标，选择抽样总体的范围和组成

B. 选择抽样方法，确定样本量

C. 进行抽样活动

D. 收集、评价和报告结果并形成文件

20）审核抽样时，应根据（　　）选择适当的样本。

A. 抽样方法　　B. 数据类型

C. 样本量　　D. 抽样目标

21）审核抽样时，对于判断抽样，可以考虑以下（　　）方面。

A. 在审核范围内的以前的审核经验

B. 组织的过程和管理体系要素的复杂程度及其相互作用

C. 以前识别的重大风险和改进的机会

D. 管理体系监视的输出

22）对于统计抽样，能影响审核抽样方案的因素是（　　）。

A. 组织所处的环境、规模、性质和复杂程度

B. 审核员的数量

C. 单次审核时间

D. 不良事件和/或意外事件的发生

23）当准备审核工作文件时，审核组应针对每份文件考虑下列哪些问题?（　　）

A. 使用这份工作文件时将产生哪些审核记录

B. 哪些审核活动与此特定的工作文件相关联

C. 谁将是此工作文件的使用者

D. 准备此工作文件需要哪些信息

24）统计抽样一般分为（　　）。

A. 简单随机抽样　　B. 系统抽样

C. 分层抽样　　D. 整群抽样

25）“明确总体，合理抽样”中，“合理抽样”体现在以下哪些方面？（　　）

A. 保证样本有一定的量，通常抽 3 ~ 12 个样本

B. 分层抽样

C. 独立随机抽样

D. 覆盖全面

26）审核活动的实施包括（　　）。

A. 举行首次会议

B. 实施审核时的成文信息评审

C. 收集和验证信息、形成审核发现

D. 确定审核结论、举行末次会议

27）依据 GB/T 19011—2021 标准，首次会议的目的包括（　　）。(真题改进)

A. 确认所有参与者（如受审核方、审核组）同意审核计划

B. 介绍审核组及其角色

C. 确保所有策划的审核活动能够实施

D. 为审核组分配工作

28）据 GB/T 19011—2021 标准，当获得的审核证据表明不能达到审核目标时，审核组长应向（　　）报告理由以确定适当的措施。(真题改进)

A. 审核委托方　　B. 认证机构

C. 受审核方　　D. 审核方案管理人员

29）在审核期间，可能有必要对（　　）之间的沟通做出正式安排，尤其是法律法规要求强制性报告不符合的情况。

A. 审核组与受审核方　　B. 审核组与审核委托方

C. 审核组与可能的外部相关方　　D. 审核组内部

30）当获得的审核证据表明不能达到审核目标时，审核组长应向审核委托方和受审核方报告理由以确定适当的措施。这些措施可以是（　　）。

A. 审核策划变更　　B. 审核目标变更

C. 审核范围变更　　D. 终止审核

31）所选择的审核方法取决于所确定的（　　）。

A. 审核目标　　B. 审核范围

C. 审核准则　　D. 持续时间和场所

32）文件评审的作用不是为了确定（　　）。(真题改进)

A. 确定文件所述的体系与审核准则的符合性

B. 受审核方的管理体系运行的有效性

C. 受审核方的管理体系的充分性

D. 受审核方的管理体系与审核准则的适宜性

33）在审核中，应通过适当的抽样收集与（　　）有关的信息，包括与职能、活动和过程间的接口有关的信息，并应尽可能加以验证。

A. 审核目标　　B. 审核原则

C. 审核范围　　D. 审核准则

34）如果在现场访问期间发生事件，审核组长应与受审核方（如果需要，包括审核委托方）一起评审该状况，就是否（　　）达成一致。

A. 中断审核　　B. 重新安排审核

C. 继续审核　　D. 终止审核

35）审核中所收集信息的代表性、相关性、（　　），将影响审核实施的有效性。

A. 充分性　　B. 适宜性

C. 真实性　　D. 符合性

36）观察包括听、嗅、触、看多种方法的综合应用，即（　　）。

A. 听声音　　B. 闻气味

C. 四肢的接触　　D. 观察现场状况

37）提问的技巧包括（　　）。

A. 开放式提问　　B. 刺激式提问

C. 封闭式提问　　D. 澄清式提问

38）审核活动的控制包括（　　）。

A. 明确总体、合理抽样　　B. 注意相关影响

C. 审核客观性控制　　D. 审核气氛、纪律的控制

39）依据 GB/T 19011—2021 标准，针对审核中的不符合，以下哪些是正确的？（　　）

A. 应记录不符合

B. 应记录支持不符合的审核证据

C. 应对不符合进行分类，分类包括“管理类”和“技术类”

D. 应与受审核方一起评审不符合

40）当确定审核发现时，应考虑（　　）。（真题改进）

A. 以往审核记录和结论的跟踪

B. 审核委托方的要求

C. 样本量

D. 非常规实践的发现，或改进的机会

41）依据 GB/T 19011—2021 标准，对于符合性的记录，应考虑的内容包括（　　）。（真题改进）

A. 对判断符合的审核准则的描述或引用

B. 支持符合性和有效性的审核证据（适用时）

C. 所有的审核发现

D. 符合性陈述（适用时）

42）依据 GB/T 19011—2021 标准，对于不符合性的记录，应考虑的内容包括（　　）。

A. 描述或引用审核准则

B. 审核证据

C. 不符合陈述

D. 相关的审核发现（适用时）

43）不符合条款判定原则包括（　　）。

A. 以客观事实为依据，不增加信息，不减少信息

B. 就近不就远。有适用的具体条款，就不再用综合性条款

C. 审核中查出不符合事实，又发现不符合原因，应按原因适用的条款判定

D. 事实陈述、判定的条款和理由三者相一致

44）审核组在末次会议之前应充分讨论，内容包括（　　）。

A. 根据审核目标，评审审核发现和审核期间收集的任何其他适当信息

B. 考虑审核过程中固有的不确定因素，对审核结论达成一致

C. 如果审核计划中有规定，提出建议

D. 讨论审核后续活动（如适用）

45）末次会议前，确定审核结论。审核结论应陈述以下哪些内容？（　　）

A. 管理体系与审核准则的符合程度和其稳健程度

B. 管理体系的有效实施、保持和改进

C. 审核目标的实现情况、审核范围的覆盖情况和审核准则的履行情况

D. 如果审核计划中有规定，审核结论可提出改进的建议或今后审核活动的建议

46）末次会议应向受审核方说明下列哪些内容？（　　）

A. 以受审核方管理者理解和认同的方式提出审核发现和审核结论

B. 任何相关的审核后续活动（例如，纠正措施的实施和评审、审核投诉的处理、申诉的过程）

C. 应讨论审核组与受审核方之间关于审核发现或审核结论的分歧，并尽可能予以解决。如果不能解决，应予以记录

D. 如果审核目标有规定，可以提出改进机会的建议，并强调该建议没有约束性

47）审核启动时，与受审核方建立联系的目的有（　　）。

A. 确认实施审核的权限

B. 提供有关审核目标、范围、准则、方法和审核组组成（包括任何技术专家）的相关信息

C. 请求有权使用用于策划的相关信息，包括关于组织已识别的风险和机遇以及如何应对这些风险和机遇的信息

D. 确定与受审核方的活动、过程、产品和服务有关的适用法律法规要求和其他要求

48）审核启动时，建立与受审核的初步联系，包括（　　）。

A. 确认实施审核的权限

B. 提供有关审核目标、范围、准则、方法和审核组组成的相关信息

C. 对审核做出安排

D. 确定审核计划和审核工作文件

49）首次会议由审核组长主持，应对以下（　　）内容进行确认。

A. 审核目标、范围和准则

B. 审核组和受审核方之间的正式沟通渠道

C. 对审核组的关于访问、健康和安全、安保、紧急情况和其他的安排

D. 审核组和认证机构之间的正式沟通渠道

50）在审核中，适当时，审核组长应定期向（　　）沟通进度、重要审核发现和任何关注。

A. 审核方案管理人员　　　　B. 受审核方

C. 审核委托方　　　　D. 审核机构

51）实施审核时，应评审受审核方的相关成文信息，以（　　）。

A. 确定文件所述的体系与审核准则的符合性

B. 收集运行实施的证据

C. 收集信息以支持审核活动

D. 确定文件所述的体系的适宜性

52）审核中，与成文信息有关的信息源可以是（　　）。

A. 方针和目标　　　　B. 合同和订单

C. 检验记录　　　　D. 规范、图纸

53）末次会议的目的是（　　）。

A. 向受审核方说明审核情况，以使其能够清楚地理解审核的结果

B. 向受审核方正式宣布审核结果和审核结论

C. 提出纠正措施要求

D. 提出证后监督审核要求（认证的第三方审核时）

54）审核结论应陈述的内容包括（　　）。

A. 管理体系与审核准则的符合程度和其稳健程度

B. 管理体系的有效实施、保持和改进

C. 审核目标的实现情况、审核范围的覆盖情况和审核准则的履行情况

D. 为识别趋势，在已审核的不同区域中获得的类似审核发现

55）审核组长应对审核过程进行控制，主要包括（　　）。

A. 审核计划的控制　　B. 审核活动的控制

C. 审核有效性的控制　　D. 审核结果的控制

56）收集和验证信息的过程是通过（　　）三个子过程把来自信息源的输入转化为审核结论的过程。

A. 通过适当抽样收集信息　　B. 对照审核准则进行评价

C. 得出审核发现　　D. 评审

57）在审核中，应通过适当的抽样收集并验证（　　）。

A. 与审核目标、范围和准则有关的信息

B. 包括与职能、活动和过程间接口有关的信息

C. 审核发现

D. 不符合及纠正措施

58）审核员应根据所承担的审核任务的范围和复杂程度确定充分适宜的信息源，信息源可包括（　　）。

A. 与员工及其他人员的面谈

B. 观察活动和周围工作环境和条件

C. 成文信息、记录

D. 有关受审核方抽样方案和抽样、测量过程的控制程序的信息

59）为获得审核证据，审核员在需要时应对收集的信息进行验证，验证方法通常可包括（　　）。

A. 观察实际操作情况与文件规定的符合性验证

B. 审核记录与文件规定的符合性的验证

C. 通过必要的实际测量来证实

D. 通过受审核方送样

60）不符合报告的哪些内容由审核员填写？（　　）

A. 不符合事实的描述　　B. 审核准则的具体要求

C. 不符合的分级　　D. 不符合原因分析

61）当审核计划有规定时，具体的审核发现应包括（　　）。

A. 符合项及支持证据　　B. 良好实践及支持证据

C. 改进机会　　D. 对受审核方提出的任何建议

62）在编制审核计划（审核策划）时，审核组长应考虑（　　）。

A. 审核组的组成及其整体能力

B. 适当的抽样技术

C. 受审核方的实际情况

D. 实施审核造成的受审核方的风险

63）实施成文信息评审时，审核员应考虑信息的（　　）。

A. 完整性　　B. 正确性

C. 一致性　　D. 现行有效性

64）审核中的合理抽样体现在（　　）。

A. 覆盖全面，保证样本有一定的量　　B. 分层抽样

C. 适度均衡抽样　　D. 独立随机抽样

65）在审核过程中形成的记录，可以有（　　）等。

A. 审核计划　　B. 检查表与审核记录

C. 不符合报告　　D. 会议记录、审核报告

66）审核报告中应包括或引用的内容有（　　）。

A. 审核目标、范围、准则

B. 审核发现和相关证据、审核结论

C. 审核组与受审核方之间未解决的分歧意见

D. 审核本质上是一种抽样活动；因此，存在被查验的审核证据不具代表性的风险

3. 问答题

1）审核有几个阶段？每个阶段包括哪些活动？

2）审核准备阶段成文信息评审的目的、内容是什么？

3）审核计划应包括哪些内容？

4）第一、第二阶段审核的目的和侧重点是什么？

5）审核有几种方式？

6）检查表的作用和主要内容是什么？

7）现场审核的方法有哪几种？试举例说明。

8）如何评价受审核方管理体系的有效性？

9）不符合报告包括哪些内容？

10）审核报告包括哪些内容？

11）简述管理体系认证过程和审核过程的内容及相互关系。

12）如何做好审核活动实施过程的控制？

13）如何做好对受审核方组织环境的审核？

14）审核组长与受审核方建立联系时，应考虑哪些方面？确定审核的可行性时要考虑哪些因素？

答案点拨解析

1. 单项选择题

题号	答案	解析
1	C	见本书 9.1 节（或 8.1 节图 8-1）
2	C	见本书 9.2.1 节方框中 GB/T 19011—2021 标准 6.2.2 条款
3	B	见本书 9.2.2 节方框中 GB/T 19011—2021 标准 6.2.3 条款
4	B	见本书 9.2 节。“组织审核组，任命审核组长”属于实施审核方案开展的工作；C、D 项属于审核的启动
5	D	理解题，参见本书 9.3.1 节方框中 GB/T 19011—2021 标准 6.3.1 条款
6	A	见本书 9.3.1 节方框中 GB/T 19011—2021 标准 6.3.1 条款
7	A	参见本书 9.3.2 节之 3 之 5)
8	D	理解题，参见本书 9.3.2 节方框中 GB/T 19011—2021 标准 6.3.2.1 条款
9	D	理解题，参见本书 9.3.2 节方框中 GB/T 19011—2021 标准 6.3.2.1 条款
10	C	参见本书 9.3.2 节方框中 GB/T 19011—2021 标准 6.3.2.2 条款：审核计划的任何问题应当在审核组长、受审核方和（如有必要）审核方案管理人员之间解决
11	B	参见本书 9.3.2 节之 3 之 5)。审核计划在现场审核前提交受审核方，检查表、审核组的审核工作文件和表式不需提供给受审核方
12	B	参见本书 9.3.2 节之 2
13	B	参见本书 9.3.2 节方框中 GB/T 19011—2021 标准 6.3.2.1 条款：审核计划的详细程度应反映审核的范围和复杂程度，以及未实现审核目标的风险
14	D	参见本书 9.3.2 节之 2。审核计划包括在考虑与拟审核的活动有关的风险和机遇的基础上配置适当的资源等内容，但不需编写审核风险的分析与报告
15	D	参见本书 9.3.2 节方框中 GB/T 19011—2021 标准 6.3.2.1 条款
16	A	参见本书 9.3.4 节之 2 之 6)
17	B	参见本书 9.3.4 节方框 1 中 GB/T 19011—2021 标准 6.3.4 条款：审核组成员应收集和评审与其审核任务有关的信息，并利用任何适当的载体为审核准备成文信息
18	B	参见本书 9.3.4 节之 2 之 6)
19	C	见本书 9.3.4 节方框 2 中 GB/T 19011—2021 标准附录 A.6.3 条款
20	B	见本书 9.3.4 节之 3

（续）

题号	答案	解析
21	C	见本书9.3.4节方框2中GB/T 19011—2021标准附录A.6.1条款
22	D	见本书9.3.4节方框2中GB/T 19011—2021标准附录A.6.1条款：审核可以采用判断抽样或者统计抽样
23	D	见本书9.3.4节方框2中GB/T 19011—2021标准附录A.6.2条款
24	D	见本书9.3.4节方框2中GB/T 19011—2021标准附录A.6.2条款
25	A	见本书9.3.4节方框2中GB/T 19011—2021标准附录A.6.3条款
26	C	见本书9.3.4节方框2中GB/T 19011—2021标准附录A.6.3条款
27	D	见本书9.4节开头。审核组工作分配属于审核活动的准备
28	C	见本书9.4节开头。验证不符合项纠正的有效性属于审核后续活动，不属于审核活动的实施
29	D	见本书9.4.1节方框中GB/T 19011—2021标准6.4.2条款，观察员不能代表受审核方对审核进行见证
30	D	见本书9.4.1节方框中GB/T 19011—2021标准6.4.2条款。向导可以协助收集信息，但不是收集审核证据
31	D	见本书9.4.2节方框中GB/T 19011—2021标准6.4.3条款
32	C	见本书9.4.2节方框中GB/T 19011—2021标准6.4.3条款。“对不符合项采取纠正措施的要求”是末次会议的内容
33	C	见本书9.4.2节方框中GB/T 19011—2021标准6.4.3条款。A、B项是审核活动准备的内容
34	B	见本书9.4.3节方框中GB/T 19011—2021标准6.4.4条款
35	D	见本书9.4.3节方框中GB/T 19011—2021标准6.4.4条款
36	C	参考本书9.4.3节方框中GB/T 19011—2021标准6.4.4条款。对出现的可能变更审核计划的需求，应与审核组长、受审核方沟通
37	A	理解题，参见本书9.4.3节方框中GB/T 19011—2021标准6.4.4条款
38	C	见本书9.4.3节方框中GB/T 19011—2021标准6.4.4条款
39	C	见本书9.4.3节方框中GB/T 19011—2021标准6.4.4条款
40	A	见本书9.4.3节方框中GB/T 19011—2021标准6.4.4条款。在审核中，适当时，审核组长应定期向受审核方和审核委托方沟通进度、重要审核发现和任何关注。请注意：是“适当时”，而不是“必须”
41	D	见本书9.4.3节方框中GB/T 19011—2021标准6.4.4条款
42	B	见本书9.4.3节方框中GB/T 19011—2021标准6.4.4条款
43	B	见本书9.4.4节方框2中GB/T 19011—2021标准附录A.1条款

（续）

题号	答案	解析
44	B	见本书9.4.5节方框中GB/T 19011—2021标准6.4.6条款
45	D	见本书9.4.5节方框中GB/T 19011—2021标准6.4.6条款。成文信评审由审核组成员进行
46	A	见本书9.4.5节之3。在现场审核前及现场审核时都应进行成文信息评审
47	C	见本书9.4.6节方框中GB/T 19011—2021标准6.4.7条款。管理体系审核收集信息的方法包括访谈、观察、成文信息评审
48	C	见本书9.4.6节方框中GB/T 19011—2021标准6.4.7条款
49	B	受审核方供应商的说法需要证实
50	B	见本书9.4.6节方框4中GB/T 19011—2021标准附录A.17条款
51	D	B、C项不在质量管理体系范围；陪同人员的说法需要证实
52	A	见本书9.4.6节方框1中GB/T 19011—2021标准6.4.7条款
53	B	见本书9.4.6节方框2中GB/T 19011—2021标准附录A.14条款
54	B	见本书9.4.7节方框1中GB/T 19011—2021标准6.4.8条款
55	A	见本书9.4.7节方框1中GB/T 19011—2021标准6.4.8条款
56	D	见本书9.4.7节方框1中GB/T 19011—2021标准6.4.8条款
57	C	见本书9.4.7节方框2中GB/T 19011—2021标准附录A.18.2条款
58	C	参见本书9.4.4节方框2中GB/T 19011—2021标准附录A.1条款。审核方法包括访谈、观察、成文信息评审等
59	C	参见本书9.4.4节方框2中GB/T 19011—2021标准附录A.1条款
60	D	见本书9.4.9节方框中GB/T 19011—2021标准6.4.10条款
61	D	见本书9.5节
62	C	见本书9.5.2节方框中GB/T 19011—2021标准6.5.2条款
63	D	见本书9.6节方框中GB/T 19011—2021标准6.6条款
64	B	见本书9.6节方框中GB/T 19011—2021标准6.6条款
65	A	见本书9.6节方框中GB/T 19011—2021标准6.6条款
66	A	见本书9.6节方框中GB/T 19011—2021标准6.6条款
67	C	见本书9.7节方框中GB/T 19011—2021标准6.7条款
68	D	见本书9.3.4节方框2中GB/T 19011—2021标准附录A.6.3条款，统计抽样包括计量抽样、计数抽样
69	A	见本书9.3.4节方框2中GB/T 19011—2021标准附录A.6.2条款：判断抽样（老标准：条件抽样）依赖于审核组的能力和经验
70	C	见本书9.1节开头

（续）

题号	答案	解析
71	A	见本书9.3.3节方框中GB/T 19011—2021标准6.3.3条款
72	B	见本书9.3.1节方框1中GB/T 19011—2021标准6.3.1条款
73	D	见本书6.3.3节、6.3.4节，对于多场所组织，当每个场所均运行非常相似的过程、活动时，允许对这组场所抽样，否则不能抽样
74	D	见本书9.2.1节方框中GB/T 19011—2021标准6.2.2条款
75	B	见本书9.2节开头
76	D	见本书9.3.4节方框1中GB/T 19011—2021标准6.3.4条款
77	D	见本书9.7节方框中GB/T 19011—2021标准6.7条款
78	A	见本书9.3.4节之3之3）
79	B	见本书9.4节开头
80	D	见本书9.5.1节方框中GB/T 19011—2021标准6.5.1条款
81	D	见本书9.4.9节之3之8）
82	B	见本书9.4.7节方框2中GB/T 19011—2021标准附录A.18.4条款
83	C	见本书9.4.3节方框中GB/T 19011—2021标准6.4.4条款
84	D	见本书9.4.2节之1
85	B	见本书9.4.6节之5之3）
86	D	见本书9.7节之2
87	D	见本书9.6节方框中GB/T 19011—2021标准6.6条款
88	C	见本书9.4.3节之2之7）
89	D	见本书5.5.3节之1之4）
90	B	见本书5.5.4节之6之3）之⑦
91	D	见本书9.5.2节方框中GB/T 19011—2021标准6.5.2条款
92	A	见本书9.3.1节之5之5）
93	B	见本书9.3.2节方框中GB/T 19011—2021标准6.3.2条款
94	B	见本书9.3.4节方框2中GB/T 19011—2021标准附录A.6.3条款
95	B	见本书9.3.2节方框中GB/T 19011—2021标准6.3.2.1条款
96	C	见本书9.7节方框中GB/T 19011—2021标准6.7条款
97	B	见本书9.3.4节方框2中GB/T 19011—2021标准附录A.6.1
98	A	见本书9.3.2节方框中GB/T 19011—2021标准6.3.2.2之f）条款
99	D	见本书9.3.4节方框2中GB/T 19011—2021标准A.6.3条款

2. 多项选择题

题号	答案	解析
1	ABD	见本书9.1节
2	ABCD	见本书9.2.2节方框中GB/T 19011—2021标准6.2.3条款
3	ABCD	见本书9.3.1节之3、4
4	ACD	见本书9.3.1节方框1中GB/T 19011—2021标准6.3.1条款。“收集信息以支持审核活动”属于实施审核时的成文信息评审
5	ABCD	见本书9.3.1节方框2中GB/T 19011—2021标准附录A.5
6	CD	见本书9.3.2节方框中GB/T 19011—2021标准6.3.2.2条款
7	ABC	参见本书9.3.2节方框中GB/T 19011—2021标准6.3.2.1条款
8	ABD	参见本书9.3.2节之3之5)
9	BCD	理解题，参见本书9.3.2节之3之5)。审核计划在现场审核前提交受审核方，检查表、审核组的审核工作文件和表式、审核方案不需提供给受审核方
10	ABCD	参见本书9.3.2节之4
11	AC	参见本书9.3.2节方框中GB/T 19011—2021标准6.3.2.1条款
12	BCD	参见本书9.3.2节方框中GB/T 19011—2021标准6.3.2.1条款
13	ACD	参见本书9.3.3节方框中GB/T 19011—2021标准6.3.3条款
14	AC	见本书9.3.4节方框3中GB/T 19011—2021标准附录A.13
15	BC	见本书9.3.4节之2之6)
16	BD	见本书9.3.4节之2之6)
17	AC	见本书9.3.4节方框2中GB/T 19011—2021标准附录A.6.1条款：审核可以采用判断抽样或者统计抽样
18	AC	见本书9.3.4节方框2中GB/T 19011—2021标准附录A.6.1条款
19	ABCD	见本书9.3.4节方框2中GB/T 19011—2021标准附录A.6.1条款
20	AB	见本书9.3.4节方框2中GB/T 19011—2021标准附录A.6.1条款
21	ABCD	见本书9.3.4节方框2中GB/T 19011—2021标准附录A.6.2条款
22	ABCD	见本书9.3.4节方框2中GB/T 19011—2021标准附录A.6.3条款
23	ABCD	见本书9.3.4节方框3中GB/T 19011—2021标准附录A.13条款
24	ABCD	见本书9.3.4节之3之3)
25	ABCD	见本书9.3.4节之3之4)
26	ABCD	见本书9.4节开头
27	ABC	见本书9.4.2节方框中GB/T 19011—2021标准6.4.3条款
28	AC	见本书9.4.3节方框中GB/T 19011—2021标准6.4.4条款
29	ABCD	见本书9.4.3节方框中GB/T 19011—2021标准6.4.4条款

（续）

题号	答案	解析
30	ABCD	见本书9.4.3节方框中GB/T 19011—2021标准6.4.4条款
31	ABCD	见本书9.4.4节方框1中GB/T 19011—2021标准6.4.5条款
32	BCD	见本书9.4.5节方框中GB/T 19011—2021标准6.4.6条款
33	ACD	见本书9.4.6节方框1中GB/T 19011—2021标准6.4.7条款
34	ABC	见本书9.4.6节方框3中GB/T 19011—2021标准附录A.15条款
35	ABC	见本书9.4.6节之1
36	ABCD	见本书9.4.6节之3之2）
37	ACD	见本书9.4.6节之6之1）
38	ABCD	见本书9.4.6节之7之2）
39	ABD	见本书9.4.7节方框1中GB/T 19011—2021标准6.4.8条款。对不符合分类不是强制的
40	ABCD	见本书9.4.7节方框2中GB/T 19011—2021标准附录A.18.1条款
41	ABD	见本书9.4.7节方框2中GB/T 19011—2021标准附录A.18.2条款
42	ABCD	见本书9.4.7节方框2中GB/T 19011—2021标准附录A.18.3条款
43	ABCD	见本书9.4.7节之5
44	ABCD	见本书9.4.8节方框中GB/T 19011—2021标准6.4.9.1条款
45	ABCD	见本书9.4.8节方框中GB/T 19011—2021标准6.4.9.2条款
46	ABCD	见本书9.4.9节方框中GB/T 19011—2021标准6.4.10条款
47	ABCD	见本书9.2.1节方框中GB/T 19011—2021标准6.2.2条款
48	ABC	见本书9.2.1节方框中GB/T 19011—2021标准6.2.2条款
49	ABC	见本书9.4.2节方框中GB/T 19011—2021标准6.4.3条款
50	BC	见本书9.4.3节方框中GB/T 19011—2021标准6.4.4条款
51	AC	见本书9.4.5节方框中GB/T 19011—2021标准6.4.6条款
52	ABCD	见本书9.4.6节方框2中GB/T 19011—2021标准附录A.14条款之c）
53	ABCD	见本书9.4.9节之1
54	ABCD	见本书9.4.8节方框中GB/T 19011—2021标准6.4.9.2条款
55	ABD	见本书9.4.6节之7
56	ABD	见本书9.4.6节方框1中GB/T 19011—2021标准6.4.7条款中图2
57	AB	见本书9.4.6节方框1中GB/T 19011—2021标准6.4.7条款第一句话
58	ABCD	见本书9.4.6节方框2中GB/T 19011—2021标准附录A.14条款
59	ABC	见本书9.4.6节之4
60	ABC	见本书9.4.7节之6

（续）

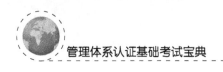

题号	答案	解析
61	ABCD	见本书9.4.7节方框1中GB/T 19011—2021标准6.4.8条款
62	ABD	见本书9.3.2节之1之3)
63	ABCD	见本书9.3.1节方框2中GB/T 19011—2021标准附录A.5条款
64	ABCD	见本书9.3.4节之3之4)
65	ABCD	见本书9.6节之2
66	ABCD	见本书9.5.1节方框中GB/T 19011—2021标准6.5.1条款

3. 问答题

1）参见本书9.1节。

审核有6个阶段：审核的启动、审核活动的准备、审核活动的实施、审核报告的编制与分发、审核的完成、审核后续活动的实施。

各阶段的活动有：

① 审核的启动包括与受审核方建立联系、确定审核的可行性。

② 审核活动的准备包括审核准备阶段的成文信息评审、审核的策划、审核组工作分配、准备审核所需的成文信息。

③ 审核活动的实施包括为向导和观察员分配角色和职责、举行首次会议、审核中的沟通、审核信息的可获取性和访问、实施审核时的成文信息评审、收集和验证信息、形成审核发现、确定审核结论、举行末次会议。

④ 审核报告的编制和分发包括审核报告的编制、审核报告的分发。

⑤ 审核的完成。当所有策划的审核活动已经执行或出现与审核委托方约定的情形时（例如出现了妨碍完成审核计划的非预期情形），审核即告结束。

⑥ 审核后续活动的实施包括受审核方在商定的时间内，对不符合的纠正、原因分析和纠正措施，以及审核委托方的评审和验证。

2）见本书9.3.1节。

① 审核准备阶段成文信息评审的目的。

审核准备阶段成文信息评审的目的主要有两个方面：

a）收集信息，例如过程、职能方面的信息，以了解受审核方的运行，准备审核活动和适用的审核工作文件，如编制审核计划，准备审核检查表。

b）了解成文信息的范围和程度的概况，以确定是否可能符合审核准则，并发现可能关注的区域，如缺陷、遗漏或冲突。

② 审核准备阶段成文信息评审的内容。

审核准备阶段评审的成文信息应包括但不限于：管理体系文件和记录，以及以前的审核报告。评审应考虑受审核方组织所处的环境，包括其规模、性质和复杂程度，以及相关风险和机遇，还应考虑审核范围、准则和目标，如监督审核通常只对更改的文件进行评审。

3）见9.3.2节。

审核计划应包括或涉及以下内容：

① 审核目标。

② 审核范围，包括组织及其职能的识别，以及受审核的过程。

③ 审核准则和引用的成文信息。

④ 拟实施审核活动的位置、日期、预期时间和持续时间，包括与受审核方管理者的会议。

⑤ 拟采用的审核方法，包括为了获得足够的审核证据需要进行审核抽样的程度。

⑥ 审核组成员以及向导和观察员或翻译人员的角色和职责。

⑦ 在考虑与拟审核的活动有关的风险和机遇的基础上配置适当的资源。

4）见本书5.5.3节表5-4。

① 第一阶段审核的目的和侧重点。

第一阶段审核的目的有：

a）了解受审核方管理体系的基本情况。

b）确定受审核方对审核的准备程度。

c）确定第二阶段审核的可行性和第二阶段审核的关注点。

第一阶段审核的侧重点有（见GB/T 27021.1标准9.3.1.2.2条款）：

a）审查客户的文件化的管理体系信息。

b）评价客户现场的具体情况，并与客户的人员进行讨论，以确定第二阶段的准备情况。

c）审查客户理解和实施标准要求的情况，特别是对管理体系的关键绩效或重要的因素、过程、目标和运作的识别情况。

d）收集关于客户的管理体系范围的必要信息。

e）审查第二阶段所需资源的配置情况，并与客户商定第二阶段的细节。

f）结合管理体系标准或其他规范性文件充分了解客户的管理体系和现场运作，以便为策划第二阶段提供关注点。

g）评价客户是否策划和实施了内部审核与管理评审，以及管理体系的实施程度能否证明客户已为第二阶段做好准备。

② 第二阶段审核的目的和侧重点。

第二阶段审核的目的有：

a）评价受审核方管理体系的实施情况，包括有效性。

b）确定是否可以推荐认证注册。

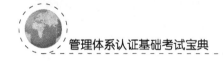

第二阶段审核至少包括以下内容（侧重点，见 GB/T 27021.1 标准 9.3.1.3 条款）：

a）与适用的管理体系标准或其他规范性文件的所有要求的符合情况及证据。

b）依据关键绩效目标和指标，对绩效进行的监视、测量、报告和评审。

c）受审核方管理体系的能力以及在符合适用法律法规要求和合同要求方面的绩效。

d）受审核方过程的运作控制。

e）内部审核和管理评审。

f）受审核方针对方针的管理职责。

5）见本书 9.3.2 节之 4。

审核方式是指总体上如何进行审核的方式，常用的有顺向追踪、逆向追溯、按过程审核、按部门审核四种审核方式。

① 按部门审核的方式。这种方式以部门为单位进行审核，即在某一部门，针对涉及该部门的有关过程进行审核。这种方式为多数组织所采纳。

② 按过程审核的方式。按过程审核是以过程为线索进行审核，即针对同一过程的不同环节到各个部门进行审核，以便做出对该过程的审核结论。

③ 顺向追踪。顺向追踪的方式是按体系运行的顺序进行审核，即按计划→实施→结果的顺序审核。

④ 逆向追溯。逆向追溯的方式是按体系运作的相反方向进行审核，即按结果→实施→策划的反向顺序审核。

6）见本书 9.3.4 节之 2。

① 检查表的作用。

检查表确定了具体审核任务实施的路线、内容与方法的框架，用于对审核员实施审核的提示和参考。作用有：

a）保持审核目标的清晰和明确。

b）保持审核内容的周密和完整。

c）保持审核节奏和连续性。

d）减少审核员的偏见和随意性。

e）作为审核实施的记录存档。

② 检查表的内容。

检查表的内容可包括：

a）审核的场所、部门、过程、活动——到哪儿查。

b）审核的对象——找谁查。

c）审核的项目或问题——查什么。

d）审核的方法（包括抽查计划）——怎么查。

7）见本书9.4.6节。

现场审核的方法有访谈、观察、成文信息评审。举例说明：

① 访谈：与员工、管理者及其他当事人面谈和提问，认真倾听受审核方的陈述。比如，请总经理介绍管理评审的情况。

② 观察：在现场对受审核方过程活动的观察，周围工作条件环境的观察；要有充足的时间和专业知识与能力在现场观察，以获得真实的信息。例如，在实验室观察实验员进行试验的情况。

③ 成文信息评审：查阅并评审相关文件；查阅相关记录；查阅数据汇总和分析的情况；查阅受审核方抽样的信息，过程控制程序和测量过程信息。例如，在质检室查阅和评审进料检验记录，检查记录的完整性和真实性，检查记录的数据与相关文件规定的符合性。

8）见本书9.4.8节之2。

从以下方面评价受审核方管理体系的有效性：

① 管理体系文件化信息与标准的符合性。

② 方针、目标指标的适宜性和实现情况及能力。

③ 管理体系达到预期结果的情况。

④ 管理体系绩效符合要求的程度。

⑤ 相关方满意度。

⑥ 管理体系运行结果的合规性，尤其是主要过程、关键因素、风险的控制情况。

⑦ 内审、管理评审、纠正措施等自我完善和持续改进机制的有效性。

⑧ 管理者和员工的意识和参与情况。

⑨ 相关方对受审核组织有关的投诉、抱怨情况。

9）见本书9.4.7节之6。

不符合报告的内容一般包括：

① 受审核方名称。

② 受审核的部门或问题发生的地点。

③ 审核员和向导。

④ 审核日期。

⑤ 不符合事实的描述，描述应准确具体，包括发生的时间、地点、涉及的人员（一般不写人名而写职务、工号等）、事情发生的细节。

⑥ 不符合的审核准则（如标准、文件等的名称和条款）。

⑦ 不符合的严重程度。

⑧ 审核员签字、审核组长认可签字和受审核方确认签字。

⑨ 纠正措施要求的说明。

⑩ 不符合原因分析。

⑪ 纠正措施计划及预计完成日期。

⑫ 纠正措施的完成情况及验证记录。

10）见本书 9.5.1 节。

审核报告主要包括或引用以下内容：

① 审核目标。

② 审核范围，特别是明确受审核的组织（受审核方）和职能或过程。

③ 明确审核委托方。

④ 明确审核组和受审核方在审核中的参与者。

⑤ 进行审核活动的日期和地点。

⑥ 审核准则。

⑦ 审核发现和相关证据。

⑧ 审核结论。

⑨ 对审核准则遵循程度的陈述。

⑩ 审核组与受审核方之间未解决的分歧意见。

⑪ 审核本质上是一种抽样活动；因此，存在被查验的审核证据不具代表性的风险。

11）解题参见 5.5 节、9.1 节。

① 管理体系认证分为 6 个主要过程：认证前的活动、初次认证策划、审核实施、认证决定、监督认证和再认证。

② 管理体系审核分为 6 个阶段：审核的启动、审核活动的准备、审核活动的实施、审核报告的编制与分发、审核的完成、审核后续活动的实施。

③ 管理体系认证过程和审核过程的相互关系：管理体系认证过程包括了管体系审核的全部过程。审核过程是认证的一个关键过程。认证过程需要通过审核过程来实现。审核过程的结果是认证过程是否通过的一个重要依据。

12）解题参见 9.4.6 节之 7，这里不再重复。

13）解题参考 9.4.7 节中 GB/T 19011—2021 标准 A.8 条款。

① 应确认受审核方是否建立了确定、监视和评审其组织环境（包括有关相关方的需求和期望以及外部和内部因素）的过程，这些过程是否有效实施，过程的结果是否为管理体系范围的确定以及管理体系的建立提供了可靠的基础。

② 审核员应考虑收集与下列有关的客观证据：

a）受审核方确定、监视和评审其组织环境的过程。

b）受审核方确定、监视和评审其组织环境的人员的适宜性和能力。

c）受审核方确定、监视和评审其组织环境的结果。

d）受审核方对结果的应用，以确定管理体系的范围和建立。

e）适当时，受审核方对所处环境进行定期评审。

这里对考生做个提醒，GB/T 19011—2021 标准 A.7、A.8、A.9、A.10、A.12、A.16 条款（见 9.4.7 节）是对管理体系相同的核心条款的审核要求，最好能够记住。

14）解题参见 9.2.1 节中 GB/T 19011—2021 标准 6.2.2 条款、9.2.2 节中 GB/T 19011—2021 标准 6.2.3 条款。

第10章 审核关键技术

考试大纲要求

审核关键技术的核心内容及审核方法的掌握，审核技术在各类认证活动中的应用。

考点知识讲解

10.1 概述

《审核概论》一书认为，审核关键技术的核心是**评价技术**。这项技术与认证领域内涉及的专业有关，与审核方法有关，与审核能力涉及的知识和技能有关。

10.1.1 与审核技术有关的几个基本概念

1. 技术

广义的定义：技术是人们为了满足自身的需求和愿望，遵循自然规律，在长期利用和改造自然的过程中积累起来的知识、经验、技巧和手段，是人们实现目的的操作方法，包括相关的理论知识、操作经验及技巧。

简明的定义：技术是为某一目的共同协作组成的各种工具和规则体系。

技术的三个主要特点，即目的性、社会性、多元性。

1）目的性。任何技术从其诞生起就具有目的性。

2）社会性。技术的社会性是指技术的实现需要通过社会协作，得到社会支持，并受到社会多种条件的制约。

3）多元性。技术的多元性是指技术既可表现为有形的工具装备、机器设备、实体物质等硬件，也可以表现为无形的工艺、方法、规则等知识软件，还可以表现为虽不是实体物质而却有物质载体的信息资料、设计图纸等。

2. 专业

专业是专门的学问，是指人们长时期从事的具体业务作业规范。

《审核概论》一书认为，审核员的能力通常是指通用能力 + 某学科的水平 + 某一特定领域的知识和技能。后面两个方面均涉及了某一“专业”。

3. 技能

技能是指能完成一定任务的活动方式。技能可以分为动作技能、智力技能、交流技能等。

技能和能力不同，能力体现为顺利完成一项任务的个性心理特征。技能的形成以一定的能力为前提，也体现了能力发展的水平和差异。

4. 方法

方法是指“通过一连串有特定逻辑关系的动作来完成特定任务，这些有特定逻辑关系的动作所形成的集合整体就称为人们做事的一种方法”。

方法的实施离不开人们的“态度”和“习惯”。态度是指思维、感觉、信念和按照它们去行动的一种倾向。习惯是指人们采用的几乎是潜意识的行为模式。

10.1.2 对审核技术的基本认识

1. 基本认识

审核作为一项技术，与理论知识、实践经验、操作技能和所掌握的方法等均有关系。审核技术同样具有目的性、社会性和多元性特点。

2. 审核技术关乎“专业”

在审核实践中，审核人员应具有一定的专业水准。《审核概论》一书认为，审核员专业特点体现在以下几个方面：

——与审核有关的通用知识和技能；

——某一学科的专业水平（等级）（如计算机技术与应用专业大学本科四年的学历）；

——特定领域的专业知识和技能（如计算机软件开发和系统集成专业知识和技能）。

3. 审核的核心技术是“评价技术”

《审核概论》一书认为，评价技术是审核的核心技术。对这项技术的掌握可以从以下几个方面理解：

1）评价过程也是一种决策过程。评价过程是一种评判比较的认知过程，所以也是一种决策过程。

2）审核员须具备收集有形和无形证据的能力，并具有对收集的证据进行分析和综合评价，最终得出审核结论的能力。

3）有形证据通常是比较易于识别和评价的，而无形证据收集则对审核员有更高的要求。这一点通常与专业有关，与审核技能有关，与经验有关。

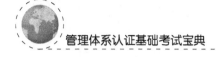

认证活动涉及的所有职能的认证机构人员的能力是认证提供信任的必要条件。评价技术在应用层面具有相对复杂性。

4）审核的特征决定了审核基于样本对总体进行综合评价。综合评价在实际应用中具有下列显著作用：

① 综合评价能够对研究对象进行系统的描述。

② 综合评价能够对研究对象的整体状态进行综合测定。

③ 综合评价能够对研究对象的复杂表现进行层次分析。

④ 综合评价能够对研究对象进行聚类分析。

⑤ 综合评价能够有效地体现定量分析和定性分析相结合的分析方法。

例题分析

1）（多项选择题）审核人员应具有一定的专业水准，其专业特点体现在以下哪几个方面？（　　）

A. 与审核有关的通用知识和技能

B. 某一学科的专业水平

C. 特定领域的专业知识和技能

D. 特定领域的专业经验

答案及分析：选择 ABC。见本书 10.1.2 节之 2。

2）（多项选择题）审核的特征决定了审核基于样本对总体进行综合评价。综合评价在实际应用中具有哪些显著作用？（　　）

A. 综合评价能够对研究对象进行系统的描述

B. 综合评价能够对研究对象的整体状态进行综合测定

C. 综合评价能够对研究对象的复杂表现进行层次分析

D. 综合评价能够有效地体现定量分析和定性分析相结合的分析方法

答案及分析：选择 ABCD。见本书 10.1.2 节之 3 之 4）。

10.2　审核技术

10.2.1　审核技术的构成

1. 合格评定技术

合格评定可以适用于产品（包括服务）、过程、体系和人员，还可以适用于从事合格评定服务的机构（见 GB/T 27000/ISO/IEC 17000 标准附录 A.1.2 条款）。也就是说，“合格评定对象”包括产品（包括服务）、过程、体系和人员，以及从事合格评定服务的机构。

合格评定服务的各类使用者有其自身特定的需求。因此，不同类型的合格评定在实施时有很多不同。但是，所有类型的合格评定都遵循相同的基本方法（见 GB/T 27000 标准附录 A. 1. 3 条款）。

1）选取（见 GB/T 27000 标准附录 A. 2 条款）。选取包括一系列策划和准备活动，其目的是收集或生成后续的确定功能所需的全部信息和输入。选取活动在数量和复杂程度上有很大差别。在某些情况下，可能几乎不需要进行选取活动。

选取合格评定对象时可能需要有所考虑。很多情况下，合格评定对象可能是大量的相同物品、正在进行的生产、一个连续的过程或体系或涉及多个场所。在取样或选取样本以进行确定活动时，可能需要考虑这些情况。

2）确定（见 GB/T 27000 标准附录 A. 3 条款）。进行确定活动的目的是获得关于合格评定对象或其样品满足规定要求情况的完整信息。确定活动的类型有检测、检查、审核和同行评审。

很多确定活动没有特定的名称或叫法，如按规定要求对设计或其他描述性信息的审查或分析。合格评定的每个分领域（如检测、认证、认可）所特有的确定活动可能有专门定义的术语。在实践中还没有用于表示所有确定活动的通用术语。

3）检测。检测是应用最为普遍的合格评定技术。GB/T 27000 标准 4. 2 条款将检测定义为：“按照程序确定合格评定对象的一个或多个特性的活动。”检测的定义中有一个注释是：“检测”主要适用于材料、产品或过程。

在检测用于合格评定的情况下，其特性应包括在“规定要求”中，构成合格评定的重点。

4）检查。检查是合格评定的一种形式。GB/T 27000 标准 4. 3 条款将检查定义为：“审查产品设计、产品、过程或安装并确定其与特定要求的符合性，或根据专业判断确定其与通用要求的符合性的活动。”对过程的检查可以包括对人员、设施、技术和方法的检查。检查有时也称为检验。

检查覆盖非常广泛的领域及特性。例如，它可能包括商品和产品货物监管，对量值、质量、安全性、适用性的确定，以及工厂、安装、运行体系的符合性和设计适应性。检查也可能包括食宿、航空服务、旅游服务等行业的等级划分体系。

5）审核。GB/T 19011—2021 标准 3. 1 条款将审核定义为：“为获得客观证据并对其进行客观的评价，以确定满足审核准则的程度所进行的系统的、独立的并形成文件的过程。”GB/T 19011 标准提供了审核指南。

6）评价。GB/T 27065/ISO/IEC 17065《合格评定　产品、过程和服务认证机构要求》标准3.3条款将评价定义为："合格评定活动中的选取和确定功能的组合。"

评价的适用范围覆盖了收集符合性证据相关的一系列活动。这些活动包括检测、检验和审核，同时也适用于其他活动。

2. 根据GB/T 27000/ISO/IEC 17000标准对审核技术的进一步理解

GB/T 27000/ISO/IEC 17000标准在"引言"中明确指出：合格评定与管理体系、计量、标准化及统计等其他领域相互影响。GB/T 27000标准没有规定合格评定的界限，以保持其灵活性。

《审核概论》一书认为，审核关键技术的构成主要指：支撑认证认可的评价技术、支撑认证认可的检测验证技术、支撑认证认可的质量可靠性技术。

10.2.2　审核的基本方法

GB/T 19011—2021标准附录A.1条款"审核方法的应用"指出：可以采用一系列的审核方法实施审核。GB/T 19011—2021标准附录给出了常用的审核方法的说明。选择审核方法取决于所确定的审核目标、范围和准则以及持续的时间和地点，还应考虑可获得的审核员能力和应用审核方法出现的任何不确定性。灵活运用各种不同的审核方法及其组合，可以使得审核过程及其结果的效率和有效性最佳化。

1. 审核技术路线

《审核概论》一书描述的审核技术路线如图10-1所示。

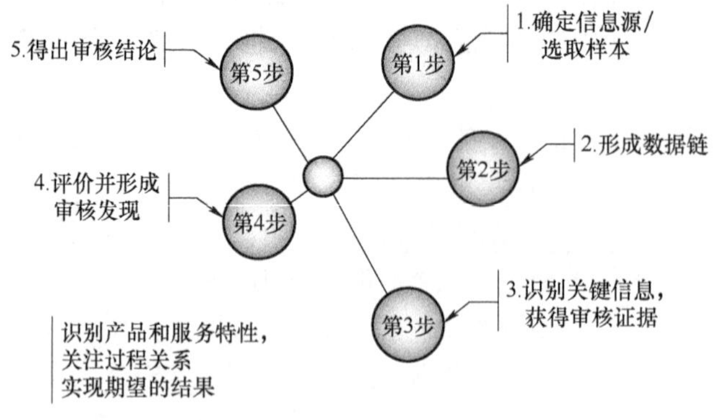

图10-1　审核技术路线

审核技术路线展示了收集审核证据、形成审核发现、得出审核结论的思路和步骤。整个审核过程始终将管理体系实现期望的结果作为关注的焦点。通过审核记录、审核发现和审核报告等实现对审核证据的可重查性和可追溯性。

2. 审核的基本方法之一：抽样

本书已在5.5.4节之3、9.3.4节之3对相应的审核抽样要求进行了讲解，这里不再重复。

3. 审核思路

1）审核方式。审核方式包括按部门审核的方式、按过程审核的方式（基于过程的审核）、顺向追踪、逆向追溯。这些内容已在本书9.3.2节之4进行了讲解，这里不再重复。

2）审核的关注点。《审核概论》一书认为，审核的关注点是：

① 组织的总体目标、过程绩效如何和正在实现的程度。应始终关注在实现组织目标方面管理体系运行的趋势如何。

② 顾客和法律法规的要求是什么？它是如何被组织识别、确定并被纳入合规管理的？在实现管理体系的期望结果方面，过程是否有效？

③ 组织的最高管理者对审核过程及认证服务的期望。

3）审核方式的正确选择。《审核概论》一书认为，审核抽样过程存在着不确定性，导致基于“样本”的审核具有一定的局限性。为了降低抽样造成的不确定性，审核抽样应遵循“明确总体、合理抽样”的原则，针对所选择的信息源，明确样本总量，并从中抽取代表性的样本与足够的样本量进行查证。

审核员应根据审核目标的不同，通过审核方案的策划选择适宜的审核方式，并确定审核的技术路线。同时，审核员可以根据特定的审核线索，选择合适的审核方式。

4. 收集审核证据的方法

审核证据是指“与审核准则有关并能够证实的记录、事实陈述或其他信息”。本书9.4.6节已对收集审核证据的方法进行了讲解，收集审核证据的方法包括但不限于：访谈、观察、成文信息评审。

《审核概论》一书在此条目下还讲了信息的作用等，在此对其要点做些讲解。

1）信息的作用。

① 信息的代表性、相关性、充分性、适宜性与证实性影响审核实施的有效性。

② 确定充分和适当的信息源，采用适宜的方法收集信息并进行证实，是寻找审核证据、形成审核发现与得出可信的审核结论的基础。

2）信息的收集思路。根据审核目的所规定任务并对照审核准则要求，在审核范围中确定要审核的项目和相关的问题，然后确定适当的信息源，并确定抽取的样本量以及验证信息的方法，进而寻找客观证据。

3）收集信息的方法。《审核概论》一书讲了远程审核。远程审核是指可以借助交互通信手段进行审核，包括：

① 进行交谈（电话、QQ 对话、远程视频）。

② 完成检查单或问卷。

③ 文件审查。

10.2.3 基于过程的审核

《管理体系认证基础》一书第 7 章第 6 节“基于过程的质量管理体系审核方法”讲的就是基于过程的审核，本书已经在 6.5 节讲了其要点。《审核概论》一书在讲解基于过程的审核时，有一点不同的地方，下面就讲讲这些不同地方的要点。

1. 基于过程的审核

1）基于过程的审核特征。《审核概论》一书认为基于过程的审核特征有 5 个：过程导向、顾客导向、结果导向、价值导向、关注组织过程和体系的持续改进。

对于基于过程的审核特征，《管理体系认证基础》一书只列出 4 个审核特征：过程导向、顾客导向、结果导向、关注管理体系的持续改进。没有价值导向。

2）基于过程的审核方法与技巧。

① 基于过程的审核与依据标准逐条款的要求进行审核的方法完全不同。审核计划在安排时应以过程为对象，过程确定后，再通过计划安排显示具体审核时间和标准那些条款的要求与这个过程有关。

② 将过程方法、PDCA 循环和基于风险的方法整合在一起使用。

3）基于过程的审核的准备步骤。

① 获得对组织业务过程的总体了解。

② 针对过程，开展下列活动：

a）识别组织的产品和服务及影响质量的主要过程。

b）检查过程之间的相互关系和相互作用。

c）确定所有过程是否被整合成一个系统，以及是否考虑了标准的所有要求。

d）对体系的过程进行分析，包括：识别每个过程的负责人，确定每个过程的输入、输出和约束条件（控制和资源限制），确定每个过程的 PDCA 活动，针对每个过程编制审核用的检查清单。

③ 在初次认证审核前，编制三年一个认证周期的审核方案。方案中包括对组织各主过程和子过程的确认及完整周期内审核覆盖情况的策划。可以用“矩阵图”的方式给出直观的表述，为后续的审核计划安排提供便利。

基于过程的审核从查证过程开始。审核员在现场审核前要通过审核计划的安排来了解和熟悉组织的过程。

4）基于过程的审核的要求。

① 在审核中，审核员应当先与过程负责人面谈，此外还应当与其他关键人员面谈。

② 审核员应当对每个过程的运行逐一进行审查以获得客观证据。

③ 要在不符合的事实上达成共识，为过程的责任人真正有效地采取纠正措施提供过程增值。

④《审核概论》认为，审核员还可以识别改进机会。改进机会不是审核发现，而是基于标准提出的改进建议。

2. 审核轨迹

《审核概论》一书认为："审核轨迹"是一个系统化的基于特定样本，用来收集关于一系列相互关联过程的输出满足期望结果的证据的方法。证据必须有轨迹，且清晰明确。

审核轨迹的提出要求从事审核方案管理和审核计划编制的人员，有意识地去设计和规划审核的技术路线。审核轨迹能够清晰展现证据链，使得每一次对所选样本的审核结果都构成完整审核结论得出的有用信息。

"审核轨迹"是一种专业化的审核方法，使审核员能够识别过程的薄弱环节，并决定组织是否有能力满足特定的要求。"审核轨迹"的方法可适用于所有内部以及第二方或第三方的审核。

10.2.4　远程审核技术

《审核概论》一书是依据 CNAS-CC14：2008《计算机辅助审核技术在获得认可的管理体系认证中的使用》来讲解远程审核技术的，但是在 2019 年，CNAS-CC14：2008 已经改版为 CNAS-CC14：2019《信息和通信技术（ICT）在审核中应用》，所以本书按 CNAS-CC14：2019 的要求讲解远程审核技术要点。

1. ICT 应用说明及要求

1）应用 ICT 可以优化审核的有效性和效率，并能为审核过程的完整性与可信性提供支持和保障。

2）ICT 是应用技术来收集、存储、检索、处理、分析和发送信息的。它包括软件和硬件，例如智能手机、手持设备、笔记本电脑、台式电脑、无人机、摄像机、可穿戴技术、人工智能及其他。

3）ICT 技术的应用可能同时适用于对当地现场和远程场所审核。

4）审核报告及相关记录应指出审核实施过程中所采用 ICT 的范围，以及为达到审核目的应用 ICT 的有效性。

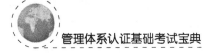

5）如果范围中包括虚拟场所，认证的记录材料应注明包括虚拟场所并且应识别出在虚拟场所实施的活动。

2. 审核中应用 ICT 示例

审核中应用 ICT 示例包括但不限于：

1）会议：通过远程电信会议设施，包括音频、视频和数据共享。

2）通过远程接入方式对文件和记录的审核，同步的（即实时的）或是异步的（在适用时）。

3）通过静止影像、视频或音频录制的方式记录信息和证据。

4）提供对远程场所或潜在危险场所的视频或音频访问通道。

3. ICT 在审核中有效应用的目的

1）提供一项在审核中应用 ICT 的方法用以优化传统审核过程，该方法充分灵活并对其类别未做限定。

2）确保采取充分的控制以避免滥用，滥用可能危害审核过程的完整性与可信性。

3）为安全和可持续性原则提供支持。同时应采取措施，以确保贯穿于审核活动的安全性和保密性得到保持。

例题分析

1）（多项选择题）合格评定技术包括（　　）。

A. 选取、确定　　B. 检定、校准

C. 检测、检查　　D. 审核、评价

答案及分析：选择 ACD。见本书 10.2.1 节之 1。

2）（单项选择题）确定活动的类型有（　　）。

A. 检测、检查　　B. 审核

C. 同行评审　　D. A + B + C

答案及分析：选择 D。见本书 10.2.1 节之 1 之 2）。

3）（单项选择题）审核抽样过程存在着不确定性，导致基于“样本”的审核具有一定的局限性。为了降低抽样造成的不确定性，审核抽样应遵循（　　）的原则。

A. 明确总体、合理抽样　　B. 统计抽样

C. 判断抽样　　D. 条件抽样

答案及分析：选择 A。见本书 10.2.2 节之 3 之 3）。

4）（多项选择题）审核中应用 ICT（信息和通信技术）包括但不限于（　　）。

A. 利用网络进行沟通联系

B. 通过远程接入方式对文件和记录的审核

C. 通过静止影像、视频或音频录制的方式记录信息和证据

D. 提供对远程场所或潜在危险场所的视频或音频访问通道

答案及分析：选择 BCD。见本书 10.2.4 节之 2。

5）（多项选择题）《审核概论》一书中的审核技术路线包括（　　）。

A. 确定信息源/选取样本，形成数据链　B. 识别关键信息，获得审核证据

C. 评价并形成审核发现　D. 得出审核结论

答案及分析：选择 ABCD。见本书 10.2.2 节之 1。

10.3　审核关键技术的应用

1. CASCO 工具箱

国际标准化组织合格评定委员会（ISO/CASCO）制定了一系列确定当前合格评定最佳实践的标准和指南。这些标准和指南构成了“CASCO 工具箱”。

2. 审核常用工具及使用

1）审核工具的用途。审核工具主要用于审核信息的收集、审核证据的获取、审核发现的确定和审核结论的判定。

2）工具的使用。审核工具包括检查表、审核抽样方案、记录信息（如支持性证据、审核发现和会议记录）的表格等。它们的使用见 9.3.4 节。

《审核概论》一书认为：认证机构做出认证决定时要求审核组向认证机构提供的信息中至少应包括审核报告、对于不符合的意见等。审核报告以审核记录为基础，是对审核活动中（包括文件评审和现场审核活动）形成的所有审核发现的归纳和总结，是基于审核目的并对所有审核发现进行分析、评价的结果。

认证机构可灵活地选择编写审核记录的方式和方法，应确保审核记录清晰、可信和可证实。

3. 审核中的审核技术应用

《审核概论》一书认为：审核技术应用之一是识别产品特性、服务特性和过程特性。对某一组织产品和服务特性的识别、对组织过程特性的识别，这直接关乎认证过程的有效性和认证结果的可信度。

1）特性。GB/T 19000 标准 3.10.1 条款对特性的定义是：可区分的特征。特性可以是固有的或赋予的。特性可以是定性的或定量的。有各种类别的特性，如物理的（如机械的、电的、化学的或生物学的特性）、感官的（如嗅觉、触觉、味觉、视觉、听觉）、行为的（如礼貌、诚实、正直）、时间的（如准时性、可靠性、可用性、连续性）、人因工效的（如生理的特性或有关人身安全的特

性)、功能的(如飞机的最高速度)。

2)功能。功能是指“满足需求的属性”,是产品的功用或用途。功能具有二重性:客观物质性和主观精神性。

3)性能。《审核概论》一书认为,性能是指产品所具有的性质与效用,通常情况下指产品的质量,性能越高表示其质量特性等级越高。

4)功能和性能的区别。功能是一个产品有哪些用途,它能干什么。性能是这个产品在干具体事情的时候表现得怎么样。

4. 评价技术

《审核概论》一书认为:

1)认证认可技术是综合评价技术,包括评价技术(内容有评价要求、评价指标、评价程序、评价方法以及评价制度)、质量保证技术、检验检测技术。

2)支撑认证认可的评价技术,主要包括认证认可活动的选取技术、认证认可活动的确定技术、认证认可活动的证明技术、认证认可活动的监督技术和认证认可活动的支撑技术。

5. 审核技术的应用应满足认可规范的要求

认证的有效性有赖于认证机构遵循认可规范的要求,并履行其机构的职责和义务。审核技术在应用层面上应完全嵌入认证机构依据 GB/T 27021.1/ISO/IEC 17021-1 或 GB/T 27065/ISO/IEC 17065 所建立起来的认证流程中。

例题分析

1)(单项选择题)国际标准化组织合格评定委员会(ISO/CASCO)制定了一系列确定当前合格评定最佳实践的标准和指南。这些标准和指南构成了(　　)。

A. CASCO 工具箱　　B. 合格评定技术

C. 合格评定制度　　D. 合格评定体系

答案及分析:选择 A。见本书 10.3 节之 1。

2)(单项选择题)(　　)是指“满足需求的属性”,是产品的功用或用途,具有客观物质性和主观精神性。

A. 性能　　B. 功能

C. 特性　　D. 合格评定体系

答案及分析:选择 B。见本书 10.3 节之 3 之 2)。

3)(单项选择题)审核报告以审核记录为基础,是对审核活动中形成的所有(　　)的归纳和总结。

A. 审核证据　　B. 审核发现

C. 审核结论　　　　D. 客观证据

答案及分析：选择 B。见本书 10.3 节之 2 之 2）。

同步练习强化

1. 单项选择题

1）《审核概论》一书认为，审核关键技术的核心是（　　）技术。

A. 审核　　　　B. 确定

C. 评价　　　　D. 评审

2）《审核概论》一书认为，审核技术具有（　　）特点。

A. 目的性、创新性、综合性　　　　B. 目的性、社会性、多元性

C. 社会性、适用性、科学性　　　　D. 科学性、适用性、多元性

3）《审核概论》一书认为，审核的核心技术是（　　）。

A. 访谈　　　　B. 观察

C. 评价技术　　　　D. 成文信息评审

4）进行确定活动的目的是获得关于合格评定对象或其样品满足规定要求情况的（　　）。

A. 完整信息　　　　B. 客观证据

C. 记录　　　　D. 成文信息

5）（　　）覆盖非常广泛的领域及特性。例如，它可能包括商品和产品货物监管，对量值、质量、安全性、适用性的确定，以及工厂、安装、运行体系的符合性和设计适应性。

A. 检查　　　　B. 检测

C. 检验　　　　D. 合格评定

6）《审核概论》一书认为，审核的关注点包括（　　）。

A. 组织的总体目标、过程绩效如何和正在实现的程度

B. 顾客和法律法规的要求是什么？它是如何被组织识别、确定并被纳入合规管理的？在实现管理体系的期望结果方面，过程是否有效

C. 组织的最高管理者对审核过程及认证服务的期望

D. A + B + C

7）《审核概论》一书认为，信息的代表性、相关性、（　　）影响审核实施的有效性。

A. 充分性　　　　B. 适宜性

C. 证实性　　　　D. A + B + C

8）根据 CNAS-CC14：2019《信息和通信技术（ICT）在审核中应用》的要

求，ICT 技术的应用可能同时适用于对（　　）审核。

A. 当地现场　　B. 远程场所

C. A + B　　D. A 或 B

9）根据 CNAS-CC14：2019《信息和通信技术（ICT）在审核中应用》的要求，（　　）及相关记录应指出审核实施过程中所采用 ICT 的范围，以及为达到审核目的应用 ICT 的有效性。

A. 审核报告　　B. 审核发现

C. 审核证据　　D. 客观证据

10）评价是合格评定活动中的（　　）和（　　）功能的组合。

A. 选取，确定　　B. 审核，批准

C. 确定，复核　　D. 检查，复核

2. 多项选择题

1）《审核概论》一书认为，审核关键技术的核心是评价技术。这项技术与（　　）有关。

A. 认证领域内涉及的专业　　B. 审核方法

C. 审核准则　　D. 审核能力涉及的知识和技能

2）《审核概论》一书认为，技术的三个主要特点是（　　）。

A. 目的性　　B. 社会性　　C. 专业性　　D. 多元性

3）《审核概论》一书认为，审核员的能力通常是指（　　）。

A. 教育　　B. 通用能力

C. 某学科的水平　　D. 某一特定领域的知识和技能

4）《审核概论》一书认为，技术的多元性表现为（　　）。

A. 有形的工具装备、机器设备等硬件　　B. 无形的工艺、方法等知识软件

C. 物质载体的信息资料　　D. 技术图纸

5）《审核概论》一书认为，审核作为一项技术，与（　　）等均有关系。

A. 理论知识　　B. 实践经验

C. 操作技能　　D. 所掌握的方法

6）评价的适用范围覆盖了收集符合性证据相关的一系列活动。这些活动包括（　　），同时也适用于其他活动。

A. 检测　　B. 检验　　C. 审核　　D. 校准

7）基于过程的审核特征有（　　）。

A. 过程导向　　B. 顾客导向

C. 结果导向　　D. 关注管理体系的持续改进

3. 问答题

什么是“审核轨迹”？

答案点拨解析

1. 单项选择题

题号	答案	解析
1	C	见本书10.1节开头
2	B	见本书10.1.2节之1
3	C	见本书10.1.2节之3
4	A	见本书10.2.1节之1之2)
5	A	见本书10.2.1节之1之4)
6	D	见本书10.2.2节之3之2)
7	D	见本书10.2.2节之4之1)之①
8	C	见本书10.2.4节之1之3)
9	A	见本书10.2.4节之1之4)
10	A	见本书10.2.1节之1之6)

2. 多项选择题

题号	答案	解析
1	ABD	见本书10.1节开头
2	ABD	见本书10.1.1节之1
3	BCD	见本书10.1.1节之2
4	ABCD	见本书10.1.1节之1之3)
5	ABCD	见本书10.1.2节之1
6	ABC	见本书10.2.1节之1之6)
7	ABCD	见本书10.2.3节之1之1)

3. 问答题

参见本书10.2.3节之2。

“审核轨迹”是一个系统化的基于特定样本，用来收集关于一系列相互关联过程的输出满足期望结果的证据的方法。证据必须有轨迹，且清晰明确。

审核轨迹能够清晰展现证据链，使得每一次对所选样本的审核结果都构成完整审核结论得出的有用信息。

“审核轨迹”是一种专业化的审核方法，使审核员能够识别过程的薄弱环节，并决定组织是否有能力满足特定的要求。

第3部分

质量管理方法与工具知识及其在审核中的应用

说明：

“质量管理方法与工具知识及其在审核中的应用”方面的考试内容是以中国认证认可协会组织编写的《质量管理方法与工具》作为出题参考课本的，所以本书中所讲的考核要点都来自《质量管理方法与工具》一书中的内容，同时尽量按该书的编排顺序安排章节顺序。

虽然在《管理体系认证基础考试大纲》中列明的质量管理方法与工具有20多项，但在以往的《管理体系认证基础》考试中，质量管理方法与工具方面的考题不多，占总分的比例也不高，所以考生要据此合理地安排时间，把主要精力投入到分值比较高的部分去。

第11章 战略分析方法与工具

考试大纲要求

战略分析方法与工具，如宏观环境分析模型、态势分析法、波士顿矩阵、平衡计分卡、标杆管理。

考点知识讲解

11.1 概述

11.1.1 战略

1. 战略的定义

组织战略是指组织为适应未来环境的变化，对生产经营和持续稳定发展中的**全局性、长远性、纲领性目标**的**谋划和决策**。

组织战略是表明组织如何达到目标，完成使命的整体谋划，是提出详细行动计划的起点，但它又凌驾于任何特定计划的各种细节之上。组织战略反映了管理者对**行动、环境和业绩**之间关键联系的理解，用以确保已确定的**使命、愿景、价值观**的实现。

2. 战略的层次

组织战略虽然有多种，但**基本属性**是相同的，都是对组织的谋略，都是对组织整体性、长期性、基本性问题的计谋。只要涉及的是组织整体性、长期性、基本性问题，就属于组织战略的范畴。

从组织的目标层次划分，组织战略分为三个层次：总体战略（公司战略）、业务战略（经营单位战略）和职能战略。

总体战略、业务战略与职能战略一起构成了企业战略体系。总体战略倾向于总体价值取向，以抽象概念为基础，主要由企业高层管理者制定；业务战略主要就本业务部门的某一具体业务进行战略规划，主要由业务板块领导负责；职能战略主要涉及具体执行和操作问题，主要由职能部门领导负责。

11.1.2　战略管理的内涵

1. 战略管理的定义

战略管理是组织高层管理人员为了组织长期的生存和发展，在充分分析组织外部环境和自身条件的基础上，确定和选择达到目标的有效战略，并将战略付诸实施和对战略实施过程进行控制和评价的一个动态管理过程。

战略管理是指对组织战略的管理，包括战略的分析与制定、评价与选择以及实施与控制三个部分。

2. 战略管理的特点

战略管理的特点有以下 4 点，在评估战略是否适宜时应予以考虑：

1）管理对象的全局性。

2）决策主体的高层性。

3）时间安排的长远性。

4）影响因素的综合性。

11.1.3　战略管理的流程

战略管理的流程见表 11-1。

表 11-1　战略管理的流程

序号	流程	流程要点
1	战略分析	战略分析就是总结影响企业发展的关键因素，并确定在战略选择中的具体影响因素。战略分析包括以下三个主要方面： 1）确定企业的使命和目标 2）对外部环境进行分析。外部环境包括宏观环境和微观环境 3）对内部条件进行分析
2	战略选择	1）制定战略选择方案。三种形式：自上而下，自下而上，上下结合 2）评估战略备选方案。从两个方面评估：一是考虑选择的战略是否发挥了企业的优势，克服了劣势，是否利用了机会，将威胁削弱到最低程度；二是考虑选择的战略能否被企业利益相关者所接受 3）选择战略
3	战略实施和控制	涉及以下一些问题： 1）在企业内部各部门和各层次如何分配、使用现有的资源 2）为了实现企业目标，还需要获得哪些外部资源以及如何使用 3）为了实现既定的战略目标，有必要对组织结构做哪些调整 4）如何处理出现的利益再分配与企业文化的适应问题，如何通过对企业文化的管理来保证企业战略的成功实施

11.1.4 战略管理与经营管理的区别

经营管理是指在组织内，为使生产、营业、劳动力、财务等各种业务，能按经营目的顺利地执行、有效地调整而进行的系列管理、运营等活动。

经营管理与战略管理主要有4个方面的区别：

1）关注点不同。战略管理，管理者注重监控企业外部环境的变化，制订有效的战略计划；经营管理，管理的重点在于日常经营活动。

2）管理范围不同。战略管理重视企业的整体性综合管理，经营管理重视企业职能型业务管理。

3）基本任务不同。战略管理的基本任务是设定企业的战略目标，确定企业的使命，追求组织长期生存。经营管理的基本任务是合理地组织生产力，生产出更多的符合社会需要的产品，着眼点放在短期的经营成果和利益上。

4）反应机理不同。战略管理是一种预应式管理；经营管理是一种因应式管理，只是对某个环境事态做出临时性的反应。

11.1.5 企业战略实现的影响因素

企业战略实现的影响因素见表11-2。

表11-2 企业战略实现的影响因素

序号	影响因素	影响因素说明
1	企业远景规划	1）使命、核心价值观和愿景是远景规划的三个组成部分，也是一个企业最核心的部分 2）战略规划的过程中，使命和愿景指引着战略制定的方向和要求；而核心价值观引导着战略的思考方式以及执行策略
2	内外部环境	1）外部环境包括宏观环境和产业环境 2）内部环境包括哈默尔和普拉哈拉德提出的企业核心竞争力，以及企业文化 3）企业文化对公司战略的影响主要有5点： ① 决策风格 ② 阻止战略的转变 ③ 克服对战略改变的阻碍 ④ 主导价值观 ⑤ 文化冲突

（续）

序号	影响因素	影响因素说明
3	企业任务目标	企业目标主要包括企业盈利能力的目标、生产效率的目标、产品结构与产品形象的目标、市场竞争地位的目标 企业目标是有效测量战略实现程度的评价指标，通过指标体系的评估不断对战略进行修正，使组织持续健康发展 企业目标必须满足以下3个要求： 1）企业目标应符合企业基本任务的要求 2）企业目标必须明确、具体，并尽可能量化 3）企业目标应有相应的策略和措施做保证

例题分析

1）（单项选择题）组织战略是指组织为适应未来环境的变化，对生产经营和持续稳定发展中的（　　）目标的谋划和决策。

A. 全局性　　B. 长远性

C. 纲领性　　D. A+B+C

答案及分析：选择D。见本书11.1.1节之1。

2）（多项选择题）组织战略基本属性是相同的，都是对组织的谋略，都是对组织（　　）问题的计谋。

A. 整体性　　B. 长期性

C. 业务性　　D. 基本性

答案及分析：选择ABD。见本书11.1.1节之2。

3）（多项选择题）经营管理与战略管理的主要区别有（　　）。

A. 关注点不同　　B. 管理范围不同

C. 基本任务不同　　D. 反应机理不同

答案及分析：选择ABCD。见本书11.1.4节。

4）（多项选择题）企业核心竞争力的提出者是（　　）。

A. 哈默尔　　B. 普拉哈拉德

C. 威廉·大内　　D. 彼得·圣吉

答案及分析：选择AB。见本书11.1.5节表11-2之序号2。

5）（多项选择题）企业目标必须满足以下哪些要求？（　　）

A. 企业目标应符合企业基本任务的要求

B. 企业目标必须明确、具体，并尽可能量化

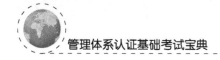

C. 企业目标必须明确、具体，并能量化

D. 企业目标应有相应的策略和措施做保证

答案及分析：选择 ABD。见本书 11.1.5 节表 11-2 之序号 3。

11.2 宏观环境分析模型

11.2.1 宏观环境分析模型的定义

宏观环境分析模型是分析企业外部宏观环境的一种方法。PEST 分析法用于对企业外部宏观环境进行分析，分析 P（Political，政治）、E（Economic，经济）、S（Social，社会）、T（Technological，技术）四个环境因素对企业的影响。

11.2.2 PEST 分析的适用范围及应用程序

1. PEST 分析的适用范围

PEST 分析适用于组织战略规划、市场规划、产品经营发展、研究报告撰写。

2. PEST 分析的应用程序

1）政治法律环境分析。政治环境主要包括政治制度与体制、政局、政策、政府的态度等，法律环境主要包括政府制定的法律、法规。

2）经济环境分析。经济环境主要包括宏观和微观两个方面的内容。宏观经济环境主要是指一个国家的 GDP（国内生产总值）、利率水平、财政货币政策、通货膨胀、失业率水平、居民可支配收入水平、汇率、能源供给成本、市场机制、市场需求等。微观经济环境主要是指企业所在地区或所服务地区的居民可支配收入水平、消费偏好、储蓄情况、就业程度等。

3）社会文化环境分析。社会文化环境包括一个国家或地区的居民教育程度和文化水平、宗教信仰、风俗习惯、审美观点、价值观念、人口环境（人口规模、年龄结构、人口分布、种族结构以及收入分布）等。

4）技术环境分析。技术环境包括国家对技术开发的支持、专利保护情况、新技术、新工艺、新材料的出现及其对市场、销售等产生的影响等。

例题分析

1）（单项选择题）宏观环境分析模型是（　　）。

A. 波士顿分析　　B. PEST 分析

C. 五力分析　　D. 标杆分析

答案及分析：选择 B。见本书 11.2.1 节。

2）（单项选择题）PEST 分析中的“P”指的是（　　）。

A. 政治环境　　B. 经济环境

C. 社会环境　　D. 技术环境

答案及分析：选择 A。见本书 11.2.1 节。

3）（单项选择题）下列哪一项不属于 PEST 分析？（　　）

A. 政治分析　　B. 经济分析

C. 企业财务分析　　D. 法规分析

答案及分析：选择 C。见本书 11.2.1 节。PEST 分析是用来分析企业外部宏观环境，而企业财务属于企业内部因素。

11.3　态势分析法（SWOT 分析法）

11.3.1　态势分析法的定义

态势分析法，也称道斯矩阵或 SWOT 分析法，是通过分析企业的优势（Strength）、劣势（Weakness）、机会（Opportunity）和威胁（Threat），将企业的战略与企业内部资源、外部环境有机地结合起来的一种科学的分析方法。它于 20 世纪 80 年代初由美国人韦里克提出。

内部优劣势分析主要着眼于企业自身的实力及其与竞争对手的比较，而外部机会和威胁分析将注意力放在外部环境的变化及对企业的可能影响上。在分析时，应把所有的内部因素（即优劣势）集中在一起，然后用外部的力量来对这些因素进行评估。

通过 SWOT 分析，可以帮助企业把资源和行动聚集在自己的强项和有最多机会的地方，并让企业的战略变得明朗。

11.3.2　SWOT 分析的适用范围及应用步骤

1. SWOT 分析的适用范围

企业战略制定、竞争对手分析等场合。

2. SWOT 分析的应用步骤

1）内外部环境分析。外部环境因素包括机会因素和威胁因素，它们是外部环境对公司的发展直接有影响的有利和不利因素，属于客观因素。内部环境因素包括优势因素和劣势因素，它们是公司在其发展中自身存在的积极和消极因素，属于主观因素。在调查分析这些因素时，不仅要考虑历史与现状，而且更要考虑未来发展问题。

2）构造 SWOT 矩阵。将调查得出的各种因素根据轻重缓急或影响程度等排序方式，构造 SWOT 矩阵。表 11-3 是 SWOT 矩阵示例。

表 11-3　SWOT 矩阵示例

外部环境	内部环境	
	优势（Strength）	劣势（Weakness）
	1）品牌及行业领先的技术资源 2）集团领导下的协同与合力优势 3）行业发展中段进入，已成为主流风力发电商之一 ……	1）行业单一，发电商的品牌不足 2）公司处在资产形成的成长期，在建工程量大，自造血能力不足造成资金压力 ……
机会（Opportunity）	优势-机会（SO）	劣势-机会（WO）
1）国家政策支持下，行业仍将快速发展 2）资源储备量大 3）重新整合的趋势 ……	1）巩固与开拓并举，保证风机产业的快速增长 2）加快优质资源向优质资产转化，加速向投资运营商转型	1）创新商业模式，整合外部资源，取长补短，提升资源获取和管理能力 2）加快品牌建设，提高行业影响力
威胁/风险（Threat）	优势-威胁（ST）	劣势-威胁（WT）
1）其他发电集团 2）其他风机制造企业的投资资本及新进入的其他营资本 3）电网限制 ……	依托集团，与其他业务单元形成合力，增强综合竞争能力	推进精益管理，提升运行效能，改善盈利能力

3）制订行动计划并实施。在完成环境因素分析和 SWOT 矩阵的构造后，便可以制订出相应的行动计划并实施。制订计划的基本思路是：发挥优势因素，克服劣势因素，利用机会因素，化解威胁因素。

图 11-1 给出了应用 SWOT 方法确定的 4 个区域（组合）及其对应战略。

SWOT 矩阵 4 个组合及其对应战略的详细描述如下：

① 优势-机会组合：增长型战略。企业可以用自身内部优势撬起外部机会，寻求更大的发展。

② 优势-威胁组合：多元化战略。企业应该扬长避短、避实就虚，采用多元化等战略迂回达到发挥优势、减少威胁的目的。

③ 劣势-机会组合：扭转型战略。企业可通过外力来弥补企业的弱点以最大限度地利用外部环境中的机会。

图 11-1　应用 SWOT 方法确定的 4 个区域（组合）及其对应战略

④ 劣势-威胁组合：防御型战略。企业应设法努力减少威胁和弱点对企业造成的负面影响，避免不利局面出现，或者通过合并重组，在短时间内迅速壮大企业的实力以抗衡外部威胁。

例题分析

1）（单项选择题）SWOT 分析法由（　　）提出。

A. 韦里克　　B. 德鲁克
C. 戴明　　D. 朱兰

答案及分析：选择 A。见本书 11.3.1 节。

2）（单项选择题）应用 SWOT 分析法时，外部环境因素包括（　　）。

A. 机会因素和威胁因素　　B. 优势因素和劣势因素
C. 法律因素和经济因素　　D. 价值观和文化因素

答案及分析：选择 A。见本书 11.3.2 节之 2 之 1）。

3）（单项选择题）应用 SWOT 分析法时，针对劣势-机会（WO）组合，企业应采取（　　）战略。

A. 增长型　　B. 多元化
C. 扭转型　　D. 防御型

答案及分析：选择 C。见本书 11.3.2 节之 2 之 3）图 11-1。

11.4　波士顿矩阵

11.4.1　波士顿矩阵简述

1. 波士顿矩阵的定义

波士顿矩阵是由美国波士顿咨询公司创始人布鲁斯·亨德森于 1970 年首创

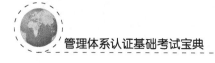

的一种规划企业产品组合的方法。

波士顿矩阵（BCG Matrix），又称市场增长率-相对市场份额矩阵、波士顿咨询集团法、四象限分析法、产品系列结构管理法等。

波士顿矩阵将企业的不同业务组合到一个矩阵中，分析企业在不同业务中的地位，并针对企业的不同业务制定发展战略，以集中企业资源，提高企业在有限领域的竞争能力。

2. 波士顿矩阵分析的目的

企业通过波士顿矩阵分析，掌握产品结构的现状及预测未来市场的变化，进而确定业务发展方向并有效地、合理地分配企业经营资源。核心在于要解决如何使企业的产品品种及其结构适合市场需求的变化。关键是如何协助企业分析与评估其现有产品线，利用企业现有资金进行产品的有效配置与开发。

3. 波士顿矩阵构造

1）决定产品结构的基本因素。波士顿矩阵认为一般决定产品结构的基本因素有两个：市场引力与企业实力。

市场引力包括整个市场的销售增长率、竞争对手强弱及利润高低等。其中，最主要的是反映市场引力的综合指标——销售增长率，这是决定企业产品结构是否合理的外在因素。

企业实力包括市场占有率，技术、设备、资金利用能力等。其中，市场占有率是决定企业产品结构的内在要素，它直接显示出企业竞争实力。

2）波士顿矩阵的构造。波士顿矩阵的纵轴是市场增长率（或销售增长率），市场增长率也称行业增长率或市场吸引力，即行业的增长所带来的吸引能力；横轴是相对市场占有率，相对市场占有率是市场占有率和市场上最大的竞争对手的市场占有率之比。

波士顿矩阵根据销售增长率和相对市场占有率（或市场占有率）的高低将产品划分为四种类型：

① 销售增长率和相对市场占有率“双高”的产品群（明星类产品）。

② 销售增长率和相对市场占有率“双低”的产品群（瘦狗类产品）。

③ 销售增长率高、相对市场占有率低的产品群（问题类产品，也称山猫类产品）。

④ 销售增长率低、相对市场占有率高的产品群（金牛类产品）。

图 11-2 所示为波士顿矩阵示意图。

4. 波士顿矩阵分析对四类产品的战略对策

《质量管理方法与工具》一书指出，针对经营的不同产品/业务，企业可以采取 3 种不同的策略。一是发展策略（投资增长策略），目的是扩大产品的市场

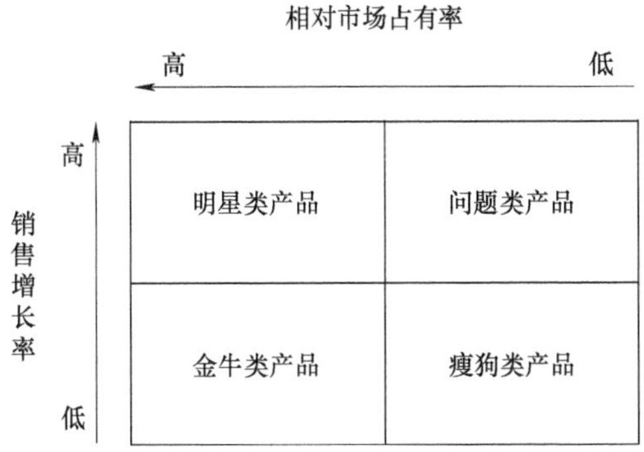

图 11-2　波士顿矩阵示意图

份额。发展策略特别适用于问题业务，也适用于明星类业务。二是稳定策略，目的是保持产品的市场份额，增加短期现金类收入。稳定策略适用于金牛类业务，也适用于问题类业务和瘦狗类业务。三是撤退策略，目的在于出售或清理某些业务，以便把资源转移到更有潜力的领域。撤退策略适用于瘦狗类业务和问题类业务。企业需结合实际情况，灵活应用这些策略。

1）明星类产品。这类产品可能成为企业的金牛类产品，需要加大投资以支持其迅速发展，应**采取增长策略**。明星类产品的管理与组织最好采用事业部形式，由对生产技术和销售两方面都很内行的经营者负责。

2）瘦狗类产品。瘦狗类产品也称衰退类产品。它是处在低销售增长率、低相对市场占有率象限内的产品群。对这类产品应**采取撤退策略**：首先应减小批量，逐渐撤退；其次是将剩余资源向其他产品转移；最后是整顿产品系列，最好将瘦狗类产品与其他事业部合并，统一管理。

3）问题类产品。问题类产品是指处于高销售增长率、低相对市场占有率象限内的产品群。前者说明市场机会大，前景好，而后者则说明在市场营销上存在问题。引入期、未能开拓市场局面的新产品即属此类产品。对问题类产品应**采取选择性投资策略**（要么采用增长策略，要么采取撤退策略，视情况而定）。对问题类产品的管理组织，最好是采取智囊团或项目组织等形式，选拔敢于冒风险、有才干的人负责。

4）金牛类产品。金牛类产品又称厚利产品。它是指处于低销售增长率、高相对市场占有率象限内的产品群，已进入成熟期。其财务特点是销售量大，产品利润率高、负债比率低，可以为企业提供资金，而且由于销售增长率低，也无须增大投资，因而成为企业回收资金，支持其他产品，尤其是明星类产品投资的后盾。金牛类产品宜**采取稳定策略**，对于现金牛产品，适合于用事业部制进行管理，其经营者最好是市场营销型人物。

11.4.2 波士顿矩阵分析步骤

波士顿矩阵分析步骤见表 11-4。

表 11-4 波士顿矩阵分析步骤

步骤	说明
步骤一：评价各项业务的前景（核算市场增长率）	企业经营分析系统中提取数据
步骤二：评价各项业务的竞争地位（核算相对市场占有率）	可通过市场调查获得数据
步骤三：将“市场增长率”划分为高、低两个区域	确定纵坐标“市场增长率”的标准线，将“市场增长率”划分为高、低两个区域 确定纵坐标“市场增长率”的标准线的方法有两种： 1）把该行业市场的平均增长率作为界分点 2）把多种产品的市场增长率（加权）平均值作为界分点 一般将高市场增长定义为销售额至少达到 10% 的年增长率（扣除通货膨胀因素后）
步骤四：将“相对市场占有率”划分为高、低两个区域	确定横坐标“相对市场占有率”的标准线，从而将“相对市场占有率”划分为高、低两个区域 布鲁斯认为，高、低两个区域的界分值应当取为 2。但在应用中，应根据实际情况对界分值进行修改 一般而言，高市场份额意味着该项业务是所在行业的领导者的市场份额。需要说明的是，当本企业是市场领导者时，这里的“最大的竞争对手”就是行业内排行老二的企业
步骤五：标出各项业务在波士顿矩阵图上的位置并进行分析	以业务在二维坐标上的坐标点为圆心画一个圆圈，圆圈的大小表示企业每项业务的销售额。图 11-3 所示为各业务在波士顿矩阵图上的位置 对图 11-3 进行分析，可以诊断业务组合是否健康。一个失衡的业务组合就是有太多的瘦狗类或问题类业务，或太少的明星类和金牛类业务 在产品结构调整中，不要等到产品到了“瘦狗”阶段才考虑如何撤退，而应在“金牛”阶段时就要考虑如何使产品造成的损失最小而收益最大

11.4.3 波士顿咨询集团法的应用法则

按照波士顿咨询集团法的原理，产品市场占有率越高，创造利润的能力越大；另外，销售增长率越高，为了维持其增长及扩大市场占有率所需的资金亦

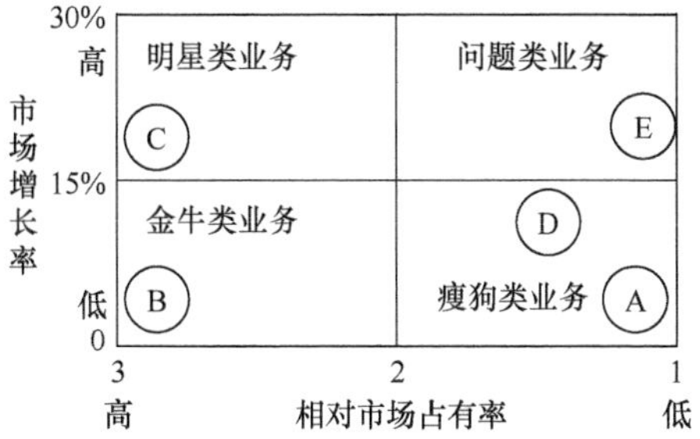

图 11-3　各业务在波士顿矩阵图上的位置

越多。这样可以使企业的产品结构实现产品互相支持、资金良性循环的局面。按照产品在象限内的位置及移动趋势的划分，形成了波士顿咨询集团法的应用法则，见表 11-5。

表 11-5　波士顿咨询集团法的应用法则

应用法则	说明
第一法则：成功的月牙环	各种产品的分布若显示月牙环形，这是成功企业的象征，因为盈利大的产品不只有一个，而且这些产品的销售收入都比较大，还有不少明星类产品。问题类产品和瘦狗类产品的销售量都很小。若产品结构显示散乱分布，则说明其产品结构未规划好，企业业绩必然较差。这时就应区别不同产品，采用不同策略
第二法则：黑球失败法则	在金牛区域一个产品都没有，或者即使有，其销售收入也几乎近于零，可用一个大黑球表示。这种状况显示企业没有任何盈利大的产品，说明应当对现有产品结构进行撤退、缩小的战略调整，考虑向其他事业渗透，开发新的事业
第三法则：西北方向大吉	产品在四个象限中的分布越是集中于西北方向，则说明产品结构中明星类产品越多，越有发展潜力；相反，产品的分布越是集中在东南角，说明瘦狗类产品数量多，产品结构衰退，经营不成功
第四法则：踊跃移动速度法则	产品的销售增长率越高，维持其持续增长所需资金量也相对越高；产品市场占有率越大，创造利润的能力也越大，持续时间也相对长一些 按正常趋势，问题类产品经明星类产品最后进入金牛类产品阶段，标志该产品从纯资金耗费到为企业提供效益的发展过程，但是这一趋势移动速度的快慢也影响到其所能提供的收益的大小 如果某一产品从问题类产品（包括从瘦狗类产品）变成金牛类产品的移动速度太快，说明其在高投资与高利润率的明星区域停留时间很短，因此对企业提供利润的可能性及持续时间都不会太长，总的贡献也不会大；但是相反，如果产品发展速度太慢，在某一象限内停留时间过长，则该产品也会很快被淘汰

例题分析

1）（单项选择题）根据波士顿矩阵，销售增长率低、相对市场占有率高的产品群是（　　）产品。

A. 明星类　　B. 瘦狗类

C. 问题类　　D. 金牛类

答案及分析：选择 D。见本书 11.4.1 节之 3 之 2）之④。

2）（单项选择题）在 BCG 发展矩阵中，企业对瘦狗类产品实行的策略是（　　）。

A. 增长策略　　B. 稳定策略

C. 撤退策略　　D. 选择性投资策略

答案及分析：选择 C。见本书 11.4.1 节之 4 之 2）。

3）（多项选择题）波士顿咨询集团法的应用法则有（　　）。

A. 成功的月牙环　　B. 黑球失败法则

C. 西北方向大吉　　D. 踊跃移动速度法则

答案及分析：选择 ABCD。见本书 11.4.3 节。

4）（单项选择题）波士顿矩阵的横轴是（　　）。

A. 相对市场占有率　　B. 市场开发增长率

C. 销售增长率　　D. 市场增长率

答案及分析：选择 A。见本书 11.4.1 节之 3 之 2）。

5）（多项选择题）波士顿矩阵认为一般决定产品结构的基本因素有（　　）两个。

A. 市场引力　　B. 质量

C. 企业实力　　D. 市场占有率

答案及分析：选择 AC。见本书 11.4.1 节之 3 之 1）。

11.5　平衡计分卡

11.5.1　平衡计分卡概述

1. 何谓平衡计分卡

平衡计分卡（Balanced Score Card）由罗伯特·卡普兰和戴维·诺顿创建，开始是一套企业绩效评价体系，后来在实践中扩展为一种战略管理工具。

平衡计分卡具有绩效评价和战略实施的双重功能，是以绩效评价为特征的战略管理工具。平衡计分卡是战略管理、绩效管理和各级管理者有效沟通的工具。

平衡计分卡从财务、顾客、内部流程、学习与成长四个层面/维度建立绩效指标。

2. 平衡计分卡的作用

1）平衡计分卡是一个核心的战略管理与执行的工具。

2）平衡计分卡是一种先进的绩效管理工具。

3）平衡计分卡是企业各级管理者进行有效沟通的一个重要工具。

3. 平衡计分卡体系构成及各部分关系

平衡计分卡体系包括 4 个部分：

1）战略地图。它包括四个层面的战略目标，以及四个层面战略目标之间的因果关系。

2）关键绩效指标（KPI）。从战略目标导出的关键绩效指标，也即战略目标实现的关键性指标。指标的建立要遵循 SMART 原则，即具体的（Special）、可衡量的（Measurable）、可达到的（Attainable）、相关的（Relevant）和有限时的（Time-based）。

3）行动计划。行动计划就是实现绩效指标的行动方案，包括绩效指标、实现指标的措施、责任人、完成时间等。

4）绩效考核体系。为了战略目标的实现，应建立绩效考核体系，考核的结果与薪酬等激励机制相挂钩。

平衡计分卡体系 4 个部分的作用及其之间的关系是：平衡计分卡用战略地图，也即战略目标和战略目标间的关系来**“描述战略”**；用战略目标、关键绩效指标和行动计划来**“衡量战略”**；用绩效考核体系来**“管理战略”**。平衡计分卡体系的作用就是描述战略、衡量战略、管理战略。

4. 依平衡计分卡构建战略中心型组织的五大原则

依平衡计分卡构建的“战略中心型组织”用于管理战略执行的五个基本原则如下：

1）把战略转化为可操作的行动。

2）使组织围绕战略协同化。

3）让战略成为每一个人的日常工作。

4）使战略成为持续的流程。成功运用平衡计分卡的公司引入新的流程来管理战略，称为“双循环流程”。它将战术管理（包括财务预算和月度回顾会议）与战略管理融合成一个无缝的持续流程。这个流程有 3 个特点：

① 将战略与预算流程连接起来。

② 建立战略回顾会议制度，通常每月或者每季度召开一次。

③ 战略管理的流程是不断完善的。

5）高层领导推动变革。

11.5.2 平衡计分卡的应用

1. 适用平衡计分卡的组织

适用平衡计分卡的组织有：对战略目标有合理分解的战略导向型企业，竞争激烈、竞争压力大的企业，注重管理民主化的企业，成本管理水平高的企业等。

2. 平衡计分卡应用步骤

紧紧抓住平衡计分卡“不能描述就不能衡量，不能衡量就不能管理”的核心思想，以“描述战略”“衡量战略”“管理战略”为主线，平衡计分卡采用“五步法”：

1）从企业战略到部门目标。

2）从部门目标到关键绩效指标。

3）从关键绩效指标到行动计划。

4）从行动计划到考核体系。

5）绘制战略地图。

3. 平衡计分卡的优点

1）克服财务评估方法的短期行为。

2）保持组织所有资源协调一致，并服务于战略目标。

3）能有效地将组织的战略转化为组织各层的绩效指标和行动，解决了企业的战略规划操作性差的缺点。

4）有利于各级员工对组织目标和战略的理解，保证了组织的年度计划和组织的长远发展方向得到有效的结合。

5）有利于组织和员工的学习成长和核心能力的培养。

6）使企业的战略成为一个持续的流程。

4. 平衡计分卡的缺点

实施难度大、部分指标的量化工作难以落实、实施成本大等。

例题分析

1）（多项选择题）平衡计分卡从（　　）层面建立绩效指标。

A. 财务　　B. 顾客

C. 内部流程　　D. 学习与成长

答案及分析：选择 ABCD。见本书 11.5.1 节之 1。

2）（多项选择题）平衡计分卡用（　　）来“衡量战略”。

A. 战略地图　　B. 战略目标

C. 关键绩效指标　　D. 行动计划

答案及分析：选择 BCD。见本书 11.5.1 节之 3。

3)（多项选择题）平衡计分卡体系包括（　　）。

A. 战略地图　　B. 关键绩效指标（KPI）

C. 行动计划　　D. 绩效考核体系

答案及分析：选择 ABCD。见本书 11.5.1 节之 3。

11.6　标杆管理

11.6.1　标杆管理概述

1. 何谓标杆管理

标杆管理（Benchmarking），也称为标杆法、水平对比法、基准考核法、标杆超越法、基准化法等。

标杆管理就是将本企业各项活动与从事该项活动最佳者进行比较，从而提出行动方法，以弥补自身的不足。

标杆管理是通过衡量比较来提升企业竞争地位的过程，它强调以卓越的公司为学习对象，通过持续改善来强化本身的竞争优势。标杆管理实质上就是模仿和创造，是一个有目的、有目标的学习过程。

2. 标杆管理的发展阶段

标杆管理的发展经历了以下阶段：

第一阶段，进行竞争产品的比较分析。

第二阶段，进行工艺流程的标杆管理阶段。

第三阶段，标杆管理最佳企业管理实践的阶段。

第四阶段，战略性标杆管理阶段。

第五阶段，全球标杆管理阶段。

3. 标杆管理的局限性

1）忽视创新和服务的对象。单纯的标杆管理，缺乏结合自身实际情况的创新，会导致企业竞争战略趋同。一味模仿，会陷入“落后—标杆—又落后—再标杆”的“标杆管理陷阱”。

2）认识与操作不当。混淆标杆管理和调查，认为预先存在共同的“标杆”；忽视服务和用户满意度；定位不准确，基准对象选择不当。

11.6.2　标杆管理的推进步骤

《质量管理方法与工具》一书介绍了 Michael J. Spendolini（史平多利尼）的标杆管理五步法模型：

1）内部研究与初步竞争性分析。内部研究与初步竞争性分析的目的是确定对比的项目。对比的项目要与顾客的需求相联系，要对顾客、顾客的需求以及标杆管理的范围和边界做好界定。

2）组成标杆管理团队。标杆管理团队的成员应具备相应的专业知识，并具有充分的时间和精力。

3）选定标杆管理伙伴。标杆管理伙伴是指提供标杆管理调查相关资讯的组织，也就是要选定最佳行业典范来作为学习合作的伙伴，简单来说就是确定对比的对象。

4）搜集及分析资讯。搜集本企业和对比企业（可以是竞争对手，也可以是非竞争对手）的数据。数据分析必须建立在充分了解本企业当前的状况以及对比企业状况的基础之上。

在数据分析的基础上，进行对比，找出差距，确定改进项目。

5）采取行动。找出差距，确定改进项目后，就要确定本企业的改进行动并实施。

例题分析

1）（单项选择题）（　　）实质上就是模仿和创造，是一个有目的、有目标的学习过程。

A. 标杆管理　　B. 平衡计分卡

C. 波士顿矩阵　　D. SWOT 分析

答案及分析：选择 A。见本书 11.6.1 节之 1。

2）（多项选择题）标杆管理的发展阶段包括（　　）。

A. 进行竞争产品的比较分析　　B. 标准化标杆管理阶段

C. 战略性标杆管理阶段　　D. 全球性标杆管理阶段

答案及分析：选择 ACD。见本书 11.6.1 节之 2。

3）（多项选择题）标杆管理的推进步骤有（　　）。

A. 内部研究与初步竞争性分析　　B. 选定标杆管理伙伴

C. 搜集及分析资讯　　D. 采取行动

答案及分析：选择 ABCD。见本书 11.6.2 节。

同步练习强化

1. 单项选择题

1）组织战略反映了管理者对行动、环境和业绩之间关键联系的理解，用以确保已确定的（　　）的实现。

A. 使命　　　　B. 愿景
C. 价值观　　　　D. A + B + C

2）不属于战略管理内容的是（　　）。

A. 确定组织愿景　　　　B. 组织内外部环境分析
C. 确定产品的验收规则　　　　D. 确定组织的业务竞争战略

3）战略分析应做好（　　）。

A. 确定企业的使命和目标　　　　B. 对外部环境进行分析
C. 对内部条件进行分析　　　　D. A + B + C

4）关于战略管理的描述不正确的是（　　）。

A. 预应式管理　　　　B. 因应式管理
C. 追求组织长期成功　　　　D. 管理范围涉及整体综合管理

5）（　　）是企业战略实现的影响因素。

A. 企业远景规划　　　　B. 内外部环境
C. 企业任务目标　　　　D. A + B + C

6）宗教信仰及道德规范是 PEST 分析中哪个分析维度的内容？（　　）

A. 政治环境　　　　B. 经济环境
C. 社会环境　　　　D. 技术环境

7）SWOT 分析中的“W”是指（　　）。

A. 优势　　　　B. 劣势
C. 机会　　　　D. 威胁

8）应用 SWOT 分析法时，内部环境因素包括（　　）。

A. 机会因素和威胁因素　　　　B. 优势因素和劣势因素
C. 法律因素和经济因素　　　　D. 价值观和文化因素

9）态势分析法，也称道斯矩阵或（　　），是将企业的战略与企业内部资源、外部环境有机地结合起来的一种科学的分析方法。

A. SWOT 分析法　　　　B. PEST 分析
C. 波士顿矩阵　　　　D. 标杆管理

10）应用 SWOT 分析法时，针对优势-威胁（ST）组合，企业应采取（　　）战略。

A. 增长型　　　　B. 多元化
C. 扭转型　　　　D. 防御型

11）（　　）是由（　　）于 1970 年首创的一种规划企业产品组合的方法。

A. SWOT 分析法，韦里克　　　　B. PEST 分析，布鲁斯·亨德森
C. 波士顿矩阵，布鲁斯·亨德森　　　　D. 标杆管理，韦里克

12）波士顿矩阵的纵轴是（　　）。

A. 相对市场占有率　　B. 市场占有率

C. 市场稳定率　　D. 市场增长率

13）根据波士顿矩阵，销售增长率高、相对市场占有率低的产品群是（　　）产品。

A. 明星类　　B. 瘦狗类

C. 问题类　　D. 金牛类

14）在BCG矩阵中，企业对问题类产品实行的策略是（　　）。

A. 增长策略　　B. 稳定策略

C. 撤退策略　　D. 选择性投资策略

15）波士顿矩阵中，如果在金牛区域一个产品都没有，或者即使有，其销售收入也几乎近于零。此种情况属于（　　）。

A. 成功的月牙环　　B. 黑球失败法则

C. 西北方向大吉　　D. 踊跃移动速度法则

16）波士顿矩阵中“西北方向大吉”，说明该企业的产品结构中（　　）产品多。

A. 明星类　　B. 瘦狗类

C. 问题类　　D. 金牛类

17）（　　）具有绩效评价和战略实施的双重功能，是以绩效评价为特征的战略管理工具。

A. 平衡计分卡　　B. 矩阵数据分析

C. 波士顿矩阵　　D. 卓越绩效评价

18）SMART原则中的“S”是（　　）。

A. 具体的　　B. 可衡量的

C. 相关的　　D. 有限时的

2. 多项选择题

1）（　　）一起构成了企业战略体系。

A. 总体战略　　B. 业务战略

C. 质量战略　　D. 职能战略

2）战略管理是指对组织战略的管理，包括（　　）。

A. 战略的分析与制定　　B. 战略的评价与选择

C. 战略的实施与控制　　D. 战略的总结和改进

3）战略管理的特点有（　　）。

A. 管理对象的全局性　　B. 决策主体的高层性

C. 时间安排的长远性　　D. 影响因素的综合性

4）战略管理流程中的战略选择包括（　　）。

A. 制定战略选择方案　　B. 评估战略备选方案

C. 比较战略方案　　D. 选择战略

5）战略实现的影响因素有（　　）。

A. 核心价值观　　B. 宏观环境

C. 盈利能力目标　　D. 市场竞争地位目标

6）企业文化对公司战略的影响主要有（　　）。

A. 决策风格　　B. 阻止战略的转变

C. 克服对战略改变的阻碍　　D. 主导价值观

7）下列哪些是战略分析方法与工具？（　　）

A. PEST 分析　　B. SWOT 分析法

C. 波士顿矩阵　　D. 平衡计分卡

8）下列关于波士顿矩阵的说法正确的是（　　）。

A. 撤退战略适用于金牛类业务

B. 明星类业务应采取发展战略

C. 无法转型的问题类业务也适用于撤退战略

D. 瘦狗类业务一般采用撤退战略

9）平衡计分卡由（　　）创建。

A. 罗伯特·卡普兰　　B. 德鲁克

C. 布鲁斯·亨德森　　D. 戴维·诺顿

10）下列哪些是平衡计分卡衡量企业绩效的维度？（　　）

A. 财务　　B. 学习与成长

C. 信息安全　　D. 顾客

11）平衡计分卡体系能够（　　）。

A. 制定战略　　B. 描述战略

C. 衡量战略　　D. 管理战略

12）平衡计分卡是（　　）的工具。

A. 战略管理　　B. 绩效管理

C. 各级管理者进行有效沟通　　D. 宏观环境分析

13）依平衡计分卡构建战略中心型组织的五大原则包括把战略转化为可操作的行动、使组织围绕战略协同化，以及（　　）。

A. 让战略成为每一个人的日常工作　　B. 使战略成为持续的流程

C. 员工积极参与　　D. 高层领导推动变革

14）平衡计分卡采用的“五步法”包括从企业战略到部门目标、从部门目标到关键绩效指标、（　　）。

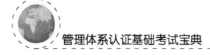

A. 从关键绩效指标到行动计划　　B. 从行动计划到考核体系

C. 建立绩效改进体制　　D. 绘制战略地图

15）态势分析法，是通过分析企业的（　　），将企业的战略与企业内部资源、外部环境有机地结合起来的一种科学的分析方法。

A. 优势　　B. 劣势

C. 机会　　D. 威胁

16）态势分析法主要适用于（　　）。

A. 分析市场环境　　B. 竞争对手分析

C. 企业战略制定　　D. 制定生产计划

17）构成经济环境的战略关键要素有（　　）。

A. 财政货币政策　　B. 互联网变革

C. 失业率水平　　D. 潮流与风尚

18）PEST 分析适用于（　　）。

A. 组织战略规划　　B. 市场规划

C. 产品经营发展　　D. 研究报告撰写

19）下面哪些属于战略分析方法与工具？（　　）

A. 宏观环境分析模型　　B. 态势分析法

C. 波士顿矩阵、平衡计分卡　　D. 标杆管理

3. 问答题

1）简述战略管理的定义，以及战略管理与经营管理的区别。

2）简述 PEST 分析法的定义。

3）简述 SWOT 分析法以及针对 SWOT 矩阵中各组合的策略。

4）简述波士顿矩阵产品类型的定义。

5）简述平衡计分卡体系的构成及其各部分的含义。

6）简述开展标杆管理的程序。

答案点拨解析

1. 单项选择题

题号	答案	解析
1	D	见本书 11.1.1 节之 1
2	C	确定产品的验收规则是日常管理活动，不属于战略管理
3	D	见本书 11.1.3 节表 11-1 序号 1
4	B	见本书 11.1.4 节之 4)：战略管理是一种预应式管理；经营管理是一种因应式管理

（续）

题号	答案	解析
5	D	见本书11.1.5节表11-2
6	C	见本书11.2.2节之2之3)
7	B	见本书11.3.1节
8	B	见本书11.3.2节之2之1)
9	A	见本书11.3.1节
10	B	见本书11.3.2节之2之3）图11-1
11	C	见本书11.4.1节之1
12	D	见本书11.4.1节之3之2)
13	C	见本书11.4.1节之3之2）之③
14	D	见本书11.4.1节之4之3)
15	B	见本书11.4.3节表11-5
16	A	见本书11.4.3节表11-5
17	A	见本书11.5.1节之1
18	A	见本书11.5.1节之3之2)

2. 多项选择题

题号	答案	解析
1	ABD	见本书11.1.1节之2
2	ABC	见本书11.1.2节之1
3	ABCD	见本书11.1.2节之2
4	ABD	见本书11.1.3节表11-1序号2
5	ABCD	见本书11.1.5节表11-2
6	ABCD	见本书11.1.5节表11-2序号2
7	ABCD	见本书第11章。战略分析方法与工具有PEST分析、SWOT分析法、波士顿矩阵、平衡计分卡、标杆管理
8	BCD	见本书11.4.1节之4
9	AD	见本书11.5.1节之1
10	ABD	见本书11.5.1节之1
11	BCD	见本书11.5.1节之3，平衡计分卡体系4个部分的作用及其之间的关系是：平衡计分卡用战略地图，也即战略目标和战略目标间的关系来“描述战略”；用战略目标、关键绩效指标和行动计划来“衡量战略”；用绩效考核体系来“管理战略”
12	ABC	见本书11.5.1节之2

（续）

题号	答案	解析
13	ABD	见本书 11.5.1 节之 4
14	ABD	见本书 11.5.2 节之 2
15	ABCD	见本书 11.3.1 节
16	BC	见本书 11.3.2 节之 1
17	AC	见本书 11.2.2 节之 2 之 2）
18	ABCD	见本书 11.2.2 节之 1
19	ABCD	见本书第 11 章开始

3. 问答题

1）参见本书 11.1.2 节之 1、11.1.4 节。

① 战略管理的定义是：战略管理是组织高层管理人员为了组织长期的生存和发展，在充分分析组织外部环境和自身条件的基础上，确定和选择达到目标的有效战略，并将战略付诸实施和对战略实施过程进行控制和评价的一个动态管理过程。

② 战略管理与经营管理的区别是：

a）关注点不同。战略管理，管理者注重监控企业外部环境的变化，制订有效的战略计划；经营管理，管理的重点在于日常经营活动。

b）管理范围不同。战略管理重视企业的整体性综合管理，经营管理重视企业职能型业务管理。

c）基本任务不同。战略管理的基本任务是设定企业的战略目标，确定企业的使命，追求组织长期生存。经营管理的基本任务是合理地组织生产力，生产出更多的符合社会需要的产品，着眼点放在短期的经营成果和利益上。

d）反应机理不同。战略管理是一种预应式管理；经营管理是一种因应式管理，只是对某个环境事态做出临时性的反应。

2）见本书 11.2.1 节。

PEST 分析法的定义是：PEST 分析法用于对企业外部宏观环境进行分析，分析政治、经济、社会、技术四个环境因素对企业的影响。

3）见本书 11.3.1 节，以及 11.3.2 节中的图 11-1。

① SWOT 分析法是通过分析企业的优势（Strength）、劣势（Weakness）、机会（Opportunity）和威胁（Threat），将企业的战略与企业内部资源、外部环境有机地结合起来的一种科学的分析方法。

② 针对 SWOT 矩阵中各组合的策略：

a）优势-机会组合：增长型策略。企业可以用自身内部优势撬起外部机会，寻求更大的发展。

b）优势-威胁组合：多元化策略。企业应该扬长避短、避实就虚，采用多元化等策略迂回达到发挥优势、减少威胁的目的。

c）劣势-机会组合：扭转型策略。企业可通过外力来弥补企业的弱点以最大限度地利用外部环境中的机会。

d）劣势-威胁组合：防御型策略。企业应设法努力减少威胁和弱点对企业造成的负面影响，避免不利局面出现，或者通过合并重组，在短时间内迅速壮大企业的实力以抗衡外部威胁。

4）见本书11.4.1节之3之2）。

波士顿矩阵产品类型的定义：

① 销售增长率和相对市场占有率“双高”的产品群（明星类产品）。

② 销售增长率和相对市场占有率“双低”的产品群（瘦狗类产品）。

③ 销售增长率高、相对市场占有率低的产品群（问题类产品）。

④ 销售增长率低、相对市场占有率高的产品群（金牛类产品）。

5）见本书11.5.1节之3。

平衡计分卡体系包括战略地图、关键绩效指标、行动计划、绩效考核体系4个部分。

4个部分的含义是：

① 战略地图：它包括四个层面的战略目标，以及四个层面战略目标之间的因果关系。

② 关键绩效指标：从战略目标导出关键绩效指标。

③ 行动计划：行动计划就是实现绩效指标的行动方案，包括绩效指标、实现指标的措施、责任人、完成时间等。

④ 绩效考核体系：为了战略目标的实现，应建立绩效考核体系，考核的结果与薪酬等激励机制相挂钩。

6）见本书11.6.2节。

开展标杆管理的程序如下：

① 内部研究与初步竞争性分析。内部研究与初步竞争性分析的目的是确定对比的项目。对比的项目要与顾客的需求相联系，要对顾客、顾客的需求以及标杆管理的范围和边界做好界定。

② 组成标杆管理团队。标杆管理团队的成员应具备相应的专业知识，并具有充分的时间和精力。

③ 选定标杆管理伙伴。标杆管理伙伴是指提供标杆管理调查相关资讯的组织，也就是要选定最佳行业典范来作为学习合作的伙伴，简单来说就是确定对比的对象。

④ 搜集及分析资讯。搜集本企业和对比企业（可以是竞争对手，也可以是非竞争对手）的数据。数据分析必须建立在充分了解本公司当前的状况以及对比企业状况的基础之上。

在数据分析的基础上，进行对比，找出差距，确定改进项目。

⑤ 采取行动。找出差距，确定改进项目后，就要确定本企业的改进行动并实施。

第12章 过程策划方法与工具

考试大纲要求

过程策划方法与工具，如过程方法、流程分类框架设计、乌龟图、流程图、服务蓝图、业务流程重组。

考点知识讲解

12.1 过程方法

12.1.1 过程

1. 过程的定义

下面方框中的内容是 GB/T 19000 标准 3.4.1 条款对“过程”的定义。

> **3.4.1 过程**
>
> 利用输入实现预期结果的相互关联或相互作用的一组活动。
>
> 注 1：过程的“预期结果”称为输出（3.7.5），还是称为产品（3.7.6）或服务（3.7.7），随相关语境而定。
>
> 注 2：一个过程的输入通常是其他过程的输出，而一个过程的输出又通常是其他过程的输入。
>
> 注 3：两个或两个以上相互关联和相互作用的连续过程也可作为一个过程。
>
> 注 4：组织（3.2.1）通常对过程进行策划，并使其在受控条件下运行，以增加价值。
>
> 注 5：不易或不能经济地确认其输出是否合格（3.6.11）的过程，通常称之为“特殊过程”。

2. 对过程的理解

1）从过程的定义看，过程应包含三个要素：输入、预期结果和活动。相互关联，一般是指活动之间的衔接关系；相互作用，一般是指活动之间的影响关系。过程的“预期结果”称为输出，还是称为产品或服务，随相关语境而定。

2）一个过程的输入通常是其他过程的输出，而一个过程的输出又通常是其他过程的输入。两个或两个以上相互关联和相互作用的连续过程也可作为一个过程。

3）组织为了增值，通常对过程进行策划，并使其在受控条件下运行。

4）不易或不能经济地确认其输出是否合格的过程，通常称之为“特殊过程”。

5）GB/T 19000 标准 2.4.1.3 条款这样描述“过程”：组织拥有可被确定、测量和改进的过程。这些过程相互作用以产生与组织的目标相一致的结果，并跨越职能界限。某些过程可能是关键的，而另外一些则不是。过程具有相互关联的活动和输入，以实现输出。

6）GB/T 19000 标准 2.4.1.4 条款这样描述“活动”：组织的人员在过程中协调配合，开展他们的日常活动。依靠对组织目标的理解，某些活动可被预先规定。而另外一些活动则是由于对外界刺激的反应，来确定其性质并予以执行。

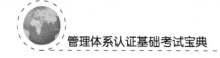

12.1.2 过程方法

1. 过程方法的介绍

过程方法是七项质量管理原则之一。下面方框中的内容是 GB/T 19000 标准 2.3.4 条款对“过程方法”原则的介绍。

2.3.4 过程方法

2.3.4.1 概述

将活动作为相互关联、功能连贯的过程组成的体系来理解和管理时，可更加有效和高效地得到一致的、可预知的结果。

2.3.4.2 依据

质量管理体系是由相互关联的过程所组成。理解体系是如何产生结果的，能够使组织尽可能地完善其体系并优化其绩效。

2.3.4.3 主要益处

主要益处可能有：

——提高关注关键过程的结果和改进的机会的能力；

——通过由协调一致的过程所构成的体系，得到一致的、可预知的结果；

——通过过程的有效管理、资源的高效利用及跨职能壁垒的减少，尽可能提升其绩效；

——使组织能够向相关方提供关于其一致性、有效性和效率方面的信任。

2. 过程方法的特征

《质量管理方法与工具》一书认为，过程方法就是将活动作为相互关联、功能连贯的过程组成的体系来理解和管理时，可更加有效和高效地得到一致的、可预知的结果。过程方法是以系统论、信息论和控制论为理论基础的，它具有以下5个特征：

1）以系统理论为指导。

2）应用信息论方法。

3）应用控制论方法。

4）注重管理的细化。

5）注重综合应用管理技术和信息技术等技术。

3. 过程方法在管理体系建立中的作用

《质量管理方法与工具》一书认为，过程方法在管理体系建立中的作用有3个：

1）有助于有效、高效地实现预期结果。

2）通过PDCA循环有助于确定改进机会并采取行动。

3）基于风险的思维有助于有效利用机遇并防止发生不良后果。

12.1.3　过程方法在质量管理体系中的应用

1. 过程方法在质量管理体系中的总要求

GB/T 19001标准0.3.1条款：GB/T 19001标准倡导在建立、实施质量管理体系以及提高其有效性时采用过程方法，通过满足顾客要求增强顾客满意。

将相互关联的过程作为一个体系加以理解和管理，有助于组织有效和高效地实现其预期结果。这种方法使组织能够对其体系的过程之间相互关联和相互依赖的关系进行有效控制，以提高组织整体绩效。

过程方法包括按照组织的质量方针和战略方向，对各过程及其相互作用进行系统的规定和管理，从而实现预期结果。可通过采用PDCA循环以及始终基于风险的思维对过程和整个体系进行管理，旨在有效利用机遇并防止发生不良结果。

1）单一过程各要素及其相互作用。单一过程的各要素及其相互作用如图12-1所示。每一过程均有特定的监视和测量检查点用于控制，这些检查点根据相关的风险有所不同。

单一过程要素示意图采用的是质量大师**戴明**提出的SIPOC组织系统模型。SIPOC，名字来自供方（输入源）、输入、过程（活动）、输出和顾客（输出接收方）的第一个英文字母的缩写。其中：

① S（Supplier）/供应者（输入源）：向核心过程或活动提供关联信息、材

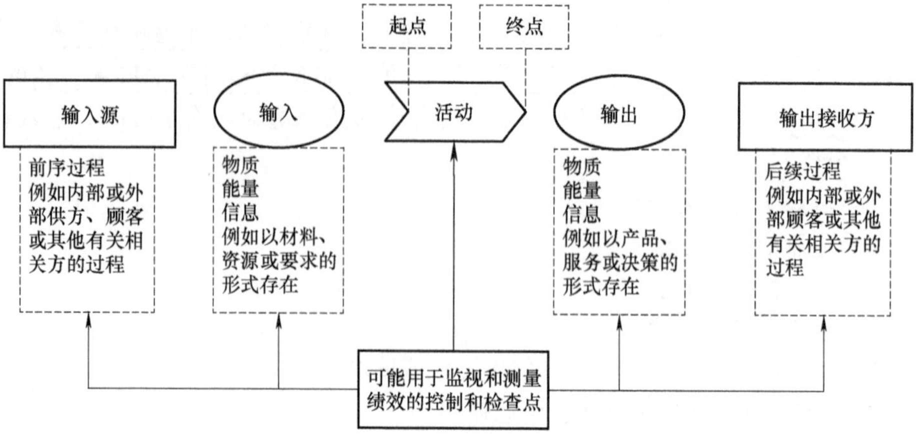

图 12-1 单一过程要素示意图

料或其他资源的组织和个人。

② I（Inputs)/输入：供应者提供的物质、能量、信息，例如以人员、机器、材料、方法、环境或要求的形式。

③ P（Process)/过程（活动)：将输入转化为输出的活动，也就是过程(Process)。理论上，这个过程将使输入增值。

④ O（Outputs)/输出：活动产生的结果（物质、能量、信息)，例如以产品和服务或决策的形式。

⑤ C（Customer)/顾客（输出接收方)：接受输出的人、组织或过程，如内部或外部顾客或其他相关方的过程。

2）质量管理体系与 PDCA 循环。过程方法结合了 PDCA 循环与基于风险的思维。PDCA 循环能够应用于所有过程以及整个质量管理体系。图 12-2 表明了 GB/T 19001 标准第 4 章至第 10 章是如何构成 PDCA 循环的。

PDCA 循环可以简要描述如下：

——策划（Plan)：根据顾客的要求和组织的方针，建立体系的目标及其过程，确定实现结果所需的资源，并识别和应对风险和机遇。

——实施（Do)：执行所做的策划。

——检查（Check)：根据方针、目标、要求和所策划的活动，对过程以及形成的产品和服务进行监视和测量（适用时)，并报告结果。

——处置（Act)：必要时，采取措施提高绩效。

2. 过程方法在质量管理体系中的应用步骤

《质量管理方法与工具》一书认为，GB/T 19001 标准 4.4 条款“质量管理体系及其过程”就是要求组织依据过程方法原则，运用 PDCA 模式，按照组织

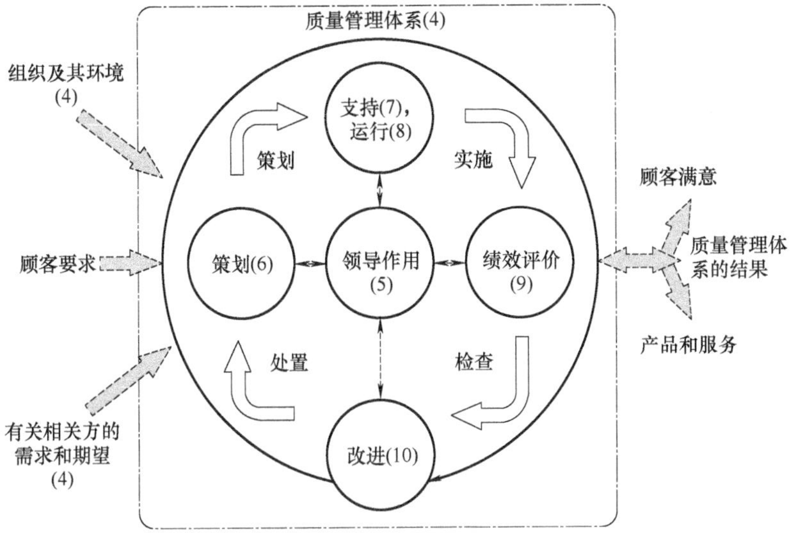

图 12-2　GB/T 19001 标准的结构在 PDCA 循环中的展示

注：括号中的数字表示 GB/T 19001 标准的相应章。

环境、领导作用、策划、支持、运行、绩效评价及改进七个高层结构的要求建立、实施、保持和持续改进质量管理体系，包括所需过程及其相互作用。

按照以下步骤，组织应确定质量管理体系所需的过程及其在整个组织中的应用，且应：

1）确定这些过程所需的输入和期望的输出。

2）确定这些过程的顺序和相互作用。

3）确定和应用所需的准则和方法（包括监视、测量和相关绩效指标），以确保这些过程有效的运行和控制。

4）确定这些过程所需的资源并确保其可获得。

5）分配这些过程的职责和权限。

6）按照 GB/T 19001 标准 6.1 条款的要求应对风险和机遇。

7）评价这些过程，实施所需的变更，以确保实现这些过程的预期结果。

8）改进过程和质量管理体系。

例题分析

1）（单项选择题）过程是“利用输入实现预期结果的（　　）的一组活动”。

A. 相互关联　　　　B. 相互作用

C. A 或 B　　　　D. A 和 B

答案及分析：选择 C。见本书 12.1.1 节之 1 的方框。

2）（多项选择题）下面关于“过程”的描述，哪些是正确的？（　　）

A. 过程是指利用输入实现预期结果的相互关联和相互作用的一组活动

B. 过程的“预期结果”称为输出，还是称为产品或服务，随相关语境而定

C. 两个或两个以上相互关联和相互作用的连续过程也可作为一个过程

D. 组织通常对过程进行策划，并使其在受控条件下运行，以增加价值

答案及分析：选择 BCD。见本书 12.1.1 节之 1 的方框。

3）（单项选择题）组织拥有可被确定、测量和改进的过程。这些过程（　　）以产生与组织的目标相一致的结果，并跨越职能界限。

A. 相互作用　　B. 相互关联

C. 相互依赖　　D. 相互关联和相互依赖

答案及分析：选择 A。见本书 12.1.1 节之 2 之 5）。

4）（单项选择题）组织的人员在过程中协调配合，开展他们的日常活动。依靠对组织（　　）的理解，某些活动可被预先规定。而另外一些活动则是由于对（　　）的反应，来确定其性质并予以执行。

A. 目标，外界刺激　　B. 方针，组织环境

C. 目标，组织环境　　D. 方针，外界刺激

答案及分析：选择 A。见本书 12.1.1 节之 2 之 6）。

5）（单项选择题）“将活动作为相互关联、功能连贯的过程组成的体系来理解和管理时，可更加有效和高效地得到一致的、可预知的结果”是对下面哪个要求的说明？（　　）

A. 过程方法　　B. 改进

C. 管理的系统方法　　D. 循证决策

答案及分析：选择 A。见本书 12.1.2 节之 1 的方框。

6）（单项选择题）单一过程要素示意图中，以产品、服务或决策的形式存在的物质、能量、信息，称之为（　　）。

A. 输入源　　B. 输入

C. 输出　　D. 输出接收方

答案及分析：选择 C。见本书 12.1.3 节之 1 图 12-1。

7）（单项选择题）SIPOC 组织系统模型中的“S”是（　　）。

A. 供应者（输入源）　　B. 服务

C. 优势　　D. 顾客（输出接收方）

答案及分析：选择 A。见本书 12.1.3 节之 1 之 1）之①。

8）（多项选择题）过程方法结合了（　　）。

A. 领导作用　　B. 过程改进

C. 基于风险的思维　　　　　　　　D. PDCA 循环

答案及分析：选择 CD。见本书 12.1.3 节之 1 之 2)。

9)（单项选择题）在单一过程要素示意图中，每一过程均有特定的监视和测量检查点，以用于控制，这些检查点可包括（　　）。

A. 输入、活动、输出

B. 输入源、输入、活动、输出、输出接收方

C. 输入、活动起点、活动终点、输出

D. 供方、输入、活动、输出、顾客

答案及分析：选择 B。见本书 12.1.3 节之 1 图 12-1。

10)（多项选择题）下面哪些是过程方法在质量管理体系中的应用步骤？（　　）

A. 确定这些过程所需的输入和期望的输出

B. 确定这些过程所需的资源并确保其可获得

C. 确定和应用所需的准则和方法

D. 实施所有的变更

答案及分析：选择 ABC。见本书 12.1.3 节之 2 之 7)，要求的是"实施所需的变更"。

12.2　流程分类框架设计

12.2.1　流程及流程描述

1. 流程的基本概念

《质量管理方法与工具》一书认为，流程是一组共同给客户创造价值的项目关联的活动进程，这种进程是活动进行中的顺序的布置和安排，流程强调的是步骤、连续性，即每一环节要按已设定好的方式进行，上一环节完成再到下一环节。

上面 12.13 节讲到的 SIPOC 组织系统模型，也适用于高层阶的流程。

2. 流程的特点

1）目标性：有明确的输出（目标或任务）。

2）内在性：包含于任何事物或行为中。

3）整体性：至少由两个活动组成。

4）动态性：流程不是静态的，它按照一定时序关系展开，由一个活动到另一个活动。

5）层次性：流程是一个嵌套的概念，组成流程的活动本身也可以是一个流

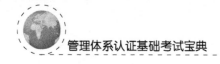

程，流程中的若干活动也可以看作“子流程”，可以继续分解若干活动。

6）结构性：流程的结构有多种表现形式，如串联、并联、反馈等，表现形式不同对流程输出效果带来影响。

3. 流程的分类

根据流程涉及的内容、所起的作用范围，流程可以分为3类：

1）战略流程：主要服务于公司董事会和社会，与环境分析、战略选择、战略制定和战略调整等相关的流程。

2）核心流程：主要服务于市场和客户，与主营业务相关的流程。

3）支持流程：主要服务于经营层和核心业务，如行政管理、安技环保、后勤保障等相关流程。

4. 流程描述

需要在组织层面建立统一的流程描述规范，通过对流程统一口径、统一语言、统一标准和表单等方式，实现组织规范化管理。

流程描述要遵循以下基本原则：

1）每个流程一般单独形成文件，便于过程的实施。

2）使用标准模板和符号体系进行描述，包括流程描述模板格式（外框尺寸等）、使用说明、描述符号体系的要求及说明。

3）明确每个流程的目标、范围、成功标准、关键控制点、主要风险等，可根据需要，对流程中的某些操作环节，在备注区进行详细说明。

4）明确流程中的相关信息流，包括需要输入的表单、处理的表单、输出的表单等，对流程中某些节点，应注明可参阅的相关制度、要求、规范及标准范本等指导性信息。

5）需要建立流程版本变更管理，以实现流程文件可追溯、可积累。

流程描述是明确某个岗位或角色在何时、何种情况下做何事、怎么做、流转给谁，不包括某个岗位自身如何处理工作技能方面的描述，那是岗位操作说明书方面的内容。

12.2.2　流程分类框架起源与框架结构

1. 起源

流程分类框架（Process Classification Framework，PCF），源于美国生产与质量中心（America Productivity and Quality Center，APQC）。

2. APQC 流程分类框架结构

APQC 流程分类框架结构将企业流程分为2个大类、12个企业级类别。其中，第一大类经营流程，包括5个企业级类别流程：制定愿景和策略，设计与管理产品和服务，营销产品和服务，交付产品和服务，管理客户服务。第二大类管理与支持流程，包括7个企业级类别流程：开发和管理人力资源，管理信息资源，管理财务资源，获取、建设与管理资产，管理企业风险合规及应变，管理外部关系，开发与管理业务能力。

12.2.3 实施流程分类框架的目的与作用

1. 实施流程分类框架的目的

APQC流程分类框架目的在于通过框架和文字表现主要流程和子流程，该框架不是基于职能，也不是罗列出某个特定组织内的所有流程，该框架下的每个流程也不一定都会在某个组织中出现。APQC流程分类框架创造的是一个高水平、普遍适用的组织模型，帮助组织能够从跨行业的过程角度，而不是狭窄的职能角度看待他们的行为及活动。

2. 实施流程分类框架的作用

1）全面诊断组织过程管理体系。

2）保障组织战略的推进及落地。

3）促进消除部门壁垒，体现人本管理。

4）提高响应市场变化的速度。

5）构建不断学习及改进的价值观。

12.2.4 流程框架设计的方法

1. 自下向上的分类分级的梳理

通过采用“收集流程、汇总整合、分类分级”三个阶段实现流程框架的分类分级。分类是划分不同的属性，分级是对同一类属性进行细化。

2. 自上向下的汇总整合分类分级的梳理

通过采用“初步分类、收集流程、汇总整合二次分类分级”三个阶段实现流程框架的二次分类分级。

流程分类要基本符合MECE原则。MECE原则是把一个工作项目分解为若干个更细的工作任务的方法，是麦肯锡思维过程的一条基本准则。它主要有两条基本原则。

1）各部分之间相互独立（Mutually Exclusive）。这意味着问题的细分是在同一维度上的，并有明确区分、不可重叠，强调了每项工作之间要独立，每项工作之间不要有交叉重叠。

2）所有部分完全穷尽（Collectively Exhaustive）。这意味着全面、周密，说的是分解工作的过程中不要漏掉某项，要保证完整性。

MECE原则是结构化思维的一种方法，本质就是逻辑，目的在于对问题的思考更加完整、富有条理。

例题分析

1）（多项选择题）流程的特点有（　　）。

A. 目标性　　B. 层次性

C. 稳定性　　D. 结构性

答案及分析：选择ABD。见本书12.2.1节之2。

2）（多项选择题）根据流程涉及的内容、所起的作用范围，流程可分为（　　）。

A. 战略流程　　B. 研发流程

C. 核心流程　　D. 支持流程

答案及分析：选择ACD。见本书12.2.1节之3。

3）（多项选择题）流程描述应遵循的原则有（　　）。

A. 明确每个流程的关键控制点

B. 可以采用流程执行者各自习惯的符号

C. 需要建立流程版本变更管理

D. 明确流程中需输入的表单、输出的表单等

答案及分析：选择ACD。见本书12.2.1节之4之2），要使用标准模板和符号体系进行描述，不能采用流程执行者各自习惯的符号。

4）（多项选择题）APQC流程分类框架结构中第一大类经营流程包括（　　）。

A. 制定愿景和策略　　B. 设计与管理产品和服务

C. 交付产品和服务　　D. 管理客户服务

答案及分析：选择ABCD。见本书12.2.2节之2。

5）（多项选择题）流程分类框架的作用有（　　）。

A. 全面诊断组织过程管理体系

B. 保障组织战略的推进及落地

C. 促进消除部门壁垒

D. 构建不断学习及改进的价值观

答案及分析：选择ABCD。见本书12.2.3节之2。

6）（多项选择题）流程框架设计时，采用自下向上的分类分级的梳理，要经过哪几个阶段？（　　）

A. 收集流程　　B. 初步分类

C. 汇总整合　　D. 分类分级

答案及分析：选择ACD。见本书12.2.4节之1。

12.3　乌龟图和流程图

12.3.1　乌龟图

1. 乌龟图的定义

乌龟图是国际汽车工作组（International Automotive Task Force，IATF）推荐的一种单一过程分析图。

乌龟图用乌龟的头部、尾巴、四只脚和腹部表示过程的相关要素，如图 12-3 所示。

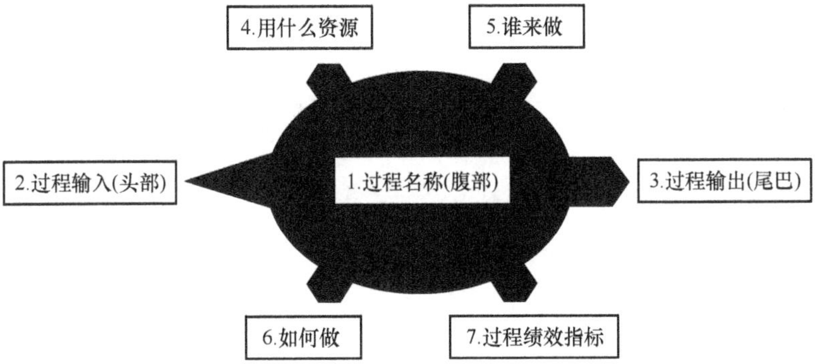

图中编号说明：

编号	过程要素	内容
1	过程名称	填写过程名称（或过程及其子过程名称）
2	过程输入	过程的输入包括样品、文件、报告、信息、计划等，以要求的形式存在
3	过程输出	过程的输出包括产品、文件、计划、报告、信息等，以产品或决策的形式存在
4	用什么资源	过程中使用的资源，包括设施设备、材料、工具、环境、软件等
5	谁来做	过程的责任人/部门，要考虑与之匹配的教育、培训和经历要求
6	如何做	对过程进行控制的方法、程序、准则
7	过程绩效指标	为了确保输出满足输入的要求，应对过程进行监视和测量。这里以过程的关键绩效指标（KPI）的形式存在

图 12-3　乌龟图（示意图）

图 12-4 所示为采购控制过程乌龟图。

本书在表述上与《质量管理方法与工具》一书有些不同，但实质上没有区

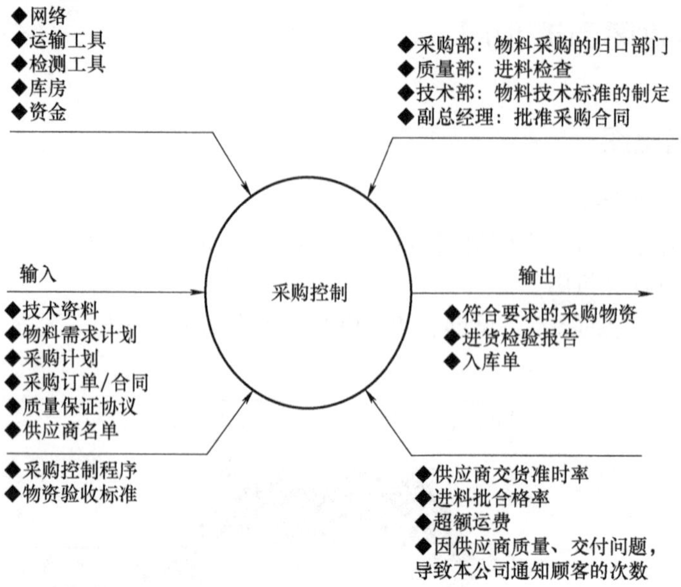

图 12-4　采购控制过程乌龟图

别，目的是让考生更容易看懂。

2. 乌龟图绘制前的准备工作

准备工作包括确定现有过程是否有文件，明确各部门的责任，明确各部门的接口，明确过程的输入、输出，明确现有过程有哪些记录，等等。

3. 乌龟图的绘制步骤

1）识别过程和过程所有者（负责部门/负责人）。

2）识别基本的输入（顾客要求）。

3）识别基本的输出（满足需求）。

4）识别分过程，把输入转换成输出。

5）根据分过程完善输入。

6）根据分过程完善输出。

7）根据分过程识别每一步需要的资源。

8）根据分过程识别每一步需要什么人执行。

9）识别方法，使过程控制标准化。

10）识别过程绩效指标，评估过程的有效性和效率。

12.3.2　流程图

1. 流程图的定义

流程图是展现过程步骤和决策点顺序的图形文档，是将一个过程的步骤用图的形式表示出来的一种图示技术。流程图可以用于整个组织，直观跟踪和图解组织的运作方式，以帮助组织准确了解过程。

2. 流程图的作用

1）规范作用。

2）指导作用。

3）诊断作用。所有流程在绘制时，很容易发现疏失之处，可适时予以调整更正，使各项作业更为严谨。

4）决策辅助作用。

5）改进作用。

3. 流程图绘制遵循的原则

《质量管理方法与工具》一书认为，流程图绘制遵循的原则有使用统一的模板或软件、活动框图内文字描述要简洁、连接线必须使用动态连接线、不得出现流程断点等。

4. 流程图绘制前的准备工作

流程图绘制前的准备工作包括确定流程的发起部门、界定流程的始点和终点、流转过程中的关键点、流程接口等。

5. 流程图编制的各种要素

1）流程内容要素要求。《质量管理方法与工具》一书认为，体现流程的六个要素有主推部门和协助部门、关键控制点、输入、输出、主要负责人、运行时间。

2）流程图基本结构。顺序结构、分支结构（又称选择结构）、循环结构。

3）流程图符号。参考美国国家标准学会（American National Standards Institute，ANSI）系统流程图标准符号，见表12-1。

表12-1　流程图常用符号及说明

符号	名称	意义
	准备作业	开展某种操作所涉及的准备流程
	过程	处理程序，记录此控制点的工作内容简述
	决策	不同方案选择，判断或决策时使用，内容中填列判断的具体事项

（续）

符号	名称	意义
	终止	流程图终止
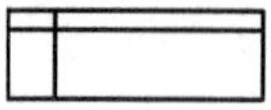	内部储存	部门内部汇总统计、报表
	文档	输入或输出的以文本形式存在的文件、制度、表单等，内容为文件、表单的全称
	多文档	输入或输出的多个以文本形式存在的文件、制度、表单等，内容为文件、表单的全称
	预定义过程	使用某一已定义的处理程序，未在图表中详细列出，表示对其他流程的引用
	联系	为避免出现流线交叉和使用长线，可用连接符将流线截断。截断始端为出口连接符，截断末端为入口连接符，两连接符中用同一标识符
	离页连接符	当流程不能在一页中全面展示时，使用此符号表示活动框之间的衔接关系。换页时流程断点的连接符号：当流程由当前页流向后续页面时，用向下引用；当流程由当前页面流向前面页面时，用向上引用
	流线	过程的流向

6. 流程图的种类

流程图有多个种类、多种形式。主要种类有单项流程图、泳道说明型流程图。形式有文字表达、表格表达、图示表达、符号表达和动画表达及其组合等多种形式。

1）单项流程图，也称任务流程图，是描述过程中每一步骤的具体活动的流程图。图 12-5 即为一单项流程图。

2）泳道说明型流程图，也称矩阵流程图。在单项流程图基础上，加上相关方在过程中的关系，即为泳道说明型流程图。可通过泳道（纵向条）区分出执行主体。图 12-6 即为一泳道说明型流程图。

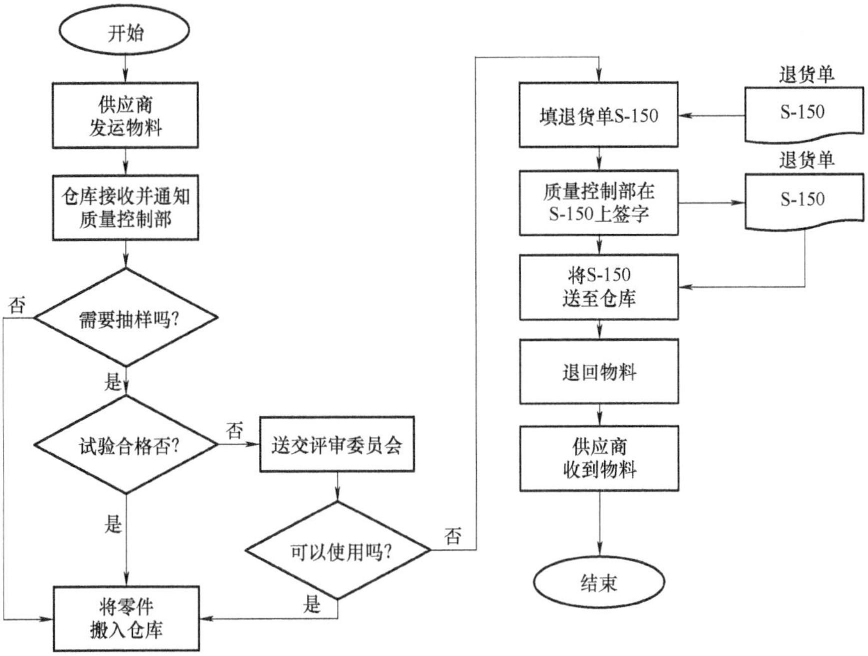

图 12-5　单项流程图——采购物料进货过程

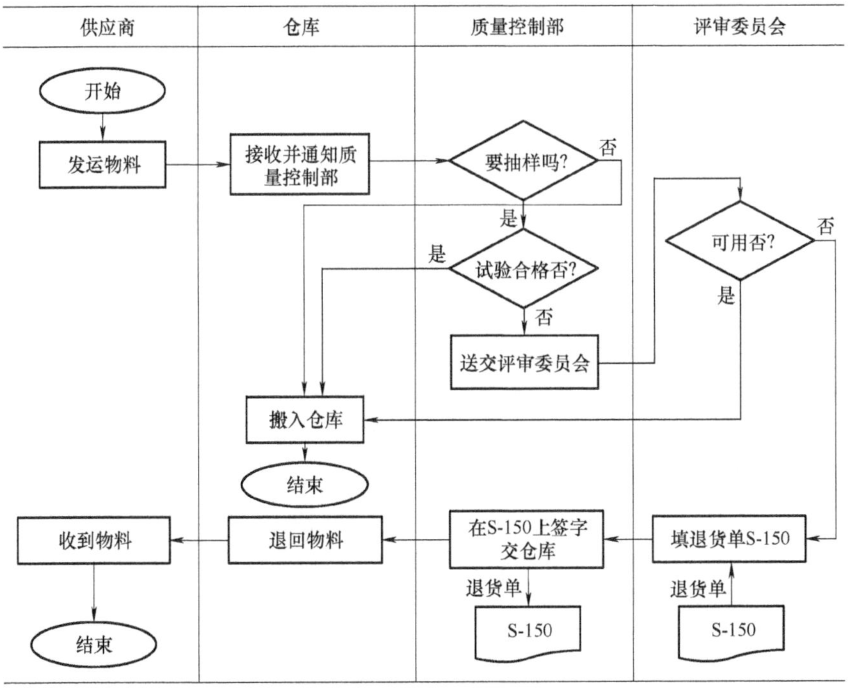

图 12-6　泳道说明型流程图——采购物料进货过程

7. 流程管理三阶段、流程管理原则

1）流程管理三阶段：规范流程、优化流程、流程再造。

2）流程管理原则：适合企业，使企业的管理实现优质、低耗、高效的良性循环。

例题分析

1）（单项选择题）乌龟图是（　　）。

A. 单一过程分析图　　B. SIPOC 组织系统模型

C. PCF 流程分类框架　　D. 流程图

答案及分析：选择 A。见本书 12.3.1 节之 1。

2）（单项选择题）乌龟图中乌龟的头部代表（　　）。

A. 过程输入　　B. 过程输出

C. 过程使用的资源　　D. 过程使用的方法

答案及分析：选择 A。见本书 12.3.1 节之 1 图 12-3。

3）（单项选择题）流程图中的矩形“□”代表（　　）。

A. 开始和结束　　B. 决策

C. 过程（活动）　　D. 判断

答案及分析：选择 C。见本书 12.3.2 节之 5 表 12-1 第 2 行。

4）（单项选择题）流程图中的菱形“◇”代表（　　）。

A. 开始　　B. 决策（判断）

C. 过程（活动）　　D. 结束

答案及分析：选择 B。见本书 12.3.2 节之 5 表 12-1 第 3 行。

5）（多项选择题）流程图的作用包括（　　）。

A. 指导作用　　B. 诊断作用

C. 决策辅助作用　　D. 改进作用

答案及分析：选择 ABCD。见本书 12.3.2 节之 2。

6）（多项选择题）流程管理三阶段是指（　　）。

A. 规范流程　　B. 优化流程

C. 流程再造　　D. 建立流程

答案及分析：选择 ABC。见本书 12.3.2 节之 7。

7）（单项选择题）流程管理原则是适合企业，使企业的管理实现（　　）的良性循环。

A. 优质　　B. 低耗

C. 高效　　D. A + B + C

答案及分析：选择 D。见本书 12.3.2 节之 7。

12.4　服务蓝图

12.4.1　服务系统的构成

1）从服务过程的视角分析，**服务系统**由服务操作系统、服务传递系统和服务营销系统构成。

2）**服务操作系统**主要指的是完成与顾客接触面上的服务提供，是服务人员与顾客接触并开始提供服务的开始。

3）**服务传递系统**是服务组织的内核，指服务组织如何将服务从组织的后台传递至前台并提供给顾客的综合系统，其内涵是服务组织的运作和管理过程。

4）服务营销系统有狭义和广义之分。狭义的**服务营销系统**是指除了服务操作及传递系统之外，企业与顾客的其他接触点，包括广告、销售、市场调研、口碑等。广义的服务营销系统包含服务传递系统和其他顾客接触点两部分。《质量管理方法与工具》讲的是狭义的服务营销系统。

12.4.2　服务蓝图的内涵

美国著名服务营销专家泽丝曼尔对服务蓝图的定义是：服务蓝图是站在顾客角度，详细描绘服务系统的图片活地图，它包括服务实施的过程、服务顾客的地点、服务中的可见因素等。

服务蓝图不仅包括横向的客户服务过程，还包括纵向的内部协作，是描绘整个服务前、中、后台构成的全景图。

12.4.3　服务蓝图的核心思想及作用

1. 服务蓝图的核心思想

服务蓝图与其他流程图的显著区别是服务蓝图是从顾客的角度看待服务过程。服务蓝图的核心思想是“关注客户的服务设计”。

2. 服务蓝图的作用

1）有利于新服务的开发。

2）有利于服务管理创新。

3）有利于提高服务质量及服务效率。

4）有利于增强培训效果。

12.4.4 服务蓝图的结构及要素

1. 服务蓝图的结构

服务蓝图基本构成要素包括四种行为区域、三条分界线以及有形展示，如图 12-7 所示。

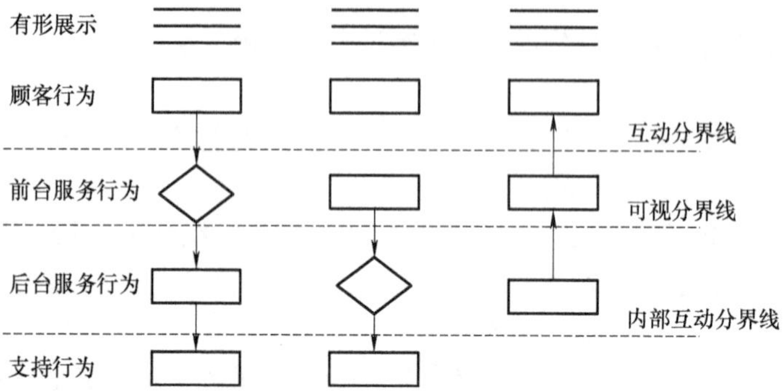

图 12-7 服务蓝图基本构成要素

1）四种行为。四种行为包括顾客行为、前台服务行为、后台服务行为和支持行为（支持过程）。

① 顾客行为。它包括顾客在购买、消费和评价服务过程中的步骤、选择、行动和互动。

② 前台服务行为。它是与顾客行为平行的服务人员的行为，是顾客能看到、能接触到的服务人员表现出的行为。此行为围绕前台员工与顾客的相互关系展开。

③ 后台服务行为。发生在幕后，支持前台行为的雇员行为称作后台员工行为。它围绕支持前台员工的活动展开。

④ 支持行为（支持过程）。它包括内部服务和支持服务人员履行的服务步骤和互动行为。这一部分覆盖了在传递服务过程中所发生的支持接触员工的各种内部服务、步骤和各种相互作用。

服务蓝图中，方框表示相应水平上执行服务的人员执行或经历服务的步骤；垂直线穿过内部互动线，代表发生内部服务接触；横向线是连接行为的流向线（见图 12-8）。

2）分割行为的三条分界线。服务蓝图中，四种主要的行为部分由三条分界线分开。

① 互动分界线。将顾客行为和前台服务行为分开。表示顾客与组织间直接的互动。一旦有一条垂直线穿过互动分界线，即表明顾客与组织间直接发生接

触或一个服务接触产生。

② 可视分界线。将前台和后台服务分开，也就是把顾客能看到的服务行为与看不到的服务行为分开。看服务蓝图时，从分析多少服务在可视分界线以上发生、多少服务在可视分界线以下发生入手，可以很轻松地得出顾客是否被提供了很多可视服务。

③ 内部互动分界线。将服务行为和支持行为分开。

3）设置在顾客行为上方的有形展示。有形展示是指顾客看到的以及顾客经历的每个过程所得到的有形物质。蓝图的最上面是服务的有形展示。最典型的方法是在每一个接触点上方都列出服务的有形展示。

服务蓝图中可以加上若干注记，《质量管理方法与工具》介绍了以下几种：

①失败点（F）：注意顾客抱怨与提升服务质量的要点，可以分为致命的、紧要的、次要的。

② 顾客等候点（W）：重视等候线管理，分关键、重要、次要等候点。

③ 员工决策点（D）：加快服务流程与排除无附加价值步骤的管理重点。

图 12-8 所示为服装店的服务蓝图。

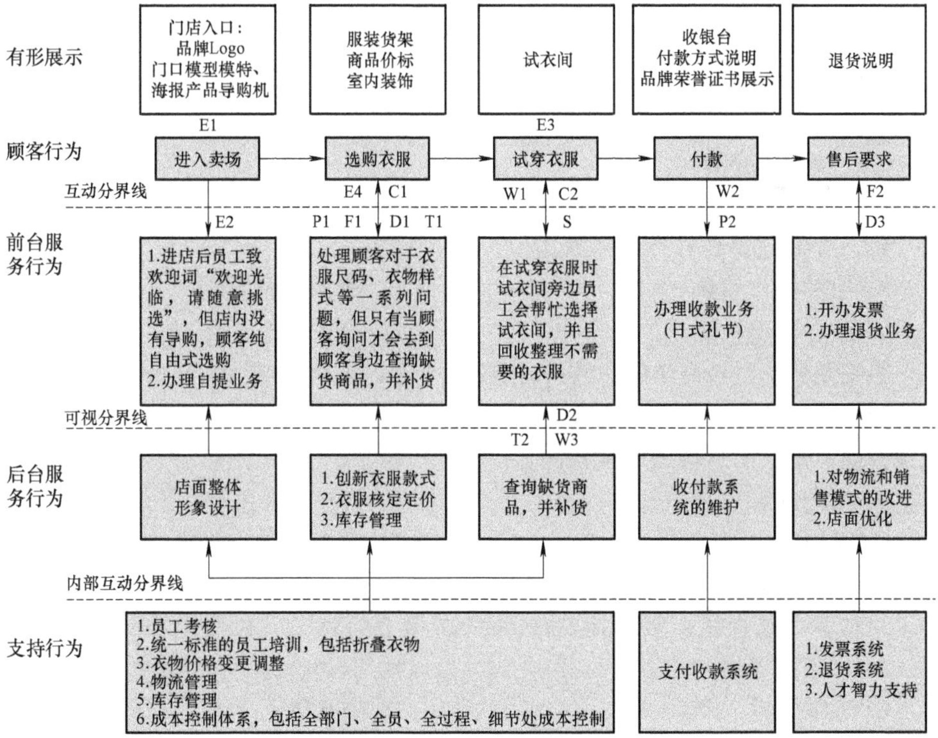

图 12-8　服装店的服务蓝图

2. 服务蓝图的内容要素

服务蓝图在内容上包括“结构要素”与“管理要素”两个部分。

服务的结构要素实际上定义了服务传递系统的整体规划，包括服务台的设置、服务能力的规划。

服务的管理要素则明确了服务接触的标准和要求，规定了合理的服务水平、绩效评估指标、服务品质要素等。

12.4.5 服务蓝图的绘制

1. 服务蓝图绘制的基本步骤

1）识别需要制定蓝图的服务过程。

2）分析目标市场顾客的消费需求。

3）从顾客角度描绘服务过程。

4）描绘前台服务员工的行为和后台员工支持行为。

5）把顾客行为、服务人员行为与支持功能相连。

6）为顾客每个行为步骤加上有形展示。

2. 服务蓝图绘制应注意的事项

对已存在的服务过程，必须按照实际情况建立服务蓝图；对于不同服务过程需要建立不同的服务蓝图，在进行服务蓝图设计中，可借助计算机图形技术。

例题分析

1）（多项选择题）服务系统由（　　）构成。

A. 服务操作系统　　B. 服务管理系统

C. 服务传递系统　　D. 服务营销系统

答案及分析：选择 ACD。见本书 12.4.1 节之 1 之 1）。

2）（多项选择题）服务蓝图不仅包括（　　），还包括（　　），是描绘整个服务前、中、后台构成的全景图。

A. 横向的客户服务过程　　B. 客户体验流程

C. 纵向的内部协作　　D. 客户拜访的服务过程

答案及分析：选择 AC。见本书 12.4.2 节。

3）（多项选择题）服务蓝图构成的基本要素有（　　）。

A. 三条分界线　　B. 四种行为

C. 五项宗旨　　D. 有形展示

答案及分析：选择 ABD。见本书 12.4.4 节之 1。

4）（单项选择题）服务蓝图中，垂直线穿过内部互动线，代表（　　）。

A. 发生内部服务接触　　B. 行为的流向

C. 步骤的先后　　D. 支持的行动

答案及分析：选择A。见本书12.4.4节之1之1）最后一句话。

5）（多项选择题）服务蓝图中，分割行为的三条分界线是（　　）。

A. 互动分界线　　B. 可视分界线

C. 内部互动分界线　　D. 外部互动分界线

答案及分析：选择ABC。见本书12.4.4节之1之2）。

6）（多项选择题）属于服务蓝图有形展示的是（　　）。

A. 酒店的财务软件系统　　B. 酒店前台的微信支付二维码

C. 酒店的办公管理系统　　D. 酒店介绍的资料

答案及分析：选择BD。理解题，见本书12.4.4节之1之3）。

7）（单项选择题）（　　）是站在顾客角度，详细描绘服务系统的图片活地图，它包括服务实施的过程、服务顾客的地点、服务中的可见因素等。

A. 服务蓝图　　B. 服务示意图

C. 服务标识牌　　D. 服务路线图

答案及分析：选择A。见本书12.4.2节。

12.5　业务流程重组

12.5.1　业务流程重组概述

1. 业务流程重组的起源

业务流程重组（也称流程再造）（Business Process Reengineering，BPR）由美国迈克尔·哈默（Michael Hammer）提出，后由迈克尔·哈默与詹姆斯·钱皮（James Champy）共同将其完善。

BPR强调流程观念，打破职能层级体制的界限，直达顾客。

2. 业务流程重组的基本概念

迈克尔·哈默与詹姆斯·钱皮对业务流程重组的定义是：BPR是对企业的业务流程作根本性的思考和彻底重建，其目的是在成本、质量、服务和速度等方面取得显著的改善，使得企业能最大限度地适应以顾客、竞争、变化为特征的现代企业经营环境。

成功实施BPR将极大地提高和改善企业的经营绩效，因此BPR也是以提高和改善绩效为目标的管理学革命。

3. 业务流程重组的主要框架

业务流程重组的理论框架包括一系列的方法、一系列的指导原则、企业流程重组的过程。

4. 业务流程重组的作用

1）强化对客户有价值的流程。

2）强化企业风险管理。

3）优化成本，提高效率。

12.5.2 企业流程重组与组织变革

1. 企业流程重组和组织变革的特征

组织变革就是组织根据内外环境的变化，及时对组织的要素进行结构性变革，以适应未来组织发展的要求。企业组织结构的变革既是企业流程再造的内在要求，也是其外在表现形式之一，企业流程重组和组织变革的主要特征如下：

1）流程重组的出发点是顾客需求，以顾客满意为导向。

2）流程重组的对象是流程，以流程为核心。强调工作如何进行，而不是工作是什么，这是**再造理论的精髓**，再造的目标是将企业由职能导向型转变为流程导向型。

3）流程重组的主要任务是从根本上重新设计流程。

4）流程重组的目标是绩效的跨越式飞跃。

5）流程重组的方式是坚持以人为本的团队式管理。

2. 企业流程重组与组织变革的原因

1）组织外部环境的变化使企业面临巨大的挑战。

① 来自顾客的挑战。

② 来自竞争的挑战。

③ 来自变化的挑战。

2）组织内部条件的变化及现行组织结构的弊端。

① 企业分工过细，信息传递渠道长，市场反应较迟缓。

② 组织机构臃肿。

3. 企业流程重组与组织变革的结果

1）组织结构变革。产生流程型及扁平化的组织结构，弱化原职能部门功能。

2）团队小组的运作方式。围绕核心流程建立流程型团队，人员不局限于部门范围，流程负责人对每一个核心流程负责。

3）客户驱动流程型组织的绩效。

12.5.3 企业流程重组的方法与程序

1. 企业流程重组的方法

企业流程重组的方法分为系统化改造法和全新设计法。

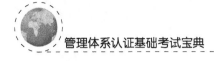

1）**系统化改造法**是指以现有流程为出发点，在现有流程分析的基础上，通过消除各种非增值活动，消除浪费，简化和整合必要活动和任务来完成设计工作，系统地建造所需要改进的流程。

2）**全新设计法**是从流程所要取得的结果或目标出发，逆向倒推，从零开始设计新流程，从根本上重新考虑产品或服务的提供方法，设计全新的流程。

在实践中通常是结合这两种方法，扬长避短，来达到企业流程重组的目的。

2. 企业流程重组的程序

1）企业流程调研与甄选。企业流程重组要以选择“关键流程”为突破口。挑选关键流程的原则如下：

① 关注企业跨职能部门的业务流程。

② 绩效低下的流程，又可称为功能性障碍流程。

③ 重要的流程，重要与否的标准依据对市场的影响程度而定，具体来说即对顾客的满意度最有影响的流程。

④ 最有可行性的流程。

2）分析关键业务流程。

3）拟订新的业务流程方案。业务流程改造的基本原则是：执行流程时，插手的人越少越好；在流程服务对象（顾客）看来，越简便越好。

4）流程重组实施的准备。

5）企业流程重组的实施。

6）企业流程重组的持续改进。

3. 企业流程重组实施中的误区

企业流程重组实施中的误区有：忽略人的因素；最高领导不直接推动，而是交给某个职能部门；没有选取关键的业务流程进行变革；对 BRP 的期望过高；管理模式的变革落后；组织结构没有相应调整；把 BRP 看得过于简单，等等。

例题分析

1）（单项选择题）最早提出业务流程重组的人是（　　）。

A. 迈克尔·哈默　　B. 德鲁克

C. 迈克尔·波特　　D. 戴明

答案及分析：选择 A。见本书 12.5.1 节之 1。

2）（多项选择题）业务流程重组的理论框架包括（　　）。

A. 一系列的方法　　B. 一系列的指导原则

C. 一系列的工具　　D. 企业流程重组的过程

答案及分析：选择 ABD。见本书 12.5.1 节之 3。

3）（单项选择题）业务流程重组导致的结果是（　　）。

A. 高度集权　　B. 组织扁平化

C. 强化了职能管理边界　　D. 团队围绕全流程组建

答案及分析：选择 B。见本书 12.5.2 节之 3。

4）（单项选择题）业务流程重组的方法有（　　）。

A. 过程方法　　B. 全新设计法

C. PEST 分析法　　D. 综合汇总法

答案及分析：选择 B。见本书 12.5.3 节之 1。

5）（多项选择题）业务流程重组实施的误区有（　　）。

A. 忽视人的因素　　B. 选择关键业务流程

C. 质量部门直接推动　　D. 组织结构没有调整

答案及分析：选择 ACD。见本书 12.5.3 节之 3。

同步练习强化

1. 单项选择题

1）过程方法强调了将相互关联的过程作为一个体系加以理解和管理，有助于组织（　　）实现其预期结果。

A. 有效地　　B. 高效地

C. 能够　　D. 有效和高效地

2）过程方法在管理体系建立中的作用是（　　）。

A. 过程方法有助于有效和高效地实现预期结果

B. 通过 PDCA 循环有助于确定改进机会并采取行动

C. 基于风险的思维有助于有效利用机遇并防止发生不良后果

D. 以上都对

3）单一过程要素示意图中，以材料、资源或要求的形式存在的物质、能量、信息，称为（　　）。

A. 输入源　　B. 输入

C. 输出　　D. 输出接收方

4）质量管理体系 PDCA 循环中的“检查（C）”是指根据方针、目标、要求和（　　），对过程以及形成的产品和服务进行监视和测量（适用时），并（　　）。

A. 所策划的准则，报告结果　　B. 所策划的活动，报告结果

C. 所策划的准则，适时采取措施　　D. 所策划的活动，适时采取措施

5）流程分类要基本符合 MECE 原则。MECE 原则是（　　）。

A. 各部分之间相互独立　　　　　　　　B. 所有部分完全穷尽

C. A + B　　　　　　　　　　　　　　D. A 或 B

6）（　　）是展现过程步骤和决策点顺序的图形文档，是将一个过程的步骤用图的形式表示出来的一种图示技术。

A. 流程图　　　　　　　　　　　　　B. 服务蓝图

C. 过程方法　　　　　　　　　　　　D. 业务流程重组

7）流程图中的椭圆“⬭”代表（　　）。

A. 准备　　　　　　　　　　　　　　B. 决策

C. 过程　　　　　　　　　　　　　　D. 终止

8）服务蓝图的核心思想是（　　）。

A. 关注客户的服务设计　　　　　　　B. 关注利润的服务设计

C. 关注满意度的服务设计　　　　　　D. 关注销售的服务设计

9）业务流程重组的作用是（　　）。

A. 强化对客户有价值的流程　　　　　B. 强化企业风险管理

C. 优化成本提高效率　　　　　　　　D. 以上全部

10）SIPOC 组织系统模型是（　　）提出的。

A. APQC　　　　　　　　　　　　　B. 戴明

C. IATF　　　　　　　　　　　　　 D. 泽丝曼尔

11）PCF 是（　　）的英文缩写。

A. 流程分类框架　　　　　　　　　　B. 业务流程重组

C. 服务蓝图　　　　　　　　　　　　D. 乌龟图

12）BPR 是（　　）的英文缩写。

A. 业务流程重组　　　　　　　　　　B. 流程分类框架

C. 流程图　　　　　　　　　　　　　D. 服务蓝图

13）乌龟图中乌龟的尾部右上角代表（　　）。

A. 过程输入　　　　　　　　　　　　B. 过程的负责人

C. 过程使用的资源　　　　　　　　　D. 过程使用的方法

2. 多项选择题

1）下面关于“过程”的描述，哪些是正确的？（　　）

A. 一个过程的输入通常是其他过程的输出，而一个过程的输出又通常是其他过程的输入

B. 两个或两个以上相互关联和相互作用的连续过程也可作为一个系统

C. 组织通常对过程进行策划，并使其在受控条件下运行，以增加价值

D. 不易或不能经济地确认其输出是否合格的过程，通常称之为“特殊过程”

2）根据过程的定义，过程应包含的三个要素是（　　）。

A. 输入　　B. 输出

C. 预期结果　　D. 活动

3）过程方法的主要益处有（　　）。

A. 提高关注关键过程的结果和改进的机会的能力

B. 通过由协调一致的过程所构成的体系，得到一致的、可预知的结果

C. 通过过程的有效管理、资源的高效利用及跨职能壁垒的减少，尽可能提升其绩效

D. 使组织能够向相关方提供关于其一致性、有效性和效率方面的信任

4）过程方法的特征有（　　）。

A. 以系统理论为指导　　B. 应用信息论方法

C. 应用控制论方法　　D. 注重管理的细化

5）过程方法使组织能够向相关方提供关于其（　　）方面的信任。

A. 一致性　　B. 符合性

C. 有效性　　D. 效率

6）下列哪些是 GB/T 19001 标准基本结构示意的 PDCA 循环图中输入的要求？（　　）

A. 相关方的需求和期望　　B. 组织及其环境

C. 质量管理体系的结果　　D. 顾客要求

7）下列哪些是 GB/T 19001 标准基本结构示意的 PDCA 循环图中输出的要求？（　　）

A. 质量管理体系的结果　　B. 顾客满意

C. 相关方的需求和期望　　D. 产品和服务

8）APQC 流程分类框架结构中第二大类管理与支持流程包括（　　）。

A. 开发和管理人力资源　　B. 管理财务资源

C. 管理企业风险合规及应变　　D. 开发与管理业务能力

9）关于 APQC 流程分类框架，表述正确的是（　　）。

A. 该框架基于职能

B. 该框架下的每个流程不一定都会在某个组织中出现

C. APQC 流程分类框架创造的是一个普遍适用的组织模型

D. 帮助组织从职能角度看待他们的行为及活动

10）流程框架设计时，采用自上向下的汇总整合分类分级的梳理，要经过哪几个阶段？（　　）

A. 初步分类　　B. 收集流程

C. 分类分级　　D. 汇总整合二次分类分级

11）乌龟图的绘制步骤有（　　）。

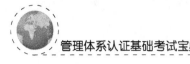

A. 识别过程和过程所有者（负责部门/负责人）

B. 根据分过程识别每一步需要什么人执行

C. 识别方法，使过程控制标准化

D. 识别过程绩效指标，评估过程的有效性和效率

12）流程图绘制遵循的原则有（　　）。

A. 使用统一的模板或软件　　B. 活动框图内文字描述要简洁

C. 连接线必须使用动态连接线　　D. 不得出现流程断点

13）流程图基本结构有（　　）。

A. 顺序结构　　B. 选择结构

C. 循环结构　　D. 左右结构

14）流程图的种类有（　　）。

A. 单项流程图　　B. 泳道说明型流程图

C. 乌龟流程图　　D. 服务蓝图

15）服务蓝图的作用有（　　）。

A. 有利于新服务的开发　　B. 有利于服务管理创新

C. 有利于提高服务质量及服务效率　　D. 有利于增强培训效果

16）服务蓝图中的行为包括（　　）。

A. 顾客行为　　B. 前台服务行为、后台服务行为

C. 管理过程　　D. 支持行为

17）服务蓝图中可以加上若干注记，有（　　）。

A. 失败点（F）　　B. 技术点

C. 顾客等候点（W）　　D. 员工决策点（D）

18）企业流程重组和组织变革的主要特征是（　　）。

A. 流程重组的出发点是顾客需求，以顾客满意为导向

B. 流程重组的主要任务是从根本上重新设计流程

C. 流程重组的目标是绩效的跨越式飞跃

D. 流程重组的方式是坚持以人为本的团队式管理

19）企业流程重组要以选择“关键流程”为突破口。挑选关键流程的原则有（　　）。

A. 关注企业跨职能部门的业务流程

B. 绩效低下的流程，又可称为功能性障碍流程

C. 重要的流程，重要与否的标准依据对市场的影响程度而定，具体来说即对顾客的满意度最有影响的流程

D. 最有可行性的流程

20）过程策划方法与工具有（　　）。

A. 流程分类框架设计　　B. 乌龟图、流程图
C. 服务蓝图　　D. 业务流程重组

3. 问答题

1）简述过程、过程方法的概念。简述运用过程方法建立质量管理体系的步骤。

2）流程分类框架设计的目的是什么？简述如何进行流程分类框架设计。

3）简述乌龟图的结构及各部分的内容。简述乌龟图的绘制步骤。

4）什么是服务蓝图？服务蓝图是由哪些部分构成？简述绘制服务蓝图的步骤及注意的事项。

5）简述流程重组的目的、作用以及流程重组给组织带来的主要变化。

6）简述企业流程重组的程序。

答案点拨解析

1. 单项选择题

题号	答案	解析
1	D	见本书 12.1.3 节之 1
2	D	见本书 12.1.2 节之 3
3	B	见本书 12.1.3 节之 1 图 12-1
4	B	见本书 12.1.3 节之 1 之 2）
5	C	见本书 12.2.4 节之 2
6	A	见本书 12.3.2 节之 1
7	D	见本书 12.3.2 节之 5 表 12-1。有时，“开始”也是用椭圆表示的
8	A	见本书 12.4.3 节之 1
9	D	见本书 12.5.1 节之 4
10	B	见本书 12.1.3 节之 1 之 1）
11	A	见本书 12.2.2 节之 1
12	A	见本书 12.5.1 节之 1
13	B	见本书 12.3.1 节之 1

2. 多项选择题

题号	答案	解析
1	ACD	见本书 12.1.1 节之 1 方框中“过程”的定义
2	ACD	见本书 12.1.1 节之 2 之 1）

（续）

题号	答案	解析
3	ABCD	见本书12.1.2节之1方框中关于“过程方法”的陈述
4	ABCD	见本书12.1.2节之2
5	ACD	见本书12.1.2节之1方框中GB/T 19000标准2.3.4.3条款最后一句
6	ABD	见本书12.1.3节之1之2）图12-2
7	ABD	见本书12.1.3节之1之2）图12-2
8	ABCD	见本书12.2.2节之2
9	BC	见本书12.2.3节之1
10	ABD	见本书12.2.4节之2
11	ABCD	见本书12.3.1节之3
12	ABCD	见本书12.3.2节之3
13	ABC	见本书12.3.2节之5之2）
14	AB	见本书12.3.2节之6
15	ABCD	见本书12.4.3节之2
16	ABD	见本书12.4.4节之1之1）
17	ACD	见本书12.4.4节之1之3）
18	ABCD	见本书12.5.2节之1
19	ABCD	见本书12.5.3节之2之1）
20	ABCD	见本书第12章开头考试大纲要求

3. 问答题

1）见本书12.1.1节之1、12.1.2节之1、12.1.3节之2。

过程是指利用输入实现预期结果的相互关联或相互作用的一组活动。

过程方法是指将活动作为相互关联、功能连贯的过程组成的体系来理解和管理时，可更加有效和高效地得到一致的、可预知的结果。

运用过程方法建立质量管理体系的步骤是：

① 确定这些过程所需的输入和期望的输出。

② 确定这些过程的顺序和相互作用。

③ 确定和应用所需的准则和方法（包括监视、测量和相关绩效指标），以确保这些过程有效的运行和控制。

④ 确定这些过程所需的资源并确保其可获得。

⑤ 分配这些过程的职责和权限。

⑥ 按照GB/T 19001标准6.1条款的要求应对风险和机遇。

⑦ 评价这些过程，实施所需的变更，以确保实现这些过程的预期结果。

⑧ 改进过程和质量管理体系。

2）见本书 12.2.3 节之 1、12.2.4 节。

流程分类框架设计的目的在于通过框架和文字表现主要流程和子流程，帮助组织能够从跨行业的过程角度，而不是狭窄的职能角度看待他们的行为及活动。

可以通过两种方式进行流程分类框架设计：

① 自下向上的分类分级的梳理。

通过采用“收集流程、汇总整合、分类分级”三个阶段实现流程框架的分类分级。

② 自上向下的汇总整合分类分级的梳理。

通过采用“初步分类、收集流程、汇总整合二次分类分级”三个阶段实现流程框架的二次分类分级。

3）见本书 12.3.1 节之 1、3。

乌龟图的结构及各部分的内容在本书 12.3.1 节之 1 讲得很明白，这里不再重复。

乌龟图的绘制步骤是：

① 识别过程和过程所有者（负责部门/负责人）。

② 识别基本的输入（顾客要求）。

③ 识别基本的输出（满足需求）。

④ 识别分过程，把输入转换成输出。

⑤ 根据分过程完善输入。

⑥ 根据分过程完善输出。

⑦ 根据分过程识别每一步需要的资源。

⑧ 根据分过程识别每一步需要什么人执行。

⑨识别方法，使过程控制标准化。

⑩识别过程绩效指标，评估过程的有效性和效率。

4）见本书 12.4.2 节、12.4.4 节之 1、12.4.5 节。

① 服务蓝图是站在顾客角度，详细描绘服务系统的图片活地图，它包括服务实施的过程、服务顾客的地点、服务中的可见因素等。

② 服务蓝图基本构成要素包括四种行为区域、三条分界线以及有形展示。四种行为包括顾客行为、前台服务行为、后台服务行为和支持行为（支持过程）。三条分界线包括互动分界线、可视分界线、内部互动分界线。

③ 服务蓝图绘制的基本步骤是：

a）识别需要制定蓝图的服务过程。

b）分析目标市场顾客的消费需求。

c）从顾客角度描绘服务过程。

d）描绘前台服务员工的行为和后台员工支持行为。

e）把顾客行为、服务人员行为与支持功能相连。

f）为顾客每个行为步骤加上有形展示。

④ 服务蓝图绘制应注意的事项是：对已存在的服务过程，必须按照实际情况建立服务蓝图；对于不同服务过程需要建立不同的服务蓝图，在进行服务蓝图设计中，可借助计算机图形技术。

5）见本书 12.5.1 节之 2、4、12.5.2 节之 3。

① 流程重组的目的是：BPR 是对企业的业务流程作根本性的思考和彻底重建，其目的是在成本、质量、服务和速度等方面取得显著的改善，使得企业能最大限度地适应以顾客、竞争、变化为特征的现代企业经营环境。

② 流程重组的作用是：

a）强化对客户有价值的流程。

b）强化企业风险管理。

c）优化成本，提高效率。

③ 流程重组给组织带来的主要变化有：

a）组织结构变革。产生流程型及扁平化的组织结构，弱化原职能部门功能。

b）团队小组的运作方式。围绕核心流程建立流程型团队，人员不局限于部门范围，流程负责人对每一个核心流程负责。

c）建立客户驱动流程型组织的绩效。

6）见本书 12.5.3 节之 2。

企业流程重组的程序是：

① 企业流程调研与甄选。

② 分析关键业务流程。

③ 拟订新的业务流程方案。

④ 流程重组实施的准备。

⑤ 企业流程重组的实施。

⑥ 企业流程重组的持续改进。

第13章

风险评估方法与工具

考试大纲要求

风险评估方法与工具，如风险管理概述、失效模式与影响分析、风险矩阵、故障树、人因可靠性分析。

考点知识讲解

13.1 风险管理概述

13.1.1 ISO 31000：2018《风险管理　指南》标准概述

风险管理是指导和控制组织与风险相关的协调活动。国家发布的风险管理方面的主要标准有：GB/T 23694—2013/ISO Guide 73：2009《风险管理　术语》、GB/T 27921—2011《风险管理　风险评估技术》（参考 ISO/IEC 31010：2009）、GB/T 24353/ISO 31000：2018《风险管理 指南》。这些标准由全国风险管理标准化技术委员会（SAC/TC 310）提出并归口。

1. GB/T 24353/ISO 31000：2018 标准与风险管理的作用

1）GB/T 24353/ISO 31000：2018 标准的作用。

GB/T 24353《风险管理 指南》标准“引言”：

任何类型和规模的组织都面临各种内外部因素和影响，导致其目标的实现存在不确定性。不确定性对目标的影响就是风险。

GB/T 24353 标准帮助组织在制定决策、设定和实现目标以及提升绩效的过程中管理风险，来创造和保护价值。

2）风险管理的作用。

GB/T 24353 标准“引言”：

① 风险管理旨在保证组织恰当地应对风险，提高风险应对的效率和效果，增强行动的合理性，有效地配置资源。

② 管理风险是一个反复迭代/循环提升的过程，有助于组织制定战略、实现目标和做出合理的决策。

③ 管理风险是治理和领导力的一部分，是对组织所有层级进行管理的基础，有助于管理体系的改善。

④ 管理风险是组织所有相关活动的有机组成部分，包括与利益相关者的沟通。

⑤ 管理风险时要考虑组织的内外部环境，包括人的行为和文化因素，使风险管理意识成为整个组织文化的一部分。

2. GB/T 24353 标准的适用范围

1）GB/T 24353 标准第 1 章“范围”：

① GB/T 24353 标准为组织管理其所面临的风险提供指南。这些指南可根据各种组织及其环境进行具体的应用。

② GB/T 24353 标准为管理各种类型的风险提供了一种通用方法，而非仅针对某特定行业或领域。

③ GB/T 24353 标准可用于组织全生命周期的任何活动，包括所有层级的决策制定。

2）GB/T 24353 标准“引言”：风险管理适用于组织的全生命周期及其任何阶段，其适用范围包括整个组织的所有领域和层次，也包括组织的具体部门和活动。

3. GB/T 24353 标准的结构

1）管理风险所依据的原则、框架和过程如图 13-1 所示（三轮车图）。风险管理的原则、框架和过程可能已全部或部分存在于组织内，但可根据需要进行调整或改善，从而使风险管理效果好、效率高并且具有一致性。

2）GB/T 24353 标准的结构见表 13-1。GB/T 24353 标准主要包括风险管理原则、风险管理框架、风险管理过程三个部分。

表 13-1　GB/T 24353 标准的结构

章（一级条款）	二级条款	三级条款
前言		
引言		
1　范围		
2　规范性引用文件		

（续）

章（一级条款）	二级条款	三级条款
3 术语及定义		
4 原则		
5 框架	5.1 总则	
	5.2 领导力与承诺	
	5.3 整合	
	5.4 设计	5.4.1 审视组织及其环境
		5.4.2 明确表达风险管理承诺
		5.4.3 明确组织角色、权限、职责和责任
		5.4.4 资源配置
		5.4.5 沟通和咨询
	5.5 实施	
	5.6 评价	
	5.7 改进	5.7.1 调整
		5.7.2 持续改进
6 过程	6.1 总则	
	6.2 沟通和咨询	
	6.3 范围、环境和准则	6.3.1 总则
		6.3.2 界定范围
		6.3.3 内外部环境
		6.3.4 界定风险准则
	6.4 风险评估	6.4.1 总则
		6.4.2 风险识别
		6.4.3 风险分析
		6.4.4 风险评价
	6.5 风险应对	6.5.1 总则
		6.5.2 选择风险应对方案
		6.5.3 编制和实施风险应对计划
	6.6 监督和检查	
	6.7 记录和报告	

4. 与风险管理有关的术语与定义

1）风险（方框中是 GB/T 24353 标准中的条款）。

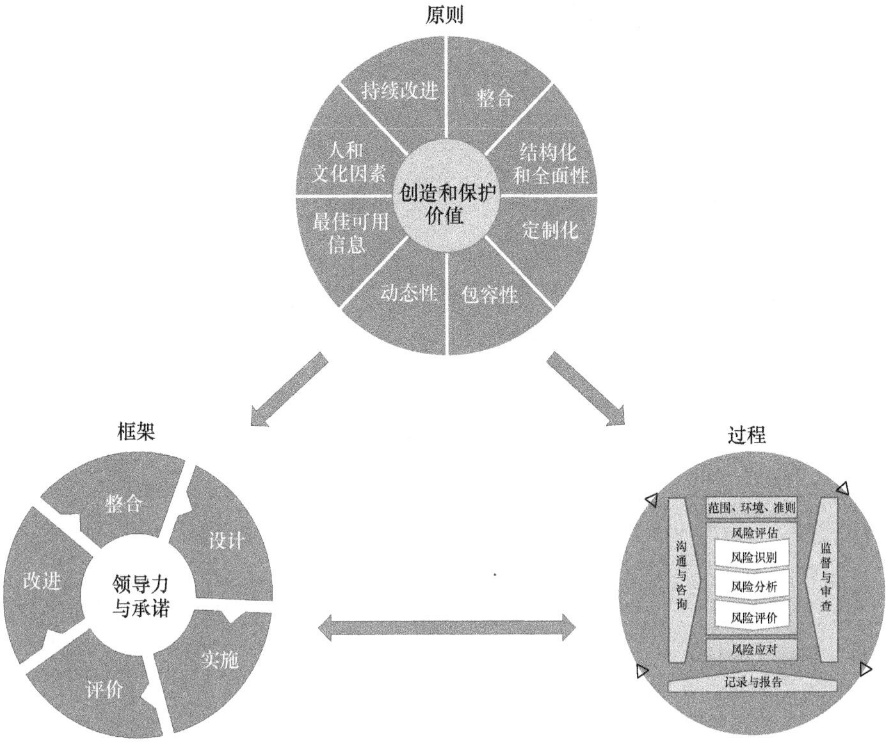

图 13-1 风险管理原则、框架和过程

> **3. 1 风险 risk**
> 不确定性对目标的影响。
> 注 1：影响是指偏离预期，可以是正面的和/或负面的，可能带来机会和威胁。
> 注 2：目标可有不同维度和类型，可应用在不同层级。
> 注 3：通常风险可以用风险源、潜在事件及其后果和可能性来描述。

2）风险源（方框中是 GB/T 24353 标准中的条款）。

> **3. 4 风险源 risk source**
> 可能单独或共同引发风险（3. 1）的要素。

3）事件（方框中是 GB/T 24353 标准中的条款）。

> **3. 5 事件 event**
> 某些特定情形的产生或变化。
> 注 1：一个事件可以包括一个或多个情形，并且可以由多个原因导致。

注 2：事件可以包括预期会发生但没发生的事情，也可能是预期不会发生但却发生的事情。

注 3：事件有可能是一个风险源。

4）后果（方框中是 GB/T 24353 标准中的条款）。

3.6 后果 consequence

某事件（3.5）对目标影响的结果。

注 1：后果可以是确定的，也可以是不确定的；对目标的影响可以是正面的，也可以是负面的；可以是直接的，也可以是间接的。

注 2：后果可以定性或定量表述。

注 3：通过连锁反应和积累效应，最初的后果可能升级。

5）控制（方框中是 GB/T 24353 标准中的条款）。

3.8 控制 control

保持和/或改变风险（3.1）的措施。

注 1：控制包括但不限于保持和/或改变风险的任何流程、政策、策略、操作或其他行动。

注 2：控制并非总能取得预期的改变效果。

13.1.2 风险管理原则

风险管理的目的是**创造和保护价值**。风险管理能够改善绩效、鼓励创新、支持组织目标的实现。

GB/T 24353 标准第 4 章描述了风险管理原则。风险管理八项原则为风险管理的有效性和高效性提供指导、表达了风险管理的价值并解释了风险管理的意图和目的。这些原则是风险管理的基础，应当在确立组织风险管理框架和过程时认真考虑。这些原则有助于组织管理不确定性对目标的影响。

风险管理八项原则包括整合、结构化和全面性、定制化、包容性、动态性、最佳可用信息、人和文化因素、持续改进。

1. 整合

风险管理是组织所有活动的有机组成部分。要把风险管理整合到组织的其他各项业务活动中去。

2. 结构化和全面性

采用结构化和全面性的方法开展风险管理，有助于获得一致的和可比较的结果。

3. 定制化

组织根据自身目标所对应的内外部环境，定制设计风险管理框架和过程。

4. 包容性

利益相关者适当、及时的参与，可以使他们的知识、观点和认知得到充分考虑，这样有助于提高组织的风险意识和促进风险管理的合理性/知情性。

5. 动态性

随着组织内外部环境的变化，组织面临的风险可能会出现、变化或消失。风险管理能以适当、及时的方式预测、发现、确认这些变化和事件，并做出响应。

6. 最佳可用信息

风险管理的信息输入要基于历史信息、当前信息以及未来预期。在风险管理过程中应明确考虑与这些信息和预期相关的限制条件和不确定性。信息应当及时、清晰，并且是有关利益相关者可获得的。

7. 人和文化因素

人的行为和文化在各个层级和阶段显著影响着风险管理的各个方面。

8. 持续改进

通过学习和实践，风险管理可以得到不断改进。

13.1.3 风险管理框架

GB/T 24353 标准第 5 章描述了风险管理框架。风险管理框架包括六个方面：领导力与承诺、整合、设计、实施、评价和改进。风险管理框架的目的是协助组织将风险管理纳入重要的活动和职能中。风险管理的有效性取决于其与组织治理以及决策制定的整合情况。这需要利益相关者尤其是最高管理层的支持。

框架制定包含整个组织整合、设计、实施、评价和改进风险管理。

1. 领导力与承诺

最高管理层和监督机构应确保将风险管理融入所有组织活动中。最高管理层负责管理风险，监督机构负责监督风险管理。

2. 整合

风险管理的整合有赖于于对组织结构及内外部环境的理解。在组织结构的每一部分都需要进行风险管理。组织内部的所有人都有管理风险的责任。

治理结构主导组织的营运过程、内外部关系以及实现目标所需采取的规章制度、过程和实务。管理结构将治理方向转化为策略和相应目标以达到可持续发展所需要的绩效水平。确定组织内部的风险管理职责和监督角色是组织治理不可或缺的部分。

风险管理应该是组织目的、治理、领导力与承诺、战略、目标和运营的一部分，而不是相互分割的。

3. 设计

设计包括五个方面的内容：

1）审视组织及其环境。在设计风险管理框架时，组织应当检查并了解其内外部环境。

2）明确表达风险管理承诺。最高领导层和监督机构应当通过政策、声明或其他形式，表达并展现自身对风险管理的持续承诺，以明确传达组织有关风险管理的目标和承诺。

3）明确组织角色、权限、职责和责任。最高领导层和监督机构应当明确相关角色的风险管理责任、职责和权限，并与组织所有层级沟通。要指定有责任和权限应对风险的个人（风险责任人）。

4）资源配置。最高领导层和监管机构应确保为风险管理分配适当资源，包括但不限于以下5个方面：

① 人力、技能、经验和能力。

② 组织用于风险管理的流程、方法和工具。

③ 记录过程和程序。

④ 信息和知识管理系统。

⑤ 专业发展和培训需求。

组织应当考虑现有资源的能力和局限性。

5）沟通和咨询。为支持风险管理框架和促进风险管理的有效运用，组织应当建立一个一致认可的沟通和咨询方法。沟通和咨询的方法和内容应反映有关利益相关者的期望。沟通和咨询必须及时，确保相关信息得到适当的收集、整理、汇总和分享，并提供反馈和做出改进。

4. 实施

组织应通过以下工作实施风险管理框架：

1）制订适当的实施计划，包括时间和资源等要素。

2）识别组织内各类决策由何人、于何处、在何时、如何制定。

3）必要时，对适用的决策程序进行调整。

4）确保组织开展风险管理的工作安排得到清晰的理解和执行。

风险管理框架的成功实施，需要利益相关者的参与和重视。这样能够使组织明确地处理决策中的不确定性。

5. 评价

为了评价风险管理框架的有效性，组织应当：

1）根据组织设计实施风险管理框架的目的、实施计划、绩效指标和预期表现，定期衡量风险管理框架的实施情况。

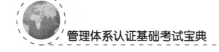

2）确定风险管理框架是否仍适用于支持组织目标的实现。

6. 改进

1）调整。组织应当持续监督和调整风险管理框架，以适应内外部环境的变化。这样做可以提升组织价值。

2）持续改进。组织应当持续改进风险管理框架的适用性、充分性、有效性以及风险管理流程的整合方式。当识别出相关差距或改进空间后，组织应当制订改进计划和任务，并分配给相关负责人实施。这些改进计划和任务一旦实施，将有助于加强组织的风险管理。

13.1.4　风险管理过程

1. 风险管理过程概述

GB/T 24353 标准第 6 章描述了风险管理过程。风险管理过程是将政策、程序和实践系统地应用于沟通和咨询、建立环境，以及风险的评估、应对、监督、检查、记录和报告等活动，如图 13-2 所示。

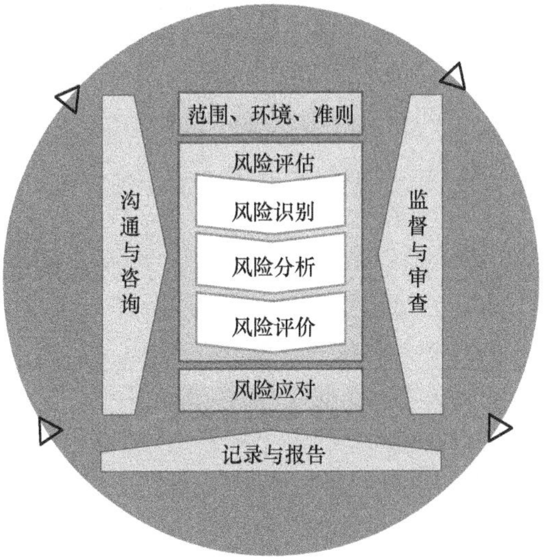

图 13-2　风险管理过程

风险管理过程由六个活动构成：沟通与咨询，范围、环境、准则，风险评估，风险应对，记录与报告，监督与审查。

风险管理过程的“主循环流程”由“范围、环境、准则→风险评估→风险应对→监督与审查”构成。循环起点为“范围、环境、准则”，终点为“监督与审查”。组织依据“监督与审查”的结果，决定是否开始下一轮循环。

“风险评估”由风险识别、风险分析、风险评价三个步骤组成，是风险管理过程的核心内容。

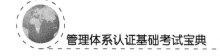

“范围、环境、准则，风险评估，风险应对”三个过程要经常与“沟通与咨询”和“监督与审查”保持联系。

2. 沟通与咨询

沟通与咨询的目的是帮助有关利益相关者理解风险、明确制定决策的依据以及需要采取特定行动的原因。沟通是为了促进对风险的认识和理解，咨询则是为了获取反馈和信息，以支持决策制定。两者的密切协调将促进信息交换的真实性、及时性、相关性、准确性和可理解性，并能兼顾到信息的保密性、完整性和个人隐私权。

3. 范围、环境、准则

确定范围、环境和准则的目的在于有针对性地设计风险管理过程，以实现有效的风险评估和恰当的风险应对。范围、环境和准则包括界定过程范围、了解内外部环境和界定评定准则。

4. 风险评估

风险评估是指风险识别、风险分析和风险评价的整个过程。风险评估应当系统地、循环地、协作性地开展，并获取利益相关者的知识和观点。风险评估应使用最佳可用信息，并在必要时作进一步调查。

1）风险识别。风险识别的目的是发现、识别和描述可能有助于或者妨碍组织实现目标的风险。风险识别是发现、确认和描述风险的过程。风险识别包括对风险源、事件及其原因和潜在后果的识别。

不管风险源是否在组织控制范围内，都应对风险进行识别。识别可能会有多种结果，这些结果也可能导致各种有形或无形后果，这些都应予以考虑。

2）风险分析。风险分析的目的是了解风险性质及其特征，适当时还可给出风险等级。风险分析包括对不确定性、风险源、后果、可能性、事件、情境、控制措施及有效性进行详尽考虑。

风险分析应当考虑以下因素：

① 事件的可能性及后果。

② 后果的性质及重大程度。

③ 复杂性和关联性。

④ 时间相关因素及波动性。

⑤ 现有控制措施的有效性。

⑥ 敏感性和置信水平。

风险分析为风险评价以及决定是否需要及如何应对风险并采取最合适的风险应对策略和方法提供输入信息。当需要做出选择且选择涉及不同类别和等级风险时，风险分析结果可为决策提供依据。

3）风险评价。风险评价的目的是支持决策。风险评价是将风险分析结果和既定风险准则相比较，以确定是否需要采取进一步行动。风险评价是对比风险分析结果和风险准则，以确定风险和/或其大小是否可以接受或容忍的过程。风险评价有助于风险应对决策。

风险评价可能促成以下决定：

① 不采取进一步行动。

② 考虑风险应对方案。

③ 开展进一步分析，以更全面地了解风险。

④ 维持现有的控制措施。

⑤ 重新考虑目标。

决策应考虑到更广泛的环境以及对内外部利益相关者的实际和预期影响。风险评价的结果应予以记录、沟通，然后在组织适当层面进行验证。

5. 风险应对

1）风险应对总则。风险应对是处理风险的过程。风险应对的目的是选择和实施风险处理方案。

风险应对是一个反复性过程，包括：

① 制定和选择风险应对方案。

② 计划和实施风险应对措施。

③ 评估风险应对的成效。

④ 确定剩余风险是否可接受。

⑤ 若不可接受，采取进一步应对措施。

2）选择风险应对方案。选择最合适的风险应对方案，应该将实现目标获得的潜在收益和付出的成本、努力或由此引发的不利后果进行权衡。

风险应对方案之间不一定是相互排斥的，也不一定适用于所有情形。风险应对方案涉及以下一个或多个方面：

① 决定不开始或退出会导致风险的活动，来规避风险。

② 承担或增加风险，以寻求机会。

③ 消除风险源。

④ 改变可能性。

⑤ 改变后果。

⑥ 分担风险（如通过签订合同，购买保险）。

⑦ 慎重考虑后决定保留风险。

采取风险应对的理由不仅要考虑经济因素，还应当考虑所有的组织义务、自愿性承诺和利益相关者的观点。选择风险应对方案应依据组织目标、风险准则和可用资源。

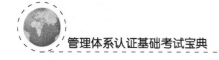

虽然经过谨慎的设计和实施，风险应对可能不会产生预期结果，甚至可能产生意外的后果。监测和审核应作为风险应对实施的一部分，以确保不同形式的风险应对变得有效且持续有效。

风险应对还可能产生需要加以管理的新风险。

如果没有可用的应对方案或者应对方案不足以改变风险，组织应将这些风险记录下来，并持续审核。

决策者和其他利益相关者应当了解经风险应对后残余风险的性质和程度。组织应记录残余风险，对其进行持续监测和审核，并于适当时采取进一步应对措施。

3）编制和实施风险应对计划。风险应对计划的目的是明确将如何实施所选定的应对方案，以便相关人员了解应对计划，并监测计划实施进度。应对计划应当明确指明实施风险应对的顺序。

应对计划应嵌入管理计划和组织运营过程中，并征询利益相关者意见。

应对计划中提供的信息应包括：

① 选择应对方案的理由，包括可获得的预期收益。

② 批准和实施计划的责任人。

③ 拟采取的措施行动。

④ 所需要的资源，包括风险储备。

⑤ 绩效考核的标准和方法。

⑥ 限制因素。

⑦ 必要的报告和监测。

⑧ 行动预期开展和完成的时间。

一般而言，风险控制措施的优先顺序是消除、替代（用其他低危险的材料、设备等替代风险较高的材料、设备等）、工程控制措施（隔离、机械防护等）、管理控制措施（安全规程、作业许可等）、个人防护装备、应急，通俗地讲，就是消除—替代—隔离—防护—应急。

6. 监督与审查

风险监督与审查的目的是确保和提升风险管理过程设计、实施和结果的质量和成效。应将对风险管理过程及其结果的持续监督和定期检查作为风险管理过程有计划开展的一部分，并明确界定责任。

监督与审查应贯穿于风险管理过程的所有阶段。监督与审查包括计划、收集和分析信息、记录结果和提供反馈。

监督与审查的结果应纳入组织绩效管理、考核和报告活动中。

7. 记录与报告

应通过适当的机制记录和报告风险管理过程及其结果。记录与报告旨在：

① 在组织上下通报风险管理活动及成果。

② 为决策制定提供信息。

③ 改进风险管理活动。

④ 促进与利益相关者的互动，包括负责开展风险管理活动的人。

在决定创建、留存和处理记录信息时，应考虑（但不限于）信息的用途、敏感性及内外部环境。

报告是组织治理不可或缺的一部分，应提升与利益相关者的沟通质量，并为最高领导层和监督机构履行职责提供支持。报告的考虑因素包括但不限于：

① 区分利益相关者及其具体信息需求和要求。

② 报告成本、频率和及时性。

③ 报告方式。

④ 信息与组织目标和决策的相关性。

13.1.5 风险评估技术

GB/T 27921—2011《风险管理 风险评估技术》（参考 ISO/IEC 31010：2009）用于指导组织选择和应用风险评估技术。风险评估提供了一种结构化的过程以识别目标如何受各类不确定性因素的影响，并从后果和可能性两个方面来进行风险分析，然后确定是否需要进一步应对。

风险评估工作试图回答以下基本问题：

——会发生什么以及为什么发生？

——后果是什么？

——这些后果发生的可能性有多大？

——是否存在一些可以减轻风险后果或者降低风险可能性的因素？

——风险等级是否可容许或可接受？是否要求进一步的应对？

GB/T 27921 标准在附录 A 中推荐了多种风险评估技术（参见 GB/T 27921 标准中的表 A.1、表 A.2）。《质量管理方法与工具》一书讲述的风险评估技术有失效模式与影响分析、风险矩阵、故障树、人因可靠性分析。

13.1.6 风险管理过程与业务管理流程

业务流程与风险管理之间的相互关系主要体现在以下几方面：

1）流程管理是风险管理的基础，风险管理可以运用流程分析法识别风险。

2）风险管理成果可以运用到流程管理中，作为流程管理的输入条件。

3）流程管理是内控体系建设的关键环节，制度和流程针对的是风险控制。

13.1.7 ISO 31000 与 COSO 风险框架关系

COSO 是美国反虚假财务报告委员会下属的发起人委员会（The Committee of

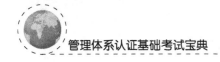

Sponsoring Organizations of the Treadway Commission）的英文缩写。ISO 31000 与 COSO 发布的《企业风险管理框架》（COSO-ERM）存在一定的关系。

COSO-ERM 框架主要是针对企业，尤其是上市公司，侧重于监管要求；ISO 31000 则广泛适用于企业及各种组织，是企业自发开展风险管理工作的指南。

ISO 31000 和 COSO-ERM 均以以下两方面为聚焦点：

1）“价值”聚焦。风险管理工作要聚焦在组织的价值创造活动，支持或协助组织更好地进行价值创造、保护和实现，聚焦于企业价值的创造。

2）“决策”为核。风险管理可以更好地管理不确定性，从而为更好地做出决策，应对不确定性提供支持。

例题分析

1）（单项选择题）ISO 31000：2018 标准的风险评估的过程顺序为（　　）。

A. 风险识别、风险分析、风险评价

B. 风险评价、风险识别、风险分析

C. 风险识别、风险处理、风险衡量、风险评价

D. 风险识别、风险衡量、风险处理、风险评价

答案及分析：选择 A。见本书 13.1.4 节之 1。

2）（单项选择题）在 ISO 31000：2018 风险管理标准中，处于风险管理框架环中心的是（　　）。

A. 改进　　B. 领导力与承诺

C. 评价　　D. 整合

答案及分析：选择 B。见本书 13.1.1 节之 3 图 13-1。

3）（单项选择题）风险评估包括风险识别、风险分析和（　　）三个步骤。

A. 风险处置　　B. 风险评价

C. 规避风险　　D. 风险应对

答案及分析：选择 B。见本书 13.1.4 节之 1。

4）（单项选择题）（　　）的目的是了解风险性质及其特征，适当时还可给出风险等级。

A. 风险识别　　B. 风险评价

C. 风险分析　　D. 风险应对

答案及分析：选择 C。见本书 13.1.4 节之 4 之 2）。

5）（多项选择题）根据 ISO 31000：2018，风险管理八项原则包括（　　）。

A. 整合、结构化和全面性、定制化

B. 以顾客为关注焦点、领导作用、改进

C. 包容性、动态性、最佳可用信息

D. 人和文化因素、持续改进

答案及分析：选择 ACD。见本书 13.1.2 节。

13.2　失效模式与影响分析

13.2.1　FMEA 概述

1. FMEA 的定义

失效模式和影响分析（Failure Mode and Effect Analysis，FMEA）是在产品设计阶段和过程设计阶段，对构成产品的子系统、零件，对构成过程的各个工序逐一进行分析，找出所有潜在的失效模式，并分析其可能的后果，从而预先采取必要的措施，以提高产品的质量和可靠性的一种系统化的活动。

FMEA 是一个以小组为导向的、系统的、定性的分析方法，适用于各种类型的组织。

一般采用美国汽车工业行动集团（AIAG）与德国汽车工业协会（VDA）联合发布的第五版 FMEA 手册开展 FMEA 工作。

2. FMEA 的基本类型

FMEA 的基本类型包括：设计 FMEA（DFMEA），分析和应对设计错误；过程 FMEA（PFMEA），分析和应对生产错误。

其他类型的 FMEA 都是这两种基本 FMEA 的衍生。

3. FMEA 的作用

1）评估产品/过程中潜在失效风险。

2）分析失效的原因和影响。

3）记录预防和探测措施。

4）建议采取降低风险的措施。

4. FMEA 的应用范围

1）新设计、新技术或新过程。FMEA 的范围包括整个的设计、技术或过程。

2）现有设计或过程的新应用。FMEA 的范围包含新环境、新场地、新应用或使用概况（包括工作周期、法规要求等）下的现有设计或过程。FMEA 的范围应关注于新环境、新场地或新应用对现有设计或过程的影响。

3）修改现有设计或过程。新技术开发、新要求、产品召回和使用现场失效可能会需要变更设计和/或过程。在这种情况下，可能需要对 FMEA 进行审查或修订。

FMEA 方法是被广泛应用于解决风险降低的技术。FMEA 旨在成为“事前”行为，而不是“事后”行为。为了实现价值最大化，FMEA 必须在产品或过程实施之前，失效模式潜在存在的状态下进行。

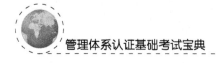

FMEA 不是一个“独立”的文件。例如，FMEA 的输出可以用作后续产品开发过程的输入。它是团队讨论和分析的总结。

5. FMEA 的目标和局限性

1）FMEA 的目标。FMEA 的目标是确定产品功能或过程步骤，以及相关的潜在故障模式、影响和原因。除此之外，它还用于评估预防和探测措施是否充分，以推荐采取额外措施。对于采取的措施，FMEA 将形成文件并跟踪这些措施的实施情况，以降低风险。FMEA 方法可帮助工程师将各种事项按重要性排序，并将重点放在产品和/或过程中发生问题的预防上。

具体的目标有：

① 提高汽车产品的质量、可靠性、可制造性、可服务性和安全性。

② 确保获取各组件、系统和车辆之间的层次结构、连接、接口和要求符合性信息。

③ 降低保修成本。

④ 证明产品和过程风险分析，从而为承担法律责任做好准备。

⑤ 减少开发过程中的后期变更。

⑥ 有助于制订健全的控制计划。

⑦ 在公司内部建立知识库，即将获得的经验教训形成文件，等等。

2）FMEA 的局限性。

① 定性（主观的）分析，非定量（可测量的）分析。

② 单点失效分析，非多点失效分析。

③ 依赖团队的知识水平，可能预测、也可能无法预测未来的性能。

④ 团队成员对他们讨论的内容和决定自行总结，因此，FMEA 报告的质量取决于团队的文字记录能力，所做的记录可能全面，也可能不全面。

13.2.2 FMEA 制作前的准备

1. 拟定项目计划

项目计划至少包括以下几个方面：

1）FMEA 目的——我们为什么要做 FMEA？

2）FMEA 时间安排——什么时候完成？

3）FMEA 团队——需要包括哪些人？

4）FMEA 任务——需要做哪些工作？

5）FMEA 工具——如何进行分析？

2. FMEA 时间节点

表 13-2 是《质量管理方法与工具》一书介绍的 APQP/产品设计和开发阶段

的 FMEA 时间节点。

表 13-2 APQP/产品设计和开发阶段的 FMEA 时间节点

APQP 阶段	计划和确定项目	产品设计和开发	过程设计和开发	产品和过程确认	反馈、评定和纠正措施
DFMEA	在产品开发开始之前，概念阶段启动 FMEA 计划 DFMEA 和 PFMEA 应在同一时间段内执行，以同时优化产品和过程设计	在充分了解设计概念时，启动 DFMEA	在用于报价的设计规范发布之前，完成 DFMEA 分析	在模具生产开始之前，完成 DFMEA 措施	当现有设计或过程变更时，需重新启动 DFMEA 和 PFMEA 计划
PFMEA		在充分了解生产概念时，启动 PFMEA	在过程最终决策之前，完成 PFMEA 分析	在 PPAP 之前，完成 PFMEA 措施	

13.2.3 DFMEA 的执行

AIAG-VDA《FMEA 手册》中，用“七步法”开展 FMEA 工作。《质量管理方法与工具》一书中介绍的是“六步法”，原因可能是《质量管理方法与工具》一书出版时，AIAG-VDA《FMEA 手册》正式版本还没有发布，作者依据的是《FMEA 手册》征求意见稿。

“七步法”的 FMEA 只比“六步法”的 FMEA 多了最后一步，没有实质性的区别。

FMEA 的七个步骤分别是策划和准备、结构分析、功能分析、失效分析、风险分析、优化改进和结果文件化。

表 13-3 是 DFMEA 的“七步法”。

表 13-3 DFMEA 的“七步法”

步骤	目的和目标	内容
步骤一：策划和准备	策划和准备的目的是确定项目将要执行的 FMEA 类型，并根据正在进行的分析类型（即系统、子系统或组件）定义每个 FMEA 类型中包含和不包含的内容。其目标有： 1）定义对设计的哪些方面进行分析 2）形成项目计划 3）确定应用于确定范围的相关经验教训和参考资料 4）定义团队职责	1）定义产品，包括产品的功能、用途、性能、使用条件等 2）确定分析范围 3）确定项目计划 4）收集相关的信息（包括以往的经验、类似产品的 DFMEA 等）

（续）

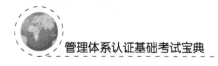

步骤	目的和目标	内容
步骤二：结构分析	结构分析的目的是将设计识别和分解为系统、子系统、组件和零件，以便进行技术风险分析。其目标有： 1）确定相关的系统组件以及定义系统结构 2）使分析范围可视化 3）分析并定义系统元素之间的关系、接口和交互 4）通过结构树、方框图/边界图等实现可视化	1）准备方框图 2）用结构树建立框架 3）定义顾客： ① 最终用户：在产品完全开发和销售后的使用者 ② 组装和制造：制造业务（如动力总成、冲压和制造）和车辆/产品的组装地点、生产材料加工地点。处理产品与其装配过程之间的接口对FMEA的有效分析来说是非常关键的，接口可以是任何后续或下游操作，也可以是下一级制造过程
步骤三：功能分析	功能分析的目的是确保需求/特殊需求功能适当地分配给系统元素。其主要目标是： 1）将功能与相关系统元素相关联 2）产品功能概述 3）将要求或特性与功能关联 4）可视化。例如功能树、功能网、功能矩阵 5）客户（外部和内部）功能与预期用途之间的关联	1）识别功能。功能描述了项目/系统元素期望做什么。使用“动词+名词”来描述功能。功能除基本功能外，还有辅助功能，如接口功能、诊断功能和可维护性功能等 2）识别特性。特性是指事物特有的性质
步骤四：失效分析	失效分析的目的是识别失效原因、模式和影响，并显示它们之间的关系以进行风险评估。其主要目标是： 1）确定在结构要素中分配给功能的潜在失效 2）建立失效链（影响、模式、原因） 3）失效关系的可视化 4）客户和供应商之间的协作（失效影响）	1）潜在失效模式有： ① 功能丧失（即无法工作、停滞不前） ② 部分功能损失（即性能损失） ③ 功能退化（即随着时间的推移性能下降） ④ 超出功能（即操作超时可接受的阈值） ⑤ 意外功能（即在错误的时间操作，意外的表现） ⑥ 延迟功能（即在非预期的时间间隔后操作） 2）在FMEA中分析失效有以下三个不同层面： ① 失效影响（FE）。与系统功能和功能分析中的系统元素相关的失效影响 ② 失效模式（FM）。与功能分析中的系统元素相关的失效模式（或类型） ③ 失效原因（FC）。与功能分析中的组件元素功能、输出功能或特性相关的失效原因 失效被认为是失效影响、失效模式还是失效原因，取决于分析层级是系统、子系统还是组件

（续）

步骤	目的和目标	内容
步骤五：风险分析	风险分析的目的是通过评估严重度、发生率、探测度来评估风险并确定采取行动的优先级。其的主要目标是： 1）识别预防控制措施（现有和/或计划的） 2）识别探测控制措施（现有和/或计划的） 3）评估每个失效链的严重度、发生率、探测度 4）客户和供应商之间的协作（严重度） 5）评估决定优先权	1）识别预防措施。不限于： ① 可测性设计 ② 冗余设计 ③ 设计和材料标准 ④ 文件，类似设计的最佳实践、经验等记录 ⑤ 防错法 2）识别探测措施。不限于： ① 功能检查 ② 爆破测试 ③ 环境测试 ④ 驾驶测试 ⑤ 耐久性测试 ⑥ 运动范围研究 ⑦ 硬件仿真 ⑧ 软件仿真 3）评价严重度。严重度衡量了失效影响最严重的程度。DFMEA严重度评价准则见表13-4，它从失效对最终用户的影响进行严重度评价 4）评价发生度。发生度衡量失效原因的发生概率 发生度也评价了预防措施的有效性，如果它比较高，就表示预防措施还不够，需要接下来的优化改进。DFMEA发生度评价准则见表13-5，它对发生度从设计经验、预防效果和事件数据这三个维度进行评价 5）评价探测度。探测度衡量了在设计发布之前，探测措施发现失效原因或失效模式的能力。探测度评估了探测措施的有效性。DFMEA探测度评价准则见表13-6，它对探测度从探测成熟度、探测类型和探测时间这三个维度进行评价 6）确定行动优先级AP。根据失效影响的严重度（S）、失效原因的发生度（O）、发现失效原因或失效模式的探测度（D），确定行动（改进措施）优先级（AP）。AP表为FMEA小组提供了S、O、D的所有1000种可能的逻辑组合。表13-7是DFMEA行动优先级评价准则（部分）。AP给出了可能的三种结果，分别是优先级高（H）、优先级中（M）和优先级低（L）： ① 优先级高（H）：团队需要确定一个适用的改进探测和/或预防措施，或者证明/说明目前的措施是适当的 ② 优先级中（M）：团队应该确定一个适用的改进预防和/或探测措施，或者由公司自行决定，证明/说明目前的措施是适当的 ③ 优先级低（L）：团队可以确定要改进的预防或探测措施

（续）

步骤	目的和目标	内容
步骤六：优化改进	设计优化目的是确定减轻风险的措施并评估这些措施的有效性。其目标包括： 1）确定改进所需的行动 2）采取行动的职责及完成日期的分配 3）采取行动的实施和记录 4）确认已实施行动的有效性 5）采取措施后重新评估风险 6）不断改进设计 7）完善产品要求和预防/检测措施	1）策划改进 在面对若干条失效链时，首先应该关注那些高的严重度，其次是高的发生度，接下来是高的探测度的失效链。需注意的是，只有通过设计更改，才能降低严重度等级 优化的最有效顺序如下： ① 修改设计以消除或减少失效影响（FE） ② 修改设计以降低失效原因（FC）的发生度（O） ③ 提高探测失效原因（FC）或失效模式（FM）的能力 ④ 在发生设计更改的情况下，再次评估所有受影响的设计元素 ⑤ 在概念变更的情况下，FMEA 的所有步骤都要针对受影响的部分进行评审。由于基于不同的设计理念，所以原始分析不再有效 2）实施改进 3）检查改进 4）处置结果
步骤七：结果文件化	结果文件化的目的是针对 DFMEA 活动的结果进行总结和交流。其目标有： 1）对结果和分析结论进行沟通 2）建立文件内容 3）采取的措施文件化 4）针对降低风险的措施进行沟通 5）记录风险分析和风险降低到的可接受水平	1）形成文件 2）报告结果

表 13-4　DFMEA 严重度评价准则

S	影响	DFMEA 严重度评价准则
10	非常高	影响车辆和/或其他车辆的安全操作，影响驾驶人、乘客、道路使用者或行人的健康
9		违反法律法规
8	高	在预期寿命内，正常驾驶所必需的车辆主要功能丧失
7		在预期寿命内，正常驾驶所必需的车辆主要功能退化

（续）

S	影响	DFMEA 严重度评价准则
6	中	车辆次要功能丧失
5		车辆次要功能退化
4		非常反感的外观、声音、振动、声振粗糙度或触感
3	低	中等反感的外观、声音、振动、声振粗糙度或触感
2		轻微反感的外观、声音、振动、声振粗糙度或触感
1	非常低	没有可识别的影响

表 13-5　DFMEA 发生度评价准则

O	失效原因发生预测	DFMEA 发生度评价准则	每千件产品发生数/车辆中事件数
10	极高	在组织内外都属于新技术的首次应用。没有操作经验和/或运行条件不可控。没有产品验证和/或确认的经验 不存在标准且尚未确定最佳实践 预防控制不能预测使用现场绩效或不存在预防控制	≥100 ≥1/10
9	非常高	在组织内首次使用技术创新或材料的设计。新应用或工作周期/运行条件有变更。没有产品验证和/或确认的经验 预防控制不能针对特定要求的性能识别	50 1/20
8		在新应用上首次使用技术创新或材料的设计。新应用或工作周期/运行条件有变更。没有产品验证和/或确认的经验 存在很少的标准和最佳实践，不直接适用于该设计 预防控制不能可靠地反映使用现场绩效	20 1/50
7	高	根据相似技术和材料的新型设计。新应用，或工作周期/运行条件有变更。没有对产品进行验证和/或确认的经验 标准、最佳实践和设计规则符合基础设计要求，但不适用于创新产品 预防控制提供了有限的性能指标	10 1/100
6		使用现有的技术和材料，与之前设计相似。相似的应用，工作周期或运行条件有变更。之前有测试或使用现场经验 存在标准和设计规则，但不足以确保失效原因不会发生 预防控制提供了预防失效原因的一些能力	2 1/500

（续）

O	失效原因发生预测	DFMEA 发生度评价准则	每千件产品发生数/车辆中事件数
5	中	使用经过验证的技术和材料，与之前设计相比有微小变更。相似的应用、工作周期或运行条件。之前的测试或使用现场经验，或新设计具有与失效相关的一些测试经验 设计吸取了之前设计的经验教训。在本设计中对最佳实践进行再评估，但没有经过验证 预防控制能够发现与失效原因相关的产品缺陷，并提供性能指标	0.5 1/2000
4		与具有短期现场使用经验的设计有几乎相同的设计。相似应用，工作周期或运行条件有微小变更。之前有测试或使用现场经验 之前的设计和为新设计进行的变更符合最佳实践、标准和规格。预防控制有能力发现与失效原因相关的产品缺陷，并显示可能的设计符合性	0.1 1/10000
3	低	对已知设计微小变更（相同应用，工作周期或运行条件有较小变更），在可比较的运行条件下有测试或现场使用经验，或成功完成测试程序的新设计 考虑了之前设计的经验教训，设计预期符合标准和最佳实践 预防控制有能力发现与失效原因相关的产品缺陷，并预测了设计符合性	0.01 1/100000
2	非常低	与具有长期现场使用经验的成熟设计有几乎相同的设计。有相同应用，有可比较的工作周期和运行条件在可比较的运行条件下有测试或现场使用经验 考虑了之前设计的经验教训，对设计符合标准和最佳实践有充分的信心 预防控制有能力发现与失效原因相关的产品缺陷，并显示对设计符合性的信心	≤0.001 ≤1/1000000
1	极低	通过预防控制，失效得到消除，失效原因不可能发生	通过预防控制，消除了失效

表 13-6　DFMEA 探测度评价准则

D	探测能力	探测成熟度	探测类型
10	非常低	测试程序还没开发	测试方法没有定义
9		测试方法不是针对性地探测失效模式或失效原因	通过/不通过测试、测试到失效、退化测试

（续）

D	探测能力	探测成熟度	探测类型
8	低	新测试方法，没有证明过	通过/不通过测试、测试到失效、退化测试
7		新测试方法，没有证明过；计划的测试时间较早，即使测试不通过，在生产开始之前，也有足够的时间重新设计或修改工装	通过/不通过测试
6	中	用于功能验证或者性能、质量、可靠性和耐久性确认，经过证明的测试方法；计划的测试时间较迟，如果测试不通过，可能因为重新设计或修改工装而导致生产延迟	测试到失效
5			退化测试
4	高	用于功能验证或者性能、质量、可靠性和耐久性确认，经过证明的测试方法；计划的测试时间较早，即使测试不通过，在生产开始之前，也有足够的时间重新设计或修改工装	通过/不通过测试
3			测试到失效
2			退化测试
1	非常高	之前的测试确认了失效模式或失效原因不会发生，或者探测方法经过证明总是能探测出失效模式或失效原因	

表 13-7　DFMEA 行动优先级评价准则（部分）

影响	S	失效原因发生预测	O	探测能力	D	措施优先级（AP）
非常高	9、10	非常高	8～10	低～非常低	7～10	高
				中	5、6	高
				高	2～4	高
				非常高	1	高
		高	6、7	低～非常低	7～10	高
				中	5、6	高
				高	2～4	高
				非常高	1	高
		中	4、5	低～非常低	7～10	高
				中	5、6	高
				高	2～4	高
				非常高	1	中
		低	2、3	低～非常低	7～10	高
				中	5、6	中
				高	2～4	低
				非常高	1	低
		非常低	1	非常高～非常低	1～10	低

13.2.4 PFMEA 的执行

表13-8是PFMEA的“七步法”。

表13-8 PFMEA的“七步法”

步骤	目的和目标	内容
步骤一：策划和准备	过程规划与准备步骤旨在描述PFMEA项目评审中包含或不包含的产品/过程。其目标有： 1）项目识别，哪些过程/哪些过程的部分要进行分析 2）确认项目计划 3）定义分析界限，包括什么，不包括什么 4）确定能够使用的相关经验教训和决策，例如最佳实践、准则和标准、防错—防呆方法等	1）确定分析范围 是否将现有的PFMEA纳入最终范围，应考虑： ① 新开发的产品和过程 ② 产品或过程的变更 ③ 操作条件的变化 ④ 要求变化（法律/法规，标准规范，客户，最新状态） ⑤ 制造经验、场内问题，或现场问题/保修 ⑥ 可能导致危险的过程失效 ⑦ 内部产品监控的发现 ⑧ 人体工程学问题 ⑨ 持续改进 2）确定项目计划 3）策划项目资源 4）收集相关的信息（包括以往的经验、类似产品的PFMEA等）
步骤二：结构分析	结构分析的目的是确定制造系统并将其分解为过程项目、过程步骤和过程工作要素。其目标包括： 1）结构化产品或过程要素 2）可视化分析的范围 3）确定过程步骤及子步骤 4）作为功能分析步骤的基础	1）准备流程图 2）建立框架：用结构树形式进行结构分析或用表格形式进行结构分析
步骤三：功能分析	功能分析的目的是确保产品/过程的预期功能/要求得到妥善分配。其目标有： 1）过程功能概述性描述 2）使用流程图或功能网（基于结构分析）可视化过程功能 3）将特性与功能、功能与过程元素关联 4）关联层级客户（外部和内部）需求的功能 5）作为失效分析步骤的基础	1）识别功能。功能描述了项目/过程元素期望做什么。使用“动词+名词”来描述功能。功能一般包括内部功能、外部功能、客户相关功能、最终用户功能 2）识别特性。特性是指事物特有的性质

（续）

步骤	目的和目标	内容
步骤四：失效分析	失效分析的目的是识别失效原因、模式和影响，并阐述它们之间的关系以进行风险评估。其主要目标是： 1）为过程项目、过程和作业要素的每个功能建立失效（一个或多个失效） 2）识别可能发生的失效/原因，并分配给作业要素和步骤 3）失效关系的可视化（影响-模式-原因，基于功能网的失效网络） 4）客户及其供应商，作为过程设计协作的子供应商共享失效影响 5）作为FMEA表格中记录的失效的基础 6）失效分析对过程中的每个元素/过程进行了失效描述	1）失效模式。过程步骤失效源于产品和过程特性，如： ① 不符合要求 ② 不一致或部分被执行的任务 ③ 非预期的活动 ④ 不必要的活动 失效模式有： ① 过程功能丧失/操作未执行 ② 部分功能丧失——操作不完整 ③ 过程功能降低 ④ 过程功能超出预期——高出太多 ⑤ 间歇过程功能——操作不一致 ⑥ 运行不稳定 ⑦ 非预期过程功能——操作错误 ⑧ 安装错误零件 ⑨ 过程功能延迟——操作太迟 2）失效影响。过程失效影响与过程项目（系统、子系统、部件元素）的功能相关。失效影响被描述为顾客注意或体验的结果。PFMEA中应明确指出可能影响安全或导致不符合法规的失效 3）失效原因。不仅限于人员、设备、材料、环境等
步骤五：风险分析	风险分析的目的是通过评估严重度、发生率、探测度来评估风险并确定采取行动的优先级。其的主要目标是： 1）识别预防控制措施（现有和/或计划的） 2）识别探测控制措施（现有和/或计划的） 3）评估每个失效链的严重度、发生率、探测度 4）客户和供应商之间的协作（严重度）	1）识别预防措施。预防措施的作用是杜绝失效原因的发生或者降低其发生频率 预防措施不限于： ① 设计保证 ② 操作便利 ③ 作业指导 ④ 维护保养 ⑤ 防错设计 2）识别探测措施。探测措施既可以用来发现失效原因，也可以用来探测失效模式，甚至可以用来探测整个产品的问题 探测措施不限于： ① 对过程检查测试 ② 对半成品检查测试 ③ 对成品检查测试

（续）

步骤	目的和目标	内容
步骤五：风险分析	风险分析的目的是通过评估严重度、发生率、探测度来评估风险并确定采取行动的优先级。其的主要目标是： 1）识别预防控制措施（现有和/或计划的） 2）识别探测控制措施（现有和/或计划的） 3）评估每个失效链的严重度、发生率、探测度 4）客户和供应商之间的协作（严重度）	3）评价严重度。严重度衡量了失效影响最严重的程度。PFMEA 严重度评价准则见表 13-9，它从失效对内部生产、外部生产以及对最终用户的影响分别进行严重度评价 4）评价发生度。发生度衡量失效原因的发生概率 发生度也评价了预防措施的有效性，如果它比较高，就表示预防措施还不够，需要接下来的优化改进。PFMEA 发生度评价准则见表 13-10，它对发生度从预防类型、预防效果和事件数据这三个维度进行评价 5）评价探测度。探测度衡量在产品交付顾客之前，探测措施发现失效原因或失效模式的能力。探测度评估了探测措施的有效性。PFMEA 探测度评价准则见表 13-11，它对探测度从探测成熟度、探测类型和探测时间这三个维度进行评价 6）确定行动优先级 AP。根据失效影响的严重度（S）、失效原因的发生度（O）、发现失效原因或失效模式的探测度（D），确定行动（改进措施）优先级（AP）。AP 表为 FMEA 小组提供了 S、O、D 的所有 1000 种可能的逻辑组合。表 13-12 是 PFMEA 行动优先级评价准则（部分）。AP 给出了可能的三种结果，分别是优先级高（H）、优先级中（M）和优先级低（L）： ① 优先级高（H）：团队需要确定一个适用的改进探测和/或预防措施，或者证明/说明目前的措施是适当的 ② 优先级中（M）：团队应该确定一个适用的改进预防和/或探测措施，或者由公司自行决定，证明/说明目前的措施是适当的 ③ 优先级低（L）：团队可以确定要改进的预防或探测措施

（续）

步骤	目的和目标	内容
步骤六：优化改进	设计优化目的是确定降低风险的措施并评估这些措施的有效性。最终结果是能够将产生不符合顾客和利益相关方期望的产品的风险降至最低。其目标包括： 1）确定降低风险所需的措施 2）确定责任和完成时间 3）采取行动的实施和记录 4）确认实施行动的有效性 5）采取措施后重新评估风险 6）持续改进过程 7）完善过程要求、预防和探测措施	1）策划改进 在面对若干条失效链时，首先应该关注那些高的严重度，其次是高的发生度，接下来是高的探测度的失效链。只有通过设计更改、过程更改，才能降低严重度等级 优化的最有效顺序如下： ① 修改过程以消除或减少失效影响（FE） ② 修改过程以降低失效原因（FC）的发生度（O） ③ 提高探测失效原因（FC）或失效模式（FM）的能力 ④ 在发生过程更改的情况下，再次评估所有受影响的过程步骤 ⑤ 若出现了概念变更，则需针对FMEA所有步骤中受影响的部分进行评审。因为基于不同的制造概念，所以原始分析不再有效 2）实施改进 3）检查改进 4）处置结果
步骤七：结果文件化	结果文件化的目的是针对PFMEA活动的结果进行总结和交流。其目标有： 1）对结果和分析结论进行沟通 2）建立文件内容 3）采取的措施文件化 4）针对降低风险的措施进行沟通 5）记录风险分析和风险降低到的可接受水平	1）形成文件 2）报告结果

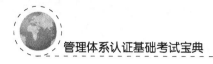

表 13-9 PFMEA 严重度评价准则

S	影响	对您的工厂的影响	对发运到的工厂的影响（在已知情况下）	对最终用户的影响（在已知情况下）
10	非常高	失效可能会导致工人面临健康和/或安全风险	失效可能会导致工人面临健康和/或安全风险	影响车辆和/或其他车辆的安全操作，影响驾驶员、乘客、交通参与者或行人的健康状况
9		失效可能会导致厂内不符合法规	失效可能会导致厂内不符合法规	不符合法规
8	高	生产运行 100% 会受到影响，产品不得不报废。失效可能会导致厂内不符合法规，或导致工人面临慢性健康和/或安全风险	生产线停工超过一个完整的班次；可能不能发货；需要使用现场返修或更换（装配线到终端用户），并且不符合法规。失效可能会导致厂内不符合法规，或导致工人面临慢性健康和/或安全风险	在预期寿命内，正常驾驶所必需的车辆主要功能丧失
7		产品可能需要进行分拣，其中一部分（少于 100%）会报废；主要过程有偏差；生产线速度降低或增加人力	生产线停工从 1 小时起到一个完整的班次；可能不能发货；需要使用现场返修或更换（装配线到终端用户），并且不符合法规	在预期寿命内，正常驾驶所必需的车辆主要功能退化
6	中	100% 的产品可能需要线下返工后才能被接受	生产线停工不超过 1 小时	车辆次要功能丧失
5		部分产品可能需要线下返工后才能被接受	少于 100% 的产品受到影响；极有可能出现额外的缺陷产品；需要分拣；生产线不会停工	车辆次要功能退化
4		100% 的产品可能需要线上返工才能被接受	缺陷产品触发重大反应计划；不大可能出现额外的缺陷产品；不需要挑选	外观、声音、振动、粗糙度或触感令人感觉非常不舒服
3	低	部分产品可能需要线上返工才能被接受	缺陷产品会触发较小的反应计划；不大可能出现额外的缺陷产品；不需要挑选	外观、声音、振动、粗糙度或触感令人感觉一般性的不舒服
2		对过程、操作或作业人员造成轻微不方便	缺陷产品不会触发反应计划；不大可能出现额外的缺陷产品；不需要挑选；需要向供应商反馈	外观、声音、振动、粗糙度或触感令人略微感觉不舒服
1	非常低	没有可察觉到的影响	没有可察觉到的影响或没有影响	没有可察觉到的影响

表13-10 PFMEA发生度评价准则

O	对失效起因发生的预测	预防类型	预防控制效果
10	极高	无	没有预防控制
9	非常高	行为控制	预防控制对失效起因的预防作用很小
8			
7	高	行为或技术控制	预防控制对失效起因的预防有些效果
6			
5	中		预防控制对失效起因的预防有效
4			
3	低	最佳实践：行为或技术控制	预防控制对失效起因的预防非常有效
2	非常低		
1	极低	技术控制	由于产品（比如零件的几何形状）或过程（比如工装夹具设计）设计到位，预防控制对失效原因的预防极其有效。失效模式不会因失效原因而实际发生

表13-11 PFMEA探测度评价准则

D	探测能力	探测成熟度	探测类型
10	非常低	尚未建立或有已知的测试或检验方法	不能或无法探测出失效模式
9		测试或检验方法不太可能探测出失效模式	通过随机或不定时的审核不容易探测出失效模式
8	低	测试或检验方法尚未经过实践证明为有效和可靠（例如，工厂在检测检验方法方面没有或很少有经验，类似过程或本过程测量的重复性和再现性分析结果处在边缘值）	人工检查（视觉、触觉、听觉）方法，或使用人工量具（计数或计量），应该可以探测出失效原因或失效模式
7			基于设备的探测方法（采用光学、蜂鸣器等报警的自动化或半自动化方式），或使用检测设备，如坐标测量机，应该可以探测出失效原因或失效模式
6	中	测试或检验方法已经过实践证明有效或可靠（比如工厂在测试或检验方法方面具备经验，类似过程或本过程测量的重复性和再现性分析结果可接受）	人工检查（视觉、触觉、听觉）方法，或使用人工量具（计数或计量），可以探测出失效原因或失效模式
5			基于设备的探测方法（采用光学、蜂鸣器等报警的自动化或半自动化方式），或使用检测设备，如坐标测量机，可以探测出失效原因或失效模式

（续）

D	探测能力	探测成熟度	探测类型
4	高	系统被证明有效且可靠（比如工厂对相同过程或本过程的探测方法有经验，相同过程或本过程测量的重复性和再现性分析结果可接受）	基于设备的自动化探测方法，可以在下游工站探测出失效模式，预防进一步加工或系统可以识别出不良品并允许其在过程中自动移动，直至指定的不良品卸载区。不良品被有效的系统进行控制，预防这些产品从工厂流出
3			基于设备的自动化探测方法，可以在本工站探测出失效模式，预防进一步加工或系统可以识别出不良品并允许其在过程中自动移动，直至指定的不良品卸载区。不良品被有效的系统进行控制，预防这些产品从工厂流出
2		探测方法被证明有效且可靠（比如工厂对探测方法有经验、防错有验证）	基于设备的探测方法，可以探测出失效原因并预防失效模式（不良品）的出现
1	非常高	失效模式不会实际出现，或者探测方法经过证明总能探测出失效原因或失效模式	

表 13-12　PFMEA 行动优先级评价准则（部分）

影响	S	失效原因发生的预测	O	探测能力	O	措施优先级（AP）
非常高	9、10	非常高	8～10	低～非常低	7～10	高
				中	5、6	高
				高	2～4	高
				非常高	1	高
		高	6、7	低～非常低	7～10	高
				中	5、6	高
				高	2～4	高
				非常高	1	高
		中	4、5	低～非常低	7～10	高
				中	5、6	高
				高	2～4	高
				非常高	1	中
		低	2、3	低～非常低	7～10	高
				中	5、6	中
				高	2～4	低
				非常高	1	低
		非常低	1	非常高～非常低	1～10	低

例题分析

1）（多项选择题）FMEA 的作用包括（　　）。

A. 评估产品/过程中潜在失效风险

B. 分析失效的原因和影响

C. 记录预防和探测措施

D. 建议采取降低风险的措施

答案及分析：选择 ABCD。见本书 13.2.1 节之 3。

2）（单项选择题）FMEA 的应用范围包括（　　）。

A. 新设计、新技术或新过程　　B. 现有设计或过程的新应用

C. 修改现有设计或过程　　D. 以上全部

答案及分析：选择 D。见本书 13.2.1 节之 4。

3）（单项选择题）FMEA 旨在成为“事前”行为，而不是“事后”行为。为了实现价值最大化，FMEA 必须在产品或过程实施之前，失效模式（　　）下进行。

A. 潜在存在的状态　　B. 存在的状态

C. 已知的状态　　D. 预期的状态

答案及分析：选择 A。见本书 13.2.1 节之 4。

4）（多项选择题）FMEA 是一个（　　）分析方法，适用于各种类型的组织。

A. 以小组为导向的　　B. 系统的

C. 定性的　　D. 全面的

答案及分析：选择 ABC。见本书 13.2.1 节之 1。

5）（单项选择题）DFMEA 中，（　　）的目的是识别失效原因、模式和影响，并显示它们之间的关系以进行风险评估。

A. 结构分析　　B. 功能分析

C. 失效分析　　D. 风险分析

答案及分析：选择 C。见本书 13.2.3 节表 13-3 之步骤四。

6）（单项选择题）PFMEA 优化改进时，下面哪个方面应最先关注？（　　）

A. 修改过程以消除或减少失效影响

B. 修改过程以降低失效原因的发生度

C. 提高探测失效原因或失效模式的能力

D. 在发生过程更改的情况下，再次评估所有受影响的过程步骤

答案及分析：选择 A。见本书 13.2.4 节表 13-8 之步骤六。

13.3　风险矩阵

13.3.1　风险矩阵的定义和构建

1. 风险矩阵的定义

《质量管理方法与工具》一书认为：风险矩阵是识别项目风险重要性的一种结构性方法，它能够对项目风险的潜在影响进行评估，是一种操作简便且把定性分析与定量分析相结合的方法。

GB/T 27921《风险管理　风险评估技术》标准之 B. 11. 1 条款：风险矩阵是用于识别风险和对其进行优先排序的有效工具。风险矩阵可以直观地显现组织风险的分布情况，有助于管理者确定风险管理的关键控制点和风险应对方案。一旦组织的风险被识别以后，就可以依据其对组织目标的影响程度和发生的可能性等维度来绘制风险矩阵。

GB/T 23694/ISO Guide 73 标准对“风险矩阵”的定义（4. 6. 1. 7 条款）是：通过确定后果和可能性的范围来排列显示风险的工具。

风险矩阵涉及风险发生的后果、可能性两个要素，需要定性或定量定义后果和可能性的范围。

风险矩阵可以用列表或图谱形式表达，根据风险后果的严重性等级、风险发生的可能性等级得出风险的等级。图 13-3 是 GB/T 27921 标准中的风险矩阵示例，该矩阵带有 6 点后果等级和 5 点可能性等级。

可能性等级							
↑可能性等级	E	Ⅳ	Ⅲ	Ⅱ	Ⅰ	Ⅰ	Ⅰ
	D	Ⅳ	Ⅲ	Ⅲ	Ⅱ	Ⅰ	Ⅰ
	C	Ⅴ	Ⅳ	Ⅲ	Ⅱ	Ⅱ	Ⅰ
	B	Ⅴ	Ⅳ	Ⅲ	Ⅲ	Ⅱ	Ⅰ
	A	Ⅴ	Ⅴ	Ⅳ	Ⅲ	Ⅱ	Ⅱ
		1	2	3	4	5	6
		后果等级→					

图 13-3　风险矩阵示例

图 13-3 中，越接近右上角的区域，风险越大；越接近左下角的区域，风险越小。风险等级由大到小的顺序是Ⅰ、Ⅱ、Ⅲ、Ⅳ、Ⅴ。风险管理的初级阶段，用“红、黄、绿”表示风险的严重程度，红色是需要高度、频繁关注的风险。

当利用风险矩阵做定量风险分析时，就称为“风险坐标图”。

2. 风险矩阵的输入

《质量管理方法与工具》一书认为，风险矩阵法的输入一般包括以下六个方面：

1）后果准则（亦称 C 准则）。

2）可能性准则（亦称 L 准则）。

3）风险重要性准则（亦称 S 准则）。

4）关于后果和可能性的二维矩阵单元图。

5）特定风险的后果 C 值。

6）该后果发生的可能性 L 值。

除上述六个方面外，还有一个非显性输入，即“控制准则”，用于评价组织现有的控制水平，与风险大小或风险等级相关。

GB/T 27921《风险管理　风险评估技术》标准之 B. 11. 3 条款：风险矩阵需要输入的数据为风险发生的可能性与后果严重程度的评估结果。

3. 风险矩阵的输出

《质量管理方法与工具》一书认为，风险矩阵法的输出主要有两个，分别是特定风险的风险等级和特定风险的重要性级别。

GB/T 27921《风险管理　风险评估技术》标准之 B. 11. 5 条款：风险矩阵输出结果是对各类风险的等级划分或是确定了重要性水平的、经分级的风险清单。

13. 3. 2　风险矩阵方法的应用

《质量管理方法与工具》一书认为，风险矩阵方法的应用一般分为定性和半定量应用两种。下面是风险矩阵方法的应用步骤。

1. 确定风险准则

这套风险准则至少应该包括“风险发生可能性的评价准则（见表 13-13）”“风险发生后果的评价准则（见表 13-14）”“风险等级（重要性）评价准则（见表 13-15）”“风险控制准则（见表 13-16）”。表 13-13 ~ 表 13-16 仅供作为样式。

表 13-13　风险发生可能性的评价准则

定量方法一	评分	1	2	3	4	5
定量方法二	一定时期发生的概率	10% 以下	10% ~30%	30% ~70%	70% ~90%	90% 以上

（续）

定性方法	文字描述一	极低	低	中等	高	极高
	文字描述二	一般情况下不会发生	极少情况下才发生	某些情况下发生	较多情况下发生	常常会发生
	文字描述三	今后 10 年内发生的可能少于 1 次	今后 5 ~ 10 年内可能发生 1 次	今后 2 ~ 5 年内可能发生 1 次	今后 1 年内可能发生 1 次	今后 1 年内至少发生 1 次

表 13-14　风险发生后果的评价准则

适用于所有行业	定量方法一	评分		1	2	3	4	5
	定量方法二	企业财务损失占税前利润的百分比		1% 以下	1% ~5%	6% ~10%	11% ~20%	20% 以上
	定性方法	文字描述一		极轻微的	轻微的	中等的	重大的	灾难性的
		文字描述二		极低	低	中等	高	极高
		文字描述三	日常运行	不受影响	轻度影响（造成轻微的人身伤害，情况立刻受到控制）	中度影响（造成一定人身伤害，需要医疗救援，需要外部支持才能控制情形）	严重影响（企业失去一些业务能力，造成严重人身伤害，情况失控，但无致命影响）	重大影响（重大业务失误，造成重大人身伤亡，情况失控，给企业致命影响）
			财务损失	较低的财务损失	轻微的财务损失	中等的财务损失	重大的财务损失	极大的财务损失
			企业声誉	负面消息在企业内部流传，企业声誉没有受损	负面消息在当地局部流传，企业声誉轻微损害	负面消息在某区域流传，企业声誉中等损害	负面消息在全国各地流传，对企业声誉造成重大损害	监管机构进行调查，公众关注，对企业声誉造成无法弥补的损害

表 13-15　风险等级（重要性）评价准则

等级	等级名称	等级含义
Ⅰ	不可容许风险	事故潜在危险性很大，并难以控制，发生事故的可能性极大，一旦发生事故将会造成多人伤亡的风险

（续）

等级	等级名称	等级含义
Ⅱ	重大风险	事故潜在危险性较大，较难控制，发生频率较高或可能性较大，容易发生重伤或多人伤害；或者会造成多人伤亡，但事故发生可能性一般的风险
Ⅲ	中度风险	虽然导致重大伤害事故的可能性小，但经常发生事故或未遂过失，潜伏有伤亡事故发生的危险
Ⅳ	可容许风险	具有一定危险性，虽然重伤可能性极小，但有可能发生一般伤害事故的风险
Ⅴ	可忽略风险	危险性小，不会伤人的风险

表13-16　风险控制准则

风险等级		控制要求
等级	名称	
Ⅰ	不可容许风险	只有当风险已降低时，才能开始或继续工作。若即使以无限的资源投入也不能降低风险，就必须禁止工作
Ⅱ	重大风险	直至风险降低后才能开始工作。为降低风险有时必须配给大量的资源。当风险涉及正在进行中的工作时，就应采取应急措施。应制定目标和管理方案来降低风险
Ⅲ	中度风险	应努力采取措施降低风险，但应仔细测定并限定预防成本，并应在规定时间期限内实施风险减少措施，如现有条件不具备，可考虑长远措施和当前简易控制措施 在中度风险与严重伤害后果相关的场合，必须进行进一步评价以更准确地确定伤害的可能性，确定是否需要改进控制措施，是否需要制定目标和管理方案来降低风险
Ⅳ	可容许风险	可保持现有控制措施，即不需要另外的控制措施，但应考虑投资效果更佳的解决方案或不增加额外成本的改进措施，需要检测来确保控制措施得以维持
Ⅴ	可忽视风险	无须采取措施且不必保留文件记录

2. 对特定风险进行评估

根据风险发生可能性的评价准则、风险发生后果的评价准则，对特定风险发生的可能性的高低、后果的严重程度进行定性或定量评估。

3. 风险评估的输出

根据风险等级（重要性）评价准则，确定风险的等级；并根据风险控制准则，对风险采取相应的措施。

例题分析

1）（多项选择题）下面关于风险矩阵的描述，正确的有（　　）。

A. 风险矩阵是识别项目风险重要性的一种结构性方法，它能够对项目风险的潜在影响进行评估，是一种操作简便且把定性分析与定量分析相结合的方法

B. 风险矩阵是通过确定后果和可能性的范围来排列显示风险的工具

C. 风险矩阵涉及风险发生的后果、可能性两个要素，需要定性或定量定义后果和可能性的范围

D. 风险矩阵可以用列表或图谱形式表达

答案及分析：选择 ABCD。见本书 13. 3. 1 节之 1。

2）（多项选择题）《质量管理方法与工具》一书认为，风险矩阵方法的应用一般分为（　　）应用两种。

A. 定性　　B. 半定量

C. 定量　　D. B + C

答案及分析：选择 AB。见本书 13. 3. 2 节。

3）（多项选择题）风险矩阵是通过确定风险（　　）的范围来排列显示风险的工具。

A. 后果　　B. 可能性

C. 发现难度　　D. 影响性

答案及分析：选择 AB。见本书 13. 3. 1 节之 1。

4）（多项选择题）《质量管理方法与工具》一书认为，风险矩阵法的输入一般包括（　　）。

A. 后果准则（亦称 C 准则）

B. 可能性准则（亦称 L 准则）

C. 风险重要性准则（亦称 S 准则）

D. 关于后果和可能性的二维矩阵单元图

答案及分析：选择 ABCD。见本书 13. 3. 1 节之 2。

5）（多项选择题）风险准则至少应该包括（　　）。

A. 风险发生可能性的评价准则　　B. 风险发生后果的评价准则

C. 风险等级（重要性）评价准则　　D. 风险控制准则

答案及分析：选择 ABCD。见本书 13. 3. 2 节之 1。

13.4　故障树

13.4.1　故障树概述

1. 故障树的概念

《质量管理方法与工具》一书认为，故障树分析（Fault Tree Analysis，FTA）是以故障树作为模型对系统进行可靠性分析的一种方法，是系统安全分析方法中应用最广泛的一种自上而下逐层展开的图形演绎的分析方法。故障树是从结果到原因，或从系统到部件，再到零件。故障树分析包括定性分析和定量分析。

FTA 在系统可靠性分析、安全性分析和风险评价中具有重要作用和地位。

GB/T 27921《风险管理　风险评估技术》标准之 B. 19. 1 条款：故障树是用来识别和分析造成特定不良事件（称作顶事件）的可能因素的技术。造成故障的原因因素可通过归纳法进行识别，也可以将特定事故与各层原因之间用逻辑门符号连接起来并用树形图进行表示。树形图描述了原因因素及其与重大事件的逻辑关系。

故障树中识别的因素可以是与硬件故障、人为错误或其他引起不良事项的相关事项。

图 13-4 所示为故障树示例。

2. 故障树的应用范围

在故障树分析中，顶事件可以是已经发生的事故，也可以是预想的事故。通过分析找出事故原因，采取相应的对策加以控制，从而可以起到事故预防的作用。

查明系统内固有的或潜在的各种危险因素，为安全设计、制定安全技术措施和安全管理提供科学、合理的依据。

3. 故障树的特点

1）FTA 具有很大的灵活性。FTA 不是局限于对系统可靠性进行一般的分析，而是可以分析系统的各种故障状态。FTA 不仅可以分析某些元部件故障对系统的影响，还可以对导致这些元部件故障的特殊原因进行分析，予以统一考虑。

2）FTA 是一种图形演绎法。FTA 是一种对故障事件在一定条件下的逻辑推理方法。

3）进行 FTA 的过程，也是一个对系统更深入认识的过程。分析人员要非常清楚地把握系统的内在联系，弄清各种潜在因素对故障发生影响的途径和程度。

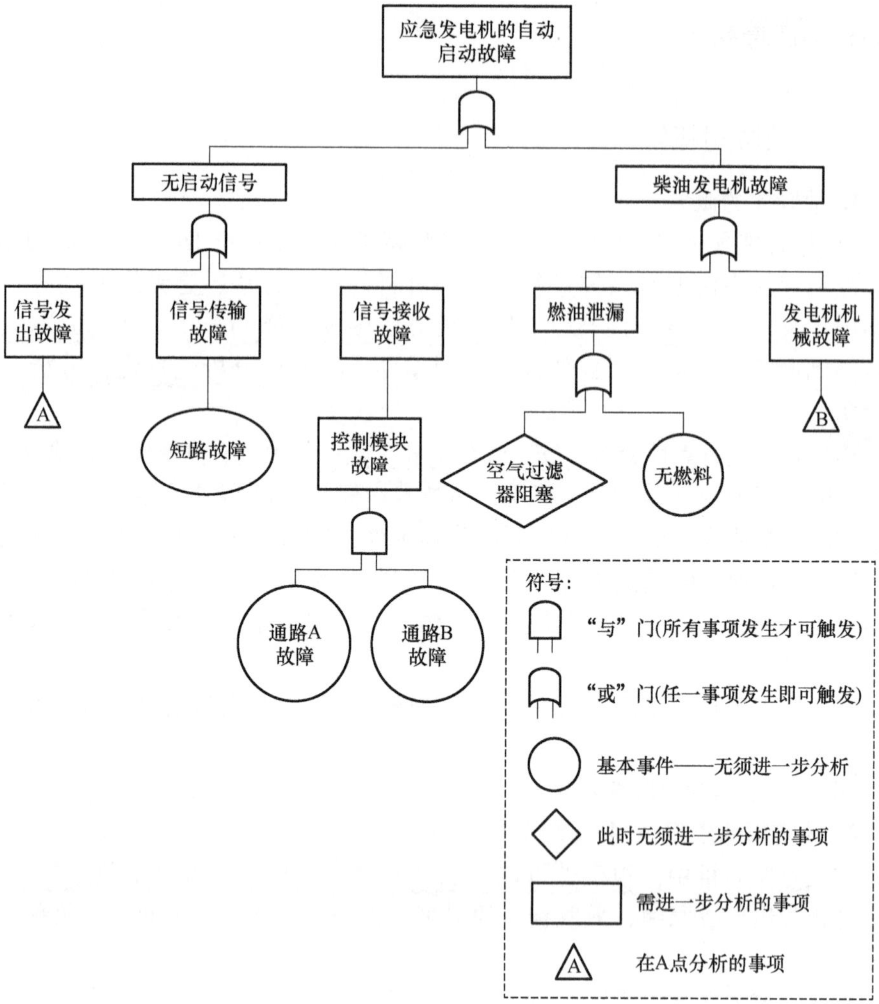

图 13-4　故障树示例

4）可以用计算机辅助建树和分析。

4. 故障树的符号

故障树用一系列事件符号、逻辑符号和转移符号描述系统中各种事件之间的因果关系。具体的符号，考生可阅读《质量管理方法与工具》一书。

13.4.2　故障树分析的一般步骤

1. 明确研究对象

1）熟悉分析系统。

2）定义故障事件。

3）确定顶事件。顶事件是系统最不希望发生的事件，根据系统的不同要求可以有多个具体的顶事件，因此也就可以从顶事件出发建立几个不同的故障树。

但要注意的是，一个故障树只能分析一个不希望发生事件。

2. 编制故障树

由顶事件出发，逐级找出导致各级事件发生的所有可能的直接原因，并用相应的符号表示事件及其相互的逻辑关系，直至分析到底事件为止。当故障树建成后，从故障树的最下级开始，逐级写出上下级事件的逻辑关系式。删除多余事件，简化故障树。

3. 故障树的评价

1）故障树的定性分析。定性分析是FTA的核心内容，目的是分析某故障的发生规律及特点，找出控制消除该故障的可行方案，并从故障树结构上分析各基本原因事件的重要程度，以便按轻重缓急分别采取对策。

定性分析，要对故障树结构进行简化，寻找最小割集（MCS）和最小径集（核心是寻找最小割集），确定各基本事件的结构重要度。最小割集，就是导致顶事件发生所必需的、最低限度的基本事件的集合；最小径集，就是使顶上事件不发生所必需的、最低限度的基本事件的集合。最小割集的判定仅仅与故障树的结构有关系，而与底事件发生概率的大小无关。

2）故障树的定量分析。求得最小割集后，找出各基本事件的发生概率，计算出顶事件的发生概率和概率重要度。

4. 实用故障树的编制

根据事件的定性重要度和定量重要度，结合实际工作经验，编制出实用故障树，快速查找故障点。实用故障树适用于不熟悉该系统的人员维修管理使用，也用于同类系统的集中管理。

建立故障树是故障树分析的关键，作为故障树定性、定量分析的对象，其完善程度直接影响分析结果的准确性，而其化简程度则关系到分析的工作量，也影响故障树的直观性。

例题分析

1）（多项选择题）下面关于故障树的描述，不正确的有（　　）。

A. 故障树是从原因到结果进行分析

B. 故障树分析包括定性、定量分析

C. 是一种自下而上逐层展开的图形演绎分析方法

D. 在故障树分析中，顶事件可以是已经发生的事故，也可以是预想的事故

答案及分析：选择 AC。见本书 13.4.1 节之 1、2。

2）（多项选择题）FTA 在系统（　　）中具有重要作用和地位。

A. 可靠性分析　　　　B. 安全性分析

C. 风险评价　　　　D. 经济分析

答案及分析：选择 ABC。见本书 13.4.1 节之 1。

3）（多项选择题）故障树分析的一般步骤包括（　　）。

A. 明确研究对象　　　　B. 编制故障树

C. 故障树的评价　　　　D. 实用故障树的编制

答案及分析：选择 ABCD。见本书 13.4.2 节。

13.5　人因可靠性分析

13.5.1　人因可靠性分析概述

1. 人因可靠性分析的概念

GB/T 27921《风险管理　风险评估技术》标准 B.12.1 条款：

人因可靠性分析（Human Reliability Analysis，HRA）关注的是人因对系统绩效的影响，可以用来评估人为错误对系统的影响。有时，人的行为是唯一能避免故障最终演变成事故的手段。

HRA 可进行定性或定量使用。如果定性使用，HRA 可识别潜在的人为错误及其原因，降低人为错误发生的可能性；如果定量使用，HRA 可以为 FTA（故障树）或其他技术的人为故障提供基础数据。

2. 人因可靠性分析的适用范围

1）填补在高风险情况下人对事故响应的可靠性数据的空白。

2）了解作业人员如何对事故进行响应，改进操作规程。

3）为改善安全管理系统提供建议。

4）为提高作业人员的技术与素质培训提供条件。

3. 人因可靠性分析的局限性

1）不能真实、全面地描述人的行为。使用 HRA 事件树的两分法逻辑（成功与失败）不能真实、全面地描述人的行为现象。

2）缺乏充分的数据。

3）多依赖专家判断。

4）缺乏对模拟机数据修正的一致认同。

5）HRA 方法的正确性与准确性难以验证。

6）HRA 方法缺乏心理学基础。

7）缺乏对重要的行为形成因子的恰当考虑和处理。

13.5.2　HRA 事件树构造及评价

用 HRA 方法完成人的失误概率定量化计算有四个阶段。

1）系统熟悉阶段。

① 了解事件树和故障树中有关的人的失误事件。

② 了解与基本事件有关的人员任务。

③ 人进行此项任务时的边界条件。

2）定性分析阶段。了解人员每项任务的内容并将它分解为相应的一系列相连贯的动作或子任务序列；找出人-机系统相互作用的界面；判断人在完成任务时所产生的失误的类别。

3）定量分析阶段。

4）行为形成因子（PSF）与任务相关性修正阶段。

例题分析

1）（单项选择题）（　　）关注的是人因对系统绩效的影响，可以用来评估人为错误对系统的影响。

A. HRA　　B. FTA

C. FMEA　　D. 风险矩阵

答案及分析：选择 A。见本书 13.5.1 节之 1。

2）（多项选择题）HRA 适用范围包括（　　）。

A. 填补在高风险情况下人对事故响应的可靠性数据的空白

B. 了解作业人员如何对事故进行响应，改进操作规程

C. 为改善安全管理系统提供建议

D. 为提高作业人员的技术与素质培训提供条件

答案及分析：选择 ABCD。见本书 13.5.1 节之 2。

3）（多项选择题）用 HRA 方法完成人的失误概率定量化计算有哪几个阶段？（　　）

A. 系统熟悉阶段

B. 定性分析阶段

C. 定量分析阶段

D. 行为形成因子（PSF）与任务相关性修正阶段

答案及分析：选择 ABCD。见本书 13.5.2 节。

同步练习强化

1. 单项选择题

1）（　　）《风险管理　指南》标准帮助组织在制定决策、设定和实现目标以及提升绩效的过程中管理风险，来创造和保护价值。

A. GB/T 24353　　B. GB/T 23694

C. GB/T 27921　　D. GB/T 19017

2）GB/T 24353 标准中，风险管理的目的是（　　）。风险管理能够改善绩效、鼓励创新、支持组织目标的实现。

A. 创造和保护价值　　B. 预防不合格

C. 增强顾客满意　　D. 实现组织目标

3）风险管理框架制定包含整个组织（　　）、实施、评价和改进风险管理。

A. 策划、设计　　B. 整合、设计

C. 策划、整合　　D. 策划、建立

4）（　　）是将风险分析结果和既定风险准则相比较，以确定是否需要采取进一步行动。

A. 风险识别　　B. 风险评价

C. 风险分析　　D. 风险应对

5）风险分析应当考虑以下哪个因素？（　　）

A. 事件的可能性及后果　　B. 后果的性质及重大程度

C. 现有控制措施的有效性　　D. A + B + C

6）（　　）的目的是选择和实施风险处理方案。

A. 风险识别　　B. 风险评价

C. 风险分析　　D. 风险应对

7）下面关于风险应对方案描述错误的是（　　）。

A. 规避风险　　B. 承担或增加风险，以寻求机会

C. 分担风险　　D. 慎重考虑后决定维持风险

8）（　　）的目的是协助组织将风险管理纳入重要的活动和职能中。风险管理的有效性取决于其与组织治理以及决策制定的整合情况。

A. 风险管理原则　　B. 风险管理框架

C. 风险管理过程　　D. 风险评估技术

9）ISO 31000：2018 的风险管理框架包括（　　）。

A. 整合、计划、实施、评价和改进风险管理

B. 整合、设计、实施、监测和改进风险管理

C. 整合、设计、实施、评价和改进风险管理

D. 整合、理解、实施、评价和改进风险管理

10）在 ISO 31000 风险管理标准中，处于风险管理原则环中心的是（　　）。

A. 创造和保护价值　　B. 人和文化因素

C. 结构化和全面性　　D. 持续改进

11）风险管理是组织活动的一部分，（　　）标准为管理风险提供了通用方法。

A. ISO 31000　　B. GB/T 19580

C. ISO 9011　　D. ISO 9004

12）在进行 FMEA 分析时，确定建议措施时应优先选择的措施是（　　）。

A. 预防失效模式的发生　　B. 加大检测数量和频率

C. 采用自动化检测的设备　　D. 提高员工质量意识

13）FMEA 是一个（　　）的工具。

A. 过程分析　　B. 资源共享

C. 风险评估　　D. 项目策划

14）DFMEA 中，（　　）的目的是通过评估严重度、发生率、探测度来评估风险并确定采取行动的优先级。

A. 结构分析　　B. 功能分析

C. 失效分析　　D. 风险分析

15）DFMEA 中，发生度衡量（　　）的发生概率。

A. 失效模式　　B. 失效原因

C. 失效影响　　D. 失效机理

16）PFMEA 中，（　　）的目的是确定制造系统并将其分解为过程项目、过程步骤和过程工作要素。

A. 结构分析　　B. 功能分析

C. 失效分析　　D. 风险分析

17）故障树的定量分析，是依据故障树中各底事件发生的概率，计算出（　　）发生概率。

A. 随机事件　　B. 顶事件

C. 中间事件　　D. 所有事件

18）故障树分析是用一系列事件符号、（　　）和转移符号描述系统中各种事件之间的因果关系。

A. 集合符号　　B. 运算符号

C. 几何图形　　D. 逻辑符号

19）故障树分析是分析产品（　　）关系的可靠性分析工具之一。

A. 所有故障现象之间　　B. 所有故障结果之间

C. 故障原因与结果之间　　D. 所有故障原因之间

20）对故障树进行定性分析，寻找（　　）是其核心工作。

A. 最小割集　　B. 最大割集

C. 根本原因　　D. 潜在原因

21）故障树分析中，（　　）是导致顶事件发生所必需的、最低限度的基本事件的集合。

A. 最小割集　　B. 最小径集

C. 最大径集　　D. 最大割集

2. 多项选择题

1）下面哪些是风险评估方法与工具？（　　）

A. 失效模式与影响分析　　B. 风险矩阵

C. 故障树　　D. 人因可靠性分析

2）ISO 31000：2018 标准主要包括（　　）三个部分，各组成部分在循环中相互关联、相互作用。

A. 风险管理原则　　B. 风险管理框架

C. 风险管理过程　　D. 风险管理程序

3）风险管理框架的要素有（　　）。

A. 领导力与承诺、整合　　B. 设计

C. 实施　　D. 评价和改进

4）风险管理框架中的“设计”包括（　　）。

A. 审视组织及其环境

B. 明确表达风险管理承诺

C. 明确组织角色、权限、职责和责任

D. 资源配置、沟通和咨询

5）风险应对是一个反复性过程，包括（　　）。

A. 制定和选择风险应对方案

B. 计划和实施风险应对措施

C. 评估风险应对的成效

D. 确定剩余风险是否可接受；若不可接受，采取进一步应对措施

6）风险管理过程包括（　　）。

A. 沟通与咨询，范围、环境、准则

B. 风险评估，风险应对

C. 记录与报告

D. 监督与审查

7）GB/T 27921《风险管理　风险评估技术》用于指导组织选择和应用风险评估技术。风险评估提供了一种结构化的过程以识别目标如何受各类不确定性因素的影响，并从（　　）两个方面来进行风险分析，然后确定是否需要进一步应对。

A. 后果　　B. 可能性

C. 严重性　　D. 发现难度

8）ISO 31000 和 COSO-ERM 以哪两方面作为聚焦点？（　　）

A. “价值”聚焦　　B. “决策”为核

C. “控制”为本　　D. “监督”防偏

9）DFMEA 分析的步骤包括（　　）。

A. 策划和准备　　B. 结构分析、功能分析

C. 失效分析、风险分析　　D. 优化改进

10）关于 FMEA，下面说法正确的是（　　）。

A. FMEA 方法将重点放在产品和/或过程中发生问题的预防上

B. FMEA 方法是定量分析法

C. FMEA 方法是单点失效分析，非多点失效分析

D. FMEA 方法可能预测、也可能无法预测未来的性能

11）关于 FMEM 的时间节点，下面说法正确的是（　　）。

A. 在充分了解设计概念时，启动 DFMEA

B. 在用于报价的设计规范发布之前，完成 DFMEA 措施

C. 在工装、模具生产开始之前，完成 DFMEA 措施

D. 在 PPAP 之前，完成 PFMEA 措施

12）FMEA 项目计划的内容包括（　　）。

A. FMEA 目的，FMEA 时间安排　　B. FMEA 团队

C. FMEA 任务　　D. FMEA 工具

13）关于风险矩阵，下面说法正确的是（　　）。

A. 风险矩阵是识别项目风险重要性的一种结构性方法

B. 是定性分析方法，不是定量分析方法

C. 风险矩阵是用于识别风险和对其进行优先排序的有效工具

D. 当利用风险矩阵做定量风险分析时，就称为“风险坐标图”

14）人因可靠性分析的局限性有（　　）。

A. HRA 能定性使用，不能定量使用

B. 缺乏充分的数据

C. 多依赖专家判断

D. HRA 方法的正确性与准确性难以验证

3. 问答题

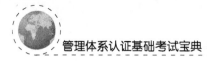

1）如何理解 ISO 31000 与 COSO-ERM 的异同？

2）简述风险管理的八项原则。

3）试述 FMEA 的目标及局限性。

4）简述 PFMEA 的制作流程。

5）在进行 PFMEA 分析时，优化改进最有效的顺序是什么？

答案点拨解析

1. 单项选择题

题号	答案	解析
1	A	见本书 13.1.1 节之 1 之 1)
2	A	见本书 13.1.2 节
3	B	见本书 13.1.3 节
4	B	见本书 13.1.4 节之 4 之 3)
5	D	见本书 13.1.4 节之 4 之 2)
6	D	见本书 13.1.4 节之 5 之 1)
7	D	见本书 13.1.4 节之 5 之 2）之⑦：慎重考虑后决定保留风险
8	B	见本书 13.1.3 节
9	C	见本书 13.1.3 节
10	A	见本书 13.1.1 节之 3 图 13-1
11	A	见本书 13.1.1 节之 2 之 1）之②
12	A	理解题，见本书 13.2.1 节之 5 之 1)
13	C	FMEA 是风险评估工具之一
14	D	见本书 13.2.3 节表 13-3 步骤五
15	B	见本书 13.2.3 节表 13-3 步骤五
16	A	见本书 13.2.4 节表 13-8 步骤二
17	B	见本书 13.4.2 节之 3 之 2)
18	D	见本书 13.4.1 节之 4
19	C	理解题，见本书 13.4.1 节之 1
20	A	见本书 13.4.2 节之 3 之 1)
21	A	见本书 13.4.2 节之 3 之 1)

2. 多项选择题

题号	答案	解析
1	ABCD	见本书第 13 章开头
2	ABC	见本书 13.1.1 节之 3 之 2)
3	ABCD	见本书 13.1.3 节
4	ABCD	见本书 13.1.3 节之 3
5	ABCD	见本书 13.1.4 节之 5 之 1)
6	ABCD	见本书 13.1.4 节之 1
7	AB	见本书 13.1.5 节
8	AB	见本书 13.1.7 节
9	ABCD	见本书 13.2.3 节
10	ACD	见本书 13.2.1 节之 5
11	ACD	见本书 13.2.2 节之 2 表 13-2
12	ABCD	见本书 13.2.2 节之 1
13	ACD	见本书 13.3.1 节之 1
14	BCD	见本书 13.5.1 节之 3

3. 问答题

1） 见本书 13.1.7 节。

① ISO 31000 与 COSO-ERM 不同之处：

COSO-ERM 框架主要是针对企业，尤其是上市公司，侧重于监管要求；ISO 31000 则广泛适用于企业及各种组织，是企业自发开展风险管理工作的指南。

② ISO 31000 与 COSO-ERM 相同之处：

ISO 31000 和 COSO-ERM 均以以下两方面为聚焦点：

a）“价值”聚焦。风险管理工作要聚焦在组织的价值创造活动，支持或协助组织更好地进行价值创造、保护和实现，聚焦于企业价值的创造。

b）“决策”为核。风险管理可以更好地管理不确定性，从而为更好地做出决策，应对不确定性提供支持。

2） 见本书 13.1.2 节。

风险管理八项原则包括整合、结构化和全面性、定制化、包容性、动态性、最佳可用信息、人和文化因素、持续改进。

3） 见本书 13.2.1 节之 5。

① FMEA 的目标：

FMEA 的目标是确定产品功能或过程步骤，以及相关的潜在故障模式、影响和原因。除此之外，它还用于评估预防和探测措施是否充分，以推荐采取额外措施。

② FMEA 的局限性：

a）是定性（主观的）分析，而不是定量（可测量的）分析。

b）是单点失效分析，而不是多点失效分析。

c）依赖团队的知识水平，可能预测、也可能无法预测未来的性能。

d）团队成员对他们讨论的内容和决定自行总结，因此，FMEA 报告的质量取决于团队的文字记录能力，所做的记录可能全面，也可能不全面。

4）见 13.2.4 节。

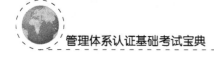

PFMEA 的制作流程是：策划和准备、结构分析、功能分析、失效分析、风险分析、优化改进和结果文件化。

5）见 13.2.4 节表 13-8 步骤六。

PFMEA 分析中，优化改进最有效的顺序是：

① 修改过程以消除或减少失效影响。

② 修改过程以降低失效原因的发生度。

③ 提高探测失效原因或失效模式的能力。

④ 在发生过程更改的情况下，再次评估所有受影响的过程步骤。

⑤ 若出现了概念变更，则需针对 PFMEA 所有步骤中受影响的部分进行评审。

第14章 过程控制方法与工具

考试大纲要求

过程控制方法与工具，如统计过程控制、过程能力分析、控制图、测量系统分析。

考点知识讲解

14.1　统计过程控制概述

14.1.1　质量控制

质量控制是“质量管理的一部分，致力于满足质量要求”。质量控制是通过相关的作业技术和活动，根据质量标准，监视质量环上各个环节的工作，使其在受控状态下运行，从而及时排除和解决所产生的问题，保证满足质量要求。质量控制职能的核心在于预防，关键是使所有过程和活动始终处于完全受控状态。

质量控制手段可以分技术控制手段和管理控制手段。其中，统计过程控制（Statistical Process Control，SPC）就是一种重要的管理控制手段。SPC从内容上来说主要有两个方面：一是利用控制图分析过程的稳定性，对过程存在的异常因素进行预警；二是计算过程能力指数，分析稳定的过程能力满足技术要求的程度，对过程质量进行评价。

14.1.2　统计过程控制

1. 什么是SPC

控制图（Control Chart），又称管理图、休哈特图，是美国休哈特

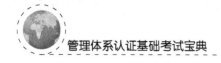

（W. A. Shewhart）博士于1924年发明的。

美国质量管理协会（ASQC）、汽车工业行动集团（AIAG）联合克莱斯勒、通用、福特三大汽车公司制定了SPC手册，为SPC的应用提供了正式的、统一的方法。SPC是汽车行业质量管理五大工具之一。

《质量管理方法与工具》认为，SPC是指在过程质量控制中采用数理统计方法对生产过程分析诊断并进行评价，及时发现系统因素导致的过程异常，并及时采取措施消除其影响，使过程保持在受控状态，即过程仅受随机因素影响。控制图理论是SPC的中心内容。SPC强调全员参与，运用统计技术实施全过程预防性控制。

2. 实施SPC的步骤

1）分析阶段。一个过程开始建立控制图时，过程几乎都存在异常（非稳态/非受控），因此，一开始，应采取必要的措施消除过程中的系统因素（异常因素），还可能需要管理层的介入来减小过程的随机波动以满足过程能力的需求。这一将异常状态调整到理想的受控状态的阶段称为SPC分析阶段，使用的控制图称为分析用控制图。总体来讲，分析用控制图主要用来：

① 使过程受控（统计稳态）。

② 使过程能力满足要求（技术稳态）。

如果满足了上述两点，就可将分析用控制图的控制限延长作为控制用控制图，这样就进入到SPC的监控（控制）阶段。

SPC实施的前提条件是测量系统是有效可信的，所以建立SPC控制图前，应采用测量系统分析（MSA）技术对所用的测量系统进行分析，以确保其有效可信。

2）监控（控制）阶段。监控（控制）阶段使用的控制图，由分析阶段使用的控制图转化而来，称作控制用控制图。

监控（控制）阶段，就是应用控制用控制图对生产过程进行持续的动态监控。发现异常，及时告警，以使前阶段所确定的受控状态得以长期保持。

14.1.3 质量变异的原因

质量变异的原因包括偶然原因（因素）与异常原因（因素）。

1. 偶然原因（也称为随机原因/普通原因）

这些原因在生产过程中始终存在，人们无法控制或难以控制，如机器开动时的轻微振动，检测仪器的微小差异。在这些原因的作用下，过程质量会产生经常性的波动，这种波动不可能从根本上消除，但波动的幅度往往比较小，对质量的影响很轻微，一般可以把这种正常波动看作背景噪声而听之任之。我们经常所说的“公差”就是承认这种波动的产物。从这种意义上讲，这些原因是过程的固有原因。

偶然原因造成正常波动（正常波动也称偶然波动）。偶然原因造成的正常波动使过程输出结果呈现统计规律性并可预测（即稳态），且限制在一定范围之内。当一个过程只有偶然原因造成的正常波动时，我们称这个过程处于统计控制状态，也即受控状态（稳定状态）。处于统计控制状态的过程称为受控过程或稳定过程。

2. 异常原因（也称为系统原因/特殊原因）

这些原因不是过程固有的，是由外部来源产生的，有时存在，有时不存在，如机器设备“带病”运转、操作者违章操作、车刀严重磨损等。

异常原因虽然并不大量存在，但一旦出现，其造成的异常波动就会对质量产生显著的影响，并使过程输出结果的规律性被破坏，从而使过程失控，使过程处于非统计控制状态（也即失控状态/不稳定状态）。

异常原因引起的质量波动大小和作用方向一般具有周期性和倾向性，因此，这些原因比较容易查明、预防和消除。异常原因也叫“可查明原因”。

例题分析

1）（多项选择题）SPC 是过程控制的一部分，包括（　　）。

A. 利用控制图提高过程的合格率

B. 利用控制图分析过程的稳定性，对异常因素进行预警

C. 计算过程能力指数，评价过程质量

D. 计算过程能力指数，评价过程生产效率

答案及分析：选择 BC。见本书 14.1.1 节。

2）（单项选择题）统计过程控制中可以用来识别异常因素的是（　　）。

A. 控制限　　B. 公差限

C. 中心线　　D. 样本量

答案及分析：选择 A。结合本书 14.1.3 节之 2、14.3.1 节之 3 来理解。

3）（单项选择题）机器开动时的轻微振动是（　　）。

A. 偶然因素　　B. 异常因素

C. 系统因素　　D. 可查明因素

答案及分析：选择 A。见本书 14.1.3 节之 1。

4）（单项选择题）机器设备“带病”运转是（　　）。

A. 偶然因素　　B. 特殊因素

C. 随机因素　　D. 固有因素

答案及分析：选择 B。见本书 14.1.3 节之 2。

5）（单项选择题）从 SPC 的角度看，一个合格的过程应当具备的条件是（　　）。

A. 过程处于统计控制状态

B. 具有足够的生产能力

C. 过程处于统计控制状态并具有足够的过程能力

D. 过程处于统计控制状态但过程能力不足

答案及分析：选择 C。见本书 14.1.1 节。

6）（单项选择题）统计过程控制主要包括（　　）。

A. 应用分析用控制图和控制用控制图

B. 利用控制图分析过程的稳定性和评价过程质量

C. 评价过程性能和评价过程能力

D. 判断过程是否处于技术控制状态和评价过程性能

答案及分析：选择 B。见本书 14.1.1 节。

14.2　过程能力分析

14.2.1　过程能力

过程能力是指过程处于统计控制状态下，过程输出波动的幅度。对于操作加工而言，过程能力就是操作呈稳定状态时所具有的加工精度，是过程处于稳定状态下的实际加工能力。

过程能力反映的是过程的固有属性，是衡量过程加工内在一致性的。过程能力取决于人、机、料、法、环等因素，而与公差无关。过程能力与生产能力不同，过程能力是过程加工质量方面的能力，而生产能力是过程加工数量方面的能力。

当过程处于统计控制状态，过程特性值服从正态分布 $N(\mu, \sigma^2)$ 时，将有 99.73% 的过程特性值落在 $\mu \pm 3\sigma$ 的范围内，其中：μ 为过程特性值的总体均值，σ 为过程特性值的总体标准差，也即有 99.73% 的过程特性观测值落在上述 6σ 范围内，这几乎包括了全部观测值。故通常用统计控制状态下的 6 倍标准差（6σ）表示过程能力，即过程能力（Process Capability，PC）为

$$\mathrm{PC} = 6\sigma$$

《质量管理方法与工具》一书用 B 表示过程能力，即 $B = 6\sigma$。

过程能力 6σ 用于衡量稳态下过程质量波动的大小。6σ 越小，过程波动幅度越小，过程越稳定，从而过程能力就越强。

过程能力不足是由过程输出分布的标准差 σ 过大所致，是由普通因素引起

的。要解决这一问题不是局部行动能奏效的，常常需要对系统采取行动，如对人员进行培训、购买更高精度的设备、改进作业方法等。

14.2.2　过程能力指数

过程能力指数（Process Capability Index，PCI）表示过程能力满足技术标准（产品规格、公差）的程度。它是公差范围和过程能力的比值，一般用符号 C_p 表示。

$$C_p = \frac{\text{公差}}{\text{过程能力}} = \frac{T}{PC} = \frac{T}{6\sigma}$$

式中　T——公差（顾客要求、规格要求）；

σ——受控状态下的过程特性值的标准差，可用样本的标准差 s 来估计。

在这个定义中，公差是顾客要求，一般不会轻易改变。所以，C_p 与 σ 成反比，σ 越小越好，C_p 是越大越好的指数。

下面分几种情况讨论 C_p 值的计算。

1. 过程无偏时双向公差（即无偏移的情况，$\mu = M$）

分布中心与规格中心重合如图 14-1 所示。

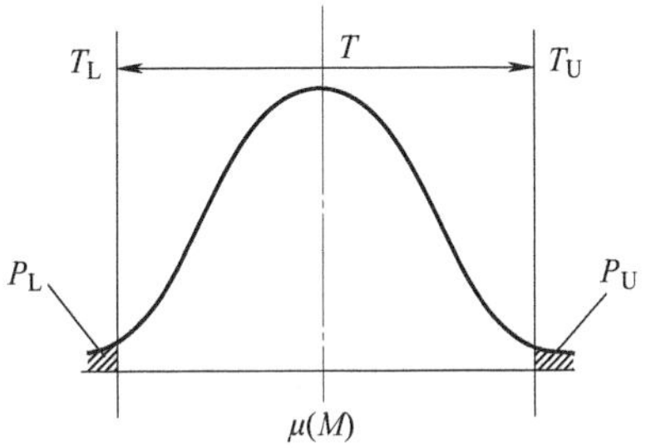

图 14-1　分布中心与规格中心重合

此时，过程能力指数用 C_p 表示，C_p 计算不受过程位置的影响。

$$C_p = \frac{T}{6\sigma} = \frac{USL - LSL}{6\sigma}$$

式中和图 14-1 中　T——规格范围（公差）（$T = USL - LSL$）；

T_U——规格上限（USL）；

T_L——规格下限（LSL）；

μ——分布中心，过程均值；

M——规格中心$\left(M = \frac{USL + LSL}{2}\right)$；

P_U——超上差时的不合格品率；

P_L——超下差时的不合格品率；

σ——受控状态下的过程特性值的标准差。

2. 过程有偏时双向公差（即有偏移的情况，$M \neq \mu$）

分布中心与规格中心不重合如图 14-2 所示。

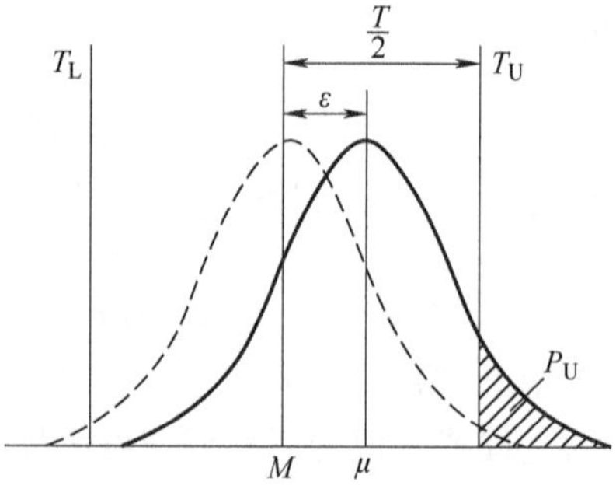

图 14-2　分布中心与规格中心不重合

此时，过程能力指数用 C_{pk}表示，它考虑了过程的位置。

引入偏移量 ε 和偏移系数 k，令

$$\varepsilon = |M - \mu|$$

$$k = \frac{\varepsilon}{T/2} = \frac{2\varepsilon}{T}$$

则有

$$C_{pk} = (1-k)C_p = \frac{T - 2\varepsilon}{6\sigma}$$

式中　ε——均值与规格中心的绝对偏移量（简称偏移量）；

k——均值与规格中心的相对偏移量（也称偏移度或偏移系数）。

一般情况有：$|\varepsilon| \leqslant T/2$；$k \leqslant 1$；$C_{pk} \leqslant C_p$。当 C_{pk} 近似等于 C_p 时，说明过程已很好的趋中。当分布中心 μ 与规格中心 M 重合时，$C_p = C_{pk}$。

当 $C_p = C_{pk} = 1$，由 $C_p = T/6\sigma = 1$，有 $T = 6\sigma$；$C_p = C_{pk}$，说明分布中心与规格中心重合，表明过程处于稳态，此时产品的质量特性值有 99.73% 落在 6σ 范围内，也即说明合格品率为 99.73%，不合格品率为 0.27%。

当产品质量特性值分布的平均值 μ（分布中心）与规格中心 M 不重合（有偏移）时，C_{pk}减小，不合格品率将增大。分布中心与规范中心偏移越大，C_{pk}值越小，不合格品率越大。

可通过减少中心偏移量、减少分散度和修订公差范围三个方面来提高过程能力指数。

C_{pk}也可以按下式计算，其结果和上述公式一样：

$$C_{pk} = \min(C_{PU}, C_{PL}) = \min\left(\frac{USL - \mu}{3\sigma}, \frac{\mu - LSL}{3\sigma}\right)$$

即过程能力指数取单侧上限过程能力指数 C_{PU} 与单侧下限过程能力指数 C_{PL} 之中

的最小值，其中：

$$C_{PU}=\frac{USL-\mu}{3\sigma};\quad C_{PL}=\frac{\mu-LSL}{3\sigma}$$

3. 单向公差，只有上限要求

清洁度、噪声等是仅需控制上限的单向公差，其下限视为零。此时，过程能力指数用单侧上限过程能力指数 C_{PU} 表示，计算式为

$$C_{PU}=\frac{USL-\mu}{3\sigma}$$

4. 单向公差，只有下限要求

零件的寿命等是仅需控制下限的单向公差，其上限可以看作无限大。此时，过程能力指数用单侧下限过程能力指数 C_{PL} 表示，计算式为

$$C_{PL}=\frac{\mu-LSL}{3\sigma}$$

14.2.3　过程能力指数的评定

C_p（或 C_{pk}）值越大，表明加工质量越高，产品的合格率越大，但这时对设备和操作人员的要求也高，加工成本也越大，经济上未必可行，所以对于 C_p（或 C_{pk}）值的选择应根据技术与经济的综合分析来决定。表 14-1 是过程能力指数等级评定标准及措施表。判断标准采用《质量管理方法与工具》一书的看法，与常规质量书籍稍微有区别。

表 14-1　过程能力指数等级评定标准及措施表

过程能力指数	不合格品率 p	等级	判断	措施
$C_p>1.67$	$p<0.00006\%$	Ⅰ	过程能力过高（视具体情况而定）	1）提高产品质量要求。当过程质量特性为产品的关键或主要项目，提高质量要求有利于改进产品性能时，则采取缩小公差方式 2）放宽波动幅度，以降低成本或提高工效 3）降低设备、工装精度要求 4）简化质量检验工作，可考虑免检或放宽检验
$1.67\geqslant C_p>1.33$	$0.00006\%\leqslant p<0.006\%$	Ⅱ	过程能力充分	1）维持现状 2）对非关键过程的质量特性，应放宽波动幅度 3）简化质量检验工作，如把全数检验改为抽样检验或考虑采用放宽检查；减少抽样检验频次

（续）

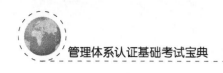

过程能力指数	不合格品率 p	等级	判断	措施
$1.33 \geqslant C_p > 1$	$0.006\% \leqslant$ $p < 0.27\%$	Ⅲ	过程能力尚可	1）采用过程控制方法（如控制图），维持过程生产条件，监督过程，及时发现异常波动 2）对产品按正常规定进行检验 3）C_p值接近 1.0 时，出现不合格品的可能性增大，应对影响过程的主要因素严加控制 4）设法提高到Ⅱ级
$1 \geqslant C_p > 0.67$	$0.27\% \leqslant$ $p < 4.55\%$	Ⅳ	过程能力不充分	1）分析过程能力不足的原因，采取改进措施 2）在不影响最终产品性能和不增加装配困难的情况下，可以考虑放大公差范围 3）实行全数检验，剔除不合格品，或进行分级筛选 **说明**：常规质量书籍认为此种情况是“过程能力不足”
$C_p \leqslant 0.67$	$p \geqslant 4.55\%$	Ⅴ	过程能力不足	1）一般应停止加工，找出原因，采取措施，改进工艺，提高 C_p 值 2）必须进行全数检验，剔出不合格品 **说明**：常规质量书籍认为此种情况是“过程能力严重不足”

应用表 14-1 时要注意：

1）此表一般适用于计量值，对计数值的偏差较大。

2）产品质量特性值必须服从正态分布。过程能力指数 C_p 值必须采用修正后的 C_{pk}值，然后再进行判断。

3）计算过程能力指数要求过程处于稳态。

例题分析

1）（单项选择题）过程能力指数 $1.33 \geqslant C_p > 1$ 表示（　　）。

A. 过程能力不足　　B. 过程能力严重不足

C. 过程能力尚可　　D. 过程能力过高

答案及分析：选择C。见本书14.2.3节表14-1。

2）（单项选择题）若产品质量特性的均值μ与公差中心M不重合，当$|\mu-M|$增大时，（　　）。

A. 不合格品率增大，C_{pk}增大　　B. 不合格品率增大，C_{pk}减小

C. 不合格品率减小，C_{pk}增大　　D. 不合品格率减小，C_{pk}减小

答案及分析：选择B。见本书14.2.2节之2。分布中心与规范中心偏移越大，C_{pk}值越小，不合格品率越大。

3）（单项选择题）在解释C_p和C_{pk}的关系时，下列表述正确的是（　　）。

A. 规格中心与分布中心重合时，$C_p = C_{pk}$

B. C_{pk}总是大于或等于C_p

C. C_p和C_{pk}之间没有关系

D. C_{pk}总是小于C_p

答案及分析：选择A。见本书14.2.2节之2。

4）（单项选择题）若过程的$C_p = C_{pk} = 1$，则过程不合格品率为（　　）。

A. 3.4PPM　　B. 0.135%

C. 0.27%　　D. 4.55%

答案及分析：选择C。见本书14.2.2节之2。

5）（单项选择题）对于一个稳定的服从正态分布的生产过程，计算出它的过程能力指数$C_p = 1.65$，$C_{pk} = 0.92$。这时对生产过程做出的以下判断中正确的有（　　）。

A. 生产过程的均值偏离公差中心太远，且过程的标准差太大

B. 生产过程的均值偏离公差中心太远，过程的标准差尚可

C. 生产过程的均值偏离公差中心尚可，但过程的标准差太大

D. 对于生产过程的均值偏离公差中心情况及过程的标准差都不能做出判断

答案及分析：选择B。见本书14.2.2节之2。因为$C_p = 1.65$，说明过程波动较小，过程的标准差尚可，不大。$C_{pk} = 0.92$，说明生产过程的均值偏离公差中心太远。B选项是对的。

6）（多项选择题）设一瓶啤酒的净含量为（640±2）mL，生产出的一批瓶装啤酒的净含量$X \sim N(640.32, 0.5^2)$，则这批啤酒净含量的（　　）。

A. $C_p = 1.33$　　B. $C_p = 0.67$

C. $C_{pk} = 1.12$　　D. $C_{pk} = 1.33$

答案及分析：选择AC。解题思路参见本书14.2.2节之2。解题过程：

由题意：USL = 642，LSL = 638，$\mu = 640.32$，$\sigma = 0.5$，根据公式可得：

$$C_p = \frac{T}{6\sigma} = \frac{\text{USL} - \text{LSL}}{6\sigma} = \frac{642 - 638}{6 \times 0.5} = 1.33;$$

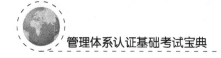

$$C_{PU}=\frac{USL-\mu}{3\sigma}=\frac{642-640.32}{3\times0.5}=1.12;$$

$$C_{PL}=\frac{\mu-LSL}{3\sigma}=\frac{640.32-638}{3\times0.5}=1.55;$$

$C_{pk}=\min(C_{PU},C_{PL})=\min(1.12,1.55)=1.12$。

7）（多项选择题）关于过程能力，以下说法正确的有（　　）。

A. 过程能力是指过程加工质量方面的能力

B. 过程能力通常用6倍标准差表示

C. 过程能力与公差无关

D. 过程能力数值越大越好

答案及分析：选择ABC。见本书14.2.1节。

8）（多项选择题）下列关于过程能力指数的叙述，正确的有（　　）。

A. 过程能力指数与公差无关

B. 过程能力指数用来度量一个过程满足标准要求的程度

C. 过程能力指数越大，表明加工质量越高

D. 计算过程能力指数要求过程处于稳态

答案及分析：选择BCD。见本书14.2.2、14.2.3节。

14.3 控制图

14.3.1 控制图概述

1. 控制图的概念

《质量管理方法与工具》认为，控制图是为监测过程，控制和减少过程变异，将样本统计量值序列以特定顺序描点绘出，用于分析和判断过程是否处于稳定状态所使用的带有控制界限的图。控制图法就是利用控制图对过程进行分析与控制的一种统计方法。

GB/Z 19027标准4.11.1条款：SPC图或“控制图”是将从过程定期收集的样本所获得的数据按顺序点绘而成的图。SPC图上标有过程稳定时描述过程固有变异的“控制限”。控制图的作用是帮助评价过程的稳定性。

2. 控制图的适用条件

原则上讲，对于任何过程，凡需要对质量进行控制的场合都可以应用控制图控制。但只有在所确定的控制对象的统计量能够定量时，才能够应用计量控制图。如果只有定性的描述而不能够定量，那就只能应用计数控制图了。所控制的过程必须具有重复性，即具有统计规律。对于只有一次性或少数几次的过

程，不能应用控制图进行控制。

3. 控制图的结构与原理

控制图上有中心线（Central Line，CL）、上控制限（Upper Control Limit，UCL）和下控制限（Lower Control Limit，LCL），并有按时间顺序抽取的样本统计量数值的描点序列，如图 14-3 所示。

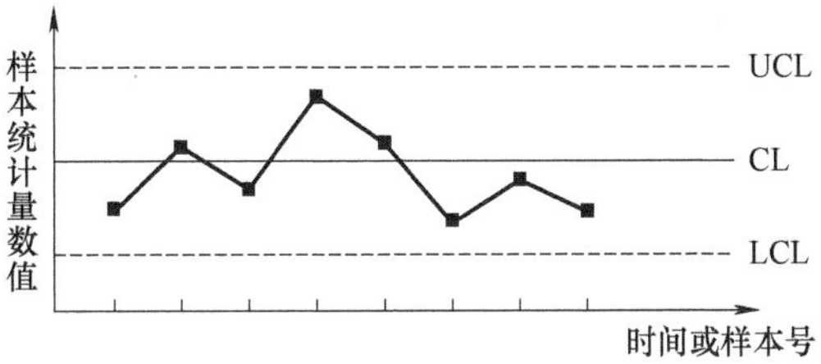

图 14-3　控制图基本形式

常规控制图的控制限位于中心线两侧的 3σ 处（3σ 原理），所以控制图中，CL、UCL、LCL 由下式确定：

$$UCL = \mu + 3\sigma$$

$$CL = \mu$$

$$LCL = \mu - 3\sigma$$

受控状态下，质量特性值落在 $\mu \pm 3\sigma$ 范围内的概率约为 99.73%，落在 $\mu \pm 3\sigma$ 以外的概率只有 0.27%（小概率事件。小概率事件在过程正常情况下不会发生；一旦发生，就说明过程出现了异常）。因此可用 $\mu \pm 3\sigma$ 作为上下控制界限，如果质量特性数据没有超越这一上、下界限，就认为过程的波动属于正常波动，过程受控；如果超越了这一上、下界限，就认为过程的波动属于异常波动，过程失控。这就是控制图的基本原理。

控制图上的控制界限能够区分正常波动和异常波动（即控制图上的控制限可以用来识别偶然因素和异常因素，控制图是控制异常因素的工具），可以用控制图的控制界限来判断过程是否处于统计稳态。过程处于稳态时，过程输出可预测。

4. 控制图的作用

1）诊断：评估过程的稳定性。对于一个新过程，可以利用控制图来判定它是否处于稳定状态。

2）控制：决定某过程何时需要调整，何时需要保持原有的稳定状态。在生产过程中，当控制图上的点出现异常时，就需要对过程进行调整；如果控制图上的点没有出现异常，说明过程受控，在没有更高要求前，要设法保持这个过程，使其能长期正常工作。

3）确认：确认某一过程的改进。对过程进行改进后，利用控制图对改进的效果进行确认。

14.3.2 控制图的种类

1. 按数据的性质分

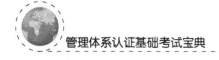

按数据的性质分，控制图可分为计量控制图和计数控制图。

1）计量控制图。计量控制图的统计基础是**正态分布** $N(\mu,\sigma^2)$，它含有两个参数：均值 μ 与标准差 σ。因此，要控制计量值的过程波动需要两张控制图：一张用于控制均值，另一张用于控制标准差。根据样本量的大小和用于估计 μ 与 σ 的统计量的不同，计量控制图共有 4 对，它们分别是：

① 均值-极差控制图（$\overline{X}$-R 图）：灵敏度高，使用方便，$n=3\sim9$，适用于控制对象为连续变量的场合。

② 均值-标准差控制图（$\overline{X}$-s 图）：灵敏度最高，计算量较大，$n\geqslant10$，适用于控制对象为连续变量的场合。

③ 中位数-极差控制图（$\tilde{X}$-R 图，也写作 M_e-R 图）：灵敏度较差，计算量较小，$n=3\sim9$，适用于控制对象为连续变量的场合。

④ 单值-移动极差控制图（X-R_m 图，也写作 x-R_s 图或 x-MR 图）：每次抽样仅能得到 1 个样本，$n=1$。移动极差是指连续两个数据差的绝对值。单值-移动极差控制图适用于取样费时、检验成本高（如破坏性试验）或质量均匀的流程性材料（如气体、液体）。控制对象为连续变量，且服从正态分布的情况。

2）计数控制图。计数控制图根据背景不同又可分为两类：计件控制图与计点控制图。

① 计件控制图。计件控制图的统计基础是**二项分布** $b(n,p)$。它只含一个参数 p，p 是不合格品率，控制不合格品率只需一张控制图。根据使用时的样本是否相同，计件控制图又有两类不合格品率控制图（p 图）和不合格品数控制图（np 图）。

a）不合格品率控制图（p 图）：样本量由 p 决定，一般较大，可不相等。不合格品率也可以是交货延迟率、缺勤率、差错率等。

p 图适用于计件型过程数据（如不合格品率），其特点是样本量 n 要足够大，以保证其中包含一定数量的不合格品。p 图的控制限计算公式包含样本量 n，如果 n 不是常量，则上、下控制限间的距离也会随之变化。n 越小，距离越宽；n 越大，距离越窄。

b）不合格品数控制图（np 图）：样本量由 p 决定，一般较大，且要相等（子组容量一致）。不合格品数也可以是交货延迟次数、缺勤次数、差错次数等。

② 计点控制图。计点控制图的统计基础是**泊松分布** $P(\lambda)$，它只含一个参数 λ，λ 是单位产品上的不合格数，控制 λ 只需一张控制图。根据使用的样本量

（单位产品数）是否相同，计点控制图又有两类：单位产品缺陷数（不合格数）控制图（u 图）和缺陷数（不合格数）控制图（c 图）。

a）单位产品缺陷数（不合格数）控制图（u 图）：样本量由 λ 决定，可不相等。

b）缺陷数（不合格数）控制图（c 图）：样本量由 λ 决定，但要相等（子组容量一致）。c 图用于控制一定单位（如一定长度、一部机器、一定面积）中所出现的不合格数（或缺陷数）。

2. 按照用途分

1）分析用控制图。一个过程开始建立控制图时，几乎总不会恰巧处于受控状态，也即总存在异常波动。因此，一开始，总需要将失控状态（非稳态）调整到理想的受控状态（稳态）。这就是分析用控制图的阶段。分析用控制图主要用来：

① 使过程受控（统计稳态）。

② 使过程能力满足要求（技术稳态）。

如果满足了上述两点，就可将分析用控制图的控制限延长作为控制用控制图。这就进入控制用控制图阶段。

分析用控制图的调整过程即是质量不断改进的过程。一个合格的过程应当是过程处于统计控制状态并具有足够的过程能力。

2）控制用控制图。控制用控制图是从分析用控制图转化而来。应用的目的是对生产过程进行持续的动态监控，使过程保持稳态，预防不合格的产生。发现异常，及时告警，以使前阶段所确定的技术稳态得以长期保持。

控制用控制图的控制限来自分析用控制图，不必随时计算。当影响过程质量波动的因素发生变化或质量水平已有明显提高时，应及时再使用分析用控制图计算出新的控制限。

14.3.3　控制图应用程序

1）选定控制对象。选定控制的对象应是影响产品质量的关键特性（质量特性、质量指标、工艺参数）。这些特性能够计量（或计数），并且在技术上可以控制。

2）选定控制图种类。

3）收集预备数据。预备数据是用来作分析用控制图的数据，目的是用来诊断欲控制的过程是否处于稳定受控状态。要确定预备数据的子组数量、子组容量和抽样间隔。

理论上讲，预备数据的子组数量 $k \geqslant 20$ 组，在实际应用中最好取 25 组，当个别组数据属于可查明原因的异常时，经剔除后所余数据依然大于 20 组，仍可利用这些数据作分析用控制图。

抽样时，应保证组内样本在基本相同的条件下生产，即组内差异只由偶然因素（普通因素）造成，而组间差异主要由异常因素（特殊因素）造成（如果有异常波动的话）。为此，通常采用整组随机抽样。它是按一定的时间间隔，不打乱产品的自然生产顺序，一次从中抽取连续的 n 个产品作为样本。

4）计算控制图的有关参数。如 $\bar{x}$-R 图，要计算各子组平均值、各子组极差。

5）计算控制图中心线和上、下控制限。

6）画控制图。

7）在控制图上打点。

8）观察分析用控制图，判断过程是否处于稳定状态。

9）判断过程能力是否达到基本要求。

10）转化为控制用控制图。

对分析用控制图进行判断，8）、9）条均符合要求时（即过程受控且过程能力满足要求），将分析用控制图的控制限延长，转化为控制用控制图，进行日常的质量管理。

表 14-2 所列为各类控制图中心线、控制限的计算。

表 14-2　控制图中心线、控制限的计算

控制图名称		中心线（CL）	上、下控制限（UCL 与 LCL）	备注
$\bar{x}$-R 图	$\bar{x}$	$\mathrm{CL}=\bar{\bar{x}}=\dfrac{\sum_{i=1}^{k}\bar{x}_i}{k}$	$\mathrm{UCL}=\bar{\bar{x}}+A_2\bar{R}$ $\mathrm{LCL}=\bar{\bar{x}}-A_2\bar{R}$	A_2、A_3、D_4、D_3、m_3A_2、B_4、B_3，可通过子组容量 n 查控制图系数表得到
	R	$\mathrm{CL}=\bar{R}=\dfrac{1}{k}\sum_{i=1}^{k}R_i$	$\mathrm{UCL}=D_4\bar{R}$ $\mathrm{LCL}=D_3\bar{R}$	
$\bar{x}$-s 图	$\bar{x}$	$\mathrm{CL}=\bar{\bar{x}}=\dfrac{\sum_{i=1}^{k}\bar{x}_i}{k}$	$\mathrm{UCL}=\bar{\bar{x}}+A_3\bar{s}$ $\mathrm{LCL}=\bar{\bar{x}}-A_3\bar{s}$	
	s	$\mathrm{CL}=\bar{s}=\dfrac{1}{k}\sum_{i=1}^{k}s_i$	$\mathrm{UCL}=B_4\bar{s}$ $\mathrm{LCL}=B_3\bar{s}$	
$\tilde{x}$-R 图（M_e-R 图）	$\tilde{x}$	$\mathrm{CL}=\bar{\tilde{x}}=\dfrac{\sum_{i=1}^{k}\tilde{x}_i}{k}$	$\mathrm{UCL}=\bar{\tilde{x}}+m_3A_2\bar{R}$ $\mathrm{LCL}=\bar{\tilde{x}}-m_3A_2\bar{R}$	
	R	$\mathrm{CL}=\bar{R}=\dfrac{1}{k}\sum_{i=1}^{k}R_i$	$\mathrm{UCL}=D_4\bar{R}$ $\mathrm{LCL}=D_3\bar{R}$	
x-R_s 图（x-MR 图）	x	$\mathrm{CL}=\bar{x}=\dfrac{\sum_{i=1}^{k}x_i}{k}$	$\mathrm{UCL}=\bar{x}+2.660\bar{R}_s$ $\mathrm{LCL}=\bar{x}-2.660\bar{R}_s$	
	R_s	$\mathrm{CL}=\bar{R}_s=\dfrac{\sum_{i=2}^{k}R_{si}}{k-1}$	$\mathrm{UCL}=3.267\bar{R}_s$ $\mathrm{LCL}=0$	

（续）

控制图名称	中心线（CL）	上、下控制限（UCL 与 LCL）	备注
p 图	$\mathrm{CL}=\bar{p}=\dfrac{\sum_{i=1}^{k}(np)_i}{\sum_{i=1}^{k}n_i}$	$\mathrm{UCL}=\bar{p}+3\times\sqrt{\dfrac{\bar{p}(1-\bar{p})}{n}}$ $\mathrm{LCL}=\bar{p}-3\times\sqrt{\dfrac{\bar{p}(1-\bar{p})}{n}}$	当 LCL 为负值时，取 0 为自然下限
np 图	$\mathrm{CL}=n\bar{p}$	$\mathrm{UCL}=n\bar{p}+3\sqrt{n\bar{p}(1-\bar{p})}$ $\mathrm{LCL}=n\bar{p}-3\sqrt{n\bar{p}(1-\bar{p})}$	
c 图	$\mathrm{CL}=\bar{c}=\dfrac{\sum_{i=1}^{k}c_i}{k}$	$\mathrm{UCL}=\bar{c}+3\sqrt{\bar{c}}$ $\mathrm{LCL}=\bar{c}-3\sqrt{\bar{c}}$	
u 图	$\mathrm{CL}=\bar{u}=\dfrac{\sum_{i=1}^{k}c_i}{\sum_{i=1}^{k}n_i}$	$\mathrm{UCL}=\bar{u}+3\sqrt{\dfrac{\bar{u}}{n}}$ $\mathrm{LCL}=\bar{u}-3\sqrt{\dfrac{\bar{u}}{n}}$	

14.3.4　控制图的判断准则

1. 控制图的分区

将控制图分区是为了便于说明过程的异常情况。

上、下控制限分别位于中心线的上、下 3σ 距离处。为了说明过程异常的八种模式，将控制图分为 6 个区，每个区的宽度为 1σ，如图 14-4 所示。6 个区的标号分别为 A、B、C、C、B、A，两个 A 区、两个 B 区、两个 C 区分别在中心线两侧，关于中心线对称。

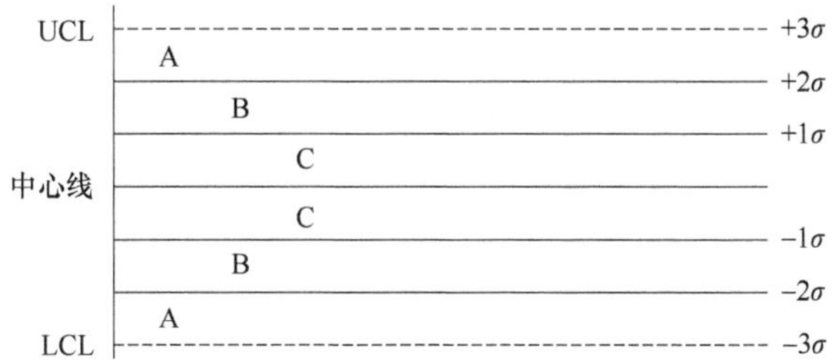

图 14-4　控制图分区情况

2. 控制图的判断准则——过程异常的八种模式

判异准则有点出界和界内点排列不随机（不随机意味有趋势）两类，可以分为过程异常的八种模式。过程异常的八种模式又称为“变差的可查明原因的八种模式”。当控制图上的点出现过程异常的八种模式时，则判定为过程异常。

1）模式1。1个点落在A区以外，如图14-5所示。

对于$\bar{x}$-R图而言，模式1可对参数μ的变化或参数σ的变化给出信号，变化越大，则给出信号越快。模式1还可对过程中的单个失控做出反应，如计算错误、测量误差、原材料不合格、设备故障等。在许多实际应用中，模式1甚至是唯一的判异准则。

这里必须注意：规格界限（如公差的上下界限、硬性规定的不合格品率）不能当作上下控制界限UCL、LCL。

规格界限用来区分合格与不合格（或符合规定与不符合规定），控制界限则用来区分正常波动和异常波动，二者是两码事，不能混为一谈。

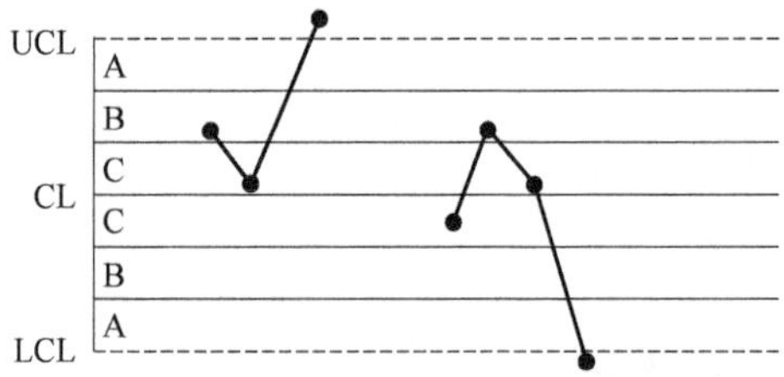

图14-5　模式1：1个点落在A区以外

2）模式2。连续9点落在中心线同一侧，如图14-6所示。

模式2是为了补充模式1而设计的，以改进控制图的灵敏度。如果R图中出现图14-6显示的现象（点在CL $=\bar{R}$的下方），说明过程输出值分布宽度σ在减小，这是一种异常好的状况（好的特殊因素），应加以研究以便推广应用。

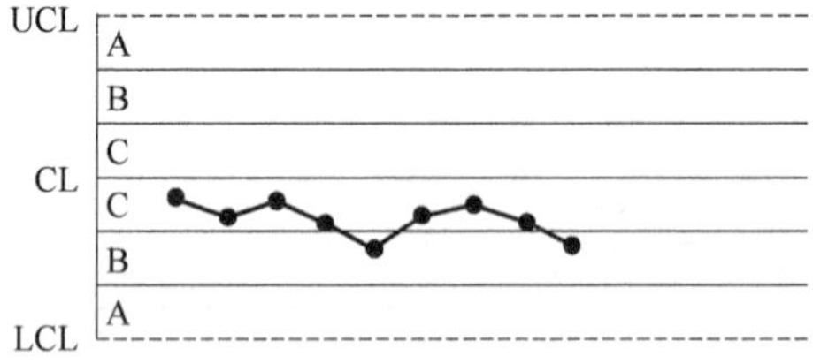

图14-6　模式2：连续9点落在中心线同一侧

3）模式3。连续6点递增或递减，如图14-7所示。

模式3是针对过程平均值的趋势进行设计的，它判定过程平均值的较小趋势要比模式 2 更为灵敏。

如果 R 图中出现连续上升的点，说明过程输出值的分布宽度 σ 在增加，可能是无规律的原因（例如设备故障或工装松动），或某个过程要素发生变化（例如一批新的、不一致的原料）引起的。如果 R 图中出现连续下降的点，说明过程输出值的分布宽度 σ 在减小，这通常是一种好的状况（比如操作人员的技能在逐渐提高），应加以研究以便推广应用。

测量系统的变化（例如新的检验员或量具）也会引起模式 3 的现象。

对于 p 图（不合格品率控制图）中出现有点逸出下控制限或连续 6 点呈下降趋势，有人认为这是不合格品率越来越低，质量越来越好，不能算异常。这种观点是错误的。此种情况包含的异常因素可能有异常好的因素和异常坏的因素：

① 量具失灵，造成测量结果有误。应更新量具，并检查以前的测量结果。

② 合格品的判定方法可能有误，应立即改正。

③ 有真正使不合格品率变小的好的异常因素，应积极寻找出这种异常好的因素，并将它用作业指导书保持下来，以大幅降低产品的不合格品率。

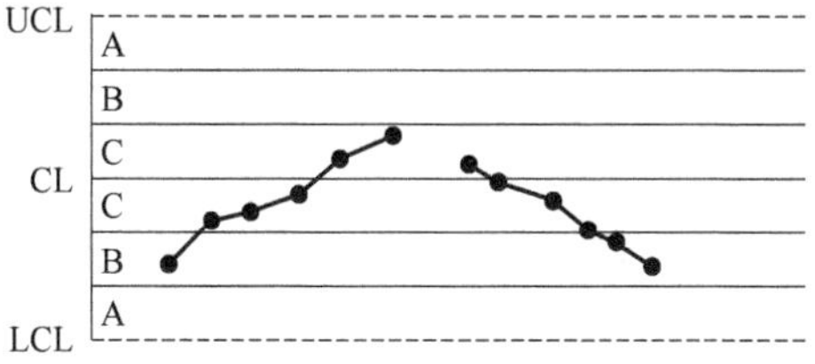

图 14-7　模式 3：连续 6 点递增或递减

4）模式 4。连续 14 点中相邻点上下交替，如图 14-8 所示。

本模式是由轮流使用两台设备或由两位操作人员轮流进行操作引起的系统效应。实际上，这是一个数据分层不够的问题。

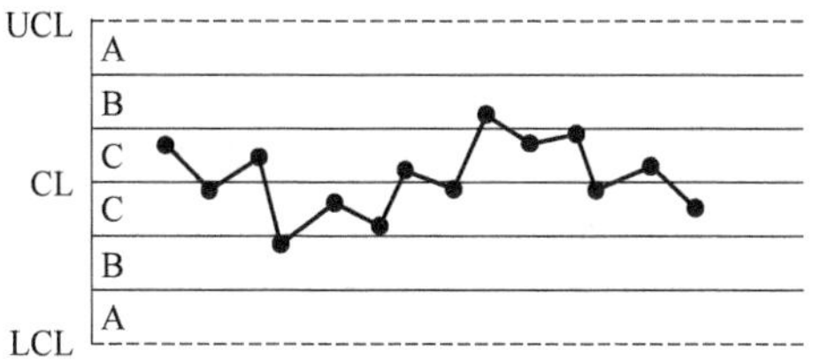

图 14-8　模式 4：连续 14 点中相邻点上下交替

5）模式 5。连续 3 点中有 2 点落在中心线同一侧的 B 区以外，如图 14-9

所示。

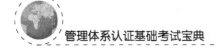

对于 $\bar{x}$-R 图而言，过程平均值的变化通常可由本模式判定，它对于变异的增加也较灵敏。这里需要说明的是：3 点中的 2 点可以是任何 2 点，至于第 3 点可以在任何处，甚至可以根本不存在。出现模式 5 的现象是由于过程的参数 μ 发生了变化。

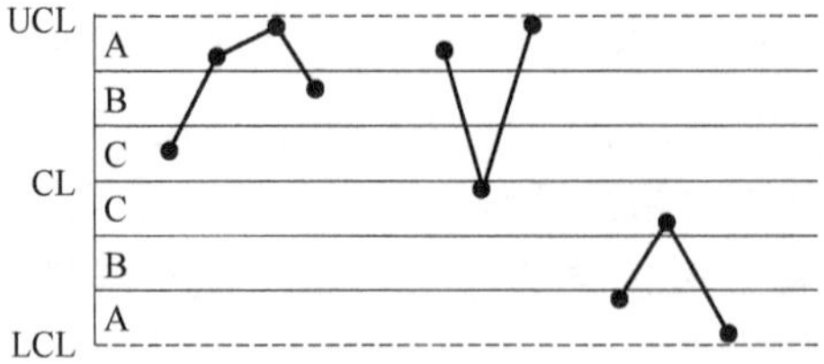

图 14-9　模式 5：连续 3 点中有 2 点落在中心线同一侧的 B 区以外

6）模式 6。连续 5 点中有 4 点落在中心线同一侧的 C 区以外，如图 14-10 所示。

与模式 5 类似，这第 5 点可在任何处。对于 $\bar{x}$-R 图而言，本模式对于过程平均值的偏移也是较灵敏的，出现本模式的现象也是由于参数 μ 发生了变化。

如果 R 图中出现模式 6 的现象，则可能存在下列一种或两种情况：

① 控制限计算错误或描点错误。

② 过程或取样方法导致连续的子组中包含来自变差显著不同的两个或多个过程的产品（如输入材料批次混淆）。

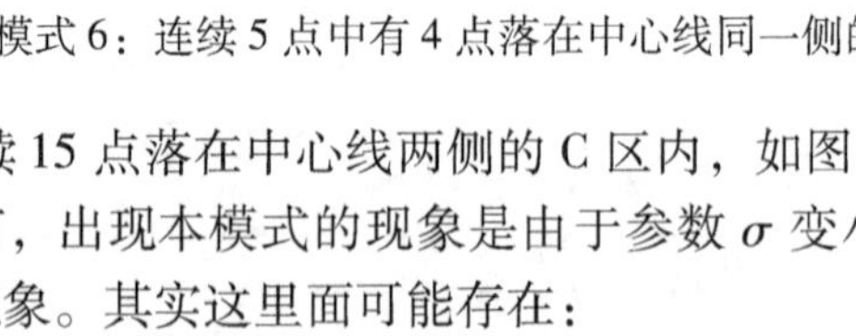

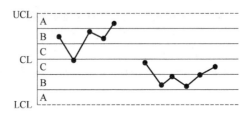

图 14-10　模式 6：连续 5 点中有 4 点落在中心线同一侧的 C 区以外

7）模式 7。连续 15 点落在中心线两侧的 C 区内，如图 14-11 所示。

对于 $\bar{x}$-R 图而言，出现本模式的现象是由于参数 σ 变小。注意，此种情况被有些人认为是好现象。其实这里面可能存在：

① 弄虚作假，人为处理数据，远离均值的数据被剔除。

② 分层不够。例如，两条生产线的产品被混合抽样，造成组内变差大于组间变差。

③ 如是控制用控制图，则说明控制图已年久失修，没有针对质量水平的提

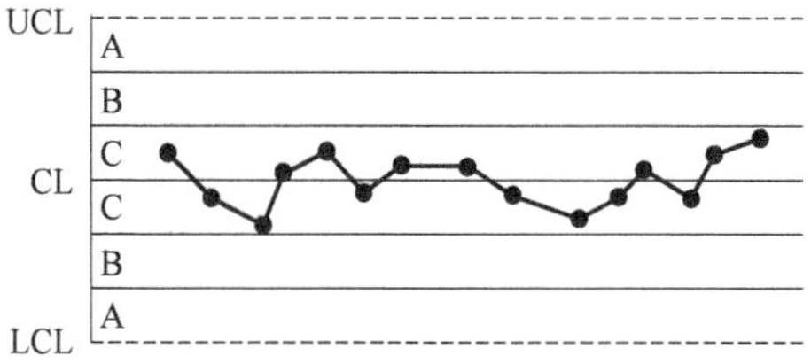

图 14-11　模式 7：连续 15 点落在中心线两侧的 C 区内

高而修正控制界限，使得控制界限太宽，失去控制作用。

④ 测量仪器精度差等造成数据不真实，未能充分反映出数据的真实波动。

在排除以上可能后，才能总结现场减少标准差 σ 的经验。

8）模式 8。连续 8 点落在中心线两侧且无一点落在 C 区，如图 14-12 所示。

造成这种现象的主要原因也是数据分层不够，比如两个型腔的产品混在一起。本模式即为此设计的。

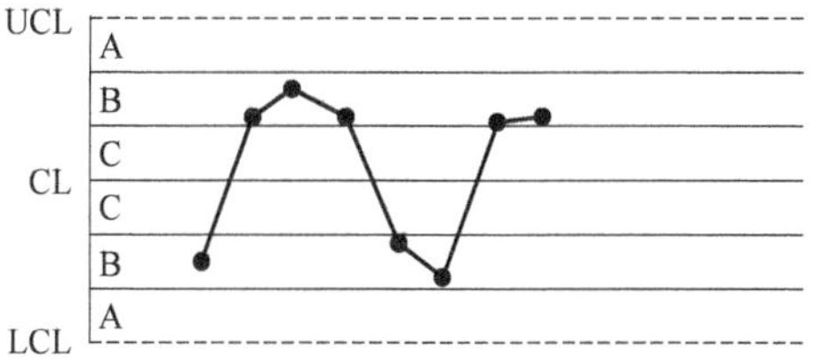

图 14-12　模式 8：连续 8 点落在中心线两侧且无一点落在 C 区

例题分析

1）（单项选择题）利用 $\overline{X}$ 控制图和 X 控制图对过程进行监控时，若控制图上出现（　　），即可判断过程出现异常。

A. 连续 5 点递增　　　　B. 连续 5 点递减

C. 连续 8 点在中心线的同一侧　　　　D. 连续 14 个相邻点上下交替

答案及分析：选择 D。见本书 14. 3. 4 节之 2 之 4）模式 4。

2）（单项选择题）在统计控制状态下，控制图上描点超出上、下控制限的概率约是（　　）。

A. 0. 27%　　　　B. 0. 135%

C. 4. 5%　　　　D. 2. 3%

答案及分析：选择 A。见本书 14. 3. 1 节之 3。

3）（单项选择题）统计过程控制中可以用来识别异常因素的是（　　）。

A. 控制限　　B. 公差限

C. 中心线　　D. 样本量

答案及分析：选择 A。见本书 14.3.1 节之 3。

4）（单项选择题）用一定浓度的酸液清洗加工零件的表面，加工过程是连续的，现欲对酸液浓度进行控制，可采用（　　）进行监控。

A. 单值-移动极差控制图　　B. 均值-极差控制图

C. 不合格品率控制图　　D. 不合格数控制图

答案及分析：选择 A。见本书 14.3.2 节之 1 之 1）之④。

5）（多项选择题）过程处于统计控制状态，则（　　）。

A. 过程中只有偶然因素，没有异常因素

B. 过程中只有异常因素，没有偶然因素

C. 过程能力指数未必满足要求

D. 控制图中的点都集中在中心线附近的 C 区

答案及分析：选择 AC。解题思路参见本书 14.1.1 节、14.3.1 节之 3、14.3.4 节之 2。过程处于统计控制状态，过程中只有偶然因素，没有异常因素。在过程处于统计控制状态下，要计算过程能力指数才知道过程能力指数是否满足要求。控制图中的点都集中在中心线附近的 C 区，是过程失稳的状态。

6）（多项选择题）当过程处于统计控制状态时，（　　）。

A. 过程中不存在偶然因素的影响

B. 过程输出是可预测的

C. 过程将持续生产出符合规格的产品

D. 控制图上没有呈现出失控迹象

答案及分析：选择 BD。解题思路参见本书 14.1.3 节、14.3.1 节之 3。过程处于统计控制状态时，过程中只有偶然因素，没有异常因素，控制图中无失控迹象，过程输出可预测。

7）（多项选择题）服从正态分布的质量特性可使用的控制图是（　　）。

A. $\overline{X}$-R 图　　B. $\overline{X}$-s 图

C. p 图　　D. u 图

答案及分析：选择 AB。见本书 14.3.2 节之 1。

8）（多项选择题）下列状态下，过程未处于统计控制状态的有（　　）。

A. 连续 8 点落在中心线一侧

B. 连续 6 点递增

C. 连续 14 点上下交替

D. 连续 5 点中有 4 点落在 C 区以外

答案及分析：选择 BC。见本书 14.3.4 节之 2。

14.4　测量系统分析

14.4.1　测量系统分析概述

1. 测量、测量系统

1）测量。GB/T 19000—2016 标准 3.11.4 条款：测量是“确定数值的过程”。

2）测量系统。对被测对象赋值的操作者、设备（包括量具、软件）、操作方法（程序、标准）、测量环境的集合，称为测量系统。其示意图如图 14-13 所示。测量设备不等于测量系统，测量设备只是测量系统的一个关键部分。《质量管理方法与工具》一书认为，由人、量具、测量方法和测量对象构成的过程的整体就是测量系统。

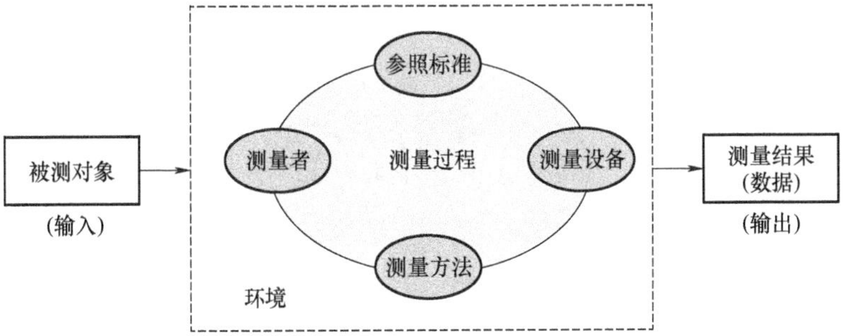

图 14-13　测量系统示意图

一个测量系统可以看作数据的“制造过程”，可以使用统计过程控制（SPC）的原理和工具分析测量系统。

2. 测量准确度、测量精密度

1）测量准确度。测量准确度，简称准确度（Accuracy），是指“被测量的测得值与其真值间的一致程度”，一般用“偏倚”来表征。

2）测量精密度。测量精密度，简称精密度（Precision），是指“在规定条件下，对同一或类似被测对象重复测量所得示值或测得值间的一致程度”，一般用“变差”来表征。

3. 表征数据质量的统计特征量

通常用来表征数据质量的统计特征量是偏倚（Bias）和变差（Variation）。

1）偏倚。偏倚是多次测量结果的平均值与基准值的差值（见图 14-14）。

基准值也称为可接受的基准值或标准值，是充当测量值的一个一致认可的基准。基准值可以通过一个更高级的测量设备进行多次测量，取其平均值来确定。

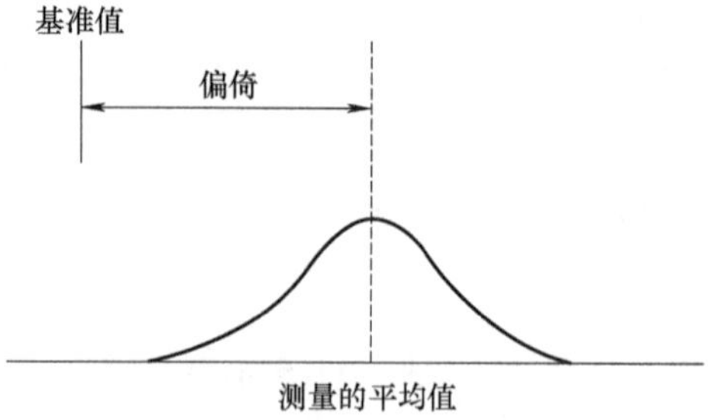

图 14-14　偏倚示意图

2）变差。变差是指在相同的条件下，多次测量结果的分散程度。常用测量结果的标准差 σ 来表示变差。《质量管理方法与工具》一书将变差称为“波动”。

高质量的测量数据既要求偏倚小，又要求变差小。若偏倚和变差中有一项或两项都大，则不能说测量数据质量高（见图 14-15）。

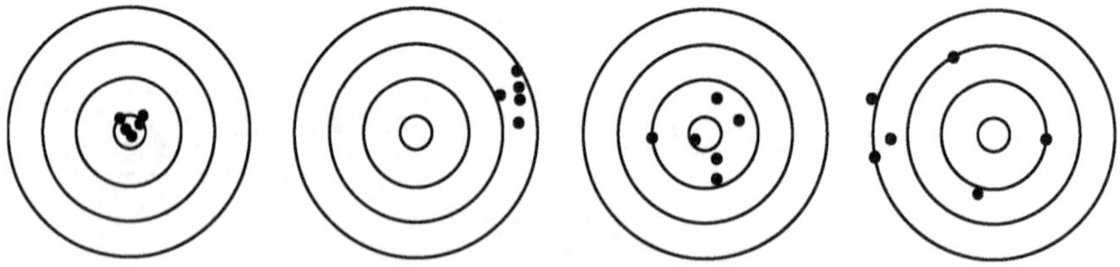

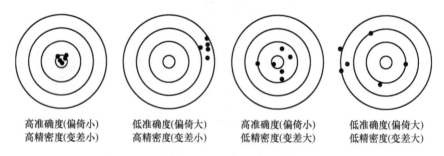

图 14-15　偏倚和变差（准确度和精密度）示意图

4. 测量系统分析概念

实际工作中观测到的总波动包含了过程本身的波动和测量过程的波动，也就是说，测量结果的变差一部分来自被测对象本身，另一部分来自测量系统。测量系统分析（MSA）就是研究测量系统的变差对测量结果的影响，进而确定测量系统能否使用。

《质量管理方法与工具》一书这样定义测量系统分析：测量系统分析（Measurement Systems Analysis，MSA）是指用统计学的方法来了解测量系统中的各个波动源，以及它们对测量结果的影响，最后给出本测量系统是否符合使用要求的明确判断。

5. 测量系统分析分类

测量系统分析包括计量型测量系统分析（计量型 MSA）、计数型测量系统分析（计数型 MSA），其中计数型测量系统分析又称“属性值数据测量系统分析”。

属性值数据测量系统（计数型测量系统）的测量结果只显示合格/不合格、通过/不通过，或是不同的级别/类别这些属性值数据/计数型数据。

14.4.2　计量型测量系统分析

计量型测量系统分析的构成如图 14-16 所示。

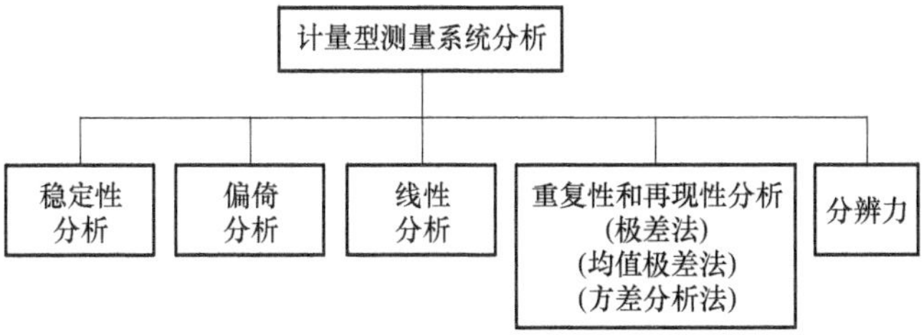

图 14-16　计量型测量系统分析的构成

1. 测量系统的分辨力

测量系统的分辨力是指测量系统识别并反映被测量的最微小变化的能力。例如，某测量系统能识别长度中 0.01mm 的变化，但不能识别长度中 0.001mm 的变化。对这种测量系统而言，8.531mm 与 8.532mm 都是 8.53mm，这时我们可以大致地认为该测量系统的分辨力是 0.01mm。

再看一个测量的例子：假定 5 个零件的外径分别为 10.021mm，10.019mm，10.018mm，10.023mm，10.024mm。当用一把最小刻度为 0.02mm 的游标卡尺对它们进行测量时，读数都是 10.02，也就是说，把这些零件归为一组。而当用一个最小刻度为 0.001mm 的量具对它们进行测量时，则可以把它们分成 5 个数据组。

因此，测量的过程可以看作对被测对象进行分组的过程，每组中的每个零件都具有相同的测量值（读数）。数据组数的多少表征着一个测量系统分辨力的大小。数据组数越多，该系统分辨力越大。

2. 测量系统的稳定性、偏倚、线性

稳定性、偏倚、线性反映了测量系统的准确度。

1）测量系统的稳定性。稳定性（又称飘移）通常是指某个系统的计量特性随时间保持恒定的能力，是测量系统在某一阶段时间内，测量同一基准或零件的同一特性时，获得的测量值总变差。稳定性反映了偏倚随时间的变化。稳定性表征的是测量系统响应的一种缓慢变化，可用测量结果的统计稳定性（SPC 控制图）来衡量。

2）测量系统的偏倚。测量系统的偏倚是指对同一测量对象进行多次测量的平均值与该测量对象的基准值或标准值之差。

偏倚是由一种或几种系统误差所引起的，通常可通过检定/校准来估计或消除偏倚。

3）测量系统的线性。测量系统的线性是指在其量程范围内，偏倚是基准值的线性函数。线性就是要求这些偏倚量与其测量基准值呈线性关系。

线性对控制偏倚有好处，当测量基准值较小（量程较低的地方）时，测量偏倚会比较小；当测量基准值较大（量程较高的地方）时，测量偏倚会比较大。

好的测量系统应该要求在量程的任何一处都不存在偏倚。但由于偏倚可以通过校准而加以修正，因此有时可以对测量系统的偏倚放宽些要求，但为了在任何一处都能对观测值加以修正，我们必须要求测量系统的偏倚具有线性。

3. 测量系统的重复性与再现性

重复性与再现性反映了测量系统的精密度。重复性和再现性的目的就是定量地给出测量系统的波动大小（精密度），以确认测量系统是否合格；当测量系统不合格时，识别波动源并指出改进方向。

1）重复性（EV）。重复性是指在一组重复性测量条件下的测量精密度。

重复性测量条件如下：

① 相同测量程序。

② 相同操作者。

③ 相同测量系统。

④ 相同操作条件和测量地点。

⑤ 在短时间内对同一或相类似被测对象重复测量。

《质量管理方法与工具》一书对重复性的定义：重复性是指在相同的测量条件下，对同一测量对象进行多次重复测量所产生的波动。重复性波动主要反映量具本身的波动，所以又称为设备变差（Equipment Variation，EV）。

2）再现性（AV）。再现性又称复现性，是指在再现性测量条件下的测量精密度。“复现性”是 JJF 1001《通用计量术语及定义》中的正式术语。

再现性测量条件是：不同地点、不同操作者、不同测量系统，对同一或相类似被测对象重复测量的一组测量条件。

《质量管理方法与工具》一书对再现性的定义：再现性是指不同的操作者使用相同的量具，对相同的零件进行多次测量而产生的波动。在这里，量具是相同的，零件是相同的，只是操作者不同。再现性是操作者在测量过程中所产生的波动，所以再现性又称为评价人变差（Appraiser Variations，AV）。这是传统的“再现性”定义，建立在由人工操作测量仪器之上，对自动测量系统就不适用了。所以，“再现性”又被定义为：在改变了的测量条件下，同一被测量对象的测量结果之间的波动。改变条件可包括测量原理、测量方法、观测者、测量仪器、参考测量标准、地点、使用条件等。

3）测量系统的波动（变差）（GRR）。测量系统的波动（变差）GRR 由测量系统的重复性 EV 和再现性 AV 二者合在一起构成，其关系如下：

$$GRR^2 = EV^2 + AV^2$$

$$GRR = \sqrt{EV^2 + AV^2}$$

4）测量对象间的波动（变差）（PV）。测量对象之间总是存在差异，这种差异也反映在它们的测量值上。测量对象间的波动（变差）记为 PV。

5）测量结果的总波动（总变差）（TV）。测量结果（测量数据）的总波动 TV 由测量系统的波动 GRR 和测量对象间的波动 PV 构成，其关系如下：

$$TV^2 = GRR^2 + PV^2$$

$$TV = \sqrt{GRR^2 + PV^2}$$

6）测量系统的波动（重复性和再现性）GRR 占测量结果的总波动 TV 的百分率（%GRR）。

$$\%GRR = \frac{GRR}{TV} \times 100\%$$

《质量管理方法与工具》一书将%GRR 记为 P/TV。

%GRR =（GRR/TV）×100% 中的 TV 可以用公差代替，此时，%GRR 用容差比 P/T 代替。

7）测量系统的接受准则（测量系统重复性和再现性 GRR 的接受准则）。

表 14-3 所列为测量系统的接受准则（%GRR 决定准则）。

表 14-3　测量系统的接受准则（%GRR 决定准则）

%GRR	接受状况
%GRR < 10%	测量系统能力很好，测量系统可接受
10% ≤ %GRR ≤ 30%	测量系统能力尚可，处于临界状态。量具是否接受依赖于应用的重要性和量具的成本、维修成本等因素的综合考虑。如有可能，还是要努力改善量具的能力，对关键的测量，此种量具是不可取的
%GRR > 30%	测量系统能力不足，测量系统不可接受

14.4.3　属性值数据测量系统分析

这里就讲一讲属性值数据测量系统分析中常用的评价指标和评价准则。

1. 属性值数据测量系统一致性分析评价指标

一致性有 4 种：

1）操作者自我的一致性（类似计量型测量系统的重复性分析）。

2）操作者之间的一致性（类似计量型测量系统的再现性分析）。

3）每个操作者与标准的一致性（类似计量型测量系统的偏倚分析）。

4）所有操作者与标准的一致性（整体的一致性）。

其中，1）、2）反映了重复性、再现性这类精密度方面的特性；3）、4）反映了偏倚这类准确度方面的特性。

每个操作者与标准的一致性称为评价人测量的有效性；所有操作者与标准的一致性称为测量系统的有效性。

2. 属性值数据测量系统分析的有效性、误判率、漏判率

1）有效性。有效性分为评价人测量的有效性和测量系统的有效性。若评价人对同一被测零件的所有判定结果一致，且与基准一致，则称为有效；评价人测量的有效性是指有效零件数目与被测零件数目之比。若所有评价人对同一被测零件的所有判定结果一致，且与基准一致，则称为系统有效；测量系统有效性是指系统有效零件数目与被测零件数目之比。

① 评价人测量的有效性（评价人的有效性）为

$$\text{评价人测量的有效性}=\frac{\text{(评价人对同一被测零件的所有判定结果与基准一致的)零件数}}{\text{测量分析的零件总数}}$$

② 测量系统的有效性为

$$\text{测量系统的有效性}=\frac{\text{(所有评价人对同一被测零件的所有判定结果与基准一致的)零件数}}{\text{测量分析的零件总数}}$$

2）误判率。误判是指把合格的判为不合格。误判率是将基准为可接受的零件误判为不可接受的机会百分率。

$$\text{误判率}=\frac{\text{将合格品判为不合格的次数}}{\text{对合格零件测量的总次数}}\times 100\%$$

3）漏判率。漏判是指把不合格的判为合格。漏判率是将基准为不可接受的零件漏判为可接受的机会百分率。

$$\text{漏判率}=\frac{\text{将不合格品判为合格的次数}}{\text{对不合格零件测量的总次数}}\times 100\%$$

4）有效性、漏判率、误判率的评判标准。有效性、漏判率、误判率的评判标准见表14-4。

表14-4　有效性、漏判率、误判率的评判标准

判断	有效性	漏判率	误判率
可接受	有效性≥90%	漏判率≤2%	误判率≤5%
可接受-可能需要改进	80%＜有效性＜90%	2%＜漏判率＜5%	5%＜误判率＜10%
不可接受	有效性≤80%	漏判率≥5%	误判率≥10%

例题分析

1）（单项选择题）用测量工具对车床加工的若干根支撑轴之直径进行测量，测量结果存在波动，波动可看作测量对象间的波动以及测量系统波动叠加而成。计算得到测量值的总波动的标准差为 100，量具重复性标准差为 3，再现性标准差为 4，基于上述数据，正确的结论是（　　）。

A. 测量系统能力很好

B. 测量系统能力尚可，处于临界状态

C. 测量系统能力不足，必须进行改进

D. 条件不足，难以判断

答案及分析：选择 A。解题思路见本书 14.4.2 节之 3 之 3）～7）。

根据题意：TV = 100，EV = 3，AV = 4，这样有：

① 测量系统的波动（变差）GRR 为

$$\mathrm{GRR} = \sqrt{\mathrm{EV}^2 + \mathrm{AV}^2} = 5$$

② 测量系统的波动 GRR 占测量结果总波动 TV 的百分率（%GRR）为

$$\%\mathrm{GRR} = \frac{\mathrm{GRR}}{\mathrm{TV}} \times 100\% = 5\%\text{。}$$

③ $\%\mathrm{GRR} = 5\% < 10\%$，所以测量系统能力很好。

2）（单项选择题）测量产品的特性指标时，不同的产品读数会有差异，造成此差异的原因是（　　）。

A. 产品间真实的差异

B. 由所使用量具造成的测量系统误差

C. 测量人员的水平不同

D. 产品间真实的差异与测量系统误差的综合影响

答案及分析：选择 D。理解题，解题思路见本书 14.4.2 节之 3 之 5）。测量结果（测量数据）的总波动由测量系统的波动和测量对象间的波动构成，其中，测量系统的波动由测量者的波动、量具的波动构成。

3）（单项选择题）对同一个测量对象重复进行测量，不同测量者进行测量时测量结果的差异一般被称为（　　）。

A. 测量系统的稳定性　　B. 测量系统的重复性

C. 测量系统的再现性　　D. 测量系统的线性

答案及分析：选择 C。理解题，解题思路见本书 14.4.2 节之 3 之 2）。

4）（多项选择题）对于测量系统重复性的描述正确的是（　　）。

A. 重复性是指同一个操作者采用一种量具，多次重复测量同一零件的同一

特征时所获得的测量值的变差

B. 重复性是指由于不同操作者，采用相同量具，测量同一零件的同一特征所得测量结果的变差

C. 重复性是指同一个操作者采用一种量具，多次用不同方法重复测量同一零件的同一特征时所获得的测量值的变差

D. 测量系统重复性差往往和测量仪器本身精度差有关

答案及分析：选择 AD。理解题，解题思路见本书 14.4.2 节之 3 之 1)。

5)（多项选择题）某六西格玛团队在测量阶段对某关键检测设备进行测量系统分析前，计量部门的人说，该设备定期进行校准，不必进行测量系统分析。有关设备校准和测量系统分析之间的关系，正确的是（　　）。

A. 定期校准确实可以保证测量系统的有效性，因此不必专门进行测量系统分析

B. 校准可以消除或减少测量系统的偏倚

C. 定期进行 GRR 研究一般可以代替定期校准

D. 定期进行 GRR 研究不能代替定期校准

答案及分析：选择 BD。理解题，解题思路见本书 14.4.2 节之 2 之 2)。校准针对的是测量设备，而测量系统分析针对的是测量系统，二者不能互相代替。

6)（多项选择题）计量型测量系统分析包括（　　）分析。

A. 准确性和精密性　　B. 重复性和再现性

C. 稳定性　　D. 偏倚、线性

答案及分析：选择 BCD。见本书 14.4.2 节图 14-16。

7)（单项选择题）属性值数据测量系统分析中，（　　）是将基准为可接受的零件判为不可接受的机会百分率。

A. 误判率　　B. 漏判率

C. 有效性　　D. 一致性

答案及分析：选择 A。见本书 14.4.3 节之 2 之 2)。

同步练习强化

1. 单项选择题

1) 控制图主要用来（　　）。

A. 识别异常波动　　B. 判断不合格品

C. 消除质量变异　　D. 减少质量变异

2) 移动极差是（　　）。

A. 连续两个数据的较大值　　B. 连续两个数据的较小值

C. 连续两个数据的差　　D. 连续两个数据差的绝对值

3）在使用均值-极差控制图或均值-标准差控制图监控生产特性指标时，样本量的大小和抽样的频率的选取很重要。抽取样本的基本原则是（　　）。

A. 样本含量一定要与产量成比例

B. 过程能力指数 C_p 和 C_{pk} 越高，样本含量越大

C. 样本子组内差异只由普通原因造成，样本子组间差异可能由特殊原因造成

D. 样本含量只能选取 5 个

4）过程处于统计控制状态时，过程中（　　）。

A. 只有偶然因素　　B. 只有异常因素

C. 既有偶然因素，又有异常因素　　D. 以上都不对

5）下面关于过程能力、过程能力指数的说法，错误的是（　　）。

A. 过程能力用来度量一个过程满足要求的程度

B. 对于操作加工而言，过程能力就是操作呈稳定状态时所具有的加工精度

C. 过程能力是过程加工质量方面的能力

D. C_p（或 C_{pk}）值越大，表明加工质量越高，产品的合格率越大

6）可通过下列哪个途径提高过程能力指数？（　　）

A. 减少中心偏移量　　B. 减少分散度

C. 修订公差范围　　D. 以上全部

7）下面关于控制图的说法，不正确的是（　　）。

A. 控制图上的控制限可以用来识别偶然因素和异常因素

B. 控制图是控制异常因素的工具

C. 过程处于稳态时，过程输出可预测

D. 控制图上的控制限能够区分合格品和不合格品

8）（　　）主要用来使过程受控，使过程能力满足要求。

A. 控制用控制图　　B. 分析用控制图

C. 计数型控制图　　D. 计量型控制图

9）测量数据质量高，说明测量结果（　　）。

A. 偏倚小，变差小　　B. 偏倚小，变差大

C. 偏倚大，变差小　　D. 偏倚大，变差大

10）（　　）是指在相同的条件下，多次测量结果的分散程度。

A. 变差（波动）　　B. 偏倚

C. 准确度　　D. 线性

11）（　　）是指用统计学的方法来了解测量系统中的各个波动源，以及它们对测量结果的影响，最后给出本测量系统是否符合使用要求的明确判断。

A. MSA　　B. SPC

C. FMEA　　D. FTA

12）关于计量型测量系统分析，不正确的是（　　）。

A. 稳定性（又称飘移）通常是指某个系统的计量特性随时间保持恒定的能力，稳定性反映了偏倚随时间的变化

B. 测量系统的偏倚是指对同一测量对象进行多次测量的平均值与该测量对象的基准值或标准值之差

C. 通常可通过检定/校准来估计或消除偏倚

D. 测量系统的线性是指在一段时间内，偏倚是基准值的线性函数

13）（　　）是指在相同的测量条件下，对同一测量对象进行多次重复测量所产生的波动。

A. 测量系统的稳定性　　B. 测量系统的重复性

C. 测量系统的再现性　　D. 测量系统的线性

14）属性值数据测量系统分析中，（　　）是将基准为不可接受的零件判为可接受的机会百分率。

A. 误判率　　B. 漏判率

C. 有效性　　D. 一致性

15）属性值数据测量系统分析中，若所有评价人对同一被测零件的所有判定结果一致，且与基准一致，则称为（　　）。

A. 系统有效　　B. 系统一致

C. 评价人测量有效　　D. 评价人测量一致

16）测量系统的波动（重复性和再现性）占被测对象公差（容差）的百分率，记为（　　）。

A. %GRR　　B. P/T

C. EV　　D. AV

17）过程能力指数反映（　　）。

A. 单个产品批质量满足技术要求的程度

B. 过程质量满足技术要求的程度

C. 生产过程的加工能力

D. 产品批的合格程度

18）设某质量特性 $X \sim N(\mu,\sigma^2)$，若公差幅度 $T=8\sigma$，C_p 为（　　）。

A. 0.67　　B. 1.00

C. 1.33　　D. 1.67

19）当产品质量特性分布的均值 μ 与公差中心 M 不重合时，对不合格品率与 C_{pk} 的影响是（　　）。

A. 不合格品率增大，C_{pk}增大　　B. 不合格品率减小，C_{pk}增大

C. 不合格品率增大，C_{pk}减小　　D. 不合格品率减小，C_{pk}减小

20）设某一过程的 $C_p = C_{pk} = 1$，则它代表的合格品率为（　　）。

A. 95.45%　　B. 97.72%

C. 99.73%　　D. 99.87%

21）关于过程能力指数，以下说法错误的是（　　）。

A. 随着过程的调整，过程能力指数也会改变

B. 过程能力指数越高，过程不合格率越高

C. 在过程调整后应重新计算过程能力指数

D. 过程能力指数越高，过程不合格率越低

22）某零件的屈服强度界限设计要求为480～520MPa，从100个样品中所得样品标准差 s 为6.2MPa，则过程能力指数为（　　）。

A. 2.150　　B. 3.225

C. 1.075　　D. 0.538

23）某生产过程，给定某质量特性值公差范围为 $T=0.1$mm。已知过程标准差 $\sigma=0.02$，则其过程能力指数 C_p 是（　　）。

A. 0.83　　B. 1.00

C. 0.5　　D. 1.67

24）审核发现某企业在过程稳定状态下测算得到的生产过程能力指数 $C_p=1.67$，$C_{pk}=0.6$，企业制定了多个可选的改进方案，你认为哪个是最有效的？（　　）

A. 使产品的质量特性值更接近目标值

B. 使产品的质量特性值的波动更小

C. 使产品的质量特性值波动更小，同时更接近目标值

D. $C_p=1.67$，过程能力指数已经足够大，不需要采取任何措施

25）下列关于过程能力的说法中，不正确的是（　　）。

A. 指过程加工质量方面的能力

B. 指加工数量方面的能力

C. 是衡量过程加工内在一致性的

D. 过程能力取决于质量因素，与公差无关

26）为控制平板玻璃单位面积的瑕疵数，应采用（　　）。

A. $\overline{X}$-R 图　　B. X-R_m 图

C. p 图　　D. μ 图

27）准时交货是顾客最关心的问题之一，为了监视准时交货率，宜采用（　　）。

A. $\overline{X}$-R 图　　B. p 图

C. u 图　　D. c 图

28）若过程处于统计控制状态，则控制图中的点不超出上、下控制限的概率是（　）。

A. 95.4%　　B. 99.0%

C. 99.73%　　D. 99.90%

29）在控制图中，连续 8 点落在中心线两侧且无一点在 C 区，可以判定（　）。

A. 过程出现异常　　B. 过程处于统计控制状态

C. 过程能力充足　　D. 过程的波动减小

30）统计过程控制主要包括（　）两个方面的内容。

A. 应用分析用控制图和控制用控制图

B. 利用控制图分析过程的稳定性和利用过程能力指数评价过程质量

C. 评价过程性能和评价过程能力

D. 判断过程是否处于技术控制状态和评价过程性能

31）控制图中控制限的作用是（　）。

A. 区分偶然波动与异常波动　　B. 区分合格与不合格

C. 为改进公差限提供数据支持　　D. 判断产品批是否可接收

32）从 SPC 的角度看，一个合格的过程应当具备的条件是（　）。

A. 过程处于统计控制状态

B. 具有足够的生产能力

C. 过程处于统计控制状态并具有足够的过程能力

D. 过程处于统计控制状态但过程能力不足

33）在生产过程尚不稳定的情况下建立的控制图称为（　）。

A. 计量型控制图　　B. 分析用控制图

C. 生产用控制图　　D. 控制用控制图

34）经验表明当出现波动的特殊因素时，控制图能有效地引起有关人员的注意；在系统或过程需要改进时，即需要减少普通因素所引起的波动时，控制图能反映出改进的情况。以下控制图形中属于存在普通因素控制图的是（　）。（真题）

A. 图 b + 图 c　　B. 图 a

C. 图 b　　D. 图 c

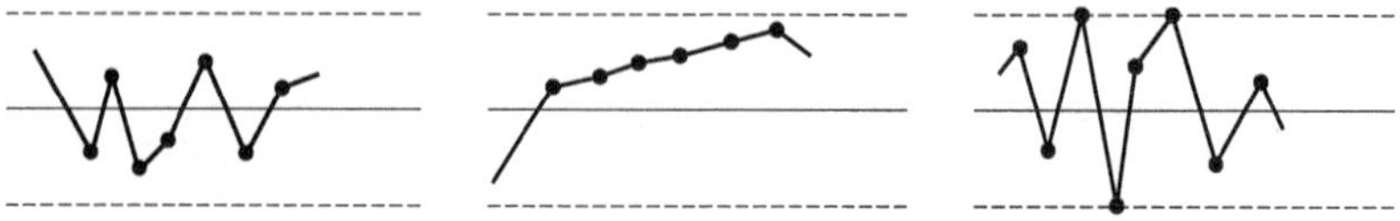

图 a　　图 b　　图 c

35）控制图主要用来（　　）。

A. 识别异常波动　　B. 判断不合格品

C. 消除质量变异　　D. 减少质量变异

36）SPC 图是（　　）。

A. 通过一段时间内所关心的特性值形成的图，来观察其随着时间变化的表现

B. 只适用于对连续生产的过程的计量数据的监控

C. 是将从过程定期收集的样本所获得的数据按顺序点绘而成的图

D. A + C

37）若对检验费用高的产品进行控制，最宜选取的控制图为（　　）。

A. $\overline{X}-R$ 图　　B. p 图

C. $X-R_m$ 图　　D. c 图

38）分析用控制图的主要作用是（　　）。

A. 用于分析、寻找过程稳态，直至达到技术稳态

B. 起到贯彻预防作用

C. 实时分析数据，监视过程运行状态

D. 消除不合格品

39）在统计控制状态下，控制图上描点超出上控制限的概率约是（　　）。

A. 0.27%　　B. 0.135%

C. 4.5%　　D. 2.3%

40）对于一个 $C_p = 1$ 的过程，当产品质量特性值分布的均值与公差中心不重合时，（　　）。

A. 不合格品率增大，过程能力指数 C_{pk} 不变

B. 不合格品率增大，过程能力指数 C_{pk} 减小

C. 不合格品率增大，过程能力指数 C_{pk} 增大

D. 不合格品率不变，过程能力指数 C_{pk} 减小

41）$\overline{X}$-R 图的上、下控制限之间宽度与（　　）有关。

A. 样本容量　　B. 规格界限

C. 抽样频率　　D. 平均值

42）欲利用控制图监控铸件上的砂眼数，适宜采用的控制图为（　　）。

A. $\overline{X}$-R 图　　B. p 图

C. c 图　　D. X-R_m 图

43）分析用控制图的主要作用是（　　）。

A. 用于分析、寻找过程统计控制状态　　B. 预防作用

C. 实时分析数据，监视过程运行状态　　D. 消除不合格品

44）影响产品质量的偶然因素，其特点是（　　）。

A. 容易发现和消除

B. 生产过程所固有的，不能从根本上消除

C. 不能改变

D. 不是过程固有的

45）通常，引起变异的特殊原因是（　　）。

A. 不能用统计方法进行探测的　　B. 非人力可控制的

C. 某个过程固有的　　D. 由外部来源产生的

2. 多项选择题

1）控制图中采用一张控制图的是（　　）。

A. 计点值控制图　　B. 计件值控制图

C. 计量值控制图　　D. 稳态下的控制图

2）某质量改进小组在把握问题现状时，使用了分析用控制图，发现图中连续 15 个点都在中心线两侧的 C 区内，可能的原因有（　　）。

A. 计算控制限时，数据分层不够　　B. 质量有了明显改进

C. 过程波动变大了　　D. 测量设备的精度不够

3）属性值数据测量系统一致性分析评价指标有（　　）。

A. 操作者自我的一致性　　B. 操作者之间的一致性

C. 每个操作者与标准的一致性　　D. 所有操作者与标准的一致性

4）属性值数据测量系统可接受的标准是（　　）。

A. 有效性≥90%　　B. 漏判率≤2%

C. 误判率≤5%　　D. 有效性≥80%

5）下述现象中属于偶然因素的是（　　）。

A. 仪表在合格范围内的测量误差　　B. 熟练与非熟练工人的操作差异

C. 实验室室温在规定范围内的变化　　D. 机床的轻微振动

6）在统计过程控制中，异常因素的特点有（　　）。

A. 异常因素不是过程固有的　　B. 异常因素是偶然因素

C. 异常因素有时存在，有时不存在　　D. 异常因素对过程输出的影响大

7）下述关于波动的说法中，正确的有（　　）。

A. 偶然波动是应采取针对性措施予以排除的

B. 偶然波动是不可避免的

C. 异常波动是应采取针对性措施予以排除的

D. 异常波动是不可避免的

8）在零件长度的均值控制图上标有（　　）。

A. 零件长度的公差限　　B. 上、下控制限

C. 零件子组的样本均值　　　　D. 中心线

9）电子元器件出厂检验部门从每批产品中抽取 100 件进行检验，并记录了不合格品数，利用这些数据可以绘制（　　）对生产线进行监控。

A. p 图　　　　B. $\overline{X}$-R 图

C. np 图　　　　D. c 图

10）控制图上点出界，则表明（　　）。

A. 过程处于技术控制状态　　　　B. 小概率事件发生

C. 过程未处于统计控制状态　　　　D. 过程可能存在异常因素

11）在常规控制图中，可以判异的情况有（　　）。

A. 连续 6 点在中心线同一侧

B. 连续 6 点递增

C. 连续 3 点落在中心线同一侧的 B 区之外

D. 连续 8 点落在中心线两侧，且无一点落在 C 区

12）过程处于统计控制状态时，下列表述正确的是（　　）。

A. 产品全部合格

B. 只有偶因，而无异因产生的变异

C. 既有异因，亦有偶因产生的变异

D. 点落在控制图上控制限外的概率很小

13）过程抽样时一般采用子组抽样，下列关于合理子组原则理解正确的有（　　）。

A. 组内差异尽可能只由普通因素造成

B. 组间差异只能由异常因素造成

C. 组间差异既由普通因素也由异常因素造成

D. 同一子组内的样品应尽量来自相同的生产条件

14）分析用控制图的主要任务是（　　）。

A. 分析过程是否处于统计控制状态

B. 分析产品批是否可接收

C. 分析过程的成本是否经济

D. 分析过程能力指数是否满足技术要求

15）控制图中，下列异常现象中可能是由数据分层不够造成的有（　　）。

A. 连续 6 点递增或递减

B. 连续 14 点中相邻点上下交替

C. 连续 15 点落在 C 区内

D. 连续 8 点在中心线两侧，但无一点在 C 区

16）由偶然原因造成的质量变异（　　）。

A. 容易改善　　　　B. 改善成本高

C. 可以通过分析过程能力发现　　　　D. 只是偶然出现

17）在统计过程控制中，偶然因素的特点是（　　）。

A. 过程固有的　　　　B. 对质量影响大

C. 始终存在的　　　　D. 可以通过质量改进完全除去

18）常规控制图包括（　　）。

A. 中心线　　　　B. 规范限

C. 控制限　　　　D. 描点序列

19）质量因素引起的波动分为偶然波动和异常波动，下面说法正确的是（　　）。

A. 统计控制状态是指过程中只有偶然波动的状态

B 偶然波动不可避免

C. 偶然波动和异常波动都可以通过采取措施加以消除

D. 异常波动对质量的影响大，可以通过采取措施加以消除

20）轴的直径公差为（2.0±0.01）mm，用 $\overline{X}$-R 图对其直径进行监控，子组大小为 5，下列情况中显示过程异常的是（　　）。

A. 有一根轴直径大于 2.01mm　　　　B. 有一子组的均值大于上控制限

C. 有一子组均值小于公差下限　　　　D. 控制图上有 7 个点连接递增

21）下列关于 p 图的叙述中，正确的有（　　）。

A. p 图是控制生产过程的不合格品率的控制图

B. p 图中的各个子组大小可以不相等

C. p 图的统计基础是二项分布

D. p 图的统计基础是泊松分布

22）当过程处于统计控制状态时，（　　）。

A. 过程将持续生产出符合规格的产品　　　　B. 过程输出是可预测的

C. 过程的 C_p 值大于或等于 1　　　　D. 控制图上没有呈现出失控迹象

23）在 $\overline{X}$ 图上，如果连续 5 点中有 4 点落在中心线同一侧的 C 区以外，则可能的原因是（　　）。

A. μ 变大　　　　B. σ 变大

C. μ 变小　　　　D. σ 变小

24）某生产线对连续生产的轮轴的直径进行控制，适宜采用（　　）。

A. $\overline{X}$-R 图　　　　B. p 图

C. c 图　　　　D. $\overline{X}$-s 图

25）在（　　）情况下，控制图需要重新制定。

A. 点出界

B. 改变了工艺参数或采用新工艺

C. 人员和设备变动

D. 更换原材料、零部件或更换供应商

26）过程处于统计控制状态，则（　　）。

A. 理论上点在控制限内随机散布　　B. 点无趋势和其他模式

C. 过程稳定，输出可预测　　D. 所有产品均合格

27）异常因素的特点有（　　）。

A. 异常因素不是过程固有的

B. 异常因素有时存在，有时不存在

C. 异常因素对过程输出的影响大

D. 异常因素可通过采取恰当措施加以消除

28）偶然因素有（　　）。

A. 机器开动时的轻微振动　　B. 检测仪器的微小差异

C. 车刀严重磨损　　D. 操作者违章操作

29）质量波动分为正常波动和异常波动，质量波动是由偶然因素和/或异常因素造成的，下列说法正确的是（　　）。

A. 正常波动不可以避免　　B. 偶然因素可以消除

C. 采取措施可以消除异常波动　　D. 异常因素可以消除

30）过程控制方法与工具有（　　）。

A. 过程能力分析　　B. 控制图

C. 测量系统分析　　D. PPAP

3. 问答题

简述控制图应用程序。

答案点拨解析

1. 单项选择题

题号	答案	解析
1	A	见本书 14.3.1 节之 3
2	D	见本书 14.3.2 节之 1 之 1）之④
3	C	见本书 14.3.3 节之 3）
4	A	见本书 14.1.3 节
5	A	见本书 14.2.1 节。过程能力指数用来度量一个过程满足标准要求的程度，而不是过程能力

（续）

题号	答案	解析
6	D	见本书14.2.2节之2
7	D	见本书14.3.1节之3。控制图上的控制界限是区分正常波动和异常波动的，产品的规格界限才区分合格品和不合格品
8	B	见本书14.3.2节之2
9	A	见本书14.4.1节之3
10	A	见本书14.4.1节之3之2)
11	A	见本书14.4.1节之4
12	D	见本书14.4.2节之2之3)。测量系统的线性是指在其量程范围内，偏倚是基准值的线性函数
13	B	见本书14.4.2节之3之1)
14	B	见本书14.4.3节之2之3)
15	A	见本书14.4.3节之2之1)
16	B	见本书14.4.2节之3之6)
17	B	见本书14.2.2节。注意“程度”二字，这两个字不能少
18	C	$C_p = T/6\sigma = 8\sigma/6\sigma = 1.33$
19	C	见本书14.2.2节之2
20	C	见本书14.2.2节之2
21	B	见本书14.2.3节，C_p（或C_{pk}）值越大，表明加工质量越高，产品的合格率越大
22	C	过程标准差σ可用样本的标准差s来估计。 $C_p = \frac{USL - LSL}{6\sigma} = \frac{USL - LSL}{6s} = \frac{520 - 480}{6 \times 6.2} = 1.075$
23	A	$C_p = T/6\sigma = 0.1/(6 \times 0.02) = 0.83$
24	A	因为$C_p = 1.67$，说明过程的标准差合适，但是$C_{pk} = 0.6$，说明分布中心偏离规格中心，需要使特性值更接近目标值。A选项最有效
25	B	加工数量方面的能力是生产能力
26	D	见本书14.3.2节之1之2）之②。对某部件上的缺陷数进行监控可以使用c图或u图，当部件的面积保持不变时采用c图，当面积发生变化时需将面积换算为平均每单位面积的缺陷数后再使用u图
27	B	见本书14.3.2节之1之2）之①
28	C	见本书14.3.1节之3
29	A	见本书14.3.4节之2之8)

（续）

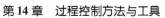

题号	答案	解析
30	B	见本书 14.1.1 节
31	A	见本书 14.3.1 节之 3
32	C	见本书 14.3.2 节之 2 之 1）
33	B	见本书 14.3.2 节之 2 之 1）
34	B	根据本书 14.3.4 节之 2 控制图的八种判异准则，图 b、图 c 异常，只有图 a 是正常的，也就是说，图 a 中只有普通因素（偶然因素），而图 b、图 c 存在特殊因素（异常因素）
35	A	控制图只能识别异常波动，不能消除和减少波动
36	C	见本书 14.3.1 节
37	C	见本书 14.3.2 节之 1 之 1）之④
38	A	见本书 14.3.2 节之 2 之 1）
39	B	参见本书 14.3.1 节之 3。控制图上描点超出上、下控制限的概率约是 0.27%，其中，超出上控制限的概率约是 0.135%，超出下控制限的概率约是 0.135%
40	B	结合本书 14.2.2 节之 2 理解。当产品质量特性值分布的均值与公差中心不重合时，过程能力指数 C_{pk} 减小，不合格品率增大
41	A	结合本书 14.3.3 节表 14-2 理解。控制限系数与样本容量有关，控制限之间的距离与样本均值无关
42	C	见本书 14.3.2 节之 1 之 2）之②
43	A	见本书 14.3.2 节之 2 之 1）。C 选项为控制用控制图的作用
44	B	见本书 14.1.3 节
45	D	见本书 14.1.3 节、14.3.1 节之 3

2. 多项选择题

题号	答案	解析
1	AB	见本书 14.3.3 节表 14-2，计数值（计点、计件）控制图只有一张控制图，计量值控制图有 2 张控制图
2	ABD	见本书 14.3.4 节之 2 之 7）。连续 15 个点落在 C 区，表明过程波动减小了，因此选项 C 不正确
3	ABCD	见本书 14.4.3 节之 1
4	ABC	见本书 14.4.3 节之 2 之 4）
5	ACD	见本书 14.1.3 节
6	ACD	见本书 14.1.3 节

（续）

题号	答案	解析
7	BC	见本书 14.1.3 节
8	BCD	控制图的结构包括中心线 CL、上控制限 UCL、下控制限 LCL，以及按照时间顺序的样本统计量数值的描点序列。此处样本统计量是零件子组的样本均值
9	AC	见本书 14.3.2 节之 1 之 2）之①
10	BCD	见本书 14.3.1 节之 3
11	BCD	见本书 14.3.4 节之 2
12	BD	见本书 14.1.3 节、14.3.1 节之 3
13	ACD	见本书 14.3.3 节之 3）。在采用子组抽样时，同一子组内的样品应尽量来自相同的生产条件。组内差异应尽可能只由普通因素（偶然因素）造成，不同子组间的差异则可能既包括普通因素（偶然因素），也包括异常因素
14	AD	见本书 14.3.2 节之 2 之 1）
15	BCD	见本书 14.3.4 节之 2 之 4）、7）、8）
16	BC	结合本书 14.1.3 节之 1、14.2.1 节来理解。过程能力是指过程处于统计控制状态下，过程输出波动的幅度。过程在统计控制状态下，只有偶然原因，所以研究过程能力可以发现偶然原因造成的质量波动。偶然原因是过程固有的，很难改进，要改进成本很高
17	AC	见本书 14.1.3 节之 1
18	ACD	见本书 14.3.1 节之 3
19	ABD	结合本书 14.1.3 节理解。偶然波动只能改善，不能消除
20	BD	结合本书 14.3.4 节之 2 理解。要注意，控制图是控制正常波动、异常波动的，不是区分产品合格、不合格的；控制限不是规格限（公差限）
21	ABC	见本书 14.3.2 节之 1 之 2）之①
22	BD	结合本书 14.3.1 节之 3 理解。控制图不是判断产品合格的，没有不合格品不能保证过程处于统计控制状态，故选项 A 错误。过程处于统计控制状态，计算出的 C_p 值既可能大于 1，也可能小于 1，选项 C 错误。在统计控制状态下，过程的输出结果是可以预测的，在控制图上也无失控现象
23	AC	见本书 14.3.4 节之 2 之 6）
24	AD	见本书 14.3.2 节之 1 之 1）之①、②
25	BCD	结合本书 14.3.2 节之 2 之 2）理解。人员、设备、原材料、工艺、环境属于过程要素，发生了变化会导致过程状态的重大改变，因此需要重新制定控制图
26	ABC	结合本书 14.3.1 节之 3、14.3.4 节之 2 理解。统计控制状态与产品是否合格无关，因此选项 D 错误

（续）

题号	答案	解析
27	ABCD	见本书 14.1.3 节之 2
28	AB	见本书 14.1.3 节
29	ACD	见本书 14.1.3 节
30	ABC	见本书第 14 章开始

3. 问答题

参见本书 14.3.3 节。

控制图应用程序：

① 选定控制对象。

选定控制的对象应是影响产品质量的关键特性（质量特性、质量指标、工艺参数）。这些特性能够计量（或计数），并且在技术上可以控制。

② 选定控制图种类。

③ 收集预备数据。

预备数据是用来作分析用控制图的数据，目的是用来诊断欲控制的过程是否处于稳定受控状态。要确定预备数据的子组数量、子组容量和抽样间隔。

④ 计算控制图的有关参数。

如 $\bar{x}$-R 图，要计算各子组平均值、各子组极差。

⑤ 计算控制图中心线和上、下控制限。

⑥ 画控制图。

⑦ 在控制图上打点。

⑧ 观察分析用控制图，判断过程是否处于稳定状态。

⑨ 判断过程能力是否达到基本要求。

⑩ 转化为控制用控制图。

对分析用控制图进行判断，⑧、⑨条均符合要求时（即过程受控且过程能力满足要求），将分析用控制图的控制限延长，转化为控制用控制图，进行日常的质量管理。

第15章 检验及准入方法与工具

考试大纲要求

检验及准入方法与工具，如计数型抽样检验、计量型抽样检验、散料抽样检验、生产件批准程序。

考点知识讲解

15.1 检验概述

15.1.1 检验

1. 检验的定义

《质量管理方法与工具》一书中的定义：为确定产品或服务的各特性是否合格，测量、检查、测试或量测产品或服务的一种或多种特性，并且与规定要求进行比较的活动。

GB/T 19000—2016 标准中对“检验”的定义：检验是指“对符合规定要求的确定”。确定是查明一个或多个特性及特性值的活动。显示合格的检验结果可用于验证的目的。检验的结果可表明合格、不合格或合格的程度。

2. 检验的目的

（1）鉴定被检验对象是否符合技术要求，保证检验验收的产品达到规定的质量水平。

（2）提供有关质量信息，以便及时采取措施改进、提高产品质量。

通常认为，质量检验有 4 个功能：

1）鉴别功能。判定产品质量是否符合规定的要求，这是质量检验的鉴别功能。鉴别是“把关”的前提，是质量检验各项功能的基础。

2）“把关”功能。质量“把关”是质量检验最重要、最基本的功能，是对鉴别发现的不合格产品把住不交付预期使用的“关口”。

3）预防功能。对原材料和外购件的进货检验，对中间产品转序或入库前的检验，既起把关作用，又起预防作用。

4）报告功能。为了使相关的管理部门及时掌握产品实现过程中的质量状况，评价和分析质量控制的有效性，把检验获取的数据和信息，经汇总、整理、分析后写成报告，为质量控制、质量改进、质量考核、质量监督以及管理层进行质量决策提供重要信息和依据。

3. 检验的分类

按检验产品数量，可以把检验分为全数检验、抽样检验，见表 15-1。

表 15-1　全数检验、抽样检验比较

项目	全数检验	抽样检验
定义	产品形成过程中，对全部单一成品、中间产品的质量特性进行逐个（台）检验为全数检验。检验后，根据检验结果对单一（个、台）产品做出合格与否的判定。全数检验又称为百分之百检验	抽样检验是按照规定的抽样方案，随机地从一批或一个过程中抽取少量个体组成样本进行的检验，根据样本检验的结果判定一批产品或一个过程是否可以被接收
检验对象	检验对象是一件单位产品	检验对象是一批产品
优点	能提供产品完整的检验数据和较为充分、可靠的质量信息	相对于全数检验，大大节约了检验工作量和检验费用，缩短了检验周期，减少了检验人员，特别是属于破坏性检验时，只能采用抽样检验的方式
缺点	检验的工作量相对较大，检验的周期长；需要配置的资源数量较多（人力、物力、财力），检验涉及的费用也较高，会增加质量成本，存在错检、漏检	主要缺点是有一定的风险。只要是抽样检验，就会有错判的概率，要实现百分之百的可靠性是不可能的
适用范围	1）经检验后合格批中不允许存在不合格品 2）单件、小批生产、重要或价格昂贵的产品 3）检验费用低，检验项目少 4）手工作业比重大、质量不够稳定的作业过程（工序） 5）过程能力不足的作业过程	1）破坏性检验（检验一件破坏一件），必须采用抽样检验 2）对连续体的检验，如对布、电线、油的检验等，只能采用抽样检验 3）大批量生产与连续交货 4）检验费时、费用高 5）自动化程度高、产品质量比较稳定的作业过程 6）少量不合格不会造成重大经济损失的产品（一般用途的标准连接件，如螺钉、螺母等）

15.1.2 抽样检验

1）按检验特性值的属性分类。按检验特性值的属性，可以将抽样检验分为计数抽样检验和计量抽样检验两大类。计数抽样检验又可分为计件抽样检验和计点抽样检验。

计件抽样检验是根据被检样本中的不合格品数，推断整批产品的接收与否；而计点抽样检验是根据被检样本中的产品包含的不合格数，推断整批产品的接收与否。计量抽样检验是通过测量被检样本中的产品质量特性的具体数值并与标准中的数值要求进行比较，进而推断整批产品的接收与否。

2）按抽样的次数也即抽取样本的个数（不是指抽取的单位产品个数，即样本量）分类（即《质量管理方法与工具》一书中的按抽样的程序分类）。

按抽样的次数（按抽样的程序），抽样检验又可以分为一次抽样检验、二次抽样检验、多次抽样检验和序贯抽样检验。

① 一次抽样检验。从检验批中只抽取一个样本就对该批产品做出是否接收的判断。

② 二次抽样检验。它要求对一批产品抽取至多两个样本即做出批接收与否的结论。对第一个样本检验后，可能有三种结论：接收、拒收、继续抽样。只有在第三种结论时，才抽取第二个样本，然后最终做出接收与否的判断。二次抽样方案与一次抽样方案相比较，在两类风险 α、β 相同的情况下，二次抽样方案的平均抽检量小。

③ 多次抽样检验。多次抽样检验是二次抽样的进一步推广，例如五次抽样，则允许最多抽取 5 个样本才最终确定批是否接收。抽样可能要多次进行，抽样分级的次数越多，平均抽检量越小。

一次抽样、二次抽样和多次抽样检验的判别能力基本相同，但多次抽样心理效果好一些。

④ 序贯抽样检验。序贯抽样检验不限制抽样次数，每次仅抽检一个单位产品，并且每次均有三种可能结论：接收、拒收、继续抽检。在进行有限次抽检后，最终可做出接收与否的判断。序贯抽样方案的平均抽检量最小。

3）按检验方案的制定原理分类。按检验方案的制定原理分类，抽样检验方案有调整型抽样方案、标准型抽样方案、挑选型抽样方案三种类型。

① 调整型抽样方案。适用于连续批产品的检验，它由一组抽样方案（正常方案、加严方案和放宽方案）和一套转移规则组成，并且依据过去的检验资料及时调整方案的宽严，故称为调整型抽样方案。调整型抽样方案可以刺激生产方主动改进产品的质量。

② 标准型抽样方案。这种抽样方案是为保护生产方利益，同时又保护使用

方利益，预先限制生产方风险 α 和使用方风险 β 的大小，而制定的抽样方案。

③ 挑选型抽样方案。这类抽样方案规定，对经检验判断为接收的批，只要替换样本中的不合格品；而对经检验判为拒收的批，必须全检，并将所有不合格品全替换为合格品，故称为挑选型抽样检验。挑选型抽样方案仅适用于连续批产品非破坏性检验的场合。

15.1.3 抽样检验名词术语

1. 单位产品

1）单位产品的定义。单位产品是指能被单独描述和考虑的一个事物。

例如：

① 一个有形的实体。

② 一定量的材料。

③ 一项服务、一次活动或一个过程。

④ 一个组织或个人。

⑤ 上述项目的任何组合。

2）单位产品的划分。单位产品是为实施抽样检验而划分的基本产品单位。

检验前，必须决定以什么作为检验单位。在抽样检验中，数据是按单位产品来统计的。

单位产品的划分要从物品形态、使用条件、合同、方便检验等方面考虑。

单位产品可以是一个、一对、一打、一盒、一箱或其他规定数量的一组产品，或者一定长度、一定面积、一定体积、一定重量的产品或某项特定工作等。

单位产品可以与采购、供应、生产或运输的产品单位相同，也可以不同。单位产品的划分，必须有利于保证产品的使用性能。

举例：

① 一枚螺钉、一支铅笔、一个灯泡都以 1 为检验单位。

② 盐、砂糖等粒状物品，不能以 1 个作为单位，通常以一定重量作为检验单位；电线、布料等卷装物品，以一定长度作为检验单位；油、汽油、硫酸等液态物品，通常以一定容量作为检验单位。

③ 螺丝等物装入容器（盒、袋）内交易时，可将容器中的全部物品作为检验单位。

2. 检验批

检验批是提交进行检验的一批产品，也是作为检验对象而汇集起来的一批产品。通常，检验批应由同型号、同等级和同种类（尺寸、特性、成分等）且生产条件和生产时间基本相同的单位产品组成。

根据生产方式或组批方式的不同，检验批又分为孤立批和连续批。其中，孤立批是指脱离已生产或汇集的批系统，不属于当前检验批系列的批；连续批是指待检批可利用最近已检批所提供质量信息的连续提交检查批。

3. 批量

批量是指检验批中**单位产品**的数量，常用 N 来表示。

4. 不合格

不满足规范的要求，就是不合格。单位产品只要有一项规定的质量特性不符合标准要求，就称为不合格。

通常，按程度不同划分为 A 类不合格、B 类不合格和 C 类不合格三种类型。

1）A 类不合格（致命不合格）。单位产品的极重要质量特性不符合规定，或者单位产品的质量特性极严重不符合规定，称为 A 类不合格。A 类不合格，是认为最被关注的一种类型的不合格。

A 类不合格指危及人身安全，易招致不安全因素的项目以及导致其基本功能失效的项目。

2）B 类不合格（严重不合格）。单位产品的重要质量特性不符合规定，或者单位产品的质量特性严重不符合规定，称为 B 类不合格。

B 类不合格指不会危及人身安全，但可能导致功能失误或降低原有使用功能的项目。

3）C 类不合格（轻微不合格）。单位产品的一般质量特性不符合规定，或者单位产品的质量特性轻微不符合规定，称为 C 类不合格。

C 类不合格指对产品的使用性能没有影响或只有轻微影响的项目。

5. 不合格品

具有一个或一个以上不合格的产品，称为不合格品。按不合格类型，不合格品可分为 A 类不合格品、B 类不合格品和 C 类不合格品三种类型。

1）A 类不合格品（致命不合格品）。有一个或一个以上 A 类不合格，也可能还有 B 类和/或 C 类不合格的产品，称为 A 类不合格品。

2）B 类不合格品（严重不合格品）。有一个或一个以上 B 类不合格，也可能还有 C 类不合格，但不包含 A 类不合格的产品，称为 B 类不合格品。

3）C 类不合格品（轻微不合格品）。有一个或一个以上 C 类不合格，但不包含 A 类和 B 类不合格的产品，称为 C 类不合格品。

6. 批质量

批质量是指单个提交检验批产品的质量，通常用 p 表示。由于质量特性值的属性不同，批质量的表示方法也不一样。计数抽样检验中衡量批质量的方法有：

1）批不合格品率 p。批不合格品率 p 等于批的不合格品数 D 除以批量 N，即

$$p=\frac{D}{N}$$

2）批不合格品百分数。批中的不合格品数 D 除以批量 N 再乘上 100，即

$$100p = \frac{D}{N} \times 100$$

注：术语“不合格品百分数”和“每百单位产品不合格数”，主要用于替代理论术语“不合格品率”和“每单位产品不合格数”，因为前者使用最为普遍。

上面 1）、2）两种表示方法常用于计件抽样检验。

3）批每百单位产品不合格数。批中的不合格数 C 除以批量 N 再乘上 100，即

$$\frac{C}{N} \times 100$$

这种表示方法常用于计点检验。

7. 过程平均

过程平均是指在规定的时段或生产量内平均的过程水平。过程平均的表示方法与批质量的表示方法相同，但意义有所不同，过程平均表示的是在稳定的加工过程中一系列批的平均不合格品率，而不是某个交检批的质量。

注：过程平均是过程处于统计控制状态期间的质量水平（不合格品百分数或每百单位产品不合格数）的平均。

8. 接收质量限

接收质量限（AQL）是指当一个连续系列批被提交验收抽样时，可容忍的最差过程平均质量水平。它是对生产方的过程质量提出的要求，是允许的生产方过程平均（不合格品率）的最大值。

9. 极限质量

极限质量（LQ）是指对于被认为处于孤立状态的批，抽样检验时，限制在某一低接收概率的质量水平。它是在抽样检验中对孤立批规定的不应接收的批质量水平（不合格品率）的最小值。

10. 抽样方案（针对 GB/T 2828.1 标准）

抽样方案是样本量和批接收准则的组合。

注 1：一次抽样方案是样本量、接收数和拒收数的组合。二次抽样方案是两个样本量、第一样本的接收数和拒收数及联合样本的接收数和拒收数的组合。

注 2：抽样方案不包括如何抽出样本的规则。

注 3：在术语抽样方案、抽样计划和抽样系统间应做出区别。

11. 抽样计划

抽样计划是抽样方案和从一个抽样方案改变到另一个抽样方案的规则的组合。

12. 抽样系统

抽样系统是抽样方案或抽样计划及抽样程序的集合。其中，抽样计划带有改变抽样方案的规则，而抽样程序则包括选择适当的抽样方案或抽样计划的

准则。

对于 GB/T 2828.1 标准来说，它是一个按批量范围、检验水平和 AQL 检索的抽样系统。

13. 正常检验（针对 GB/T 2828.1 标准）

正常检验是指当过程平均优于接收质量限时，所使用的一种能保证批以高概率接收的抽样方案的检验。

注：当没有理由怀疑过程平均不同于规定的接收质量限时，进行正常检验。

14. 加严检验（针对 GB/T 2828.1 标准）

加严检验是指使用比相应正常检验抽样方案接收准则更严厉的接收准则的一种抽样方案的检验。

注 1：通常情况下，保持样本量不变，通过减小接收数来生成加严检验的抽样方案；当正常检验抽样方案的接收数为 0 和部分接收数为 1 的情况时，要通过增加样本量来生成加严检验的抽样方案。

注 2：当预先规定的连续批数的检验结果表明过程平均可能比接收质量限劣时，进行加严检验。

15. 放宽检验（针对 GB/T 2828.1 标准）

放宽检验是指使用样本量比相应正常检验抽样方案的样本量小，接收准则和正常检验抽样方案的接收准则相差不大的一种抽样方案的检验。

注 1：放宽检验的鉴别能力比正常检验低。

注 2：当预先规定连续批数的检验数据表明过程平均明显优于接收质量限时，可进行放宽检验。

例题分析

1）（单项选择题）从一批产品中按规定的抽样方案抽取少量样品（构成一个样本）所进行的抽样检验，其目的在于判定（　　）是否符合要求。

A. 抽样方案　　B. 样本

C. 一批产品　　D. 抽取的样品

答案及分析：选择 C。见本书 15.1.1 节之 3 表 15-1 中“抽样检验”的定义。

2）（多项选择题）按检验产品数量不同分类，质量检验可分为（　　）。

A. 百分比检验　　B. 抽样检验

C. 小批量检验　　D. 全数检验

答案及分析：选择 BD。见本书 15.1.1 节之 3。

3）（多项选择题）抽样检验的适用范围包括（　　）。

A. 小批量、多品种、重要或价格昂贵的产品

B. 破坏性检验

C. 生产批量大、自动化程度高的产品

D. 检验费时、费用高

答案及分析：选择 BCD。见本书 15.1.1 节之 3 表 15-1 中“抽样检验”的适用范围。

4）（多项选择题）按检验特性值的属性可以将抽样检验分为（　　）。

A. 计数抽样检验　　B. 计量抽样检验

C. 孤立批抽样检验　　D. 计件抽样检验

答案及分析：选择 AB。见本书 15.1.2 节之 1 之 1）。

5）（单项选择题）抽样检验的检验批由 N 个（　　）组成。

A. 部分产品　　B. 单位产品

C. 样本　　D. 样本量

答案及分析：选择 B。见本书 15.1.3 节之 3。

6）（单项选择题）计数型抽样方案是用（　　）对批做出判断。

A. 样本中含有的合格品数

B. 批质量水平

C. 样本中含有的不合格品数或不合格数

D. 样本中含有的不合格品数或合格品数

答案及分析：选择 C。见本书 15.1.2 节之 1 之 1）。

7）（单项选择题）下列各项属于 B 类不合格品的是（　　）。

A. 有一个或一个以上 A 类不合格，同时还可能包括 B 类和（或）C 类不合格的产品

B. 有一个或一个以上 B 类不合格，也可能包含 C 类和（或）A 类不合格的产品

C. 有一个或一个以上 B 类不合格，也可能有 C 类不合格，但没有 A 类不合格的产品

D. 有一个或一个以上 C 类不合格，但没有 A 类 B 类不合格的产品

答案及分析：选择 C。见本书 15.1.3 节之 5。

8）（单项选择题）对批量 $N=1000$ 的产品批进行外观验收，经全检发现有 15 个瑕疵点，则该批产品的质量水平的正确表述是（　　）。

A. 不合格品率为 1.5%

B. 不合格品率为 15%

C. 每百单位产品不合格数为 1.5

D. 每百单位产品平均不合格数为 1.5

答案及分析：选择 C。见本书 15.1.3 节之 6 之 3）。

9）（多项选择题）GB/T 2828.1 中，一次抽样方案是（　　）的组合。

A. 样本量　　B. 批量

C. 接收数　　D. 拒收数

答案及分析：选择 ACD。见本书 15.1.3 节之 10。

15.2　计数型抽样检验

15.2.1　抽样方案及对批可接收性的判定

1. 一次抽样方案及对批可接收性的判定

一次抽样方案是样本量 n、接收数 Ac 和拒收数 Re 的组合，记为（n;Ac）或（n | Ac,Re）。其中，Re = Ac + 1。

记 d 为样本中的不合格（品）数。实际抽样检验对批质量的判断也即对批接收性的判断规则是：若 d 小于或等于接收数 Ac，则接收批；若 d 大于或等于 Re，则不接收批。

一次抽样方案的程序框图如图 15-1 所示。

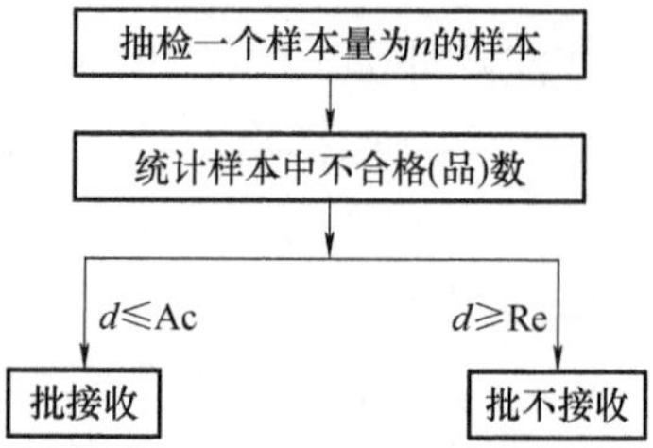

图 15-1　一次抽样方案的程序框图

2. 二次抽样方案及对批可接收性的判定

二次抽样方案的程序框图如图 15-2 所示。

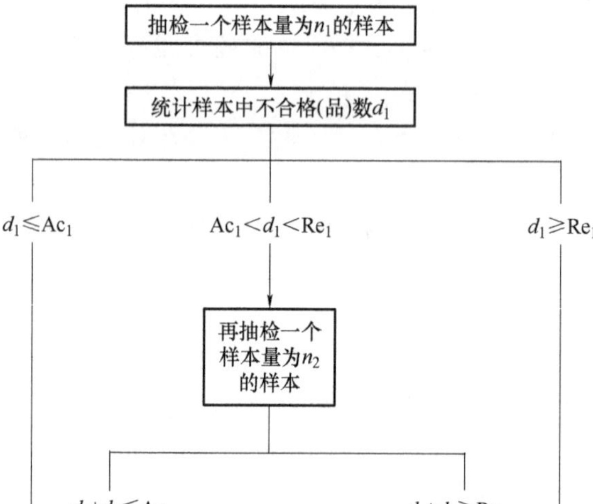

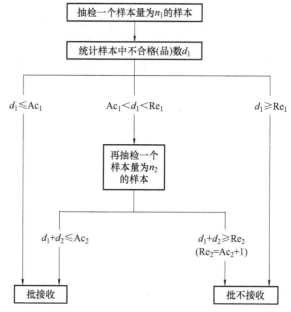

图 15-2　二次抽样方案的程序框图

3. 接收概率及抽检特性（OC）曲线

根据规定的抽检方案（n;Ac），把具有给定质量水平 p 的交检批判为接收的概率称为接收概率 P_a［也记为 $L(p)$］。

接收概率 P_a 依赖于批质量水平 p。若 p 用不合格品率标识，则批的接收概率 P_a 随着 p 的增大而减小，P_a 是 p 的函数。以批质量水平 p 为横坐标、P_a 为纵坐标画出的曲线，称为抽检特性曲线，简称 OC 曲线，如图 15-3 所示。通过 OC 曲线可以评价抽样方案的判别能力。

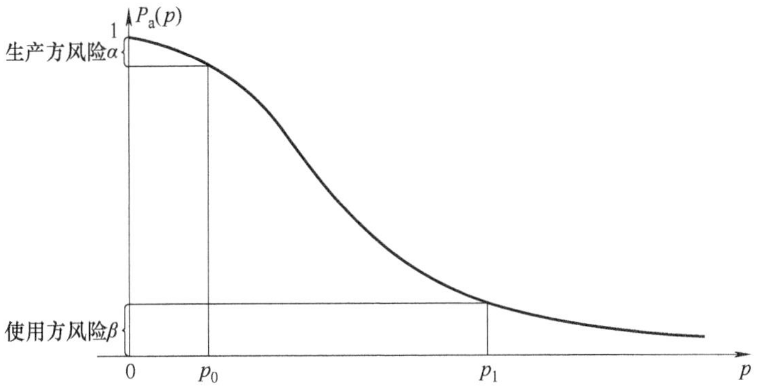

图 15-3　抽检特性（OC）曲线

对批不合格品率 p 的 OC 曲线，具有如下性质：

1）$0 \leqslant P_a(p) \leqslant 1$。

2）$P_a(0)=1$，$P_a(1)=0$。

当 $p=0$，即批中无不合格品时，显然，无论用什么抽样方案，样本中不合格品数肯定为 0，从而批肯定被接收，即 $P_a(p)=P_a(0)=100\%$。

当 $p=1$（100%），即批中每个单位产品都为不合格品时，显然，无论用什么抽样方案，样本中不合格品数肯定等于样本量，从而肯定被拒收，即 $P_a(p)=P_a(1)=0$。

3）$P_a(p)$ 是一个减函数，即 OC 曲线是一条单调下降的曲线。

p 越接近于 0，接收的可能性越大；p 越接近于 1，接收的可能性越小。也就是说，当 $p_1<p_2$ 时，有 $P_a(p_1)>P_a(p_2)$。

4. 抽样检验的质量标准

使用抽样检验，首先要给出质量标准，即一批产品在何种质量水平下可以被接收或不可以被接收。质量标准的指标类型有：

1）衡量一批产品质量的指标，常用于孤立批的抽样检验，往往提出的是批可接收的质量（p_0）或批不可接收的质量（如 p_1 或 LQ）。

2）衡量加工过程质量的指标，常用于连续批的产品验收，如计数调整型抽样中规定的 AQL 为可接收的过程质量。

5. 抽样方案两类风险

一个抽样方案如何影响生产方和使用方的利益，可以通过两类风险进行具体分析。

1）生产方风险。生产方风险是指生产方所承担的批质量合格而不被接收的风险。生产方风险又称犯第一类错误的概率。严格地说，它是对给定的抽样方案，当批质量水平为某一指定的可接受值 p_0 时，但不被接收的概率。这里的 p_0 称为生产方风险质量，生产方风险一般用字母 α 表示，在使用时 α 通常规定为 5%。

2）使用方风险。使用方风险是指使用方所承担的接收质量不合格批的风险。使用方风险又称犯第二类错误的概率。严格地说，使用方风险是对给定的抽样方案，当批质量水平为某一不可接受值 p_1 时，但被接收的概率。这里 p_1 也称为使用方风险质量，使用方风险一般用字母 β 表示，在使用时 β 通常规定为 10%。

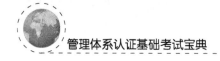

15.2.2 计数标准型抽样检验原理及方案设计（GB/T 13262—2008）

1. 含义

计数标准型抽样检验是指同时规定对生产方的质量要求和对使用方的质量保护的抽样检验。

GB/T 13262《不合格品百分数的计数标准型　一次抽样检验程序及抽样表》标准设计的抽样方案是标准型抽样方案，它规定了以批不合格品百分数为质量指标的计数标准型一次抽样检验的程序与实施方法，它可以针对孤立的一批产品进行抽样检验，而不需利用以往的资料，所以它又称为单批质量保证的抽样检验。GB/T 13262 标准所规定的抽样方案同时控制两种错判的概率，当使用方对每批产品的质量都要求较严或者对供方所提供的产品的质量历史无所了解时，采用这类方案是适宜的。

2. 基本原理

典型的标准型抽样方案是这样确定的：事先确定两个质量水平——p_0 与 p_1，$p_0 < p_1$，希望不合格品率为 $p \geqslant p_1$ 的批尽可能不被接收（尽可能低概率接收），设其接收概率 $P_a(p_1) = \beta$；希望不合格品率 $p \leqslant p_0$ 的批尽可能高概率接收，设其不接收概率 $1 - P_a(p_0) = \alpha$。一般规定 $\alpha = 0.05$，$\beta = 0.10$。

p_0 为生产方风险质量，是与规定的生产方风险 α 相对应的质量水平；p_1 为使用方风险质量，是与规定的使用方风险 β 相对应的质量水平。p_0、p_1 是计数标准型抽样方案的两个重要参数。

GB/T 13262 标准“引言”中是这样描述的：GB/T 13262 标准中规定的抽样

检验程序是针对孤立批的。GB/T 13262 标准设计了一些规则，使得当批的实际质量水平符合合格质量水平时，判不接收该批的风险很小。如果还要求当批的实际质量水平不符合合格质量水平时，判接收该批的风险同样很小，必须有更大的样本量。为了使样本量大小适当，允许当实际质量水平不符合合格质量水平时，判接收该批的风险稍高。

3. 抽样程序

1）规定单位产品的质量特性。

2）规定质量特性不合格的分类与不合格品的分类。

3）规定生产方风险质量 p_0 与使用方风险质量 p_1。

确定 p_0 时，应考虑不合格品类别及其对顾客损失的严重程度。

p_1 的选取，一般应使 p_1 与 p_0 拉开一定的距离，即要求 $p_1 > p_0$，p_1/p_0 过小，会增加抽检产品的数量，使检验费用增加，但 p_1/p_0 过大，又会放松对质量的要求，对使用方不利。p_1/p_0 称为灵敏度，越接近于1，灵敏度越高，鉴别能力越强，但样本量越大。

4）组成检验批。

5）检索抽样方案（n;Ac）。

n 为所抽取的样本量；Ac 为接收数。

设 d 为样本中的不合格品数，$d \leqslant \mathrm{Ac}$，判批接收；$d > \mathrm{Ac}$，判批不接收。

6）抽取样本。

7）检验样本。

8）依判定准则，做出是否接收该批的决定。

9）检验批的处置。

15.2.3 计数调整型抽样检验原理及方案设计（GB/T 2828.1—2012）

1. GB/T 2828.1 标准说明

计数调整型抽样检验是根据过去的检验情况，按一套规则随时调整检验的严格程度，从而改变也即调整抽样检验方案。计数调整型抽样方案不是一个单一的抽样方案，而是由一组严格度不同的抽样方案和一套转移规则组成的抽样体系。

GB/T 2828.1《计数抽样检验程序　第1部分：按接收质量限（AQL）检索的逐批检验抽样计划》是常用的抽样检验标准，属于计数调整型抽样检验。

GB/T 2828.1 以不合格品百分数或每百单位产品不合格数为质量指标，接收质量限为质量标准，抽样方案视批质量优劣进行调整，根据样本中的不合格品数（或不合格数）与批接收准则比较，判断批合格或不合格。

GB/T 2828.1 的目的是通过批不被接收使供方（生产方）在经济上和心理

上产生的压力，促使其将过程平均质量水平值保持在规定的接收质量限以下，而同时给使用方接收劣质批的概率提供一个上限。GB/T 2828.1 指定的抽样计划可用于（但不限于）下述检验：

① 最终产品。

② 零部件和原材料。

③ 操作。

④ 在制品。

⑤ 库存品。

⑥ 维修操作。

⑦ 数据或记录。

⑧ 管理程序。

GB/T 2828.1 中的抽样计划主要适用于连续系列批。连续系列批的系列的长度足以允许使用转移规则。这些规则为：

① 一旦发现质量变劣，为给使用方提供保护，应转移到加严检验或暂停抽样检验。

② 如果质量一直比较好，为减少检验费用，经负责部门同意，根据转移规则，可转移到放宽检验。

在一定条件下，GB/T 2828.1 的抽样方案也可用于孤立批的检验。

2. GB/T 2828.1 抽样检验的要素

1）接收质量限（AQL）的确定。AQL 是当一个连续系列批被提交验收抽样时，可容忍的最差过程平均质量水平。它是对生产方的过程质量提出的要求，是允许的生产方过程平均（不合格品率）的最大值。AQL 是可以接收和不可以接收的过程平均之间的界限值。当生产方的过程平均质量好于 AQL 时，产品批应被高概率接收，但当过程平均质量不满足 AQL 要求时，应确保产品批高概率被拒收。

AQL 是使用方对连续生产过程提出的质量要求，在使用过程中不应与实际的过程质量（过程平均）相混淆。

AQL 共有 26 档：

0.010，0.015，0.025，0.040，0.065，0.10，0.15，0.25，0.40，0.65，1.0，1.5，2.5，4.0，6.5，10，15，25，40，65，100，150，250，400，650，1000。

在选用 AQL 时需注意：

当 AQL≤10 时，对计件、计点均适用，即 AQL 既可表征不合格品百分数，又可表征每百单位产品不合格数。

当 AQL>10 时，则只能适用于计点数据，即 AQL 只能表征每百单位产品不合格数。

也就是说，对计件数据，AQL可使用0.010～10共16档；对计点数据，AQL可使用0.010～1000共26档。

计件检验是用样本中的不合格品数作为产品批的判定依据的。计点抽样检验是用样本中的不合格数作为产品批的判定依据。所以，只规定AQL=0.65之类是不明确的，应明确说明不合格品的AQL=0.65或不合格的AQL=0.65。

选择AQL应遵循下面的原则：

① 军用产品的AQL值比工业产品小一些，工业产品的AQL值要比民用产品的小一些。

② A类不合格品（致命不合格品）的AQL值应比B类不合格品（严重不合格品）的AQL值小些，B类不合格品的AQL值应比C类不合格品（轻微不合格品）的AQL值小些。

③ 检验项目越多，AQL值越大。

④ 单项检验的AQL值应严于多项目检验。

⑤ 电气性能的检验AQL值应严于机械性能，其次是外观性能。

⑥ 原材料、零部件检验的AQL值比成品检验的AQL值小。

⑦ 要考虑检验的经济性，如产品检验费用、检验时间和是否是破坏性检验，在批量、检验水平、检验严格程度和抽样类型不变时，AQL值越小，样本量越大，检验越不经济。

2）检验水平的选择。检验水平规定了批量与样本量之间的关系。一般来说，批量N越大，样本n也越大，但不是正比关系，大批量样本占的比例比小批量样本占的比例小。

抽样检验中，检验水平用于表征判断能力。检验水平高，判断能力强，即优于或等于AQL质量批的接收概率将有所提高，劣质批的接收概率将有较明显的降低。但需注意的是，检验水平越高，检验样本量越大，检验费用也相应提高。

GB/T 2828.1给出了3个一般检验水平，分别是Ⅰ、Ⅱ、Ⅲ，还有4个特殊检验水平，分别是S-1、S-2、S-3、S-4。数值越大，检验水平等级越高，判断能力越强；一般检验水平高于特殊检验水平。判断能力：Ⅲ >Ⅱ>Ⅰ>S-4>S-3>S-2>S-1。

选择检验水平应考虑以下几点：产品的复杂程度与价格，构造简单、价格低廉的产品检验水平应低些，检验费用高的产品应选择低检验水平；破坏性检验选低水平或特殊检验水平；生产的稳定性差或新产品应选高检验水平，批与批之间的质量差异性大必须选高检验水平，批内质量波动幅度小，可采用低检验水平。特殊检验水平一般用在检验费用极高或贵重产品的破坏性检验的场合，原则是宁愿增加对批质量误判的风险，也要尽可能减少样本。

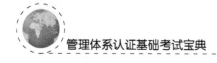

没有特别规定时，首先采用一般检验水平Ⅱ。

3）抽样方案类型的选取。GB/T 2828.1 中规定了一次、二次和五次抽检方案类型，对于同一个 AQL 值和同一个样本量字码，采用任何一种抽检方案类型，其 QC 曲线基本上是一致的。选择抽样方案类型主要考虑的因素有：产品的检验和抽样的费用，一次抽样方案的平均样本量是固定的，而二次（和五次）的平均样本量低，与一次抽样方案相比节省样本量，但二次（和五次）抽样方案在所需的时间上、检验知识和复杂性都比一次抽样高。另外，从心理效果上讲，二次（和五次）抽样比一次抽样好，往往使用方愿意采用二次或多次抽样方案。因此，选择抽样方案类型时应综合上述因素加以考虑。

4）检验严格度与转移规则。

① 检验严格度。

通常有下列三种不同严格度的检验。

a）正常检验。正常检验的设计原则是：当过程质量优于 AQL 时，应以很高的概率接收检验批，以保护生产方的利益。当与 AQL 相同时，批量越大，则接收概率越高。

b）加严检验。加严检验是为保护使用方的利益而设立的。一般情况下，让加严检验的样本量同正常检验的样本量一致，以降低接收数。加严检验是带有强制性的。

c）放宽检验。放宽检验的设计原则是：当批质量一贯很好时，为了尽快得到批质量的信息并获得经济利益，以减少样本量为宜。因此，放宽检验的样本量要小，一般仅是正常检验样本量的 40%。放宽检验是非强制性的。

② 转移规则。

三种检验的检验严格度不同，从一种检验状态向另一种状态转变的规则称为转移规则。图 15-4 所示为转移规则简图。

使用转移规则时的注意事项：

a）在检验开始时，一般采用正常检验，加严检验和放宽检验应根据已检信息和转移规则选择使用。

b）参与严格度调整的批一律是初次提交检验（初次检验）的批，拒收后经返工处理的再次提交检验的批，不能参与严格度调整。

c）加严检验开始，累计 5 批加严检验不接收时，原则上应停止检验，只有在采取了改进产品质量的措施之后，并经负责部门同意，才能恢复检验。此时，检验应从加严检验开始。

d）正常检验转为加严检验是强制执行的，而由正常检验转为放宽检验是非强制的。在条件不成熟或无把握时，可不执行放宽检验。

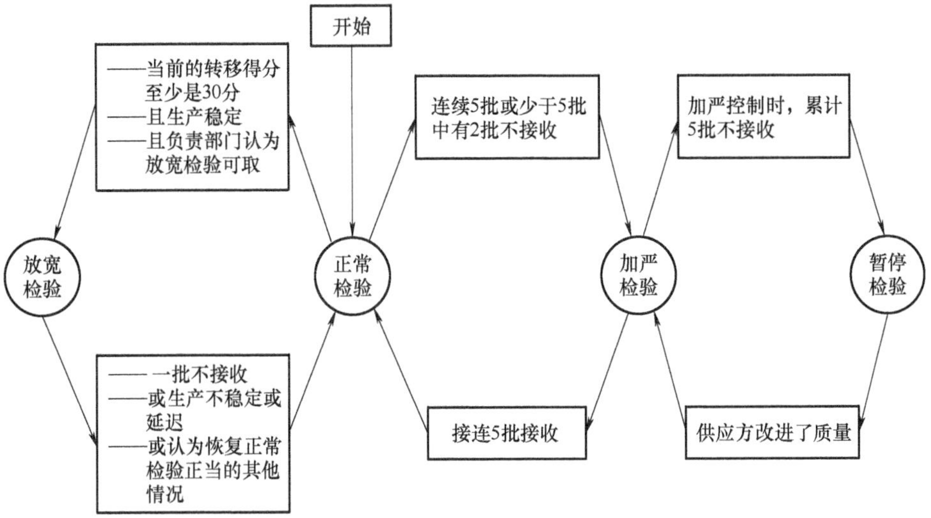

图 15-4　GB/T 2828.1 转移规则简图

3. GB/T 2828.1 抽样检验程序

1）准备阶段。

① 确定检验项目与要求（确定质量标准）。

② 确定不合格分类。

③ 确定接收质量限（AQL）。

④ 确定检验水平。

⑤ 确定抽样检验严格度及其转移规则。

⑥ 确定抽样方案类型（一次、二次、多次）。

⑦ 确定批的构成与提交时间。

⑧ 确定抽样时机。

2）实施阶段。

① 组成与提交检查批。

计数调整型抽样方案检验批的组成可以是投产批、销售批、运输批，但每个批应该是同型号、同等级、同种类的产品，且由生产条件和生产时间基本相同的单位产品组成。批量的大小根据生产情况而定，检验水平设计原则是批量 N 越大，样本量 n 越大。n/N 越小，单位检验成本越低，所以大批交检经济性好，但如果出现错判或漏判，风险比较大。

② 查样本量字码表得出样本量字码。

据批量 N 和规定的检验水平，查表得出样本量字码。

注：按由小到大的样本量顺序，规定了由 A 到 S 共 19 个字母中除 I 和 O 之外的 17 个字

母，作为样本字码。

③ 根据以前的检验信息及检验严格度转移规则，判断采用正常、加严或放宽检验。

④ 抽样方案的检索。使用 AQL 和样本量字码从抽样方案表中检索抽样方案，查出样本量、接收数和拒收数。

⑤ 样本的抽取与检验。

⑥ 检验判定。

从批中抽取方案规定的样本量，对每个样本进行检验，把检验中发现的不合格品数（或不合格数）或累计不合格品数（或累计不合格数）与方案规定的判定数组进行比较，就可对批做出判定。

一次抽样方案的形式为：

$$(n;\mathrm{Ac})\ \text{或}\ (n \mid \mathrm{Ac},\mathrm{Re})$$

式中，n 为所抽取的样本量；Ac 为接收数；Re 为拒收数，$\mathrm{Re}=\mathrm{Ac}+1$。

设 d 为样本中的不合格品数或不合格数，$d \leqslant \mathrm{Ac}$，判批接收；$d \geqslant \mathrm{Re}$，判批不接收。

⑦ 检验后的处理。

a）检验合格的批，样本中发现的不合格品要更换或返工。合格批整批接收，入库或转入下道工序。

b）负责部门应决定怎样处置不接收的批。对不接收批中的产品可以报废、分选（替换或不替换不合格品）、返工、根据更明确的使用性准则再评定，或等待进一步信息再作处置。

例题分析

1）（单项选择题）GB/T 2828.1 是一个按批量范围 N、检验水平和可接收质量限（AQL）检索的抽样系统，检验水平反映了批量（N）和样本（n）之间的关系。一般检验分为Ⅰ、Ⅱ、Ⅲ三个检验水平，无特殊要求时采用（　　）。

A. 检验水平Ⅰ　　B. 检验水平Ⅱ

C. 检验水平Ⅲ　　D. A + B + C

答案及分析：选择 B。见本书 15.2.3 节之 2 之 2）。

2）（单项选择题）GB/T 2828.1 标准检验水平中的特殊检验水平一般用于（　　）的检验。

A. 破坏性或费用低　　B. 非破坏性或费用低

C. 破坏性或费用高　　D. 非破坏性或费用高

答案及分析：选择 C。见本书 15.2.3 节之 2 之 2）。

3）（单项选择题）用计数调整型抽样方案进行正常检验，如果连续 3 批产品中有 2 批不接收，对下批产品应（　　）。

A. 使用加严检验　　B. 继续使用正常检验

C. 使用放宽检验　　D. 暂停抽样检验

答案及分析：选择 A。见本书 15.2.3 节之 2 之 4）之②。

4）（多项选择题）检索计数调整型 GB/T 2828.1 抽样方案，应事先规定（　　）。

A. 样本量　　B. 检验水平

C. 批量　　D. 接收质量限（AQL）

答案及分析：选择 BCD。见本书 15.2.3 节之 3 之 1）。

5）（单项选择题）OC 曲线可以用来（　　）。

A. 判断产品是否合格

B. 分析抽样方案的判别能力

C. 判断产品批是否接收

D. 判断过程是否处于统计控制状态

答案及分析：选择 B。见本书 15.2.1 节之 3。

6）（单项选择题）在 GB/T 13262 中，确定抽检方案的基本要素为（　　）。

A. AQL　　B. RQL

C. p_0、p_1　　D. N

答案及分析：选择 C。见本书 15.2.2 节之 2。

7）（单项选择题）计数标准型抽样的设计思想是（　　）。

A. 规定生产方风险质量，保护生产方利益

B. 规定使用方风险质量，保护使用方利益

C. 同时规定生产方和使用方风险质量，保护双方利益

D. 样本量较小

答案及分析：选择 C。见本书 15.2.2 节之 1。

8）（多项选择题）在 GB/T 2828.1 抽样标准中，接收质量限（AQL）的正确描述是（　　）。

A. AQL 是对连续批检验设立的质量指标

B. AQL 反映的是使用方对质量的要求

C. AQL 值越大，使用方得到的产品的质量越差

D. 实际的过程质量水平应大于 AQL 值

答案及分析：选择 ABC。见本书 15.2.3 节之 2 之 1）。

9）（多项选择题）使用计数调整型抽样方案对连续产品批进行检验，当其

他检索要素不变，而仅将 AQL 的值由 1.0（%）变为 2.5（%）时，产生的结果是（　　）。

A. 样本量一定增加　　　　B. 质量要求降低

C. 使用方得到的产品质量下降　　　　D. 过程质量得到改进

答案及分析：选择 BC。解题思路见本书 15.2.3 节之 2 之 1）。接收质量限（AQL）是指当一个连续系列批被提交验收抽样时，可允许的最差过程平均质量水平，增大 AQL 值，意味着降低对过程的质量要求，使得使用方得到的产品质量下降。

10）（多项选择题）关于抽样检验中检验水平的说法，正确的有（　　）。

A. 特殊检验水平抽样风险大

B. 一般检验水平Ⅲ所需的样本量大

C. 检验水平的选择并不影响质量保证能力

D. 一般检验水平Ⅲ的检验成本低

答案及分析：选择 AB。见本书 15.2.3 节之 2 之 2）。

11）（单项选择题）根据 GB/T 2828.1 转移规则，执行 GB/T 2828.1 的加严检验时，已有累计 5 批不合格，暂停检验。在改进后，经负责部门同意恢复检验。应使用的抽样方案是（　　）。

A. 正常检验　　　　B. 放宽检验

C. 加严检验　　　　D. 顾客与生产方协商选定

答案及分析：选择 C。见本书 15.2.3 节之 2 之 4）之②。

12）（单项选择题）使用计数调整型一次正常抽样方案（80；1）对连续 4 批产品验收，样本中不合格品数分别为 0，1，2，2。下批产品的验收应（　　）。

A. 使用正常检验　　　　B. 使用加严检验

C. 使用放宽检验　　　　D. 停止检验

答案及分析：选择 B。解题思路见本书 15.2.3 节之 2 之 4）之②。正常检验中 4 批中有 2 批不合格，满足连续 5 批或少于 5 批中有 2 批不合格的条件，转加严检验。

15.3　计量型抽样检验、散料抽样检验

15.3.1　计量型抽样检验

1. 定义

与只记录所检个体是否具有某种特性或属性，如单位产品的合格或不合格

的计数方法不同，计量方法是指在连续尺度下，测量和记录被检个体的特性值。计量抽样检验是定量地检验从批中随机抽取的样本，利用样本特性值数据计算特定统计量（统计量与样本均值、样本标准差有关），与判定标准比较，以判断产品批是否可接收。

2. 常用的计量型抽样检验标准

1）GB/T 6378. 1—2008《计量抽样检验程序　第1部分：按接收质量限（AQL）检索的对单一质量特性和单个AQL的逐批检验的一次抽样方案》，适用于质量特性服从或近似服从正态分布的检验，适用于分立个体产品的连续系列批，即产品全部由同一生产过程提供。

GB/T 6378. 1标准中以不合格品百分数为质量指标的计量检验包括几种模式，其可能的组合对使用者而言较为复杂：

① 标准差未知，或开始未知而后可相当精确地估计，或检验开始时即已知。

② 单侧规范限或联合双侧规范限。

③ 正常检验、加严检验或放宽检验。

2）GB/T 8054—2008《计量标准型一次抽样检验程序及抽样表》，它规定了以均值和不合格品率为质量指标的计量标准型一次抽样检验的程序与实施方法。它适用于产品质量特性以计量值表示且服从或近似服从正态分布的检验。它可以针对孤立的一批产品进行抽样检验。

3. 计量型抽样检验标准实施程序

以GB/T 8054—2008标准中以不合格品率为质量指标的抽样检验为例来说明。

1）选择抽样检验类型。产品质量稳定，并有近期质量管理或抽样检验的数据能预先确定批标准差时，可选用“σ”法。如无近期数据或即使有近期数据，但质量不稳定时，应选用“s”法。

2）确定抽样检验方式。有上规范限、下规范限及双侧规范限三种抽样检验方式。

3）规定合格质量 p_0 与极限质量 p_1。

4）检索抽样方案（n,k）。根据 p_0、p_1 检索抽样方案（n,k），n 是样本量，k 是接收常数。

5）批的构成与样本的抽取。

6）检测样本与计算结果。对于“σ”法，计算上质量统计量、下质量统计量：$Q_U=\dfrac{T_U-\bar{x}}{\sigma}$，$Q_L=\dfrac{\bar{x}-T_L}{\sigma}$

7）判断批能否接收。

——Q_U 或 $Q_L \geqslant k$，批接收。

——Q_U 或 $Q_L < k$，批不接收。

8）处理检验批。

15.3.2　散料抽样检验

1. 散料抽样检验的意义

GB/T 22555—2010《散料验收抽样检验程序和抽样方案》（由 ISO 10725：2000 改进而来）“引言”：自 20 世纪 40 年代后期开始，统计方法在散料抽样检验领域中的应用逐年增多，主要应用于对大量原材料诸如煤炭、铁矿石等的抽样。主要目的是以合理的费用准确地估计批平均质量，并在必要时依此来及时地调节价格和生产过程。

近年来，对散料特别是对工业产品，例如粉状化工原材料及塑料颗粒等的验收抽样的要求日益增加。在此情形下，确定批的可接收性比获得批平均质量的准确性更为重要。GB/T 22555 标准是为前一个目的而编制的。

2. GB/T 22555 的适用范围

GB/T 22555 以方差分析为理论基础，在考虑成本因素的条件下，标准主要提供了以单个质量特性的批均值为质量指标的抽样方案和标准验收程序。为满足多个质量特性检验，标准提供了特别检验程序和方案。GB/T 22555 适用于连续批，当标准差满足要求时，孤立批也适用。

3. 散料抽样检验的术语

这些术语来自 GB/T 22555。

1）验收抽样。根据从批中抽取的一个或多个样本的检验结果来判定是否接收该批的一种抽样检验。

2）验收检验。确定批或其他一定数量的产品是否可接收的检验。

3）接收准则。用来判断批接收与否的准则。

4）接收质量限。对连续批的验收抽样，满意的过程（批）平均的最差值。

5）不接收质量限。对连续批的验收抽样，不满意的过程（批）平均的最优值。

6）散料。其组成部分在宏观水平上难以区分的材料。

注：GB/T 22555 标准所指的散料不包括纸卷、线圈、铁板等类似材料，因为很难用规定的抽样程序对其进行检验。

7）份样。用抽样装置一次抽取的一定量的散料。

8）集样。从批中按实验抽样抽取的两个及以上份样的集合。

9）试样。制备所得的可用于一次或数次测试或分析的样本。

10）测试分量。用于一次测试或分析的试样部分。

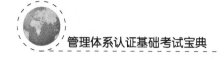

11）接收值。在计量抽样方案中，样本均值满足接收常数的限定值。

12）鉴别区间。接收质量限与不接收质量限之间的区间。

13）极限区间。双侧规范限的情形下，极限区间是上规范限的接收质量限与下规范限的接收质量限间的区间。

14）相对标准差。标准差与鉴别区间长度的比值。

15）重复性。重复性条件下的精密度。它与本书14.4.2节之3所讲的“重复性”是一回事。

注：所谓重复性条件是在同一实验室，由同一操作员使用相同的设备，按相同的测试方法，在短时间内对同一被测对象相互独立进行试验得到独立测试结果的条件。

16）中间精密度。在中间精密度条件下的精密度。中间精密度就是本书14.4.2节之3所讲的“再现性”。

注：所谓中间精密度条件是在同一实验室，使用相同的测试方法，对同一被测对象，在不同的操作条件（时间、标定、操作者及设备）下获取测试结果的条件。

4. 标准抽样程序

GB/T 22555标准对单个批的检验包括下列步骤（实际上是抽取和制备样本）：

1）抽取份样。

2）合成集样。

3）制备试样。

4）测量。

5. 散料检验程序

1）评估标准差。

2）确定样本量。

3）抽取和制备样本。

4）确定接收值。

5）判定批是否接收。

6）未接收批的处理。

例题分析

1）（多项选择题）使用计量型抽样方案，用于判断批接收与否的统计量与（　　）有关。

A. 样本中的不合格品数　　B. 样本均值

C. 样本不合格品率　　D. 样本标准差

答案及分析：选择BD。见本书15.3.1节之1。

2）（单项选择题）根据样本的平均值和标准差来判断产品批是否合格的检验方案是（　　）。

A. 计点检验　　B. 计件检验

C. 计量检验　　D. 计数检验

答案及分析：选择 C。见本书 15.3.1 节之 1。

3）（多项选择题）在计量抽样检验中，若产品特性值 $X \sim N(\mu, \sigma^2)$，σ 已知。

a）给定 x 的上规范限 T_U，若 $x > T_U$，则为不合格品。

b）给定 x 的下规范限 T_L，若 $x < T_L$，则为不合格品。

令 $\bar{x}$ 为样本均值，k 为规定的接收常数，则下列表述中正确的有（　　）。

A. $\dfrac{T_U - \bar{x}}{\sigma} \geqslant k$，批接收　　B. $\dfrac{T_U - \bar{x}}{\sigma} \geqslant k$，批不接收

C. $\dfrac{\bar{x} - T_L}{\sigma} \geqslant k$，批接收　　D. $\dfrac{\bar{x} - T_L}{\sigma} \geqslant k$，批不接收

答案及分析：选择 AC。见本书 15.3.1 节之 3 之 7）。

4）（多项选择题）关于散料抽样检验，下列说法正确的是（　　）。

A. 主要目的是以合理的费用准确地估计批平均质量

B. 确定批的可接收性比获得批平均质量的准确性更为重要

C. GB/T 22555 标准主要提供了以单个质量特性的批均值为质量指标的抽样方案和标准验收程序

D. GB/T 22555 标准适用于连续批

答案及分析：选择 ABCD。见本书 15.3.2 节之 1、2。

5）（多项选择题）散料检验程序包括（　　）。

A. 评估标准差　　B. 确定样本量

C. 抽取和制备样本　　D. 确定接收值，判定批是否接收

答案及分析：选择 ABCD。见本书 15.3.2 节之 5。

15.4　生产件批准程序

15.4.1　PPAP 概述

在工装样件通过之后，正式批量生产供货之前，顾客一般会要求组织用正式批量生产状态下的设备、工装、工艺进行小批量生产［生产件批准程序（Production Part Approval Process，PPAP）称之为有效生产（Significant Production Run）］。在小批量生产前或生产中，顾客会对组织进行现场审核，会要求组织在

小批量生产中准备有关的资料和实物样品，并将这些资料和实物样品提交给顾客进行确认批准。只有在顾客确认批准后，组织才能向顾客批量供货。

那么，组织在小批量生产中要注意哪些事项呢？组织应怎样向顾客提交资料和实物样品呢？这类工作有没有规范可依呢？回答是肯定的。PPAP 讲的就是如何对这类工作进行规范化管理。

本节以 PPAP 手册第四版为依据，讲述 PPAP 的要点。

1. PPAP 的目的

PPAP 规定了生产件批准的一般要求，包括生产件和散装材料。PPAP 的目的是确定组织是否已经正确理解了顾客工程设计记录和规范的所有要求，以及组织的制造过程是否具有潜在能力，能够依据顾客要求的生产节拍，持续生产出满足顾客要求的产品。

2. PPAP 的适用范围

PPAP 适用于提供生产件、服务件、生产原料或散装材料的组织的内、外部现场（一般而言，内部现场是指组织中生产零部件的车间，外部现场是指为组织提供零部件的供应商的制造现场）。散装材料一般不需要 PPAP，除非顾客要求。

是否实施 PPAP，由顾客和/或组织决定。一般情况下，汽车行业供应链中要实施 PPAP。

3. PPAP 中的重要术语

1）生产件。生产件是指在生产现场，使用正式工装、量具、过程、材料、操作者、环境和过程参数制造的零部件。

2）散装材料。散装材料是指黏合剂、密封剂、化学品、涂料、纤维和润滑剂等物质（如不成型的固体、液体和气体）。如果顾客给散装材料一个生产件编号，那么这种散装材料就成为生产材料。

3）生产材料。和产材料是指由顾客给定一个生产件编号，且直接发运给顾客的材料。

4）生产件样品。生产件样品是指取自于一个有效的生产量，用正规生产工艺制造的有代表性的生产件。其目的是验证工艺、工装等所有生产过程要素是否满足正式生产的要求。

5）实验室。实验室是指进行化学、金相、尺寸、物理、电气、可靠性试验或试验确认的试验设施。

6）标准样品。标准样品是指由供需双方批准的并作标识的样品。

7）原型样品。原型样品是指按图纸、样板、模型或其他设计文件、使用指定的材料制造的样品。原型样品制造过程中可以不使用正规生产要求的方法。

原型样品主要用来验证设计的质量，考核产品的结构、工艺性和性能。

8）工装样品（OTS）。工装样品是指采用正式生产用工装（模具、夹具等）制造的零部件。在生产工装样品的过程中，可以采用模拟生产工艺，不需要采用正式生产的工艺、设备以及生产节拍。工装样品主要用来验证工装是否符合要求。

9）限度样本。限度样本是指当产品特征（如外观质量等）难以在图纸上表述时的实物样件。批准的样件用作供需双方之间规定项目的质量标准。

10）在用零件（Active Part）。在用零件是指当前正在提供给顾客用于其产品或维修用途的零件。该零件只有在顾客有关部门授权工装报废后才放弃。对于用非顾客拥有的工装加工的同种零件或同一工装加工的其他零件，要求有顾客采购部门的书面确认，方可放弃。

对于散装材料，“在用零件”是指合同约定的散装材料，而不是该材料随后生产出的零件。

以上说法很拗口，是从英文翻译过来的。这里通俗解释一下：所谓在用零件，是指在制造这种零部件的工装被批准报废前，用该工装制造出来的零部件。

11）外观项目。外观项目是指在车辆完工后即可见的零部件，也就是构成产品外露部分的零部件。

一般来说，顾客会在工程图纸上标注外观项目。对于外观项目，要求在生产零件提交前，对外观（颜色、纹理和织物）进行专门的批准。

12）批准。在 PPAP 中，零件、材料和/或有关文件满足顾客的所有要求，在得到顾客批准或临时批准后，组织就可以按照顾客的要求给顾客供货。

13）黑盒子件（Black Box）。黑盒子件是指一个部件（例如一个组装、电子装置、机械装置或控制模块），其设计职责属于组织或供方。黑盒子件的要求通常受到顾客接口连接要求和功能验证要求的限制。“O. D. D”［外部的设计和开发（Outside Design and Development，O. D. D）］具有相同的意思。

一般而言，黑盒子件由顾客自己负责布置及外形的周边条件设计，并提出产品的功能要求和技术状态描述。由组织承担内部结构设计，并对产品设计结果负责。黑盒子件的 3D 数模、2D 图纸、产品标准或技术规范要求、试验要求、功能要求等技术资料一般需得到顾客的书面确认。组织负责黑盒子件生产所需的工装模具、检具及其他生产和物流器具的开发，并提供最终的符合要求的产品。

14）易损工装。易损工装是指钻头、切削刀具、镶嵌刀片等，用于生产产品，并在过程中消耗。

15）生产件批准提交（Production Part Approval Submission）。对于提交给顾客进行生产件批准的零件或材料，组织要进行验证，确保他们满足设计记录（设计文件）上的所有要求。这些零件或材料必须来自有效生产，该生产过程必需使用正式的工装、工艺并按正式生产的节拍来进行。

16）生产节拍。生产节拍是指在一定的时间内生产出规定数量的零件，用以满足顾客量产的需要。通常在采购协议上规定生产节拍。

17）特殊特性。特殊特性是指影响产品的安全、法规符合性、装配、功能、性能和后续加工的产品特性或制造过程参数。

18）规范。规范是指表明要求的文件。

注：对于 PPAP，由工程规范确定的产品特性必须得到满足。需注意的是，规范不应该与代表“过程声音”的 SPC 控制限相混淆。

15.4.2　提交 PPAP 的时机

1. 须获得顾客批准的原则

在下列情况下，组织必须获得顾客的批准：

1）一种新的零件或产品（即从前未曾提供给顾客的某种零件、材料或颜色）。

2）对以前所提交不符合零件的纠正。

3）由于设计记录、规范或材料方面的工程更改从而引起产品的改变。

4）下面 2、3 中的任意一种情况。

2. 须通知顾客，由顾客决定提交 PPAP 批准的情况

在出现表 15-2 中的设计、过程和现场更改时，组织必须通知顾客，由顾客决定是否需要提交 PPAP 批准。

表 15-2　须通知顾客的情况

须通知顾客的情况	说明或举例
1. 与以前批准了的零件或产品相比，使用了不同的加工方法或材料	例如，设计文件中作为注解包括进去的加工方法发生了改变，或者产品的公差要求发生了改变，但这些改变又没有出现在表 15-3 第 3 条所描述的工程更改中
2. 使用新的或改进的工装（不包括易损工装）、模具、成型模、模型等，包括补充的或替换用的工装	本要求只适用于其独特的形状或功能，可能影响最终产品完整性的工装，不适用于标准工装（新的或维修过的），例如标准测量装置、螺钉旋具（手动或电动）等
3. 在对现有的工装或设备升级或重新布置之后进行生产	升级是指为了增加产量、提高性能，对工装或设备进行改造和/或变更，或改变它现有的功能。不要和正常的维护、修理或设备零件更换等工作相混淆。正常的维护、修理或设备零件更换是不会影响产品性能的，并且这些工作完成后要进行验收，验收合格后才能运行 重新布置是指改变了过程流程图中规定的生产/过程顺序（包括新过程的加入） 可能要求对生产设备进行微小调整以满足安全要求，如安装防护罩、消除潜在的 ESD（静电）风险等

（续）

须通知顾客的情况	说明或举例
4. 工装和设备转移到不同的工厂，或在一个新增的厂址进行生产的	生产过程工装和/或设备，在一个或多个场地中的建筑或设施间转移
5.（分）供方的零件、材料或服务（如热处理、电镀）发生了变化，从而可能影响顾客产品的装配、成形、功能、耐久性或性能的要求	组织负责对（分）供方提供的材料和服务进行批准
6. 工装停止批量生产达到或超过 12 个月以后重新启用进行生产	零件一直没有采购订单且生产工装已经停止批量生产达到或超过 12 个月，若要重新启用这些工装进行生产，则需要通知顾客 唯一一种例外是当该零件是以小批量方式生产的，如维修件或专用车零件。需注意的是，顾客可能对维修零件规定特殊的 PPAP 要求
7. 内部制造或由（分）供方制造的产品配套零部件及其制造过程发生了变更	任何影响顾客要求的装配性、成形、功能、性能和/或耐久性的更改均要求通知顾客
8. 试验/检验方法的更改——新技术的采用（不影响接收准则）	对于试验方法的变更，组织应该有证据表明，新方法具有和老方法相同的测量能力
另外，针对散装材料： 9. 新的或现有的（分）供方提供的原材料的货源发生了变化 10. 产品外观属性发生了变化	通常这些更改对产品的性能有影响

3. 须提交 PPAP 批准的情况

在表 15-3 所列的情况下，组织必须在首批产品发运给顾客前提交 PPAP 批准，除非顾客放弃了该要求（此时，供方必须取得顾客放弃批准的书面授权，授权书上应该有顾客代表的签名、签署日期，此授权书是 PPAP 文件的一部分）。

表 15-3 要求提交 PPAP 的情况

要求提交 PPAP 的情况	说明或举例
1. 新的零件或产品（如以前未曾提供给顾客的某种零件、材料或颜色）	一个新产品投产时，或者一个以前批准的，但又指定了一个新的或修改的产品/零件编号的零件投产时，要求提交 新增加到一个产品系列的零件、产品或材料，可以使用以前的在相同产品系列中获批准的适当的 PPAP 文件

（续）

要求提交 PPAP 的情况	说明或举例
2. 对以前提交的不符合零件进行了纠正	对以前提交的不符合零件进行了纠正后，要重新提交 “不符合”包括以下内容： 1）产品性能不同于顾客的要求 2）尺寸或能力问题 3）供方问题 4）零件的批准替代零件的临时批准 5）试验问题，包括材料、性能、工程确认问题
3. 与顾客给定了编号的产品、零件有关的设计文件、技术规范或材料发生了变化	与顾客给定了编号的产品、零件有关的设计文件、技术规范或材料有变化时，都要求提交
另外，只针对散装材料： 4. 组织在产品上采用了以前未曾用过的新的过程技术	—

需注意的是，不论顾客是否要求正式提交 PPAP，组织都必须根据生产过程的实际情况，及时评审和更新 PPAP 文件，以反映生产过程的实际情况。

15.4.3　PPAP 提交等级及提交所需的实物和资料

组织应按顾客要求的等级，提交该等级规定的实物和资料。

1. 提交等级的划分

PPAP 提交等级见表 15-4。每一等级的详细要求见下面的表 15-5。

表 15-4　PPAP 提交等级

等级	提交项目和/或记录
等级 1	仅向顾客提交保证书（对指定的外观项目，提供一份外观批准报告）
等级 2	向顾客提交保证书和产品样品及有限的支持资料
等级 3	向顾客提交保证书和产品样品及完整的支持资料
等级 4	提交保证书和顾客规定的其他要求
等级 5	保证书、产品样品以及全部的支持资料都保留在组织的制造现场，供审查时使用

如果顾客无特别规定，则用等级 3 作为默认等级，按等级 3 提交。

散装材料的提交要求至少包含 PSW 零件提交保证书和“散装材料要求检查表”。

2. 各等级需提交/保存的实物和资料

各等级需提交/保存的 19 项实物和资料见表 15-5。各等级根据需要从 19 项实物和资料中选取全部或部分实物和资料提交/保存。

表 15-5　各等级需提交/保存的 19 项实物和资料

需提交/保存的实物和资料	等级				
	等级 1	等级 2	等级 3	等级 4	等级 5
1. 可销售产品的设计记录	R	S	S	*	R
——对于专利零部件/详细资料	R	R	R	*	R
——对于所有其他零部件/详细资料	R	S	S	*	R
2. 工程更改文件，如果有	R	S	S	*	R
3. 顾客工程批准，如果要求	R	R	S	*	R
4. 设计 FMEA（如果组织负责设计）	R	R	S	*	R
5. 过程流程图	R	R	S	*	R
6. 过程 FMEA	R	R	S	*	R
7. 控制计划	R	R	S	*	R
8. 测量系统分析研究	R	R	S	*	R
9. 全尺寸测量结果	R	S	S	*	R
10. 材料、性能试验结果	R	S	S	*	R
11. 初始过程研究	R	R	S	*	R
12. 合格实验室的证明文件	R	S	S	*	R
13. 外观批准报告（AAR），如果适用	S	S	S	*	R
14. 生产件样品	R	S	S	*	R
15. 标准样品	R	R	R	*	R
16. 检查辅具	R	R	R	*	R
17. 符合顾客特殊要求的记录	R	R	S	*	R
18. 零件提交保证书（PSW）	S	S	S	S	R
19. 散装材料要求检查表（仅适用于散装材料的 PPAP）	S	S	S	S	R

注：S—组织必须向顾客提交，并在适当的场所保留一份记录或文件的副本。

R—组织必须在适当的场所保存，并在顾客有要求时易于得到。

*—组织必须在适当的场所保存，并在有要求时向顾客提交。

15.4.4　PPAP 的过程要求

1. PPAP 生产的要求——有效的生产

除非顾客另有要求，否则组织 PPAP 的生产应满足以下要求：

1）PPAP 生产过程必须使用正式的过程、工装、量具、原材料、操作者、生产场地、环境以及生产工艺参数。

2）PPAP 的生产数量至少为连续的 300 件（数量至少要满足过程能力的研究），且该过程必须是 1 ~8 小时的生产。PPAP 提交的样品应该从这些生产件中提取。

3）对每个生产过程的零部件，如用多条相同的生产线，用多腔模具、工具生产的零部件，都应进行测量，并对代表性零件进行试验。

4）对于散装材料，没有具体数量的要求，如果要求提交其样品，那么样品必须出自“稳定的”加工过程。

2. PPAP 提交的基本要求

1）在满足下面 3 中所列的 PPAP 提交要求的同时，还应满足顾客规定的其他 PPAP 要求。

2）生产件必须符合所有顾客工程设计记录和工程规范的要求（包括安全性和法规的要求）。若未达到规范要求，组织必须书面记录解决问题的方案，并联系经授权的顾客代表，以决定采取适当的纠正措施。

3）下面 3 中的所有项目或记录，并不一定适用于每个组织的每个零件。例如，有些零件没有外观要求，有些零件没有颜色要求，塑料件可能有聚合物标识的要求。为了确定必须包括哪些项目，应该参考设计记录，例如零件图纸、相关的工程文件或技术规范，还可咨询顾客代表。

3. PPAP 提交的项目、记录及其要求

适用时，组织 PPAP 提交的项目和记录应满足下列要求：

1）设计记录。

① 设计记录（Design Record）指的是零件图样、规范和/或电子（CAD）数据，用来传送生产一个产品必需的信息，即我们平常所说的图样及设计文件。

② 组织必须具备所有的可销售产品/零件的设计记录，包括组件的设计记录或可销售产品/零件的详细信息。

③ 如果设计记录是以电子档案形式存在的，则组织必须制作一份书面文件类的资料［如带有图例、几何尺寸与公差（GD&T）的表格、图纸］，在其上面标识出需要测量的项目。

④ 无论设计责任是谁，设计记录都应该是唯一的。

⑤ 对于黑盒子零件［见 15. 4. 1 节之 3 之 13）］，设计记录要规定其与其他件的配合关系和性能要求。

⑥ 对于标准目录零件（即标准件，如螺钉、螺栓等），设计记录可能只包含功能规格或者认可的行业标准的参考要求。

⑦ 对于散装材料，设计记录可以包括原材料的标识、配方、加工步骤和参数，以及最终的产品规范和接受准则。

⑧ 零件材质报告。组织必须提供零件材质报告以证明零件的材质符合顾客

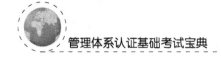

的要求。零件材质报告可按国际材料数据系统（International Material Data System，IMDS）的要求编写，也可按顾客规定的要求编写。

IMDS 是一个第三方服务平台，其网址是 www. mdsystem. com。IMDS 供汽车制造商和零部件供应商等上传材料数据。企业可通过 IMDS 向客户提供零件材质报告。

与之对应的是中国汽车材料数据系统（China Automotive Material Data System，CAMDS），其网址是 www. camds. org. cn。

⑨ 聚合物的标识。适当时，组织需按 ISO 标准的要求标识聚合物。比如，根据需要，在塑胶件上做标识。

聚合物是指高分子化合物（Macro Molecular Compound）。所谓高分子化合物，是指那些由众多原子或原子团主要以共价键结合而成的相对分子量在一万以上的化合物。按性质和用途，可将聚合物分为橡胶、化学纤维、塑料、胶粘剂和涂料。

ISO 11469《塑料—塑料产品的通用标识与标记》、ISO 1629《橡胶和胶乳命名》等标准对标识的要求有规定。比如，按下列重量准则确定是否需要标识：

a）塑料件重量≥100g，按 ISO 11469/1043-1 的要求标识。

b）合成橡胶件的重量≥200g，按 ISO 11469/1629 的要求标识。

对应的国家、行业标准有 GB/T 16288《塑料制品的标志》、QC/T 797《汽车塑料件、橡胶件和热塑性弹性体件的材料标识和标记》。

2）授权的工程更改文件。对于任何尚未录入设计记录中，但已在产品、零件或工装上呈现出来的工程更改，组织必须有该工程更改的授权文件。在这种情况下，供方需把最新的工程更改的授权文件附在 PPAP 提交的文件中。

3）顾客工程批准。顾客要求时，组织必须具有顾客工程批准的证据。

比如，当工艺流程图上的内容与当前顾客已批准的不同时，就应根据顾客的要求，将工艺流程图送顾客批准签字。

4）设计失效模式及后果分析（DFMEA）。有产品设计职责的组织，必须按照顾客要求做好 DFMEA。同一份 DFMEA 可以适用于相似零件或材料族系。

5）过程流程图。组织必须使用组织规定的格式绘制过程流程图，清楚地描述生产过程的步骤和流程，同时应适当地满足顾客规定的需要、要求和期望。

如果组织对新零件的共同性进行了评审，同一份过程流程图可适用于相似零件家族的生产过程。

6）过程失效模式及后果分析（PFMEA）。组织必须按照顾客的要求，进行相应的过程 FMEA 开发。

如果新零件的共同性已经通过了组织的评审，那么同一份过程 FMEA 可适用于相似零件或材料族系的生产过程。

7）控制计划。组织必须制订控制计划，在控制计划中，要明确用于过程控制的方法。控制计划的制订要符合顾客的要求。

如果新零件的共同性已经通过了组织的评审，那么相似零件可以用同一个控制计划——“零件家族”控制计划。

顾客有要求时，控制计划要送顾客批准。

8）测量系统分析研究。组织必须对所有新的或改进后的量具、测量和试验设备进行测量系统分析研究，如量具的重复性与再现性、偏移、线性和稳定性研究。

9）全尺寸测量结果。

① 组织必须按设计记录和控制计划的要求，提供尺寸验证已经完成的证据，且测量结果符合规定的要求。

② 对于每个独立的加工过程（如生产单元或生产线）和所有的多模腔、成型模、模型或冲模，组织都必须有全尺寸测量结果。比如，一个塑料模具有 4 个模腔，那么对其生产出来的 4 个产品都要进行全尺寸测量。

③ 组织必须对设计记录和控制计划中注明的所有尺寸（参考尺寸除外）、特性和规格等项目进行测量，并记录测量结果。

④ 组织必须标明设计记录的日期、变更版本，以及任何尚未包括在设计记录中，但已经经过授权而且纳入生产的工程变更文件。组织必须在所有辅助文件［例如补充的全尺寸结果表、示意图、复印图、剖视图、CMM（三坐标测量仪）检查点结果、几何尺寸和公差图，或其他的与零件图相关的辅助图］上记录变更的版本、绘图日期、组织名称和零件编号。根据保留/提交要求表，这些辅助文件的副本也必须与尺寸测量结果一起提交。使用光学比较仪等仪器进行检验时，检测中输出的图样、数据也必须提交。

⑤ 组织必须确定其中一个被测零件为标准样件。

⑥ 尺寸检查结果可记录在“尺寸检查结果表”中，也可以在零件图上清楚地标注测量结果，包括剖视图、复印图或示意图等。

10）材料/性能试验结果的记录。

① 对于设计记录或控制计划中规定的试验和/或性能试验，组织必须有试验结果的记录。

② 材料试验结果。当设计记录或控制计划中对材料的试验（化学、物理或金相试验的）有要求时，组织必须做好这些试验。

材料试验结果必须说明以下内容：

a）试验零件的设计更改等级。

b）任何尚未纳入设计记录，但经过授权的工程更改文件。

c）材料检验/试验依据的标准的编号、发布日期和变更等级（版本）。

d）进行试验的日期。

e）试验零件的数量。

f）实际试验结果。

g）材料供方的名称，当顾客要求时，注明顾客指定的供方/供货商代码。

材料试验结果应记录在合适的表格中。

③ 性能试验结果。当设计记录或控制计划对零件的性能或功能有试验要求时，组织必须做好这些试验。

性能试验报告必须包括以下内容：

a）试验零件的设计更改等级。

b）任何尚未纳入设计记录，但经过授权的工程变更文件。

c）零件检验/试验依据的标准的编号、发布日期和变更等级（版本）。

d）进行试验的日期。

e）试验零件的数量。

f）实际试验结果。

试验结果应记录在合适的表格中。

11）初始过程研究。

① 初始过程研究（即对过程进行初次研究）的目的是确定过程是否有能力生产出满足顾客技术要求的产品。至少要对每项特殊特性要求进行初始过程能力研究，并且其结果必须是顾客可以接受的。如果没有规定特殊特性，顾客有权要求对其他特性进行初始过程能力研究。

② 初始过程能力研究关注的是计量型而不是计数型数据。用计数型数据对特性实施监测，需要相当长的时间收集更多的数据。计数型数据不适用于 PPAP 提交，除非顾客代表批准。

③ 初始过程研究不仅仅是为了得到一个精确的指数值，更是为了了解过程的变差，所以需要足够多的数据（至少 100 个）。顾客同意时，可以使用类似过程的长期历史数据。如果数据少于 100 个，应与顾客协商采用一些适用的措施。

初始过程研究时间很短，可能预测不出时间以及人、材料、方法、设备、测量系统和环境变化的影响。尽管研究时间短，但是利用控制图收集和分析数据仍是十分重要的。

有些人认为，PPAP 提交时只需计算 P_{pk}。这一看法是片面的。只要时间、条件允许，应尽量计算 C_{pk}。

一般采用 $\bar{x}$-R 图（均值-极差控制图）进行过程能力研究。采用 $\bar{x}$-R 图时，要求至少有 25 个子组、100 个数据。经顾客事前批准，可使用其他分析工具来替代，如单值-移动极差控制图（$\bar{x}$-MR 图）。

④ 如果适用，应该使用过程能力或过程绩效指数对初始过程研究进行总结。

对于稳定过程，计算过程能力指数 C_{pk}；当过程存在已知的可判断的特殊原因，且输出满足规范要求时（此时过程不稳定，但过程的结果满足要求），应该使用过程绩效指数 P_{pk}。当过程不稳，又找不到引起过程不稳的特殊原因时，应与顾客协商采用一些适用的措施。

初始过程研究的接受准则见表 15-6。

表 15-6　初始过程研究的接受准则

研究结果	判定说明
指数值 >1.67	该过程目前能够满足要求
1.33≤指数值 ≤1.67	该过程目前可被接受，但是可能会要求进行一些改进，此时需要与顾客联系，对研究结果进行评价
指数值 <1.33	该过程目前不能接受，此时需要与顾客联系，对研究结果进行评价

注：1. 对于稳定的过程，指数值使用过程能力指数 C_{pk}。

2. 对于输出满足规范要求且过程存在的特殊原因可判断的不稳定过程，指数值应使用过程绩效指数 P_{pk}。

3. 此接受准则是基于正态分布和双侧规范（目标位于中心）的假设。

当过程在 PPAP 提交允许的日期之前不能满足接受准则时，组织必须与顾客联系，向顾客提交一份纠正措施计划和一份已修改的、包含 100% 检验的控制计划，供顾客批准。

组织必须进行持续地改进，减少变差直到满足接受准则或者得到顾客批准。

⑤ 根据不稳定的性质，一个不稳定的过程可能不能满足顾客的要求。组织在提交 PPAP 之前，必须识别、评价变差的特殊原因，并在可能的情况下消除特殊原因。组织必须将存在的任何不稳定过程通报给顾客，且在任何提交之前，必须向顾客提交纠正措施计划。

⑥ 对于单边公差或非正态分布的过程，组织必须与顾客联系，确定一个替代的过程能力接受准则。

12）合格实验室的证明文件。PPAP 的检验和试验应由有资格的实验室完成。组织必须提供实验室范围和证明实验室具备资格的文件。

若使用外部/商业实验室，实施结果必须记录在有信头的实验室报告纸或标准的实验报告上，注明实验室名称、试验日期和使用的检验标准。

13）外观批准报告（AAR）。

① 如果产品/零件设计记录（文件）上有外观项目要求，则必须完成该产品/零件的 AAR。典型的 AAR 通常只适用于带有颜色、表面纹路或表面外观要求的零件。

② 在最终的 PPAP 提交前，可能需要先提交 AAR 和代表性的产品/零件。在最终的 PPAP 提交时，AAR（填入零件接受情况和顾客代表签名）必须与 PSW（零件提交保证书）一起提交。

14）生产件样品。组织必须按顾客的规定向顾客提供生产件样品。

15）标准样品。

① 标准样品的作用是为了帮助确定生产标准，特别适用于数据含糊的情况，或当缺乏充分的细节来完全再现初始批准状态下的零件时。

② 公司必须保存 1 件标准样品，保存时间遵循下列规定：

a）与生产件批准记录的保存时间相同（即该零部件在用期再加一个日历年）。或

b）直到顾客批准而生产出一个用相同顾客零件编号的新标准样品为止。或

c）在设计记录、控制计划或检验准则要求有标准样品的地方，存放标准样品，作为一个基准或标准使用（也就是该有标准样品的地方，必须时时保存有标准样品）。

③ 要对标准样品进行标识，要标识出顾客批准的日期。

④ 在多模腔、成型模、工装或样板模，或生产过程的每一个位置，组织必须各保留一件标准样品，除非顾客另有规定。

⑤ 当标准样品因尺寸、体积等难以贮存时，经授权的顾客代表的书面许可，可以改变或放弃对样品的保留要求。

16）检查辅具。

① 在顾客有要求时，公司在提交 PPAP 时，应同时提交/保存相关的特殊装配辅具或部件检查辅具的实物和资料。

② 组织必须证明检查辅具的所有内容与零件尺寸要求一致。提交时，组织必须将和检查辅具相关的工程设计更改形成文件。组织必须在零件寿命期内对检查辅具提供预防性维护。

③ 必须按照顾客的要求对检具进行测量系统分析研究，如重复性与再现性、准确度、偏倚、线性和稳定性研究。

④ 检查辅具包括特别针对提交产品的夹具、计量型和计数型量具、模具、样板和透明胶片。

17）顾客的特殊要求。组织必须有与所有适用的顾客特殊要求相符合的记录。

18）零件提交保证书（PSW）。

① 在完成所有的测量和试验后，组织要完成 PSW。PSW 应由组织授权的代表进行签署。

PSW 是说明提交理由、提交等级和提交结果的文件。

② 对于每一个顾客给定了编号的零件，都必须完成一份单独的 PSW，除非经授权的顾客代表同意其他的形式。

③ 如果生产零件是采用一个以上的多模腔、成型模、工具、冲模或样板模型，或采用如生产线或生产单元之类的生产过程加工出来的，则组织必须对来自每一处的每一个零件进行全尺寸测量评价。这时，必须在 PSW 或 PSW 附件中的“成型模/多模腔/生产过程”一栏中填上特定的成型模、多模腔、生产线等。

④ 组织必须验证所有测量和试验结果符合顾客要求，并且可随时得到所要求的所有文件，对于等级 2、3 和 4，有些文件已包含在提交的资料中。经授权的组织代表必须签署 PSW，并注明联系信息。

⑤ PSW 实际上是对各类文件化变更的汇总，应按顾客要求的时间提交。

⑥ 组织必须在 PSW 上记录要发运的零件重量，除非顾客另有规定，否则一律用千克（kg）作单位，并精确到小数点后 4 位（0.0000）。

零件重量不可以包括运输时的保护装置、装配辅具或包装材料。为了确定零件重量，组织必须随机选择 10 个零件分别称重，然后计算并报告平均重量。用于实际生产的每个多模腔、工装、生产线或过程都必须至少选取一个零件进行称重。

在没有要求至少 10 个零件的生产或服务情况下，组织应该用要求的数量进行平均零件重量的计算。

19）散装材料要求检查表（仅适用于散装材料）。组织按与顾客达成一致的要求填写散装材料要求检查表。

15.4.5　零件提交状态（零件提交的处理结果）

对提交的处理结果，顾客要通知供货的组织。提交获得批准后，组织必须保证将来的生产能持续满足顾客的所有要求。

零件提交的处理结果可以是批准、临时批准或拒收。

1. 批准

批准是指零件或材料满足顾客所有的规范和要求。此时，供货的组织可按顾客要求的批量向顾客发货。

2. 临时批准

临时批准是指在有限的时间或零件数量的前提下，允许发运顾客生产所需的零件。若要获得“批准”，需要再次提交 PPAP。

只有在供货的组织满足下列情况时，才被给予临时批准：

1）已明确了解影响批准的不合格的根本原因，且

2）已准备了一份顾客同意的纠正措施计划。

在临时批准期间，组织有责任实施遏制措施，以确保只有可接受的材料发

运至顾客处。组织必须明白："临时批准"的零件不能视作"批准"。

组织若不遵守纠正措施计划，即使按截止日期或规定的数量交运，这些临时批准文件内所包括的材料、零件仍会被拒收。如果顾客没有同意延长临时批准，那么临时批准到期后不允许再交货。

3. 拒收

拒收是指提交的样品、文件不符合顾客要求。因此在解决所有问题之前，不得按批量发运。

此时，组织必须采取改进措施，再次提交。在量产交运之前，提交必须被批准。

15.4.6 PPAP 记录的保存

PPAP 记录的保存期为该零部件的在用期再加一个日历年，即在生产该零件的工装报废后，PPAP 记录还要再保存一个日历年。

组织必须确保在新零件的 PPAP 文件中，已包括或引用了替代零件的 PPAP 文件中适用的记录。例如，在新零件和旧零件相比只有一个尺寸变更的情况下，拿到一份从原材料供方所取得的材料证明，便可延用。这种情况下，应该在旧零件和新零件之间进行一次 PPAP"差距分析"，以确认旧零件中的哪些 PPAP 记录可以延用。

例题分析

1）（单项选择题）PPAP 中，（　　）是在生产现场，使用正式工装、量具、过程、材料、操作者、环境和过程参数制造的零部件。

A. 生产件　　B. 标准样品

C. 生产材料　　D. 在用零件

答案及分析：选择 A。见本书 15.4.1 节之 3 之 1）。

2）（单项选择题）PPAP 的目的有（　　）。

A. 确定组织是否已经正确理解了顾客工程设计记录和规范的所有要求

B. 确定组织的制造过程是否具有潜在能力，能够依据顾客要求的生产节拍，持续生产出满足顾客要求的产品

C. A + B

D. 以上都不对

答案及分析：选择 C。见本书 15.4.1 节之 1。

3）（多项选择题）按 PPAP 的要求，在下列哪种情况下，除非顾客放弃，否则组织必须获得顾客的批准？（　　）

A. 一种新的零件或产品（即从前未曾提供给顾客的某种零件、材料或颜色）

B. 对以前所提交不符合零件的纠正

C. 由于设计记录、规范或材料方面的工程更改从而引起产品的改变

D. 生产线设备更换了零件

答案及分析：选择 ABC。见本书 15.4.2 节之 1。

4）（多项选择题）PPAP 有效生产的要求有（　　）。

A. PPAP 生产过程必须使用正式的过程、工装、量具、原材料、操作者、生产场地、环境以及生产工艺参数

B. PPAP 的生产数量至少为连续的 300 件，且该过程必须是 1 ~ 8 小时的生产

C. PPAP 提交的样品应该从上述生产件中提取

D. 对每个生产过程的零部件，如用多条相同的生产线，用多腔模具、工具生产的零部件，都应进行测量，并对代表性零件进行试验

答案及分析：选择 ABCD。见本书 15.4.4 节之 1。

5）（多项选择题）PPAP 的零件提交状态（零件提交的处理结果）有（　　）。

A. 批准　　　　B. 临时批准

C. 拒收　　　　D. 让步接收

答案及分析：选择 ABC。见本书 15.4.5 节。

同步练习强化

1. 单项选择题

1）对批量 $N=10000$ 的某批产品的检验结果是：

2 个产品分别有 1 个 A 类不合格、1 个 B 类不合格；

4 个产品分别有 1 个 B 类不合格；

1 个产品有 2 个 B 类不合格；

4 个产品分别有 1 个 B 类不合格、1 个 C 类不合格。

则其中 B 类不合格品数为（　　）。

A. 9　　　　B. 11

C. 12　　　　D. 4

2）对批量为 100 的产品批进行外观全数检验，发现 2 件产品上有 5 处不合格，该批产品的每百单位产品不合格数为（　　）。

A. 2　　　　B. 5

C. 0.02　　　　D. 0.05

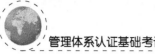

3）随着过程质量水平的变化，计数调整型抽样检验不断调整的是检验的（　　）。

A. 水平　　B. AQL

C. 抽样方案　　D. 严格度

4）在计数调整型抽样方案中，用来规定批量和样本量之间关系的要素是（　　）。

A. AQL　　B. 检验水平

C. 抽样类型　　D. LQ

5）用计数调整型抽样方案对贵重产品进行破坏性检验，适宜选择的检验水平是（　　）。

A. 一般水平Ⅰ　　B. 一般水平Ⅱ

C. 一般水平Ⅲ　　D. 特殊检验水平

6）A 类不合格的 AQL 值应（　　）B 类不合格的 AQL 值。

A. 小于　　B. 大于

C. 等于　　D. 大于、小于或等于

7）（　　）是指当一个连续系列批被提交验收抽样时，可允许的最差过程平均质量水平。它是对生产方的过程质量提出的要求，是允许的生产方过程平均质量（不合格品率）的最大值。

A. AQL　　B. LQ

C. p_1　　D. p_0

8）下列有关过程平均的说法正确的是（　　）。

A. 在任一时段或生产量内平均的过程质量水平，即一系列初次交检批的平均质量

B. 其表示方法与批质量的表示方法不同

C. 过程平均表示的是在稳定的加工过程中一系列批的平均合格品率

D. 过程平均表示的是在稳定的加工过程中一系列批的平均不合格品率

9）生产方风险是指生产方因（　　）所承担的风险。

A. 合格批被判为不合格批　　B. 不合格批被判为合格批

C. 使用方拒收不合格批　　D. 使用不合理的抽样方案

10）单位产品是（　　）。

A. 按产品的特性划分的基本产品单位

B. 按国际单位而划分的基本产品单位

C. 为实施抽样检验而划分的基本产品单位

D. 为编制正态分布图而划分的基本产品单位

11）在抽样检验中，通常根据不合格的严重程度必要时将它们进行分类，A

类不合格是指（　　）。

A. 关注程度低于 B 类和 C 类的一类不合格

B. 认为关注程度比 B 类稍低的一种类型的不合格

C. 认为最被关注的一种不合格

D. 认为比较被关注的一种不合格

12）抽样检验的对象是（　　）。

A. 一批产品　　B. 部分产品

C. 单位产品　　D. 样本

13）在对铸件进行检验时，根据样本中包含的不合格铸件数和根据样本中包含的不合格砂眼数判断产品批是否合格的判定方式属于（　　）检验。

A. 计点和计件　　B. 计件和计点

C. 计数和计量　　D. 计数和序贯

14）（　　）检验是通过测量被检样本中产品质量特性的具体数值并与标准进行比较，进而推断整批产品的接收与否。

A. 计件抽样　　B. 计点抽样

C. 计数抽样　　D. 计量抽样

15）散料抽样检验中，接收质量限与不接收质量限之间的区间称为（　　）。

A. 鉴别区间　　B. 极限区间

C. 相对标准差　　D. 接收值

16）PPAP 中，如果顾客无特别规定，则用（　　）作为默认等级。

A. 等级 1　　B. 等级 2

C. 等级 3　　D. 等级 4

17）计数调整型抽样标准 GB/T 2828.1 主要适用于（　　）。

A. 连续批产品的抽检

B. 孤立批产品的抽检

C. 既可用于连续批，也可用于孤立批的检验

D. 生产过程能力的判定

18）使用一次正常抽样方案（50；1）对一批产品验收，若样本中出现的不合格品数 =1 个，则（　　）。

A. 接收该批产品　　B. 不接收该批产品

C. 再抽取一个样本进行判定　　D. 使用加严检验方案再判定一次

19）对某产品的一系列批进行验收，查得一次正常方案为（125；3），一次加严方案为（125；2），若使用一次正常抽样方案检验，前 6 批样本中的不合格品数分别为：2，3，4，0，1，5，第 7 批样本中不合格品数为 3，则（　　）。

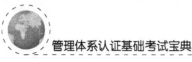

A. 接收该批产品　　B. 不接收该批产品

C. 下批使用放宽检验　　D. 下批停止检验

20）接收质量限（AQL）是对（　　）提出的质量要求。

A. 某一个检查批　　B. 出厂产品批

C. 连续稳定的生产过程　　D. 采购产品

21）当过程平均远远小于可接收质量限时，抽样检验应考虑（　　）。

A. 降低样本量以节省检验成本

B. 降低检验风险，加大样本量

C. 降低质量要求以提高 AQL 值

D. 使用加严检验方案

22）在 GB/T 2828.1 中，以不合格品百分数表示质量水平时，AQL 的范围是（　　）。

A. 1.0～100　　B. 0.01～10

C. 0.01～1000　　D. 0.1～1000

23）组织应怎样向顾客提交资料和实物样品，向顾客供货前的小批量试产中要注意哪些事项，这些内容是下面哪个质量工具所关注的？（　　）

A. APQP　　B. PPAP

C. SPC　　D. MSA

2. 多项选择题

1）计数调整型抽样检验适用于以下哪些情况？（　　）

A. 连续批产品

B. 进厂原材料、外购件、出厂成品、工序间在制品交接

C. 政府部门监督抽查

D. 工序管理和库存品复检

2）根据样本中产品外观的瑕疵点总数判断产品批是否接收的检验属于（　　）。

A. 计数检验　　B. 计量检验

C. 计件检验　　D. 计点检验

3）下列场合更适合直接使用抽样检验的是（　　）。

A. 流程性产品　　B. 破坏性检验

C. 过程很不稳定的产品　　D. 检验成本昂贵

4）计数抽样方案用（　　）判断检验批是否可接收。

A. 批的不合格品率　　B. 样本中的不合格品数

C. 批的不合格百分数　　D. 样本中的不合格数

5）计数抽样中，衡量批质量水平的有（　　）。

A. 批不合格品率　　B. 批不合格品百分数

C. 合格品数　　D. 批每百单位产品不合格数

6）使用一次抽样方案（80；6）连续检验10批产品，样本中不合格品数分别为3，4，5，3，3，2，5，4，3，5，则样本平均质量水平可表示为（　　）。

A. 不合格品百分数为4.63　　B. 不合格品百分数为0.0463

C. 不合格品率为4.63%　　D. 每单位产品不合格数为4.63

7）用GB/T 2828.1抽样方案（20；1）对一批产品进行验收，如果样本中发现有2个产品不合格，则（　　）。

A. 接收该批产品

B. 需继续抽样进行判断

C. 不接收该批产品

D. 对产品批进行降级、报废等处理

8）将抽样方案（80；0）改为方案（100；0）后，则下述正确的有（　　）。

A. 使用方风险增加　　B. 生产方风险增加

C. 检验成本提高　　D. 方案更严格

9）按抽样的程序分类（按抽样的次数分类），抽样检验可分为（　　）。

A. 一次抽样检验　　B. 二次抽样检验

C. 多次抽样检验　　D. 序贯抽样检验

10）按检验方案的制定原理来分类，抽样检验方案有（　　）。

A. 调整型抽样方案　　B. 标准型抽样方案

C. 挑选型抽样方案　　D. 计数抽样方案

11）关于计量型抽样检验，下列说法正确的是（　　）。

A. GB/T 6378.1作为计量型抽样检验标准，适用于分立个体产品的连续系列批的检验

B. GB/T 8054规定了以不合格品率为质量指标的计量标准型一次抽样检验的程序与实施方法

C. GB/T 8054可以针对孤立的一批产品进行计量抽样检验

D. GB/T 2828.1作为计量型抽样检验标准，适合连续批的检验

12）GB/T 22555中，标准抽样程序包括（　　）。

A. 抽取份样　　B. 合成集样

C. 制备试样　　D. 测量

13）企业根据用户提出的质量要求使用计数调整型抽样检验，当使用正常抽样方案时，如果在生产现场有较多的批不被接收，应考虑采用的措施有（　　）。

A. 将 AQL 的取值变大，使更多的批被接收
B. 使用加严检验，增加保证能力
C. 通过质量改进，提高过程质量
D. 增大接收数

14）减小抽样方案的 AQL 值意味着（　　）。
A. 降低质量要求　　B. 可能会提高样本量
C. 提高对过程的质量要求　　D. 减小交检批量

15）极限质量是指（　　）。
A. 限制在某一低接收概率的质量水平
B. 受限制的不接收概率的质量水平
C. 使用方风险对应的质量水平
D. 生产方风险对应的质量水平

16）根据生产方式或组批方式的不同，检验批分为（　　）。
A. 当前批　　B. 连续批
C. 孤立批　　D. 间断批

17）在计数调整型抽样中，接收质量限（AQL）的作用是（　　）。
A. 描述对过程平均的要求　　B. 影响的不合格分类
C. 检索抽样方案的工具　　D. 判断批是否合格

18）在检验成本高的情况下，设计计数调整型抽样方案时可以考虑（　　）。
A. 使用一次抽样方案　　B. 选取特殊检验水平
C. 选取检验水平Ⅲ　　D. 使用多次抽样方案

19）在 GB/T 2828.1 中，当 AQL 小于 10.0（%）时，抽样方案可用于（　　）。
A. 计件检验　　B. 计量检验
C. 计点检验　　D. 连续检验

20）使用计数调整型一次正常抽样方案检验 4 批产品，第一批和第四批不被接收，可以判断（　　）。
A. 生产过程平均质量可能不满足要求
B. 下批产品应该使用加严检验
C. 如果继续使用正常检验，生产方风险增大
D. 应继续使用正常检验方案

3. 问答题

简述 GB/T 2828.1 抽样检验程序。

答案点拨解析

1. 单项选择题

题号	答案	解析
1	A	见本书15.1.3节之5。提示：此题考核不合格品统计规则的理解和应用，有一个或一个以上B类不合格，也可能有C类不合格，但是没有A类不合格的产品为B类不合格品
2	B	见本书15.1.3节之6之3)。每百单位产品不合格数 =(批中的不合格数/批量)×100 =(5/100)×100 =5
3	D	见本书15.2.3节之1
4	B	见本书15.2.3节之2之2)
5	D	见本书15.2.3节之2之2)
6	A	见本书15.2.3节之2之1)
7	A	见本书15.2.3节之2之1)
8	D	见本书15.1.3节之7
9	A	见本书15.2.1节之5之1)
10	C	见本书15.1.3节之1
11	C	见本书15.1.3节之4之1)
12	A	见本书15.1.1节之3表15-1
13	B	见本书15.1.2节之1之1)
14	D	见本书15.3.1节之1
15	A	见本书15.3.2节之3之12)
16	C	见本书15.4.3节之1
17	A	见本书15.2.3节之1
18	A	见本书15.2.3节之3之2）之⑥
19	B	解题思路见本书15.2.3节之2之4）之②。第3批、第6批不合格，根据“正常检验连续5批或少于5批中有2批不接收时，转为加严检验”这一转移规则，第7批开始执行检验加严，加严方案为（125；2）。第7批样本中不合格品数 $d=3$，满足 $d \geqslant Re$ 的情况，所以判批为不接收
20	C	见本书15.2.3节之2之1)
21	A	解题思路见本书15.2.3节之2之4）之①。当产品批的实际质量在一段时间内远远小于AQL时，为了节省检验费用，更快地获得批质量信息，允许由正常检验转为放宽检验，降低样本量

（续）

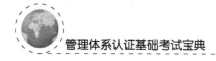

题号	答案	解析
22	B	见本书 15.2.3 节之 2 之 1）
23	B	见本书 15.4.1 节

2. 多项选择题

题号	答案	解析
1	ABD	理解题，见本书 15.2.3 节之 1
2	AD	见本书 15.1.2 节之 1 之 1）。题干所述是计数检验中的计点检验
3	ABD	见本书 15.1.1 节之 3 表 15-1
4	BD	见本书 15.1.2 节之 1 之 1）
5	ABD	见本书 15.1.3 节之 6
6	AC	这是计件检验，解题思路见本书 15.1.3 节之 6。计算样本不合格品率、样本不合格品百分数。样本不合格品率 =（样本中的不合格品总数/样本总量）= 37/(80 × 10) = 4.63%；样本不合格品百分数 =（样本中的不合格品总数/样本总量）× 100 = 4.63
7	CD	解题思路见本书 15.2.3 节之 3 之 2）之⑥、⑦。根据题意，Re = Ac + 1 = 2，不合格品数 $d = 2 = \mathrm{Re}$，所以判批为不接收。对这批产品要进行降级、报废等处理
8	BCD	检验样本量增加了，检验成本就提高了，而接收数 Ac 未变，说明检验方案更严格了，生产方风险增大了
9	ABCD	见本书 15.1.2 节之 1 之 2）
10	ABC	见本书 15.1.2 节之 1 之 3）
11	ABC	见本书 15.3.1 节之 2
12	ABCD	见本书 15.3.2 节之 4
13	BC	生产现场有较多的批不被接收，应适用加严检查，并进行改进。AQL 加大、增加接收数只会使检验更宽松，产品质量更差
14	BC	解题思路见本书 15.2.3 节之 2 之 1）。接收质量限是指当一个连续系列批被提交验收抽样时，可允许的最差过程平均质量水平，减小 AQL 值，意味着减小最差过程平均质量水平，提高了对过程的质量要求。AQL 值越小，在批量、检验水平、检验严格度、抽样方案类型不变时，样本量越大，检验越不经济
15	AC	见本书 15.1.3 节之 9
16	BC	见本书 15.1.3 节之 2
17	AC	见本书 15.2.3 节之 2 之 1）
18	BD	解题思路见本书 15.1.2 节之 1 之 2）、15.2.3 节之 2 之 2）。检验成本高，一般就希望抽检量少一些。抽样分级的次数越多，平均抽检量越小；特殊检验水平，样本量少一些

（续）

题号	答案	解析
19	AC	见本书 15.2.3 节之 2 之 1）
20	AB	解题思路见本书 15.2.3 节之 2 之 4）之②。4 批产品有 2 批不合格，根据“正常检验连续 5 批或少于 5 批中有 2 批不接收时，转为加严检验”这一转移规则，下批产品要使用加严检验。4 批产品有 2 批不合格，表明生产过程平均质量不满足要求

3. 问答题

解题思路参见本书 15.2.3 节之 3。

GB/T 2828.1 抽样检验程序如下：

1）准备阶段。

① 确定检验项目与要求（确定质量标准）。

② 确定不合格分类。

③ 确定接收质量限（AQL）。

④ 确定检验水平。

⑤ 确定抽样检验严格度及其转移规则。

⑥ 确定抽样方案类型（一次、二次、多次）。

⑦ 确定批的构成与提交时间。

⑧ 确定抽样时机。

2）实施阶段。

① 组成与提交检查批。

② 查样本量字码表得出样本量字码。

据批量 N 和规定的检验水平，查表得出样本量字码。

③ 根据以前的检验信息及检验严格度转移规则，判断采用正常、加严或放宽检验。

④ 抽样方案的检索。使用 AQL 和样本量字码从抽样方案表中检索抽样方案，查出样本量、接收数和拒收数。

⑤ 样本的抽取与检验。

⑥ 检验判定。

⑦ 检验后的处理。

第4部分

法律法规和其他要求

说明：

虽然在《管理体系认证基础考试大纲》中列明的法律法规达12项之多，但在以往的《管理体系认证基础》考试中，法律法规方面的考题不多，占总分的比例也不高，所以考生要据此合理地安排时间，把主要精力投入到分值比较高的部分去。

第16章 法律法规和其他要求考点解读

考试大纲要求

法律法规及规范性文件要求及其在审核中的应用：

1）《中华人民共和国民法典》第三编合同。

2）《中华人民共和国产品质量法》。

3）《中华人民共和国计量法》。

4）《中华人民共和国标准化法》。

5）《中华人民共和国劳动法》。

6）《中华人民共和国进出口商品检验法》。

7）《中华人民共和国行政许可法》。

8）《中华人民共和国计量法实施细则》。

9）《中华人民共和国标准化法实施条例》。

10）《中华人民共和国工业产品生产许可证管理条例》。

11）《中华人民共和国认证认可条例》。

12）《管理体系认证规则》。

16.1 法律法规基础知识

考点知识讲解

说明：法律法规基础知识不是考试大纲的要求，但了解这些基础知识有利于了解具体的法律法规。

16.1.1 法的特征与分类

1. 法的特征

1）法是由特定的国家机关制定的。

2）法是依照特定程序制定的。

3）法具有国家强制性。

4）法是调整人们行为的社会规范。

2. 法的分类

1）按照法的创立和表现**形式**进行分类：成文法和不成文法（如判例、习惯法）。

2）按照其法律地位和法律效力的**层级**进行：宪法、法律、行政法规、地方性法规和行政规章。

3）按照法律规定**内容**的不同进行分类：实体法和程序法。实体法是指规定具体权利义务内容或者法律保护的具体情况的法律，如民法、合同法、婚姻法、公司法等。程序法是指规定以保证权利和职权得以实现或行使，义务和责任得以履行的有关程序为主要内容的法律，如行政诉讼法、行政程序法、民事诉讼法、刑事诉讼法、立法程序法等。

4）按照法律的内容和效力**强弱**进行分类：宪法性法律和普通法律。

5）按照法律效力**范围**进行分类：特殊法和一般法（普通法）。特殊法（又称特别法）是对于特定的人群和事项，或者在特定的地区和时间内适用的法律。一般法与特别法是相对而言的。例如，相对于《中华人民共和国民法典》，《中华人民共和国著作权法》等法律就是特别法。特别法又可以称为特别规定，一般法也可以称为一般规定。

16.1.2　法的制定主体和表现形式

表16-1列出了法的制定主体和表现形式。

表16-1　法的制定主体和表现形式

法的形式	制定主体	表现形式
宪法	全国人大	宪法
法律	全国人大及其常委会	《×××法》
行政法规	国务院	《×××条例》
地方性法规、自治条例、单行条例	省、自治区、直辖市、设区的市的人大及其常委会	《地名×××条例》
部门规章	国务院各部委	《×××规定/办法/细则》
地方政府规章	省、自治区、直辖市、设区的市、自治州人民政府	《地名×××规定/办法/细则》

16.1.3　法的效力层级

1. 法的纵向关系

法的纵向关系是宪法至上、上位法高于下位法，如图16-1所示。

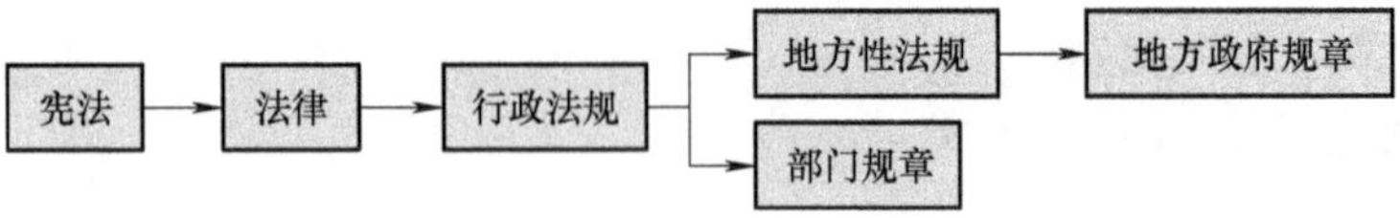

图 16-1　法的纵向关系

宪法具有最高法律权威，是制定普通法的依据，普通法的内容必须符合宪法的规定，与宪法内容相抵触的法律无效。法律的地位和效力高于行政法规、地方性法规、部门规章、地方政府规章等下位法。

2. 法的横向关系（法的横向冲突）

法的横向关系（法的横向冲突）见表 16-2。同一层级的法律文件在同一问题上有不同规定时，在法律适用上是单行法优于综合法、特殊法优于一般法（普通法）。

表 16-2　法的横向关系（法的横向冲突）

制定机关	冲突类别	处理方式
同一机关制定	特别法与一般法冲突	按特别法
	新法与旧法冲突	按新法
	新的一般法与旧的特别法冲突	不按新法也不按特别法，谁制定谁裁决
不同机关制定	地方法规与部门规章冲突	国务院认为应适用地方法规的，由国务院裁决
		国务院认为应适用部门规章的，提请全国人民代表大会常委会裁决
	A 部门规章与 B 部门规章冲突	国务院裁决
	部门规章与地方政府规章冲突	

同步练习强化

1. 单项选择题

1）下列关于我国产品质量法律体系的基本框架和效力的说法，正确的是（　　）。

A. 产品质量立法可分为上位法和下位法，法律是产品质量法律体系中的上位法

B. 产品质量法规可分为行政法规、部门法规和地方性法规

C. 产品质量行政法规可分为国务院行政法规、部门行政法规和地方行政

法规

D. 产品质量行政规章可分为国务院规章、部门规章和地方政府规章

2）某省人民代表大会常委会公布实施了《某省产品质量条例》，随后省政府公布实施了《某省生产经营单位产品质量主体责任规定》。下列关于两者法律地位和效力的说法，正确的是（　　）。

A.《某省产品质量条例》属于行政法规

B.《某省生产经营单位产品质量主体责任规定》属于地方性法规

C.《某省产品质量条例》和《某省生产经营单位产品质量主体责任规定》具有同等法律效力

D.《某省生产经营单位产品质量主体责任规定》可以对《某省产品质量条例》没有规定的内容做出规定

3）《建设工程质量管理条例》属于（　　）。

A. 法律　　B. 行政法规

C. 部门规章　　D. 司法解释

4）行政法规之间对同一事项的新的一般规定与旧的特别规定不一致，不能确定如何适用时，由（　　）裁决。

A. 最高人民法院　　B. 国务院

C. 全国人民代表大会　　D. 全国人民代表大会常务委员会

2. 多项选择题

1）下列关于法的分类和效力的说法，正确的有（　　）。

A. 行政规章可以分为部门规章和地方政府规章，效力高于地方性法规

B. 按照法律的内容和效力强弱所做的分类，可以将法律分为特殊法和一般法

C. 按照法律规定的内容不同，可以将法律分为实体法和程序法

D. 宪法在我国具有最高的法律效力，任何法律都不能与其抵触，否则无效

2）同一层级的法律文件在同一问题上有不同规定时，在法律适用上应为（　　）。

A. 上位法优于下位法　　B. 普通法优于特殊法

C. 单行法优于综合法　　D. 特殊法优于普通法

3）下列国家机关中，有权制定地方性法规的有（　　）。

A. 省、自治区、直辖市的人民代表大会及其常委会

B. 省、自治区、直辖市的人民政府

C. 省级人民政府所在地的市级人民代表大会及其常委会

D. 省级人民政府所在地的市级人民政府

4）关于法的效力层级，下列表述正确的是（　　）。

A. 宪法至上　　B. 上位法优于下位法
C. 特殊法优于普通法　　D. 新法优于旧法

答案点拨解析

1. 单项选择题

题号	答案	解析
1	A	见本书16.1.2节。只有部门规章，没有部门法规，所以B、C选项是错的；没有国务院规章，所以D选项是错的
2	D	见本书16.1.2、16.1.3节。行政法规是国务院制定的，所以A选项错误；《地名×××规定》是地方政府规章，不是地方性法规，所以B选项错误；《某省产品质量条例》是地方性法规，《某省生产经营单位产品质量主体责任规定》是地方政府规章，前者效力大于后者，所以C选项错误
3	B	见本书16.1.2节
4	B	见本书16.1.3节之2表16-2。新的一般法与旧的特别法冲突时，不按新法也不按特别法，而是谁制定谁裁决。行政法规是国务院制定的，所以新的一般法与旧的特别法冲突时，由国务院裁决

2. 多项选择题

题号	答案	解析
1	CD	见本书16.1.1节之2、16.1.3节之1
2	CD	见本书16.1.3节之2。上位法、下位法不属于同一层级，所以排除A选项
3	AC	见本书16.1.2节
4	ABCD	见本书16.1.3节

16.2 《中华人民共和国民法典》第三编　合同

16.2.1 通则——一般规定、合同的订立、合同的效力

考点知识讲解

说明：方框中的内容是法律条款摘选。

第一分编　通则

第一章　一般规定

第四百六十四条　合同是民事主体之间设立、变更、终止民事法律关系的协议。

婚姻、收养、监护等有关身份关系的协议，适用有关该身份关系的法律规定；没有规定的，可以根据其性质参照适用本编规定。

第四百六十七条　本法或者其他法律没有明文规定的合同，适用本编通则的规定，并可以参照适用本编或者其他法律最相类似合同的规定。

在中华人民共和国境内履行的中外合资经营企业合同、中外合作经营企业合同、中外合作勘探开发自然资源合同，适用中华人民共和国法律。

第二章　合同的订立

第四百六十九条　当事人订立合同，可以采用书面形式、口头形式或者其他形式。

书面形式是合同书、信件、电报、电传、传真等可以有形地表现所载内容的形式。

以电子数据交换、电子邮件等方式能够有形地表现所载内容，并可以随时调取查用的数据电文，视为书面形式。

第四百七十一条　当事人订立合同，可以采取要约、承诺方式或者其他方式。

第四百七十二条　要约是希望与他人订立合同的意思表示，该意思表示应当符合下列条件：

（一）内容具体确定；

（二）表明经受要约人承诺，要约人即受该意思表示约束。

第四百七十三条　要约邀请是希望他人向自己发出要约的表示。拍卖公告、招标公告、招股说明书、债券募集办法、基金招募说明书、商业广告和宣传、寄送的价目表等为要约邀请。

商业广告和宣传的内容符合要约条件的，构成要约。

第四百七十五条　要约可以撤回。要约的撤回适用本法第一百四十一条的规定。

第四百七十六条　要约可以撤销，但是有下列情形之一的除外：

（一）要约人以确定承诺期限或者其他形式明示要约不可撤销；

（二）受要约人有理由认为要约是不可撤销的，并已经为履行合同做了合理准备工作。

第四百七十七条　撤销要约的意思表示以对话方式做出的，该意思表示的内容应当在受要约人做出承诺之前为受要约人所知道；撤销要约的意思表示以非对话方式做出的，应当在受要约人做出承诺之前到达受要约人。

第四百七十八条　有下列情形之一的，要约失效：

（一）要约被拒绝；

（二）要约被依法撤销；

（三）承诺期限届满，受要约人未做出承诺；

（四）受要约人对要约的内容做出实质性变更。

第四百七十九条　承诺是受要约人同意要约的意思表示。

第四百八十条　承诺应当以通知的方式做出；但是，根据交易习惯或者要约表明可以通过行为做出承诺的除外。

第四百八十五条　承诺可以撤回。承诺的撤回适用本法第一百四十一条的规定。

第四百八十六条　受要约人超过承诺期限发出承诺，或者在承诺期限内发出承诺，按照通常情形不能及时到达要约人的，为新要约；但是，要约人及时通知受要约人该承诺有效的除外。

第四百八十八条　承诺的内容应当与要约的内容一致。受要约人对要约的内容做出实质性变更的，为新要约。有关合同标的、数量、质量、价款或者报酬、履行期限、履行地点和方式、违约责任和解决争议方法等的变更，是对要约内容的实质性变更。

第四百九十一条　当事人采用信件、数据电文等形式订立合同要求签订确认书的，签订确认书时合同成立。

当事人一方通过互联网等信息网络发布的商品或者服务信息符合要约条件的，对方选择该商品或者服务并提交订单成功时合同成立，但是当事人另有约定的除外。

第四百九十二条　承诺生效的地点为合同成立的地点。

采用数据电文形式订立合同的，收件人的主营业地为合同成立的地点；没有主营业地的，其住所地为合同成立的地点。当事人另有约定的，按照其约定。

第四百九十三条　当事人采用合同书形式订立合同的，最后签名、盖章或者按指印的地点为合同成立的地点，但是当事人另有约定的除外。

第四百九十五条　当事人约定在将来一定期限内订立合同的认购书、订购书、预订书等，构成预约合同。

当事人一方不履行预约合同约定的订立合同义务的，对方可以请求其承担预约合同的违约责任。

第四百九十六条　格式条款是当事人为了重复使用而预先拟定，并在订立合同时未与对方协商的条款。

采用格式条款订立合同的，提供格式条款的一方应当遵循公平原则确定当事人之间的权利和义务，并采取合理的方式提示对方注意免除或者减轻其责任等与对方有重大利害关系的条款，按照对方的要求，对该条款予以说明。提供格式条款的一方未履行提示或者说明义务，致使对方没有注意或者理解与其有重大利害关系的条款的，对方可以主张该条款不成为合同的内容。

第四百九十七条　有下列情形之一的，该格式条款无效：

（一）具有本法第一编第六章第三节和本法第五百零六条规定的无效情形；

（二）提供格式条款一方不合理地免除或者减轻其责任、加重对方责任、限制对方主要权利；

（三）提供格式条款一方排除对方主要权利。

第四百九十八条　对格式条款的理解发生争议的，应当按照通常理解予以解释。对格式条款有两种以上解释的，应当做出不利于提供格式条款一方的解释。格式条款和非格式条款不一致的，应当采用非格式条款。

第五百条　当事人在订立合同过程中有下列情形之一，造成对方损失的，应当承担赔偿责任：

（一）假借订立合同，恶意进行磋商；

（二）故意隐瞒与订立合同有关的重要事实或者提供虚假情况；

（三）有其他违背诚信原则的行为。

第三章　合同的效力

第五百零三条　无权代理人以被代理人的名义订立合同，被代理人已经开始履行合同义务或者接受相对人履行的，视为对合同的追认。

第五百零四条　法人的法定代表人或者非法人组织的负责人超越权限订立的合同，除相对人知道或者应当知道其超越权限外，该代表行为有效，订立的合同对法人或者非法人组织发生效力。

第五百零六条　合同中的下列免责条款无效：

（一）造成对方人身损害的；

（二）因故意或者重大过失造成对方财产损失的。

第五百零七条　合同不生效、无效、被撤销或者终止的，不影响合同中有关解决争议方法的条款的效力。

同步练习强化

1. 单项选择题

1）合同是民事主体之间设立、变更、终止民事法律关系的（　　）。

A. 约定　　B. 意见

C. 协议　　D. 承诺

2）下列说法错误的是（　　）。

A. 当事人订立合同可以采用书面形式、口头形式或者其他形式

B. 当事人订立合同可以采用要约、承诺方式或者其他方式

C. 要约不可以撤回

D. 承诺是受要约人同意要约的意思表示

3）下列行为属于要约的是（　　）。

A. 患有严重精神病的贾某向王某声明家里有一台电视，并以500元的价格出售

B. 甲公司在某报纸上发布招标说明书

C. 甲在电视上做广告，出售一台二手洗衣机，广告中注明“本广告所载商品售予最先支付现金的人”

D. 小明对小王说：“我打算卖掉祖母传下来的一对手镯”

4）合同订立过程中，下列行为属于要约的是（　　）。

A. 招标　　B. 授标

C. 竞标　　D. 评标

5）（　　）是受要约人同意要约的意思表示。

A. 承诺　　B. 答应

C. 应承　　D. 同意

6）关于承诺的正确表述为（　　）。

A. 承诺不得撤回，但可以反撤销

B. 受要约人超过承诺期限发出承诺的，除要约人及时通知受要约人该承诺失效的以外，为有效

C. 承诺可以撤销，撤销承诺的通知应当在承诺通知到达要约人之前或者与承诺通知同时到达要约人

D. 受要约人超过承诺期限发出承诺的，除要约人及时通知受要约人该承诺有效的以外，为新要约

7）当事人采用信件、数据电文等形式订立合同要求签订确认书的，（　　）时合同成立。

A. 签订确认书　　B. 签收

C. 寄出　　D. 到达特定系统

8）承诺生效的地点为（　　）的地点。

A. 合同成立　　B. 合同生效

C. 合同履行　　D. 合同变更

9）采用数据电文形式订立合同的，收件人的（　　）为合同成立的地点。

A. 家庭住址　　B. 主营业地

C. 公司地址　　D. IP 地址

10）当事人采用合同书形式订立合同的，最后（　　）为合同成立的地点，但是当事人另有约定的除外。

A. 签收邮件的地点

B. 签名、盖章或者按指印的地点

C. 打印合同的地点

D. 达成签约意向的地点

11）当事人约定在将来一定期限内订立合同的认购书、订购书、预订书等，构成（　　）合同。

A. 正式　　B. 预备

C. 预约　　D. 要约

12）关于格式条款发生争议应如何处理？（　　）

A. 对格式条款的理解发生争议的，应当按照通常理解予以解释

B. 对格式条款有两种以上解释的，应当做出有利于提供格式条款一方的解释

C. 格式条款和非格式条款不一致的，应当采用格式条款

D. 合同当事人可以主张该条款无效

13）甲欲将其房屋出售给乙，双方准备签约，丙与甲素有怨仇，为破坏其卖房计划，丙找到乙表示有条件更好的房屋出售给乙，乙于是放弃购买甲的房屋。此后，由于根本没有房屋，丙借故终止与乙磋商。不料此时房屋价格大涨，乙因此遭受重大损失。丙的行为属于（　　）。

A. 违约应承担相应民事责任

B. 恶意磋商，应当承担缔约过失责任

C. 阻碍他人交易，应承担刑事责任

D. 不当商业行为，但不承担民事责任

14）某公司章程规定：公司的法人代表为王某，公司签订 200 万元以上的合同必须经过董事会共同决议。后王某擅自以公司名义与第三人李某签订一份金额为 300 万元的合同。王某的行为（　　）。

A. 有效　　B. 无效

C. 可撤销　　D. 效力待定

15）关于合同的效力，下列说法正确的是（　　）。

A. 无权代理人以被代理人的名义订立的合同可撤销

B. 法人的法定代表人或者非法人组织的负责人超越权限订立的合同，除相对人知道或者应当知道其超越权限外，该代表行为有效

C. 当事人超越经营范围订立的合同必然无效

D. 合同无效，其中有关解决争议方法的条款亦无效

2. 多项选择题

1）在中华人民共和国境内履行的（　　），适用中华人民共和国法律。

A. 中外合资经营企业合同　　B. 中外合作经营企业合同

C. 中外合作勘探开发自然资源合同　　D. 没有明文规定的合同

2）下列行为不属于要约的是（　　）。

A. 患有严重精神病的贾某向王某声明家里有一台电视，并以500元的价格出售

B. 甲公司在某报纸上发布招标说明书

C. 甲在电视上做广告，出售一台二手洗衣机，广告中注明“本广告所载商品售予最先支付现金的人”

D. 小明对小王说：“我打算卖掉祖母传下来的一对手镯”

3）下列属于要约邀请的是（　　）。

A. 拍卖公告　　B. 招标公告

C. 招股说明书　　D. 债券募集办法

4）有关合同（　　）等的变更，是对要约内容的实质性变更。

A. 标的　　B. 数量

C. 价款方式　　D. 解决争议方法

5）采用数据电文形式订立合同的，收件人的下列地址中哪些地点可以成为合同成立的地点？（　　）

A. 主营业地　　B. 住所地

C. 家庭住址　　D. 当事人约定的地址

6）关于格式条款，下列说法正确的是（　　）。

A. 提供格式条款一方应当遵循公平原则确定当事人之间的权利和义务

B. 提供格式条款一方应采取合理方式提示对方

C. 提供格式条款一方排除对方主要权利的，格式条款无效

D. 提供格式条款一方不合理的免除其责任、加重对方责任的，格式条款无效

7）当事人在订立合同过程中有下列（　　）情形之一，造成对方损失的，应当承担赔偿责任。

A. 假借订立合同，恶意进行磋商

B. 故意隐瞒与订立合同有关的重要事实或者提供虚假情况

C. 有其他违背诚信原则的行为

D. 因不可抗力造成的

8）合同中下列哪些免责条款无效？（　　）

A. 造成对方人身损害的　　B. 因故意造成对方财产损失的

C. 因重大过失造成对方财产损失的　　D. 因排除对方主要权利的

9）合同（　　）的，不影响合同中有关解决争议方法的条款的效力。

A. 不生效　　B. 无效

C. 被撤销　　D. 终止

答案点拨解析

1. 单项选择题

题号	答案	解析
1	C	第四百六十四条
2	C	第四百七十五条　要约可以撤回
3	C	要约是希望和他人订立合同的意思表示；要约邀请是希望他人向自己发出要约的意思表示。要约对要约人具有约束力，受要约人的承诺送达，合同即告成立。要约邀请可以撤回
4	C	同第 3 题，第四百七十三条
5	A	第四百七十九条　承诺是受要约人同意要约的意思表示
6	D	第四百八十六条。第四百八十五条　承诺可以撤回。没有承诺可以撤销的条款
7	A	第四百九十一条
8	A	第四百九十二条
9	B	第四百九十二条
10	B	第四百九十三条
11	C	第四百九十五条
12	A	第四百九十八条
13	B	第五百条　（一）假借订立合同，恶意进行磋商
14	A	第五百零四条
15	B	第五百零四条

2. 多项选择题

题号	答案	解析
1	ABC	第四百六十七条
2	ABD	根据第四百七十三条，选项 B 是要约邀请；选项 A、D 均不能成为要约
3	ABCD	第四百七十三条
4	ABD	第四百八十八条
5	ABD	第四百九十二条
6	ABCD	第四百九十六条，第四百九十七条
7	ABC	第五百条
8	ABC	第五百零六条
9	ABCD	第五百零七条

16.2.2 通则——合同的履行、合同的保全、合同的变更和转让

考点知识讲解

说明：方框中的内容是法律条款摘选。

第四章 合同的履行

第五百零九条 当事人应当按照约定全面履行自己的义务。

当事人应当遵循诚信原则，根据合同的性质、目的和交易习惯履行通知、协助、保密等义务。

当事人在履行合同过程中，应当避免浪费资源、污染环境和破坏生态。

第五百一十条 合同生效后，当事人就质量、价款或者报酬、履行地点等内容没有约定或者约定不明确的，可以协议补充；不能达成补充协议的，按照合同相关条款或者交易习惯确定。

第五百一十一条 当事人就有关合同内容约定不明确，依据前条规定仍不能确定的，适用下列规定：

（一）质量要求不明确的，按照强制性国家标准履行；没有强制性国家标准的，按照推荐性国家标准履行；没有推荐性国家标准的，按照行业标准履行；没有国家标准、行业标准的，按照通常标准或者符合合同目的的特定标准履行。

（二）价款或者报酬不明确的，按照订立合同时履行地的市场价格履行；依法应当执行政府定价或者政府指导价的，依照规定履行。

（三）履行地点不明确，给付货币的，在接受货币一方所在地履行；交付不动产的，在不动产所在地履行；其他标的，在履行义务一方所在地履行。

（四）履行期限不明确的，债务人可以随时履行，债权人也可以随时请求履行，但是应当给对方必要的准备时间。

（五）履行方式不明确的，按照有利于实现合同目的的方式履行。

（六）履行费用的负担不明确的，由履行义务一方负担；因债权人原因增加的履行费用，由债权人负担。

第五百一十二条　通过互联网等信息网络订立的电子合同的标的为交付商品并采用快递物流方式交付的，收货人的签收时间为交付时间。电子合同的标的为提供服务的，生成的电子凭证或者实物凭证中载明的时间为提供服务时间；前述凭证没有载明时间或者载明时间与实际提供服务时间不一致的，以实际提供服务的时间为准。

电子合同的标的物为采用在线传输方式交付的，合同标的物进入对方当事人指定的特定系统且能够检索识别的时间为交付时间。

电子合同当事人对交付商品或者提供服务的方式、时间另有约定的，按照其约定。

第五百一十三条　执行政府定价或者政府指导价的，在合同约定的交付期限内政府价格调整时，按照交付时的价格计价。逾期交付标的物的，遇价格上涨时，按照原价格执行；价格下降时，按照新价格执行。逾期提取标的物或者逾期付款的，遇价格上涨时，按照新价格执行；价格下降时，按照原价格执行。

第五百一十四条　以支付金钱为内容的债，除法律另有规定或者当事人另有约定外，债权人可以请求债务人以实际履行地的法定货币履行。

第五百一十八条　债权人为二人以上，部分或者全部债权人均可以请求债务人履行债务的，为连带债权；债务人为二人以上，债权人可以请求部分或者全部债务人履行全部债务的，为连带债务。

连带债权或者连带债务，由法律规定或者当事人约定。

第五百一十九条　连带债务人之间的份额难以确定的，视为份额相同。

实际承担债务超过自己份额的连带债务人，有权就超出部分在其他连带债务人未履行的份额范围内向其追偿，并相应地享有债权人的权利，但是不得损害债权人的利益。其他连带债务人对债权人的抗辩，可以向该债务人主张。

被追偿的连带债务人不能履行其应分担份额的，其他连带债务人应当在相应范围内按比例分担。

第五百二十一条　连带债权人之间的份额难以确定的，视为份额相同。

实际受领债权的连带债权人，应当按比例向其他连带债权人返还。

连带债权参照适用本章连带债务的有关规定。

第五百二十三条　当事人约定由第三人向债权人履行债务，第三人不履行债务或者履行债务不符合约定的，债务人应当向债权人承担违约责任。

第五百二十五条　当事人互负债务，没有先后履行顺序的，应当同时履行。一方在对方履行之前有权拒绝其履行请求。一方在对方履行债务不符合约定时，有权拒绝其相应的履行请求。

第五百二十六条　当事人互负债务，有先后履行顺序，应当先履行债务一方未履行的，后履行一方有权拒绝其履行请求。先履行一方履行债务不符合约定的，后履行一方有权拒绝其相应的履行请求。

第五百二十七条　应当先履行债务的当事人，有确切证据证明对方有下列情形之一的，可以中止履行：

（一）经营状况严重恶化；

（二）转移财产、抽逃资金，以逃避债务；

（三）丧失商业信誉；

（四）有丧失或者可能丧失履行债务能力的其他情形。

当事人没有确切证据中止履行的，应当承担违约责任。

第五百三十二条　合同生效后，当事人不得因姓名、名称的变更或者法定代表人、负责人、承办人的变动而不履行合同义务。

第五章　合同的保全

第五百三十五条　因债务人怠于行使其债权或者与该债权有关的从权利，影响债权人的到期债权实现的，债权人可以向人民法院请求以自己的名义代位行使债务人对相对人的权利，但是该权利专属于债务人自身的除外。

代位权的行使范围以债权人的到期债权为限。债权人行使代位权的必要费用，由债务人负担。

相对人对债务人的抗辩，可以向债权人主张。

第五百三十八条　债务人以放弃其债权、放弃债权担保、无偿转让财产等方式无偿处分财产权益，或者恶意延长其到期债权的履行期限，影响债权人的债权实现的，债权人可以请求人民法院撤销债务人的行为。

第五百三十九条　债务人以明显不合理的低价转让财产、以明显不合理的高价受让他人财产或者为他人的债务提供担保，影响债权人的债权实现，债务人的相对人知道或者应当知道该情形的，债权人可以请求人民法院撤销债务人的行为。

第五百四十条　撤销权的行使范围以债权人的债权为限。债权人行使撤销权的必要费用，由债务人负担。

第五百四十一条　撤销权自债权人知道或者应当知道撤销事由之日起一年内行使。自债务人的行为发生之日起五年内没有行使撤销权的，该撤销权消灭。

第六章　合同的变更和转让

第五百四十三条　当事人协商一致，可以变更合同。

第五百四十四条　当事人对合同变更的内容约定不明确的，推定为未变更。

第五百四十五条　债权人可以将债权的全部或者部分转让给第三人，但是有下列情形之一的除外：

（一）根据债权性质不得转让；

（二）按照当事人约定不得转让；

（三）依照法律规定不得转让。

当事人约定非金钱债权不得转让的，不得对抗善意第三人。当事人约定金钱债权不得转让的，不得对抗第三人。

第五百四十六条　债权人转让债权，未通知债务人的，该转让对债务人不发生效力。

债权转让的通知不得撤销，但是经受让人同意的除外。

第五百五十一条　债务人将债务的全部或者部分转移给第三人的，应当经债权人同意。

债务人或者第三人可以催告债权人在合理期限内予以同意，债权人未作表示的，视为不同意。

第五百五十四条　债务人转移债务的，新债务人应当承担与主债务有关的从债务，但是该从债务专属于原债务人自身的除外。

第五百五十五条　当事人一方经对方同意，可以将自己在合同中的权利和义务一并转让给第三人。

第五百五十六条　合同的权利和义务一并转让的，适用债权转让、债务转移的有关规定。

同步练习强化

1. 单项选择题

1）甲买受人发现物有瑕疵后，即通知出卖人乙。乙表示愿与甲协商，但拖延两年后即以甲在法定期限内未主张物的瑕疵，而拒绝甲的请求。乙的行为（　　）。

A. 无可责难，因甲未及时行使其权利　　B. 出尔反尔，违背诚信原则

C. 有违道德和公序良俗原则　　D. 违背自愿原则

2）合同生效后，当事人就质量要求不明确又不能达成补充协议的，应按照国家标准履行；没有国家标准、行业标准的，应按照（　　）履行。

A. 地区标准

B. 企业标准

C. 通常标准或符合合同目的的特定标准

D. 所有者标准

3）通过互联网等信息网络订立的电子合同的标的为交付商品并采用快递物流方式交付的，（　　）为交付时间。

A. 快递员的收件时间　　B. 发货人的发货时间

C. 快递员的送货时间　　D. 收货人的签收时间

4）《中华人民共和国民法典》规定，执行政府定价或者政府指导价的，在合同约定的交付期限内政府价格调整时，按照交付时的价格计价。逾期提取标的物或者逾期付款的，遇价格上涨时，按照（　　）。

A. 原价格执行　　B. 双方当事人协商的价格执行

C. 新价格执行　　D. 交付一方决定的价格执行

5）以支付金钱为内容的债，除法律另有规定的或当事人另有约定外，债权人可以请求债务人以（　　）的法定货币履行。

A. 实际履行地　　B. 合同签订地

C. 债权人住所地　　D. 债务人住所地

6）连带债权人之间的份额难以确认的，视为份额（　　）。

A. 相同　　B. 不相同

C. 不确定　　D. 不清

7）当事人约定由第三人向债权人履行债务，第三人不履行债务或者履行债务不符合约定的，（　　）应当向债权人承担违约责任。

A. 第三人　　B. 债务人

C. 由第三人、债务人协商确定　　D. 第三人、债务人共同

8）甲与乙签订了一份合同，约定由丙向甲履行债务，现丙履行债务的行为不符合合同的约定，甲有权（　　）。

A. 请求乙承担违约责任　　B. 请求乙和丙共同承担违约责任

C. 请求丙承担违约责任　　D. 请求乙或丙承担违约责任

9）企业法人代表发生了变更，但未到登记主管部门进行变更登记，原法人

代表甲以公司名义与善意第三人乙签订了一买卖合同。下列表述正确的是（　　）。

A. 该合同无效，因甲已不是法人代表

B. 该合同有效，该企业应受合同约束

C. 该合同有效，但当事人是甲和乙

D. 该合同属效力未定，有待该企业的追认

10）甲为了能够出国深造，与乙中介公司签订了出国留学协议，支付了报名费、学费等费用 15 万余元。后甲发现被骗，找乙公司讨要说法，却发现乙公司已变更为丙公司。对此，下列说法正确的是（　　）。

A. 乙公司应承担侵权责任

B. 乙公司与丙公司无任何关系

C. 甲有权要求丙公司承担法律责任

D. 因乙公司已不存在，甲只能自认倒霉

11）债权人行使撤销权，自债务人的行为发生之日起（　　）年内没有行使的，该撤销权消灭。

A. 2　　B. 3

C. 5　　D. 6

12）撤销权自债权人知道或者应当知道撤销事由之日起（　　）行使。自债务人的行为发生之日起（　　）没有行使撤销权的，该撤销权消灭。

A. 一年内、三年内　　B. 一年内、五年内

C. 90 日内、三年内　　D. 90 日内、五年内

13）当事人对合同的变更的内容约定不明确的，推定为（　　）。

A. 变更　　B. 未变更

C. 不明确变更　　D. 未知变更

14）下列关于合同变更和转让的说法中，正确的是（　　）。

A. 当事人可以将自己在合同中的权利和义务一并转让给第三人，然后通知对方即可

B. 合同转让是变更合同中规定的权利义务

C. 债权人可以将合同的权利全部转让给第三人

D. 债务人转让债务的，应当通知债权人

15）下列关于合同转让的说法中，错误的是（　　）。

A. 债权人转让债权的，应当征得债务人同意

B. 债务人转让债务的，应当经债权人同意

C. 当事人一方经对方同意，可以将自己在合同中的权利和义务一并转让给第三人

D. 债务人转移义务的，新债务人应当承担与债务有关的从债务

16）债权人转让债权，未通知债务人的，该转让（　　）。

A. 无效　　B. 有效

C. 对债务人不发生效力　　D. 效力待定

17）若债权人想要把合同的权利转移给合同外第三人，则需要（　　）。

A. 不必通知债务人　　B. 应当通知债务人

C. 应当取得债务人同意　　D. 以上均不对

18）债务人将债务的全部或者部分转移给第三人的，（　　）。

A. 应当通知债权人　　B. 应当经债权人同意

C. 无须通知债权人　　D. 无须经债权人同意

19）债务人将债务的全部或者部分转移给第三人的，应当经债权人同意。债务人或者第三人可以催告债权人在合理期限内予以同意，债权人未作表示的，视为（　　）。

A. 默认　　B. 同意

C. 不同意　　D. 拒绝

20）当事人应当遵循诚信原则，根据合同的性质、目的和（　　），履行通知、协助、保密等义务。

A. 交易习惯　　B. 交易原则

C. 要求　　D. 范围

2. 多项选择题

1）根据《中华人民共和国民法典》，当事人在履行合同过程中，应当避免（　　）。

A. 浪费资源　　B. 污染环境

C. 破坏生态　　D. 双方争议

2）下列关于合同履行说法正确的是（　　）。

A. 当事人应当按照约定全面履行自己的义务

B. 当事人应遵循诚信原则，根据合同的性质、目的和交易习惯，履行通知、协助、保密等义务

C. 当事人在履行合同过程中，应当避免浪费资源、污染环境和破坏生态

D. 当事人在履行合同过程中，对履行地没有约定的，合同签订地为履行地

3）应当先履行债务的当事人，有确切证据证明对方有下列哪些情形的，可以中止履行？（　　）

A. 经营状况严重恶化

B. 丧失商业信誉

C. 转移财产、抽逃资金，以逃避债务

D. 有丧失或者可能丧失履行债务能力

4）甲欠乙 5 万元，到还款期后，甲多次称自己没钱而不归还，甲曾借给丙 6 万元，也已到期，但是甲未主动要求丙归还欠款。下列说法正确的有（　　）。

A. 乙可以通过法院代甲主张甲对丙的债权

B. 乙可以代位主张的债权为 6 万元

C. 乙可以代位主张的债权为 5 万元

D. 乙不能通过法院主张代位权

5）甲公司欠税 40 万元，税务局要查封其相应价值产品。甲公司经理说："乙公司欠我公司 60 万元货款，贵局不如行使代位权直接去乙公司收取现金。"该局遂通知乙公司缴纳甲公司的欠税，乙公司不配合。该局责令其限期缴纳，乙公司逾期未缴纳；该局随即采取了税收强制执行措施。关于税务局的行为，下列哪些选项是错误的？（　　）

A. 只要甲公司欠税，乙公司又欠甲公司货款，该局就有权行使代位权

B. 如代位权成立，即使乙公司不配合，该局也有权直接向乙公司行使

C. 本案中，该局有权责令乙公司限期缴纳

D. 本案中，该局有权向乙公司采取税收强制执行措施

6）债务人以（　　）等方式无偿处分财产权益，或者恶意延长其到期债权的履行期限，影响债权人的债权实现的，债权人可以请求人民法院撤销债务人的行为。

A. 放弃其债权　　B. 放弃债权担保

C. 无偿转让财产　　D. 行使代位权

7）债务人的以下哪些行为影响债权人的债权实现，债权人可以请求人民法院撤销债务人的行为？（　　）

A. 债务人以明显不合理的低价转让财产

B. 债务人以明显不合理的高价受让他人财产

C. 债务人为他人的债务提供担保

D. 债务人归还其信用卡债务

8）债权人可以将债权的全部或者部分转让给第三人，但是有下列（　　）情形之一的除外。

A. 根据债权性质不得转让　　B. 按照当事人约定不得转让

C. 未通知债务人的不得转让　　D. 依照法律规定不得转让

9）以下关于债权人及债务人的权责相关描述正确的有（　　）。

A. 债权人行使代位权的费用，由债务人负担

B. 债权人以放弃其债权、放弃债权担保，影响债权人的债权实现的，债权

人可以请求人民法院撤销债权人的行为

C. 撤销权的行使范围以债权人的债权为限，债权人行使撤销权的必要费用，由债务人负担

D. 债务人影响债权人的债权实现的行为被撤销的，具有法律约束力

答案点拨解析

1. 单项选择题

题号	答案	解析
1	B	第五百零九条　当事人应当遵循诚信原则，根据合同的性质、目的和交易习惯履行通知、协助、保密等义务
2	C	第五百一十一条（一）
3	D	第五百一十二条
4	C	第五百一十三条
5	A	第五百一十四条
6	A	第五百二十一条
7	B	第五百二十三条
8	A	第五百二十三条
9	B	第五百三十二条
10	C	第五百三十二条
11	C	第五百四十一条
12	B	第五百四十一条
13	B	第五百四十四条
14	C	根据第五百五十五条，A 选项错误；根据第五百四十三条，B 选项错误；根据第五百五十一条，D 选项错误；根据第五百五十六条、第五百四十五条，C 选项正确
15	A	根据第五百四十五条，债权人转让债权的，只需通知债务人，无须征得债务人同意
16	C	第五百四十六条
17	B	第五百五十六、第五百四十五条、第五百四十六条
18	B	第五百五十一条
19	C	第五百五十一条
20	A	第五百零九条

2. 多项选择题

题号	答案	解析
1	ABC	第五百零九条
2	ABC	根据第五百一十一条（三），D 选项错误；根据第五百零九条，答案是 ABC
3	ABCD	第五百二十七条
4	AC	第五百三十五条
5	ABCD	第五百三十五条，代位权需向人民法院请求
6	ABC	第五百三十八条
7	ABC	第五百三十九条
8	ABD	第五百四十五条
9	AC	根据第五百三十五条，A 选项正确；根据第五百三十八条，B 选项错误；根据第五百四十条，C 选项正确；D 选项明显不符合逻辑

16.2.3　通则——合同的权利义务终止、违约责任

考点知识讲解

说明：方框中的内容是法律条款摘选。

第七章　合同的权利义务终止

第五百五十七条　有下列情形之一的，债权债务终止：

（一）债务已经履行；

（二）债务相互抵销；

（三）债务人依法将标的物提存；

（四）债权人免除债务；

（五）债权债务同归于一人；

（六）法律规定或者当事人约定终止的其他情形。

合同解除的，该合同的权利义务关系终止。

第五百六十一条　债务人在履行主债务外还应当支付利息和实现债权的有关费用，其给付不足以清偿全部债务的，除当事人另有约定外，应当按照下列顺序履行：

（一）实现债权的有关费用；

（二）利息；

（三）主债务。

第五百六十二条　当事人协商一致，可以解除合同。

当事人可以约定一方解除合同的事由。解除合同的事由发生时，解除权人可以解除合同。

第五百六十三条　有下列情形之一的，当事人可以解除合同：

（一）因不可抗力致使不能实现合同目的；

（二）在履行期限届满前，当事人一方明确表示或者以自己的行为表明不履行主要债务；

（三）当事人一方迟延履行主要债务，经催告后在合理期限内仍未履行；

（四）当事人一方迟延履行债务或者有其他违约行为致使不能实现合同目的；

（五）法律规定的其他情形。

以持续履行的债务为内容的不定期合同，当事人可以随时解除合同，但是应当在合理期限之前通知对方。

第五百六十四条　法律规定或者当事人约定解除权行使期限，期限届满当事人不行使的，该权利消灭。

法律没有规定或者当事人没有约定解除权行使期限，自解除权人知道或者应当知道解除事由之日起一年内不行使，或者经对方催告后在合理期限内不行使的，该权利消灭。

第五百六十五条　当事人一方依法主张解除合同的，应当通知对方。合同自通知到达对方时解除；通知载明债务人在一定期限内不履行债务则合同自动解除，债务人在该期限内未履行债务的，合同自通知载明的期限届满时解除。对方对解除合同有异议的，任何一方当事人均可以请求人民法院或者仲裁机构确认解除行为的效力。

当事人一方未通知对方，直接以提起诉讼或者申请仲裁的方式依法主张解除合同，人民法院或者仲裁机构确认该主张的，合同自起诉状副本或者仲裁申请书副本送达对方时解除。

第五百六十六条　合同解除后，尚未履行的，终止履行；已经履行的，根据履行情况和合同性质，当事人可以请求恢复原状或者采取其他补救措施，并有权请求赔偿损失。

合同因违约解除的，解除权人可以请求违约方承担违约责任，但是当事人另有约定的除外。

主合同解除后，担保人对债务人应当承担的民事责任仍应当承担担保责任，但是担保合同另有约定的除外。

第五百六十七条　合同的权利义务关系终止，不影响合同中结算和清理条款的效力。

第五百六十八条　当事人互负债务，该债务的标的物种类、品质相同的，任何一方可以将自己的债务与对方的到期债务抵销；但是，根据债务性质、按照当事人约定或者依照法律规定不得抵销的除外。

当事人主张抵销的，应当通知对方。通知自到达对方时生效。抵销不得附条件或者附期限。

第五百六十九条　当事人互负债务，标的物种类、品质不相同的，经协商一致，也可以抵销。

第五百七十条　有下列情形之一，难以履行债务的，债务人可以将标的物提存：

（一）债权人无正当理由拒绝受领；

（二）债权人下落不明；

（三）债权人死亡未确定继承人、遗产管理人，或者丧失民事行为能力未确定监护人；

（四）法律规定的其他情形。

标的物不适于提存或者提存费用过高的，债务人依法可以拍卖或者变卖标的物，提存所得的价款。

第五百七十四条　债权人可以随时领取提存物。但是，债权人对债务人负有到期债务的，在债权人未履行债务或者提供担保之前，提存部门根据债务人的要求应当拒绝其领取提存物。

债权人领取提存物的权利，自提存之日起五年内不行使而消灭，提存物扣除提存费用后归国家所有。但是，债权人未履行对债务人的到期债务，或者债权人向提存部门书面表示放弃领取提存物权利的，债务人负担提存费用后有权取回提存物。

第八章　违约责任

第五百七十七条　当事人一方不履行合同义务或者履行合同义务不符合约定的，应当承担继续履行、采取补救措施或者赔偿损失等违约责任。

第五百八十条　当事人一方不履行非金钱债务或者履行非金钱债务不符合约定的，对方可以请求履行，但是有下列情形之一的除外：

（一）法律上或者事实上不能履行；

（二）债务的标的不适于强制履行或者履行费用过高；

（三）债权人在合理期限内未请求履行。

有前款规定的除外情形之一，致使不能实现合同目的的，人民法院或者仲裁机构可以根据当事人的请求终止合同权利义务关系，但是不影响违约责任的承担。

第五百八十二条　履行不符合约定的，应当按照当事人的约定承担违约责任。对违约责任没有约定或者约定不明确，依据本法第五百一十条的规定仍不能确定的，受损害方根据标的的性质以及损失的大小，可以合理选择请求对方承担修理、重作、更换、退货、减少价款或者报酬等违约责任。

第五百八十六条　当事人可以约定一方向对方给付定金作为债权的担保。定金合同自实际交付定金时成立。

定金的数额由当事人约定；但是，不得超过主合同标的额的百分之二十，超过部分不产生定金的效力。实际交付的定金数额多于或者少于约定数额的，视为变更约定的定金数额。

第五百八十七条　债务人履行债务的，定金应当抵作价款或者收回。给付定金的一方不履行债务或者履行债务不符合约定，致使不能实现合同目的的，无权请求返还定金；收受定金的一方不履行债务或者履行债务不符合约定，致使不能实现合同目的的，应当双倍返还定金。

第五百八十八条　当事人既约定违约金，又约定定金的，一方违约时，对方可以选择适用违约金或者定金条款。

定金不足以弥补一方违约造成的损失的，对方可以请求赔偿超过定金数额的损失。

第五百八十九条　债务人按照约定履行债务，债权人无正当理由拒绝受领的，债务人可以请求债权人赔偿增加的费用。

在债权人受领迟延期间，债务人无须支付利息。

第五百九十四条　因国际货物买卖合同和技术进出口合同争议提起诉讼或者申请仲裁的时效期间为四年。

同步练习强化

1. 单项选择题

1）法律没有规定或者当事人没有约定解除权行使期限，自解除权人知道或者应当知道解除事由之日起（　　）内不行使，或者经对方催告后在合理期限内不行使的，该权利消灭。

A. 六个月　　B. 九个日

C. 一年　　D. 十八个月

2）当事人互负债务，标的物种类、品质不相同的，经协商一致，（　　）。

A. 可以抵销　　B. 不能抵销

C. 另行结算　　D. 以上都可以

3）甲向乙借了 1 万元钱，合同约定半年后还款。半年后乙下落不明，甲无法按合同还钱。为履行合同，甲可以（　　）。

A. 解除合同　　B. 终止履行合同

C. 撤销合同　　D. 将该款项提存

4）债权人领取提存物的权利，自提存之日起（　　）内不行使而消灭，提存物扣除提存费用后归国家所有。

A. 二年　　B. 三年

C. 五年　　D. 十年

5）下列合同中一方违约，对方可以要求继续履行的是（　　）。

A. 某歌星不愿意履行到某地开个人演唱会的演出合同

B. 委托代理人不履行委托合同

C. 王某欠银行贷款 10 万元不还

D. 某博物馆从刘某处购买一古瓶，并支付了钱款，刘某在将古瓶送往博物馆的途中不慎将其打碎，无法复原

6）甲公司在与乙公司协商购买某种零件时，由于该零件的工艺要求高，只有乙公司先行制造出符合要求的样品后，才能考虑批量购买。乙公司完成样品后，甲公司经营战略发生重大调整，遂通知乙公司，本公司已不需要此种零件，终止谈判。对此，下列哪项是正确的？（　　）

A. 甲公司不需要赔偿乙公司的任何损失

B. 甲公司的行为构成缔约过失，应当赔偿乙公司的损失

C. 甲公司的行为构成侵权行为，应当赔偿乙公司的损失

D. 甲公司构成违约，应该赔偿乙公司的损失

7）定金合同何时成立？（　　）

A. 合同签订时　　B. 签字

C. 登记　　D. 实际交付定金时

8）陈某看中一套住房，应销售方要求先付款 3 万元，销售方出具“收定金叁万元”的收据。后陈某放弃购买，销售方认为是陈某的原因导致房屋买卖合同不能订立，故已收取的 3 万元不予退还。对这一纠纷的处理，下列说法正确的是（　　）。

A. 该 3 万元是合同订立的担保，卖方可不予退还

B. 该 3 万元就是定金，卖方可不予退还

C. 该 3 万元只是预付款，卖方应当退还

D. 该3万元是定金，陈某应赔偿卖方3万元

9）定金的数额由当事人约定；但是不得超过主合同标的额的（　　），超过部分不产生定金的效力。实际交付的定金数额多于或者少于约定数额的，视为变更约定的定金数额。

A. 百分十五　　B. 百分之二十

C. 百分之三十　　D. 百分之十

10）关于定金合同，下列说法正确的是（　　）。

A. 定金合同自合同签订时生效

B. 定金的数额由当事人约定，但不得超过主合同标的的百分之二十五

C. 给付定金的一方不履行债务或者履行债务不符合约定，致使不能实现合同目的的，可以请求返还定金，但不能全额返还

D. 收受定金的一方不履行债务或者履行债务不符合约定，致使不能实现合同目的的，应当双倍返还定金

11）小王在某楼盘看中了一套总价100万元的房子，为表示诚意，他向开发商交付了10万元定金。同时，双方在购房合同中规定一旦出现违约，须赔偿给对方20万元违约金。后来，开发商私自将房子转卖给了出价更高的张某，并且办理了不动产登记手续。关于该案例，以下说法正确的是（　　）。

A. 10万元定金数额超过了国家法定的定金限度

B. 小王选择对方赔付违约金最多可以获得20万元

C. 张某的购房行为是合法有效的

D. 针对开发商的侵权行为，小王可以让对方同时赔偿违约金和定金

12）《中华人民共和国民法典》规定，当事人既约定违约金，又约定定金的，一方违约时，对方（　　）。（真题）

A. 只能请求适用定金条款

B. 只能请求适用违约金条款

C. 可以请求同时适用定金条款和违约金条款

D. 可以选择适用违约金或者定金条款

13）下列说法正确的是（　　）。

A. 债务人按照约定履行债务，债权人无正当理由拒绝受领的，债务人无权请求债权人赔偿增加的费用

B. 在债权人受领迟延期间，债务人无须支付利息

C. 当事人都违反合同的，都无须承担责任

D. 因国际货物买卖合同和技术进出口合同争议提起诉讼或者申请仲裁的时效期间为五年

14）根据《中华人民共和国民法典》的规定，因国际货物买卖合同和技术

进出口合同争议提起诉讼或者申请仲裁的时效期间为（ ）。

A. 两年　　B. 三年

C. 四年　　D. 五年

15）根据《中华人民共和国民法典》，当事人一方不履行合同义务或者履行合同义务不符合约定的，应当承担继续履行、采取补救措施或者（ ）等违约责任。

A. 解除合同　　B. 修订合同

C. 赔偿损失　　D. 终止合同

2. 多项选择题

1）合同解除的功能有（ ）。

A. 非违约方合同义务的解除　　B. 违约的补救手段

C. 违约方合同利益的剥夺　　D. 非违约方交易自由的恢复

2）债权债务终止的情形有哪些？（ ）

A. 债务已经履行　　B. 债务相互抵销

C. 债权人依法将标的物提存　　D. 债权债务同归于一人

3）有下列（ ）情形之一的，债权债务终止。

A. 债务已经履行　　B. 债务相互抵销

C. 债权债务同归于一人　　D. 债务人依法将标的物提存

4）有下列（ ）情形之一的，当事人可以解除合同。

A. 因不可抗力致使不能实现合同目的

B. 在履行期限届满前，当事人一方明确表示或者以自己的行为表明不履行主要债务

C. 当事人一方迟延履行主要债务，经催告后在合理期限内仍未履行

D. 当事人一方迟延履行债务或者有其他违约行为致使不能实现合同目的

5）有下列（ ）情形之一，难以履行债务的，债务人可以将标的物提存。

A. 债权人无正当理由拒绝受领

B. 债权人下落不明

C. 债权人死亡未确定继承人、遗产管理人

D. 丧失民事行为能力未确定监护人

6）甲商城与乙月饼厂家签订了200kg月饼的买卖合同，合同约定签订后10日内甲将货款支付给乙，乙于中秋节前30天将月饼交付给甲。由于乙订单过多，导致中秋节当天才把月饼交付给甲。因时间紧迫，甲商城购买的这些月饼销售情况极差。下列说法正确的是（ ）。

A. 甲可以要求乙承担迟延履行合同的违约责任

B. 甲只能要求乙承担违约责任而不能解除合同

C. 甲可以行使法定解除权，解除该月饼买卖合同

D. 乙的行为属于违约行为

7）甲在乙健身中心办了一张为期一年的健身卡，并签下会员协议，支付了一年的费用3000元，2个月后，甲接到公司通知后要调往外地工作。对此下列说法正确的是（　　）。

A. 甲可以单方面解除合同

B. 甲与乙协商一致可以解除合同

C. 若解除合同，甲应承担相应的违约责任

D. 若解除合同，乙可扣除甲已消费的费用

8）当事人一方不履行非金钱债务或者履行非金钱债务不符合约定的，对方可以请求履行，但是下列哪些情形除外？（　　）

A. 法律上或者事实上不能履行

B. 债务的标的不适于强制履行或者履行费用过高

C. 债权人在合理期限内未请求履行

D. 当事人拒绝履行

答案点拨解析

1. 单项选择题

题号	答案	解析
1	C	第五百六十四条
2	A	第五百六十九条
3	D	第五百七十条
4	C	第五百七十四条
5	C	见第五百八十条。所谓债务的标的不适于强制履行，是指债务的性质不宜强制履行，比如委托合同、技术开发合同、演出合同、出版合同等。这些合同通常具有人身专属性，不能由其他人代替履行，在性质上决定了不适于强制履行。A、B两项排除。所谓履行费用过高，是指对标的物若要强制履行，代价太大。D项排除。故本题选C
6	A	本案中甲、乙公司之间最终没有订立关于零件的买卖合同，因此，符合缔约过失责任要求的没有合同的要件。然而，甲公司之所以拒绝和乙公司签约，是因为自身经营战略发生了重大调整，这对于乙公司的损失来说并没有过失，因此，不符合缔约过失要求的有过错的要件。故甲公司不承担乙公司的损失。如果甲公司在经营战略调整之后没有及时通知乙公司，并因此造成乙公司的损失则应当承担赔偿责任

（续）

题号	答案	解析
7	D	第五百八十六条
8	C	陈某只是先付款 3 万元，并不是约定的定金，因此，如果买卖合同不能订立，陈某是可以要求卖方退还的，即卖方应当退还
9	B	第五百八十六条
10	D	第五百八十七条
11	C	张某的购房行为是合法有效的。根据第五百八十六条，A 选项错误；开发商不仅要赔付 20 万元违约金，还要退还 10 万元定金，所以 B 选项错误；根据第五百八十八条，赔偿只能二选一，所以 D 选项错误
12	D	第五百八十八条
13	B	第五百八十九条
14	C	第五百九十四条
15	C	第五百七十七条

2. 多项选择题

题号	答案	解析
1	ABCD	理解题，根据第五百六十三条理解
2	ABD	第五百五十七条
3	ABCD	第五百五十七条
4	ABCD	第五百六十三条
5	ABCD	第五百七十条
6	ACD	第五百七十七条、第五百八十二条、第五百六十三条
7	BCD	甲不存在单方面解除合同的情形，如果与乙协商一致可以解除合同，否则解除合同应当承担相应的违约责任，乙可扣除甲已消费的费用
8	ABC	第五百八十条

16.2.4 典型合同——买卖合同，供用电、水、气、热力合同，借款合同，保证合同

考点知识讲解

说明：方框中的内容是法律条款摘选。

第二分编　典型合同

第九章　买卖合同

第五百九十五条　买卖合同是出卖人转移标的物的所有权于买受人，买受人支付价款的合同。

第五百九十七条　因出卖人未取得处分权致使标的物所有权不能转移的，买受人可以解除合同并请求出卖人承担违约责任。

法律、行政法规禁止或者限制转让的标的物，依照其规定。

第六百条　出卖具有知识产权的标的物的，除法律另有规定或者当事人另有约定外，该标的物的知识产权不属于买受人。

第六百零一条　出卖人应当按照约定的时间交付标的物。约定交付期限的，出卖人可以在该交付期限内的任何时间交付。

第六百零四条　标的物毁损、灭失的风险，在标的物交付之前由出卖人承担，交付之后由买受人承担，但是法律另有规定或者当事人另有约定的除外。

第六百零五条　因买受人的原因致使标的物未按照约定的期限交付的，买受人应当自违反约定时起承担标的物毁损、灭失的风险。

第六百零六条　出卖人出卖交由承运人运输的在途标的物，除当事人另有约定外，毁损、灭失的风险自合同成立时起由买受人承担。

第六百零七条　出卖人按照约定将标的物运送至买受人指定地点并交付给承运人后，标的物毁损、灭失的风险由买受人承担。

当事人没有约定交付地点或者约定不明确，依据本法第六百零三条第二款第一项的规定标的物需要运输的，出卖人将标的物交付给第一承运人后，标的物毁损、灭失的风险由买受人承担。

第六百零八条　出卖人按照约定或者依据本法第六百零三条第二款第二项的规定将标的物置于交付地点，买受人违反约定没有收取的，标的物毁损、灭失的风险自违反约定时起由买受人承担。

第六百一十条　因标的物不符合质量要求，致使不能实现合同目的的，买受人可以拒绝接受标的物或者解除合同。买受人拒绝接受标的物或者解除合同的，标的物毁损、灭失的风险由出卖人承担。

第六百三十一条　因标的物的主物不符合约定而解除合同的，解除合同的效力及于从物。因标的物的从物不符合约定被解除的，解除的效力不及于主物。

第六百三十三条　出卖人分批交付标的物的，出卖人对其中一批标的物不交付或者交付不符合约定，致使该批标的物不能实现合同目的的，买受人可以就该批标的物解除。

出卖人不交付其中一批标的物或者交付不符合约定，致使之后其他各批标的物的交付不能实现合同目的的，买受人可以就该批以及之后其他各批标的物解除。

买受人如果就其中一批标的物解除，该批标的物与其他各批标的物相互依存的，可以就已经交付和未交付的各批标的物解除。

第六百三十四条　分期付款的买受人未支付到期价款的数额达到全部价款的五分之一，经催告后在合理期限内仍未支付到期价款的，出卖人可以请求买受人支付全部价款或者解除合同。

出卖人解除合同的，可以向买受人请求支付该标的物的使用费。

第六百三十七条　试用买卖的当事人可以约定标的物的试用期限。对试用期限没有约定或者约定不明确，依据本法第五百一十条的规定仍不能确定的，由出卖人确定。

第六百三十八条　试用买卖的买受人在试用期内可以购买标的物，也可以拒绝购买。试用期限届满，买受人对是否购买标的物未作表示的，视为购买。

试用买卖的买受人在试用期内已经支付部分价款或者对标的物实施出卖、出租、设立担保物权等行为的，视为同意购买。

第六百四十条　标的物在试用期内毁损、灭失的风险由出卖人承担。

第六百四十二条　当事人约定出卖人保留合同标的物的所有权，在标的物所有权转移前，买受人有下列情形之一，造成出卖人损害的，除当事人另有约定外，出卖人有权取回标的物：

（一）未按照约定支付价款，经催告后在合理期限内仍未支付；

（二）未按照约定完成特定条件；

（三）将标的物出卖、出质或者做出其他不当处分。

出卖人可以与买受人协商取回标的物；协商不成的，可以参照适用担保物权的实现程序。

第十章　供用电、水、气、热力合同

第六百四十八条　供用电合同是供电人向用电人供电，用电人支付电费的合同。

向社会公众供电的供电人，不得拒绝用电人合理的订立合同要求。

第六百四十九条　供用电合同的内容一般包括供电的方式、质量、时间，用电容量、地址、性质，计量方式，电价、电费的结算方式，供用电设施的维护责任等条款。

第六百五十条　供用电合同的履行地点，按照当事人约定；当事人没有约定或者约定不明确的，供电设施的产权分界处为履行地点。

第六百五十一条　供电人应当按照国家规定的供电质量标准和约定安全供电。供电人未按照国家规定的供电质量标准和约定安全供电，造成用电人损失的，应当承担赔偿责任。

第六百五十二条　供电人因供电设施计划检修、临时检修、依法限电或者用电人违法用电等原因，需要中断供电时，应当按照国家有关规定事先通知用电人；未事先通知用电人中断供电，造成用电人损失的，应当承担赔偿责任。

第六百五十四条　用电人应当按照国家有关规定和当事人的约定及时支付电费。用电人逾期不支付电费的，应当按照约定支付违约金。经催告用电人在合理期限内仍不支付电费和违约金的，供电人可以按照国家规定的程序中止供电。

供电人依据前款规定中止供电的，应当事先通知用电人。

第六百五十五条　用电人应当按照国家有关规定和当事人的约定安全、节约和计划用电。用电人未按照国家有关规定和当事人的约定用电，造成供电人损失的，应当承担赔偿责任。

第六百五十六条　供用水、供用气、供用热力合同，参照适用供用电合同的有关规定。

第十二章　借款合同

第六百六十七条　借款合同是借款人向贷款人借款，到期返还借款并支付利息的合同。

第六百六十八条　借款合同应当采用书面形式，但是自然人之间借款另有约定的除外。

借款合同的内容一般包括借款种类、币种、用途、数额、利率、期限和还款方式等条款。

第六百七十条　借款的利息不得预先在本金中扣除。利息预先在本金中扣除的，应当按照实际借款数额返还借款并计算利息。

第六百七十一条　贷款人未按照约定的日期、数额提供借款，造成借款人损失的，应当赔偿损失。

借款人未按照约定的日期、数额收取借款的，应当按照约定的日期、数额支付利息。

第六百七十二条　贷款人按照约定可以检查、监督借款的使用情况。借款人应当按照约定向贷款人定期提供有关财务会计报表或者其他资料。

第六百七十三条　借款人未按照约定的借款用途使用借款的，贷款人可以停止发放借款、提前收回借款或者解除合同。

第六百七十四条 借款人应当按照约定的期限支付利息。对支付利息的期限没有约定或者约定不明确，依据本法第五百一十条的规定仍不能确定，借款期间不满一年的，应当在返还借款时一并支付；借款期间一年以上的，应当在每届满一年时支付，剩余期间不满一年的，应当在返还借款时一并支付。

第六百七十五条 借款人应当按照约定的期限返还借款。对借款期限没有约定或者约定不明确，依据本法第五百一十条的规定仍不能确定的，借款人可以随时返还；贷款人可以催告借款人在合理期限内返还。

第六百七十六条 借款人未按照约定的期限返还借款的，应当按照约定或者国家有关规定支付逾期利息。

第六百七十七条 借款人提前返还借款的，除当事人另有约定外，应当按照实际借款的期间计算利息。

第六百七十八条 借款人可以在还款期限届满前向贷款人申请展期；贷款人同意的，可以展期。

第六百七十九条 自然人之间的借款合同，自贷款人提供借款时成立。

第六百八十条 禁止高利放贷，借款的利率不得违反国家有关规定。

借款合同对支付利息没有约定的，视为没有利息。

借款合同对支付利息约定不明确，当事人不能达成补充协议的，按照当地或者当事人的交易方式、交易习惯、市场利率等因素确定利息；自然人之间借款的，视为没有利息。

第十三章 保证合同

第一节 一般规定

第六百八十一条 保证合同是为保障债权的实现，保证人和债权人约定，当债务人不履行到期债务或者发生当事人约定的情形时，保证人履行债务或者承担责任的合同。

第六百八十二条 保证合同是主债权债务合同的从合同。主债权债务合同无效的，保证合同无效，但是法律另有规定的除外。

保证合同被确认无效后，债务人、保证人、债权人有过错的，应当根据其过错各自承担相应的民事责任。

第六百八十四条 保证合同的内容一般包括被保证的主债权的种类、数额，债务人履行债务的期限，保证的方式、范围和期间等条款。

第六百八十五条 保证合同可以是单独订立的书面合同，也可以是主债权债务合同中的保证条款。

第三人单方以书面形式向债权人做出保证，债权人接收且未提出异议的，保证合同成立。

第六百八十六条　保证的方式包括一般保证和连带责任保证。

当事人在保证合同中对保证方式没有约定或者约定不明确的，按照一般保证承担保证责任。

第六百九十条　保证人与债权人可以协商订立最高额保证的合同，约定在最高债权额限度内就一定期间连续发生的债权提供保证。

最高额保证除适用本章规定外，参照适用本法第二编最高额抵押权的有关规定。

第二节　保证责任

第六百九十一条　保证的范围包括主债权及其利息、违约金、损害赔偿金和实现债权的费用。当事人另有约定的，按照其约定。

第六百九十二条　保证期间是确定保证人承担保证责任的期间，不发生中止、中断和延长。

债权人与保证人可以约定保证期间，但是约定的保证期间早于主债务履行期限或者与主债务履行期限同时届满的，视为没有约定；没有约定或者约定不明确的，保证期间为主债务履行期限届满之日起六个月。

债权人与债务人对主债务履行期限没有约定或者约定不明确的，保证期间自债权人请求债务人履行债务的宽限期届满之日起计算。

第六百九十三条　一般保证的债权人未在保证期间对债务人提起诉讼或者申请仲裁的，保证人不再承担保证责任。

连带责任保证的债权人未在保证期间请求保证人承担保证责任的，保证人不再承担保证责任。

第六百九十九条　同一债务有两个以上保证人的，保证人应当按照保证合同约定的保证份额，承担保证责任；没有约定保证份额的，债权人可以请求任何一个保证人在其保证范围内承担保证责任。

同步练习强化

1. 单项选择题

1）买卖合同是出卖人转移标的物的（　　）于买受人，买受人支付价款的合同。

A. 占用权　　B. 所有权

C. 物权　　D. 使用权

2）2021 年 3 月，甲将登记在自己名下的商品房卖给乙，双方签署了《二手房买卖合同》。2021 年 4 月，乙将该房转卖给丙，并收取丙交来的定金 1 万元。2021 年 7 月，甲、乙办理了房屋过户手续。下列说法正确的是（　　）。

A. 甲乙签署的《二手房买卖合同》的最终生效日期是 2021 年 7 月

B. 2021 年 4 月，因为乙尚未取得商品房所有权，故乙、丙之间的房屋买卖合同效力待定

C. 如乙、丙之间的房屋买卖合同因乙的原因无法履行，则乙应双倍返还定金

D. 如甲最终未将房子卖给乙，导致乙无法履行与丙的买卖合同，则丙可以追究甲的责任

3）出卖人应当按照约定的时间交付标的物。约定交付期限的，出卖人可以在该交付期限内的（　　）交付。

A. 任何时间　　B. 开始之日

C. 结束之日　　D. 三日内

4）甲、乙订立了一家猪肉买卖合同，合同约定甲向乙交付 5 头家猪，分别为家猪 1、家猪 2、家猪 3、家猪 4、家猪 5，总价款为 1 万元。乙向甲交付定金 3000 元，余下款项由乙在半年内付清。双方还约定，在乙向甲付清家猪款项之前，甲保留该 5 头家猪的所有权。甲向乙交付了该 5 头家猪。假如在家猪款项付清之前，家猪 1 被雷电击死，该损失的承担者是（　　）。

A. 甲　　B. 乙

C. 甲和乙　　D. 都不是

5）出卖人按照约定将标的物运送至买受人指定地点交付给承运人后，标的物毁损、灭失的风险由（　　）承担。

A. 出卖人　　B. 买受人

C. 承运人　　D. 视情况酌情

6）因买受人的原因致使标的物未按照约定的期限交付的，（　　）应当自违反约定时起承担标的物毁损、灭失的风险。

A. 出卖人　　B. 承运人

C. 当事人　　D. 买受人

7）分期付款的买受人未支付到期价款的数额达到全部价款的（　　），经催告后在合理期限内仍未支付到期价款的，出卖人可以请求买受人支付全部价款或者解除合同。

A. 三分之一　　B. 四分之一

C. 五分之一　　D. 六分之一

8）试用买卖的买受人在试用期内已经支付部分价款或者对标的物实施出

卖、出租、设立担保物权等行为的，视为（　　）。

A. 同意购买　　B. 同意担保

C. 同意出租　　D. 同意出卖

9）标的物在试用期内毁损、灭失的风险由（　　）承担。

A. 出卖人　　B. 买受人

C. 所有人　　D. 使用人

10）《中华人民共和国民法典》中关于供用电、水、气、热力合同的法律条文，表述错误的是（　　）。

A. 向社会公众供电的供电人，可以拒绝用电人合理的订立合同要求

B. 供电人应当按照国家规定的供电质量标准和约定安全供电

C. 用电人应当按照国家有关规定和当事人的约定安全、节约和计划用电

D. 供用电合同的履行地点，按照当事人约定；当事人没有约定或者约定不明确的，供电设施的产权分界处为履行地点

11）（　　）是供电人向用电人供电，用电人支付电费的合同。

A. 供用电合同　　B. 用电合同

C. 电力合同　　D. 安全供电合同

12）供用电合同的内容一般包括（　　）的结算方式，供用电设施的维护责任等条款。

A. 供电的方式、质量、时间，用电容量、地址、电价、电费

B. 供电的方式、质量、时间，用电容量、电价、电费

C. 供电的方式、质量、时间，用电容量、地址、性质，计量方式，电价、电费

D. 供电的方式、质量、时间，用电容量

13）用电人应当按照国家有关规定和当事人的约定及时支付电费。用电人逾期不支付电费的，应当按照约定支付（　　）。经催告用电人在合理期限内仍不支付电费和违约金的，供电人可以按照国家规定的程序（　　）。

A. 滞纳金；中断供电　　B. 违约金；中止供电

C. 违约金；终止供电　　D. 滞纳金；终止供电

14）（　　）是借款人向贷款人借款，到期返还借款并支付利息的合同。

A. 贷款合同　　B. 保证合同

C. 借款合同　　D. 租借合同

15）以下不属于借款合同内容包括条款的是（　　）。

A. 数额　　B. 期限

C. 利息　　D. 用途

16）借款的利息（　　）预先在本金中扣除。

A. 不得　　B. 可以
C. 允许　　D. 适当

17）借款人应当按照约定的期限返还借款。对借款期限没有约定或者约定不明确，贷款人可以催告借款人在（　　）内返还。

A. 合理期限　　B. 三个月
C. 六个月　　D. 一年

18）甲向乙借了 2 万元，并写下借条，约定一年后偿还。到期后，乙多次催要，甲都以无钱推脱。对此下列说法正确的是（　　）。

A. 甲只需归还本金即可
B. 因双方未约定利息，甲不必支付任何利息
C. 甲应当承担从还款期满之日起到实际还钱之日的违约利息
D. 甲应当承担从借钱之日起到实际还钱之日的全部利息

19）下列哪一说法是错误的？（　　）

A. 借款人未按照约定的借款用途使用借款的，贷款人可以停止发放借款、提前收回借款或者解除合同

B. 借款人提前返还借款的，除当事人另有约定外，应当按照约定借款的期间计算利息

C. 借款人可以在还款期限届满前向贷款人申请展期，贷款人同意的，可以展期

D. 自然人之间的借款合同，自贷款人提供借款时成立

20）借款人提前返还借款的，除当事人另有约定外，应当按照（　　）的期间计算利息。

A. 实际借款　　B. 约定借款
C. 无法确定　　D. 贷款人确定

21）借款合同对支付利息没有约定时（　　）。

A. 支付利息　　B. 不支付利息
C. 按照法律规定　　D. 无效

22）保证合同是主债权债务合同的从合同。主债权债务合同无效的，（　　），但是法律另有规定的除外。

A. 保证合同无效
B. 保证合同有效
C. 部分保证合同无效
D. 部分保证合同有效

23）当事人在保证合同中对保证方式没有约定或者约定不明确的，按照（　　）承担保证责任。

A. 一般保证　　B. 连带保证

C. 连带和一般保证均可　　D. 法院裁决

24）保证人与债权人可以协商订立最高额保证的合同，约定在最高债权额限度内就一定期间连续发生的债权提供保证。下列不符合最高额保证的是（　　）。

A. 甲向乙签订在1年内连续多次借款的合同，丙为甲在这1年内的借款提供100万元最高额保证，1年期满后，甲还有80万元欠款，丙应承担保证责任

B. 甲向乙签订在1年内连续多次借款的合同，丙为甲在这1年内的借款提供100万元最高额保证，1年期满后，甲还有100万元欠款，丙应承担保证责任

C. 甲向乙签订在1年内连续多次借款的合同，丙为甲在这1年内的借款提供100万元最高额保证，1年期满后，甲还有150万元欠款，丙应承担全部欠款的保证责任

D. 甲向乙签订在1年内连续多次借款的合同，丙为甲在这1年内的借款提供100万元最高额保证，1年期满后，甲还有150万元欠款，丙应承担100万元的保证责任

25）债权人与保证人可以约定保证期间，没有约定或者约定不明确的，保证期间为主债务履行期限届满之日起（　　）。

A. 六个月　　B. 九个月

C. 十二个月　　D. 十八个月

26）一般保证的债权人未在（　　）对债务人提起诉讼或者申请仲裁的，保证人不再承担保证责任。

A. 诉讼时效　　B. 两年内

C. 三年内　　D. 保证期间

2. 多项选择题

1）下列哪些情形中，应由买受人承担标的物毁损、灭失的风险？（　　）

A. 买受人下落不明，出卖人将标的物提存的

B. 标的物已运抵交付地点，买受人因标的物质量瑕疵而拒收货物的

C. 合同约定在标的物所在地交货，买受人违反约定未前往提货的

D. 出卖人出卖交由承运人运输的在途标的物，买卖双方未就标的物毁损、灭失的风险做特别约定的

2）当事人约定出卖人保留合同标的物的所有权，在标的物所有权转移前，买受人有下列（　　）情形之一，造成出卖人损害的，除当事人有约定外，出卖人有权取回标的物。

A. 未按照约定支付价款

B. 未按照约定完成特定条件

C. 将标的物出卖

D. 将标的物出质或者做出其他不当处分

3）供电人因供电设施（　　）等原因，需要中断供电时，应当按照国家有关规定事先通知用电人；未事先通知用电人中断供电，造成用电人损失的，应当承担赔偿责任。

A. 计划检修　　B. 临时检修

C. 依法限电　　D. 用电人违法用电

4）关于借款合同，以下哪些选项是正确的？（　　）

A. 自然人之间借款，借款合同对支付利息约定不明确的，视为没有利息

B. 贷款人未按照约定时间足额提供借款，造成借款人损失的，应赔偿损失

C. 借款人未按照约定期限返还借款的，应当按照约定或者国家有关规定支付逾期利息

D. 自然人之间的借款合同，自合同签订之日起成立

5）关于保证合同，下列说法正确的有（　　）。

A. 保证合同可以是单独订立的书面合同，也可以是主债权债务合同中的保证条款

B. 第三人单方以书面形式向债权人做出保证，债权人接收且未提出异议的，保证合同成立

C. 保证的方式包括一般保证和连带责任保证

D. 当事人在保证合同中对保证方式没有约定或者约定不明确的，按照一般保证承担保证责任

6）保证的范围包括（　　）。

A. 主债权及其利息　　B. 违约金

C. 损害赔偿金　　D. 实现债权的费用

7）保证期间是确定保证人承担保证责任的期间，不发生（　　）。

A. 中断　　B. 中止

C. 延长　　D. 终止

8）同一债务有两个以上保证人的，以下表述错误的是（　　）。

A. 保证人按照合同约定的保证份额承担保证责任

B. 债权人不得仅向其中部分保证人主张权利

C. 债权人可向任何一个保证人请求在其保证范围内承担保证责任

D. 债权人仅可按照保证人数向部分保证人主张其应承担的责任份额

答案点拨解析

1. 单项选择题

题号	答案	解析
1	B	第五百九十五条
2	C	违约责任，第五百八十七条（见本书16.2.3节）
3	A	第六百零一条
4	B	第六百零四条
5	B	第六百零七条
6	D	第六百零五条
7	C	第六百三十四条
8	A	第六百三十八条
9	A	第六百四十条
10	A	第六百四十八条
11	A	第六百四十八条
12	C	第六百四十九条
13	B	第六百五十四条
14	C	第六百六十七条
15	C	第六百六十八条
16	A	第六百七十条
17	A	第六百七十五条
18	C	第六百七十六条
19	B	第六百七十七条
20	A	第六百七十七条
21	B	第六百八十条
22	A	第六百八十二条
23	A	第六百八十六条
24	C	根据第六百九十条、第四百二十条，丙只需在最高债权额限度内承担保证责任，所以丙只需承担100万元的保证责任
25	A	第六百九十二条
26	D	第六百九十三条

2. 多项选择题

题号	答案	解析
1	ACD	第六百零四条、第六百一十条、第六百零八条、第六百零六条
2	ABCD	第六百四十二条
3	ABCD	第六百五十二条
4	ABC	第六百八十条、第六百七十一条、第六百七十六条、第六百七十九条
5	ABCD	第六百八十五条、第六百八十六条
6	ABCD	第六百九十一条
7	ABC	第六百九十二条
8	BD	第六百九十九条

16.2.5 典型合同——租赁合同、承揽合同、建设工程合同、运输合同

考点知识讲解

说明：方框中的内容是法律条款摘选。

第十四章　租赁合同

第七百零五条　租赁期限不得超过二十年。超过二十年的，超过部分无效。

租赁期限届满，当事人可以续订租赁合同；但是，约定的租赁期限自续订之日起不得超过二十年。

第七百零六条　当事人未依照法律、行政法规规定办理租赁合同登记备案手续的，不影响合同的效力。

第七百零七条　租赁期限六个月以上的，应当采用书面形式。当事人未采用书面形式，无法确定租赁期限的，视为不定期租赁。

第七百一十六条　承租人经出租人同意，可以将租赁物转租给第三人。承租人转租的，承租人与出租人之间的租赁合同继续有效；第三人造成租赁物损失的，承租人应当赔偿损失。

承租人未经出租人同意转租的，出租人可以解除合同。

第七百一十八条　出租人知道或者应当知道承租人转租，但是在六个月内未提出异议的，视为出租人同意转租。

第七百二十二条　承租人无正当理由未支付或者迟延支付租金的，出租人可以请求承租人在合理期限内支付；承租人逾期不支付的，出租人可以解除合同。

第七百二十五条　租赁物在承租人按照租赁合同占有期限内发生所有权变动的，不影响租赁合同的效力。

第七百二十六条　出租人出卖租赁房屋的，应当在出卖之前的合理期限内通知承租人，承租人享有以同等条件优先购买的权利；但是，房屋按份共有人行使优先购买权或者出租人将房屋出卖给近亲属的除外。

出租人履行通知义务后，承租人在十五日内未明确表示购买的，视为承租人放弃优先购买权。

第十七章　承揽合同

第七百七十条　承揽合同是承揽人按照定作人的要求完成工作，交付工作成果，定作人支付报酬的合同。

承揽包括加工、定作、修理、复制、测试、检验等工作。

第七百七十二条　承揽人应当以自己的设备、技术和劳力，完成主要工作，但是当事人另有约定的除外。

承揽人将其承揽的主要工作交由第三人完成的，应当就该第三人完成的工作成果向定作人负责；未经定作人同意的，定作人也可以解除合同。

第七百七十八条　承揽工作需要定作人协助的，定作人有协助的义务。定作人不履行协助义务致使承揽工作不能完成的，承揽人可以催告定作人在合理期限内履行义务，并可以顺延履行期限；定作人逾期不履行的，承揽人可以解除合同。

第七百八十一条　承揽人交付的工作成果不符合质量要求的，定作人可以合理选择请求承揽人承担修理、重作、减少报酬、赔偿损失等违约责任。

第七百八十三条　定作人未向承揽人支付报酬或者材料费等价款的，承揽人对完成的工作成果享有留置权或者有权拒绝交付，但是当事人另有约定的除外。

第七百八十七条　定作人在承揽人完成工作前可以随时解除合同，造成承揽人损失的，应当赔偿损失。

第十八章　建设工程合同

第七百八十八条　建设工程合同是承包人进行工程建设，发包人支付价款的合同。

建设工程合同包括工程勘察、设计、施工合同。

第七百九十一条 发包人可以与总承包人订立建设工程合同，也可以分别与勘察人、设计人、施工人订立勘察、设计、施工承包合同。发包人不得将应当由一个承包人完成的建设工程支解成若干部分发包给数个承包人。

总承包人或者勘察、设计、施工承包人经发包人同意，可以将自己承包的部分工作交由第三人完成。第三人就其完成的工作成果与总承包人或者勘察、设计、施工承包人向发包人承担连带责任。承包人不得将其承包的全部建设工程转包给第三人或者将其承包的全部建设工程支解以后以分包的名义分别转包给第三人。

禁止承包人将工程分包给不具备相应资质条件的单位。禁止分包单位将其承包的工程再分包。建设工程主体结构的施工必须由承包人自行完成。

第七百九十三条 建设工程施工合同无效，但是建设工程经验收合格的，可以参照合同关于工程价款的约定折价补偿承包人。

建设工程施工合同无效，且建设工程经验收不合格的，按照以下情形处理：

（一）修复后的建设工程经验收合格的，发包人可以请求承包人承担修复费用；

（二）修复后的建设工程经验收不合格的，承包人无权请求参照合同关于工程价款的约定折价补偿。

发包人对因建设工程不合格造成的损失有过错的，应当承担相应的责任。

第八百零二条 因承包人的原因致使建设工程在合理使用期限内造成人身损害和财产损失的，承包人应当承担赔偿责任。

第八百零七条 发包人未按照约定支付价款的，承包人可以催告发包人在合理期限内支付价款。发包人逾期不支付的，除根据建设工程的性质不宜折价、拍卖外，承包人可以与发包人协议将该工程折价，也可以请求人民法院将该工程依法拍卖。建设工程的价款就该工程折价或者拍卖的价款优先受偿。

第十九章 运输合同

第一节 一般规定

第八百零九条 运输合同是承运人将旅客或者货物从起运地点运输到约定地点，旅客、托运人或者收货人支付票款或者运输费用的合同。

第八百一十条 从事公共运输的承运人不得拒绝旅客、托运人通常、合理的运输要求。

第八百一十一条　承运人应当在约定期限或者合理期限内将旅客、货物安全运输到约定地点。

第二节　客运合同

第八百二十三条　承运人应当对运输过程中旅客的伤亡承担赔偿责任；但是，伤亡是旅客自身健康原因造成的或者承运人证明伤亡是旅客故意、重大过失造成的除外。

前款规定适用于按照规定免票、持优待票或者经承运人许可搭乘的无票旅客。

第八百二十四条　在运输过程中旅客随身携带物品毁损、灭失，承运人有过错的，应当承担赔偿责任。

旅客托运的行李毁损、灭失的，适用货物运输的有关规定。

第三节　货运合同

第八百三十四条　两个以上承运人以同一运输方式联运的，与托运人订立合同的承运人应当对全程运输承担责任；损失发生在某一运输区段的，与托运人订立合同的承运人和该区段的承运人承担连带责任。

同步练习强化

1. 单项选择题

1）租赁期限不得超过（　　），超过部分无效。

A. 五年　　B. 十年

C. 二十年　　D. 三十年

2）当事人未依照法律、行政法规规定办理租赁合同登记备案手续的，（　　）。

A. 合同无效　　B. 不影响合同的效力

C. 合同有效　　D. 效力待定

3）租赁期限（）以上的，应当采用书面形式。

A. 三个月　　B. 六个月

C. 九个月　　D. 十二个月

4）小张将租来的房子转租给自己的同事，且并未告知房东。小张的行为属于（　　）。

A. 无效民事法律行为　　B. 可撤销民事法律行为

C. 有效民事法律行为　　D. 效力待定民事法律行为

5）承租人未经出租人同意转租的，（　　）。

A. 转租合同无效　　B. 转租合同效力待定

C. 出租人可以解除合同　　D. 出租人不能解除合同

6）出租人知道或者应当知道承租人转租，但是在六个月内未提出异议的，（　　）。

A. 对出租人不具有法律约束力

B. 视为出租人不同意转租

C. 视为出租人同意转租

D. 对次承租人不具有法律约束力

7）下列不属于买卖不破租赁原则的条件的是（　　）。

A. 租赁合同已成立并生效

B. 买受人知道该租赁合同存在

C. 租赁物已交付承租人

D. 所有权发生变动是在租赁期间

8）甲先将一套商品房租赁给乙，后又将这套房屋卖给丙，丙办理了过户登记手续，现丙要求乙搬出房屋。下列说法错误的是（　　）。

A. 房屋所有权的转移不影响甲与乙的租赁合同效力

B. 甲将房屋卖给丙侵犯了承租人乙的优先购买权

C. 甲与丙的房屋买卖合同是有效的

D. 丙要求乙搬出房屋是合法的

9）陈某、李某各以 40% 和 60% 的份额共有一间房屋，出租给王某。现陈某欲将自己的份额转让，下列选项正确的是（　　）。

A. 李某有优先购买权，王某没有优先购买权

B. 王某有优先购买权，李某没有优先购买权

C. 李某、王某都有优先购买权，两人处于平等地位

D. 李某、王某都有优先购买权，李某的优先购买权优先于王某的优先购买权

10）出租人出卖租赁房屋的，应当在出卖之前的合理期限内通知承租人，承租人享有以同等条件优先购买的权利。出租人履行通知义务后，承租人在（　　）内未明确表示购买的，视为承租人放弃优先购买权。

A. 十日　　B. 十五日

C. 二十日　　D. 三十日

11）K 公司委托 N 公司加工一批服装，由 N 公司提供布料，双方签订合同，约定了加工报酬、数量等事项。该合同属于（　　）。

A. 买卖合同　　B. 融资租赁合同

C. 承揽合同　　D. 居间合同

12）承揽人将其承揽的主要工作交由第三人完成的，应当就该第三人完成的工作成果向定作人负责；未经定作人同意的，定作人（　　）。

A. 可以寻求第三人要求修改合同

B. 可以与承揽人商量是否解除合同

C. 不可以解除合同

D. 也可以解除合同

13）承揽工作需要定作人协助的，定作人有协助的义务。定作人不履行协助义务致使承揽工作不能完成的，承揽人（　　）定作人在合理期限内履行义务，并可以顺延履行期限；定作人逾期不履行的，承揽人可以解除合同。

A. 可以催告　　B. 可以要求

C. 可以强制　　D. 应当要求

14）甲将汽车送到4S店维修，后来甲拒付维修费，4S店为维护自己的权益，可以（　　）。

A. 行使留置权　　B. 行使质权

C. 行使抵押权　　D. 将车据为本店所有

15）定作人在承揽人（　　）可以随时解除合同，造成承揽人损失的，应当赔偿损失。

A. 承揽合同成立后　　B. 完成工作前

C. 完成工作中　　D. 完成工作后

16）（　　）是承包人进行工程建设，发包人支付价款的合同。

A. 承包合同　　B. 施工承包合同

C. 承包建设合同　　D. 建设工程合同

17）建设工程施工合同无效，但（　　），可以参照合同关于工程价款的约定折价补偿承包人。

A. 建设工程已经交付的　　B. 建设工程已经结算的

C. 建设工程经验收合格的　　D. 建设工程已经完工的

18）甲将新房装修一揽子承包给乙，约定装修好后费用一次性支付。不料，乙在安装灯具时，不慎从架子上掉了下来，摔伤胳膊，花去医疗费3000元。这3000元应由（　　）来承担。

A. 甲　　B. 乙

C. 甲和乙　　D. 甲或乙

19）发包人未按照约定支付价款的，承包人（　　）发包人在合理期限内支付价款。

A. 可以催告　　B. 应当要求

C. 可以强制　　D. 应当催告

20）75 岁的王大爷乘公交车，当前面一辆车急停时，司机紧急刹车把王大爷摔倒在车上，造成骨折，王大爷的医疗费等损失由（　　）承担。

A. 王大爷自己承担，因为他没有坐稳扶好，怨不得别人

B. 公交公司承担，因为公司没提供足够安全的服务

C. 公交司机承担，因司机开车遇到紧急情况处置不当

D. 前面的车辆，因牵扯急停所发的事故

21）两个以上承运人以同一运输方式联运的，损失发生在某一运输区段时，应由谁承担责任？（　　）

A. 托运人

B. 该区段的承运人

C 与托运人订立合同的承运人

D. 与托运人订立合同的承运人和该区段的承运人承担连带责任

2. 多项选择题

1）出租人出卖租赁房屋的，应当在出卖之前的合理期限内通知承租人，承租人享有以同等条件优先购买的权利，但（　　）除外。

A. 房屋按份共有人行使优先购买权

B. 出租人将房屋出卖给近亲属

C. 房屋共同共有人行使优先购买权

D. 房屋共有人将房屋出卖给近亲属

2）下列哪些属于承揽工作内容？（　　）

A. 加工　　　　B. 复制

C. 检验　　　　D. 测试

3）关于承揽合同，下列哪些是正确的？（　　）

A. 承揽人将其承揽的主要工作交由第三人完成的，应当就第三人完成的工作成果向定作人负责

B. 承揽人未经定作人同意，将其承揽的主要工作交由第三人的，定作人可以解除合同

C. 定作人在承揽人完成工作前可以随时解除合同

D. 承揽人交付的工作成果不符合质量要求的，定作人不得要求重作，仅可向其请求减少报酬、赔偿损失等违约责任

4）以下属于建设工程合同的禁止行为的有（　　）。

A. 发包人支解分包

B. 分包单位再分包

C. 承包人分包给不具备相应资质条件的单位

D. 承包人全部转包和支解后全部分包

答案点拨解析

1. 单项选择题

题号	答案	解析
1	C	第七百零五条
2	B	第七百零六条
3	B	第七百零七条
4	D	第七百一十六条。是否有效需待房东确定
5	C	第七百一十六条
6	C	第七百一十八条
7	B	第七百二十五条。买卖不破租赁，即在租赁关系存续期间，即使出租人将租赁物让与他人，对租赁关系也不产生任何影响，承租人仍有权使用租赁物
8	D	第七百二十五条
9	D	第七百二十六条
10	B	第七百二十六条
11	C	第七百七十条
12	D	第七百七十二条
13	A	第七百七十八条
14	A	第七百八十三条
15	B	第七百八十七条
16	D	第七百八十八条
17	C	第七百九十三条
18	B	第八百零二条
19	A	第八百零七条
20	B	第八百二十三条
21	D	第八百三十四条

2. 多项选择题

题号	答案	解析
1	AB	第七百二十六条
2	ABCD	第七百七十条
3	ABC	第七百七十二条、第七百八十七条、第七百八十一条
4	ABCD	第七百九十一条

16.2.6　典型合同——技术合同、保管合同、仓储合同、委托合同

考点知识讲解

说明：方框中的内容是法律条款摘选。

第二十章　技术合同

第一节　一般规定

第八百四十三条　技术合同是当事人就技术开发、转让、许可、咨询或者服务订立的确立相互之间权利和义务的合同。

第八百四十六条　技术合同价款、报酬或者使用费的支付方式由当事人约定，可以采取一次总算、一次总付或者一次总算、分期支付，也可以采取提成支付或者提成支付附加预付入门费的方式。

约定提成支付的，可以按照产品价格、实施专利和使用技术秘密后新增的产值、利润或者产品销售额的一定比例提成，也可以按照约定的其他方式计算。提成支付的比例可以采取固定比例、逐年递增比例或者逐年递减比例。

约定提成支付的，当事人可以约定查阅有关会计账目的办法。

第八百四十七条　职务技术成果的使用权、转让权属于法人或者非法人组织的，法人或者非法人组织可以就该项职务技术成果订立技术合同。法人或者非法人组织订立技术合同转让职务技术成果时，职务技术成果的完成人享有以同等条件优先受让的权利。

职务技术成果是执行法人或者非法人组织的工作任务，或者主要是利用法人或者非法人组织的物质技术条件所完成的技术成果。

第八百四十九条　完成技术成果的个人享有在有关技术成果文件上写明自己是技术成果完成者的权利和取得荣誉证书、奖励的权利。

第二节　技术开发合同

第八百五十八条　技术开发合同履行过程中，因出现无法克服的技术困难，致使研究开发失败或者部分失败的，该风险由当事人约定；没有约定或者约定不明确，依据本法第五百一十条的规定仍不能确定的，风险由当事人合理分担。

当事人一方发现前款规定的可能致使研究开发失败或者部分失败的情形时，应当及时通知另一方并采取适当措施减少损失；没有及时通知并采取适当措施，致使损失扩大的，应当就扩大的损失承担责任。

第八百五十九条　委托开发完成的发明创造，除法律另有规定或者当事人另有约定外，申请专利的权利属于研究开发人。研究开发人取得专利权的，委托人可以依法实施该专利。

研究开发人转让专利申请权的，委托人享有以同等条件优先受让的权利。

第八百六十一条　委托开发或者合作开发完成的技术秘密成果的使用权、转让权以及收益的分配办法，由当事人约定；没有约定或者约定不明确，依据本法第五百一十条的规定仍不能确定的，在没有相同技术方案被授予专利权前，当事人均有使用和转让的权利。但是，委托开发的研究开发人不得在向委托人交付研究开发成果之前，将研究开发成果转让给第三人。

第四节　技术咨询合同和技术服务合同

第八百八十一条　技术咨询合同的委托人未按照约定提供必要的资料，影响工作进度和质量，不接受或者逾期接受工作成果的，支付的报酬不得追回，未支付的报酬应当支付。

技术咨询合同的受托人未按期提出咨询报告或者提出的咨询报告不符合约定的，应当承担减收或者免收报酬等违约责任。

技术咨询合同的委托人按照受托人符合约定要求的咨询报告和意见做出决策所造成的损失，由委托人承担，但是当事人另有约定的除外。

第八百八十四条　技术服务合同的委托人不履行合同义务或者履行合同义务不符合约定，影响工作进度和质量，不接受或者逾期接受工作成果的，支付的报酬不得追回，未支付的报酬应当支付。

技术服务合同的受托人未按照约定完成服务工作的，应当承担免收报酬等违约责任。

第八百八十五条　技术咨询合同、技术服务合同履行过程中，受托人利用委托人提供的技术资料和工作条件完成的新的技术成果，属于受托人。委托人利用受托人的工作成果完成的新的技术成果，属于委托人。当事人另有约定的，按照其约定。

第八百八十六条　技术咨询合同和技术服务合同对受托人正常开展工作所需费用的负担没有约定或者约定不明确的，由受托人负担。

第二十一章　保管合同

第八百八十八条　保管合同是保管人保管寄存人交付的保管物，并返还该物的合同。

寄存人到保管人处从事购物、就餐、住宿等活动，将物品存放在指定场所的，视为保管，但是当事人另有约定或者另有交易习惯的除外。

第八百八十九条 寄存人应当按照约定向保管人支付保管费。

当事人对保管费没有约定或者约定不明确，依据本法第五百一十条的规定仍不能确定的，视为无偿保管。

第八百九十条 保管合同自保管物交付时成立，但是当事人另有约定的除外。

第八百九十七条 保管期内，因保管人保管不善造成保管物毁损、灭失的，保管人应当承担赔偿责任。但是，无偿保管人证明自己没有故意或者重大过失的，不承担赔偿责任。

第八百九十八条 寄存人寄存货币、有价证券或者其他贵重物品的，应当向保管人声明，由保管人验收或者封存；寄存人未声明的，该物品毁损、灭失后，保管人可以按照一般物品予以赔偿。

第八百九十九条 寄存人可以随时领取保管物。

当事人对保管期限没有约定或者约定不明确的，保管人可以随时请求寄存人领取保管物；约定保管期限的，保管人无特别事由，不得请求寄存人提前领取保管物。

第二十二章 仓储合同

第九百零四条 仓储合同是保管人储存存货人交付的仓储物，存货人支付仓储费的合同。

第九百零七条 保管人应当按照约定对入库仓储物进行验收。保管人验收时发现入库仓储物与约定不符合的，应当及时通知存货人。保管人验收后，发生仓储物的品种、数量、质量不符合约定的，保管人应当承担赔偿责任。

第九百零八条 存货人交付仓储物的，保管人应当出具仓单、入库单等凭证。

第九百一十四条 当事人对储存期限没有约定或者约定不明确的，存货人或者仓单持有人可以随时提取仓储物，保管人也可以随时请求存货人或者仓单持有人提取仓储物，但是应当给予必要的准备时间。

第九百一十七条 储存期内，因保管不善造成仓储物毁损、灭失的，保管人应当承担赔偿责任。因仓储物本身的自然性质、包装不符合约定或者超过有效储存期造成仓储物变质、损坏的，保管人不承担赔偿责任。

第二十三章 委托合同

第九百一十九条 委托合同是委托人和受托人约定，由受托人处理委托人事务的合同。

第九百二十条 委托人可以特别委托受托人处理一项或者数项事务，也可以概括委托受托人处理一切事务。

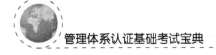

第九百二十二条　受托人应当按照委托人的指示处理委托事务。需要变更委托人指示的，应当经委托人同意；因情况紧急，难以和委托人取得联系的，受托人应当妥善处理委托事务，但是事后应当将该情况及时报告委托人。

第九百二十五条　受托人以自己的名义，在委托人的授权范围内与第三人订立的合同，第三人在订立合同时知道受托人与委托人之间的代理关系的，该合同直接约束委托人和第三人；但是，有确切证据证明该合同只约束受托人和第三人的除外。

第九百二十六条　受托人以自己的名义与第三人订立合同时，第三人不知道受托人与委托人之间的代理关系的，受托人因第三人的原因对委托人不履行义务，受托人应当向委托人披露第三人，委托人因此可以行使受托人对第三人的权利。但是，第三人与受托人订立合同时如果知道该委托人就不会订立合同的除外。

受托人因委托人的原因对第三人不履行义务，受托人应当向第三人披露委托人，第三人因此可以选择受托人或者委托人作为相对人主张其权利，但是第三人不得变更选定的相对人。

委托人行使受托人对第三人的权利的，第三人可以向委托人主张其对受托人的抗辩。第三人选定委托人作为其相对人的，委托人可以向第三人主张其对受托人的抗辩以及受托人对第三人的抗辩。

第九百二十七条　受托人处理委托事务取得的财产，应当转交给委托人。

同步练习强化

1. 单项选择题

1）技术开发合同中，因出现无法克服的技术困难，致使研究开发失败或者部分失败的，应合理分担风险。下列关于风险分担的说法不正确的是（　　）。

A. 风险责任可以由当事人约定

B. 当事人不能约定的由当事人合理分担

C. 一方出现前述问题时，应当及时通知另一方当事人并采取适当措施减少损失

D. 没有及时通知并采取适当措施，致使损失扩大的，应就全部损失承担责任

2）甲公司与乙公司签订了一份技术开发合同，未约定技术秘密成果的归

属。甲公司按约支付了研究开发经费和报酬后，乙公司交付了全部技术成果资料。后甲公司在未告知乙公司的情况下，以普通使用许可的方式许可丙公司使用该技术，乙公司在未告知甲公司的情况下，以独占使用许可的方式许可丁公司使用该技术。下列哪一说法是正确的？（　　）

A. 该技术成果的使用权仅属于甲公司

B. 该技术成果的转让权仅属于乙公司

C. 甲公司与丙公司签订的许可使用合同无效

D. 乙公司与丁公司签订的许可使用合同无效

3）下列关于保管合同和仓储合同区别的说法中，错误的是（　　）。

A. 保管合同是无偿合同，仓储合同是有偿合同

B. 无约定的保管合同是实践性合同，仓储合同是诺成合同

C. 保管合同中的保管人无验收义务，仓储合同中的仓储人有验收义务

D. 保管合同中的保管凭证一般不得转让，仓储合同中的仓单一般可以转让

4）周某因出国留学，把自己的几幅贵重字画交给朋友吴某保管，吴某将字画放于卧室，一日，卧室的暖气管道突然破裂，字画浸水受损。下列说法正确的是（　　）。

A. 吴某存在过失，应负部分赔偿责任

B. 吴某存在过失，应负全部赔偿责任

C. 吴某系无偿保管且无重大过失或故意，不应赔偿

D. 暖气管道突然破裂属于不可抗力，吴某不应赔偿

5）某日晚，张某拾得熟人王某的自行车，就给王某打电话告诉了他，因天已经很晚了，张某想将自行车放在小区的车棚里，但车棚已上锁，张某只得将自行车推到自己住的单元楼下。第二天一早，王某来取自行车，发现车被盗，王某要求张某赔偿。下列处理方法正确的是（　　）。

A. 由王某自行承担损失

B. 由张某赔偿

C. 由张某承担主要责任，王某承担次要责任

D. 由王某承担主要责任，张某承担次要责任

6）寄存人寄存货币、有价证券或者其他贵重物品的，应当向保管人声明，由保管人验收或者封存；寄存人未声明的，该物品毁损、灭失后，保管人可以（　　）赔偿。

A. 不予　　B. 按照一般物品予以

C. 按照市场物价予以　　D. 在合理的赔偿范围内予以

7）（　　）是保管人储存存货人交付的仓储物，存货人支付仓储费的合同。

A. 仓储合同　　B. 保管合同

C. 存贮合同　　　　D. 存储合同

8）储存期内，因保管不善造成仓储物毁损、灭失的，保管人（　　）。

A. 应当承担赔偿责任　　　　B. 可以承担赔偿责任

C. 需要承担赔偿责任　　　　D. 不应当承担赔偿责任

9）委托代理中，代理人取得代理权的依据是（　　）。

A. 双方当事人协商一致　　　　B. 被代理人授权

C. 代理人的同意　　　　D. 公证机关的公证

10）受托人以自己的名义，在委托人的授权范围内与第三人订立的合同，第三人在订立合同时知道受托人与委托人之间的代理关系的，该合同（　　）。

A. 直接约束委托人　　　　B. 直接约束委托人和第三人

C. 直接约束受托人　　　　D. 直接约束受托人和第三人

11）甲委托乙销售一批首饰并交付，乙经甲同意转委托给丙。丙以其名义与丁签订买卖合同，丙依约向丁交付首饰，但丁拒绝向丙支付首饰款。根据合同法律制度的规定，下列表述正确的是（　　）。

A. 乙的转委托行为无效

B. 丙与丁签订的买卖合同直接约束甲和丁

C. 丙应向甲披露丁，甲可以行使丙对丁的权利

D. 丙应向丁披露甲，丁可以行使丙对甲的权利

12）在委托合同中，受托人以自己的名义与第三人订立合同，第三人不知道委托人和受托人之间的代理关系。如果受托人因委托人或第三人的原因不履行义务，则下列有关当事人权利和义务的表述不正确的是（　　）。

A. 受托人有披露义务　　　　B. 委托人有介入权

C. 第三人有选择权　　　　D. 第三人有变更权

13）受托人处理委托事务取得的财产归（　　）所有。

A. 委托人　　　　B. 受托人

C. 共同所有　　　　D. 双方约定

2. 多项选择题

1）技术合同是当事人就（　　）或者服务订立的确立相互之间权利和义务的合同。

A. 技术开发　　　　B. 转让

C. 许可　　　　D. 咨询

2）技术合同价款、报酬或者使用费的支付方式由当事人约定，可以采取（　　）的方式。

A. 一次总算

B. 一次总付

C. 一次总算、分期支付

D. 提成支付或者提成支付附加预付入门费

3）职务技术成果的（ ）属于法人或者非法人组织的，法人或者非法人组织可以就该项职务技术成果订立技术合同。

A. 使用权　　B. 转让权

C. 处分权　　D. 收益权

4）无偿保管合同中，在什么情况下保管人不承担赔偿责任？（ ）

A. 没有故意　　B. 没有重大过失

C. 没有签订合同　　D. 没有约定

答案点拨解析

1. 单项选择题

题号	答案	解析
1	D	第八百五十八条。没有及时通知并采取适当措施，致使损失扩大的，应当就扩大的损失承担责任
2	D	由第八百六十一条知，选项 A、B 错误。根据《最高人民法院关于审理技术合同纠纷案件适用法律若干问题的解释》，当事人均有不经对方同意而自己使用或者以普通使用许可的方式许可他人使用技术秘密，并独占由此所获利益的权利。当事人一方将技术秘密成果的转让权让与他人，或者以独占或者排他使用许可的方式许可他人使用技术秘密，未经对方当事人同意或者追认的，应当认定该让与或者许可行为无效。所以，C 选项错误，D 选项正确
3	A	保管合同既可以是无偿合同，也可以是有偿合同，仓储合同是有偿合同，所以 A 选项错误。保管合同如无约定，为实践合同，仓储合同是诺成合同，所以 B 选项正确。选项 C、D 也符合保管合同和仓储合同的特征 诺成合同又称不要物合同，是实践合同的对称，是指仅以当事人意思表示一致为成立要件的合同。实践中，大多数合同均为诺成合同，实践合同仅限于法律规定的少数合同，如保管合同、自然人之间的借款合同
4	C	第八百九十七条
5	A	第八百九十七条
6	B	第八百九十八条
7	A	第九百零四条
8	A	第九百一十七条
9	B	第九百一十九条、第九百二十条
10	B	第九百二十五条

（续）

题号	答案	解析
11	C	第九百二十六条
12	D	第九百二十六条
13	A	第九百二十七条

2. 多项选择题

题号	答案	解析
1	ABCD	第八百四十三条
2	ABCD	第八百四十六条
3	AB	第八百四十七条
4	AB	第八百九十七条

16.2.7 典型合同——物业服务合同、中介合同、合伙合同

考点知识讲解

说明：方框中的内容是法律条款摘选。

第二十四章 物业服务合同

第九百三十八条 物业服务合同的内容一般包括服务事项、服务质量、服务费用的标准和收取办法、维修资金的使用、服务用房的管理和使用、服务期限、服务交接等条款。

物业服务人公开做出的有利于业主的服务承诺，为物业服务合同的组成部分。

物业服务合同应当采用书面形式。

第九百四十三条 物业服务人应当定期将服务的事项、负责人员、质量要求、收费项目、收费标准、履行情况，以及维修资金使用情况、业主共有部分的经营与收益情况等以合理方式向业主公开并向业主大会、业主委员会报告。

第九百四十四条 业主应当按照约定向物业服务人支付物业费。物业服务人已经按照约定和有关规定提供服务的，业主不得以未接受或者无须接受相关物业服务为由拒绝支付物业费。

业主违反约定逾期不支付物业费的，物业服务人可以催告其在合理期限内支付；合理期限届满仍不支付的，物业服务人可以提起诉讼或者申请仲裁。

物业服务人不得采取停止供电、供水、供热、供燃气等方式催交物业费。

第九百四十六条　业主依照法定程序共同决定解聘物业服务人的，可以解除物业服务合同。决定解聘的，应当提前六十日书面通知物业服务人，但是合同对通知期限另有约定的除外。

依据前款规定解除合同造成物业服务人损失的，除不可归责于业主的事由外，业主应当赔偿损失。

第九百四十七条　物业服务期限届满前，业主依法共同决定续聘的，应当与原物业服务人在合同期限届满前续订物业服务合同。

物业服务期限届满前，物业服务人不同意续聘的，应当在合同期限届满前九十日书面通知业主或者业主委员会，但是合同对通知期限另有约定的除外。

第九百四十八条　物业服务期限届满后，业主没有依法做出续聘或者另聘物业服务人的决定，物业服务人继续提供物业服务的，原物业服务合同继续有效，但是服务期限为不定期。

当事人可以随时解除不定期物业服务合同，但是应当提前六十日书面通知对方。

第九百五十条　物业服务合同终止后，在业主或者业主大会选聘的新物业服务人或者决定自行管理的业主接管之前，原物业服务人应当继续处理物业服务事项，并可以请求业主支付该期间的物业费。

第二十六章　中介合同

第九百六十一条　中介合同是中介人向委托人报告订立合同的机会或者提供订立合同的媒介服务，委托人支付报酬的合同。

第九百六十三条　中介人促成合同成立的，委托人应当按照约定支付报酬。对中介人的报酬没有约定或者约定不明确，依据本法第五百一十条的规定仍不能确定的，根据中介人的劳务合理确定。因中介人提供订立合同的媒介服务而促成合同成立的，由该合同的当事人平均负担中介人的报酬。

中介人促成合同成立的，中介活动的费用，由中介人负担。

第九百六十四条　中介人未促成合同成立的，不得请求支付报酬；但是，可以按照约定请求委托人支付从事中介活动支出的必要费用。

第九百六十五条　委托人在接受中介人的服务后，利用中介人提供的交易机会或者媒介服务，绕开中介人直接订立合同的，应当向中介人支付报酬。

第二十七章　合伙合同

第九百六十七条　合伙合同是两个以上合伙人为了共同的事业目的，订立的共享利益、共担风险的协议。

第九百六十九条　合伙人的出资、因合伙事务依法取得的收益和其他财产，属于合伙财产。

合伙合同终止前，合伙人不得请求分割合伙财产。

第九百七十条　合伙人就合伙事务做出决定的，除合伙合同另有约定外，应当经全体合伙人一致同意。

合伙事务由全体合伙人共同执行。按照合伙合同的约定或者全体合伙人的决定，可以委托一个或者数个合伙人执行合伙事务；其他合伙人不再执行合伙事务，但是有权监督执行情况。

合伙人分别执行合伙事务的，执行事务合伙人可以对其他合伙人执行的事务提出异议；提出异议后，其他合伙人应当暂停该项事务的执行。

第九百七十一条　合伙人不得因执行合伙事务而请求支付报酬，但是合伙合同另有约定的除外。

第九百七十二条　合伙的利润分配和亏损分担，按照合伙合同的约定办理；合伙合同没有约定或者约定不明确的，由合伙人协商决定；协商不成的，由合伙人按照实缴出资比例分配、分担；无法确定出资比例的，由合伙人平均分配、分担。

第九百七十三条　合伙人对合伙债务承担连带责任。清偿合伙债务超过自己应当承担份额的合伙人，有权向其他合伙人追偿。

第九百七十四条　除合伙合同另有约定外，合伙人向合伙人以外的人转让其全部或者部分财产份额的，须经其他合伙人一致同意。

第九百七十五条　合伙人的债权人不得代位行使合伙人依照本章规定和合伙合同享有的权利，但是合伙人享有的利益分配请求权除外。

第九百七十六条　合伙人对合伙期限没有约定或者约定不明确，依据本法第五百一十条的规定仍不能确定的，视为不定期合伙。

合伙期限届满，合伙人继续执行合伙事务，其他合伙人没有提出异议的，原合伙合同继续有效，但是合伙期限为不定期。

合伙人可以随时解除不定期合伙合同，但是应当在合理期限之前通知其他合伙人。

同步练习强化

1. 单项选择题

1）物业服务合同应当采用（　　）形式。

A. 口头　　B. 书面

C. 电子　　D. 公证

2）业主应当按照约定向物业服务人支付物业费，若业主不支付物业费，物业服务人可以（　　）。

A. 催告业主在合理期限内支付

B. 合理期限届满仍不支付的，可以提起诉讼

C. 采取停止供电的方式催交

D. 采取停止供水的方式催交

3）业主依照法定程序共同决定解聘物业服务人的，可以解除物业服务合同。决定解聘的，应当提前（　　）书面通知物业服务人，但是合同对通知期限另有约定的除外。

A. 30 日　　B. 40 日

C. 50 日　　D. 60 日

4）物业服务期限届满前，物业服务人不同意续聘的，应当在合同期限届满前（　　）日书面通知业主或者业主委员会，但是合同对通知期限另有约定的除外。

A. 三十　　B. 六十

C. 九十　　D. 一百二十

5）物业服务期限届满后，业主没有依法做出续聘或者另聘物业服务人的决定，物业服务人继续提供物业服务的，原物业服务合同继续有效，但是服务期限为（　　）。

A. 一年　　B. 两年

C. 五年　　D. 不定期

6）当事人可以随时解除不定期物业服务合同，但是应当提前（　　）书面通知对方。

A. 十五日　　B. 三十日

C. 六十日　　D. 九十日

7）物业服务合同终止后，在业主或者业主大会选聘的新物业服务人或者决定自行管理的业主接管之前，原物业服务人应当继续处理物业服务事项，并（　　）业主支付该期间的物业费。

A. 应当要求　　B. 可以请求

C. 需要　　D. 不需要

8）因中介人提供订立合同的媒介服务而促成合同成立的，（　　）。

A. 由委托人负担中介人的报酬

B. 由该合同的当事人平均负担中介人的报酬

C. 由委托人支付从事中介活动支出的必要费用

D. 由委托人支付从事中介人的全部费用

9）刘某通过中介公司与马某签订了一份购房协议，约定刘某购买马某的房子，后刘某没能从银行获得贷款，双方解除了买卖合同。对此，下列说法正确的是（　　）。

A. 刘某不用向中介公司支付佣金，因为房屋买卖合同没有生效

B. 刘某不用向中介公司支付佣金，因为房屋买卖合同已经解除

C. 刘某必须向中介公司支付佣金，因为房屋买卖合同已经签订

D. 刘某必须向中介公司支付佣金，因为房屋买卖合同已经履行

10）中介人促成合同成立的，中介活动的费用，由（　　）负担。

A. 委托人　　B. 中介人

C. 合同对方　　D. 各方协商

11）中介人未促成合同成立的，不得请求支付报酬；但是，（　　）。

A. 可以按照约定请求委托人支付从事中介活动支出的必要费用

B. 委托人需要支付从事中介活动支出的全部费用

C. 委托人应当支付中介人相关报酬

D. 合同的当事人平均负担中介人的报酬

12）刘某与甲房屋中介公司签订合同，委托甲公司帮助出售房屋一套。关于甲公司的权利和义务，下列哪一说法是错误的？（　　）

A. 如有顾客要求上门看房，甲公司应及时通知刘某

B. 甲公司可代刘某签订房屋买卖合同

C. 如促成房屋买卖合同成立，甲公司可向刘某收取报酬

D. 如促成房屋买卖合同成立，甲公司自行承担居间活动费用

13）委托人在接受中介人的服务后，利用中介人提供的交易机会或者媒介服务，绕开中介人直接订立合同的，（　　）向中介人支付报酬。

A. 无须　　B. 不应当

C. 应当　　D. 可以

14）合伙合同有效期间，合伙人以外的第三人要求入伙，关于法律是否允许的问题，下列表达正确的是（　　）。

A. 依合伙的约定决定是否允许

B. 不允许，因为合伙合同是基于合伙人之间的信任关系而存在的

C. 合伙合同有约定的，依合同处理，无约定的，应当经全体合伙人一致同意

D. 合同有约定的依约定处理，无约定的，须经全体合伙人过半数同

15）除合伙合同另有约定外，合伙人向合伙人以外的人转让其全部或者部分财产份额的，须经其他合伙人（　　）同意。

A. 三分之二　　B. 五分之四

C. 半数　　D. 一致

16）合伙人不得因（　　）而请求支付报酬，但是合伙合同另有约定的除外。

A. 执行合伙事务

B. 合伙期限届满

C. 转让其全部或者部分财产份额

D. 死亡、丧失民事行为能力或者终止

17）合伙人对合伙债务承担（　　）责任。

A. 共同　　B. 连带

C. 补充清偿　　D. 无责任

18）合伙期限届满，合伙人继续执行合伙事务，其他合伙人没有提出异议的，原合伙合同继续有效，但是合伙期限为（　　）。

A. 定期　　B. 永久

C. 60 年　　D. 不定期

19）中介（居间）人未促成合同成立的，中介活动的费用（　　）。

A. 可按照约定请求委托人支付从事中介活动支出的必要费用

B. 由委托人支付报酬

C. 由合同双方均摊

D. 由中介人承担已产生的费用

2. 多项选择题

1）物业服务合同的内容一般包括（　　）、服务用房的管理和使用、服务期限、服务交接等条款。

A. 服务事项　　B. 服务质量

C. 服务费用的标准和收取办法　　D. 维修资金的使用

2）物业服务人应当定期将服务的事项、负责人员、质量要求、收费项目、收费标准、履行情况，以及维修资金使用情况、业主共有部分的经营与收益情况等以合理方式向业主公开并向（　　）报告。

A. 业主大会　　B. 居委会

C. 业主个人　　D. 业主委员会

3）业主违反约定逾期不支付物业费的，物业服务人可以催告其在合理期限内支付；合理期限届满仍不支付的，物业服务人（　　）。

A. 可以提起诉讼

B. 申请仲裁

C. 可以进行催缴物业费

D. 可以采取停止供电等相关措施催交物业费

4）合伙的利润分配和亏损分担，可以按照下列哪些方式进行处理？（　　）

A. 合伙合同的约定　　B. 合伙人共同协商

C. 实缴出资比例分配　　D. 合伙人平均分配、分担

5）符合不定期合伙的情形有（　　）。

A. 合伙人对合伙期限没有约定或者约定不明确，依法仍不能确定的

B. 合伙期限届满，合伙人继续执行合伙事务，其他合伙人未提出异议

C. 约定有合伙期限，但未签订书面合伙协议的

D. 合伙合同终止后，部分合伙人继续执行合伙事务

答案点拨解析

1. 单项选择题

题号	答案	解析
1	B	第九百三十八条
2	A	第九百四十四条
3	D	第九百四十六条
4	C	第九百四十七条
5	D	第九百四十八条
6	C	第九百四十八条
7	B	第九百五十条
8	B	第九百六十三条
9	C	第九百六十三条　中介人促成合同成立的，委托人应当按照约定支付报酬
10	B	第九百六十三条
11	A	第九百六十四条
12	B	B选项说法错误，通过题干看不出刘某授权甲公司代其签订房屋买卖合同，甲公司不可代刘某签订房屋买卖合同

（续）

题号	答案	解析
13	C	第九百六十五条
14	C	第九百七十条
15	D	第九百七十四条
16	A	第九百七十一条
17	B	第九百七十三条
18	D	第九百七十六条
19	A	第九百六十四条

2. 多项选择题

题号	答案	解析
1	ABCD	第九百三十八条
2	AD	第九百四十三条
3	AB	第九百四十四条
4	ABCD	第九百七十二条
5	AB	第九百七十六条

16.2.8　准合同——无因管理、不当得利

考点知识讲解

说明：方框中的内容是法律条款摘选。

第三分编　准合同

第二十八章　无因管理

第九百七十九条　管理人没有法定的或者约定的义务，为避免他人利益受损失而管理他人事务的，可以请求受益人偿还因管理事务而支出的必要费用；管理人因管理事务受到损失的，可以请求受益人给予适当补偿。

管理事务不符合受益人真实意思的，管理人不享有前款规定的权利；但是，受益人的真实意思违反法律或者违背公序良俗的除外。

第九百八十一条　管理人管理他人事务，应当采取有利于受益人的方法。中断管理对受益人不利的，无正当理由不得中断。

第二十九章　不当得利

第九百八十五条　得利人没有法律根据取得不当利益的，受损失的人可以请求得利人返还取得的利益，但是有下列情形之一的除外：

（一）为履行道德义务进行的给付；

（二）债务到期之前的清偿；

（三）明知无给付义务而进行的债务清偿。

第九百八十七条　得利人知道或者应当知道取得的利益没有法律根据的，受损失的人可以请求得利人返还其取得的利益并依法赔偿损失。

第九百八十八条　得利人已经将取得的利益无偿转让给第三人的，受损失的人可以请求第三人在相应范围内承担返还义务。

同步练习强化

1. 单项选择题

1）下列哪种情形中，当事人之间产生合同法律关系？（　　）

A. 甲拾得乙遗失的一块手表

B. 甲邀请乙看球赛，乙因为有事没有前去赴约

C. 甲因出差，将一台电脑放入乙家

D. 甲把乙打伤，赔偿乙医疗费 1000 元

2）甲、乙二人同在市场销售服装，收摊时乙的一箱衬衣不小心混入了甲的衣物内，甲不知，将衬衣带回家中。甲的行为属于（　　）。

A. 拾得遗失物　　B. 获取不当得利

C. 无因管理　　D. 授权行为

3）得利人已经将取得的利益无偿转让给第三人的，受损失的人可以请求第三人在（　　）内承担返还义务。

A. 全部范围　　B. 相应范围

C. 已取得利益的范围　　D. 全部利益范围

2. 多项选择题

1）下列事实中，构成无因管理的是（　　）。

A. 未受委托，雇人为邻居的危险房屋加固，以免遭台风袭击而损毁

B. 受委托，雇人为他人照看病人

C. 抢救溺水儿童

D. 饲养他人丢失的动物并寻找其主人

2）无因管理的构成要件包括（　　）。

A. 有管理他人事务的行为

B. 有为他人谋取利益的意思

C. 无法定或约定的义务

D. 符合受益人真实意思，但受益人真实意思违反法律或公序良俗的除外

3）得利人没有法律根据取得不当利益的，受损失的人可以请求得利人返还取得的利益，但是（　　）情形除外。

A. 为履行道德义务进行的给付

B. 债务到期之前的清偿

C. 明知无给付义务而进行的债务清偿

D. 得利人无返还能力

4）甲遗失其为乙保管的迪亚手表，为偿还乙，甲窃取丙的美茄手表和 4000 元现金。甲将美茄手表交乙，因美茄手表比迪亚手表便宜 1000 元，甲又从 4000 元中补偿乙 1000 元。乙不知甲盗窃情节。乙将美茄手表赠与丁，又用该 1000 元的一半支付某自来水公司水费，另一半购得某商场一件衬衣。下列哪些说法是正确的？（　　）

A. 丙可请求丁返还手表

B. 丙可请求甲返还 3000 元，请求自来水公司和商场各返还 500 元

C. 丙可请求乙返还 1000 元不当得利

D. 丙可请求甲返还 4000 元不当得利

答案点拨解析

1. 单项选择题

题号	答案	解析
1	C	合同是一种民事法律行为，以双方当事人的意思表示为要素，并且按意思表示的内容赋予法律效果，因而与事实行为不同（注：此题属于 16.2 节理解题）
2	B	第九百八十五条
3	B	第九百八十八条

2. 多项选择题

题号	答案	解析
1	ACD	第九百七十九条
2	ABCD	第九百七十九条
3	ABC	第九百八十五条

（续）

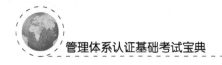

题号	答案	解析
4	AD	第九百八十五条。手表为赃物，丙可请求丁返还手表，所以A选项正确；货币适用“占有即所有规则”，所以B、C选项说法不正确；4000元是甲窃取丙的，所以丙可要求甲返还，D选项正确

16.3 《中华人民共和国产品质量法》

《中华人民共和国产品质量法》于1993年2月22日第七届全国人民代表大会常务委员会第三十次会议通过。根据2018年12月29日第十三届全国人民代表大会常务委员会第七次会议《关于修改〈中华人民共和国产品质量法〉等五部法律的决定》，对《中华人民共和国产品质量法》进行了第三次修正。

16.3.1 总则，产品质量的监督，生产者、销售者的产品质量责任和义务

考点知识讲解

说明：方框中的内容是法律条款摘选。

第一章 总则

第一条 为了加强对产品质量的监督管理，提高产品质量水平，明确产品质量责任，保护消费者的合法权益，维护社会经济秩序，制定本法。

第二条 在中华人民共和国境内从事产品生产、销售活动，必须遵守本法。

本法所称产品是指经过加工、制作，用于销售的产品。

建设工程不适用本法规定；但是，建设工程使用的建筑材料、建筑构配件和设备，属于前款规定的产品范围的，适用本法规定。

第三条 生产者、销售者应当建立健全内部产品质量管理制度，严格实施岗位质量规范、质量责任以及相应的考核办法。

第四条 生产者、销售者依照本法规定承担产品质量责任。

第五条 禁止伪造或者冒用认证标志等质量标志；禁止伪造产品的产地，伪造或者冒用他人的厂名、厂址；禁止在生产、销售的产品中掺杂、掺假，以假充真，以次充好。

第八条　国务院市场监督管理部门主管全国产品质量监督工作。国务院有关部门在各自的职责范围内负责产品质量监督工作。

县级以上地方市场监督管理部门主管本行政区域内的产品质量监督工作。县级以上地方人民政府有关部门在各自的职责范围内负责产品质量监督工作。

法律对产品质量的监督部门另有规定的，依照有关法律的规定执行。

第十条　任何单位和个人有权对违反本法规定的行为，向市场监督管理部门或者其他有关部门检举。

市场监督管理部门和有关部门应当为检举人保密，并按照省、自治区、直辖市人民政府的规定给予奖励

第二章　产品质量的监督

第十三条　可能危及人体健康和人身、财产安全的工业产品，必须符合保障人体健康和人身、财产安全的国家标准、行业标准；未制定国家标准、行业标准的，必须符合保障人体健康和人身、财产安全的要求。

禁止生产、销售不符合保障人体健康和人身、财产安全的标准和要求的工业产品。具体管理办法由国务院规定。

第十四条　国家根据国际通用的质量管理标准，推行企业质量体系认证制度。企业根据自愿原则可以向国务院市场监督管理部门认可的或者国务院市场监督管理部门授权的部门认可的认证机构申请企业质量体系认证。经认证合格的，由认证机构颁发企业质量体系认证证书。

国家参照国际先进的产品标准和技术要求，推行产品质量认证制度。企业根据自愿原则可以向国务院市场监督管理部门认可的或者国务院市场监督管理部门授权的部门认可的认证机构申请产品质量认证。经认证合格的，由认证机构颁发产品质量认证证书，准许企业在产品或者其包装上使用产品质量认证标志。

第十五条　国家对产品质量实行以抽查为主要方式的监督检查制度，对可能危及人体健康和人身、财产安全的产品，影响国计民生的重要工业产品以及消费者、有关组织反映有质量问题的产品进行抽查。抽查的样品应当在市场上或者企业成品仓库内的待销产品中随机抽取。监督抽查工作由国务院市场监督管理部门规划和组织。县级以上地方市场监督管理部门在本行政区域内也可以组织监督抽查。法律对产品质量的监督检查另有规定的，依照有关法律的规定执行。

国家监督抽查的产品，地方不得另行重复抽查；上级监督抽查的产品，下级不得另行重复抽查。

根据监督抽查的需要，可以对产品进行检验。检验抽取样品的数量不得超过检验的合理需要，并不得向被检查人收取检验费用。监督抽查所需检验费用按照国务院规定列支。

生产者、销售者对抽查检验的结果有异议的，可以自收到检验结果之日起十五日内向实施监督抽查的市场监督管理部门或者其上级市场监督管理部门申请复检，由受理复检的市场监督管理部门做出复检结论。

第十六条　对依法进行的产品质量监督检查，生产者、销售者不得拒绝。

第十七条　依照本法规定进行监督抽查的产品质量不合格的，由实施监督抽查的市场监督管理部门责令其生产者、销售者限期改正。逾期不改正的，由省级以上人民政府市场监督管理部门予以公告；公告后经复查仍不合格的，责令停业，限期整顿；整顿期满后经复查产品质量仍不合格的，吊销营业执照。

监督抽查的产品有严重质量问题的，依照本法第五章的有关规定处罚。

第十八条　县级以上市场监督管理部门根据已经取得的违法嫌疑证据或者举报，对涉嫌违反本法规定的行为进行查处时，可以行使下列职权：

（一）对当事人涉嫌从事违反本法的生产、销售活动的场所实施现场检查；

（二）向当事人的法定代表人、主要负责人和其他有关人员调查、了解与涉嫌从事违反本法的生产、销售活动有关的情况；

（三）查阅、复制当事人有关的合同、发票、账簿以及其他有关资料；

（四）对有根据认为不符合保障人体健康和人身、财产安全的国家标准、行业标准的产品或者有其他严重质量问题的产品，以及直接用于生产、销售该项产品的原辅材料、包装物、生产工具，予以查封或者扣押。

第二十条　从事产品质量检验、认证的社会中介机构必须依法设立，不得与行政机关和其他国家机关存在隶属关系或者其他利益关系。

第二十一条　产品质量检验机构、认证机构必须依法按照有关标准，客观、公正地出具检验结果或者认证证明。

产品质量认证机构应当依照国家规定对准许使用认证标志的产品进行认证后的跟踪检查；对不符合认证标准而使用认证标志的，要求其改正；情节严重的，取消其使用认证标志的资格。

第二十二条　消费者有权就产品质量问题，向产品的生产者、销售者查询；向市场监督管理部门及有关部门申诉，接受申诉的部门应当负责处理。

第二十三条　保护消费者权益的社会组织可以就消费者反映的产品质量问题建议有关部门负责处理，支持消费者对因产品质量造成的损害向人民法院起诉。

第三章　生产者、销售者的产品质量责任和义务

第一节　生产者的产品质量责任和义务

第二十六条　生产者应当对其生产的产品质量负责。

产品质量应当符合下列要求：

（一）不存在危及人身、财产安全的不合理的危险，有保障人体健康和人身、财产安全的国家标准、行业标准的，应当符合该标准；

（二）具备产品应当具备的使用性能，但是，对产品存在使用性能的瑕疵做出说明的除外；

（三）符合在产品或者其包装上注明采用的产品标准，符合以产品说明、实物样品等方式表明的质量状况。

第二十七条　产品或者其包装上的标识必须真实，并符合下列要求：

（一）有产品质量检验合格证明；

（二）有中文标明的产品名称、生产厂厂名和厂址；

（三）根据产品的特点和使用要求，需要标明产品规格、等级、所含主要成分的名称和含量的，用中文相应予以标明；需要事先让消费者知晓的，应当在外包装上标明，或者预先向消费者提供有关资料；

（四）限期使用的产品，应当在显著位置清晰地标明生产日期和安全使用期或者失效日期；

（五）使用不当，容易造成产品本身损坏或者可能危及人身、财产安全的产品，应当有警示标志或者中文警示说明。

裸装的食品和其他根据产品的特点难以附加标识的裸装产品，可以不附加产品标识。

第二十八条　易碎、易燃、易爆、有毒、有腐蚀性、有放射性等危险物品以及储运中不能倒置和其他有特殊要求的产品，其包装质量必须符合相应要求，依照国家有关规定做出警示标志或者中文警示说明，标明储运注意事项。

第二十九条　生产者不得生产国家明令淘汰的产品。

第三十条　生产者不得伪造产地，不得伪造或者冒用他人的厂名、厂址。

第三十一条　生产者不得伪造或者冒用认证标志等质量标志。

第三十二条　生产者生产产品，不得掺杂、掺假，不得以假充真、以次充好，不得以不合格产品冒充合格产品。

第二节　销售者的产品质量责任和义务

第三十三条　销售者应当建立并执行进货检查验收制度，验明产品合格证明和其他标识。

第三十四条　销售者应当采取措施，保持销售产品的质量。

第三十五条　销售者不得销售国家明令淘汰并停止销售的产品和失效、变质的产品。

第三十六条　销售者销售的产品的标识应当符合本法第二十七条的规定。

第三十七条　销售者不得伪造产地，不得伪造或者冒用他人的厂名、厂址。

第三十八条　销售者不得伪造或者冒用认证标志等质量标志。

第三十九条　销售者销售产品，不得掺杂、掺假，不得以假充真、以次充好，不得以不合格产品冒充合格产品。

同步练习强化

1. 单项选择题

1）我国已颁布的有关产品质量的法律是（　　）。(真题)

A. 标准化法　　B. 计量法

C. 产品质量法　　D. 公司法

2）下列产品中适用《中华人民共和国产品质量法》的是（　　）。

A. 原煤　　B. 电视机

C. 收获的籽棉　　D. 饲养的鱼

3）下列产品中不适用《中华人民共和国产品质量法》的是（　　）。

A. 机床　　B. 建筑工程

C. 经加工的农产品　　D. 手工业产品

4）以下不属于《中华人民共和国产品质量法》中所指“产品”的是（　　）。(真题)

A. 加工和制作的产品　　B. 销售的产品

C. 建筑工程　　D. 建筑材料、建筑构配件和设备

5）《中华人民共和国产品质量法》不适用于下列哪项？（　　）(真题)

A. 农田里收获的小麦　　B. 粮店销售的大米

C. 商场出售的电器　　D. 建筑材料

6）生产者、销售者应当建立健全内部产品质量管理制度，严格实施（　　）、质量责任以及相应的考核办法。

A. 岗位质量规范　　B. 图纸

C. 领导指示　　D. 产品标准

7）根据《中华人民共和国产品质量法》，以下（　　）是错误的。

A. 国家根据国际通用的质量管理标准，推行企业质量体系认证制度

B. 国家参照国际先进的产品标准和技术要求，强制实行产品质量认证制度

C. 国家对产品质量实行以抽查为主要方式的监督检查制度

D. 产品质量检验机构必须依法按照有关标准，客观、公正地出具检验结果

8）生产者、销售者对抽查检验的结果有异议的，可以自收到检验结果之日起（　　）日内向实施监督抽查的产品市场监督管理部门或者其上级市场监督管理部门申请复检。

A. 七　　B. 十

C. 十五　　D. 三十

9）对依法进行的产品质量监督检查，（　　）不得拒绝。

A. 生产者　　B. 销售者

C. 生产者、销售者　　D. 任何人

10）依照《中华人民共和国产品质量法》规定进行监督抽查的产品质量不合格的，由实施监督抽查的产品质量监督部门责令其生产者、销售者限期改正。逾期不改正的，由（　　）市场监督管理部门予以公告。

A. 省级以上人民政府　　B. 市级以上人民政府

C. 县级以上人民政府　　D. 乡政府

11）根据《中华人民共和国产品质量法》，产品质量认证机构应当依照国家规定对准许使用认证标志的产品进行认证后的（　　）；对不符合认证标准而使用认证标志的，要求其改正；情节严重的，取消其使用认证标志的资格。

A. 监察　　B. 跟踪检查

C. 抽查　　D. 核查

12）需依照国家有关规定做出警示标志或者中文警示说明的产品有（　　）。

A. 金属衣钩　　B. 易碎、易燃、易爆物品

C. 塑料水桶　　D. 菜刀

13）使用不当，容易造成产品本身损坏或者可能危及人身、财产安全的产品，应当有（　　）或者中文警示说明。

A. 警示标志　　B. 质量标识

C. 质量合格证明　　D. 失效日期

14）裸装的食品和其他根据产品的特点难以附加标识的裸装产品，（　　）附加产品标识。

A. 可以　　B. 必须

C. 应当　　D. 可以不

15）（　　）可以不附加产品标识。

A. 瓶装白酒　　B. 罐装饮料

C. 散装月饼　　D. 皮鞋

16）易碎、易燃等危险物品以及储运中不能倒置和其他有特殊要求的产品，其包装质量必须符合相应要求，依照国家有关规定做出（　　）或者中文警示说明，标明储运注意事项。

A. 警示标志　　B. 警示说明

C. 详细说明　　D. 介绍

17）销售者应该建立并执行进货检查验收制度，验明（　　）和其他标识。

A. 产品合格证明　　B. 进货发票

C. 安全使用期　　D. 生产许可证

18）销售者不得销售国家明令淘汰并（　　）的产品和失效、变质的产品。

A. 限制使用　　B. 未经检验

C. 停止销售　　D. 未经认证

19）根据《中华人民共和国产品质量法》，国家对产品质量实行以（　　）为主要方式的（　　）。

A. 产品认证，产品认证制度

B. 抽查，监督检查制度

C. 监督抽查，定期监督检查制度

D. 认证+监督检查，产品认证制度

2. 多项选择题

1）下列哪些产品适用《中华人民共和国产品质量法》的规定？（　　）

A. 建筑工程　　B. 服装

C. 建筑构配件　　D. 原煤

2）《中华人民共和国产品质量法》对企业质量管理提出了法定的基本要求，包括（　　）。

A. 健全内部产品质量管理制度

B. 严格实施岗位质量规范、质量责任

C. 制定企业质量管理标准

D. 严格实施相应的考核办法

3）根据《中华人民共和国产品质量法》，国家进行质量监督抽查时，抽查的样品应当在（　　）的待销产品中随机抽取。

A. 市场上　　B. 生产线上

C. 企业成品仓库内　　D. 生产者成品仓库内

4）县级以上市场监督管理部门根据已经取得的违法嫌疑证据或者举报，对涉嫌违反《中华人民共和国产品质量法》规定的行为进行查处时，可以行使下列哪些职权？（　　）

A. 对当事人涉嫌从事违反《中华人民共和国产品质量法》的生产、销售活动的场所实施现场检查

B. 查阅、复制当事人有关的合同、发票、账簿以及其他有关资料

C. 向当事人的法定代表人、主要负责人和其他有关人员调查、了解与涉嫌从事违反《中华人民共和国产品质量法》的生产销售活动有关的情况

D. 对全部产品进行查封和扣押

5）县级以上市场监督管理部门根据已经取得的违法嫌疑证据或者举报，对涉嫌违反《中华人民共和国产品质量法》规定的行为进行查处时，可以行使下列哪些职权？（　　）

A. 对当事人涉嫌从事违反《中华人民共和国产品质量法》的生产、销售活动的场所实施现场检查

B. 向当事人的法定代表人、主要负责人和其他有关人员调查、了解与涉嫌从事违反《中华人民共和国产品质量法》的生产、销售活动有关的情况

C. 对有根据认为不符合保障人体健康和人身、财产安全的国家标准、行业标准的产品，予以查封或者扣押

D. 查阅、复制当事人有关的合同、发票、账簿以及其他有关资料

6）从事产品质量检验、认证的社会中介机构必须依法设立，不得与（　　）存在隶属关系或者其他利益关系。

A. 国家机关　　B. 行政机关

C. 事业单位　　D. 社会团体

7）根据《中华人民共和国产品质量法》，就产品质量问题，消费者有权（　　）。

A. 向产品的生产者查询

B. 向产品的销售者查询

C. 向市场监督管理部门及有关部门申诉

D. 强行要求销售者退款

8）《中华人民共和国产品质量法》规定合格产品应具备的条件包括（　　）。

A. 不存在危及人身、财产安全的不合理危险

B. 具备产品应当具备的使用性能

C. 符合在产品或其包装上注明采用的产品标准

D. 有保障人体健康和人身、财产安全的国家标准、行业标准的，应该符合该标准

9）下列关于产品或者其包装上的标识的表述，正确的有（　　）。

A. 限期使用的产品，应当在显著位置清晰地标明生产日期和安全使用期或者失效日期

B. 应有中文标明的产品名称

C. 应有中文标明的生产厂厂名和厂址

D. 使用不当，容易造成产品本身损坏或者危及人身、财产安全的产品，应有警示标志或中文警示说明

10）产品或者包装上的标识必须真实，应符合下列哪些要求？（　　）

A. 有产品质量检验合格证明

B. 有中文标明的产品名称、生产厂厂名和厂址

C. 限期使用的产品，应当在显著位置清晰地标明生产日期和安全使用期限或失效日期

D. 标明产品规格、等级、成分含量等

11）限期使用的产品应当在其产品标识的显著位置上标明（　　）。

A. 生产日期　　B. 安全使用期或者失效日期

C. "限期使用"字样　　D. "过期不得使用"字样

12）关于产品或者其包装上的标识，下列哪些是正确的？（　　）

A. 有产品质量检验合格证明

B. 有中文标明的产品名称、生产厂厂名和厂址

C. 限期使用的产品，应当在显著位置清晰地标明生产日期和安全使用期或者失效日期

D. 裸装的食品，可以不附加产品标识

13）下列哪些情况违反了产品质量法关于产品或其包装上的标识的有关规定？（　　）（真题）

A. 没有产品质量检验合格证明

B. 内销产品只有英文标明的产品名称、生产厂名称和地址

C. 所标注的产品执行标准为现行有效的标准

D. 在化妆品包装上标明生产日期和失效日期

14）下列产品中，哪些产品的包装上应有警示标志或中文警示说明？（　　）

A. 有副作用的药品　　B. 需稀释方可使用的农药

C. 易燃、易爆物　　　　　　　　D. 书籍

15）《中华人民共和国产品质量法》规定销售者的产品质量责任和义务包括（　　）。

A. 保持销售产品的质量

B. 产品包装必须符合规定的要求

C. 严格执行进货检查验收制度

D. 销售的产品的标识符合法律法规要求

16）《中华人民共和国产品质量法》的适用范围是（　　）。

A. 在中华人民共和国境内从事产品生产、销售活动

B. 经过加工、制作，用于销售的产品

C. 建设工程

D. 建设工程使用的建筑材料、建筑构配件和设备

17）产品质量监督抽查的重点产品有（　　）。

A. 可能危及人体健康和人身、财产安全的产品

B. 影响国计民生的重要工业产品

C. 消费者反映有质量问题的产品

D. 有关组织反映有质量问题的产品

18）销售者应当建立并执行进货检查验收制度，验明（　　）。

A. 产品合格证明　　　　　　　　B. 其他标识

C. 生产厂址　　　　　　　　　　D. 规格、型号

答案点拨解析

1. 单项选择题

题号	答案	解析
1	C	《中华人民共和国产品质量法》
2	B	第二条　本法所称产品是指经过加工、制作，用于销售的产品
3	B	第二条
4	C	第二条
5	A	第二条
6	A	第三条
7	B	第十四条　国家参照国际先进的产品标准和技术要求，推行产品质量认证制度。企业根据自愿原则可以向国务院市场监督管理部门认可的或者国务院市场监督管理部门授权的部门认可的认证机构申请产品质量认证。所以B选项是错误的 根据第十四条、第十五条、第二十一条，可知A、C、D选项是对的

（续）

题号	答案	解析
8	C	第十五条
9	C	第十六条
10	A	第十七条
11	B	第二十一条
12	B	注意，要求做出警示标志或者中文警示说明的涉及两个条款：1）第二十七条（五）：使用不当，容易造成产品本身损坏或者可能危及人身、财产安全的产品，应当有警示标志或者中文警示说明。2）第二十八条：易碎、易燃、易爆、有毒、有腐蚀性、有放射性等危险物品以及储运中不能倒置和其他有特殊要求的产品，其包装质量必须符合相应要求，依照国家有关规定做出警示标志或者中文警示说明，标明储运注意事项
13	A	第二十七条（五）
14	D	第二十七条
15	C	第二十七条
16	A	第二十八条
17	A	第三十三条
18	C	第三十五条
19	B	第十五条

2. 多项选择题

题号	答案	解析
1	BC	第二条
2	ABD	第三条
3	AC	第十五条
4	ABC	第十八条
5	ABCD	第十八条
6	AB	第二十条
7	ABC	第二十二条
8	ABCD	第二十六条
9	ABCD	第二十七条
10	ABC	第二十七条。产品规格、等级、成分含量，不是所有产品都需标识的，需根据产品的特点和使用要求而定
11	AB	第二十七条（四）
12	ABCD	第二十七条

（续）

题号	答案	解析
13	AB	第二十七条
14	ABC	第二十八条
15	ACD	第三十四条、第三十三条、第三十六条。B 选项是生产者的责任和义务
16	ABD	第二条
17	ABCD	第十五条
18	AB	第三十三条

16.3.2　损害赔偿、罚则、附则

考点知识讲解

说明：方框中的内容是法律条款摘选。

第四章　损害赔偿

第四十条　售出的产品有下列情形之一的，销售者应当负责修理、更换、退货；给购买产品的消费者造成损失的，销售者应当赔偿损失：

（一）不具备产品应当具备的使用性能而事先未作说明的；

（二）不符合在产品或者其包装上注明采用的产品标准的；

（三）不符合以产品说明、实物样品等方式表明的质量状况的。

销售者依照前款规定负责修理、更换、退货、赔偿损失后，属于生产者的责任或者属于向销售者提供产品的其他销售者（以下简称供货者）的责任的，销售者有权向生产者、供货者追偿。

销售者未按照第一款规定给予修理、更换、退货或者赔偿损失的，由市场监督管理部门责令改正。

生产者之间，销售者之间，生产者与销售者之间订立的买卖合同、承揽合同有不同约定的，合同当事人按照合同约定执行。

第四十一条　因产品存在缺陷造成人身、缺陷产品以外的其他财产（以下简称他人财产）损害的，生产者应当承担赔偿责任。

生产者能够证明有下列情形之一的，不承担赔偿责任：

（一）未将产品投入流通的；

（二）产品投入流通时，引起损害的缺陷尚不存在的；

（三）将产品投入流通时的科学技术水平尚不能发现缺陷的存在的。

第四十二条　由于销售者的过错使产品存在缺陷，造成人身、他人财产损害的，销售者应当承担赔偿责任。

销售者不能指明缺陷产品的生产者也不能指明缺陷产品的供货者的，销售者应当承担赔偿责任。

第四十三条　因产品存在缺陷造成人身、他人财产损害的，受害人可以向产品的生产者要求赔偿，也可以向产品的销售者要求赔偿。属于产品的生产者的责任，产品的销售者赔偿的，产品的销售者有权向产品的生产者追偿。属于产品的销售者的责任，产品的生产者赔偿的，产品的生产者有权向产品的销售者追偿。

第四十四条　因产品存在缺陷造成受害人人身伤害的，侵害人应当赔偿医疗费、治疗期间的护理费、因误工减少的收入等费用；造成残疾的，还应当支付残疾者生活自助具费、生活补助费、残疾赔偿金以及由其扶养的人所必需的生活费等费用；造成受害人死亡的，并应当支付丧葬费、死亡赔偿金以及由死者生前扶养的人所必需的生活费等费用。

因产品存在缺陷造成受害人财产损失的，侵害人应当恢复原状或者折价赔偿。受害人因此遭受其他重大损失的，侵害人应当赔偿损失。

第四十五条　因产品存在缺陷造成损害要求赔偿的诉讼时效期间为二年，自当事人知道或者应当知道其权益受到损害时起计算。

因产品存在缺陷造成损害要求赔偿的请求权，在造成损害的缺陷产品交付最初消费者满十年丧失；但是，尚未超过明示的安全使用期的除外。

第四十六条　本法所称缺陷，是指产品存在危及人身、他人财产安全的不合理的危险；产品有保障人体健康和人身、财产安全的国家标准、行业标准的，是指不符合该标准。

第四十七条　因产品质量发生民事纠纷时，当事人可以通过协商或者调解解决。当事人不愿通过协商、调解解决或者协商、调解不成的，可以根据当事人各方的协议向仲裁机构申请仲裁；当事人各方没有达成仲裁协议或者仲裁协议无效的，可以直接向人民法院起诉。

第五章　罚则

第四十九条　生产、销售不符合保障人体健康和人身、财产安全的国家标准、行业标准的产品的，责令停止生产、销售，没收违法生产、销售的产品，并处违法生产、销售产品（包括已售出和未售出的产品，下同）货值金额等值以上三倍以下的罚款；有违法所得的，并处没收违法所得；情节严重的，吊销营业执照；构成犯罪的，依法追究刑事责任。

第五十条　在产品中掺杂、掺假，以假充真，以次充好，或者以不合格产品冒充合格产品的，责令停止生产、销售，没收违法生产、销售的产品，并处违法生产、销售产品货值金额百分之五十以上三倍以下的罚款；有违法所得的，并处没收违法所得；情节严重的，吊销营业执照；构成犯罪的，依法追究刑事责任。

第五十一条　生产国家明令淘汰的产品的，销售国家明令淘汰并停止销售的产品的，责令停止生产、销售，没收违法生产、销售的产品，并处违法生产、销售产品货值金额等值以下的罚款；有违法所得的，并处没收违法所得；情节严重的，吊销营业执照。

第五十二条　销售失效、变质的产品的，责令停止销售，没收违法销售的产品，并处违法销售产品货值金额二倍以下的罚款；有违法所得的，并处没收违法所得；情节严重的，吊销营业执照；构成犯罪的，依法追究刑事责任。

第五十三条　伪造产品产地的，伪造或者冒用他人厂名、厂址的，伪造或者冒用认证标志等质量标志的，责令改正，没收违法生产、销售的产品，并处违法生产、销售产品货值金额等值以下的罚款；有违法所得的，并处没收违法所得；情节严重的，吊销营业执照。

第五十四条　产品标识不符合本法第二十七条规定的，责令改正；有包装的产品标识不符合本法第二十七条第（四）项、第（五）项规定，情节严重的，责令停止生产、销售，并处违法生产、销售产品货值金额百分之三十以下的罚款；有违法所得的，并处没收违法所得。

第五十五条　销售者销售本法第四十九条至第五十三条规定禁止销售的产品，有充分证据证明其不知道该产品为禁止销售的产品并如实说明其进货来源的，可以从轻或者减轻处罚。

第五十六条　拒绝接受依法进行的产品质量监督检查的，给予警告，责令改正；拒不改正的，责令停业整顿；情节特别严重的，吊销营业执照。

第五十七条　产品质量检验机构、认证机构伪造检验结果或者出具虚假证明的，责令改正，对单位处五万元以上十万元以下的罚款，对直接负责的主管人员和其他直接责任人员处一万元以上五万元以下的罚款；有违法所得的，并处没收违法所得；情节严重的，取消其检验资格、认证资格；构成犯罪的，依法追究刑事责任。

产品质量检验机构、认证机构出具的检验结果或者证明不实，造成损失的，应当承担相应的赔偿责任；造成重大损失的，撤销其检验资格、认证资格。

产品质量认证机构违反本法第二十一条第二款的规定，对不符合认证标准而使用认证标志的产品，未依法要求其改正或者取消其使用认证标志资格的，对因产品不符合认证标准给消费者造成的损失，与产品的生产者、销售者承担连带责任；情节严重的，撤销其认证资格。

第五十八条　社会团体、社会中介机构对产品质量做出承诺、保证，而该产品又不符合其承诺、保证的质量要求，给消费者造成损失的，与产品的生产者、销售者承担连带责任。

第五十九条　在广告中对产品质量作虚假宣传，欺骗和误导消费者的，依照《中华人民共和国广告法》的规定追究法律责任。

第六十条　对生产者专门用于生产本法第四十九条、第五十一条所列的产品或者以假充真的产品的原辅材料、包装物、生产工具，应当予以没收。

第六十一条　知道或者应当知道属于本法规定禁止生产、销售的产品而为其提供运输、保管、仓储等便利条件的，或者为以假充真的产品提供制假生产技术的，没收全部运输、保管、仓储或者提供制假生产技术的收入，并处违法收入百分之五十以上三倍以下的罚款；构成犯罪的，依法追究刑事责任。

第六十二条　服务业的经营者将本法第四十九条至第五十二条规定禁止销售的产品用于经营性服务的，责令停止使用；对知道或者应当知道所使用的产品属于本法规定禁止销售的产品的，按照违法使用的产品（包括已使用和尚未使用的产品）的货值金额，依照本法对销售者的处罚规定处罚。

第六十三条　隐匿、转移、变卖、损毁被市场监督管理部门查封、扣押的物品的，处被隐匿、转移、变卖、损毁物品货值金额等值以上三倍以下的罚款；有违法所得的，并处没收违法所得。

第六十四条　违反本法规定，应当承担民事赔偿责任和缴纳罚款、罚金，其财产不足以同时支付时，先承担民事赔偿责任。

第六十七条　市场监督管理部门或者其他国家机关违反本法第二十五条的规定，向社会推荐生产者的产品或者以监制、监销等方式参与产品经营活动的，由其上级机关或者监察机关责令改正，消除影响，有违法收入的予以没收；情节严重的，对直接负责的主管人员和其他直接责任人员依法给予行政处分。

产品质量检验机构有前款所列违法行为的，由市场监督管理部门责令改正，消除影响，有违法收入的予以没收，可以并处违法收入一倍以下的罚款；情节严重的，撤销其质量检验资格。

第六十九条 以暴力、威胁方法阻碍市场监督管理部门的工作人员依法执行职务的，依法追究刑事责任；拒绝、阻碍未使用暴力、威胁方法的，由公安机关依照治安管理处罚法的规定处罚。

第七十一条 对依照本法规定没收的产品，依照国家有关规定进行销毁或者采取其他方式处理。

第七十二条 本法第四十九条至第五十四条、第六十二条、第六十三条所规定的货值金额以违法生产、销售产品的标价计算；没有标价的，按照同类产品的市场价格计算。

第六章 附则

第七十三条 军工产品质量监督管理办法，由国务院、中央军事委员会另行制定。

因核设施、核产品造成损害的赔偿责任，法律、行政法规另有规定的，依照其规定。

第七十四条 本法自1993年9月1日起施行。

同步练习强化

1. 单项选择题

1）一日，李女士在家中做饭时高压锅突然爆炸，李女士被炸飞的锅盖击中头部，抢救无效死亡。后据质量检测专家鉴定，高压锅发生爆炸的直接原因是设计不尽合理，使用时造成排气孔堵塞而发生爆炸。本案中，可以用下列何种依据判定生产者应承担责任？（ ）

A. 产品存在缺陷　　B. 产品买卖合同约定

C. 产品默认担保条件　　D. 产品明示担保条件

2）某厂开发了一种新型节能炉具，先后制造出10件样品，后样品有6件丢失。2021年某户居民的燃气罐发生爆炸，原因是使用了某厂丢失的6件样品炉具中的一件，而该炉具存在重大缺陷。该户居民要求某厂赔偿损失，某厂不同意赔偿。下列理由中哪一个最能支持某厂立场？（ ）

A. 该炉具尚未投入流通

B. 该户居民如何得到炉具的事实不清

C. 该户居民偷盗样品，由此造成的损失应由其自负

D. 该户居民应向提供给其炉具的人索赔

3）某厂2021年生产了一种治疗腰肌劳损的频谱仪并投放市场，消费者甲购买了一台，用后腰肌劳损减轻，但却患上了偏头疼。甲询问了使用过这种频

谱仪的其他用户，很多人都有类似反应。甲向某厂要求索赔。某厂对此十分重视，专门找专家作了鉴定，结论是目前科学技术无法断定频谱仪与偏头疼之间的关系。以下哪种观点是正确的？（　　）

A. 本着公平原则，某厂应予以适当赔偿

B. 因出现不良反应的用户众多，应将争议搁置，待科技发展到能够做出明确结论时再处理

C. 该频谱仪的功能是治疗腰肌劳损，该功能完全具备，至于其他副作用是治疗中不可避免的，该厂可不负责任

D. 由于频谱仪投入流通时的科学技术水平不能发现缺陷的存在，某厂不用承担赔偿责任

4）根据《中华人民共和国产品质量法》，由于销售者的（　　）使产品存在缺陷，造成人身、他人财产损害的，销售者应当承担赔偿责任。

A. 故意　　B. 过失

C. 过错　　D. 破坏

5）根据《中华人民共和国产品质量法》，因产品存在缺陷造成损害要求赔偿的请求权，在造成损害的缺陷产品交付最初消费者满（　　）丧失；但是，尚未超过明示的安全使用期的除外。

A. 二年　　B. 十年

C. 五年　　D. 一年

6）产品质量法规定，因产品存在缺陷造成损害要求赔偿的诉讼时效期间为（　　），自当事人知道或者应当知道其权益受到损害时起计算。（真题）

A. 五年　　B. 二年

C. 三年　　D. 十年

7）根据《中华人民共和国产品质量法》，生产、销售不符合保障人体健康和人身、财产安全的国家标准、行业标准的产品的，责令停止生产、销售，没收违法生产、销售的产品，并处违法生产、销售产品（　　）的罚款。

A. 货值金额50%以上三倍以下　　B. 货值金额等值以下

C. 货值金额等值以上三倍以下　　D. 货值金额等值以上五倍以下

8）根据《中华人民共和国产品质量法》，销售失效、变质的产品的，责令停止销售，没收违法销售的产品，并处违法销售产品（　　）的罚款；有违法所得的，并处没收违法所得；情节严重的，吊销营业执照；构成犯罪的，依法追究刑事责任。

A. 货值金额二倍以下

B. 货值金额等值以上三倍以下

C. 货值金额百分之五十以上三倍以下

D. 货值金额等值以下

9）根据《中华人民共和国产品质量法》，伪造产品产地的，伪造或者冒用他人厂名、厂址的，伪造或者冒用认证标志等质量标志的，责令改正，没收违法生产、销售的产品，并处违法生产、销售产品（　　）的罚款；有违法所得的，并处（　　）；情节严重的，吊销营业执照。

A. 货值金额二倍以下，没收违法所得

B. 货值金额等值以下，没收违法所得

C. 货值金额三倍以下，没收违法所得

D. 货值金额 50% 以下，没收违法所得

10）根据《中华人民共和国产品质量法》，拒绝接受依法进行的产品质量监督检查的，给予（　　），责令改正；拒不改正的，责令（　　）；情节特别严重的，（　　）。

A. 警告，停业整顿，吊销营业执照

B. 罚款，停业培训，吊销营业执照

C. 警告，停业整顿，没收非法所得

D. 罚款，停业整顿，吊销营业执照

11）根据《中华人民共和国产品质量法》，产品质量检验机构、认证机构伪造检验结果或者出具虚假证明的，责令改正，对单位处五万元以上十万元以下的罚款，对直接负责的主管人员和其他直接责任人员处（　　）的罚款。有违法所得的，并处没收违法所得；情节严重的，取消其检验资格、认证资格；构成犯罪的，依法追究刑事责任。

A. 五万元以上十万元以下　　B. 一万元以上五万元以下

C. 一万以上二万元以下　　D. 二万以上五万元以下

12）根据《中华人民共和国产品质量法》，在广告中对产品质量作虚假宣传，欺骗和误导消费者的，依照（　　）的规定追究法律责任。

A.《中华人民共和国产品质量法》

B.《中华人民共和国广告法》

C.《中华人民共和国消费者权益保护法》

D.《中华人民共和国反不正当竞争法》

13）知道或者应当知道属于《中华人民共和国产品质量法》规定禁止生产、销售的产品而为其提供运输、保管、仓储等便利条件的，没收全部收入，并处违法收入（　　）的罚款；构成犯罪的，依法追究刑事责任。

A. 50% 以上三倍以下　　B. 三倍以下

C. 两倍以上　　D. 一倍以上三倍以下

14）服务业的经营者将失效、变质的产品用于经营性服务的，责令停止使

用；对知道或应当知道所使用的产品属于《中华人民共和国产品质量法》规定禁止销售的产品的，按照违法销售产品的（　　）进行罚款。

A. 货值金额二倍以下　　B. 货值金额等值以上二倍以下

C. 货值金额二倍以上　　D. 货值金额一倍以上三倍以下

15）根据《中华人民共和国产品质量法》，隐匿、转移、变卖、损毁被市场监督管理部门查封、扣押的物品的，处被隐匿、转移、变卖、损毁物品货值金额（　　）的罚款；有违法所得的，并处没收违法所得。

A. 三倍以下　　B. 等值以上三倍以下

C. 50%以上三倍以下　　D. 等值以下

16）违反《中华人民共和国产品质量法》规定，应当承担民事赔偿责任或缴纳罚款、罚金，其财产不足以同时支付时，先承担（　　）。

A. 民事赔偿责任　　B. 罚款

C. 罚金　　D. 平均支付各种费用

17）根据《中华人民共和国产品质量法》，产品质量检验机构向社会推荐生产者的产品或者以监制、监销等方式参加产品经营活动的，由（　　）责令改正，消除影响，有违法收入的予以没收，可以并处违法收入（　　）的罚款；情节严重的，撤销其质量检验资格。

A. 市场监督管理部门，一倍以下　　B. 政府机关，一倍以下

C. 上级监管机构，三倍以下　　D. 上级监管机构，一倍以下

18）以暴力、威胁方法阻碍市场监督管理部门的工作人员依法执行职务的，依法追究（　　）责任；拒绝、阻碍未使用暴力、威胁方法的，由公安机关依照治安管理处罚法的规定处罚。

A. 行政　　B. 民事

C. 刑事　　D. 连带

19）生产国家明令淘汰的产品的、销售国家明令淘汰并停止销售的产品的，责令停止生产、销售，没收违法生产、销售的产品，并处违法生产、销售产品货值金额（　　）以下的罚款。

A. 2倍　　B. 3倍

C. 5倍　　D. 等值

20）知道或者应当知道属于产品质量法规定禁止生产、销售的产品而为其提供运输的，没收全部运输的收入，并处违法收入（　　）的罚款。

A. 50%以上3倍以下　　B. 等值

C. 20%以上3倍以下　　D. 3倍

21）销售者在销售中的过错，承担的行政责任是（　　）。

A. 退货　　B. 更换

C. 赔偿　　D. 罚金

2. 多项选择题

1）根据《中华人民共和国产品质量法》，售出的产品有下列哪些情形的，销售者应当负责修理、更换、退货；给购买产品的消费者造成损失的，销售者应当赔偿损失？（　　）

A. 不具备产品应当具备的使用性能而事先未作说明的

B. 不符合在产品或者其包装上注明采用的产品标准的

C. 不符合以产品说明、实物样品等方式表明的质量状况的

D. 不具备同类产品的性能

2）根据《中华人民共和国产品质量法》，售出的产品如果不符合以产品说明方式表明的质量状况的，销售者应当负责（　　）。

A. 更换　　B. 修理

C. 退货　　D. 赔偿损失

3）销售者在产品质量方面承担民事责任的具体形式有下列哪些方面？（　　）

A. 更换　　B. 修理

C. 退货　　D. 赔偿损失

4）根据《中华人民共和国产品质量法》，生产者承担缺陷产品的民事责任须同时具备以下（　　）条件。

A. 产品存在缺陷　　B. 不能证明自身无损害责任

C. 损害事实与产品缺陷有直接因果关系　　D. 存在损害事实

5）根据《中华人民共和国产品质量法》，销售者承担的产品缺陷造成损害的赔偿责任的条件是（　　）。

A. 不能指明缺陷产品的生产者和供货者

B. 由于销售者过错使产品存在缺陷

C. 销售者不能证明自己无责任

D. 销售者不能证明自己有法定的免责情形

6）根据《中华人民共和国产品质量法》，以下说法正确的是（　　）。

A. 销售者不能指明缺陷产品的生产者和供货者的，销售者应当承担赔偿责任

B. 鞭炮的包装上可以不加警示标志

C. 因产品存在缺陷造成损害要求赔偿的诉讼时效期间为三年

D. 国家对产品质量实行以抽查为主要方式的监督检查制度

7）根据《中华人民共和国产品质量法》，因产品存在缺陷造成受害人人身伤害的，侵害人应当赔偿（　　）等费用；造成残疾的，还应当支付残疾者生

活自助具费、生活补助费、残疾赔偿金以及由其扶养的人所必需的生活费等费用。

A. 生活费　　B. 医疗费

C. 治疗期间的护理费　　D. 因误工减少的收入

8）以下产品中，哪些不是《中华人民共和国产品质量法》中所称的“有缺陷的产品”？（　　）

A. 损伤皮肤的化妆品　　B. 制冷效果不好的空调机

C. 图像效果不佳的电视机　　D. 保温效果不良的暖水瓶

9）《中华人民共和国产品质量法》中所称“缺陷”是指以下哪些情况？（　　）

A. 产品存在危及人身、他人财产安全的不合理的危险

B. 产品有保障人体健康和人身、财产安全的国家标准、行业标准的，是指不符合该标准

C. 不符合国家推荐标准要求

D. 不符合顾客要求

10）根据《中华人民共和国产品质量法》，因产品质量发生民事纠纷时，当事人可以通过下列哪些方法解决？（　　）

A. 协商

B. 调解

C. 根据当事人各方的协议向仲裁机构申请仲裁

D. 直接向人民法院起诉

11）根据《中华人民共和国产品质量法》，对生产、销售不符合保障人体健康和人身、财产安全的国家标准、行业标准的产品的，在责令停止生产、销售，没收违法生产、销售的产品的同时，还会给予下列哪些处罚？（　　）

A. 处违法生产、销售产品货值金额等值以上三倍以下的罚款

B. 有违法所得的，没收违法所得

C. 情节严重的，吊销营业执照

D. 构成犯罪的，依法追究刑事责任

12）根据《中华人民共和国产品质量法》，在产品中掺杂、掺假，以假充真，以次充好，或者以不合格产品冒充合格产品的，在责令停止生产、销售，没收违法生产、销售的产品的同时，还会给予下列哪些处罚？（　　）

A. 处违法生产、销售产品货值金额百分之五十以上三倍以下的罚款

B. 有违法所得的，没收违法所得

C. 情节严重的，吊销营业执照

D. 构成犯罪的，依法追究刑事责任

13）某个体户为扩大销售，擅自在其生产的冷饮食品外包装袋上印刷免检图案，对上述行为，依据《中华人民共和国产品质量法》应如何处理？（　　）

A. 责令改正

B. 没收违法生产的产品

C. 处违法生产产品货值金额二倍以下的罚款

D. 有违法所得的，没收违法所得

14）根据《中华人民共和国产品质量法》，销售者销售本法禁止销售的产品，在哪些情况下，可以对销售者减轻或从轻处罚？（　　）

A. 销售者不知道产品是《中华人民共和国产品质量法》禁止销售的产品

B. 举报同行的类似行为

C. 举报类似产品的进货渠道

D. 销售者如实说明产品的进货来源

15）根据《中华人民共和国产品质量法》，对生产者专门用于生产以假充真的产品的（　　）应当予以没收。

A. 原辅材料　　B. 运输工具

C. 生产工具　　D. 包装物

答案点拨解析

1. 单项选择题

题号	答案	解析
1	A	第四十一条。注意，《中华人民共和国产品质量法》对“缺陷”有特别的定义（见第四十六条）：本法所称缺陷，是指产品存在危及人身、他人财产安全的不合理的危险；产品有保障人体健康和人身、财产安全的国家标准、行业标准的，是指不符合该标准
2	A	第四十一条（一）
3	D	第四十一条（三）
4	C	第四十二条。根据《中华人民共和国产品质量法》的规定，违反《中华人民共和国产品质量法》应当承担的法律责任包括民事责任、行政责任或刑事责任。民事责任是指修理、更换、退货、赔偿损失。行政责任是指由有关行政管理部门，视情节轻重分别给予责令更正、责令停止生产、没收违法所得、没收违法产品、罚款、吊销营业执照等行政处罚。刑事责任是指根据《中华人民共和国产品质量法》和《中华人民共和国刑法》中关于生产、销售伪劣商品犯罪的规定，如果生产者、销售者的行为触犯刑律的，应当承担刑事责任
5	B	第四十五条

（续）

题号	答案	解析
6	B	第四十五条
7	C	第四十九条。《中华人民共和国产品质量法》第七十二条对“货值金额”有定义：货值金额以违法生产、销售产品的标价计算；没有标价的，按照同类产品的市场价格计算
8	A	第五十二条
9	B	第五十三条
10	A	第五十六条
11	B	第五十七条
12	B	第五十九条
13	A	第六十一条
14	A	要结合第六十二条、第五十二条做出判断
15	B	第六十三条
16	A	第六十四条
17	A	第六十七条
18	C	第六十九条
19	D	第五十一条
20	A	第六十一条
21	D	行政责任的要求必须是出自国家行政管理部门，是指由有关行政管理部门，视情节轻重分别给予责令更正、责令停止生产、没收违法所得、没收违法产品、罚款、吊销营业执照等行政处罚。更换、退货、赔偿损失是民事责任

2. 多项选择题

题号	答案	解析
1	ABC	第四十条
2	ABCD	第四十条（三）
3	ABCD	第四十条
4	AC	结合第四十条、第四十一条理解
5	AB	第四十二条
6	AD	见第四十二条、第二十七条、第四十五条、第十五条
7	BCD	第四十四条

（续）

题号	答案	解析
8	BCD	第四十六条　本法所称缺陷，是指产品存在危及人身、他人财产安全的不合理的危险；产品有保障人体健康和人身、财产安全的国家标准、行业标准的，是指不符合该标准
9	AB	第四十六条
10	ABCD	第四十七条
11	ABCD	第四十九条
12	ABCD	第五十条
13	ABD	第五十三条
14	AD	第五十五条
15	ACD	第六十条

16.4 《中华人民共和国计量法》与《中华人民共和国计量法实施细则》

16.4.1 《中华人民共和国计量法》

《中华人民共和国计量法》于1985年9月6日第六届全国人民代表大会常务委员会第十二次会议通过。根据2018年10月26日第十三届全国人民代表大会常务委员会第六次会议《关于修改〈中华人民共和国野生动物保护法〉等十五部法律的决定》第五次修正。

考点知识讲解

说明：方框中的内容是法律条款摘选。

第一章　总则

第一条　为了加强计量监督管理，保障国家计量单位制的统一和量值的准确可靠，有利于生产、贸易和科学技术的发展，适应社会主义现代化建设的需要，维护国家、人民的利益，制定本法。

第二条　在中华人民共和国境内，建立计量基准器具、计量标准器具，进行计量检定，制造、修理、销售、使用计量器具，必须遵守本法。

第三条　国家实行法定计量单位制度。

国际单位制计量单位和国家选定的其他计量单位，为**国家法定计量单位**。国家法定计量单位的名称、符号由国务院公布。

因特殊需要采用非法定计量单位的管理办法，由国务院计量行政部门另行制定。

第四条　国务院计量行政部门对全国计量工作实施统一监督管理。

县级以上地方人民政府计量行政部门对本行政区域内的计量工作实施监督管理。

第二章　计量基准器具、计量标准器具和计量检定

第五条　国务院计量行政部门负责建立各种**计量基准器具**，作为统一全国量值的最高依据。

第八条　企业、事业单位根据需要，可以建立本单位使用的**计量标准器具**，其各项最高计量标准器具经有关人民政府计量行政部门主持考核合格后使用。

第九条　县级以上人民政府计量行政部门对社会公用计量标准器具，部门和企业、事业单位使用的**最高计量标准器具**，以及用于贸易结算、安全防护、医疗卫生、环境监测方面的列入强制检定目录的**工作计量器具**，实行**强制检定**。未按照规定申请检定或者检定不合格的，不得使用。实行强制检定的工作计量器具的目录和管理办法，由国务院制定。

对前款规定以外的其他计量标准器具和工作计量器具，使用单位应当自行定期检定或者送其他计量检定机构检定。

第十条　计量检定必须按照国家计量检定系统表进行。国家计量检定系统表由国务院计量行政部门制定。

计量检定必须执行计量检定规程。**国家计量检定规程**由国务院计量行政部门制定。没有国家计量检定规程的，由国务院有关主管部门和省、自治区、直辖市人民政府计量行政部门分别制定部门计量检定规程和地方计量检定规程。

第四章　计量监督

第十八条　县级以上人民政府计量行政部门应当依法对制造、修理、销售、进口和使用计量器具，以及计量检定等相关计量活动进行监督检查。有关单位和个人不得拒绝、阻挠。

第二十一条　处理因计量器具准确度所引起的**纠纷**，以国家计量基准器具或者社会公用计量标准器具检定的数据为准。

第二十二条　为社会提供公证数据的**产品质量检验机构**，必须经省级以上人民政府计量行政部门对其计量检定、测试的能力和可靠性考核合格。

同步练习强化

1. 单项选择题

1）以下哪项内容不属于计量法调整的范围？（　　）

A. 建立计量基准器具、计量标准器具

B. 进行计量检定

C. 制造、修理计量器具

D. 使用教学用计量器具

2）国家法定计量单位的名称、符号由（　　）公布。

A. 中国计量科学研究院　　B. 国家市场监督管理总局

C. 全国人大　　D. 国务院

3）（　　）对全国计量工作实施统一监督管理。

A. 国务院　　B. 中国计量科学研究院

C. 国家市场监督管理总局　　D. 国务院计量行政部门

4）统一全国量值的最高依据是（　　）。

A. 计量基准器具　　B. 部门最高计量标准

C. 社会公用计量标准　　D. 工作计量标准

5）依据《中华人民共和国计量法》，（　　）负责建立各种计量基准器具，作为统一全国量值的最高依据。

A. 国务院计量行政部门

B. 省级计量行政部门

C. 县级以上地方人民政府计量行政部门

D. 国务院有关主管部门

6）企业根据需要，可以建立本单位使用的计量标准器具，其各项最高计量标准器具经（　　）主持考核合格后使用。

A. 有关人民政府计量行政部门

B. 市级人民政府计量行政部门

C. 县级人民政府计量行政部门

D. 省级人民政府计量行政部门

7）强制检定的计量器具是指（　　）。

A. 强制检定的计量标准器具

B. 强制检定的工作计量器具

C. 强制检定的计量标准器具和强制检定的工作计量器具

D. 以上都不对

8）关于强制检定范围，以下说法错误的是（　　）。

A. 社会公用计量标准器具

B. 部门和企业使用的最高计量标准器具

C. 用于内部和外部结算、安全防护、医疗卫生、环境监测方面的工作计量器具

D. 事业单位使用的最高计量标准器具

9）根据《中华人民共和国计量法》，以下属于强制检定的是（　　）。

A. 用于贸易结算、安全防护、医疗卫生、环境监测方面的列入强制检定目录的工作计量器具

B. 部门和企业、事业单位使用的最高计量标准器具

C. 社会公用计量标准器具

D. A＋B＋C

10）为社会提供公证数据的产品质量检验机构，必须经（　　）对其计量检定、测试的能力和可靠性考核合格。

A. 有关人民政府计量行政部门

B. 县级人民政府计量行政部门

C. 省级以上人民政府计量行政部门

D. 市级人民政府计量行政部门

11）（　　）应当依法对制造、修理、销售、进口和使用计量器具，以及计量检定等相关计量活动进行监督检查。有关单位和个人不得拒绝、阻挠。

A. 县级以上人民政府计量行政部门

B. 市级以上人民政府计量行政部门

C. 县级以上市场监督管理局

D. 法定检定单位

2. 多项选择题

1）计量立法的宗旨是（　　）。

A. 加强计量监督管理，保障计量单位制的统一和量值的准确可靠

B. 适应社会主义现代化建设的需要，维护国家、人民的利益

C. 只保障人民的健康和生命、财产的安全

D. 有利于生产、贸易和科学技术的发展

2）国家法定计量单位包括（　　）。

A. 国际单位制计量单位

B. 国家选定的其他计量单位

C. 国际单位制辅助计量单位

D. 国际单位制中具有专门名称的导出单位

3）需要强制检定的计量标准器具包括（　　）。

A. 社会公用计量标准器具

B. 企事业单位使用的最高计量标准器具

C. 部门使用的最高计量标准器具

D. 工作计量标准器具

4）根据《中华人民共和国计量法》，对社会公用计量标准器具，部门和企业、事业单位使用的最高计量标准器具，以及用于（　　）方面的列入强制检定目录的工作计量器具，实行强制检定。

A. 医疗卫生　　B. 安全防护

C. 环境监测　　D. 贸易结算

5）计量检定规程可以由（　　）制定。

A. 国务院计量行政部门

B. 省、自治区、直辖市人民政府计量行政部门

C. 国务院有关主管部门

D. 法定计量检定机构

6）《中华人民共和国计量法》的调整对象是中华人民共和国境内的所有国家机关、社会团体、中国人民解放军、企事业单位和个人，凡是（　　）等方面所发生的各种法律关系。

A. 建立计量基准器具和计量标准器具

B. 制造、修理、销售、使用计量器具

C. 进行计量监督管理

D. 进行计量检定

7）处理因计量器具准确度所引起的纠纷，以（　　）检定的数据为准。

A. 国家计量基准器具　　B. 部门最高计量标准

C. 社会公用计量标准器具　　D. 工作计量标准

8）根据《中华人民共和国计量法》，以下（　　）是正确的。

A.《中华人民共和国计量法》适用于在我国境内建立计量基准器具、计量标准器具，进行计量检定，制造、修理、销售、使用计量器具

B. 国务院计量行政部门负责建立各种计量基准器具，作为统一全国量值的最高依据

C. 用于贸易结算、安全防护、医疗卫生、环境监测方面的列入强制检定目录的工作计量器具，实行强制检定

D. 县级以上人民政府计量行政部门对社会公用计量标准器具，部门和企业、事业单位使用的最高计量标准器具实行强制检定

答案点拨解析

1. 单项选择题

题号	答案	解析
1	D	第二条
2	D	第三条
3	D	第四条
4	A	第五条。计量基准是在中华人民共和国境内为了定义、实现、保存、复现量的单位或者一个或多个量值，用作有关量的测量标准定值依据的实物量具、测量仪器、标准物质或者测量系统。全国的各级计量标准和工作计量器具的量值，都应直接或者间接地溯源到计量基准
5	A	第五条
6	A	第八条。计量标准处于国家检定系统表的中间环节，起着承上启下的作用，即将计量基准所复现的单位量值，通过检定逐级传递到工作计量器具，从而确保工作计量器具量值的准确可靠，确保全国计量单位制和量值的统一
7	C	第九条
8	C	第九条。用于贸易结算、安全防护、医疗卫生、环境监测方面的**列入强制检定目录**的工作计量器具，实行强制检定
9	D	第九条
10	C	第二十二条
11	A	第十八条

2. 多项选择题

题号	答案	解析
1	ABD	第一条
2	AB	第三条
3	ABC	第九条
4	ABCD	第九条
5	ABC	第十条
6	ABD	第二条
7	AC	第二十一条
8	ABCD	第二条、第五条、第九条

16.4.2 《中华人民共和国计量法实施细则》

《中华人民共和国计量法实施细则》于 1987 年 1 月 19 日经国务院批准，于 1987 年 2 月 1 日由国家计量局发布，根据 2022 年 3 月 29 日《国务院关于修改和废止部分行政法规的决定》第四次修订。

考点知识讲解

说明：方框中的内容是法律条款摘选。

第二章　计量基准器具和计量标准器具

第四条　**计量基准器具**（简称计量基准，下同）的使用必须具备下列条件：

（一）经国家鉴定合格；

（二）具有正常工作所需要的环境条件；

（三）具有称职的保存、维护、使用人员；

（四）具有完善的管理制度。

符合上述条件的，经国务院计量行政部门审批并颁发计量基准证书后，方可使用。

第五条　非经国务院计量行政部门批准，任何单位和个人不得拆卸、改装**计量基准**，或者自行中断其计量检定工作。

第七条　**计量标准器具**（简称计量标准，下同）的使用，必须具备下列条件：

（一）经计量检定合格；

（二）具有正常工作所需要的环境条件；

（三）具有称职的保存、维护、使用人员；

（四）具有完善的管理制度。

第十条　企业、事业单位建立本单位各项最高计量标准，须向与其主管部门同级的人民政府计量行政部门申请考核。乡镇企业向当地县级人民政府计量行政部门申请考核。经考核符合本细则第七条规定条件并取得考核合格证的，企业、事业单位方可使用，并向其主管部门备案。

第三章　计量检定

第十一条　使用**实行强制检定的计量标准**的单位和个人，应当向主持考核该项计量标准的有关人民政府计量行政部门申请周期检定。

使用**实行强制检定的工作计量器具**的单位和个人，应当向当地县（市）级人民政府计量行政部门指定的计量检定机构申请周期检定。当地不能检定的，向上一级人民政府计量行政部门指定的计量检定机构申请周期检定。

第十二条　企业、事业单位应当配备与生产、科研、经营管理相适应的计量检测设施，制定具体的检定管理办法和规章制度，规定本单位管理的计量器具明细目录及相应的检定周期，保证使用的非强制检定的计量器具定期检定。

第六章　计量监督

第二十四条　县级以上人民政府计量行政部门的计量管理人员，负责执行计量监督、管理任务；**计量监督员**负责在规定的区域、场所巡回检查，并可根据不同情况在规定的权限内对违反计量法律、法规的行为，进行现场处理，执行行政处罚。

计量监督员必须经考核合格后，由县级以上人民政府计量行政部门任命并颁发监督员证件。

第二十五条　县级以上人民政府计量行政部门依法设置的计量检定机构，为**国家法定计量检定机构**。其职责是：负责研究建立计量基准、社会公用计量标准，进行量值传递，执行强制检定和法律规定的其他检定、测试任务，起草技术规范，为实施计量监督提供技术保证，并承办有关计量监督工作。

第十一章　附则

第五十六条　本细则下列用语的含义是：

（一）计量器具是指能用以直接或间接测出被测对象量值的装置、仪器仪表、量具和用于统一量值的标准物质，包括计量基准、计量标准、工作计量器具。

（二）计量检定是指为评定计量器具的计量性能，确定其是否合格所进行的全部工作。

（三）定型鉴定是指对计量器具新产品样机的计量性能进行全面审查、考核。

（四）计量认证是指政府计量行政部门对有关技术机构计量检定、测试的能力和可靠性进行的考核和证明。

（五）计量检定机构是指承担计量检定工作的有关技术机构。

（六）仲裁检定是指用计量基准或者社会公用计量标准所进行的以裁决为目的的计量检定、测试活动。

同步练习强化

1. 单项选择题

1）根据计量法，以下对计量基准的使用必须具备条件的描述不正确的是（　　）。

A. 计量基准器具经省级以上人民政府计量行政主管部门鉴定合格

B. 具有正常工作所需要的环境条件

C. 具有称职的保存、维护、使用人员

D. 具有完善的管理制度

2）根据计量法，未经（　　）计量行政主管部门批准，任何单位和个人不得拆卸、改装计量基准，或者自行中断其计量检定工作。

A. 省级以上人民政府　　B. 国务院

C. 县级以上人民政府　　D. 市级以上人民政府

3）使用实行强制检定的工作计量器具的单位和个人，应当向当地（　　）指定的计量检定机构申请周期检定。

A. 县（市）级人民政府计量行政部门

B. 县级以上人民政府计量行政部门

C. 县（市）级市场监督管理局

D. 县级以上市场监督管理局

4）对计量违法行为具有现场处理权的是（　　）。

A. 计量检定员　　B. 计量监督员

C. 计量管理员　　D. 计量验证员

5）计量器具是指能用以直接或间接测出被测对象量值的装置、仪器仪表，量具和用于统一量值的标准物质，包括（　　）。

A. 计量标准器具　　B. 工作计量器具

C. 计量基准器具　　D. 以上全部

2. 多项选择题

1）计量标准器具的使用必须具备下列哪些条件？（　　）

A. 经计量检定合格

B. 具有正常工作所需要的环境条件

C. 具有称职的保存、维护、使用人员

D. 具有完善的管理制度

2）国家法定计量检定机构应履行下列哪些职责？（　　）

A. 建立社会公用计量标准　　B. 没收非法计量器具

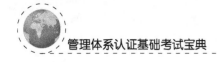

C. 执行强制检定　　D. 承办有关计量监督工作

3）计量器具是指能用以直接或间接测出被测对象量值的装置、仪器仪表，量具和用于统一量值的标准物质，包括（　　）。

A. 计量标准器具　　B. 工作计量器具

C. 计量基准器具　　D. 仲裁标准器具

答案点拨解析

1. 单项选择题

题号	答案	解析
1	A	第四条
2	B	第五条
3	A	第十一条
4	B	第二十四条
5	D	第五十六条

2. 多项选择题

题号	答案	解析
1	ABCD	第七条
2	ACD	第二十五条
3	ABC	第五十六条

16.5 《中华人民共和国标准化法》与《中华人民共和国标准化法实施条例》

16.5.1 《中华人民共和国标准化法》

《中华人民共和国标准化法》由第七届全国人民代表大会常务委员会第五次会议于 1988 年 12 月 29 日通过，自 1989 年 4 月 1 日起施行。

最新版本由第十二届全国人民代表大会常务委员会第三十次会议于 2017 年 11 月 4 日修订通过，自 2018 年 1 月 1 日起施行。

考点知识讲解

说明：方框中的内容是法律条款摘选。

第一章　总则

第一条　为了加强标准化工作，提升产品和服务质量，促进科学技术进步，保障人身健康和生命财产安全，维护国家安全、生态环境安全，提高经济社会发展水平，制定本法。

第二条　本法所称标准（含标准样品），是指农业、工业、服务业以及社会事业等领域需要**统一的技术要求**。

标准包括国家标准、行业标准、地方标准和团体标准、企业标准。国家标准分为强制性标准、推荐性标准，行业标准、地方标准是推荐性标准。

强制性标准必须执行。国家鼓励采用推荐性标准。

第三条　**标准化工作的任务**是制定标准、组织实施标准以及对标准的制定、实施进行监督。

县级以上人民政府应当将标准化工作纳入本级国民经济和社会发展规划，将标准化工作经费纳入本级预算。

第二章　标准的制定

第十条　对保障人身健康和生命财产安全、国家安全、生态环境安全以及满足经济社会管理基本需要的技术要求，应当制定**强制性国家标准**。

国务院有关行政主管部门依据职责负责强制性国家标准的项目提出、组织起草、征求意见和技术审查。**国务院标准化行政主管部门**负责强制性国家标准的立项、编号和对外通报。国务院标准化行政主管部门应当对拟制定的强制性国家标准是否符合前款规定进行立项审查，对符合前款规定的予以立项。

省、自治区、直辖市人民政府标准化行政主管部门可以向国务院标准化行政主管部门提出强制性国家标准的立项建议，由国务院标准化行政主管部门会同国务院有关行政主管部门决定。社会团体、企业事业组织以及公民可以向国务院标准化行政主管部门提出强制性国家标准的立项建议，国务院标准化行政主管部门认为需要立项的，会同国务院有关行政主管部门决定。

强制性国家标准由国务院批准发布或者授权批准发布。

法律、行政法规和国务院决定对强制性标准的制定另有规定的，从其规定。

第十一条　对满足基础通用、与强制性国家标准配套、对各有关行业起引领作用等需要的技术要求，可以制定推荐性国家标准。

推荐性国家标准由国务院标准化行政主管部门制定。

第十二条　对没有推荐性国家标准、需要在全国某个行业范围内统一的技术要求，可以制定行业标准。

行业标准由国务院有关行政主管部门制定，报国务院标准化行政主管部门备案。

第十三条　为满足地方自然条件、风俗习惯等特殊技术要求，可以制定**地方标准**。

地方标准由省、自治区、直辖市人民政府标准化行政主管部门制定；设区的市级人民政府标准化行政主管部门根据本行政区域的特殊需要，经所在地省、自治区、直辖市人民政府标准化行政主管部门批准，可以制定本行政区域的地方标准。地方标准由省、自治区、直辖市人民政府标准化行政主管部门报国务院标准化行政主管部门备案，由国务院标准化行政主管部门通报国务院有关行政主管部门。

第二十一条　推荐性国家标准、行业标准、地方标准、团体标准、企业标准的技术要求不得低于强制性国家标准的相关技术要求。

国家鼓励社会团体、企业制定高于推荐性标准相关技术要求的团体标准、企业标准。

第二十二条　制定标准应当有利于科学合理利用资源，推广科学技术成果，增强产品的安全性、通用性、可替换性，提高经济效益、社会效益、生态效益，做到技术上先进、经济上合理。

禁止利用标准实施妨碍商品、服务自由流通等排除、限制市场竞争的行为。

第三章　标准的实施

第二十五条　不符合强制性标准的产品、服务，不得生产、销售、进口或者提供。

第二十六条　出口产品、服务的技术要求，按照合同的约定执行。

第二十七条　国家实行团体标准、企业标准自我声明公开和监督制度。企业应当公开其执行的强制性标准、推荐性标准、团体标准或者企业标准的编号和名称；企业执行自行制定的企业标准的，还应当公开产品、服务的功能指标和产品的性能指标。国家鼓励团体标准、企业标准通过标准信息公共服务平台向社会公开。

企业应当按照标准组织生产经营活动，其生产的产品、提供的服务应当符合**企业公开标准的技术要求**。

第二十九条　国家建立强制性标准实施情况统计分析报告制度。

国务院标准化行政主管部门和国务院有关行政主管部门、设区的市级以上地方人民政府标准化行政主管部门应当建立标准实施信息反馈和评估机制，根据反馈和评估情况对其制定的标准进行复审。标准的复审周期一般不超过五年。经过复审，对不适应经济社会发展需要和技术进步的应当及时修订或者废止。

第五章　法律责任

第三十六条　生产、销售、进口产品或者提供服务不符合强制性标准，或者企业生产的产品、提供的服务不符合其公开标准的技术要求的，依法承担民事责任。

第三十八条　企业未依照本法规定公开其执行的标准的，由标准化行政主管部门责令限期改正；逾期不改正的，在标准信息公共服务平台上公示。

同步练习强化

1. 单项选择题

1）根据《中华人民共和国标准化法》，标准化工作的任务有哪些？（　　）

A. 制定标准　　　　B. 组织实施标准

C. 对标准的制定、实施进行监督　　　　D. 以上全部

2）根据《中华人民共和国标准化法》，对保障人身健康和生命财产安全、国家安全、生态环境安全及满足经济社会管理基本需要的技术要求，应当制定（　　）。

A. 统一的强制性标准

B. 强制性国家标准

C. 同一的强制性标准

D. 统一的强制性或推荐性国家标准

3）对没有推荐性国家标准、需要在全国某个行业范围内统一的技术要求，可以制定行业标准。行业标准的制定部门为（　　）。

A. 国务院有关行政主管部门　　　　B. 工商行政部门

C. 社会团体　　　　D. 行业协会

4）以下关于地方标准的说法错误的是（　　）。

A. 由省、自治区、直辖市人民政府标准化行政主管部门制定地方标准，报国务院标准化行政主管部门备案

B. 制定地方标准是为满足地方自然条件、风俗习惯等特殊技术要求

C. 推荐性地方标准技术要求可低于强制性国家标准的相关技术要求

D. 地方标准仅在本省、自治区、直辖市范围内有效

5）《中华人民共和国标准化法》规定强制性标准必须执行，不符合强制性标准的产品不得（　　）。

A. 生产、销售、进口或者出口　　B. 生产、销售、出口和使用

C. 生产、销售、进口或者提供　　D. 进入市场

6）根据《中华人民共和国标准化法》，出口产品的技术要求应该按照（　　）执行。

A. 合同约定　　B. 国际标准

C. 国家标准　　D. 行业标准

7）根据《中华人民共和国标准化法》，企业应该按照标准组织生产经营活动，其生产的产品、提供的业务应当符合企业（　　）的技术要求。

A. 公开标准　　B. 公开承诺

C. 合同或协议　　D. 标准

8）根据《中华人民共和国标准化法》，标准的复审周期一般不超过（　　）。经过复审，对不适应经济社会发展需要和技术进步的应当及时修订或者废止。

A. 五年　　B. 八年

C. 三年　　D. 十年

2. 多项选择题

1）《中华人民共和国标准化法》所称标准（含标准样品），是指（　　）等领域需要统一的技术要求。

A. 农业　　B. 社会事业

C. 工业　　D. 服务业

2）根据《中华人民共和国标准化法》，下列关于标准的描述正确的是（　　）。

A. 标准包括国家标准、行业标准、地方标准和团体标准、企业标准

B. 国家标准分为强制性标准、推荐性标准

C. 地方标准分为强制性标准、推荐性标准

D. 行业标准、地方标准是推荐性标准。国家鼓励采用推荐性标准

3）《中华人民共和国标准化法》规定强制性标准必须执行，不符合强制性标准的产品不得（　　）。

A. 生产　　B. 出口

C. 销售　　D. 进口或者提供

4）（　　）不符合强制性标准，或者企业生产的产品、提供的服务不符合其公开标准的技术要求的，依法承担民事责任。

A. 生产　　B. 销售
C. 进口产品或者提供服务　　D. 出口

答案点拨解析

1. 单项选择题

题号	答案	解析
1	D	第三条
2	B	第十条
3	A	第十二条
4	C	第二十一条
5	C	第二十五条
6	A	第二十六条
7	A	第二十七条
8	A	第二十九条

2. 多项选择题

题号	答案	解析
1	ABCD	第二条
2	ABD	第二条
3	ACD	第二十五条
4	ABC	第三十六条

16.5.2 《中华人民共和国标准化法实施条例》

1990 年 4 月 6 日国务院第 53 号令发布，根据《中华人民共和国标准化法》的规定，制定本条例。

考点知识讲解

说明：方框中的内容是法律条款摘选。

第一章　总则

第一条　根据《中华人民共和国标准化法》（以下简称《标准化法》）的规定，制定本条例。

第二条　对下列需要统一的技术要求，应当制定标准：

（一）工业产品的品种、规格、质量、等级或者安全、卫生要求；

（二）工业产品的设计、生产、试验、检验、包装、储存、运输、使用的方法或者生产、储存、运输过程中的安全、卫生要求；

（三）有关环境保护的各项技术要求和检验方法；

（四）建设工程的勘察、设计、施工、验收的技术要求和方法；

（五）有关工业生产、工程建设和环境保护的技术术语、符号、代号、制图方法、互换配合要求；

（六）农业（含林业、牧业、渔业，下同）产品（含种子、种苗、种畜、种禽，下同）的品种、规格、质量、等级、检验、包装、储存、运输以及生产技术、管理技术的要求；

（七）信息、能源、资源、交通运输的技术要求。

第四条　国家**鼓励采用**国际标准和国外先进标准，积极参与制定国际标准。

第二章　标准化工作的管理

第五条　标准化工作的任务是制定标准、组织实施标准和对标准的实施进行监督。

第三章　标准的制定

第十一条　对需要在全国范围内统一的下列技术要求，应当制定国家标准（含标准样品的制作）：

（一）互换配合、通用技术语言要求；

（二）保障人体健康和人身、财产安全的技术要求；

（三）基本原料、燃料、材料的技术要求；

（四）通用基础件的技术要求；

（五）通用的试验、检验方法；

（六）通用的管理技术要求；

（七）工程建设的重要技术要求；

（八）国家需要控制的其他重要产品的技术要求。

第十七条　企业生产的产品没有国家标准、行业标准和地方标准的，应当制定相应的**企业标准**，作为组织生产的依据。企业标准由企业组织制定（农业企业标准制定办法另定），并按省、自治区、直辖市人民政府的规定备案。

对已有国家标准、行业标准或者地方标准的，鼓励企业制定严于国家标准、行业标准或者地方标准要求的企业标准，在企业内部适用。

第四章　标准的实施与监督

第二十四条　企业生产执行国家标准、行业标准、地方标准或企业标准，应当在产品或其说明书、包装物上标注所执行标准的代号、编号、名称。

第二十九条　县级以上人民政府标准化行政主管部门，可以根据需要设置检验机构，或者授权其他单位的检验机构，对产品是否符合标准进行检验和承担其他标准实施的监督检验任务。检验机构的设置应当合理布局，充分利用现有力量。

国家检验机构由国务院标准化行政主管部门会同国务院有关行政主管部门规划、审查。地方检验机构由省、自治区、直辖市人民政府标准化行政主管部门会同省级有关行政主管部门规划、审查。

处理有关产品是否符合标准的争议，以本条规定的检验机构的检验数据为准。

第五章　法律责任

第三十三条　生产不符合强制性标准的产品的，应当责令其停止生产，并没收产品，监督销毁或作必要技术处理；处以该批产品货值金额百分之二十至百分之五十的罚款；对有关责任者处以五千元以下罚款。

销售不符合强制性标准的商品的，应当责令其停止销售，并限期追回已售出的商品，监督销毁或作必要技术处理；没收违法所得；处以该批商品货值金额百分之十至百分之二十的罚款；对有关责任者处以五千元以下罚款。

进口不符合强制性标准的产品的，应当封存并没收该产品，监督销毁或作必要技术处理；处以进口产品货值金额百分之二十至百分之五十的罚款；对有关责任者给予行政处分，并可处以五千元以下罚款。

本条规定的责令停止生产、行政处分，由有关行政主管部门决定；其他行政处罚由标准化行政主管部门和工商行政管理部门依据职权决定。

第三十五条　获得认证证书的产品不符合认证标准而使用认证标志出厂销售的，由标准化行政主管部门责令其停止销售，并处以违法所得二倍以下的罚款；情节严重的，由认证部门撤销其认证证书。

第三十六条　产品未经认证或者认证不合格而擅自使用认证标志出厂销售的，由标准化行政主管部门责令其停止销售，处以违法所得三倍以下的罚款，并对单位负责人处以五千元以下罚款。

第三十七条　当事人对没收产品、没收违法所得和罚款的处罚不服的，可以在接到处罚通知之日起**十五日内**，向做出处罚决定的机关的上一级机关申请复议；对复议决定不服的，可以在接到复议决定之日起十五日内，向人民法院起诉。当事人也可以在接到处罚通知之日起十五日内，直接向人民法院起诉。当事人逾期不申请复议或者不向人民法院起诉又不履行处罚决定的，由做出处罚决定的机关申请人民法院强制执行。

第六章　附则

第四十一条　军用标准化管理条例，由国务院、中央军委另行制定。

第四十二条　工程建设标准化管理规定，由国务院工程建设主管部门依据《标准化法》和本条例的有关规定另行制定，报国务院批准后实施。

同步练习强化

1. 单项选择题

1）根据《中华人民共和国标准化法》，对下列哪些需要统一的技术要求，应当制定标准？（　　）

A. 工业产品的品种、规格、质量、等级或者安全、卫生要求

B. 工业产品的设计、生产、试验、检验、包装、储存、运输、使用的方法或者生产、储存、运输过程中的安全、卫生要求

C. 有关环境保护的各项技术要求和检验方法

D. 以上全是

2）根据《中华人民共和国标准化法》，企业生产的产品没有国家标准和行业标准的，应当制定相应的（　　）标准，作为组织生产的依据。

A. 地方　　B. 企业

C. 部门　　D. 综合

3）根据《中华人民共和国标准化法》，处理有关产品是否符合标准的争议，以（　　）为准。

A. 行政机关裁决　　B. 检验机构的检验数据

C. 认证证书　　D. 权威认证

4）对生产不符合强制性标准的产品，标准化行政主管部门可处以该批产品（　　）百分之二十至百分之五十的罚款。

A. 违法所得　　B. 非法收入

C. 销售金额　　D. 货值金额

5）根据《中华人民共和国标准化法》，当事人对没收产品、没收违法所得和罚款的处罚不服的，可以在接到处罚通知之日起（　　）内，向做出处罚决定的机关的上一级机关申请复议。

A. 五日　　B. 十日

C. 十五日　　　　D. 二十日

2. 多项选择题

1）标准化工作的任务是（　　）。

A. 制定标准　　　　B. 组织实施标准

C. 对标准的实施进行监督　　　　D. 认证认可

2）根据《中华人民共和国标准化法》，对需要在全国范围内统一的哪些技术要求，应当制定国家标准（含标准样品的制作）？（　　）

A. 保障人体健康和人身、财产安全的技术要求

B. 通用基础件的技术要求

C. 通用的管理技术要求

D. 工程建设的重要技术要求

3）企业生产所执行的国家标准、行业标准、地方标准和企业标准，应当在其产品或其说明书、包装物上标注所执行标准的（　　）。

A. 发布年号　　　　B. 代号

C. 编号　　　　D. 名称

4）对生产不符合强制性标准的产品的，可以由标准化行政主管部门对其做出下列哪些行政处罚？（　　）

A. 责令停止生产　　　　B. 没收产品

C. 监督销毁　　　　D. 罚款

5）产品未经认证或者认证不合格而擅自使用认证标志出厂销售的，由标准化行政主管部门责令其（　　）。

A. 停止销售　　　　B. 并处罚款

C. 停业　　　　D. 吊销营业执照

答案点拨解析

1. 单项选择题

题号	答案	解析
1	D	第二条
2	B	第十七条
3	B	第二十九条
4	D	第三十三条
5	C	第三十七条

2. 多项选择题

题号	答案	解析
1	ABC	第五条
2	ABCD	第十一条
3	BCD	第二十四条
4	ABCD	第三十三条
5	AB	第三十六条

16.6 《中华人民共和国进出口商品检验法》

《中华人民共和国进出口商品检验法》于1989年2月21日第七届全国人民代表大会常务委员会第六次会议通过，根据2021年4月29日第十三届全国人民代表大会常务委员会第二十八次会议《关于修改〈中华人民共和国道路交通安全法〉等八部法律的决定》第五次修正。

考点知识讲解

说明：方框中的内容是法律条款摘选。

第一章 总则

第二条 国务院设立进出口商品检验部门（以下简称国家商检部门），主管全国进出口商品检验工作。国家商检部门设在各地的进出口商品检验机构（以下简称商检机构）管理所辖地区的进出口商品检验工作。

第三条 商检机构和依法设立的检验机构（以下称其他检验机构），依法对进出口商品实施检验。

第四条 进出口商品检验应当根据保护人类健康和安全、保护动物或者植物的生命和健康、保护环境、防止欺诈行为、维护国家安全的原则，由国家商检部门制定、调整必须实施检验的进出口商品目录（以下简称目录）并公布实施。

第五条 列入目录的进出口商品，由商检机构实施检验。

前款规定的进口商品未经检验的，不准销售、使用；前款规定的出口商品未经检验合格的，不准出口。

本条第一款规定的进出口商品，其中符合国家规定的免予检验条件的，由收货人或者发货人申请，经国家商检部门审查批准，可以免予检验。

第二章　进口商品的检验

第十一条　本法规定必须经商检机构检验的进口商品的收货人或者其代理人，应当向报关地的商检机构报检。

第十四条　对重要的进口商品和大型的成套设备，收货人应当依据对外贸易合同约定在出口国装运前进行预检验、监造或者监装，主管部门应当加强监督；商检机构根据需要可以派出检验人员参加。

第三章　出口商品的检验

第十五条　本法规定必须经商检机构检验的出口商品的发货人或者其代理人，应当在商检机构规定的地点和期限内，向商检机构报检。商检机构应当在国家商检部门统一规定的期限内检验完毕，并出具检验证单。

第十六条　经商检机构检验合格发给检验证单的出口商品，应当在商检机构规定的期限内报关出口；超过期限的，应当重新报检。

第十七条　为出口危险货物生产包装容器的企业，必须申请商检机构进行包装容器的性能鉴定。生产出口危险货物的企业，必须申请商检机构进行包装容器的使用鉴定。使用未经鉴定合格的包装容器的危险货物，不准出口。

第十八条　对装运出口易腐烂变质食品的船舱和集装箱，承运人或者装箱单位必须在装货前申请检验。未经检验合格的，不准装运。

第四章　监督管理

第十九条　商检机构对本法规定必须经商检机构检验的进出口商品以外的进出口商品，根据国家规定实施抽查检验。

国家商检部门可以公布抽查检验结果或者向有关部门通报抽查检验情况。

第二十条　商检机构根据便利对外贸易的需要，可以按照国家规定对列入目录的出口商品进行出厂前的质量监督管理和检验。

第二十一条　为进出口货物的收发货人办理报检手续的代理人办理报检手续时应当向商检机构提交授权委托书。

第二十二条　国家商检部门和商检机构依法对其他检验机构的进出口商品检验鉴定业务活动进行监督，可以对其检验的商品抽查检验。

第二十三条　国务院认证认可监督管理部门根据国家统一的认证制度，对有关的进出口商品实施认证管理。

第二十四条　认证机构可以根据国务院认证认可监督管理部门同外国有关机构签订的协议或者接受外国有关机构的委托进行进出口商品质量认证工作，准许在认证合格的进出口商品上使用质量认证标志。

第五章　法律责任

第三十二条　违反本法规定，将必须经商检机构检验的进口商品未报经检验而擅自销售或者使用的，或者将必须经商检机构检验的出口商品未报经检验合格而擅自出口的，由商检机构没收违法所得，并处货值金额百分之五以上百分之二十以下的罚款；构成犯罪的，依法追究刑事责任。

第三十三条　进口或者出口属于掺杂掺假、以假充真、以次充好的商品或者以不合格进出口商品冒充合格进出口商品的，由商检机构责令停止进口或者出口，没收违法所得，并处货值金额百分之五十以上三倍以下的罚款；构成犯罪的，依法追究刑事责任。

第三十四条　伪造、变造、买卖或者盗窃商检单证、印章、标志、封识、质量认证标志的，依法追究刑事责任；尚不够刑事处罚的，由商检机构、认证认可监督管理部门依据各自职责责令改正，没收违法所得，并处货值金额等值以下的罚款。

同步练习强化

1. 单项选择题

1）根据《中华人民共和国进出口商品检验法》，列入进出口商品目录的进出口商品，由（　　）实施检验。

A. 商检机构　　B. 检验机构

C. 商检部门　　D. 海关

2）根据《中华人民共和国进出口商品检验法》，对重要的进口商品和大型的成套设备，收货人应当依据对外贸易合同约定在出口国（　　）进行预检验、监造或者监装，主管部门应当加强监督；商检机构根据需要可以派出检验人员参加。

A. 装运前　　B. 装运后

C. 报关时　　D. 生产地

3）根据《中华人民共和国进出口商品检验法》，生产出口危险货物的企业，必须申请商检机构进行包装容器的（　　）。使用未经鉴定合格的包装容器的危险货物，不准出口。

A. 检验　　B. 使用鉴定

C. 形式鉴定　　D. 性能检验

4）商检机构对《中华人民共和国进出口商品检验法》规定必须经商检机构检验的进出口商品以外的进出口商品，根据国家规定实施（　　）。

A. 全面检验　　B. 抽查检验

C. 监督检验　　D. 监督检查

5）根据《中华人民共和国进出口商品检验法》，商检机构根据便利对外贸易的需要，可以按照国家规定对列入目录的出口商品进行（　　）的质量监督管理和检验。

A. 装运前　　B. 出厂前

C. 报检前　　D. 出关前

2. 多项选择题

1）根据《中华人民共和国进出口商品检验法》，将必须经商检机构检验的进口商品未报经检验而擅自销售或者使用的，或者将必须经商检机构检验的出口商品未报经检验合格而擅自出口的，会受到下列哪些处罚？（　　）

A. 没收违法所得

B. 处货值金额百分之五以上百分之二十以下的罚款

C. 构成犯罪的，依法追究刑事责任

D. 责令停止经营

2）根据《中华人民共和国进出口商品检验法》，伪造、变造、买卖或者盗窃商检单证、印章、标志、封识、质量认证标志的，依法追究刑事责任；尚不够刑事处罚的，由（　　）依据各自职责责令改正，没收违法所得，并处货值金额等值以下的罚款。

A. 商检机构　　B. 认证认可监督管理部门

C. 海关　　D. 市场监督管理局

答案点拨解析

1. 单项选择题

题号	答案	解析
1	A	第五条
2	A	第十四条
3	B	第十七条
4	B	第十九条
5	B	第二十条

2. 多项选择题

题号	答案	解析
1	ABC	第三十二条
2	AB	第三十四条

16.7 《中华人民共和国劳动法》

《中华人民共和国劳动法》于 1994 年 7 月 5 日通过，根据 2018 年 12 月 29 日第十三届全国人民代表大会常务委员会第七次会议通过的《全国人民代表大会常务委员会关于修改〈中华人民共和国劳动法〉等七部法律的决定》第二次修正。

考点知识讲解

说明：方框中的内容是法律条款摘选。

第一章　总则

第一条　为了保护劳动者的合法权益，调整劳动关系，建立和维护适应社会主义市场经济的劳动制度，促进经济发展和社会进步，根据宪法，制定本法。

第三条　劳动者享有平等就业和选择职业的权利、取得劳动报酬的权利、休息休假的权利、获得劳动安全卫生保护的权利、接受职业技能培训的权利、享受社会保险和福利的权利、提请劳动争议处理的权利以及法律规定的其他劳动权利。

劳动者应当完成劳动任务，提高职业技能，执行劳动安全卫生规程，遵守劳动纪律和职业道德。

第三章　劳动合同和集体合同

第十六条　劳动合同是劳动者与用人单位确立劳动关系、明确双方权利和义务的协议。

建立劳动关系应当订立劳动合同。

第二十条　劳动合同的期限分为有固定期限、无固定期限和以完成一定的工作为期限。

劳动者在同一用人单位连续工作满十年以上，当事人双方同意续延劳动合同的，如果劳动者提出订立无固定期限的劳动合同，应当订立无固定期限的劳动合同。

第二十一条　劳动合同可以约定试用期。试用期最长不得超过六个月。

第二十六条　有下列情形之一的，用人单位可以解除劳动合同，但是应当提前三十日以书面形式通知劳动者本人：

（一）劳动者患病或者非因工负伤，医疗期满后，不能从事原工作也不能从事由用人单位另行安排的工作的；

（二）劳动者不能胜任工作，经过培训或者调整工作岗位，仍不能胜任工作的；

（三）劳动合同订立时所依据的客观情况发生重大变化，致使原劳动合同无法履行，经当事人协商不能就变更劳动合同达成协议的。

第三十一条　劳动者解除劳动合同，应当提前三十日以书面形式通知用人单位。

第四章　工作时间和休息休假

第三十六条　国家实行劳动者每日工作时间不超过八小时、平均每周工作时间不超过四十四小时的工时制度。

第三十八条　用人单位应当保证劳动者每周至少休息一日。

第四十一条　用人单位由于生产经营需要，经与工会和劳动者协商后可以延长工作时间，一般每日不得超过一小时；因特殊原因需要延长工作时间的，在保障劳动者身体健康的条件下延长工作时间每日不得超过三小时，但是每月不得超过三十六小时。

第四十三条　用人单位不得违反本法规定延长劳动者的工作时间。

第四十四条　有下列情形之一的，用人单位应当按照下列标准支付高于劳动者正常工作时间工资的工资报酬：

（一）安排劳动者延长工作时间的，支付不低于工资的百分之一百五十的工资报酬；

（二）休息日安排劳动者工作又不能安排补休的，支付不低于工资的百分之二百的工资报酬；

（三）法定休假日安排劳动者工作的，支付不低于工资的百分之三百的工资报酬。

第六章　劳动安全卫生

第五十二条　用人单位必须建立、健全劳动安全卫生制度，严格执行国家劳动安全卫生规程和标准，对劳动者进行劳动安全卫生教育，防止劳动过程中的事故，减少职业危害。

第五十三条　劳动安全卫生设施必须符合国家规定的标准。

新建、改建、扩建工程的劳动安全卫生设施必须与主体工程同时设计、同时施工、同时投入生产和使用。

第五十四条　用人单位必须为劳动者提供符合国家规定的劳动安全卫生条件和必要的劳动防护用品，对从事有职业危害作业的劳动者应当定期进行健康检查。

第五十六条　劳动者在劳动过程中必须严格遵守安全操作规程。

劳动者对用人单位管理人员违章指挥、强令冒险作业，有权拒绝执行；对危害生命安全和身体健康的行为，有权提出批评、检举和控告。

第七章　女职工和未成年工特殊保护

第五十八条　国家对女职工和未成年工实行特殊劳动保护。

未成年工是指年满十六周岁未满十八周岁的劳动者。

第五十九条　禁止安排女职工从事矿山井下、国家规定的第四级体力劳动强度的劳动和其他禁忌从事的劳动。

第六十条　不得安排女职工在经期从事高处、低温、冷水作业和国家规定的第三级体力劳动强度的劳动。

第六十一条　不得安排女职工在怀孕期间从事国家规定的第三级体力劳动强度的劳动和孕期禁忌从事的劳动。对怀孕七个月以上的女职工，不得安排其延长工作时间和夜班劳动。

第六十二条　女职工生育享受不少于九十天的产假。

第六十三条　不得安排女职工在哺乳未满一周岁的婴儿期间从事国家规定的第三级体力劳动强度的劳动和哺乳期禁忌从事的其他劳动，不得安排其延长工作时间和夜班劳动。

第六十四条　不得安排未成年工从事矿山井下、有毒有害、国家规定的第四级体力劳动强度的劳动和其他禁忌从事的劳动。

第六十五条　用人单位应当对未成年工定期进行健康检查。

第十一章　监督检查

第八十五条　县级以上各级人民政府劳动行政部门依法对用人单位遵守劳动法律、法规的情况进行监督检查，对违反劳动法律、法规的行为有权制止，并责令改正。

第八十六条　县级以上各级人民政府劳动行政部门监督检查人员执行公务，有权进入用人单位了解执行劳动法律、法规的情况，查阅必要的资料，并对劳动场所进行检查。

县级以上各级人民政府劳动行政部门监督检查人员执行公务，必须出示证件，秉公执法并遵守有关规定。

第八十七条　县级以上各级人民政府有关部门在各自职责范围内，对用人单位遵守劳动法律、法规的情况进行监督。

第八十八条　各级工会依法维护劳动者的合法权益，对用人单位遵守劳动法律、法规的情况进行监督。

任何组织和个人对于违反劳动法律、法规的行为有权检举和控告。

同步练习强化

1. 单项选择题

1）为了保护劳动者的合法权益，调整（　　），建立和维护适应社会主义市场经济的劳动制度，促进经济发展和社会进步。这是《中华人民共和国劳动法》的立法目的。

A. 工资结构　　B. 人际关系

C. 劳动关系　　D. 合作关系

2）劳动法规定，劳动者每日工作时间不超过（　　）小时，每周至少休息（　　）日。

A. 8，2　　B. 10，2

C. 6，1　　D. 8，1

3）《中华人民共和国劳动法》规定，用人单位必须建立、健全（　　）制度，严格执行国家劳动安全卫生规程和标准，对劳动者进行劳动安全卫生教育，防止劳动过程中的事故，减少职业危害。

A. 劳动纪律　　B. 劳动安全教育

C. 劳动事故处理　　D. 劳动安全卫生

4）劳动者对用人单位管理人员违章指挥、强令冒险作业，有权（　　）。

A. 批评　　B. 检举

C. 控告　　D. 拒绝执行

5）劳动者在工作中，（　　）行为是不正确的。

A. 要求用人单位提供劳动防护用品和劳动安全卫生条件

B. 对危害生命安全和身体健康的行为，提出批评、检举和控告

C. 劳动者对用人单位管理人员违章指挥、强令冒险作业拒绝执行

D. 发现火灾后首先向上级主管汇报，不要立即拨打 119 报警

6）“未成年工”是指（　　）。

A. 童工

B. 已满 15 周岁未满 18 周岁的劳动者

C. 已满 16 周岁未满 18 周岁的劳动者

D. 未满 18 周岁的劳动者

7）女职工“四期保护”的“四期”指的是（　　）。

A. 经期、孕期、婚期、哺乳期　　B. 婚前、婚后、育前、育后

C. 少女、青年、中年、晚年　　D. 经期、孕期、哺乳期、产期

8）（　　）可以依法对用人单位遵守劳动法律、法规的情况进行监督检查，

对违反劳动法律、法规的行为有权制止，并责令改正。

A. 单位所在地的工会

B. 该单位工会

C. 工商管理部门

D. 县级以上各级人民政府劳动行政部门

9）依据《中华人民共和国劳动法》的规定，各级工会依法维护劳动者的合法权益，对用人单位（　　）的情况进行监督。

A. 遵守国家政策　　B. 遵守民事法律、法规

C. 遵守劳动法律、法规　　D. 遵守财务会计法律、法规

10）任何组织和个人对于违反劳动法律、法规的行为有权（　　）。

A. 回避　　B. 进行阻挠

C. 检举和控告　　D. 提起诉讼

2. 多项选择题

1）劳动者享有下列哪些权利？（　　）

A. 平等就业和选择职业的权利、取得劳动报酬的权利

B. 休息休假的权利、获得劳动安全卫生保护的权利

C. 接受职业技能培训的权利、享受社会保险和福利的权利

D. 提请劳动争议处理的权利、法律规定的其他劳动权利

2）根据《中华人民共和国劳动法》的规定，劳动者应履行的义务有（　　）。

A. 劳动者应当完成劳动任务　　B. 提高职业技能

C. 执行劳动安全卫生规程　　D. 遵守劳动纪律和职业道德

3）根据《中华人民共和国劳动法》关于劳动者的工作时间、休息休假的规定，下列说法正确的有（　　）。

A. 用人单位应当保证劳动者每周至少休息一日

B. 对实行计件工作的劳动者，工作时间可以不受工作制度的限制

C. 因特殊原因需要延长工作时间的，在保障劳动者身体健康的条件下延长工作时间每日不得超过三小时，但是每月不得超过三十六小时

D. 用人单位由于生产经营需要，经与工会和劳动者协商后可以延长工作时间，一般每日不得超过一小时

4）依据《中华人民共和国劳动法》的规定，用人单位在劳动安全卫生方面应承担的法律义务有（　　）。

A. 必须建立、健全劳动安全卫生制度

B. 严格执行国家劳动安全卫生规程和标准

C. 对劳动者进行劳动安全卫生教育，防止劳动过程中的事故，减少职业危害

D. 设立医疗室

5）依据《中华人民共和国劳动法》的规定，新建、改建、扩建工程的劳动安全卫生设施必须与主体工程（　　）。

A. 同时设计　　B. 同时施工

C. 同时投入生产和使用　　D. 同时检查

6）以下叙述中正确的是（　　）。

A. 禁止用人单位安排未成年工从事有毒有害、国家规定的第四级体力劳动强度的劳动

B. 禁止用人单位安排女职工从事矿山、国家规定的第四级体力劳动强度的劳动和其他禁忌从事的劳动

C. 禁止用人单位安排女职工在经期从事高处、低温、冷水作业

D. 禁止用人单位安排女职工在怀孕期间从事孕期禁忌从事的活动

答案点拨解析

1. 单项选择题

题号	答案	解析
1	C	第一条
2	D	第三十六条、第三十八条
3	D	第五十二条
4	D	第五十六条
5	D	第五十四条、第五十六条
6	C	第五十八条
7	D	女职工“四期保护”的“四期”指的是经期、孕期、哺乳期、产期
8	D	第八十五条
9	C	第八十八条
10	C	第八十八条

2. 多项选择题

题号	答案	解析
1	ABCD	第三条
2	ABCD	第三条
3	ACD	第三十八条、第四十一条
4	ABC	第五十二条
5	ABC	第五十三条
6	ACD	第六十四条、第五十九条、第六十条、第六十一条

16.8 《中华人民共和国行政许可法》

《中华人民共和国行政许可法》于2003年8月27日第十届全国人民代表大会常务委员会第四次会议通过，根据2019年4月23日第十三届全国人民代表大会常务委员会第十次会议《关于修改〈中华人民共和国建筑法〉等八部法律的决定》修正。

考点知识讲解

说明：方框中的内容是法律条款摘选。

第一章　总则

第一条　为了规范行政许可的设定和实施，保护公民、法人和其他组织的合法权益，维护公共利益和社会秩序，保障和监督行政机关有效实施行政管理，根据宪法，制定本法。

第二条　本法所称行政许可，是指行政机关根据公民、法人或者其他组织的申请，经依法审查，准予其从事特定活动的行为。

第四条　设定和实施行政许可，应当依照法定的权限、范围、条件和程序。

第五条　设定和实施行政许可，应当遵循公开、公平、公正、非歧视的原则。

有关行政许可的规定应当公布；未经公布的，不得作为实施行政许可的依据。行政许可的实施和结果，除涉及国家秘密、商业秘密或者个人隐私的外，应当公开。未经申请人同意，行政机关及其工作人员、参与专家评审等的人员不得披露申请人提交的商业秘密、未披露信息或者保密商务信息，法律另有规定或者涉及国家安全、重大社会公共利益的除外；行政机关依法公开申请人前述信息的，允许申请人在合理期限内提出异议。

符合法定条件、标准的，申请人有依法取得行政许可的平等权利，行政机关不得歧视任何人。

第六条　实施行政许可，应当遵循便民的原则，提高办事效率，提供优质服务。

第七条　公民、法人或者其他组织对行政机关实施行政许可，享有陈述权、申辩权；有权依法申请行政复议或者提起行政诉讼；其合法权益因行政机关违法实施行政许可受到损害的，有权依法要求赔偿。

第八条　公民、法人或者其他组织依法取得的行政许可受法律保护，行政机关不得擅自改变已经生效的行政许可。

行政许可所依据的法律、法规、规章修改或者废止，或者准予行政许可所依据的客观情况发生重大变化的，为了公共利益的需要，行政机关可以依法变更或者撤回已经生效的行政许可。由此给公民、法人或者其他组织造成财产损失的，行政机关应当依法给予补偿。

第九条　依法取得的行政许可，除法律、法规规定依照法定条件和程序可以转让的外，不得转让。

第十条　县级以上人民政府应当建立健全对行政机关实施行政许可的监督制度，加强对行政机关实施行政许可的监督检查。

行政机关应当对公民、法人或者其他组织从事行政许可事项的活动实施有效监督。

第二章　行政许可的设定

第十二条　下列事项可以设定行政许可：

（一）直接涉及国家安全、公共安全、经济宏观调控、生态环境保护以及直接关系人身健康、生命财产安全等特定活动，需要按照法定条件予以批准的事项；

（二）有限自然资源开发利用、公共资源配置以及直接关系公共利益的特定行业的市场准入等，需要赋予特定权利的事项；

（三）提供公众服务并且直接关系公共利益的职业、行业，需要确定具备特殊信誉、特殊条件或者特殊技能等资格、资质的事项；

（四）直接关系公共安全、人身健康、生命财产安全的重要设备、设施、产品、物品，需要按照技术标准、技术规范，通过检验、检测、检疫等方式进行审定的事项；

（五）企业或者其他组织的设立等，需要确定主体资格的事项；

（六）法律、行政法规规定可以设定行政许可的其他事项。

第十四条　本法第十二条所列事项，法律可以设定行政许可。尚未制定法律的，行政法规可以设定行政许可。

必要时，国务院可以采用发布决定的方式设定行政许可。实施后，除临时性行政许可事项外，国务院应当及时提请全国人民代表大会及其常务委员会制定法律，或者自行制定行政法规。

第十五条　本法第十二条所列事项，尚未制定法律、行政法规的，地方性法规可以设定行政许可；尚未制定法律、行政法规和地方性法规的，因行政管理的需要，确需立即实施行政许可的，省、自治区、直辖市人民政府规章可以设定临时性的行政许可。临时性的行政许可实施满一年需要继续实施的，应当提请本级人民代表大会及其常务委员会制定地方性法规。

地方性法规和省、自治区、直辖市人民政府规章，不得设定应当由国家统一确定的公民、法人或者其他组织的资格、资质的行政许可；不得设定企业或者其他组织的设立登记及其前置性行政许可。其设定的行政许可，不得限制其他地区的个人或者企业到本地区从事生产经营和提供服务，不得限制其他地区的商品进入本地区市场。

第十六条　行政法规可以在法律设定的行政许可事项范围内，对实施该行政许可做出具体规定。

地方性法规可以在法律、行政法规设定的行政许可事项范围内，对实施该行政许可做出具体规定。

规章可以在上位法设定的行政许可事项范围内，对实施该行政许可做出具体规定。

法规、规章对实施上位法设定的行政许可做出的具体规定，不得增设行政许可；对行政许可条件做出的具体规定，不得增设违反上位法的其他条件。

第十七条　除本法第十四条、第十五条规定的外，其他规范性文件一律不得设定行政许可。

第三章　行政许可的实施机关

第二十二条　行政许可由具有行政许可权的行政机关在其法定职权范围内实施。

第二十三条　法律、法规授权的具有管理公共事务职能的组织，在法定授权范围内，以自己的名义实施行政许可。被授权的组织适用本法有关行政机关的规定。

第二十四条　行政机关在其法定职权范围内，依照法律、法规、规章的规定，可以委托其他行政机关实施行政许可。委托机关应当将受委托行政机关和受委托实施行政许可的内容予以公告。

委托行政机关对受委托行政机关实施行政许可的行为应当负责监督，并对该行为的后果承担法律责任。

受委托行政机关在委托范围内，以委托行政机关名义实施行政许可；不得再委托其他组织或者个人实施行政许可。

第二十五条　经国务院批准，省、自治区、直辖市人民政府根据精简、统一、效能的原则，可以决定一个行政机关行使有关行政机关的行政许可权。

第二十六条　行政许可需要行政机关内设的多个机构办理的，该行政机关应当确定一个机构统一受理行政许可申请，统一送达行政许可决定。

行政许可依法由地方人民政府两个以上部门分别实施的，本级人民政府可以确定一个部门受理行政许可申请并转告有关部门分别提出意见后统一办理，或者组织有关部门联合办理、集中办理。

第四章　行政许可的实施程序

第一节　申请与受理

第三十一条　申请人申请行政许可，应当如实向行政机关提交有关材料和反映真实情况，并对其申请材料实质内容的真实性负责。行政机关不得要求申请人提交与其申请的行政许可事项无关的技术资料和其他材料。

行政机关及其工作人员不得以转让技术作为取得行政许可的条件；不得在实施行政许可的过程中，直接或者间接地要求转让技术。

第三十二条　行政机关对申请人提出的行政许可申请，应当根据下列情况分别做出处理：

（一）申请事项依法不需要取得行政许可的，应当即时告知申请人不受理；

（二）申请事项依法不属于本行政机关职权范围的，应当即时做出不予受理的决定，并告知申请人向有关行政机关申请；

（三）申请材料存在可以当场更正的错误的，应当允许申请人当场更正；

（四）申请材料不齐全或者不符合法定形式的，应当当场或者在五日内一次告知申请人需要补正的全部内容，逾期不告知的，自收到申请材料之日起即为受理；

（五）申请事项属于本行政机关职权范围，申请材料齐全、符合法定形式，或者申请人按照本行政机关的要求提交全部补正申请材料的，应当受理行政许可申请。

行政机关受理或者不予受理行政许可申请，应当出具加盖本行政机关专用印章和注明日期的书面凭证。

第二节　审查与决定

第三十四条　行政机关应当对申请人提交的申请材料进行审查。

申请人提交的申请材料齐全、符合法定形式，行政机关能够当场做出决定的，应当当场做出书面的行政许可决定。

根据法定条件和程序，需要对申请材料的实质内容进行核实的，行政机关应当指派两名以上工作人员进行核查。

第三十七条　行政机关对行政许可申请进行审查后，除当场做出行政许可决定的外，应当在法定期限内按照规定程序做出行政许可决定。

第三十八条　申请人的申请符合法定条件、标准的，行政机关应当依法做出准予行政许可的书面决定。

行政机关依法做出不予行政许可的书面决定的，应当说明理由，并告知申请人享有依法申请行政复议或者提起行政诉讼的权利。

第三十九条　行政机关做出准予行政许可的决定，需要颁发行政许可证件的，应当向申请人颁发加盖本行政机关印章的下列行政许可证件：

（一）许可证、执照或者其他许可证书；

（二）资格证、资质证或者其他合格证书；

（三）行政机关的批准文件或者证明文件；

（四）法律、法规规定的其他行政许可证件。

行政机关实施检验、检测、检疫的，可以在检验、检测、检疫合格的设备、设施、产品、物品上加贴标签或者加盖检验、检测、检疫印章。

第三节　期限

第四十二条　除可以当场做出行政许可决定的外，行政机关应当自受理行政许可申请之日起二十日内做出行政许可决定。二十日内不能做出决定的，经本行政机关负责人批准，可以延长十日，并应当将延长期限的理由告知申请人。但是，法律、法规另有规定的，依照其规定。

依照本法第二十六条的规定，行政许可采取统一办理或者联合办理、集中办理的，办理的时间不得超过四十五日；四十五日内不能办结的，经本级人民政府负责人批准，可以延长十五日，并应当将延长期限的理由告知申请人。

第四十三条　依法应当先经下级行政机关审查后报上级行政机关决定的行政许可，下级行政机关应当自其受理行政许可申请之日起二十日内审查完毕。但是，法律、法规另有规定的，依照其规定。

第四十四条　行政机关做出准予行政许可的决定，应当自做出决定之日起十日内向申请人颁发、送达行政许可证件，或者加贴标签、加盖检验、检测、检疫印章。

第四节　听证

第四十六条　法律、法规、规章规定实施行政许可应当听证的事项，或者行政机关认为需要听证的其他涉及公共利益的重大行政许可事项，行政机关应当向社会公告，并举行听证。

第四十七条　行政许可直接涉及申请人与他人之间重大利益关系的，行政机关在做出行政许可决定前，应当告知申请人、利害关系人享有要求听证的权利；申请人、利害关系人在被告知听证权利之日起五日内提出听证申请的，行政机关应当在二十日内组织听证。

申请人、利害关系人不承担行政机关组织听证的费用。

第五节　变更与延续

第四十九条　被许可人要求变更行政许可事项的，应当向做出行政许可决定的行政机关提出申请；符合法定条件、标准的，行政机关应当依法办理变更手续。

第五十条　被许可人需要延续依法取得的行政许可的有效期的，应当在该行政许可有效期届满三十日前向做出行政许可决定的行政机关提出申请。但是，法律、法规、规章另有规定的，依照其规定。

行政机关应当根据被许可人的申请，在该行政许可有效期届满前做出是否准予延续的决定；逾期未作决定的，视为准予延续。

第六节　特别规定

第五十三条　实施本法第十二条第二项所列事项的行政许可的，行政机关应当通过招标、拍卖等公平竞争的方式做出决定。但是，法律、行政法规另有规定的，依照其规定。

行政机关通过招标、拍卖等方式做出行政许可决定的具体程序，依照有关法律、行政法规的规定。

行政机关按照招标、拍卖程序确定中标人、买受人后，应当做出准予行政许可的决定，并依法向中标人、买受人颁发行政许可证件。

行政机关违反本条规定，不采用招标、拍卖方式，或者违反招标、拍卖程序，损害申请人合法权益的，申请人可以依法申请行政复议或者提起行政诉讼。

第五十五条　实施本法第十二条第四项所列事项的行政许可的，应当按照技术标准、技术规范依法进行检验、检测、检疫，行政机关根据检验、检测、检疫的结果做出行政许可决定。

行政机关实施检验、检测、检疫，应当自受理申请之日起五日内指派两名以上工作人员按照技术标准、技术规范进行检验、检测、检疫。不需要对检验、检测、检疫结果作进一步技术分析即可认定设备、设施、产品、物品是否符合技术标准、技术规范的，行政机关应当当场做出行政许可决定。

行政机关根据检验、检测、检疫结果，做出不予行政许可决定的，应当书面说明不予行政许可所依据的技术标准、技术规范。

第六章　监督检查

第六十二条　行政机关可以对被许可人生产经营的产品依法进行抽样检查、检验、检测，对其生产经营场所依法进行实地检查。检查时，行政机关可以依法查阅或者要求被许可人报送有关材料；被许可人应当如实提供有关情况和材料。

行政机关根据法律、行政法规的规定，对直接关系公共安全、人身健康、生命财产安全的重要设备、设施进行定期检验。对检验合格的，行政机关应当发给相应的证明文件。

第六十九条　有下列情形之一的，做出行政许可决定的行政机关或者其上级行政机关，根据利害关系人的请求或者依据职权，可以撤销行政许可：

（一）行政机关工作人员滥用职权、玩忽职守做出准予行政许可决定的；

（二）超越法定职权做出准予行政许可决定的；

（三）违反法定程序做出准予行政许可决定的；

（四）对不具备申请资格或者不符合法定条件的申请人准予行政许可的；

（五）依法可以撤销行政许可的其他情形。

被许可人以欺骗、贿赂等不正当手段取得行政许可的，应当予以撤销。

依照前两款的规定撤销行政许可，可能对公共利益造成重大损害的，不予撤销。

依照本条第一款的规定撤销行政许可，被许可人的合法权益受到损害的，行政机关应当依法给予赔偿。依照本条第二款的规定撤销行政许可的，被许可人基于行政许可取得的利益不受保护。

第七十条　有下列情形之一的，行政机关应当依法办理有关行政许可的注销手续：

（一）行政许可有效期届满未延续的；

（二）赋予公民特定资格的行政许可，该公民死亡或者丧失行为能力的；

（三）法人或者其他组织依法终止的；

（四）行政许可依法被撤销、撤回，或者行政许可证件依法被吊销的；

（五）因不可抗力导致行政许可事项无法实施的；

（六）法律、法规规定的应当注销行政许可的其他情形。

第七章 法律责任

第七十二条 行政机关及其工作人员违反本法的规定，有下列情形之一的，由其上级行政机关或者监察机关责令改正；情节严重的，对直接负责的主管人员和其他直接责任人员依法给予行政处分：

（一）对符合法定条件的行政许可申请不予受理的；

（二）不在办公场所公示依法应当公示的材料的；

（三）在受理、审查、决定行政许可过程中，未向申请人、利害关系人履行法定告知义务的；

（四）申请人提交的申请材料不齐全、不符合法定形式，不一次告知申请人必须补正的全部内容的；

（五）违法披露申请人提交的商业秘密、未披露信息或者保密商务信息的；

（六）以转让技术作为取得行政许可的条件，或者在实施行政许可的过程中直接或者间接地要求转让技术的；

（七）未依法说明不受理行政许可申请或者不予行政许可的理由的；

（八）依法应当举行听证而不举行听证的。

第七十三条 行政机关工作人员办理行政许可、实施监督检查，索取或者收受他人财物或者谋取其他利益，构成犯罪的，依法追究刑事责任；尚不构成犯罪的，依法给予行政处分。

第七十四条 行政机关实施行政许可，有下列情形之一的，由其上级行政机关或者监察机关责令改正，对直接负责的主管人员和其他直接责任人员依法给予行政处分；构成犯罪的，依法追究刑事责任：

（一）对不符合法定条件的申请人准予行政许可或者超越法定职权做出准予行政许可决定的；

（二）对符合法定条件的申请人不予行政许可或者不在法定期限内做出准予行政许可决定的；

（三）依法应当根据招标、拍卖结果或者考试成绩择优做出准予行政许可决定，未经招标、拍卖或者考试，或者不根据招标、拍卖结果或者考试成绩择优做出准予行政许可决定的。

第七十六条 行政机关违法实施行政许可，给当事人的合法权益造成损害的，应当依照国家赔偿法的规定给予赔偿。

第七十七条 行政机关不依法履行监督职责或者监督不力，造成严重后果的，由其上级行政机关或者监察机关责令改正，对直接负责的主管人员和其他直接责任人员依法给予行政处分；构成犯罪的，依法追究刑事责任。

第七十八条　行政许可申请人隐瞒有关情况或者提供虚假材料申请行政许可的，行政机关不予受理或者不予行政许可，并给予警告；行政许可申请属于直接关系公共安全、人身健康、生命财产安全事项的，申请人在一年内不得再次申请该行政许可。

第七十九条　被许可人以欺骗、贿赂等不正当手段取得行政许可的，行政机关应当依法给予行政处罚；取得的行政许可属于直接关系公共安全、人身健康、生命财产安全事项的，申请人在三年内不得再次申请该行政许可；构成犯罪的，依法追究刑事责任。

第八十条　被许可人有下列行为之一的，行政机关应当依法给予行政处罚；构成犯罪的，依法追究刑事责任：

（一）涂改、倒卖、出租、出借行政许可证件，或者以其他形式非法转让行政许可的；

（二）超越行政许可范围进行活动的；

（三）向负责监督检查的行政机关隐瞒有关情况、提供虚假材料或者拒绝提供反映其活动情况的真实材料的；

（四）法律、法规、规章规定的其他违法行为。

第八十一条　公民、法人或者其他组织未经行政许可，擅自从事依法应当取得行政许可的活动的，行政机关应当依法采取措施予以制止，并依法给予行政处罚；构成犯罪的，依法追究刑事责任。

同步练习强化

1. 单项选择题

1）行政许可，是指行政机关根据公民、法人或者其他组织的申请，经依法审查，准予其从事（　　）的行为。

A. 经济活动　　B. 特定活动

C. 特殊活动　　D. 生产活动

2）（　　）应当建立健全对行政机关实施行政许可的监督制度，加强对行政机关实施行政许可的监督检查。

A. 国务院及其各部委　　B. 地方各级人民政府

C. 省级以上人民政府　　D. 县级以上人民政府

3）可以设定行政许可的事项包括直接（　　）人身健康、生命财产安全等特定活动，需要按照法定条件予以批准的事项；直接（　　）公共安全、人身健康、生命财产安全的重要设备、设施、产品、物品，需要按照技术标准、技术规范，通过检验、检测、检疫等方式进行审定的事项。

A. 涉及，涉及　　B. 涉及，关系

C. 关系，关系　　D. 关系，涉及

4）《中华人民共和国行政许可法》规定，尚未制定法律、行政法规的，（　　）可以设定行政许可。

A. 地方性法规　　B. 地方政府规章

C. 部门规章　　D. 国务院文件

5）具有行政许可权的（　　）在其法定职权范围内实施行政许可。法律、法规授权的具有管理公共事务职能的（　　），在法定授权范围内，以自己的名义实施行政许可。

A. 行政机关，组织　　B. 组织，行政机关

C. 政府机关，单位　　D. 单位，政府机关

6）行政机关在其法定职权范围内，依照法律、法规、规章的规定，可以委托其他行政机关实施行政许可。（　　）对实施行政许可的行为的后果承担法律责任。

A. 委托行政机关

B. 受委托行政机关

C. 委托行政机关连带受委托行政机关

D. 委托行政机关和受委托行政机关共同

7）省、自治区、直辖市人民政府根据精简、统一、效能的原则，决定一个行政机关行使有关行政机关的行政许可权之前，必须经（　　）批准。

A. 省、自治区、直辖市人民代表大会　　B. 国务院

C. 全国人民代表大会　　D. 国务院主管部门

8）为了解决两个以上部门分别实施行政许可的事项时所面临的程序复杂和时限过长的问题，行政许可法规定了三种可供选择的方式，下列哪一项不是？（　　）

A. 集中办理　　B. 联合办理

C. 一个窗口对外　　D. 统一办理

9）依据《中华人民共和国行政许可法》，申请人提供的申请材料不齐全或者不符合法定形式的，应当当场或者在（　　）日内一次告知申请人需要补正的全部内容，逾期不告知的，自收到申请材料之日起即为受理。

A. 3　　B. 5

C. 7　　D. 10

10）行政机关对申请人提出的行政许可申请的处理包括不受理、不予受理和受理。如果处理结果是（　　），应当出具加盖本行政机关专用印章和注明日

期的书面凭证。

A. 不受理　　B. 不予受理或受理

C. 不予受理　　D. 不受理或不予受理

11）依据《中华人民共和国行政许可法》，根据法定条件和程序，需要对行政许可申请材料的实质内容进行核实的，行政机关应当指派两名以上工作人员进行（　　）。

A. 调查　　B. 核实

C. 审查　　D. 核查

12）政机关依法做出不予行政许可的书面决定的，应当说明理由，并告知申请人享有依法（　　）的权利。

A. 申请行政复议　　B. 提起行政诉讼

C. 申请行政复议或者提起行政诉讼　　D. 申诉

13）行政许可采取统一办理的，办理的时间一般不超过（　　）日。

A. 10　　B. 30

C. 45　　D. 90

14）除可以当场做出行政许可决定的外，行政机关应当自受理行政许可申请之日起（　　）日内做出行政许可决定，并在做出决定之日起（　　）日内向申请人颁发、送达行政许可证件，或者加贴标签、加盖检验、检测、检疫印章。

A. 三十，十　　B. 二十，十

C. 三十，二十　　D. 十，二十

15）法律、法规、规章规定实施行政许可（　　）听证的事项，或者行政机关认为（　　）听证的其他涉及公共利益的重大行政许可事项，行政机关应当向社会公告，并举行听证。

A. 应当，需要　　B. 应当，应当

C. 需要，应当　　D. 需要，需要

16）行政许可直接涉及申请人与他人之间的重大利益关系，行政机关应当告知申请人、利害关系人享有要求听证的权利，申请人、利害关系人要求听证的，应当在被告知听证权利之日起（　　）内提出听证申请。

A. 5 日　　B. 10 日

C. 30 日　　D. 45 日

17）实施有限自然资源开发利用、公共资源配置以及直接关系公共利益的特定行业的市场准入等事项的行政许可的，行政机关应当通过（　　）等公平竞争的方式做出决定。

A. 协商　　B. 招标

C. 拍卖　　D. 招标、拍卖

18）被许可人以欺骗、贿赂等不正当手段取得行政许可的，依规定（　　）。

A. 应当撤销　　B. 可以撤销

C. 不予撤销　　D. 应当注销

19）赋予公民特定资格的行政许可，该公民死亡或者丧失行为能力的，行政机关应当依法（　　）许可。

A. 撤销　　B. 吊销

C. 注销　　D. 抵销

2. 多项选择题

1）设定和实施行政许可，应当遵循（　　）的原则。

A. 公开　　B. 公平

C. 公正　　D. 非歧视

2）公民、法人或者其他组织对行政机关实施行政许可，享有（　　）权。

A. 陈述　　B. 申辩

C. 提出意见　　D. 建议

3）在上位法尚未制定的情况下，可以设立非临时性的行政许可的规范性文件包括（　　）。

A. 行政法规

B. 部门规章

C. 地方性法规

D. 省、自治区、直辖市人民政府规章

4）具备（　　）情形的，行政机关应当出具书面凭证。

A. 行政机关受理行政许可申请的

B. 行政机关不予受理行政许可申请的

C. 行政机关做出准予行政许可决定的

D. 行政机关做出不准予行政许可决定的

5）下列属于行政许可证件的有（　　）。

A. 许可证　　B. 执照

C. 行政机关的批准文件　　D. 资格证、资质证

6）被许可人需要延续依法取得的行政许可的有效期的，行政机关应当（　　）。

A. 根据申请，在该行政许可有效期届满前做出是否准予延续的决定

B. 根据申请，在该行政许可有效期届满三十日前做出是否准予延续的决定

C. 行政机关逾期未作决定的，视为准予延续

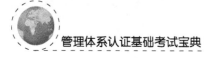

D. 行政机关逾期未作决定的，视为不准延续

7）实施直接关系公共安全、人身健康、生命财产安全的重要设备、设施、产品、物品的行政许可的，应当按照技术标准、技术规范依法进行（　　）。

A. 检验　　B. 检测

C. 检疫　　D. 鉴定

8）可以撤销行政许可的情形有（　　）。

A. 超越法定职权做出准予行政许可决定的

B. 行政许可所依据的法律、法规、规章修改或者废止

C. 违反法定程序做出准予行政许可决定的

D. 准予行政许可所依据的客观情况发生重大变化的

9）下列哪些情形，做出行政许可决定的行政机关不予撤销行政许可？（　　）

A. 行政机关未能根据被许可人的申请，在行政许可有效期届满前做出是否准予延续的决定

B. 被许可人以欺骗、贿赂等不正当手段取得行政许可

C. 行政机关超越法定职权做出准予行政许可决定，但撤销行政许可会对公共利益造成重大损害

D. 行政机关违反法定程序做出准予行政许可决定

10）行政机关工作人员有下列（　　）情形之一，情节严重的，不仅要依法给予行政处分，还可能要承担刑事责任。

A. 对符合法定条件的行政许可申请不予受理的

B. 依法应当根据招标、拍卖结果做出准予行政许可决定，未经招标、拍卖就做出准予行政许可决定的

C. 依法应当举行听证而不举行听证的

D. 对不符合法定条件的申请人准予行政许可

11）公民未经行政许可，擅自从事依法应当取得行政许可的活动的，行政机关应当（　　）。

A. 批评教育后，为其补办手续

B. 依法采取措施予以制止

C. 依法给予行政处罚

D. 构成犯罪的，依法追究刑事责任

12）行政机关违法实施行政许可后，可能承担的法律责任的种类有（　　）。

A. 民事赔偿　　B. 国家赔偿

C. 刑事责任　　D. 行政责任

答案点拨解析

1. 单项选择题

题号	答案	解析
1	B	第二条
2	D	第十条
3	C	第十二条（一）、(四)
4	A	第十五条
5	A	第二十二条、第二十三条
6	A	第二十四条
7	B	第二十五条
8	C	第二十六条
9	B	第三十二条（四）
10	B	第三十二条
11	D	第三十四条
12	C	第三十八条
13	C	第四十二条
14	B	第四十二条、第四十四条
15	A	第四十六条
16	A	第四十七条
17	D	第五十三条
18	A	第六十九条
19	C	第七十条

2. 多项选择题

题号	答案	解析
1	ABCD	第五条
2	AB	第七条
3	AC	第十四条、第十五条
4	AB	第三十二条
5	ABCD	第三十九条
6	AC	第五十条
7	ABC	第五十五条

（续）

题号	答案	解析
8	AC	第六十九条
9	AC	第五十条　第六十九条
10	BD	第七十四条
11	BCD	第八十一条
12	BCD	结合第七十二条~第七十六条理解

16.9 《中华人民共和国工业产品生产许可证管理条例》

《中华人民共和国工业产品生产许可证管理条例》于2005年6月29日国务院第97次常务会议通过，自2005年9月1日起施行。

《中华人民共和国工业产品生产许可证管理条例》制定时间较早，其中有的内容与新的行政法规、规章有冲突，如《中华人民共和国工业产品生产许可证管理条例》第二十五条规定食品加工企业生产许可证的有效期为3年，而2020年1月2日公布的《食品生产许可管理办法》第二十五条规定食品生产许可证的有效期为5年。对同一机关制定的行政法规、规章，新的与旧的冲突时，应按新的执行。

考点知识讲解

说明：方框中的内容是《中华人民共和国工业产品生产许可证管理条例》条款摘选。

第一章　总则

第一条　为了保证直接关系公共安全、人体健康、生命财产安全的重要工业产品的质量安全，贯彻国家产业政策，促进社会主义市场经济健康、协调发展，制定本条例。

第二条　国家对生产下列重要工业产品的企业实行生产许可证制度：

（一）乳制品、肉制品、饮料、米、面、食用油、酒类等直接关系人体健康的加工食品；

（二）电热毯、压力锅、燃气热水器等可能危及人身、财产安全的产品；

（三）税控收款机、防伪验钞仪、卫星电视广播地面接收设备、无线广播电视发射设备等关系金融安全和通信质量安全的产品；

（四）安全网、安全帽、建筑扣件等保障劳动安全的产品；

（五）电力铁塔、桥梁支座、铁路工业产品、水工金属结构、危险化学品及其包装物、容器等影响生产安全、公共安全的产品；

（六）法律、行政法规要求依照本条例的规定实行生产许可证管理的其他产品。

第三条　国家实行生产许可证制度的工业产品目录（以下简称目录）由国务院工业产品生产许可证主管部门会同国务院有关部门制定，并征求消费者协会和相关产品行业协会的意见，报国务院批准后向社会公布。

工业产品的质量安全通过消费者自我判断、企业自律和市场竞争能够有效保证的，不实行生产许可证制度。

工业产品的质量安全通过认证认可制度能够有效保证的，不实行生产许可证制度。

国务院工业产品生产许可证主管部门会同国务院有关部门适时对目录进行评价、调整和逐步缩减，报国务院批准后向社会公布。

第四条　在中华人民共和国境内生产、销售或者在经营活动中使用列入目录产品的，应当遵守本条例。

列入目录产品的进出口管理依照法律、行政法规和国家有关规定执行。

第六条　国务院工业产品生产许可证主管部门依照本条例负责全国工业产品生产许可证统一管理工作，县级以上地方工业产品生产许可证主管部门负责本行政区域内的工业产品生产许可证管理工作。

国家对实行工业产品生产许可证制度的工业产品，统一目录，统一审查要求，统一证书标志，统一监督管理。

第七条　工业产品生产许可证管理，应当遵循科学公正、公开透明、程序合法、便民高效的原则。

第二章　申请与受理

第九条　企业取得生产许可证，应当符合下列条件：

（一）有营业执照；

（二）有与所生产产品相适应的专业技术人员；

（三）有与所生产产品相适应的生产条件和检验检疫手段；

（四）有与所生产产品相适应的技术文件和工艺文件；

（五）有健全有效的质量管理制度和责任制度；

（六）产品符合有关国家标准、行业标准以及保障人体健康和人身、财产安全的要求；

（七）符合国家产业政策的规定，不存在国家明令淘汰和禁止投资建设的落后工艺、高耗能、污染环境、浪费资源的情况。

法律、行政法规有其他规定的，还应当符合其规定。

第十一条　企业生产列入目录的产品，应当向企业所在地的省、自治区、直辖市工业产品生产许可证主管部门申请取得生产许可证。

企业正在生产的产品被列入目录的，应当在国务院工业产品生产许可证主管部门规定的时间内申请取得生产许可证。

企业的申请可以通过信函、电报、电传、传真、电子数据交换和电子邮件等方式提出。

第三章　审查与决定

第十四条　省、自治区、直辖市工业产品生产许可证主管部门受理企业申请后，应当组织对企业进行审查。依照列入目录产品生产许可证的具体要求，应当由国务院工业产品生产许可证主管部门组织对企业进行审查的，省、自治区、直辖市工业产品生产许可证主管部门应当自受理企业申请之日起5日内将全部申请材料报送国务院工业产品生产许可证主管部门。

对企业的审查包括对企业的实地核查和对产品的检验。

第十五条　对企业进行实地核查，国务院工业产品生产许可证主管部门或者省、自治区、直辖市工业产品生产许可证主管部门应当指派2至4名核查人员，企业应当予以配合。

第十八条　国务院工业产品生产许可证主管部门或者省、自治区、直辖市工业产品生产许可证主管部门应当自受理企业申请之日起30日内将对企业实地核查的结果书面告知企业。核查不合格的，应当说明理由。

第十九条　企业经实地核查合格的，应当及时进行产品检验。需要送样检验的，核查人员应当封存样品，并告知企业在7日内将该样品送达具有相应资质的检验机构。需要现场检验的，由核查人员通知检验机构进行现场检验。

第二十四条　自受理企业申请之日起60日内，国务院工业产品生产许可证主管部门应当做出是否准予许可的决定，做出准予许可决定的，国务院工业产品生产许可证主管部门应当自做出决定之日起10日内向企业颁发工业产品生产许可证证书（以下简称许可证证书）；做出不准予许可决定的，国务院工业产品生产许可证主管部门应当书面通知企业，并说明理由。

检验机构进行产品检验所需时间不计入前款规定的期限。

国务院工业产品生产许可证主管部门应当将做出的相关产品准予许可的决定及时通报国务院发展改革部门、国务院卫生主管部门、国务院工商行政管理部门等有关部门。

第二十五条 生产许可证有效期为5年，但是，食品加工企业生产许可证的有效期为3年。生产许可证有效期届满，企业继续生产的，应当在生产许可证有效期届满6个月前向所在地省、自治区、直辖市工业产品生产许可证主管部门提出换证申请。国务院工业产品生产许可证主管部门或者省、自治区、直辖市工业产品生产许可证主管部门应当依照本条例规定的程序对企业进行审查。

第二十六条 在生产许可证有效期内，产品的有关标准、要求发生改变的，国务院工业产品生产许可证主管部门或者省、自治区、直辖市工业产品生产许可证主管部门可以依照本条例的规定重新组织核查和检验。

在生产许可证有效期内，企业生产条件、检验手段、生产技术或者工艺发生变化的，企业应当及时向所在地省、自治区、直辖市工业产品生产许可证主管部门提出申请，国务院工业产品生产许可证主管部门或者省、自治区、直辖市工业产品生产许可证主管部门应当依照本条例的规定重新组织核查和检验。

第四章 证书和标志

第二十八条 许可证证书分为正本和副本。许可证证书应当载明企业名称和住所、生产地址、产品名称、证书编号、发证日期、有效期等相关内容。

许可证证书格式由国务院工业产品生产许可证主管部门规定。

第二十九条 企业名称发生变化的，企业应当及时向企业所在地的省、自治区、直辖市工业产品生产许可证主管部门提出申请，办理变更手续。

第三十一条 在生产许可证有效期内，企业不再从事列入目录产品的生产活动的，应当办理生产许可证注销手续。企业不办理生产许可证注销手续的，国务院工业产品生产许可证主管部门应当注销其生产许可证并向社会公告。

第三十二条 生产许可证的标志和式样由国务院工业产品生产许可证主管部门规定并公布。

第三十三条 企业必须在其产品或者包装、说明书上标注生产许可证标志和编号。

裸装食品和其他根据产品的特点难以标注标志的裸装产品，可以不标注生产许可证标志和编号。

第五章 监督检查

第三十八条 企业应当保证产品质量稳定合格，并定期向省、自治区、直辖市工业产品生产许可证主管部门提交报告。企业对报告的真实性负责。

第三十九条　国务院工业产品生产许可证主管部门和县级以上地方工业产品生产许可证主管部门应当对企业实施定期或者不定期的监督检查。需要对产品进行检验的，应当依照《中华人民共和国产品质量法》的有关规定进行。

实施监督检查或者对产品进行检验应当有 2 名以上工作人员参加并应当出示有效证件。

第六章　法律责任

第四十五条　企业未依照本条例规定申请取得生产许可证而擅自生产列入目录产品的，由工业产品生产许可证主管部门责令停止生产，没收违法生产的产品，处违法生产产品货值金额等值以上 3 倍以下的罚款；有违法所得的，没收违法所得；构成犯罪的，依法追究刑事责任。

第四十六条　取得生产许可证的企业生产条件、检验手段、生产技术或者工艺发生变化，未依照本条例规定办理重新审查手续的，责令停止生产、销售，没收违法生产、销售的产品，并限期办理相关手续；逾期仍未办理的，处违法生产、销售产品（包括已售出和未售出的产品，下同）货值金额 3 倍以下的罚款；有违法所得的，没收违法所得；构成犯罪的，依法追究刑事责任。

取得生产许可证的企业名称发生变化，未依照本条例规定办理变更手续的，责令限期办理相关手续；逾期仍未办理的，责令停止生产、销售，没收违法生产、销售的产品，并处违法生产、销售产品货值金额等值以下的罚款；有违法所得的，没收违法所得。

第四十七条　取得生产许可证的企业未依照本条例规定在产品、包装或者说明书上标注生产许可证标志和编号的，责令限期改正；逾期仍未改正的，处违法生产、销售产品货值金额 30% 以下的罚款；有违法所得的，没收违法所得；情节严重的，吊销生产许可证。

第五十五条　企业被吊销生产许可证的，在 3 年内不得再次申请同一列入目录产品的生产许可证。

同步练习强化

1. 单项选择题

1）下列产品中哪些不属于工业产品生产许可证管理？（　　）

A. 建筑扣件　　B. 危险化学品

C. 衬衫　　D. 方便面

2）企业生产列入生产许可证目录的产品，应当向（　　）申请取得生产许可证。

A. 国务院工业产品生产许可证主管部门

B. 省级工业产品生产许可证主管部门

C. 市级工业产品生产许可证主管部门

D. 县级工业产品生产许可证主管部门

3）对申请生产许可证企业进行实地检查，生产许可证主管部门应当指派（　　）名核查人员。

A. 3 ~4　　B. 2 ~3

C. 2 ~4　　D. 3 ~5

4）生产许可证主管部门在受理生产许可证申请之日起（　　）组织完成对企业的实地核查。

A. 60 日内　　B. 2 个月内

C. 1 周内　　D. 30 日内

5）自受理企业生产许可证申请之日起（　　），国务院工业产品生产许可证主管部门应当做出是否准予许可的决定。

A. 60 日内　　B. 2 个月内

C. 1 周内　　D. 30 日内

6）生产许可证有效期届满，企业继续生产的，应当在生产许可证有效期届满（　　）前向所在地省、自治区、直辖市工业产品生产许可证主管部门提出换证申请。

A. 3 个月　　B. 6 个月

C. 2 个月　　D. 1 个月

2. 多项选择题

1）在中华人民共和国境内（　　）列入生产许可证制度工业产品目录中产品的，应当遵守《中华人民共和国工业产品生产许可证管理条例》。

A. 生产　　B. 销售

C. 在经营活动中使用　　D. 进、出口

2）国家对实行工业产品生产许可证制度的工业产品，（　　）。

A. 统一目录　　B. 统一审查要求

C. 统一证书标志　　D. 统一监督管理

3）工业产品生产许可证管理，应当遵循（　　）的原则。

A. 科学公正　　B. 公开透明

C. 程序合法　　D. 便民高效

4）企业取得生产许可证，应当符合下列哪些条件？（　　）

A. 有与所生产产品相适应的专业技术人员

B. 有与所生产产品相适应的生产条件和检验检疫手段

C. 有与所生产产品相适应的技术文件和工艺文件

D. 有健全有效的质量管理制度和责任制度

5）对申请取得生产许可证企业的审查包括（　　）。

A. 对企业的实地核查　　B. 对产品的检验

C. 对产品的型式试验　　D. 对企业进行质量管理体系审核

6）在生产许可证有效期内，企业（　　）发生变化的，应当及时向所在地省、自治区、直辖市工业产品生产许可证主管部门提出申请，由工业产品生产许可证主管部门依据工业产品生产许可证管理条例的规定对企业生重新组织核查和检验。

A. 生产条件　　B. 产品的销售

C. 检验手段　　D. 生产技术或者工艺

7）以下描述正确的是（　　）。

A. 企业必须在其产品或者包装、说明书上标注生产许可标志和编号

B. 企业可以自行决定是否在产品包装上使用生产许可证标志和编号

C. 裸装食品和其他根据产品的特点难以标注标志的裸装产品，可以不标注生产许可证标志和编号

D. 企业可以不在产品或包装、说明书上标注生产许可标志和编号

8）取得生产许可证的企业生产条件、检验手段、生产技术或者工艺发生变化，未依照《中华人民共和国工业产品生产许可证管理条例》规定办理重新审查手续的，（　　）。

A. 责令停止生产、销售　　B. 没收违法生产、销售的产品

C. 限期办理相关手续　　D. 处货值金额 3 倍以下的罚款

答案点拨解析

1. 单项选择题

题号	答案	解析
1	C	第二条
2	B	第十一条
3	C	第十五条
4	D	第十八条
5	A	第二十四条
6	B	第二十五条

2. 多项选择题

题号	答案	解析
1	ABC	第四条
2	ABCD	第六条
3	ABCD	第七条
4	ABCD	第九条
5	AB	第十四条
6	ACD	第二十六条
7	AC	第三十三条
8	ABC	第四十六条

16.10 《中华人民共和国认证认可条例》

《中华人民共和国认证认可条例》于 2003 年 9 月公布，至今修订了两次，第二次修订是根据 2020 年 11 月 29 日《国务院关于修改和废止部分行政法规的决定》进行的。2021 年 11 月 22 日，国家认监委就新的《中华人民共和国认证认可条例》修订草案发出了征求意见稿，尚未最终定稿。本书按第二次修订的《中华人民共和国认证认可条例》进行要点讲解。希望考生及时掌握变更情况，我们也会及时跟进。

考点知识讲解

说明：方框中的内容是《中华人民共和国认证认可条例》条款摘选。

> **第一章　总则**
>
> 第二条　本条例所称认证，是指由认证机构证明产品、服务、管理体系符合相关技术规范、相关技术规范的强制性要求或者标准的合格评定活动。
>
> 本条例所称认可，是指由认可机构对认证机构、检查机构、实验室以及从事评审、审核等认证活动人员的能力和执业资格，予以承认的合格评定活动。
>
> 第四条　国家实行统一的认证认可监督管理制度。
>
> 国家对认证认可工作实行在国务院认证认可监督管理部门统一管理、监督和综合协调下，各有关方面共同实施的工作机制。

第五条 国务院认证认可监督管理部门应当依法对认证培训机构、认证咨询机构的活动加强监督管理。

第六条 认证认可活动应当遵循客观独立、公开公正、诚实信用的原则。

第二章 认证机构

第九条 取得认证机构资质，应当经国务院认证认可监督管理部门批准，并在批准范围内从事认证活动。

未经批准，任何单位和个人不得从事认证活动。

第十条 取得认证机构资质，应当符合下列条件：

（一）取得法人资格；

（二）有固定的场所和必要的设施；

（三）有符合认证认可要求的管理制度；

（四）注册资本不得少于人民币300万元；

（五）有10名以上相应领域的专职认证人员。

从事产品认证活动的认证机构，还应当具备与从事相关产品认证活动相适应的检测、检查等技术能力。

第十三条 认证机构不得与行政机关存在利益关系。

认证机构不得接受任何可能对认证活动的客观公正产生影响的资助；不得从事任何可能对认证活动的客观公正产生影响的产品开发、营销等活动。

认证机构不得与认证委托人存在资产、管理方面的利益关系。

第十四条 认证人员从事认证活动，应当在一个认证机构执业，不得同时在两个以上认证机构执业。

第三章 认证

第十七条 认证机构应当按照认证基本规范、认证规则从事认证活动。认证基本规范、认证规则由国务院认证认可监督管理部门制定；涉及国务院有关部门职责的，国务院认证认可监督管理部门应当会同国务院有关部门制定。

属于认证新领域，前款规定的部门尚未制定认证规则的，认证机构可以自行制定认证规则，并报国务院认证认可监督管理部门备案。

第二十一条 认证机构以及与认证有关的检查机构、实验室从事认证以及与认证有关的检查、检测活动，应当完成认证基本规范、认证规则规定的程序，确保认证、检查、检测的完整、客观、真实，不得增加、减少、遗漏程序。

认证机构以及与认证有关的检查机构、实验室应当对认证、检查、检测过程做出完整记录，归档留存。

第二十二条　认证机构及其认证人员应当及时做出认证结论，并保证认证结论的客观、真实。认证结论经认证人员签字后，由认证机构负责人签署。

认证机构及其认证人员对认证结果负责。

第二十四条　获得认证证书的，应当在认证范围内使用认证证书和认证标志，不得利用产品、服务认证证书、认证标志和相关文字、符号，误导公众认为其管理体系已通过认证，也不得利用管理体系认证证书、认证标志和相关文字、符号，误导公众认为其产品、服务已通过认证。

第二十六条　认证机构应当对其认证的产品、服务、管理体系实施有效的跟踪调查，认证的产品、服务、管理体系不能持续符合认证要求的，认证机构应当暂停其使用直至撤销认证证书，并予公布。

第二十七条　为了保护国家安全、防止欺诈行为、保护人体健康或者安全、保护动植物生命或者健康、保护环境，国家规定相关产品必须经过认证的，应当经过认证并标注认证标志后，方可出厂、销售、进口或者在其他经营活动中使用。

第二十八条　国家对必须经过认证的产品，统一产品目录，统一技术规范的强制性要求、标准和合格评定程序，统一标志，统一收费标准。

统一的产品目录（以下简称目录）由国务院认证认可监督管理部门会同国务院有关部门制定、调整，由国务院认证认可监督管理部门发布，并会同有关方面共同实施。

第二十九条　列入目录的产品，必须经国务院认证认可监督管理部门指定的认证机构进行认证。

列入目录产品的认证标志，由国务院认证认可监督管理部门统一规定。

第三十条　列入目录的产品，涉及进出口商品检验目录的，应当在进出口商品检验时简化检验手续。

第四章　认可

第三十七条　认证机构、检查机构、实验室可以通过认可机构的认可，以保证其认证、检查、检测能力持续、稳定地符合认可条件。

第三十八条　从事评审、审核等认证活动的人员，应当经认可机构注册后，方可从事相应的认证活动。

第四十四条　认可机构应当按照国家标准和国务院认证认可监督管理部门的规定，对从事评审、审核等认证活动的人员进行考核，考核合格的，予以注册。

第四十七条　认可机构应当对取得认可的机构和人员实施有效的跟踪监督，定期对取得认可的机构进行复评审，以验证其是否持续符合认可条件。取得认可的机构和人员不再符合认可条件的，认可机构应当撤销认可证书，并予公布。

取得认可的机构的从业人员和主要负责人、设施、自行制定的认证规则等与认可条件相关的情况发生变化的，应当及时告知认可机构。

第五章　监督管理

第五十四条　县级以上地方人民政府市场监督管理部门在国务院认证认可监督管理部门的授权范围内，依照本条例的规定对认证活动实施监督管理。

国务院认证认可监督管理部门授权的县级以上地方人民政府市场监督管理部门，以下称地方认证监督管理部门。

第五十五条　任何单位和个人对认证认可违法行为，有权向国务院认证认可监督管理部门和地方认证监督管理部门举报。国务院认证认可监督管理部门和地方认证监督管理部门应当及时调查处理，并为举报人保密。

第六章　法律责任

第五十六条　未经批准擅自从事认证活动的，予以取缔，处 10 万元以上 50 万元以下的罚款，有违法所得的，没收违法所得。

第五十七条　境外认证机构未经登记在中华人民共和国境内设立代表机构的，予以取缔，处 5 万元以上 20 万元以下的罚款。

经登记设立的境外认证机构代表机构在中华人民共和国境内从事认证活动的，责令改正，处 10 万元以上 50 万元以下的罚款，有违法所得的，没收违法所得；情节严重的，撤销批准文件，并予公布。

第六十一条　认证机构出具虚假的认证结论，或者出具的认证结论严重失实的，撤销批准文件，并予公布；对直接负责的主管人员和负有直接责任的认证人员，撤销其执业资格；构成犯罪的，依法追究刑事责任；造成损害的，认证机构应当承担相应的赔偿责任。

指定的认证机构有前款规定的违法行为的，同时撤销指定。

第六十二条　认证人员从事认证活动，不在认证机构执业或者同时在两个以上认证机构执业的，责令改正，给予停止执业 6 个月以上 2 年以下的处罚，仍不改正的，撤销其执业资格。

第七十条　伪造、冒用、买卖认证标志或者认证证书的，依照《中华人民共和国产品质量法》等法律的规定查处。

第七十二条　认证人员自被撤销执业资格之日起 5 年内，认可机构不再受理其注册申请。

第七章　附则

第七十四条　药品生产、经营企业质量管理规范认证，实验动物质量合格认证，军工产品的认证，以及从事军工产品校准、检测的实验室及其人员的认可，不适用本条例。

依照本条例经批准的认证机构从事矿山、危险化学品、烟花爆竹生产经营单位管理体系认证，由国务院安全生产监督管理部门结合安全生产的特殊要求组织；从事矿山、危险化学品、烟花爆竹生产经营单位安全生产综合评价的认证机构，经国务院安全生产监督管理部门推荐，方可取得认可机构的认可。

同步练习强化

1. 单项选择题

1）《中华人民共和国认证认可条例》所称认可，是指由认可机构对认证机构、检查机构、实验室以及从事评审、审核等认证活动人员的能力和执行资格，予以承认的（　　）活动。

A. 认可　　　　B. 认证

C. 合格评定　　　　D. 标准化

2）根据《中华人民共和国认证认可条例》，认证人员从事认证活动，应当在一个（　　）执业。

A. 认证机构　　　　B. 行政机关

C. 事业单位　　　　D. 社会团体

3）认证人员自被撤销执业资格之日起（　　），CCAA 不再受理其注册申请。

A. 5 年内　　　　B. 6 个月内

C. 3 年内　　　　D. 1 年内

4）认证人员从事认证活动，应该满足以下（　　）要求。

A. 可在两个以上认证机构执业　　　　B. 不可兼任认证活动管理人员

C. 只在一个认证机构执业　　　　D. 可为受审核方提供咨询服务

5）《中华人民共和国认证认可条例》所称认证，是指由认证机构（　　）产品、服务、管理体系符合相关技术规范、相关技术规范的强制性要求或者标准的（　　）活动。

A. 证明，合格评定　　　　B. 承认，合格评定

C. 证明，审核　　D. 承认，审核

6）根据《中华人民共和国认证认可条例》，从事评审、审核等认证活动的人员，应当经（　　）注册后，方可从事相应的认证活动。

A. 认可机构　　B. CCAA

C. 认证机构　　D. CNCA

2. 多项选择题

1）根据《中华人民共和国认证认可条例》，认证认可活动应当遵循（　　）的原则。

A. 客观独立　　B. 公开公正

C. 诚实信用　　D. 实事求是

2）《中华人民共和国认证认可条例》所称认证，是指由认证机构证明产品、服务、管理体系符合（　　）的合格评定活动。

A. 相关技术规范　　B. 相关技术规范的强制性要求

C. 标准　　D. 顾客要求

3）依据《中华人民共和国认证认可条例》，认证机构以及与认证有关的检查机构、实验室从事认证以及与认证有关的检查、检测活动，应当完成认证基本规范、认证规则规定的程序，确保认证、检查、检测的（　　）。

A. 完整　　B. 客观

C. 真实　　D. 不得增加、减少、遗漏程序

4）依据《中华人民共和国认证认可条例》，为了保护国家安全、防止欺诈行为、保护人体健康或者安全、保护动植物生命或者健康、保护环境，国家规定相关产品必须经过认证的，应当经过认证并标注认证标志后，方可（　　）。

A. 出厂　　B. 销售

C. 进口或者在其他经营活动中使用　　D. 出口

5）国家对必须经过认证的产品，统一（　　）。

A. 产品目录

B. 技术规范的强制性要求、标准和合格评定程序

C. 标志

D. 收费标准

6）认证人员从事认证活动，不在认证机构执业或者同时在两个以上认证机构执业的，（　　），仍不改正的，撤销其执业资格。

A. 责令改正

B. 给予停止执业6个月以上2年以下的处罚

C. 罚款

D. 重考

答案点拨解析

1. 单项选择题

题号	答案	解析
1	C	第二条
2	A	第十四条
3	A	第七十二条
4	C	第十四条
5	A	第二条
6	A	第三十八条

2. 多项选择题

题号	答案	解析
1	ABC	第六条
2	ABC	第二条
3	ABCD	第二十一条
4	ABC	第二十七条
5	ABCD	第二十八条
6	AB	第六十二条

16.11 《管理体系认证规则》

考点知识讲解

在本书编写阶段，《管理体系认证规则》还在征求意见阶段，尚未正式发布。《管理体系认证规则》发布以后，将取代《质量管理体系认证规则》等规则。

《管理体系认证规则》是以 GB/T 27021.1/ISO/IEC 17021-1《合格评定　管理体系审核认证机构要求　第 1 部分：要求》标准为基础编写的，对 GB/T 27021.1 标准的要求进行了细化和明确。笔者认为，在《管理体系认证规则》正式发布前，如要出与之有关的试题，那么这些试题应该出现在与 GB/T 27021.1 标准相同的部分。

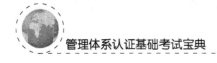

这里以《质量管理体系认证规则》、《管理体系认证规则》（征求意见稿）为依据，讲解管理体系认证规则的一些要点。

1. 对认证机构的基本要求

1）认证机构实施内部管理和开展管理体系认证活动应当符合 GB/T 27021.1/ISO/IEC 17021-1《合格评定 管理体系审核认证机构要求 第 1 部分：要求》及其他相关系列标准要求，以确保持续具备开展管理体系认证的能力、一致性和公正性（见 GB/T 27021.1 标准第 1 章“范围”）。

2）认证机构应当建立风险防范机制，对其从事管理体系认证活动可能引发的风险和责任，采取合理有效措施。认证机构应能证明已对其开展的管理体系认证活动引发的风险进行了评估，并对各个活动领域和运作地域的业务引发的责任做了充分安排（如保险或储备金）。

3）下列三类人员，其能力应当满足 GB/T 27021（或 ISO/IEC 17021 ）系列标准中的相应要求（见 GB/T 27021.1 标准附录 A）：

① 实施申请评审以确定所需的审核组能力要求、选择审核组成员并确定审核时间。

② 复核审核报告并做出认证决定。

③ 审核及领导审核组。

2. 对认证人员的基本要求

1）认证人员应遵守认证认可相关法律法规及规范性文件的要求，应当具有从事认证工作的基本职业操守：诚信、客观、公正、廉洁，不冒名顶替其他认证人员实施审核，不编制虚假或严重失实的文件，不出具虚假或严重失实的认证记录和报告，不编造学习经历、工作经历和审核经历。认证人员对认证结论、认证结果的真实性承担相应责任。

2）认证人员不得发生影响认证公正性和有效性的行为；不得参与近两年内其咨询过的组织的认证活动（见 GB/T 27021.1 标准 5.2.10 条款）。

3. 认证策划

1）审核方案策划。

① 认证机构应当针对每一认证客户建立认证周期内的审核方案，初次认证的审核方案应当包括两阶段初次审核、认证决定之后的监督审核和第三年在认证到期前进行的再认证审核（见 GB/T 27021.1 标准 9.1.3.2 条款）。

注：一个认证周期通常为三年（有特定行业认证方案的除外），从初次认证（或再认证）决定算起，至认证的终止日期截止。

② 初次认证后的第一次监督审核应当在认证证书签发日起 12 个月内进行。此后，监督审核应当至少每个日历年（应进行再认证的年份除外）进行一次，且两次监督审核的时间间隔不得超过 15 个月。

注意，这里是对 GB/T 27021.1 标准 9.1.3.3 条款的明确，考生要注意考试题依据的标准/规则。GB/T 27021.1 标准 9.1.3.3 条款：监督审核应至少每个日历年（应进行再认证的年份除外）进行一次。初次认证后的第一次监督审核应在认证决定日期起 12 个月内进行。

2）审核组。

① 技术专家主要负责提供审核组的技术支持，不作为审核员实施审核，不计入审核时间（见 GB/T 27021.1 标准 9.2.2.2.2 条款）。

② 实习审核员应当在审核员的指导下完成审核，不计入审核时间，其在审核过程中的活动由负责指导的审核员承担责任（见 GB/T 27021.1 标准 9.2.2.1.4 条款）。

4. 审核实施

1）审核组应当按照审核计划实施审核，形成相应记录，审核组可采用不同形式记录审核过程，如文字、图片、音像等。认证机构应当保留相应记录。

2）审核组应当会同受审核方召开首、末次会议，受审核方的管理层及相关管理体系职能部门的人员应当参加会议。参会人员应当签到，审核组应当保留首、末次会议签到表（第一阶段审核不做要求）。

5. 不符合纠正的验证

1）审核组应当根据审核发现形成严重或轻微不符合（见 GB/T 27021.1 中定义），要求受审核方在规定的时限内对不符合进行原因分析、采取相应的纠正和纠正措施（针对轻微不符合，可以是纠正措施计划）。

2）对于严重不符合，认证机构应当督促受审核方及时进行整改，并对其纠正和纠正措施的有效性进行验证。认证机构应当规定严重不符合项的验证时限，并至少满足：

① 初次认证：在第二阶段审核结束之日起 6 个月内完成（见 GB/T 27021.1 标准 9.5.3.2 条款）。

② 监督审核：在审核结束之日起 3 个月内完成（属于征求意见的内容，待定）。

③ 再认证：在证书到期前完成（见 GB/T 27021.1 标准 9.6.3.2.2 条款）。

3）对于组织未能在规定的时限完成对不符合所采取措施的情况，审核组不应当给予该受审核方推荐认证、保持认证或再认证。

6. 认证决定

1）基本条件之一：对于严重不符合，已审查、接受并验证了纠正和纠正措施的有效性；对于轻微不符合，已审查、接受了受审核方的纠正和纠正措施或计划采取的纠正和纠正措施（见 GB/T 27021.1 标准 9.5.2 条款）。

2）再认证审核的认证决定宜在上一认证周期认证证书到期前完成，最迟应当在证书到期之日起 6 个月内完成（见 GB/T 27021.1 标准 9.6.3.2.5 条款）。

同步练习强化

1. 单项选择题

1）参与了对客户管理体系咨询的人员（包括管理人员）不应被认证机构用于针对该客户的审核或其他认证活动。一种公认的减轻该威胁的方式是在咨询结束后至少（　　）内不应使用该人员。

A. 1 年　　B. 2 年

C. 3 年　　D. 半年

2）监督审核应至少（　　）进行一次。

A. 每个日历年　　B. 每三年

C. 第 12 个月　　D. 每一年

3）依据 GB/T 27021. 1 标准，监督审核应至少每年进行一次，第一次监督审核时间为（　　）。

A. 以发放体系证书时间的那天起 12 个月内

B. 认证决定日期起 12 个月内

C. 纠正措施关闭的那天起 12 个月内

D. 审核报告发放那天起 12 个月内

4）关于实习审核员，以下说法正确的是（　　）。

A. 如具有专业能力，可以独立实施审核

B. 必须在审核员指导下实施审核

C. 工作量不能计入审核人日，因此不作为审核组成员

D. 可以在审核员的指导和帮助下，作为实习审核组长领导审核组完成审核任务

5）如果认证机构不能在第二阶段审核结束后（　　）内验证对（　　）不符合实施的纠正和纠正措施，则应在推荐认证前再实施一次第二阶段审核。(真题)

A. 3 个月、/　　B. 6 个月、严重

C. 6 个月、/　　D. 3 个月、严重

6）在认证到期后，如果认证机构能够在（　　）内完成未尽的再认证活动，则可以恢复认证，否则应至少进行一次第二阶段才能恢复认证。

A. 3 个月　　B. 6 个月

C. 5 个月　　D. 2 个月

7）再认证审核时，对于严重不符合，认证机构应规定实施纠正与纠正措施的时限。这些措施应在（　　）得到实施和验证。

A. 认证到期前　　B. 6 个月内

C. 3 个月内　　D. 1 个月内

2. 多项选择题

1）GB/T 27021.1 包含了所有类型管理体系审核与认证机构的（　　）的原则与要求。

A. 能力　　B. 一致性

C. 公正性　　D. 独立性

2）GB/T 27021.1 标准对哪三类人员提出了明确的能力要求？（　　）

A. 实施申请评审以确定所需的审核组能力、选择审核组成员并确定审核时间

B. 复核审核报告并做出认证决定

C. 审核及领导审核组

D. 审核方案管理人员

3）初次认证的审核方案应包括（　　）。

A. 两阶段初次审核　　B. 获证后两次监督审核

C. 特殊审核　　D. 证书到期前的再认证审核

4）依据 GB/T 27021.1，认证机构在做出决定前应确认（　　）。

A. 审核组提供的信息足以确定认证要求的满足情况

B. 审核组提供的信息足以确定认证范围

C. 对于所有严重不符合，认证机构已审查、接受和验证了纠正和纠正措施

D. 对于所有轻微不符合，认证机构已审查和接受了客户对纠正和纠正措施的计划

5）再认证审核的现场审核应包括哪些方面？（　　）

A. 结合内部和外部变更来看的整个管理体系的有效性

B. 认证范围的持续相关性和适宜性

C. 经证实的对保持管理体系有效性并改进管理体系，以提高整体绩效的承诺

D. 管理体系在实现获证客户目标和管理体系预期结果方面的有效性

答案点拨解析

1. 单项选择题

题号	答案	解析
1	B	见本书 4.2 节表 4-2 之“2. 公正性”（GB/T 27021.1 标准 5.2.10 条款）
2	A	见本书 5.5.1 节之 2 之 4）（GB/T 27021.1 标准 9.1.3.3 条款）

（续）

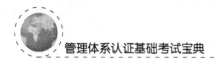

题号	答案	解析
3	B	见本书 5.5.1 节方框中 GB/T 27021.1 标准 9.1.3.3 条款
4	B	见本书 5.5.2 节方框中 GB/T 27021.1 标准 9.2.2.1.4 条款
5	B	见本书 5.5.5 节方框中 GB/T 27021.1 标准 9.5.3.2 条款
6	B	见本书 5.5.6 节方框中 GB/T 27021.1 标准 9.6.3.2.5 条款
7	A	见本书 5.5.6 节方框中 GB/T 27021.1 标准 9.6.3.2.2 条款

2. 多项选择题

题号	答案	解析
1	ABC	见 GB/T 27021.1 标准第 1 章“范围”，本书 4.1.2 节之 1
2	ABC	见 GB/T 27021.1 标准附录 A，本书 5.2.2 节之 2
3	ABD	见本书 5.5.1 节之 2 之 2）（GB/T 27021.1 标准 9.1.3.2 条款）
4	ABCD	见本书 5.5.5 节方框中 GB/T 27021.1 标准 9.5.2 条款
5	ABCD	见本书 5.5.6 节方框中 GB/T 27021.1 标准 9.6.3.2.1 条款

参考文献

[1] 中国认证认可协会. 质量管理方法与工具 [M]. 北京：高等教育出版社，2019.

[2] 中国认证认可协会. 管理体系认证基础 [M]. 北京：高等教育出版社，2019.

[3] 中国认证认可协会. 审核概论 [M]. 北京：高等教育出版社，2019.

[4] 上海市质量协会，上海质量教育培训中心. 质量专业技术人员职业资格应试指南 [M]. 北京：中国标准出版社，2013.

[5] 全国质量专业技术人员职业资格考试辅导用书编写组. 质量专业理论与实务（中级）辅导与训练 [M]. 北京：中国人事出版社，2012.

[6] 全国质量专业技术人员职业资格考试辅导用书编写组. 质量专业基础知识与实务（初级）辅导与训练 [M]. 北京：中国人事出版社，2012.

[7] 李在卿. 质量、环境、职业健康安全管理体系内部审核员最新培训教程 [M]. 北京：中国标准出版社，2016.

[8] 全国质量专业技术人员职业资格考试办公室. 质量专业理论与实务：中级 [M]. 北京：中国人事出版社，2012.

[9] 全国质量专业技术人员职业资格考试办公室. 质量专业基础知识与实务：初级 [M]. 北京：中国人事出版社，2012.

[10] 李在卿. 管理体系审核指南 [M]. 北京：中国标准出版社，2014.

[11] 张智勇. IATF 16949 质量管理体系五大工具最新版一本通 [M]. 北京：机械工业出版社，2017.

[12] 周纪芗，茆诗松. 质量管理统计方法 [M]. 北京：中国统计出版社，2008.

[13] 上海质量管理科学研究院. 六西格玛核心教程：黑带读本 [M]. 北京：中国标准出版社，2006.

[14] 全国认证认可标准化技术委员会. 合格评定建立信任：合格评定工具箱 [M]. 北京：中国标准出版社，2011.

[15] 二级建造师执业资格考试命题研究组. 建设工程法规及相关知识 [M]. 成都：电子科技大学出版社，2017.

[16] 王丽春. 失效模式和影响分析（FMEA）实用指南 [M]. 北京：机械工业出版社，2021.

[17] 张智勇. IATF 16949：2016 内审员实战通用教程 [M]. 北京：机械工业出版社，2018.

[18] 张智勇. 品管部工作指南 [M]. 北京：机械工业出版社，2012.